U0216139

吉林人民出版社

简体字本二十六史

魏书

卷九〇——卷一一四

（三）

〔北齐〕 魏 收 撰

仲伟民等 标点

魏书卷九○
列传第七八

逸　士

眭夸　冯亮　李谧　郑脩

盖兼济独善，显晦之殊，其事不同，由来久矣。昔夷齐获全于周武，华裔不容于太公，何哉？求其心者，许以激贪之用；督其迹者，以为束教之风。而肥遁不反，代有人矣。夷情得丧，忘怀累有。比夫迈德弘道，匡俗庇民，可得而小，不可得而忽也。自叔世浇浮，淳风殆尽，锥刀之末，竞入成群，而能冥心物表，介然离俗，望古独适，求友千龄，亦异人矣。何必御霞乘云而追日月，穷极天地，始为超远哉？今录眭夸等为《逸士传》。

眭夸，一名昶，赵郡高邑人也。祖迈，晋东海王越军谋掾，后没石勒为徐州刺史。父邃，字怀道，慕容宝中书令。夸少有大度，不拘小节，耽志书传，未曾以世务经心。好饮酒，浩然物表。年二十，遭父丧，须鬓致白，每一悲哭，闻者为之流涕。高尚不仕，寄情丘壑。同郡李顺愿与之交，夸拒而不许。邦国少长，莫不惮之。

少与崔浩为莫逆之交。浩为司徒，奏征为其中郎，辞疾不赴。州郡逼遣，不得已入京都。与浩相见，延留数日，惟饮酒谈叙平生，不及世利。浩每欲论屈之，竟不能发言。其见敬惮如此。浩后遂投诏书于夸怀，亦不开口。夸曰："桃简，卿已为司徒，何足以此劳国士

也。吾便于此将别。"桃简,浩小名也。浩虑夸即还。时乘一骡,更
无兼骑,浩乃以夸骡内之厩中,冀相维絷。夸遂托乡人输租者,谬为
御车,乃得出关。浩知而叹曰:"眭夸独行士,本不应以小职辱之。又
使其人仗策复路,吾当何辞以谢也。"时朝法甚峻,夸既私还,将有
私归之咎。浩仍相左右,始得无坐。经年,送夸本骡,兼遣以所乘马,
为书谢之。夸更不受其骡马,亦不复书。及浩诛,为之素服,受乡人
吊唁,经一时乃止。叹曰:"崔公既死,谁能更容眭夸!"遂作《朋友
篇》,辞义为时人所称。

妇父巨鹿魏攀,当时名达之士。未尝备婿之礼,情同朋好。或
人谓夸曰:"吾闻有大才者,必居贵仕。子何独在桑榆乎?"遂著《知
命论》以释之。年七十五卒。葬日,赴会者如市。无子。

冯亮,字灵通,南阳人,萧衍平北将军蔡道恭之甥也。少博览诸
书,又笃好佛理。随道恭至义阳,会中山王英平义阳而获焉。英素
闻其名,以礼待接。亮性清净,至洛,隐居嵩、高,感英之德,以时展
勤。及英亡,亮奔赴,尽其哀恸。

世宗尝召以为羽林监,领中书舍人,将令侍讲《十地》诸经,固
辞不拜。又欲使衣帻入见,亮苦求以幅巾就朝,遂不强逼。还山数
年,与僧徒礼诵为业,蔬食饮水,有终焉之志。会逆人王敞事发,连
山中沙门,而亮被执赴尚书省,十余日,诏特免雪。亮不敢还山,遂
寓居景明寺。敕给衣食及其从者数人。后思其旧居,复还山室。

亮既雅爱山水,又兼巧思,结架岩林,甚得栖游之适,颇以此
闻。世祖给其工力,令与沙门统僧暹、河南尹甄琛等,周视嵩高形胜
之处,遂造闲居佛寺。林泉既奇,营制又美,曲尽山居之妙。亮时出
京师。延昌二年冬,因遇笃疾,世宗敕以马舆送令还山,居嵩高道场
寺。数日而卒。诏赠帛二百区,以供凶事。遗诫兄子综,敛以衣帻,
左手持板,右手执《孝经》一卷,置尸盘石上,去人数里外。积十余
日,乃焚于山。以灰烬处,起佛塔经藏。

初,亮以盛冬丧,时连日骤雪,穷山荒涧,鸟兽饥窘,僵尸山野,

无所防护。时寿春道人惠需，每旦往看其尸，拂去尘霾。禽虫之迹，交横左右，而初无侵毁，衣服如本，惟风吹幅巾。又以亮识旧南方法师信大栗十枚，言期之将来十地果报，开亮手以置把中。经宿，乃为虫鸟盗食，皮壳在地，而亦不伤肌体。焚燎之日，有素雾蓊郁，回绕其傍，自地属天，弥朝不绝。山中道俗营助者百余人，莫不异焉。

李谧，字永和，涿郡人，相州刺史安世之子。少好学，博通诸经，周览百氏。初师事小学博士孔幡。数年后，幡还就谧请业。同门生为之语曰：“青成蓝，蓝谢青，师何常，在明经。”谧以公子徵拜著作佐郎，辞以授弟郁，诏许之。

州再举秀才，公府二辟，并不就。惟以琴书为业，有绝世之心。览《考工记》、《大戴礼·盛德篇》，以明堂之制不同，遂著《明堂制度论》曰：

余谓论事辨物，当取正于经典之真文；援证定疑，必有验于周孔之遗训，然后可以称准的矣。今礼文残缺，圣言靡存，明堂之制，谁使正之？是以后人纷纠，竞兴异论；五九之说，各信其习。是非无准，得失相半。故历代纷纭，靡所取正。乃使裴顾云：“今群儒纷纠，互相掎摭，就令其象可得而图，其所以居用之礼，莫能通也，为设虚器耳。况汉氏所作，四维之个，复不能令各处其辰。愚以为尊祖配天，其仪明著；庙宇之制，理据未分。直可为殿屋以崇严父之祀，其余杂碎，一皆除之。”斯岂不以群儒舛互，并乖其实，据义求衷，莫适可从哉？但恨典文残灭，求之靡据而已矣。乃复遂去室牖诸制。施之于教，未知其所隆政；求之于情，未可喻其所以必须。惜哉言乎！仲尼有言曰：“赐也，尔爱其羊，我爱其礼。”余以为隆政必须其礼，岂彼一羊哉！推此而论，则圣人之礼，殷勤而重之，裴顾之于礼，任意而忽之。是则顾贤于仲尼矣。以斯观之，裴氏之子，以不达而失礼之旨也。

余窃不自量，颇有鄙意，据理寻义，以求其真，贵合雅衷，不苟偏信。乃藉之以《礼》传,考之以训注,博采先贤之言,广搜通儒之说,量其当否,参其同异,弃其所短,收其所长,推义察图,以折厥衷。岂敢必善,聊亦合其言志矣。

凡论明堂之制者虽众,然校其大略,则二途而已。言五室者,则据《周礼考工》之记以为本,是康成之徒所执;言九室者,则案《大戴·礼·盛德》之篇以为源,是伯喈之伦所持。此之二书,虽非圣言,然是先贤之中博见洽通者也。但各记所闻,未能全正,可谓既尽美矣,未尽善也。而先儒不能考其当否,便各是所习,卒相非毁,岂达士之确论哉?

小戴氏传礼事四十九篇,号曰《礼记》,虽未能全当,然多得其衷,方之前贤,亦无愧矣。而《月令》、《玉藻》、《明堂》三篇,颇有明堂之义,余故采掇二家,参之《月令》,以为明堂五室,古今通则。其室居中者,谓之太室;太室之东者,谓之青阳;当太室之南者,谓之明堂;当太室之西者,谓之总章;当太室之北者,谓之玄堂。四面之室,各有侠房,谓之左右个,三十六户七十二牖矣。室个之形,今之殿前,是其遗像耳。个者,即寝之房也。但明堂与寝,施用既殊,故房、个之名亦随事而迁耳。今粗书其像,以见鄙意,案图察义,略可验矣。故检之五室,则义明于《考工》;校之户牖,则数协于《盛德》;考之施用,则事著于《月令》;求之闰也,合《周礼》与《玉藻》。既同夏、殷,又符周、秦,虽乖众儒,傥或在斯矣。

《考工记》曰:"周人明堂,度以九尺之筵,东西九筵,南北七筵,堂崇一筵。五室,凡室二筵。室中度以几,堂上度以筵。"余谓《记》得之于五室,而谬于堂之修广。何者?当以理推之,令惬古今之情也。夫明堂者,盖所以告月朔、布时令、宗文王、祀五帝者也。然营构之范,自当因宜创制耳。故五室者,合于五帝各屋一室之义。且四时之祀,皆据其方之正。又听朔布令,咸得其月之辰。可谓施政及祀,二三俱允,求之古义,窃为当矣。

郑康成,汉末之通儒,后学所宗正,释五室之位,谓土居中,木火金水各居四维。然四维之室,既乖其正;施令听朔,各失厥衷。左右之个,弃而不顾,乃反文之以美说,饰之以巧辞,言水木用事交于东北,木火用事交于东南,火土用事交于西南,金水用事交于西北。既依五行,当从其用事之交,出何经典?可谓攻于异端,言非而博,疑误后学,非所望于先儒也!《礼记·玉藻》曰:天子听朔于南门之外,闰月则阖门左扉,立于其中。郑玄注曰:"天子之庙及路寝,皆如明堂制。明堂在国之阳,每月就其时之堂而听朔焉。卒事,反宿路寝亦如之。闰月非常月,听其朔于明堂门下,还处路寝门终月也。"而《考工记》"周人明堂",玄注曰:"或举王寝,或举明堂,互言之以明其制同也。"其同制之言,皆出郑注。然则明堂与寝不得异矣。而《尚书·顾命篇》曰:"迎子钊南门之外,延入翼室。"此之翼室,即露寝矣。其下曰"大贝贲鼓在西房","垂之竹矢在东房"。此则露寝有左右房,见于经史者也。《礼记·丧天大记》曰,"君夫人卒于露寝",小敛,"妇人髽带麻于房中"。郑玄注曰:"此盖诸侯礼,带麻于房中,则西房。"天子诸侯左右房,见于注者也。论露寝则明其左右,言明堂,则阙其左右个,同制之说还相矛盾,通儒之注,何其然乎?使九室之徒奋笔而争锋者,岂不由处室之不当哉?

《记》云:东西九筵,南北七筵,五室凡室二筵。置五室于斯堂,虽使班、倕构思,王尔营度,则不能令三室不居其南北也。然则三室之间,便居六筵之地,而室壁之外,裁有四尺五寸之堂焉。岂有天子布政施令之所,宗祀文王以配上帝之堂,周公负扆以朝诸侯之处,而室户之外仅余四尺而已哉?假在俭约,为陋过矣。论其堂宇,则偏而非制,求之道理,则未惬人情。其不然一也。

余恐为郑学者,苟求必胜,竞生异端,以相訾抑。云二筵者,乃室之东西耳,南北则狭焉。余故备论之曰:若东西二筵,则室户之外为丈三尺五寸矣。南北户外复如此，则三室之中，南北裁各丈二尺耳。《记》云：四房两夹窗。若为三尺之户，二尺之窗，窗户之间，裁盈一尺。绳枢瓮牖之室，华门圭窦之堂，尚不然矣。假令复欲小广之，则四面之外阔狭不齐，东西既深，南北更浅，屋宇之制，不为通矣。验之众涂，略无算焉。且凡室二筵，丈八地耳。然则户牖之间，不逾二尺也。《礼记·明堂》："天子负斧扆南向而立。"郑玄注曰：设斧于户牖之间。而郑氏《礼图》说扆制曰："纵广八尺，画斧文于其上，今之屏风也。"以八尺扆置二尺之间，此之匡通，不待智者，较然可见矣。且若二筵之室，为四尺之户；则户之两颊，裁各七尺耳。全以置之，犹自不容，矧复户牖之间哉？其不然二也。

又复以世代检之，即虞、夏尚朴，殷、周稍文，制造之差，每加崇饰。而夏后世室，堂修二七，周人之制，反更促狭，岂是夏禹卑宫之意，周监郁郁之美哉？以斯察之，其不然三也。

又云"堂崇一筵"，便基高九尺，而壁户之外裁四尺五寸，于营制之法，自不相称。其不然四也。

又云"室中度以几，堂上度以筵"，而复云"凡室二筵"，而不以几。还自相违，其不然五也。

以此验之，记者之谬，抑可见矣。《盛德篇》云："明堂凡九室，三十六户，七十二牖，上员下方，东西九切，南北七筵，堂高三尺也。"

余谓《盛德篇》得之于户牖，失之于九室。何者？五室之制，傍有夹房，面各有户，户有两牖。此乃因事立则，非拘异术，户牖之数，固自然矣。九室者，论之五帝，事既不合；施之时令，又失其辰。左右之个，重置一隅，两辰同处，参差出入，斯乃义无所据，未足称也。且又堂之修广，裁六十三尺耳。假使四尺五寸为外之基，其中五十四尺便是五室之地。计其一室之中，仅可一丈，置其户牖，则于何容之哉？若必小而为之，以容其数，则令帝王侧身出入，斯为怪矣。此匪直不合典制，抑亦可哂之甚也。

余谓其九室之言，诚亦有由。然窃以为戴氏闻三十六户、七十二牖，弗见其制，靡知所置，便谓一室有四户之窗，计其户牖之数，即以为九室耳。或未之思也。蔡伯喈，汉末之时学士，而见重于当时，即识其修广之不当，而必未思其九室之为谬，更修而广之，假其法像。可谓因伪饰辞，顺非之泽，谅可叹矣。

余今省彼众家，委心从善，庶探其衷，不为苟异。但是古非今，俗间之常情；爱远恶近，世中之恒事。而千载之下，独论古制，惊俗之谈，固延多诮。脱有深赏君子者，览而揣之，傥或存焉。

谧不饮酒，好音律，爱乐山水，高尚之情，长而弥固，一遇其赏，悠尔忘归。乃作《神士赋》，歌曰："周、孔重儒教，庄、老贵无为。二途虽如异，一是买声儿。生乎意不惬，死名用何施。可心聊自乐，终不为人移。脱寻余志者，陶然正若斯。"延昌四年卒，年三十二，邅迍悼惜之。其年，四门小学博士孔璠等学官四十五人上书曰：

窃见故处士赵郡李谧：十岁丧父，哀号罢邻人之相；幼事兄㻛，恭顺尽友于之诚。十三通《孝经》、《论语》、《毛诗》、《尚书》，历数之术尤尽其长，州闾乡党有神童之号。年十八，诣学受业，时博士即孔璠也。览始要终，论端究绪，授者无不欣其言矣。于是鸠集诸经，广校同异，比三《传》事例，名《春秋丛林》，十有二卷。为璠等判析隐伏，垂盈百条。滞无常滞，纤毫必举；通不长通，不枉斯屈。不苟言以违经，弗饰辞而背理。辞气磊落，观者忘疲。每曰："丈夫拥书万卷，何假南面百城。"遂绝迹下帷，杜门却扫，弃产营书，手自删削，卷无重复者四千有余矣。犹括次专家，搜比谠议，隆冬达曙，盛暑通宵。虽仲舒不窥园，君伯之闭户，高氏之遗漂，张生之忘食，方之斯人，未足为喻。谧尝诣故太常卿刘芳，推问音义，语及中代兴废之由，芳乃叹曰："君若遇高祖，侍中、太常非仆有也。"前河南尹、黄门侍郎甄琛内赞近机，朝野倾目，于时亲识求官者，答云："赵郡李谧,耽学守道,不闷于时,常欲致言,但未有次耳。诸君何为轻自媒衒?"谓其子曰:"昔郑玄、卢植不远数千里诣扶风马融,今汝明师甚迩,何不就业也?"又谓朝士曰:"甄琛行不愧时,但未荐李谧,以此负朝廷耳。"又结宇依岩,凭崖凿室,方欲训彼青衿,宣扬坟典,冀西河之教重兴、北海之风不坠。而祐善空闻,暴疾而卒。邦国衔殄悴之哀,儒生结摧梁之慕。况璠等或服议下风,或亲承音旨,师儒之义,其可默乎?

事奏,诏曰:"谧屡辞徵壁,志守冲素,儒隐之操,深可嘉美。可远傍惠、康,近准玄晏,谧曰贞静处士,并表其门闾,以旌高节。"遣谒者奉册,于是表其门曰文德,里曰孝义云。

郑脩,北海人也。少隐于岐南几谷中,依岩结宇,独处淡然,屏迹人事,不交世俗,耕食水饮,皮冠草服,雅好经史,专意玄门。前后州将,每徵不至。岐州刺史魏兰根频遣致命,脩不得已,暂出见兰根,寻还山舍。兰根申表荐脩,肃宗诏付雍州刺史萧宝夤访实以闻。会宝夤作逆,事不行。

史臣曰:古之所谓隐逸者,非伏其身而不见也,非闭其言而不出也,非藏其智而不发也。盖以恬淡为心,不皦不昧,安时处顺,与物无私者也。眭夸辈忘怀缨冕,毕志丘园。或隐不违亲,贞不绝俗;或不教而劝,虚往实归。非有自然纯德,其孰能至于此哉?

魏收书《逸士传》亡,史臣论全用《随书·隐逸德论》。

魏书卷九一
列传第七九

术　艺

晁崇　张渊　殷绍　王早　耿玄
刘灵助　江式　周澹　李脩　徐謇
王显　崔彧　蒋少游

盖小道必有可观。况往圣标历数之术，先王垂卜筮之典，论察有法，占候相传，触类长之，其流遂广。工艺纷纶，理非抑止。今列于篇，亦所以广闻见也。

晁崇，字子业，辽东襄平人也。家世史官。崇善天文术数，知名于时。为慕容垂太史郎。从慕容宝败于参合，获崇，后乃赦之。太祖爱其伎术，甚见亲待。从平中原，拜太史令，诏崇造浑仪，历象日月星辰。迁中书侍郎，令如故。天兴五年，月晕，左角蚀将尽，崇奏曰："占为角虫将死。"时太祖既克姚平于柴壁，以崇言之徵，遂命诸军焚车而反。牛果大疫，舆驾所乘巨犗数百头，亦同日毙于路侧，自余首尾相继。是岁，天下之牛死者十七八，麋鹿亦多死。

崇弟懿，明辩而才不及崇也。以善北人语内侍左右，为黄门侍郎，兄弟并显。懿好矜容仪，被服僭度，言音类太祖。左右每闻其声，莫不惊辣。太祖知而恶之。后其家奴告崇与懿叛，又与□臣王次多潜通，招引姚兴，太祖衔之。及兴寇平阳，车驾击破之。太祖以奴言为实，还次晋阳，执崇兄弟并赐死。

崇兄子晖。太祖时给事诸曹，稍迁给事中，赐爵长平侯。征虏将军、济州刺史、假宁东将军、颍川公。刘骏镇东平郡，徙戍近境，晖上表求击之，高宗不许。晖乃为书，以大义责之。卒。

子林，袭爵。林卒，子清袭。事在《节义传》。

晖从弟继，太宜时稍迁中书侍郎、给事中、中坚将军，赐爵襄平子。除魏郡太守。卒。

子世宗，袭爵。卒。

子元和袭。卒。

张渊，不知何许人。明占候，晓内外星分。自云尝事苻坚，坚欲南征司马昌明，渊劝不行，坚不从，果败。又仕姚兴父子，为灵台令。姚泓灭，入赫连昌，昌复以渊及徐辩对为太史令。世祖平统万，渊与辩俱见获。世祖以渊为太史令，数见访问。神䴥二年，世祖将讨蠕蠕，渊与徐辩皆谓不宜行，与崔浩争于世祖前，语在《浩传》。渊专守常占，而不能钩深致远，故不及浩。

后为骠骑军谋祭酒，尝著《观象赋》曰：

《易》曰：天垂象见吉凶，圣人则之。又曰：观乎天文以察时变，观乎人文以化成天下。然则三极虽殊，妙本同一；显昧虽遐，契齐影响。寻其应感之符，测乎冥通之数，天人之际，可见明矣。夫机象冥缅，至理幽玄，岂伊管智所能究畅。然歌咏之来，偶同风人，目阅群宿，能不歌吟？是时也，岁次析木之津，日在翼星之分，闉阖晨鼓而萧瑟，流火夕暵以摧颓，游气眇其高骞，辰宿焕焉华布。睹时逝怀川上之感，步秋林同宋生之戚，叹巨艰之未终，抱殷忧而不寐，遂彷徨于穷谷之里，杖策陟神岩之侧。乃仰观太虚，纵目远览，吟啸之顷，懔然增怀。不觉至理，拔自近情。常韵发于宵夜，不任咏歌之末，遂援管而为赋。其辞曰：

陟秀峰以遐眺，望灵象于九霄。陟，升。遐，远。九霄，九天也。
睹紫宫之环周，嘉帝坐之独标。紫宫垣十五星，在北斗北；天皇大帝
一星，在紫宫中，天帝位尊，故言独标也。瞻华盖之荫蔼，何虚中之
迢迢。华盖七星，杠九星，合十六星，在大帝上。迢迢，高远之貌。观阁
道之穹隆，想灵驾之电飘。阁道六星在王良东北，天帝之所乘，蹑灵
驾之所由从。电飘，疾也。尔乃纵目远览，傍极四维，北鉴机衡，南
睹太微，四维，四方之维。机衡，谓北斗星。太微宫十星在翼轸北。三
台皭皭以双列，皇座同同以垂晖。三台凡六星，两两而在，起文昌，
极太微。皇座一星，在太微星中。皭皭、同同，皆星光明之貌也。虎贲执
锐于前阶，常陈屯聚于后闱。三台谓之太阶，虎贲一星在下台南，故
言前阶。常陈七星，如毕状，在皇座北，皆宿卫天帝前后，备非常。闱门，
宫中之门也。遂回情旋首，次目文昌，文昌七星，在北斗魁前，别一宫
之名，皆相位次也。仰见造父，爰及王良。造父五星，在传舍河中。造
父，周穆王御，死，精上为星。王良五星在奎北。王良者，晋大夫，善御，九
方湮之子。良一名邮无正，为赵简子御，死，精托于星，为天帝之驭官。传
说登天而乘尾，奚仲托精于津阳。传说一星在尾后。传说，殷时隐
于岩中，殷王武丁梦得贤人，图画其象，求而得之，即立为相。死，精上为
星。乘尾，在龙驷之间。奚仲四星在天津北，近河傍。太古时造车舆者，
死而精上为星。水北曰阳，在河北，故曰津阳也。织女朗列于河湄，牵
牛焕然而舒光。织女三星在纪星东端，牵牛六星在河鼓南。世人复以
河鼓为牵牛。五车亭柱于毕阴，两河侠井而相望。五车三柱，都十
四星，在毕东北。在宿北，故谓之阴。两河、南河、北河。六星侠东井，东
西遥相对，故曰相望也。灼灼群位，落落幽纪，设官分职，罔不悉
置。灼灼、落落，皆星光明希疏之貌。群位，谓天设三公九卿之官，皇后
嫔御之位。分，谓分其所司，而各有所典。罔，无。悉，尽。言无不尽备，
官职亦有之也。储贰副天，庭延三吏。储贰，谓太子一星，在帝座北。
三吏、三公星，在太微宫中也。论道纳言，各有攸司。论道，谓三公坐
而论道。纳言，谓尚书献可替否。将相次序以卫守，九卿珠连而内
侍。太微宫十星皆有上将、上相、次将、次相之位。九卿三星在太微庭
中，行列似珠之相连而内侍。天街分中外之境，四七列九土之异。

天街二星，昴毕间，近月星，阴阳之所分，中国之境界。天街以西属外国，旄头毡裘，引弓之民皆属焉。天街以东属中国，缙绅之士，冠带之伦皆属焉。四七二十八宿，角、亢，郑国兖州；氐、房、心，陈国豫州；尾、箕，燕国幽州；斗、牛，吴国扬州；女、虚、危，齐国青州；营室、东壁，卫国并州；奎、娄，鲁国徐州；胃、昴、毕，赵国冀州；觜、参，魏国益州；井、鬼，秦国雍州；柳星、张，周国洛阳、三河；翼、轸，楚国荆州。天有十二次，日月之所经历；地有十二州，王侯之所国。方土所出之物，各有殊异不同者。**左则天纪枪棓，摄提大角，二咸防奢，七公理狱。** 天纪九星在贯索东，天枪三星在北斗杓东，天棓五星在女床东北。摄提六星侠大角，大角一星在摄提间。二咸，东咸四星在房东北，西咸四星在房西北，此星主防奢淫谄佞之事。七公，七星在招摇东，接近贯索。贯索为天狱。刑狱失中，则七公评议，理其冤枉。**库楼炯炯以灼明，骑官腾骧而奋足。** 库楼十星在大角南。骑官二十七星在氐南。骑官典乘，故曰腾骧也。**天市建肆于房心，帝座碌落而电烛。** 天市二十四星在房心北，帝座一星在天市中心。**于前则老人、天社，清庙所居。** 老人一星在弧南，常以春秋分候之。天社六星亦在弧南。清庙十四星在张南。**明堂配帝，灵台考符。** 明堂三星在太微西南角外，灵台三星在明堂西。**丈人极阳而慌忽，子孙嘻嘻于参嵎。** 丈人二星在军市西南。星在南方，故称极阳。慌忽，谓星细小，远邈难见。《老子》曰："忽兮慌兮，其中有象；慌兮忽兮，其中有物。"子二星，在丈人东。嘻，小貌。孙二星，在子东。《诗》云："嘻彼小星，三五在东。"此之谓乎？**天狗接狼以吠守，野鸡伺晨于参墟。** 天狗七星在狼北，野鸡一星在参东南。天市中街主警怖，故曰吠守。鸡能候时，故曰伺晨。**右则少微、轩辕，皇后之位，嫔御相次，尊卑有秩。** 少微四星在太微西南，北列白衣处士之位。轩辕十七星在七星北，有皇后嫔御之位，尊卑相次，皆秩序之也。**御宫典仪，女史执笔。** 御宫四星在钩陈左傍，此星主典司礼仪、威容步趋之事。女史一星，在柱下史北。女史记识昼夜昏明，节漏省时，在勾陈右傍。**内平秉礼以伺邪，天牢禁愆而察失。** 内平四星在中宫南，有邪媚之事，以礼正之。天牢六星在北斗魁下，有过失则惩其愆也。**于后则有车府、传舍、匏瓜、天津，** 车府七星在天津东，传舍五星在华盖上，匏瓜五星在丽珠北，天津九星在匏瓜北。**扶筐照曜，丽珠珮珍。**扶筐七星在天津东，丽珠五星在须女北。丽桂、衣珠、珮珍，后夫人之盛饰。其星主皇后之服也。**人星丽玄以闲逸，哭泣连属而趋坟。**人星五星在车府南。丽，附。玄，天，言人星近于闲逸。《易》曰："日月星辰丽于天。"《石氏经》曰："人星优游，人乃安宁。"哭二星在虚南，泣三星在哭东。坟墓四星在危南。哭、泣星行列趣向坟墓，故曰连属。**河鼓震雷以碡礚，腾蛇蟠萦而轮菌。**河鼓十二星在南斗北，此星昏中南方而震雷。《易》曰："鼓之以雷霆。"此之谓也。此星主声音，故曰碡礚。腾蛇二十二星在营室北，形状似蛇，故曰轮菌。**于是周章高眄，还旋辰极。**辰极，北极。**既觌钩陈中禁，复睹天帝休息。**钩陈六星在紫宫中，天皇大帝之所居。诸宫别馆及天床星，皆是休息寝卧而游也。**渐台可升，离宫可即。**渐台、离宫，皆天宫台之名。渐台四星在织女东足下。离宫六星与营室相连。言天帝或升渐台而观，或就离宫而游。即，就也，《礼记》曰"即宫于宗周"也。**酒旗建醇醨之旌，女床列窈窕之色。**酒旗三星在轩辕左角，天设酒官为饮燕之事，故建牙旗为标。女床三星在纪星东北端，奉侍天王之女。侍卫天王，必有《关雎》窈窕之美，无妒忌之心，乃可侍卫天王左右，故言列窈窕之色也。**辇道屈曲以微焕，附路立于云阁之侧。**辇道五星在织女西足，屈曲而细小，故言微焕也。附路一星在阁道傍，言天帝出入，由阁道附路。豫防败伤，故言立于云阁之侧。**其列星之表，五车之间，乃有咸池、鸿沼、玉井、天渊、建树、百果、竹林在焉。**列宿之外谓之表。咸池三星在天潢东，鸿沼二十三星在须女北，玉井四星在参左足下，天渊十星在龟星东南，建树、百果星在胃南，竹林二十五星在园西南。**江河炳著于上穹，素气霏霏其带天。**江，天江星。天江四星在尾北，言天江星乃炳然著见于天上。素气者，天河白气。素，白。霏霏然，带著于天也。**神龟曜甲于清冷，龙鱼摛光以映连。**神龟，龟星也，有五星在尾南。龟知来事，故称神。在河中，故言清冷。鱼龙，谓鱼一星，在尾后河中。尾为龙宿，故言龙鱼。此星在河中，以鱼星之映，水有光曜也。**又有南门、鼓吹，器府之官，奏彼丝竹，为帝娱欢。**南门、鼓吹二星在库楼南，翼西南。器府三十二星在轸南。器府典掌丝竹之事，以娱乐天帝也。**熊、罴绵络于天际，虎、豹倏煜而晖烂。**虎、豹、熊、罴四星在狼星傍。弧精引弓以持满，狼星摇动于霄端。狼一星在参东南，弧九星在狼东南，《星传》云：“天下兵起，则弧弓张天。”其外则有燕、秦、齐、赵，列国之名。外，谓列宿之外，复有诸国之名。齐一星在九坎东，赵二星在齐北，郑一星在赵北，越一星在郑北，周二星在越东，秦二星在周东，代二星在秦南，晋一星在代南，韩一星在晋西，魏一星在韩北，楚一星在韩西，燕一星在楚南。诸列国之名，凡有十二星也。雷电霹雳，雨落云征。征，行也。雷电六星在营室南，霹雳五星在上公西南，云雨四星在霹雳南。陈车策驾于氐南，天驷骋步于太清。陈车三星在氐南，房星一名天驷。园苑周回以曲列，仓廪区别而殊形。天园十四星在苑南，天苑十六星在昴、毕南，天仓六星在娄南，天廪四星在昴南，言形象殊别不同也。内则尚书、大理、太一、天一之宫，尚书五星在紫微宫门内东南维。大理二星在紫微宫中。太一、天一各一星，相近，在紫宫门南。柱下著术，传示无穷。柱下史一星，在北极东。六甲候大帝之所须，内厨进御膳于皇躬。六甲在华盖下，内厨二星在紫宫西南角外。天船横汉以普济，积水候灾于其中。天船九星在大陵北，积水一星在天船中。阴德播洪施以恤不足，四辅翼皇极而阐玄风。阴德二星在尚书西，四辅四星侠北极。播，布。洪，大。玄，天也。阴德之官，必有阳报。夫阴施阳报，自然之常数；贫穷困死，生民之极艰。以至困乏□死，遭阴德之终。故穷者不希周恤，而惠与自至，施者无求于报，而酬答自来。斯乃冥中之理，大象岂虚构其曜哉？四辅星既翼佐北极之枢，又能阐扬天帝之风教，故言阐玄风也。恢恢太虚，寥寥帝庭。恢恢、寥寥，皆广大清虚之貌。老子曰：“天网恢恢，疏而不失。”帝谓太微宫也。五座并设，爰集神灵。五座，谓太微宫中五帝座也。黄帝灵威仰位东方，赤帝赤熛怒位南方，白帝白招矩位西方，黑帝汁光纪位北方，黄帝含枢妊位中央。五帝各异，并集诸神之宫，与之谋国事。《孝经·援神契》曰：“并设神灵集谋。”此之谓也。乃命荧惑，伺彼骄盈。荧惑常以十月、十一月入太微，受制伺无道之国，故曰伺彼骄盈也。执法刺举于南端，五侯议疑于水衡。太微南门，谓之执法。刺举者，刺奸恶，举有功。五侯五星在东北。东井为水衡，辨疑狱，五侯议而评之也。金、火时出以成纬，七宿匡卫而为经。金、火，荧惑、太白也。七宿，谓一方七宿。天文谓五星为纬，二十八宿为经，故举金火七宿为言，则五星二十八宿可知也。言五星出入，伏见有时，不常出也。**炜晔昱其并曜，粲若三春之荣。**言星辰布曜，若春日之荣华也。

睹夫天官之罗布，故作则于华京。言天官罗布于上，王者法效于下。《论语》曰"惟天为大，惟尧则之"也。**及其灾异之兴，出无常所。**言灾异出无常所，随其善恶而处之。假使郑国有事，则变见角亢也。**归邪缤纷，飞流电举。**如星非星，如云非云，谓之归邪。夹以微气，故称缤纷。飞，飞星也。流，流星也。飞星与流星各异，飞星焱去而迹绝，流星迹存而不灭。电举者，似焱电长。**妖星起则殃及晋平，蛇乘龙则祸连周楚。**《春秋》鲁襄公十年春正月戊子，妖星出于婺女，见于申维。婺女属齐，申为晋分。梓慎见妖星出，知晋侯以戊子日死。蛇乘龙，谓襄公二十八年，岁星次天津，于玄枵十五度，在虚下。岁星主木，位在东，体合房心，故名龙。虚在坎，坎子位，次玄枵，龟蛇之类。岁星失次，行虚之外，出其下，故曰蛇乘龙。龙位寿星，宋郑之分。梓慎见蛇乘龙，知饥在宋郑。然裨灶以为周王及楚子皆死。二人推变不同，所见各异。梓慎、裨灶，古之良史也。**或取证于逢公，或推变于冲午。**逢公，齐邑，姜之先。言逢公死时，亦有此星见，梓慎推星，以此方之，知晋平公将死。冲午，谓虚宿对午。午为张、翼，张、翼周之分，裨灶占知周王、楚子死，故言推变于冲午。**乃有钦明光被，填逆水府。**昔尧遭洪水，填星逆行入水府。《书》曰："钦明文思，光被万邦。"**洪波滔天，功隆大禹。**言洪水既出，尧命鲧治之而功不成，乃复命禹治而平之，禹有济世之难，治水之功。《书》曰："洪水滔天。"又曰："禹锡玄圭，告厥成功。"**此则冥数之大运，非治纲之失绪。**言先遭洪水，致填星逆行之异，非不德所致，此乃运数应尔也。**盖象外之妙，不可以粗理寻；重玄之内，难以荧燎睹。**言玄理微妙，不可知见也。**至于精灵所感，迅逾骇向。荆轲慕丹，则白虹贯日而不彻；**昔刑轲慕燕太子丹之义，入秦为刺客，虽至精感上而事竟不捷。**卫生画策，则太白食昴而摛朗。**昔卫先生为秦画策于长平，昭王疑而不信，太白有食昴之变。**鲁阳指麾，而曜灵为之回驾；**鲁阳，古之贤人，以手麾日，能再回也。**严陵来游，而客气著于乾象。**昔光武为白衣时，与严陵相厚善。及登帝位，陵来入见，太史奏曰：

"客星犯帝座。"光武诏曰:"乃严子陵,非客。"斯皆至感动于神祇,诚
应效于既往。尔乃四气鳞次,斗建辰移。虽无声言,三光是知。
言四时代谢不常,每月斗移建一辰,天无声言语,止以星辰见变谴,以示
人也。星中定于昏明,影度以之不差。测水旱于未然,占方来之
安危。孟春正月,昏参中,旦尾中;仲春之月,昏弧中,旦建星中;季春之
月,昏七星中,旦牵牛中;孟夏之月,昏翼中,旦婺女中;仲夏之月,昏亢
中,旦危中;季夏之月,昏心中,旦奎中;孟秋之月,昏建星中,旦毕中;仲
秋之月,昏牵牛中,旦觜觿中;季秋之月,昏虚中,旦柳中;孟冬之月,昏
危中,旦七星中;仲冬之月,昏东壁中,旦轸中;季冬之月,昏娄中,旦氐
中。冬至之日,建八尺之标,影长一丈三尺五寸也,夏至之日影长一尺六
寸也。影长为水,影短为旱也。阴精乘箕,则大飙暮鼓;西南入毕,
则淫雨滂沲。阴精,月也。东北失道入箕,则多风。移而西南,失道入
毕,则多雨。雨三日为淫雨。《诗》云:"月丽于毕,俾滂沲矣。"《书》曰:"星
有好风,星有好雨。"此之谓也。譬犹晋钟之应铜山,风云之从班
螭。言云从龙,风从虎,同气相求,同类相应,蜀山崩而晋钟鸣也。若夫
冥车潜驾,时乘六虬。大仪回运,万象俱流。六虬,六龙。《易》曰:
"时乘六龙以御天。"此皆是天回运转。北斗俄其西倾,群星忽以匿
幽。幽,暗也。望舒纵辔以骋度,灵轮浃旦而过周。望舒,月也。月,
日行十三度十九分度之七,周天凡三百六十五度四分度之一。天一日一
夜,运转过周一度。浃,匝也,至旦晓而过匝,故曰浃旦而过周也。

　　尔乃凝神远瞩,晒目八荒。察之无象,视之眇茫。状若浑
元之未判别,又似浮海而睹沧浪。幽邃迥以希夷,寸眸焉能究
其傍。凝神,精不动也。言极远傍视,茫然若造化之始,元气未分,似浮
海远望而不见其边。《论语》曰:"乘桴浮于海。"老子曰:"听之不闻其声,
名曰希;视之不见其形,名曰夷。于是乎夜对山水,栖心高镜。远寻
终古,攸然独咏。美景星之继昼,大唐尧之德盛。《瑞应图》曰:
"景星大如半月,生于晦朔,助月光明。"当尧之时,有此星见,故美尧之
德能致之也。嘉黄星之靡锋,明虞舜之不竞。昔舜将受禅于尧,先有
星见,圆而无锋芒。言舜当用土德王天下。星见而无芒角者,示揖让而
受,不以兵事争竞也。畴日尚之宵梦,善登辅而翼圣。昔太公未遇文

王时，钓鱼于磻溪，夜梦得北斗辅星神告尚以伐纣之意。事见《尚书·中候篇》也。**钦管仲之察微，见虚、危而知命。**昔管仲与鲍叔牙商贾于南阳，见三星聚虚危之分，知齐将有霸主，遂其戮力，来投齐地也。**叹荧惑之舍心，高宋景之守政。**当春秋时，荧惑守心，景公不从史韦之言，荧惑退舍，而延二十年。**壮汉祖之入秦，奇五纬之聚映。**昔汉祖入秦，五星聚于东井，秦之分。**尔乃历象既周，相佯岩际。**相佯，倘佯也。《尚书》曰："历象日月星辰。"**寻图籍之所记，著星变乎书契。览前代之将沦，咸谴告于昏世。**言先代之君将沦亡，天必告灾异之徵也。**桀斩谏以星孛，纣酖荒而致彗。**夫景星见则太平应，彗孛作而祸乱兴，天之常也。昔夏桀无道，斩关龙逢而极恶，孛星见，汤伐之，放于鸣条之野。殷纣设炮烙之形，彗星出，武王悬之白旗也。**恒不见以周衰，枉蛇行而秦灭。**昔鲁庄公十年夏四月，恒星不见，自是以后周室衰微。枉矢出，蛇行而无尾，自昔项羽入关，有此变。见《汉书》。**谅人事之有由，岂妖灾之虚设。**言天以冥应，玄象为变，要由人事，岂妖灾而已。**诚庸主之难悛，故明君之所察。**言庸君暗主，玄象谴告，不能改行自新以答天变；贤君明主则不然，见天灾异，惧而修德也。**尧无为犹观象，而况德非乎先哲。**夫唐尧至治，犹历象璇玑，窥七政，况德不及古，而不观之乎。

先是，太祖、太宗时太史令王亮、苏坦，世祖后破和龙，得冯文通太史令闵盛，高祖时太史令赵樊生，并知天文。后太史赵胜、赵翼、赵洪庆、胡世荣、胡法通等二族，世业天官者。又有容城令徐路善占候。世宗时坐事系冀州狱，别驾崔隆宗就禁慰问，路曰："昨夜驿马星流，计赦即时应至。"隆宗先信之，遂遣人、试出城候焉，俄而赦至。时人重之。永安中，诏以恒州民高崇祖善天文，每占吉凶有验，特除中散大夫。永熙中，诏通直散骑常侍孙僧化与太史令胡世荣、张龙、赵洪庆及中书舍人孙子良等，在门下外省校比天文书。集甘、石二家《星经》及汉魏以来二十三家经占，集为五十五卷。后集诸家撮要，前后所上杂占，以类相从，日月五星、二十八宿、中外官图，合为七十五卷。

僧化者，东莞人。识星分，案天占以言灾异，时有所中。普泰中，尔朱世隆恶其多言，遂系于廷尉，免官。永熙中，出帝召僧化与中散大夫孙安都共撰兵法，未就而帝入关，遂罢。元象中，死于晋阳。

时有河间信都芳，字王琳。好学善天文算数，甚为安丰王延明所知。延明家有群书，欲抄集《五经》算事为《五经宗》及古今乐事为《乐书》；又聚浑天、欹器、地动、铜乌漏刻、候风诸巧事，并图画为《器准》。并令芳算之。会延明南奔，芳乃自撰注。后隐于并州乐平之东山。太守慕容保乐闻而召之，芳不得已而见焉。于是保乐弟绍宗荐之于齐献武王，以为中外府田曹参军。芳性清俭质朴，不与物和。绍宗给其骡马，不肯乘骑；夜遣婢侍以试之，芳忿呼殴击，不听近己。狷介自守，无求于物。后亦注重差勾股，复撰《史宗》，仍自注之，合数十卷。武定中卒。

殷绍，长乐人也。少聪敏，好阴阳术数，游学诸方，达九章、七曜。世祖时为算生博士，给事东宫西曹，以艺术为恭宗所知。太安四年夏，上《四序堪舆》，表曰：

　　臣以姚氏之世，行学伊川，时遇游遁大儒成公兴，从求九章要术。兴字广明，自云胶东人也。山居隐迹，希在人间。兴时将臣南到阳翟九崖岩沙门释昙影间。兴即北还，臣独留住，依止影所，求请九章。影复将臣向长广东山见道人法穆，法穆时共影为臣开述九章数家杂要，披释章次意况大旨。又演隐审五藏六府心髓血脉，商功大算端部，变化玄象，土圭、《周髀》。练精锐思，蕴习四年，从穆所闻，粗皆仿佛。穆等仁矜，特垂忧闵，复以先师和公所注黄帝《四序经》文三十六卷，合有三百二十四章，专说天地阴阳之本。其第一《孟序》，九卷八十一章，说阴阳配合之原；第二《仲序》，九卷八十一章，解四时气王休杀吉凶；第三《叔序》，九卷八十一章，明日月辰宿交会相生为表里；第四《季序》，九卷八十一章，具释六甲刑祸福德，以此等文传授于臣。山神禁严，不得斋出，寻究经年，粗举纲要。山居险难，无以自供，不堪窘迫，心生懈怠。以甲寅之年，日维鹑火，月吕林钟，景气郁盛，感物怀归，奉辞影等。自尔至今，四十五载。

历观时俗堪舆八会，迳世已久，传写谬误，吉凶禁忌，不能备悉。或考良日而值恶会，举吉用凶，多逢殃咎。又史迁、郗振，中古大儒，亦各撰注，流行于世。配会大小，序述阴阳，依如本经，犹有所阙。臣前在东宫，以状奏闻，奉被景穆皇帝圣诏，敕臣撰录，集其要最。仰奉明旨，谨审先所见《四序经》文，抄撮要略，当世所须，吉凶举动，集成一卷。上至天子，下及庶人，又贵贱阶级，尊卑差别，吉凶所用，罔不毕备。未及内呈，先帝晏驾。臣时狼狈，几至不测。停废以来，迳由八载，思欲上闻，莫能自彻。加年夕齿颓，余龄旦暮，每惧殂殒，填仆沟壑，先帝遗志，不得宣行。夙夜悲愤，理难违匿，依先撰录奏，谨以上闻。请付中秘通儒达士，定其得失。事若可施，乞即班用。

其《四序堪舆》遂大行于世。

王早，勃海南皮人也。明阴阳九宫及兵法，尤善风角。太宗时，丧乱之后，多相杀害。有人诣早求问胜术，早为设法，今各无咎。由是州里称之。

时有东莞郑氏，因为同县赵氏所杀。其后郑氏执得雠人赵氏，又克明晨会宗族，当就墓所刑之。赵氏求救于早，早为占候，并授以一符，曰："君今且还，选壮士七人，令一人为主者，佩此符，于鸡鸣时伏在仇家宅东南二里许。平旦，当有十人跟随，向西北行，中有二人乘黑牛，一黑牛最在前，一黑牛应第七。但捉取第七者将还，事必无他。"赵氏从之，果如其言，乃是郑氏五男父也。诸子并为其族所宗敬，故和解二家，赵氏竟免。

后早与客清晨立于门内，遇有卒风振树。早语客曰："依法当有千里外急使。日中，将有两匹马，一白一赤，从西南来。至即取我，逼我，不听与妻子别。"语讫便入，召家人邻里辞别。语讫，浴，带书囊，日中出门候使。如期，果有二马，一白一赤，从凉州而至，即捉早上马,遂诣行宫。时世祖围凉州未拔,故许彦荐之。早,彦师也。及至,诏问何时当得此城。早对曰:"陛下但移据西北角,三日内必克。"世祖从之,如期而克。舆驾还都,时久不雨。世祖问早曰:"何时当雨?"早曰:"今日申时,必大雨。"比至未时,犹无片云,世祖召早诘之。早曰:"愿更少时。"至申时,云气四合,遂大雨滂沱。世祖甚善之,而早苦以疾辞,乞归乡里,诏许之。遂终于家。或言许彦以其术胜,恐终妨己,故谲令归耳。

耿玄,巨鹿宋子人也。善卜占。坐于室内,有客扣门,玄已知其姓字并所斋持及来问之意。其所卜筮,十中八九。别有林占,世或传之。而性不和俗,时有王公欲求其筮者,玄则拒而不许,每云:"今既贵矣,更何所求而复卜也,欲望意外乎?"代京法禁严切,王公闻之,莫不惊悚而退。故玄多见憎忿,不为贵胜所亲。官至钜鹿太守。

显祖、高祖时,有勃海高道埏、清河赵法遏并有名于世。世宗、肃宗时,奉车都尉清河魏道虔、奉车都尉周惝、魏郡太守章武高月光、月光弟明月、任玄智、雍州人潘捺,并长于阴阳卜筮。故玄于日者之中最为优洽。冠军将军、濮阳贾元绍、章武吕肫、济北冯道安、河内冯怀、海东郡李文殊,并工于法术,而道虔、月光、文殊为优,其余不及。浮阳孟刚、饶安王领郡善铨录风角,章武颜恶头善卜筮,亦用耿玄林占,当时最知名。范阳人刘弁亦有名于世。

刘灵助,燕郡人。师事刘弁,好阴阳占卜,而粗疏无赖,常去来燕恒之界,或时负贩,或复劫盗,卖术于市。后自代至秀容,因事尔朱荣。荣性信卜筮,灵助所占屡中,遂被亲待,为荣府功曹参军。

建义初,荣于河阴王公卿士悉见屠害。时奉车都尉卢道虔兄弟亦相率朝于行宫,灵助以其州里,卫护之,由是朝士与诸卢相随免害者数十人。荣入京师,超拜光禄大夫,封长子县开国伯,食邑七百户,寻进爵为公,增邑通前千户。后从荣讨擒葛荣,特除散骑常侍、抚军将军、幽州刺史。又从大将军、上党王天穆讨邢杲。

时幽州流民卢城人最为凶捍，遂令灵助兼尚书，军前慰劳之。事平而元颢入洛，天穆渡河。灵助先会尔朱荣于太行，及将攻河内，令灵助筮之。灵助曰："未时必克。"时已向中，士众疲怠，灵助曰："时至矣。"荣鼓之，将士腾跃，即便克陷。及至北中，荣攻城不获，以时盛暑，议欲且还，以待秋凉。庄帝诏灵助筮之。灵助曰："必当破贼。"诏曰："何日？"灵助曰："十八、十九间。"果如其言。车驾还宫，领幽州大中正，寻加征东将军，增邑五百户，进爵为燕郡公，诏赠其父僧安为幽州刺史。寻兼尚书左仆射，慰劳幽州流民于濮阳、顿丘，因率民北还。与都督侯渊等讨葛荣余党韩娄，灭之于蓟。仍厘州务，加车骑将军，又为幽、平、营、安四州行台。

及尔朱荣死，庄帝幽崩。灵助本寒微，一朝至此，自谓方术堪能动众。又以尔朱有诛灭之兆，灵助遂自号燕王、车骑大将军、开府仪同三司、大行台，为庄帝举义兵。灵助驯养大鸟，称为己瑞，妄说图纤，言刘氏当王，又云"欲知避世入鸟村"。遂刻毡为人象，画桃木为符书，作诡道厌祝之法。民多信之。

于时河西人纥豆陵步藩举兵逼晋阳，尔朱兆频战不利，故灵助唱言："尔朱自然当灭，不须我兵。"由是幽、瀛、沧、冀之民悉从之，从之者夜悉举火为号，不举火者诸村共屠之。以普泰元年三月，举众至博陵之安国城，与叱列延庆、侯渊、尔朱羽生等战，战败被擒，斩于定州，传首洛阳，支分其体。初，灵助每云："三月末，我必入定州，尔朱亦必灭。"及将战，灵助自筮之，卦成不吉，以手折蓍，弃之于地，云"此何知也"。寻见擒，果以三月入定州，而齐献武王以明年闰二月破西胡于韩陵山，遂灭兆等。永熙二年，赠使持节、散骑常侍、都督幽瀛冀三州诸军事、骠骑大将军、尚书左仆射、开府仪同三司、幽州刺史，谥曰恭。

子宗辉，袭。兴和中，开府属。齐受禅，例降。

江式，字法安，陈留济阳人。六世祖琼，字孟琚，晋冯翊太守，善虫篆、诂训。永嘉大乱，琼弃官西投张轨，子孙因居凉土，世传家业。

祖强，字文威，太延五年，凉州平，内徙代京。上书三十余法，各有体例，又献经史诸子千余卷，由是擢拜中书博士。卒，赠敦煌太守。父绍兴，高允奏为秘书郎，掌国史二十余年，以谨厚称。卒于赵郡太守。

式少专家学。数年之中，常梦两人时相教授，及寤，每有记识。初拜司徒长兼行参军、检校御史，寻除殄寇将军、符节令。以书文昭太后尊号谥册，特除奉朝请，仍符节令。式篆体尤工，洛京官殿诸门板题，皆式书也。

延昌三年三月，式上表曰：

臣闻庖羲氏作，而八卦列其画；轩辕氏兴，而龟策彰其彩。古史仓颉览二象之爻，观鸟兽之迹，别创文字，以代结绳，用书契以维事。宣之王庭，则百工以叙；载之方册，则万品以明。迄于三代，厥体颇异，虽依类取制，未能悉殊仓氏矣。故《周礼》八岁入小学，保氏教国子以六书：一曰指事，二曰象形，三曰形声，四曰会意，五曰转注，六曰假借。盖是史颉之遗法也。及宣王太史史籀著大篆十五篇，与古文或同或异，时人即谓之"籀书"。至孔子定《六经》，左丘明述《春秋》，皆以古文，厥意可得而言。

其后七国殊轨，文字乖别。暨秦兼天下，丞相李斯乃奏蠲罢不合秦文者。斯作《仓颉篇》，中车府令赵高作《爰历篇》，太史令胡母敬作《博学篇》，皆取史籀大篆，或颇省改，所谓小篆者也。于是秦烧经书、涤除旧典，官狱繁多，以趣约易，始用隶书。古文由此息矣。隶书者，始皇使下杜人程邈附于小篆所作也，以邈徒隶，即谓之隶书。故秦有八体：一曰大篆，二曰小篆，三曰刻符书，四曰虫书，五曰摹印，六曰署书，七曰殳书，八曰隶书。

汉兴，有尉律学，复教以籀书，又习八体，试之课最，以为尚书史。吏民上书，省字不正，辄举劾焉。又有草书，莫知谁始，考其书形，虽无厥谊，亦是一时之变通也。孝宣时，召通《仓

颉》读者，独张敞从之受。凉州刺史杜邺、沛人爰礼、讲学大夫
秦近亦能言之。孝平时，徵礼等百余人说文字于未央宫中，以
礼为小学元士。黄门侍郎扬雄采以作《训纂篇》。及亡新居摄，
自以应运制作，使大司空甄丰校文字之部，颇改定古文。时有
六书：一曰古文，孔子壁中书也；二曰奇字，即古文而异者；三
曰篆书，云小篆也；四曰佐书，秦隶书也；五曰缪篆，所以摹印
也；六曰鸟虫，所以幡信也。壁中书者，鲁恭王坏孔子宅而得
《礼》、《尚书》、《春秋》、《论语》、《孝经》也。又北平侯张仓献《春
秋左氏传》，书体与孔氏相类，即前代之古文矣。

　　后汉郎中扶风曹喜号曰工篆，小异斯法，而甚精巧，自是
后学皆其法也。又诏侍中贾逵修理旧文。殊艺异术，王教一端，
苟有可以加于国者，靡不悉集。逵即汝南许慎古文学之师也。
后慎嗟时人之好奇，叹儒俗之穿凿，愍文毁于誉，痛字败于訾，
更诡任情，变乱于世，故撰《说文解字》十五篇，首一终亥，各有
部属，包括六艺群书之诂，评释百氏诸子之训，天地、山川、草
木、鸟兽、昆虫、杂物、奇怪珍异、王制礼仪、世间人事，莫不毕
载。可谓类聚群分，杂而不越，文质彬彬，最可得而论也。左中
郎将陈留蔡邕采李斯、曹喜之法为古今杂形，诏于太学立石
碑，刊载《五经》，题书楷法，多是邕书也。后开鸿都，书画奇能
莫不云集，于时诸方献篆无出邕者。

　　魏初，博士清河张揖著《埤仓》、《广雅》、《古今字诂》，究诸
埤广，缀拾遗漏，增长事类，抑亦于文为益者。然其《字诂》，方
之许慎篇，古今体用，或得或失矣。陈留邯郸淳亦与揖同时，博
古开艺，特善《仓》、《雅》，许氏字指，八体六书精究闲理，有名
于揖，以书教诸皇子。又建《三字石经》于汉碑之西，其文蔚炳，
三体复宣。校之《说文》，篆隶大同，而古字少异。又有京兆韦
诞、河东卫觊二家，并号能篆。当时台观榜题、宝器之铭，悉是
诞书，咸传之子孙，世称其妙。

　　晋世，义阳王典祠令任城吕忱表上《字林》六卷，寻其况

趣，附托许慎《说文》，而案偶章句，隐别古籀奇惑之字，文得正隶，不差篆意也。忱弟静别放故左校令李登《声类》之法，作《韵集》五卷，宫商和徵羽各为一篇，而文字与兄便是鲁、卫，音读楚、夏，时有不同。

皇魏承百王之季，绍五运之绪，世易风移，文字改变，篆形谬错，隶体失真。俗学鄙习，复加虚巧，谈辩之士，又以意说，炫惑于时，难以厘改。故传曰，以众非，非行正。信哉得之于斯情矣。乃曰：追来为归，巧言为辩，小儿为颛，神虫为蚕，如斯甚众，皆不合孔氏古书、史籀大篆、许氏《说文》、《石经》三字也。凡所关古，莫不惆怅焉。嗟夫！文字者六艺之宗，王教之始，前人所以垂今，今人所以识古，故曰"本立而道生"。孔子曰："必也正名乎。"又曰："述而不作。"《书》曰："予欲观古人之象。"皆言遵修旧史，而不敢穿凿也。

臣六世祖琼家世陈留，往晋之初，与从父兄应元俱受学于卫觊，古篆之法，《仓》、《雅》、《方言》、《说文》之谊，当时并收善誉。而祖官至太子洗马，出为冯翊郡，值洛阳之乱，避地河西，数世传习，斯业所以不坠也。世祖太延中，皇威西被，牧犍内附，臣亡祖文威杖策归国，奉献五世传掌之书，古篆八体之法，时蒙褒录，叙列于儒林，官班文省，家号世业。暨臣暗短，识学庸薄，渐渍家风，有忝无显。但逢时来，恩出愿外，每承泽云津，厕沾漏润，驱驰文阁，参预史官，题篆宫禁，猥同上哲。既竭愚短，欲罢不能。是以敢藉六世之资，奉遵祖考之训，窃慕古人之轨，企践儒门之辙，辄求撰集古来文字，以许慎《说文》为主，爰采孔氏《尚书》、《五经》音注、《籀篇》、《尔雅》、《三仓》、《凡将》、《方言》、《通俗文》、《祖文宗》、《埤仓》、《广雅》、《古今字诂》、《三字石经》、《字林》、《韵集》、诸赋文字有六书之谊者，皆以次类编联，文无复重，纠为一部。其古籀、奇惑、俗隶诸体，咸使班于篆下，各有区别。诂训假借之谊，各随文而解；音读楚、夏之声，并逐字而注。其所不知者，则阙如也。脱蒙遂许，冀省百氏之观，而同文字之域，典书秘书。所须之书，乞垂敕给；并学士五人尝习文字者，助臣披览；书生五人，专令抄写。侍中、黄门、国子祭酒一月一监，评议疑隐，庶无纰缪。所撰名目，伏听明旨。

诏曰："可如所请，并就太常，冀兼教八书史也。其有所须，依请给之。名目待书成重闻。"式于是撰集字书，号曰《古今文字》，凡四十卷。大体依许氏《说文》为本，上篆下隶。又除宣威将军、符玺郎，寻加轻车将军。正光中，除骁骑将军、兼著作佐郎，正史中字。四年卒，赠右将军、巴州刺史。其书竟未能成。

式兄子征虏将军顺和，亦工篆书。先是太和中，兖州人沈法会能隶书，世宗之在东宫，敕法会侍书。已后，隶迹见知于闾里者甚众，未有如崔浩之妙。

周澹，京兆雩人也。为人多方术，尤善医药，为太医令。太宗尝苦风头眩，澹治得愈，由此见宠，位至特进，赐爵成德侯。神瑞二年，京师饥，朝议将迁都于邺。澹与博士祭酒崔浩进计，论不可之意，太宗大然之，曰："唯此二人，与朕意同也。"诏赐澹、浩妾各一人，御衣一袭，绢五十匹，绵五十斤。泰常四年卒，谥曰恭。

时有河南人阴贞，家世为医，与澹并受封爵。清河李潭，亦以善针见知。

子驴驹，袭，传术。迁兴中，位至散令。

李修，字思祖，本阳平馆陶人。父亮，少学医术，未能精究。世祖时，奔刘义隆于彭城，又就沙门僧坦研习众方，略尽其术，针灸授药，莫不有效。徐、兖之间，多所救恤，四方疾苦，不远千里，竟往从之。亮大为听事以舍病人，停车舆于下，时有死者，则就而棺殡，亲往吊视。其仁厚若此。累迁府参军，督护本郡，士门宿官，咸相交昵，车马金帛，酬赉无赀。修兄元孙随毕众敬赴平城，亦遵父业而不及。以功赐爵义平子，拜奉朝请。修略与兄同。晚入代京，历位中散令，以功赐爵下蔡子，迁给事中。

太和中，常在禁内。高祖、文明太后时有不豫，修侍针药，治多有效。赏赐累加，车服第宅，号为鲜丽。集诸学士及工书者百余人，在东宫撰诸药方百余卷，皆行于世。先是，咸阳公高允虽年且百岁，而气力尚康，高祖、文明太后时令修诊视之。一旦奏言，允脉竭气微，大命无远。未几果亡。迁洛，为前军将军，领太医令。后数年，卒。赠威远将军、青州刺史。

子天授，袭。汶阳令。医术又不逮父。

徐謇，字成伯，丹阳人。家本东莞，与兄文伯等皆善医药。謇因至青州，慕容白曜平东阳，获之，表送京师。显祖欲验其所能，乃置诸病人于幕中，使謇隔而脉之，深得病形，兼知色候。遂被宠遇。为中散，稍迁内侍长。

文明太后时问治方，而不及李修之见任用也。謇合和药剂，攻救之验，精妙于修，而性甚秘忌，承奉不得其意者，虽贵为王公，不为措疗也。高祖后知其能，及迁洛，稍加眷幸。体小不平，及所宠冯昭仪有疾，皆令处治。又除中散大夫，转右军将军、侍御师。謇欲为高祖合金丹，致延年之法。乃入居嵩高，采营其物，历岁无所成，遂罢。

二十二年，高祖幸悬瓠，其疾大渐，乃驰驲召謇，令水路赴行所，一日一夜行数百里。至，诊省下治，果有大验。高祖体少瘳，内外称庆。九月，车驾发发豫州，次于汝滨。乃大为謇设太官珍膳，因集百官，特坐謇于上席，遍陈肴觞于前，命左右宣謇救摄危笃振济之功，宜加酬赉。乃下诏曰："夫神出无方，形禀有碍，忧喜乖适，理必伤生。朕览万机，长钟革运，思芒芒而无怠，身忽忽以兴劳。仲秋动疴，心容顿竭，气体羸瘵，玉几在虑。侍御师、右军将军徐成伯驰轮太室，进疗汝蕃，方穷丹英，药尽芝石，诚术两输，忠妙俱至，乃令沈劳胜愈，笃瘵克痊，论勤语效，实宜褒录。昔晋武暴疾，程和应增封；辛疢数朝，钱爵大坠。况疾深于曩辰，业难于畴日，得不重加陟赏乎？宜顺群望，锡以山河。且其旧迳高秩，中暂解退，比虽铨用，犹未□□，准旧量今，事合显进。可鸿胪卿，金卿县开国伯，食邑五百户，赐钱一万贯。"又诏曰："钱府未充，须以杂物：绢二千匹、杂物一百匹，四十匹出御府；谷二千斛；奴婢十口；马十匹，一匹出骓骝；牛十头。"所赐杂物、奴婢、牛马，皆经内呈。诸亲王咸阳王禧等各有别赍，并至千匹。从行至邺，高祖犹自发动，謇日夕左右。明年，从诣马圈，高祖疾势遂甚，戚戚不怡，每加切诮，又欲加之鞭捶，幸而获免。高祖崩，謇随梓宫还洛。

謇常有药饵及吞服道符，年垂八十，鬓发不白，力未多衰。正始元年，以老为光禄大夫，加平北将军。卒。延昌初，赠安东将军、齐州刺史，谥曰靖。

子践，字景升，小名灵宝，袭爵。历官兖州平东府长史、右中郎将、建兴太守。

践弟知远，给事中。

成伯孙之才，孝昌初，为萧衍豫章王萧综北府主簿，从综镇彭城。综降，其下僚属并奔散，之才因入国。武定中，大将军、金紫光禄大夫、昌安县开国侯。

王显，字世荣，阳平乐平人，自方本东海郯人，王朗之后也。祖父延和中南奔，居于鲁郊，又居彭城。伯父安上，刘义隆时板行馆陶县。世祖南讨，安上弃县归命，与父母俱徙平城，例叙阳都子，除广宁太守。显父安道，少与季亮同师，俱学医药，粗究其术，而不及亮也。安上还家乐平，颇参士流。显少历本州从事，虽以医术自通，而明敏有决断才用。

初，文昭皇太后之怀世宗也，梦为日所逐，化而为龙而绕后，后寤而惊悸，遂成心疾。文明太后敕召徐謇及显等为后诊脉。謇云是微风入藏，宜进汤加针。显云："案三部脉非有心疾，将是怀孕生男之象。"果如显言。久之，召补侍御师、尚书仪曹郎，号称干事。

世宗自幼有微疾，久未差愈，显摄疗有效，因是稍蒙眄识。又罢六辅之初，显为领军千烈间通规策，颇有密功。累迁游击将军，拜廷尉少卿，仍在侍御，营进御药，出入禁内。乞临本州，世宗曾许之，积年未授，因是声问传于远近。显每语人，言时旨已决，必为刺史。遂除平北将军、相州刺史。寻诏驰驱还京，复掌药，又遣还州。元愉作逆，显讨之不利。入除太府卿、御史中尉。

显前后历职，所在著称，纠折庶狱，究其奸回，出内惜慎，忧国如家。及领宪台，多所弹劾，百僚肃然。又以中尉属官不悉称职，讽求更换。诏委改选，务尽才能，而显所举或有请属，未皆得人，于是众口喧哗，声望致损。后世宗诏显撰药方三十五卷，班布天下，以疗诸疾。东宫既建，以为太子詹事，委任甚厚。世宗每幸东宫，显常迎侍。出入禁中，仍奉医药。赏赐累加，为立馆宇，宠振当时。

延昌二年秋，以营疗之功，封卫南伯。四年正月，世宗夜崩，肃宗践祚。显参奉玺策，随从临哭，微为忧惧。显既蒙任遇，兼为法官，恃势使威，为时所疾。朝宰托以侍疗无效，执之禁中，诏削爵位。临执呼冤，直阁以刀环撞其腋下，伤中吐血，至右卫府一宿死。

始，显布衣为诸生，有沙门相显后当富贵，诫其勿为吏官，吏官必败。由是世宗时或欲令其遂摄吏部，每殷勤避之。及世宗崩，肃宗夜即位，受玺册，于仪须兼太尉及吏部，仓卒百官不具，以显兼吏部行事矣。

崔彧，字文若，清河东武城人。父勋之，字宁国，位大司马外兵郎，赠通直郎。彧与兄相如，俱自南入国。相如以才学知名，早卒。彧少尝诣青州，逢隐逸沙门，教以《素问》九卷及《甲乙》，遂善医术。中山王英子略曾病，王显等不能疗，彧针之，抽针即愈。后位冀州别驾，累迁宁远将军。性仁恕，见疾苦，好与治之。广教门生，令多救疗。其弟子清河赵约、勃海郝文法之徒，咸亦有名。

彧子景哲，豪率，亦以医术知名。为太中大夫、司徒长史。

蒋少游，乐安博昌人也。慕容白曜之平东阳，见俘入于平城，充平齐户，后配云中为兵。性机巧，颇能画刻。有文思，吟咏之际，时有短篇。遂留寄平城，以佣写书为业，而名犹在镇。

后被召为中书写书生，与高聪俱依高允。允爱其文用，遂并荐之，与聪俱补中书博士。自在中书，恒庇李冲兄弟子侄之门。始北方不悉青州蒋族，或谓少游本非人士，又少游微因工艺自达，是以公私人望不至相重。唯高允、李冲曲为体练，由少游舅氏崔光与李冲从叔衍对门婚姻也。高祖、文明太后常因密宴，谓百官曰："本谓少游作师耳，高允老公乃言其人士。"眷识如此。然犹骤被引命，屑屑禁闼，以规矩刻缋为务，因此大蒙恩锡，超等备位，而亦不迁陟也。

及诏尚书李冲与冯诞、游明根、高闾等议定衣冠于禁中，少游巧思，令主其事，亦访于刘昶。二意相乖，时致诤竞，积六载乃成，始班赐百官。冠服之成，少游有效焉。后于平城将营太庙、太极殿，遣少游乘传诣洛，量准魏晋基趾。后为散骑侍郎，副李彪使江南。高祖修船乘，以其多有思力，除都水使者，迁前将军、兼将作大匠，仍领水池湖泛戏舟楫之具。及华林殿、沼修旧增新，改作金塘门楼，皆所措意，号为妍美。

虽有文藻，而不得伸其才用，恒以剞劂绳尺，碎剧忽忽，徙倚园湖城殿之侧，识者为之叹慨。而乃坦尔为己任，不告疲耻。又兼太常少卿，都水如故。景明二年卒。赠龙骧将军、青州刺史，谥曰质。有《文集》十卷余。少游又为太极立模范，与董尔、王遇等参建之，皆未成而卒。

初，高宗时，郭善明甚机巧，北京宫殿，多其制作。高祖时，青州刺史侯文和亦以巧闻，为要舟，水中立射。滑稽少智，辞说无端，尤善浅俗委巷之语，至可玩笑。位乐陵、济南二郡太守。

世宗、肃宗时，豫州人柳俭、殿中将军关文备、郭安兴并机巧。洛中制永宁寺九层佛图，安兴为匠也。

高祖时，有范宁儿者善围棋。曾与李彪使萧赜，赜令江南上品王抗与宁儿。制胜而还。又有浮阳高光宗善樗蒲。赵国李幼序、洛阳丘何奴并工握槊。此盖胡戏,近入中国,云胡王有弟一人遇罪,将杀之,弟从狱中为此戏以上之,意言孤则易死也。世宗以后,大盛于时。

史臣曰:阴阳卜祝之事,圣哲之教存焉。虽不可以专,亦不可得而废也。徇于是者不能无非,厚于利者必有其害。诗书礼乐,所失也鲜,故先王重其德;方术伎巧,所失也深,故往哲轻其艺。夫能通方术而不诡于俗,习伎巧而必蹈于礼者,几于大雅君子。故昔之通贤,所以戒乎妄作。晁、张渊、王早、殷绍、耿玄、刘灵助皆术艺之士也。观其占候卜筮,推步盈虚,通幽洞微,近知鬼神之情状。周澹、李修、徐謇、王显、崔彧方药特妙,各一时之美也。蒋少游以剞劂见知,没其学思,艺成为下,其近是乎?

此卷王显以前魏收旧书,崔彧、蒋少游传全出《北史》及《小史》,史臣论亦取《北史·艺术传》论,而《北史》全用《周》、《随书·艺术传》论云。

魏书卷九二
列传第八〇

列 女

夫妇人之事,存于织纤组纸、酒浆醯醢而已。至如嬉训轩宫,娥成舜业,涂山三母,克昌二邦,殆非匹妇之谓也。若乃明识列操,文辩兼该,声自闺庭,号显列国,子政集之于前,元凯编之于后,随时缀录,代不乏人。今书魏世可知者为《列女传》。

中书侍郎清河崔览妻封氏,勃海人,散骑常侍礼女也。有才识,聪辩强记，多所究知，于时妇人莫能及。李敷、公孙文叔虽已贵重，近世故事有所不达，皆就而谘请焉。

勃海封卓妻，彭城刘氏女也。成婚一夕，卓官于京师，后以事伏法。刘氏在家，忽然梦想，知卓已死，哀泣不辍。诸嫂喻之不正，经旬，凶问果至，遂愤叹而死。时人比之秦嘉妻。

中书令高允念其义高而名不著，为之诗曰："两仪正位，人伦肇甄。爰制夫妇，统业承先。虽曰异族，气犹自然。生则同室，终契黄泉。其一。封生令达，卓为时彦。内协黄中，外兼三变。谁能作配，克应其选。实有华宗，挺生淑媛。其二。京野势殊，山川乖互。乃奉王命，载驰在路。公务既弘，私义获著。因媒致币，遄止一暮。其三。率我初冠，眷彼弱笄。形由礼比，情以趣谐。忻愿难常，影迹易乖。悠悠言迈，戚戚长怀。其四。时值险屯，横离尘网。伏锧就刑，身分土壤。千里虽遐，应如影响。良嫔洞感，发于梦想。其五。仰惟亲命，俯寻嘉好。谁谓会浅，义深情到。毕志守穷，誓不二醮。何以验之？殒身是效。其六。人之处世，孰不厚生。必存于义，所重则轻。结忿钟心，甘就幽冥。永捐堂宇，长辞母兄。其七。茫茫中野，翳翳孤丘。葛藟冥蒙，荆棘四周。理苟不昧，神必俱游。异哉贞妇，旷世靡畴。其八。"

巨鹿魏溥妻，常山房氏女也。父堪，慕容垂贵乡太守。房氏婉顺高明，幼有烈操。年十六，而溥遇病且卒，顾谓之曰："人生如白驹过隙，死不足恨，但凤心往志，不闻于没世矣。良痛母老家贫，供奉无寄；赤子蒙眇，血祀孤危。所以抱怨于黄墟耳。"房垂泣而对曰："幸承先人余训，出事君子，义在自毕。有志不从，命也。夫人在堂，稚子褓褓，顾当以身少，相感长往之恨。"俄而溥卒。及大敛，房氏操刀割左耳，投之棺中，仍曰："鬼神有知，相期泉壤。"流血滂然，助丧者咸皆哀惧。姑刘氏辍哭而谓曰："新妇何至于此！"房对曰："新妇少年不幸，实虑父母未量至情，觊持此自誓耳。"闻知者莫不感怆。

于时子缉生未十旬,鞠育于后房之内,未曾出门。遂终身不听丝竹,不预座席。缉年十二,房父母仍存,于是归宁。父兄尚有异议,缉窃闻之,以启母。房命驾给云他行,因而遂归,其家弗知之也。行数十里方觉,兄弟来追,房哀叹而不反。其执意如此。训导一子,有母仪法度。缉所交游有名胜者,则身具酒饭;有不及已者,辄屏卧不餐,须其悔谢乃食。善诱严训,类皆如是。年六十五而终。缉事在《序传》。

缉子悦为济阴太守,吏民立碑颂德。金紫光禄大夫高闾为其文,序云:"祖母房年在弱笄,艰贞守志,秉恭妻之操,著自毁之诚。"又颂曰:"爰及处士,遘疾夙凋。伉俪秉志,识茂行高。残形显操,誓敦久要。诞兹令胤,幽感乃昭。"溥未仕而卒,故云处士焉。

乐部郎胡长命妻张氏,事姑王氏甚谨。太安中,京师禁酒,张以姑老且患,私为酝之,为有司所纠。王氏诣曹自告曰:"老病须酒,在家私酿,王所为也。"张氏曰:"姑老抱患,张主家事,姑不知酿,其罪在张。"主司疑其罪,不知所处。平原王陆丽以状奏,高宗义而赦之。

平原鄃县女子孙氏男玉者,夫为灵县民所杀。追执雠人,男玉欲自杀之,其弟止而不听。男玉曰:"女人出适,以夫为天。当亲自复雪,云何假人之手!"遂以杖殴杀之。有司处死以闻。显祖诏曰:"男玉重节轻身,以义犯法,缘情定罪,理在可原,其特恕之。"

清河房爱亲妻崔氏者,同郡崔元孙之女。性严明高尚,历览书传,多所闻知。子景伯、景先,崔氏亲授经义,学行修明,并为当世名士。景伯为清河太守,每有疑狱,常先请焉。贝丘民列子不孝,吏欲案之。景伯为之悲伤,入白其母。母曰:"吾闻闻不如见,山民未见礼教,何足责哉?但呼其母来,吾与之同居。其子置汝左右,令其见汝事吾,或应自改。"景伯遂召其母,崔氏处之于榻,与之共食。景伯之温清,其子侍立堂下。未及旬日,悔过求还。崔氏曰:"此虽颜惭,

未知心愧,且可置之。"凡经二十余日,其子叩头流血,其母涕泣乞
还,然后听之,终以孝闻。其识度厉物如此,竟以寿终。

　　泾州贞女兕先氏,许嫁彭老生为妻,娉币既毕,未及成礼。兕先
率行贞淑,居贫常自舂汲,以养父母。老生辄往逼之,女曰:"与君礼
命虽毕,二门多故,未及相见。何由不禀父母,擅见陵辱!若苟行非
礼,正可身死耳。"遂不肯从。老生怒而刺杀之,取其衣服。女尚能
言,临死谓老生曰:"生身何罪,与君相遇。我所以执节自固者,宁更
有所邀?正欲奉给君耳。今反为君所杀,若魂灵有知,自当相报。"
言终而绝。老生持女珠璎至其叔宅,以告叔。叔曰:"此是汝妇,奈
何杀之,天不祐汝!"遂执送官。太和七年,有司劾以死罪。诏曰:
"老生不仁,侵陵贞淑,原其强暴,便可戮之。而女守礼履节,没身不
改,虽处草莱,行合古迹,宜赐美名,以显风操。其标墓旌善,号曰
'贞女'。"

　　姚氏妇杨氏者,阉人符承祖姨也。家贫无产业。及承祖为文明
太后所宠贵,亲姻皆求利润,唯杨独不欲。常谓其姊曰:"姊虽有一
时之荣,不若妹有无忧之乐。"姊每遗其衣服,多不受,强与之,则
云:"我夫家世贫,好衣美服,则使人不安。"与之奴婢,则云:"我家
无食,不能供给。"终不肯受。常著破衣,自执劳事。时受其衣服,多
不著,密埋之,设有著者,污之而后服。承祖每见其寒悴,深恨其母,
谓不供给之。乃启其母曰:"今承祖一身何所乏少,而使姨如是?"母
具以语之。承祖乃遣人乘车往迎之,则厉志不起,遣人强昇于车上,
则大哭,言:"尔欲杀我也!"由是符家内外皆号为痴姨。及承祖败,
有司执其二姨至殿庭。一姨致法,以姚氏妇衣裳弊陋,特免其罪。其
识机虽吕嫛亦不过也。

　　荥阳京县人张洪初妻刘氏,年十七,夫亡,遗腹生子,三岁又
没。其舅姑年老,朝夕奉养,率礼无违。兄矜其少寡,欲夺而嫁之。

刘氏自誓弗许,以终其身。

陈留董景起妻张氏。景起早亡,张时年十六,痛夫少丧,哀伤过礼。形容毁顿,永不沐浴,蔬食长斋。又无儿息,独守贞操,期以阖棺。乡曲高之,终见标异。

渔阳太守阳尼妻高氏,勃海人。学识有文才,高祖敕令入侍后宫。幽后表启,悉其辞也。

荥阳史映周妻同郡耿氏女,年十七,适于映周。太和二十三年,映周卒。耿氏恐父母夺其志,因葬映周,哀哭而殒。见者莫不悲叹。属大使观风,以状具上,诏标榜门闾。

任城国太妃孟氏,巨鹿人,尚书令、任城王澄之母。澄为扬州之日,率众出讨。于后贼帅姜庆真阴结逆党,袭陷罗城。长史韦缵仓卒失图,计无所出。孟乃勒兵登陴,先守要便。激厉文武,安慰新旧,劝以赏罚,喻之逆顺,于是咸有奋志。亲自巡守,不避矢石。贼不能克,卒以全城。澄以状表闻,属世宗崩,事寝。灵太后令曰:“鸿功盛美,实宜垂之永年。”乃敕有司树碑旌美。

苟金龙妻刘氏,平原人也。廷尉少卿刘叔宗之姊。世宗时,金龙为梓潼太守,郡带关城戍主。萧衍遣众攻围,值金龙疾病,不堪部分,众甚危惧。刘遂率厉城民,修理战具,一夜悉成。拒战百有余日,兵士死伤过半。戍副高景阴图叛逆,刘斩之,及其党与数十人。自余将士,分衣减食,劳逸必同,莫不畏而怀之。井在外城,寻为贼陷,城中绝水,渴死者多。刘乃集诸长幼,喻以忠节,遂相率告诉于天,俱时号叫,俄而澍雨。刘命出公私布绢及至衣服,悬之城中,绞而取水,所有杂器悉储之。于是人心益固。会益州刺史傅竖眼将至,贼乃退散。竖眼叹异,具状奏闻,世宗嘉之。正光中,赏平昌县开国子,邑二百户，授子庆珍，又得二子出身。庆珍卒，子纯陀袭。齐受禅，爵例降。

庆珍弟孚，武定末，仪同开府司马。

贞孝女宗者，赵郡柏仁人，赵郡太守李叔胤之女，范阳卢元礼之妻。性至孝，闻于州里。父卒，号恸几绝者数四，赖母崔氏慰勉之，得全。三年之中，形骸销瘠，非人扶不起。及归夫氏，与母分隔，便饮食日损，涕泣不绝，日就羸笃。卢氏合家慰喻，不解，乃遣归宁。还家乃复故，如此者八九焉。后元礼卒，李追亡抚存，礼无违者，事姑以孝谨著。母崔，以神龟元年终于洛阳，凶问初到，举声恸绝，一宿乃苏，水浆不入口者六日。其姑虑其不济，亲送奔丧。而气力危殆，自范阳向洛，八旬方达，攀榇号踊，遂卒。有司以状闻。诏曰："孔子称毁不灭性，盖为其废养绝类也。李既非嫡子，而孝不胜哀，虽乖俯就，而志厉义远，若不加旌异，则无以劝引浇浮。可追号曰'贞孝女宗'，易其里为孝德里，标李卢二门，以惇风俗。"

河东姚氏女字女胜，少丧父，无兄弟，母怜而守养。年六七岁，便有孝性，人言其父者，闻辄垂泣。邻伍异之。正光中，母死，女胜年十五，哭泣不绝声，水浆不入口者数日，不胜哀，遂死。太守崔游申请为营墓立碑，自为制文，表其门闾，比之曹娥，改其里曰上虞里。墓在郡城东六里大道北，至今名为孝女冢。

荥阳刁思遵妻，鲁氏女也。始笄，为思遵所娉，未逾月而思遵亡。其家矜其少寡，许嫁已定，鲁闻之，以死自誓。父母不达其志，遂经郡诉，称刁氏吝护寡女，不使归宁。鲁乃与老姑徒步诣司徒府，自告情状。普泰初，有司闻奏，废帝诏曰："贞夫节妇，古今同尚，可令本司依式标榜。"

史臣曰。阙

此传虽差多于《北史》、《小史》，然也不完。

魏书卷九三
列传第八一

恩　幸

王叡　王仲兴　寇猛　赵脩　茹皓
赵邕　侯刚　郑俨　徐纥

夫令色巧言，矫情饰貌，邀眄睐之利，射咳唾之私，此盖苟进之常也。故甚者刑身瀹子，其次舐痔尝痈，况乃散金秦货，输钱汉爵，又何怪哉？若夫地穷尊贵，嗜欲所攻，圣达其犹病诸，中庸固不能免。男女性态，其揆斯一，二代之亡，皆是物也。据天下之图，持海内之命，顾指如意，高下在心。此乃夏桀、殷纣丧二邦，秦母、吕雉秽两国也。魏世，王睿幸太和之初，郑俨宠孝昌之季，主幼于前，君稚于后，乘间宣淫，殆无忌畏，树列朋党，蔽塞天聪。高祖明圣外彰，人神系仰，御之有术，宗社弗坠。肃宗不言垂拱，潜济罕方，六合淆然，至于陨覆。且承颜色，窃光宠，势等秋风，气同夏日，亦何世而不有哉？此周旦所以诫其朋，诗人是为疾群小也。太宗时，王、车之徒，虽云幸念，皆宣力夷险，诚效兼存，未如赵修等出于近习趋走之地，坐擅威刑，势倾都鄙，得之非道，君子所以贱之。书其变态，备祸福之由焉。

王睿，字洛诚，自云太原晋阳人也。六世祖横，张轨参军。晋乱，子孙因居于武威姑臧。父桥，字法生，解天文卜筮。凉州平，入京，家贫，以术自给。历仕终于侍御中散。天安初卒，赠平远将军，凉州刺史、显美侯，谥曰敬。睿少传父业，而姿貌伟丽。恭宗之在东宫，见而奇之。

兴安初，擢为太卜中散，稍迁为令，领太史。承明元年，文明太后临朝，睿因缘见幸，超迁给事中。俄而为散骑常侍、侍中、吏部尚书，赐爵太原公。于是内参机密，外豫政事，爱宠日隆，朝士慑惮焉。太和二年，高祖及文明太后率百僚与诸方客临虎圈，有逸虎登门阁道，几至御座。左右侍御皆惊靡，睿独执戟御之，虎乃退去，故亲任转重。三年春，诏睿与东阳王丕同入八议，永受复除。四年，迁尚书令，封爵中山王，加镇东大将军。置王官二十二人，中书侍郎郑羲为傅，郎中令以下皆当时名士。又拜睿妻丁氏为妃。及沙门法秀谋逆，事发，多所牵引。睿曰："与其杀不辜，宁赦有罪。宜枭斩首恶，余从疑赦，不亦善乎？"高祖从之，得免者千余人。

睿出入帷幄，太后密赐珍玩缯彩，人莫能知。率常以夜帷车载往，阉官防致，前后巨万，不可胜数。加以田园、奴婢、牛马、杂畜，并尽良美。大臣及左右因是以受赉锡，外示不私，所费又以万计。及疾病，高祖、太后每亲视疾，侍官省问，相望于道。及疾笃，上疏曰：

臣闻忠于事君者，节义著于临终；孝于奉亲者，淳诚表于垂没。故孔明卒军，不忘全蜀之计；曾参疾甚，情存善言之益。虽则庸昧，敢忘景行。臣荷天地覆载之恩，蒙大造生成之德，渐风训于华年，服道教于弱冠。濯缨清朝，垂周三纪，受先帝非分之眷，叨陛下殊常之宠。遂乃齐迹功旧，内侍帷幄，爵列诸王，位班上等，从容闻道，与知国政。诚思竭尽力命，以报所受，不谓事与心违，忽婴重疾。每屈舆驾亲临问之，荣洽生平，惠流身后，犬马之诚，衔佩罔极。今所病遂笃，虑必不起，延首阙庭，鲠恋终日。仰恃皇造宿眷之隆，敢陈愚昧管窥之见。

臣闻为治之要，其略有五：一者慎刑罚，二者任贤能，三者亲忠信，四者远谗佞，五者行黜陟。夫刑罚明则奸宄息，贤能用则功绩著，亲忠信则视听审，远谗佞则疑间绝，黜陟行则贪叨改。是以钦恤惟刑，载在《唐典》；知人则哲，唯帝所难。《周书》垂好德之文，汉史列防奸之论，考省幽明，先王大典。又八表既广，远近事殊，抚荒裔宜待之以宽信，绥华甸宜惠之以明简。哀恤孤独，赈施困穷，录功旧，赦小罪，轻徭役，薄赋敛，修福业，禁淫祀。愿听政余暇，赐垂览察。使子囊之诚，重申于当世；将坠之志，获用于明时。

寻薨，时年四十八。高祖、文明太后亲临哀恸，赐温明秘器，宕昌公王遇监护丧事。赠卫大将军、太宰、并州牧，谥曰宣王。内侍长董丑奴营坟墓，将葬于城东，高祖登城楼以望之。京都文士为作哀诗及诔者百余人。乃诏为睿立祀于都南二十里大道右，起庙以时祭荐，并立碑铭，置守祀五家。又诏褒睿，图其捍虎状于诸殿，命高允为之赞。京都士女讹称睿美，造新声而弦歌之，名曰《中山王乐》。诏班乐府，合乐奏之。

初，睿女妻李冲兄子延宾，次女又适赵国李恢子华。女之将行也，先入宫中，其礼略如公主、王女之仪。太后亲御太华殿，寝其女于别帐，睿与张祐侍坐，睿所亲及两李家丈夫妇人列于东西廊下。及车引，太后送过中路。时人窃谓天子、太后嫁女。睿之葬也，假亲姻义旧，衰绖缟冠送丧者千余人，皆举声恸泣以要荣利，时谓之义孝。睿既贵，乃言家本太原晋阳，遂移属焉，故其兄弟封爵移以并州郡县。薨后，重赠睿父桥侍中、征西将军、左光禄大夫、仪同三司、武威王，谥曰定。追策睿母贾氏为妃，立碑于墓左。父子并葬城东，相去里余，迁洛后，更徙葬太原晋阳。

子袭，子元孙。年十四，以父任擢为中散，仍总中部。睿薨，高祖诏袭代领都曹，为尚书令，领吏部曹、中部，如其品职，依典承袭。文明太后令曰："都曹尚书曹百僚之首，民所具瞻。袭年少，智思未周，其都曹尚书令可权记，使闲习政事，后用不晚。"终太后世，宠念如初。袭王爵，例降为公。太后崩后，袭仍在高祖左右，然礼遇稍薄，不复关与时事。久之，出为镇西将军、秦州刺史，又转并州刺史。十七年，舆驾诣洛，路幸其治，供帐粗办，境内清静，高祖颇嘉之。而民庶多为立铭，置于大路，虚相称美，或曰袭所教也。高祖闻而问之，对不以实，因是面被责让。尚书奏免其官，诏唯降号二等。二十年，以事为中尉所纠，会赦免，语在《常景传》。景明二年卒，赠平南将军、豫州刺史，谥曰质。

子忻，袭爵，为太尉、汝南王悦记室参军。建义初，河阴遇害，赠散骑常侍、安北将军、肆州刺史，谥曰穆。

子暄，袭爵。武定末，齐州骠骑府功曹参军。齐受禅，例降。

忻弟诞，字永安。龙骧将军、正平太守。亦于河阴遇害。赠抚军将军、并州刺史。

子希云，举秀才，早亡。

诞弟殖，字永兴。司空城局参军。

子祖干，司徒行参军、并州刺史。

殖弟永业，司空参军事。

袭弟椿，字元寿。少以父任拜秘书中散，寻以父忧去职。后除羽林监、谒者仆射，母丧解任。正始初，拜中散，出为太原太守，加镇远将军，坐事免。椿僮仆千余，园宅华广，声妓自适，无乏于时。或有劝椿仕者，椿笑而不答。雅有巧思，凡所营制，可为后法。由是，正光中，元叉将营明堂、辟雍，欲征椿为将作大匠，椿闻而以疾固辞。

孝昌中，尔朱荣既据并、肆，以汾州胡逆，表加椿征虏将军、都督，慰劳汾胡。汾胡与椿比州，服其声望，所在降下。事宁，授右将军、太原太守。以预立庄帝之劳，封辽阳县开国子，食邑三百户。寻转封真定县开国侯，食邑七百户。除持节、本将军、华州刺史。寻转使持节、散骑常侍、殷州刺史。元晔立，除都官尚书，固辞不拜。

永熙中，行冀州事。寻除使持节、散骑常侍、车骑将军、瀛州刺史。时有风雹之变，诏书广访谠言，椿乃上疏曰：

伏奉诏书，以风雹厉威，上动天眷，访谠辞于百辟，诏舆育诵四海。宸衷恳切，备在丝纶，祗承兢感，心焉靡厝。伏惟陛下

启篆应期,驭育万物,承缀旒之艰运,纂纤丝之危绪,忘餐日
昃,求衣未明,俾上帝下临,愍兹荼蓼,永济沟壑。而沧浪降戾,
作害中秋。上帝照临,义不虚变。窃惟风为号令,皇天所以示
威;霅者气激,阴阳有所交诤。殆行令殊节,舒急失中之所致
也。昔澍雨千里,实缘教祀之诚;炎精三舍,宁非善言之力。遣
不空发,徵岂谬应,谁谓盖高,实符人事。伏愿陛下留心曲览,
垂神远察,礼贤登士,博举审官,擢申滞怨,振穷省役。使夫滋
水没川之彦,毕居朝右;仪表丹青之位,未或虚加。圜土绝五毒
之民,揆日息千门之费。岩岩廊署,无不遇之士;忪忪茕独,荷
酒帛之恩。则物见昭苏,人知休泰,徐奏《薰风》之曲,无论《鸿
雁》之歌,岂不天人幸甚,鬼神咸抃?

　　椿性严察,下不容奸,所在吏民,畏之重足。天平末,更满还乡。
初,椿于宅构起听事,极为高壮。时人忽云:"此乃太原王宅,岂是王
太原宅。"椿往为本郡,世皆呼为王太原。未几,尔朱荣居椿之宅,荣
封太原王焉。至于齐献武王之居晋阳,霸朝所在,人士辐凑。椿礼
敬亲知,多所拯接。后以老病,遂辞疾客居赵郡之西鲤鱼祠山。兴
和二年春卒,时年六十二。赠使持节、都督冀瀛二州军事、骠骑大将
军、尚书左仆射、太尉公、冀州刺史,谥曰文恭。及葬,齐献武王亲自
吊送。

　　椿妻巨鹿魏悦之次女,明达有远操,多识往行前言。随夫在华
州,兄子建在洛遇患,闻而星夜驰赴,肤容亏损,亲类叹尚之。尔朱
荣妻北乡郡长公主深所礼敬。永安中,诏以为南和县君。内足于财,
不以华饰为意。抚兄子收情同己子,存拯亲类,所在周洽。椿名位
终始,魏有力焉。元象中卒,赠巨鹿郡君。椿无子,以兄孙叔明为后。

　　叔明,太尉参军事、仪同开府祭酒。死于晋阳,无子,以弟子暄
子为后。

　　睿弟谌,字厚诚。为给事中、安南将军、祠部尚书,赐爵上党公。
加散骑常侍,领太史事。例降为侯。迁太常卿。出为持节、安东将

军、兖州刺史。还，除光禄大夫，卒于官。赠帛五十匹。

子翔，字元凤。少以聪敏循良，诏充内侍。自太和初，与李冲等奏决庶事，迄于十六年，赏赐前后累千万。是时，政事多决于文明太后，后好细察，而翔恭谨慎密，甚被知任。迁洛，兼给事黄门侍郎、尚书左丞。袭爵，迁辅国将军、太府少卿。出为济州刺史。卒，赠大将军、肆州刺史。子超，袭。

超，字和善。奉朝请、并州治中。超爱好人物，轻财重义。性豪华，能自奉养，每食必穷水陆之味。年三十四卒。

子景览，袭。武定中，卫将军、右光禄大夫。齐受禅，例降。

景览弟景招，开府集曹参军。

超弟穆，字思泰。元象中，上党太守。卒。

穆弟绰，字思和，员外散骑侍郎。上党王天穆以为北道行台郎中。尔朱荣代天穆为大行台，仍为吏部郎。以预奉庄帝之勋，封猗氏县开国侯，邑五百户。永安末，除征西将军、幽州刺史，不之任。元晔立，转除骠骑大将军、并州刺史。兴和中卒。

绰弟爽，司徒中兵参军。

谌弟魏诚，为东宫学生，拜给事中，赐爵中都侯，加龙骧将军。卒，赠安南将军、冀州刺史，谥曰恭。

子静，字元安，少有公干。拜中散，袭爵，例降为伯。除员外郎、羽林监、兼尚书郎。以明法，除廷尉评。转游击将军，加冠军将军、岐州刺史。赵郡王谧虐害，城民怨叛，诏静以驲慰喻，咸即降下。以奉使称旨，赐帛五百匹。除赵郡太守，以母老固辞不拜。又授征虏将军、廷尉少卿，有当官之称。坐公事，左迁中散大夫，以母忧去职。孝昌初，诏兼廷尉卿，寻行定州事，并固辞不起。二年夏，除长兼廷尉卿，寻行定州事。至冬，病卒，年五十七。赠抚军将军、并州刺史，谥曰贞。无子，以从子伯豫为后。

伯豫，袭爵。武定中，冀州开府录事参军。齐受禅，例降。

魏诚弟亮,字平诚。承明初,擢为中散。告沙门法秀反,迁冠车将军,赐爵永宁侯,加给事中。出为安西将军、泰州刺史。后转陕州刺史,坐事免。卒于家。

亮子洪寿,早卒。

子元景,正光中,许复先爵,降为伯。卒,无子。

洪寿弟嶷,字安寿。除奉朝请,稍迁中散大夫。以疾归乡里,遂移居上党。年七十一卒。

子夷,字景预。有文才,少工诗咏,知名于世。未官而卒。

睿叔隆保,冠军将军、姑臧侯。卒,追赠安东将军、并州刺史,巨鹿公,谥曰靖。

王仲兴,赵郡南栾人也。父天德,起自细微,至殿中尚书。仲兴幼而端谨,以父任早给事左右。太和中,殿内侍御中散、武骑侍郎、给事中。出入禁内十余年,转冗从仆射,犹参密近,为齐帅。从驾征新野有功,除折冲将军、屯骑校尉。又命率千余骑破贼于邓城。除振威将军、越骑校尉,赐帛千匹。

高祖于马圈,自不豫、大渐迄于崩,仲兴颇预侍护。达鲁阳,世宗即位,转左中郎将,仍齐帅。及帝亲政,与赵修并见宠任,迁光禄大夫,领武卫将军。仲兴虽与修并,而畏慎自退,不若修之倨傲无礼。咸阳王禧之出奔也,当时上下微为骇震。世宗于乾脯山,追仲兴驰入金墉城安慰。后与领军于劲共参机要,因自理马圈侍疾及入金墉之功,乞同元赏,遂封上党郡开国公,食邑二千户。自拜武卫及受封之日,车驾每临飨其宅。世宗游幸,仲兴常侍从,不离左右,外事得径以闻,百僚亦耸体而承望焉。

兄可久以仲兴故,自散爵为徐州征虏府长史,带彭城太守。仲兴世居赵郡,自以寒微,云旧出京兆霸城,故为雍州大中正。尚书后以仲兴开国公,赏报过优。北海王详尝面启奏请降减,事久不决。可久在徐州,恃仲兴宠势,轻侮司马、梁郡太守李长寿,遂至忿诤。彭城诸沙门共相和解，未几，复有所竞。可久乃令僮仆邀殴长寿，遂折其胁。州以表闻。北海王详因百僚朝集，厉色大言曰："徐州名藩，先帝所重，朝廷云何简用上佐，遂令致此纷纭，以彻荒外，岂不为国丑辱也！"众亦莫有应者。仲兴是后渐疏，不得径入左右。世宗乃下诏夺其封邑，出除平北将军、并州刺史。卒，赠安东将军、青州刺史。

寇猛，上谷人也。祖父平城。猛少以姿干充虎贲，稍迁羽林中郎。从高祖征南阳，以击贼不进免官。世宗践位，复叙用，爱其膂力，置之左右，为千牛备身，历转遂至武卫将军。出入禁中，无所拘忌。自以上谷寇氏，得补燕州大中正，而不能甄别士庶也。家渐富侈，宅宇高华，妾隶充溢。微荣弟侄，然不及茹皓、仲兴也。卒，赠平北将军、燕州刺史。

赵脩，字景业，赵郡房子人。父惠安，后名谧，都曹史，积劳补阳武令。脩贵，追赠威烈将军、本郡太守。及葬，复赠龙骧将军、定州刺史。脩本给事东宫，为白衣左右，颇有膂力。世宗践阼，仍充禁侍，爱遇日隆。然天性暗塞，不闲书疏，是故不参文墨。世宗亲政，旬月之间，频有转授，历员外通直散骑常侍、镇东将军、光禄卿。每受除设宴，世宗亲幸其宅，诸王公卿士百僚悉从，世宗亲见其母。脩能剧饮，至于逼观觞爵，虽北海王详、广阳王嘉等皆亦不免，必致困乱。每适郊庙，脩常骖陪。出入华林，恒乘马至于禁内。咸阳王禧诛，其家财货多赐高肇及脩。

脩之葬父也，百僚自王公以下无不吊祭，酒犊祭奠之具，填塞门街。于京师为制碑铭，石兽、石柱皆发民车牛，传致本县。财用之费，悉自公家。凶吉车乘将百两，道路供给，亦皆出官。时将马射，世宗留脩过之。帝如射宫，脩又骖乘，略车旒竿触东门而折。脩恐不逮葬日，驿赴窆期，左右求从及特遣者数十人。脩道路嬉戏，殆无戚容，或与宾客奸掠妇女裸观，从者哗沓喧哗，诟詈无节，莫不畏而恶之。是年，又为脩广增宅舍，多所并兼，洞门高堂，房屋周博，崇丽拟于诸王。其四面邻居，赂入其地者侯天盛兄弟，越次出补长史、大郡。修起自贱伍，暴致富贵，奢傲无礼，物情所疾。因其在外，左右或讽纠其罪。自其葬父还也，旧宠小薄。

初，王显祗附于修，后因忿阋，密伺其过，规陷毁之，而修过短，都不悛防。显积其前后愆咎，列修葬父时路中淫乱不轨，又云与长安人赵僧撒谋匿玉印事。高肇、甄琛等构成其罪，乃密以闻。始琛及李冯等曲事于修，无所不至，惧相连及，争共纠摘，助攻治之。遂乃诏曰：

> 小人难育、配棘不雕，长恶不悛，岂容抚养。散骑常侍、镇东将军、领扈左右赵修，昔在东朝，选充台皂，幼所经见，长难遗之。故篡业之初，仍引西禁。虽地微器陋，非所宜采；然识早念生，遂升名级。自蒙洗濯，凶昏日甚，骤侫荐骄，恩加轻慢。不识人伦之体，不悟深浅之方，陵猎王侯，轻粗卿相，门宾巷士，拜叩不接，嚣气豪心，仍怀鄙塞。比听葬父，侈暴继闻；居京造宅，残虐徒旅。又广张形势，妄生矫托。与雍州人赵僧撒等阴相传纳，许受玉印。不轨不物，日月滋甚。朕犹愍其宿隶，每加覆护，而擅威弄势，侏张不已。法家耳目，并求宪纲，虽欲舍之，辟实难爽。然楚履既坠，江君徘徊；钟牛一声，东向改衅。修虽小人，承侍在昔，极辟之奏，欲加未忍。可鞭之一百，徙敦煌为兵。其家宅作，徒即仰停罢；所亲在内者，悉令出禁。朕昧于处物，育兹豺虎，顾寻往谬，有愧臣民，便可时敕申没，以谢朝野。

是日，修诣领军于劲第与之樗蒲，筹未及毕，而羽林数人相续而至，称诏呼之。修惊起随出，路中执引修马诣领军府。琛与显监决其罚，先具问事有力者五人更迭鞭之，占令必死。旨决百鞭，其实三百。修素肥壮，腰背博硕，堪忍楚毒，了不转动。鞭讫，即召驿马，促之令发。出城西门，不自胜举，缚置鞍中，急驱驰之。其母妻追随，不得与语。行八十里乃死。初，于后之入，修之力也。修死后，领军于劲犹追感旧意，经恤其家，自余朝士昔相宗承者，悉弃绝之，示已之疏远焉。

茹皓，字禽奇，旧吴人也。父让之，本名要，随刘骏巴陵王休若为将，至彭城。是时，南土饥乱，遂寓居淮阳上党。皓年十五六，为县金曹吏，有姿貌，谨惠。南徐州刺史沈陵见而善之，自随入洛阳，举充高祖白衣左右。世宗践阼，皓侍直禁中，稍被宠接。

世宗尝拜山陵，路中欲引与同车，皓奋衣将升，黄门侍朗元匡切谏乃止。及世宗亲政，皓眷赉日隆。又以马圈劳，当拟补员外将军。时赵修亦被幸，妒害之，求出皓为外守。皓亦虑见危祸，不乐内官，遂超授濮阳太守，加厉威将军。其父因皓讼理旧勋，先除兖州阳平太守，赐以子爵。父子剖符名邦，郡境相接，皓忻然于去内，不以疏外为戚。及赵修等败，竟获全免。虽起微细，为守乃清简寡事。

世宗幸邺讲武，皓启求朝趋，解郡，授左中郎将，领直阁。宠待如前。皓既官达，自云本出雁门，雁门人谄附者乃因荐皓于司徒，请为肆州大中正。府、省以闻，诏特依许。迁骠骑将军，领华林诸作。皓性微工巧，多所兴立。为山于天渊池西，采掘北邙及南山佳石。徙竹汝颍，罗莳其间；经构楼馆，列于上下。树草栽木，颇有野致。世宗心悦之，以时临幸。迁冠军将军，仍骁骑将军。

皓贵宠日升，关与政事。太傅、北海王详以下咸祗惮附之。皓弟年尚二十，擢补员外郎。皓娶仆射高肇从妹，于世宗为从母。迎纳之日，详亲诣之，礼以马物。皓又为弟聘安丰王延明妹，延明耻非旧流，不许。详劝强之，云："欲觅官职，如何不与茹皓婚姻也？"延明乃从焉。皓颇敏彗，折节下人。而潜自经营，阴有纳受，货产盈积。起宅宫西，朝贵弗之及也。是时，世宗虽亲万务，皓率常居内，留宿不还，传可门下奏事。未几，转光禄少卿，意殊不已，方欲陈马圈从先帝之劳，更希进举。

初，修、皓之宠，北海王详皆附纳之。又直阁将军刘胄本为详所荐，常感详恩，密相承望，并共来往。高肇素疾诸王，常规陷害，既知详与皓等交关相昵，乃构之世宗，云皓等将有异谋。世宗乃召中尉崔亮令奏皓、胄、常季贤、陈扫静四人擅势纳贿及私乱诸事，即日执皓等皆诣南台。翌日,奏处罪,其晚就家杀之。皓妻被发出堂,哭而迎皓。皓径入哭别,食椒而死。

皓子怀朗,仕至南青州刺史。兴和初,以罪赐死,子侄徙边。

胄,字元孙,河间人。始为北海王详所举。六辅时,出守本郡,与皓俱赴邺宫讲武,亦自乞留。至洛,久不叙用。详又为启,晚乃拜将军直阁。

季贤起于主马,世宗初好骑乘,因是获宠。位至殿中将军、司药丞,仍主厩闲。与茹皓通知庶事,势望渐隆。引其兄为朝请、直寝,娶武昌王鉴妹。季贤又将娶洛州刺史元拔女,并结托帝戚以为荣援云。

扫静、徐义恭,并彭城旧营人。扫静能为世宗典栉梳,义恭善执衣服,并以巧便,旦夕居中,爱幸相侔,官叙不异。扫静妻,义恭姊也,情相遗薄,室家不谐。义恭恒忿恨之,亲经世宗,诉其欺侮。世宗以其左右,两护之。二人皆承奉茹皓,亦并加接眷。而扫静偏为亲密,与皓常在左右,略不归休。皓败,扫静亦死于家。义恭小心谨慎,谦退少语。皓等死后,弥见幸信,长侍左右,典掌秘密。世宗不豫,义恭昼夜扶侍,崩于怀中。灵太后临政,义恭谄附元叉,又有淫宴,多在其宅。为尝药次御,出为东秦州刺史。建义后,历内外显职。武定初,卒于骠骑大将军、左光禄大夫。

赵邕,字令和,自云南阳人。洁白明髭眉,晓了恭敏。司空李冲之贵宠也,邕以少年端谨,出入其家,颇给按磨奔走之役。冲亦深加接念,令与诸子游处。人有束带谒于冲者,时托之以自通。高祖太和中,给事左右。至殿中监。世宗即位及亲政,犹居本任。微与赵修结为宗援,然亦不甚相附也。邕稍迁至殿中将军,犹带监职。

邕父怡,太和中历郢州刺史,停家久之,以邕宠召拜太常少卿。寻为荆州大中正,出除征虏将军、荆州刺史。怡乃致其母丧,葬于宛城之南,赵氏旧墟。以老乞解州任,迁拜光禄大夫,转金紫光禄。卒,赠镇东将军、相州刺史。

世宗每出入郊庙，修恒以常侍、侍中陪乘，而邕兼奉车都尉，执辔同载。时人窃论，号为“二赵”。以赵出南阳，徙属荆，邕转给事中、南阳中正，以父为荆州大中正，乃罢。转长兼散骑侍郎、领左右、直长，出入禁中。复为荆州大中正。邕弟尚，中书舍人，出除南阳太守。怡辞荆州也，尚求解郡，与父俱还。未至京师，逆除步兵校尉。邕祖岳旧葬代京，丧自平城还葬南阳，赠平远将军、青州刺史。

世宗崩，邕兼给事黄门，俄转太府卿。出除平北将军、幽州刺史。在州贪纵。与范阳卢氏为婚，女父早亡，其叔许之，而母不从。母北平阳氏携女至家藏避规免，邕乃拷掠阳叔，遂至于死。阳氏诉冤，台遣中散大夫孙景安研检事状，邕坐处死，会赦得免，犹当除名。自理经年，临淮王彧时为廷尉，久不断决。孝昌初卒。

侯刚，字乾之，河南洛阳人，其先代人也。本出寒微，少以善于鼎俎，进饪出入。久之，拜中散，累迁冗从仆射、尝食典御。世宗以其质直，赐名刚焉。稍迁奉车都尉、右中郎将，领刀剑左右，加游击将军、城门校尉。迁武卫将军，仍领典御，又加通直散骑常侍。诏曰：“太和之季，蚁寇侵疆，先皇于不豫之中，命师出讨。抚戎暴露，触御乖和。朕属当监国，弗获随侍，而左右服事，唯藉忠勤。刚于违和之中，辛勤行饪。追远录诚，宜先推叙。其以刚为右卫大将军。”后领太子中庶子。

世宗崩，刚与侍中崔光迎肃宗于东宫。寻除卫尉卿，封武阳县开国侯，邑千二百户。俄为侍中、抚军将军、恒州大中正。迁卫将军，表让侍中，诏不许。进爵为公，以给侍之劳，加赏散伯。熙平初，除左卫将军，余官如故。侍中游肇出为相州。刚言于灵太后曰：“昔高氏擅权，游肇抗衡不屈，先帝所知，四海同见，而出牧一藩，未尽其美，宜还引入，以辅圣主。”太后善之。刚宠任既隆，江阳王继、尚书长孙稚皆以女妻其子。司空、任城王澄以其起由膳宰，颇窃侮之，云：“此近为我举食。”然公坐对集，敬遇不亏。

后刚坐掠杀试射羽林，为御史中尉元匡所弹，廷尉处刚大辟。尚书令、任城王澄为之言于灵太后，侯刚历仕前朝，事有可取，纤芥之疵，未宜便致于法。灵太后乃引见廷尉卿裴延俊、少卿袁翻于宣光殿，问曰："刚因公事掠人，邂逅致死，律文不坐。卿处其大辟，竟何所依？"翻对曰："案律：邂逅不坐者，谓情理已露，而隐避不引，必须棰挞，取其款言，谓挝挞以理之类。至于此人，问则具首，正宜依犯结案，不应横加棰扑。兼刚口唱打杀，挝筑非理，本有杀心，事非邂逅。处之大辟，未乖宪典。"太后曰："卿等且还，当别有判。"于是令曰："廷尉执处侯刚，于法如猛。刚既意在为公，未宜便依所执。但轻剿民，命理无全，舍可削封三百户，解尚衣典御。"刚于是颇为失意。

刚自太和进食，遂为典御，历两都、三帝、二太后，将三十年，至此始解。未几，加散骑常侍。御史中尉元匡之废也，太后访代匡者，刚为太傅、清河王怿所举，遂除车骑将军，领御史中尉，常侍、卫尉如故。及领军元叉执政擅权，树结亲党，刚长子，又之妹夫，乃引刚为侍中、左卫将军，还领尚食典御，以为枝援。俄加车骑大将军、领左右，复前削之封。寻加仪同，复领御史中尉。

刚启军旅稍兴，国用不足，求以封邑俸粟赈给征人，肃宗许之。孝昌元年，除领军，余官如故。初，元叉之解领军也，灵太后以叉腹心尚多，恐难卒制，故权以刚代之，示安其意。寻出为散骑常侍、冀州刺史、将军、仪同三司。刚行在道，诏曰："刚因缘时会，恩隆自久，擢于凡品，越升显爵。往以微勤，赏同利建，宠灵之极，超绝夷等。曾无犬马识主之诚，方怀枭镜返噬之志。与权臣元叉婚姻朋党，亏违典制，长直禁中，一出一入，迭为奸防。又与刘腾共为心膂，间隔二宫，逼胁内外。且位居绳宪，纠察是司，宜立格言，势同鹰隼。方严楚挞，枉服贞良，专任凶威，以直为曲。不忠不道，深暴民听，附下罔上，事彰幽显。莫大之罪，难从宥原，封爵之科，理宜贬夺。可征虏将军，余悉削黜。"刚终于家。永安中，赠司徒公。

刚长子详，自奉朝请稍迁通直散骑侍郎、冠军将军、主衣都统。

刚以上谷先有侯氏，于是始家焉。正光中，又请以详为燕州刺史，将军如故，欲为家世之基。寻进后将军。五年，拜司徒左长史，领尝药典御、燕州大中正。兴和中，骠骑将军、殷州刺史。还朝，久而卒。

郑俨，字季然，荥阳人。容貌壮丽。初为司徒胡国珍行参军，因缘为灵太后所幸，时人未之知也。迁员外散骑侍郎、直后。灵太后废，萧宝夤西征，以俨为开府属。孝昌初，太后反政，俨请使还朝，复见宠待。拜谏议大夫、中书舍人，领尝食典御。昼夜禁中，宠爱尤甚。俨每休沐，太后常遣阉童随侍，俨见其妻，唯得言家事而已。

与徐纥俱为舍人。俨以纥有智数，仗为谋主；纥以俨宠幸既盛，倾身承接。共相表里，势动内外。城阳王徽微与之合，当时政令归于俨等。迁通直郎、散骑常侍、平东将军、武卫将军、华林都将军、右卫将军、散骑常侍、中军将军、中书令、车骑将军、舍人、常侍如故。肃宗崩，事出仓卒，天下咸言俨计也。尔朱荣举兵向洛，以俨、纥为辞。荣逼京师，俨走归乡里。俨从兄仲明先为荥阳太守，至是，俨与仲明欲据郡起众。寻为其部下所杀，与仲明俱传首洛阳。

子文宽，从出帝殁关西。

徐纥，字武伯，乐安博昌人也。家世寒微。纥少好学，有名理，颇以文词见称。察孝廉，对策上第，高祖拔为主书。世宗初，除中书舍人。谄附赵修，迁通直散骑侍郎。及修诛，坐党徙枹罕。虽在徒役，志气不挠。故事捉逃役流兵五人，流者听免，纥以此得还。久之，复除中书舍人。太傅、清河王怿又以文翰待之。及领军元叉之害怿也，出为雁门太守。纥称母老，解郡还乡。至家未几，寻入洛，饰儿事叉，大得叉意。及叉父继西镇潼关，以纥为从事中郎。寻以母忧归乡里。

灵太后反政，以纥曾为怿所顾待，复起为中书舍人。纥又曲事郑俨，是以特被信任。俄迁给事黄门侍郎，仍领舍人，总摄中书门下之事，军国诏命，莫不由之。时有急速，令数友执笔，或行或卧，人别占之，造次俱成，不失事理，虽无雅裁，亦可通情。时黄门侍郎太原王遵业、琅琊王诵并称文学，亦不免为纥秉笔，求其指授。寻加镇南将军、金紫光禄大夫，黄门、舍人如故。

纥机辩有智数。当公断决，终日不以为劳。长直禁中，略无休息。时复与沙门讲论，或分宵达曙，而心力无怠，道俗叹服之。然性浮动，慕权利，外似謇正，内实谄谀。时豪胜己，必相陵驾，书生贫士，矫意礼之。其诡态若此，有识鄙薄焉。纥既处腹心，参断机密，势倾一时，远近填凑。与郑俨、李神轨宠任相亚，时称徐、郑焉。

然无经国大体，好行小数，说灵太后以铁券间尔朱荣左右，荣知，深以为憾，启求诛之。荣将入洛，既克河梁，纥矫诏夜开殿门，取骅骝御马十匹，东走兖州。纥弟献伯为北海太守，献伯弟季彦先为青州长史，纥使人告之，亦将家南走。羊侃时为泰山太守，纥往投之，说侃令举兵。侃从之，遂聚兵反，共纥围兖州。孝庄初，遣侍中于晖为行台，与齐献武王督诸军讨之。纥虑不免，说侃请乞师于萧衍。侃信之，遂奔衍。

文笔驳论数十卷，多有遗落，时或存于世焉。

史臣曰。阙

魏书卷九四
列传第八二

阉 官

宗爱　　仇洛齐　　段霸　　王琚　　赵黑
孙小　　张宗之　　剧鹏　　张祐　　抱嶷
王遇　　苻承祖　　王质　　李坚　　秦松
白整　　刘腾　　贾粲　　杨范　　成轨
王温　　孟鸾　　平季　　封津　　刘思逸

夫宫腐之族，置于阉寺，取则天象，事历百王。身乖全品，任事宫掖，亲由亵狎，恩生趋走，便僻俯仰，当宠擅权。斯则伊戾、竖刁因而祸两国，石显、张让所以翦二京也。岂非形质既亏，生命易忽，譬之胥靡，不惧登高。此亦苟且之事，由变不已也。王者殷鉴，宜改往辙，而后庭婉娈游宴之地，椒壶留连，终见任使，巧佞由之而自达，权幸俄然而复归。斯盖其由来远矣，非一朝一世也。魏氏则宗爱杀帝害王，刘腾废后戮相，其间窃官爵，盗财贿，乘势使气为朝野之患者，何可胜举。今谨录其尤显焉。

宗爱，不知其所由来。以罪为阉人，历碎职，至中常侍。正平元年正月，世祖大会于江上，班赏群臣，以爱为秦郡公。

恭宗之监国也，每事精察。爱天性险暴，行多非法，恭宗每衔之。给事仇尼道盛、侍郎任平城等任事东宫，微为权势，世祖颇闻之。二人与爱并不睦。爱惧道盛等案其事，遂构告其罪。诏斩道盛等于都街。时世祖震怒，恭宗遂以忧薨。

是后，世祖追悼恭宗，爱惧诛，遂谋逆。二年春，世祖暴崩，爱所为也。尚书左仆射兰延、侍中吴兴公和疋、侍中太原公薛提等秘不发丧。延、疋二人议以高宗冲幼，欲立长子，徵秦王翰置之秘室。提以高宗有世嫡之重，不可废所宜立而更求君。延等犹豫未决。爱知其谋。始爱负罪于东宫，而与吴王余素协，乃密迎余自中宫便门入，矫皇后令徵延等。延等以爱素贱，弗之疑，皆随之入。爱先使阉竖三十人持仗于宫内，及延等入，以次收缚，斩于殿堂。执秦王翰，杀之于永巷而立余。

余以爱为大司马、大将军、太师、都督中外诸军事，领中秘书，封冯翊王。爱既立余，位居元辅，录三省，兼总戎禁，坐召公卿，权恣日甚，内外惮之。群情咸以为爱必有赵高、阎乐之祸，余疑之，遂谋夺其权。爱愤怒，使小黄门贾周等夜杀余，事在《余传》。高宗立，诛爱、周等，皆具五刑，夷三族。

仇洛齐，中山人，本姓侯氏。外祖父仇款，始出冯翊重泉。款，石虎末徙邺南枋头，仕慕容炜为乌丸护军、军水校尉。生二子，长曰嵩，小曰腾。嵩仕慕容垂，迁居中山，位殿中侍御史。嵩有二子，长曰广，小曰盆。洛齐生而非男，嵩养为子，因为之姓仇。

初，嵩长女有姿色，充冉闵宫闱，闵破，入慕容俊，又转赐卢豚。生子鲁元，有宠于世祖，而知外祖嵩已死，唯有三舅，每言于世祖。世祖为访其舅。是时，东方罕有仕者，广、盆皆不乐入平城，洛齐独请行，曰："我养子，兼人道不全，当为兄弟试祸福也。"乃乘驴赴京。鲁元候知将至，结从者百余骑，迎于桑乾河，见而下拜，从者亦同致敬。入言于世祖，世祖问其才用所宜，将授之以官。鲁元曰："臣舅不幸生为阉人，唯合与陛下守宫闱耳。"而不言其养子。世祖矜焉，赐以奴马，引见。寻拜武卫将军，俄而赐爵文安子，稍迁给事黄门侍郎。

魏初,禁网疏阔,民户隐匿漏脱者多。东州既平,绫罗户民乐葵因是请采漏户,供为纶绵。自后逃户占为细茧罗谷者非一。于是杂、营户帅遍于天下,不属守宰,发赋轻易,民多私附,户口错乱,不可检括。洛齐奏议罢之,一属郡县。从平凉州,以功超迁散骑常侍,又加中书令、宁南将军,进爵零陵公。拜侍中、平远将军、冀州刺史,为内都大官。兴安二年卒,谥曰康。

养子俨,袭。柔和敦敏,有长者风。太和中,为虎牢镇将。初,洛齐贵盛之后,广、盆坐他事诛。世祖以其非仇氏子,不与焉。还取侯家近属,以俨为子。后欲还本而广有女孙配南安王桢,生章武王彬,即中山王英弟也。仇妃闻而请俨曰:"由我仇家富贵至此,奈何一旦孤背恩养也!"桢时在内都主司品臣,俨隶于桢,畏惮之,遂不敢。九年卒,谥曰静。

子振,袭。稍迁至中坚将军、长水校尉。

广、盆,并善营产业,家于中山,号为巨富。子孙仕进至州主簿。

腾会孙俊,位至龙骧将军、骁骑将军、乐平男。

段霸,雁门原平人。父乾,慕容垂广武令。太祖初,遣骑略地至雁门,霸年幼见执,因被宫刑。乾寻率乡部归化云中。霸少以谨敏见知,稍迁至中常侍、中护军将军、殿中尚书,领寿安少府,赐爵武陵公。出为安东将军、定州刺史。世祖亲考内外,大明黜陟。前定州治中张浑屯告霸前在定州浊货贪秽,便道致财,归之乡里。召霸定对,霸不首引。世祖以霸近臣而不尽实,由此益怒,欲斩之。恭宗进请,遂免霸为庶人。

霸从弟荣,雍州别驾。兄弟诸从遂世居广武城,修饰有士风。

王琚,高平人,自云本太原人。高祖始,晋豫州刺史。琚以泰常中被刑入宫禁。小心守节,久乃见叙用。稍迁为礼部尚书,赐爵广平公,加宁南将军。高祖以琚历奉先朝,志在公正,授散骑常侍。后为侍中、征南将军、冀州刺史,假广平王。徵还,进为征南将军,进爵高平王,侍中如故,遣还冀州。高祖、文明太后东巡冀州,亲幸其家,存问周至。还京,以其年老,拜散骑常侍,养老于家。前后赐以车马衣服杂物不可称计。后降爵为公,扶老自平城从迁洛邑。高祖以其朝旧,遣左右劳问之。琚附表自陈初至家多乏,蒙赐帛二百匹。常饮牛乳,色如处子。太和二十年冬卒,时年九十。赠征南将军、冀州刺史,谥曰靖。

养子寄生,未袭而亡。

子盖海,袭祖琚爵。初,琚年七十余,赐得世祖时宫人郭氏,本钟离人,明严有母德,内外妇孙百口,奉之肃若严君,家内以治。盖海官至青州乐陵太守。

赵黑,字文静,初名海,本凉州隶户。自云其先河内温人也,五世祖术,晋末为平远将军、西夷校尉,因居酒泉安弥县。海生而凉州平,没入为阉人,因改名为黑。有容貌,恭谨小心。世祖使进御膳,出入承奉,初无过行。迁侍御,典监藏,拜安远将军,赐爵睢阳侯。转选部尚书,能自谨厉,当官任举,颇得其人。加侍中,进爵河内公。

显祖将传位京兆王子推,访诸群臣,百官唯唯,莫敢先言者,唯源贺等词义正直,不肯奉诏。显祖怒,变色,复以问黑。黑曰:"臣愚无识,信情率意。伏惟陛下春秋始富,如日方中,天下说其盛明,万物怀其光景,元元之心,愿终万岁。若圣性渊远,欲颐神味道者,臣黑以死奉戴皇太子,不知其他。"显祖默然良久,遂传祚于高祖。

黑得幸两宫,禄赐优厚。是时,尚书李欣亦有宠于显祖,与黑对绾选部。欣奏中书侍郎崔鉴为东徐州,北部主书郎公孙处显为荆州,选部监公孙蒁为幽州,皆曰有能也,实有私焉。黑疾其亏乱选体,遂争于殿庭,曰:"以功授官,因爵与禄,国之常典。中书侍郎、尚书主书郎、诸曹监,勋能俱立,不过列郡。今欣皆用为方州,臣实为惑。"显祖疑之,曰:"公孙蒁且止。"蒁最为欣厚,于是黑与欣遂为深隙。欣竟列黑为监藏时，多所截没。先是，法禁宽缓，百司所典，与官并食，故多所损折。遂黜为门士。黑自以为欣所陷，叹恨终日，废寝忘食，规报前怨。逾年，还入为侍御、散骑常侍、侍中、尚书左仆射，复兼选部如昔。黑告欣专恣，欣遂出为徐州。及其将获罪也，黑构成以诛之。然后食甘寝安，志在于职事。

出为假节、镇南大将军、仪同三司、定州刺史，进爵为王。克己清俭，忧济公私。时有人欲行私赂，黑曰："高官禄厚，足以自给，卖公营私，本非情愿。"终无所纳。高祖、文明太后幸中山，闻之，赐帛五百匹、谷一千五百石。转冀州刺史。太和六年秋，薨于官。诏赐绢四百五十匹、谷一千斛、车牛二十乘，致枢至都。追赠司空公，谥曰康。黑养族弟赵奴第四子炽为后。

炽，字贵乐。初为中散，袭黑爵，后降为公。官至扬州安南府长史，加平远将军。元嵩之死寿春也，炽处分安辑，微有声称。神龟中卒，赠光州刺史。黑为定州，与炽纳巨鹿魏干女，有二子。

长子揆，字景则。袭父侯爵，官至乐陵太守。卒，赠左将军、沧州刺史。

揆弟俊之，字仲彦，轻薄无行。为给事中，转谒者仆射，为刘腾养息。犹以阉官余资，赂遗权门，频历显官而卒。

孙小，字茂翘，咸阳石安人。父瓒，姚泓安定护军。为赫连屈丐所侵，人怀危惧，亡奔者相属，瓒独率众拒守，见杀。小没入宫刑。会魏平统万，遂徙平城，内侍东宫。以聪识有智略称。未几，转西台中散，每从征伐，屡有战功，多获赏赐。

世祖幸瓜步，虑有北寇之虞，乃加小左卫将军，赐爵泥阳子，除留台将军。车驾还都，迁给事中，绾太仆曹。乃请父瓒赠谥，求更改葬，诏赠振威将军、秦州刺史、石安县子，谥曰戴。转小领驾部，课理有方，畜牧蕃息。出为冠军将军、并州刺史，进爵中都侯。州内四郡百余人，诣阙颂其政化。后迁冀州刺史，声称微少于前。然所在清约，当时牧伯无能及也。

性颇忍酷,所养子息,驱驰鞭挞,视如仇雠。小之为并州,以郭祚为主簿,重祚门才,兼任之以书记,时人多之。

张宗之,字益宗,河南巩人,家世寒微。父孟舒,刘裕西征,假洛阳令。及宗之贵幸,高宗赠孟舒平南将军、洛州刺史、巩县侯,谥曰贞。

初,缑氏宗文邕聚党于伊阙谋反,逼胁孟舒等。文邕败,孟舒走免,宗之被执入京,充腐刑。以忠厚谨慎,擢为侍御中散,赐爵巩县侯,遂历右将军,中常侍,仪曹、库部二曹尚书,领中秘书,进爵彭城公。出为散骑常侍、宁西将军、东雍州刺史。以在官有称,入为内都大官。出除散骑常侍、镇东将军、冀州刺史。又例降为侯。太和二十年卒,年六十九。赠建节将军、怀州刺史,谥曰敬。

宗之兄鸾旗,中书侍郎、东宫中庶子,兼宿卫给事。加宁远将军,赐爵洛阳男。转殿中给事。出为散骑常侍、冠军将军、泾州刺史,进爵为侯。复为殿中给事中、常侍。卒,赠洛州刺史,谥曰靖。

始,宗之纳南来殷孝祖妻萧氏,刘义隆仪同三司思话弟思度女也,多悉妇人仪饰故事。太和中,初制六宫服章,萧被命在内预见访采,数蒙赐赉。萧兄子超业,后名彦,幼随姑入国。娶李洪之女,赖其给赡以自济。历位太尉长史、武卫将军、齐州刺史、散骑常侍、中军将军、金紫光禄大夫。彦时来往萧宝夤,致敬称名,呼之为尊。彦于河阴遇害,赠车骑将军、仪同三司、徐州刺史。

子百年,西河太守。

宗之养兄子袭,绍爵。袭,字子业。高祖初,除主文中散,稍迁员外郎,京兆王大农。久之,除义阳太守,为司空刘腾谘议参军、散骑常侍、平东将军、光禄大夫。太昌初卒,年七十七。赠骠骑大将军、仪同三司、冀州刺史。

子颢,邵郡太守。卒,赠荆州刺史。

颢弟璟,中散大夫。

璟弟玮,武定中,豫州征西府长史。诸中官皆世衰,唯赵黑及宗之后，家僮数百，通于士流。

剧鹏，高阳人。粗览经史，闲晓吏事。与王质等俱充宦官，性通率，不以阉阉为耻。文明太后时，亦见眷遇，为给事中。高祖迁洛，常为宫官，事幽后。后之惑萨菩萨也，鹏密谏止之，不从，遂发愤而卒。

兄买奴，亦为宦者。历位幽州刺史。才志远不及鹏。

是时，有季丰之徒数人，皆被眷宠，出入禁闱，并致名位，积赀巨万，第宅华壮。文明太后崩后，乃渐衰矣。

张祐，字安福，安定石唐人。父成，扶风太守。世祖末，坐事诛，祐充腐刑。积劳至曹监、中给事，赐爵黎阳男。稍迁散骑常侍，都缉内藏曹。时文明太后临朝，中官用事。祐以左右供承合旨，宠幸冠诸阉官，特迁为尚书，加安南将军，进爵陇东公，仍缉内藏曹。未几，监都曹，加侍中，与王睿等俱入八议。

太后嘉其忠诚，为造甲宅。宅成，高祖、太后亲率文武往燕会焉。拜散骑常侍、镇南将军、尚书左仆射，进爵新平王，受职于太华庭，备威仪于宫城之南，观者以为荣。高祖、太后亲幸其宅，飨会百官。祐性恭密，出入机禁二十余年，未曾有过。由是特被恩宠，岁月赏赐，家累巨万。与王质等十七人俱赐金券，许以不死。太和十年薨，时年四十九。高祖亲临之，诏鸿胪典护丧事。赐帛千匹，赠征南大将军、司空公，谥曰恭。葬日，车驾亲送出郊。

祐养子显明，后名庆，少历内职。有姿貌，江阳王继以女妻之。袭爵，降为陇东公，又降为侯。迁洛，废替二十余年，虚爵而已。熙平初，为员外常侍、兼卫尉少卿。以元叉姊婿，故越次而授焉。神龟二年冬，灵太后为肃宗采名家女，庆女入充世妇，未几为嫔，即叉甥也。正光三年，正少卿，寻出为将军、高平镇将。卒。

子迥洛，袭。

抱嶷,字道德,安定石唐人,居于直谷。自言其先姓杞,汉灵帝时,杞匡为安定太守;董卓时,惧诛,由是易氏,即家焉。无得而知也。幼时,陇东人张乾王反叛,家染其逆。及乾王败,父睹生逃逸得免,嶷独与母没内京都,遂为宦人。小心慎密,恭以奉上,沉迹冗散,经十九年。

后以忠谨被擢,累迁为中常侍、安西将军、中曹侍御、尚书,赐爵安定公。自总纳言,职当机近,诸所奏议,必致抗直。高祖、文明太后嘉之,以为殿中侍御,尚书领中曹如故,以统宿卫。俄加散骑常侍。高祖、太后每出游幸,嶷多骖乘,入则后宫导引。太后既宠之,乃徵其父睹生,拜太中大夫,赏赐衣马。睹生将还,见于皇信堂。高祖执手谓之曰:"老人归途,几日可达,好慎行路。"太和十二年,迁都曹,加侍中、祭酒,尚书领中曹、侍御。后降爵为侯。睹生卒,赠秦州刺史,谥曰靖。赐黄金八十斤、缯彩及绢八百匹,以供丧用,并别使劳慰。加嶷大长秋卿。

嶷老疾,请乞外禄。乃以为镇西将军、泾州刺史,特加右光禄大夫。将之州,高祖饯于西郊乐阳殿,以御白羽扇赐之。十九年,被诏赴洛,以刺史从驾南征,常侍御左右。以嶷耆旧,每见劳问,数追称嶷之正直。命乘马出入行禁之间,与司徒冯诞同例。军回还州。

自以故老前宦,为政多守往法,不能遵用新制。侮慢旧族,简于接礼。天性酷薄,虽弟侄甥婿,略无存润。后数年,卒于州。先以从弟老寿为后,又养太师冯熙子次兴。嶷死后,二人争立。嶷妻张氏致讼经年,得以熙子为后。老寿亦仍陈诉,终获绍爵。次兴还于本族,给奴婢三十口。嶷前后赐赏奴婢牛马盖数百千,他物称是。

老寿凡薄,酒色肆情。御史中尉王显奏言:"风闻前洛州刺史阴平子石荣、积射将军抱老寿,恣荡非轨,易室而奸,臊声布于朝野,丑音被于行路,即摄鞫问,皆与风闻无差。犯礼伤化,老寿等即主。谨案:石荣籍贯兵伍,地隔宦流,处世无入朝之期,在生绝冠冕之望。遭时之运,逢非次之擢,以犬马延慈,簪履恩念,自微至贵,位阶方岳。不能怀恩感德,上酬天施,乃咎彰退迩,响秽京墟。老寿种类无闻，氏姓莫纪，丐乞刑余之家，覆养阉人之室。蒙国殊泽，预班爵序，正宜治家假内，^疑教诫闺庭。方恣其淫奸，换妻易妾。荣前在洛州，远迎老寿妻常氏，兵人千里，疲于道路。老寿同敞笥之在梁，若其原^疑之无别，男女三人，莫知谁子。人理所未闻，鸟兽之不若。请以见事，免官付廷尉理罪，鸿胪削爵。"诏可。老寿妻常氏，万敌弟女也。老寿死后，收纪家业，稍复其旧，奴婢尚六七百人。三女并嫔贵室。为老寿祖父皆造碑铭，自洛就乡而建之。西方云，直谷出二贵人。

石荣者，从主书稍进为州。自被劾后，遂便废顿。子长宣，武定中，南兖州刺史，与侯景反，伏法。

王遇，字庆时，本名他恶，冯翊李润镇羌也。与雷、党、不蒙俱为羌中强族。自云其先姓王，后改氏钳耳，世宗时复改为王焉。自晋世已来，恒为渠长。父守贵，为郡功曹，卒。遇既贵，追赠安西将军、秦州刺史、澄城公。

遇坐事腐刑，为中散，迁内行令、中曹给事中，加员外散骑常侍、右将军，赐爵富平子。迁散骑常侍、安西将军，进爵宕昌公。拜尚书，转吏部尚书，仍常侍。例降为侯。出为安西将军、华州刺史，加散骑常侍。幽后之前废也，遇颇言其过。及后进幸，高祖对李冲等申后无咎，而称遇谤议之罪。冲言："果尔，遇合死也。"高祖曰："遇旧人，未忍尽之，当止黜废耳。"遂遣御史驰驿免遇官，夺其爵，收衣冠，以民还私第。

世宗初，兼将作大匠。未几，拜光禄大夫，复夺爵。废后冯氏之为尼也，公私罕相供恤。遇自以常更奉接，往来祇谒，不替旧敬，衣食杂物，每有荐奉。后皆受而不让。又至其馆，遇夫妻迎送谒伏，侍立执臣妾之礼。

遇性巧，强于部分。北都方山灵泉道俗居宇文明太后陵庙，洛京东郊马射坛殿，修广文昭太后墓园，太极殿及东西两堂、内外诸门制度，皆遇监作。虽年在耆老，朝夕不倦，跨鞍驱驰，与少壮者均其劳逸。又长于人事，留意酒食之间，每逢僚旧，具设肴果，觞膳精丰。然竞于荣利，趋求势门。赵修之宠也，遇往还宗承，受敕为之监作第宅，增于本旨，笞击作人，莫不嗟怒。卒于官。

初，遇之疾也，太傅、北海王与太妃俱往临问，视其危惙，为之泣下。其善奉诸贵，致相悲悼如此。赠使持节、镇西将军、雍州刺史，侯如故。始遇与抱嶷并为文明太后所宠，前后赐以奴婢数百人，马牛羊他物称是，二人俱号富室。

遇养弟子厉，本郡太守。稍迁至右军将军，袭爵宕昌侯。产业有过于遇时。

符承祖，略阳氐人也。因事为阉人，为文明太后所宠，自御厩令迁中部给事中、散骑常侍、辅国将军，赐爵略阳侯，兼典选部事，中部如故。转吏部尚书，仍领中部。高祖为造甲第，数临幸之。进爵略阳公，安南将军，加侍中，知都曹事。初，太后以承祖居腹心之任，许以不死之诏。后承祖坐赃应死，高祖原之，削职禁锢在家，授悖义将军、佞浊子，月余遂死。

王质，字绍奴，高阳易人也。其家坐事，幼下蚕室。颇解书学，为中曹吏、内典监。稍迁秘书中散，加宁朔将军，赐爵永昌子，领监御。迁为侍御给事，又领选部、监御二曹事，复特加前将军，进爵魏昌侯。

转选部尚书，加员外散骑常侍。出为镇远将军、瀛州刺史。质在州十年，风化粗行，察奸纠慝，究其情状，民庶畏服之。而刑政刻峻，多所笞戮，号为威酷。高祖颇念其忠勤宿旧，每行留大故，冯司徒亡，废冯后，陆睿、穆泰等事，皆赐质以玺书，手笔莫不委至，同之戚贵。质皆宝掌以为荣。入为大长秋卿，未几而卒。

李坚，字次寿，高阳易人也。高宗初，因事为阉人。文明太后临朝，稍迁至中给事中，赐爵魏昌伯。小心谨慎，常在左右，虽不及王遇、王质等，而亦见任用。高祖迁洛，转被委授，为太仆卿，检课牧产，多有滋息。世宗初，出为安东将军、瀛州刺史。本州之荣，同于王质。所在受纳，家产巨万。值京兆王愉反于冀州，坚勒众征愉，为愉所破。代还，遇风疾，拜光禄大夫，数年卒。赠抚军将军、相州刺史，赠帛五百匹。以弟子昙景为后，袭爵魏昌伯，为羽林监、直后。

秦松，不知其所由。太和末，为中尹，迁长秋卿，赐爵高都子。有罪免。世宗复其爵，起为光禄大夫，领中常侍。迁平北将军，领长秋卿。出为散骑常侍、安北将军、并州刺史。卒，赠大将军、肆州刺史，谥曰定。

白整者，亦因事腐刑。少掌宫掖碎职，以恭敏著称，稍迁至中常侍。太和末，为长秋卿，赐爵云阳男。世宗封其妻王氏为□□县君。卒，赠平北将军、并州刺史。

刘腾，字青龙，本平原城民，徙属南兖州之谯郡。幼时坐事受刑，补小黄门，转中黄门。高祖之在悬瓠，腾使诣行所。高祖问其中事，腾具言幽后私隐，与陈留公主所告符协，由是进冗从仆射，仍中黄门。后与茹皓使徐、兖，采召民女。及还，迁中给事，稍迁中尹、中常侍，特加龙骧将军。后为大长秋卿、金紫光禄大夫、太府卿。

肃宗践极之始，以腾预在宫卫，封开国子，食邑三百户。是年，灵太后临朝，以与于忠保护之勋，除崇训太仆，加中侍中，改封长乐县开国公，食邑一千五百户。拜其妻时为巨鹿郡君，每引入内，受赏赉亚于诸主外戚。所养二子，为郡守、尚书郎。腾曾疾笃，灵太后虑或不救，迁卫将军、仪同三司，余官仍旧。后疾瘳。腾之拜命，肃宗当为临轩，会其日大风寒甚而罢，乃遣使持节授之。腾幼充官役，手不解书，裁知署名而已。奸谋有余，善射人意。灵太后临朝，特蒙进宠，多所干托，内外碎密，栖栖不倦。洛北永桥，太上公、太上君及城东三寺，皆主修营。

吏部尝望腾意，奏其弟为郡带戍，人资乖越，清河王怿抑而不与。腾以为恨，遂与领军元叉害怿。废灵太后于宣光殿，宫门昼夜长闭，内外断绝。腾自执管钥，肃宗亦不得见，裁听传食而已。太后服膳俱废，不免饥寒。又使中常侍贾粲假言侍肃宗书，密令防察。又以腾为司空公，表里擅权，共相树置。又为外御，腾为内防，迭直禁闼，共裁刑赏。腾遂与崔光同受诏，乘步挽出入殿门。四年之中，生杀之威，决于叉、腾之手。八坐、九卿，且造腾宅，参其颜色，然后方赴省府，亦有历日不能见者。公私属请，唯在财货。舟车之利，水陆无遗；山泽之饶，所在固护；剥削六镇，交通互市。岁入利息以巨万计。又颇役嫔御，时有徵求；妇女器物，公然受纳。逼夺邻居，广开室宇。天下咸患苦之。

正光四年三月，薨于位，年六十。赠帛七百匹、钱四十万、蜡二百斤。鸿胪少卿护丧事。中官为义息，衰绖者四十余人。

腾之初治宅也，奉车都尉周特为之筮，不吉，深谏止之，腾怒而不用。特告人曰：“必困于三月、四月之交。”至是果死，厅事甫成，陈尸其下。追赠使持节、骠骑大将军、太尉公、冀州刺史。腾之葬日，阉官为义服，杖绖衰缟者以百数，朝贵皆从，轩盖填塞，相属郊野。魏初以来，权阉存亡之盛莫及焉。灵太后反政，追夺爵位，发其冢，散露骸骨，没入财产。后腾所养一子叛入萧衍，太后大怒，因徙腾余养于北裔，寻遣密使追杀之于汲郡。

贾粲，字季宣，酒泉人也。太和中，坐事腐刑。颇涉书记。世宗末，渐被知识，得充内侍。自崇训丞为长兼中给事中、中尝药典御，转长兼中常侍。迁光禄少卿、光禄大夫。

灵太后之废，粲与元叉、刘腾等伺帝动静。右卫奚康生之谋杀叉也，灵太后、肃宗同升于宣光殿，左右侍臣俱立西阶下。康生既被囚执，粲绐太后曰：“侍官怀恐不安，陛下宜亲安慰。”太后信之，适下殿，粲便扶肃宗于东序，前御显阳，还闭太后于宣光殿。粲既叉党，威福亦震于京邑。自云本出武威，魏太尉文和之后，遂移家属焉。时武威太守韦景承粲意，以其兄绪为功曹。

绪时年向七十。未几，又以绪为西平太守，比景代下，已转武威太守。灵太后反政，欲诛粲，以乂、腾党与不一，恐惊动内外乃止。出粲为济州刺史，未几，遣武卫将军刁宣驰驿杀之，资财没于县官。

杨范，字法僧，长乐广宗人也。高宗时，坐宗人劫贼被诛，范宫刑，为王琚所养，恩若父子，往来出入其家。范为中谒者，转黄门、中谒者仆射、中给事中、射声校尉，加宁远将军，为中尹。世宗崩，高阳王雍总政，出为白水太守，加龙骧将军。

灵太后临朝，徵为常侍、崇训太仆卿，领中尝药典御，赐爵华阴子。为平西将军、华州刺史。中官内侍贵者，灵太后皆许其方岳，以范年长，拜跪为难，所司非要，故得早遂其请。父子纳货，劳役兵民，为御史所纠。子遂逃窜，范事得散。赴京师，遂废于家。后灵太后念范勤旧。乃以范为中侍中、安南将军，寻进镇南将军、训太仆、华州大中正。卒，赠征西将军、秦州刺史。

成轨，字洪义，上谷居庸人。少以罪刑，入事宫掖，以谨厚称。除中谒者仆射。高祖意有所欲，轨瞻候容色，时有奏发，辄合帝心。从驾南征，专进御食。于时高祖不豫，常居禁中，昼夜无懈。车驾还，赐帛百匹。景明中，尝食典御丞，仆射如故。转中给事中、步兵校尉，敕侍东宫。延昌末，迁中常侍、中尝食典御、光禄大夫，赐始平伯，统京染都将，转崇训太仆少卿。遭母忧，诏遣主书常显景吊慰。又起为本官，进安东将军、崇训卫尉卿。久之，超迁中侍中、抚军将军、典御、崇训如故。寻除中军将军、燕州大中正。孝昌二年，以勤旧封始平县开国伯，食邑三百户。肃宗所幸潘嫔，以轨为假父，颇为中官之所敬惮。建义初，轨迎于河阴，诏令安慰宫内，进爵为侯，增户三百，并前六百户，迁卫将军。其年八月卒，赠车骑大将军、雍州刺史，谥曰孝惠。

养弟子仲庆，袭。历位镇军将军、光禄大夫。卒。

子胐,袭。齐受禅,例降。

王温,字桃汤,赵郡栾城人。父冀,高邑令,坐事被诛。温与兄继叔俱充宦者。高祖以其谨慎,补中谒者、小黄门,转中黄门、钩盾令。稍迁中尝食典御、中给事中,给事东宫,加左中郎将。世宗之崩,群官迎肃宗于东宫。温于卧中起肃宗,与保母扶抱肃宗,入践帝位。高阳王雍既居冢宰,虑中人朋党,出为巨鹿太守,加龙骧将军。

灵太后临朝,徵还为中常侍、光禄大夫,赐爵栾城伯,安东将军,领崇训太仆少卿。特除使持节、散骑常侍、抚军将军、瀛州刺史。还,除中侍中,进号镇东将军、金紫光禄大夫。迁车骑将军、左光禄大夫、光禄勋卿,侍中如故。孝昌二年,封栾城县开国侯,邑六百户。温后自陈本阳平武邑人,于是改封武阳县开国侯,邑如故。建义初,于河阴遇害,年六十六。永安初,赠骠骑大将军、仪同三司、雍州刺史。

养子罔哲,袭。齐受禅,例降。

孟鸾,字龙儿,不知何许人。坐事充阉人。文明太后时,王遇有宠,鸾以谨敏为遇左右,往来方山,营诸寺舍。由是渐见眷识。灵太后临朝,为左中郎将、中给事中。素被病,面常黯黑,于九龙殿下暴疾,半身不摄,扶载归家,其夜亡。鸾初出,灵太后闻之,曰:“鸾必不济,我为之忧。”及奏其死,为之下泪,曰:“其事我如此,不见我一日忻乐时也。”遂赐帛三百匹、黄绢十匹,以供丧用。七日,灵太后为设二百僧斋,赐助施五十匹。同类荣焉。

平季,字稚穆,燕国蓟人。祖济,武威太守。父雅州秀才,与沙门法秀谋反,伏诛。季坐腐刑,入事宫掖。久之,除小黄门,以忤旨出为潞县令,不拜。仍除奉朝请。灵太后反政,授宁朔将军、长水校尉,领黄门令。转前军将军、中给事中。时四方多事,太后每令季出使于外。后慰劳西军,还至潼关,华州羌人舜明等据险作逆,都督姜道明不能进讨。会舜明遣十余人诈降入道明军。阙遂散。出为新兴太守。

肃宗崩,与尔朱荣等议立庄帝。庄帝即位,起拜平北将军、肆州刺史。寻除抚军将军、中侍中。以参谋之勋,封元城县开国侯,食邑七百户。仍加金紫光禄大夫、幽州大中正,寻摄燕、安、平、营中正。前废帝以为车骑将军、右光禄大夫,中侍中如故。永熙中,加骠骑将军。季遇疾,诏遣使存问。三年九月卒。天平初,赠使持节、都督幽燕安平四州诸军事、仪同三司、幽州刺史,中侍中、将军、侯如故。初,季以兄叔良为。袭季爵。卒。

子世胄,袭。齐受禅,例降。

封津,字丑汉,勃海蓓人也。祖羽,真君中为薄骨律镇副将,以贪污赐死。父令德,娶党宝女,宝伏诛,令德以连坐从法。津受刑,给事宫掖。积官久之,除崇训谒者仆射,迁奉车都尉。

肃宗初,冀州大乘贼起,诏津慰劳。津世不居桑梓,故不为州乡所归。灵太后令津侍肃宗书。迁常山太守。孝昌初,除中侍中,加征虏将军,仍除崇训太仆,领宫室都将,冀州大中正。超拜金紫光禄大夫。二年,封东光县开国子,食邑二百户,镇南将军,兼中关右慰劳大传。出为散骑常侍、征东将军、济州刺史。永安初,中侍中、卫将军,寻转大长秋、左光禄大夫。太昌初,骠骑大将军、仪同三司。

津少长宫闱,给事左右,善候时情,号为机悟。天平初,除开府仪同三司、本将军、怀州刺史。元象初,复为中侍中、大长秋卿,仍开府仪同。夏薨,年六十二。赠都督冀瀛幽安四州诸军事、本将军、司徒公、冀州刺史,谥曰孝惠。

养兄子长业,袭爵。齐受禅,例降。

津兄凭,字元寄。当时逃窜,后会赦免。太和中,奉朝请,冀州赵君王干田曹参军、定州彭城王勰水曹参军、给事中、越骑校尉。以讨大乘功,除左中郎将,迁龙骧将军、中散大夫。孝昌中,历恒农、武邑二郡太守。寻除征虏将军、光州刺史。还,为平东将军、光禄大夫,转镇南将军、金紫光禄大夫。除卫将军、右光禄大夫。初，津被敕营出帝父广平王陵。永熙中，以营陵功，封津城阳县开国子，邑三百户。津自有封，乃启转于凭。后除卫大将军、左光禄大夫。兴和三年夏卒，年六十七。凭无他才伎，始终资历，皆由于津。津卒之后，凭亦无赠。

子灵素，袭。齐受禅，例降。

津从兄答，光禄大夫。

子宗显，司徒掾。

刘思逸，平原人。父直，武邑太守。与元愉反于信都，伏诛。思逸少充腐刑。初为中小史，转寺人。久之，除小黄门，拜奉朝请，坐事免。后除东莞太守。思逸虽身在阉寺，而性颇豪率，轻薄无行，好结朋游。又除左将军、大长秋卿，迁中侍中、平东将军。武定中，与元瑾等谋反，伏诛。

又有张景嵩、毛畅者，咸以阉寺在肃宗左右，而并黠了，甚见知遇。俱为小黄门，每承间陈元叉之恶于肃宗。元叉之出，景嵩、畅颇有力焉。灵太后反政，未即戮叉。时内外喧喧，云"叉还入知政事"。畅等恐祸及己，乃启肃宗，欲诏右卫将军杨津密往杀叉。诏书已成，未及出。叉妻知之，告太后云："景嵩、畅与清河王怿邵欲废太后。"太后信之，责畅，畅出诏书草，以呈太后。太后读之，知无废己状，意为小解。然叉妻构之不已，遂致疑惑。未几，出畅为顿丘太守。后复出景嵩为鲁郡太守。乃密令御史掩畅，畅走免，寻捕杀之。景嵩因入都，太后数其与畅同计之事，大致嫌责。后为阳城、荥阳二郡太守。孝静时，位至中侍中，坐事死。

史臣曰。阙

魏书卷九五
列传第八三

匈奴刘聪　羯胡石勒
铁弗刘虎　徒何慕容廆
临渭氐苻健　羌姚苌
略阳氐吕光

　　夫帝皇者，配德两仪，家有四海，所谓天无二日，土无二王者也。三代以往，守在海外，秦吞列国。汉并天下。逮桓、灵失政，九州瓦裂，曹武削平寇难，魏文奄有中原，于是伪孙假命于江吴，僭刘盗名于岷蜀。何则？戎方椎髻之帅，夷俗断发之魁，世崇凶德，罕闻王道，扇以跋扈，忻从放命；加以中州避地，华士违仇，思托号令之声，念邀风尘之际。因虞候隙，仍相君长，偷名窃位，协息一隅，至乃指言井络，假上帝之祉；妄说黄旗，云人君之气。论土不出江、汉，语地仅接褒、斜，而谓握皇符，秉帝籍，三分鼎立，比踪王者。溺人必笑，其在兹乎？

　　若是鳌灵可拟于周王，夫差容比于汉祖，尉他定屋之尊，子阳成缩玺之贵，岂其然哉？及钟会一将之威，士治偏师之势，而使骡车西至，侯盖北首，天人弗许，断可知焉。晋年不永，时逢丧乱，异类群飞，奸凶角逐，内难兴于戚属，外祸结于藩维。刘渊一唱，石勒继响，二帝沉沦，两都倾覆。徒何仍衅，氐羌袭梗，夷楚喧聒于江淮，胡虏叛换于爪凉,兼有张赫山河之间,顾恃辽海之曲。各言应历数,人谓迁图鼎,或更相吞噬,迭为驱除;或狼戾未驯,俟我斧钺。

太祖奋风霜于参合,鼓雷电于中,黄河以北,靡然归顺矣。世祖睿略潜举,灵武独断,以夫僭伪未夷,九域尚阻,慨然有混一之志。既而戎车岁驾,神兵四出,全国克敌,伐罪吊民,遂使专制令、擅威福者,西自流沙,东极沧海,莫不授馆于东门,悬首于北阙矣。唯夫穷发遗虏,未拔根株,徼垂残狡,尚余栽孽。而北逾翰漠,折其肩髀;南极江湖,抽其肠胃。虽骸骨仅存,脂膏咸尽;视息绕举,魂魄久游。

高祖圣敬时乘,迁居改作,日转云移,风行电扫。辫发之渠,非逃则附;卉服之长,琛赆继入。犹以侍子不至,取乱乘机,五牛一指,六师骋路,鹹其武臣骁帅,倾其汤池石城。向使时无谷塘之祸,民无鼎湖之思;北可焚穿庐,收服匿削引弓之左衽,苑龙荒以牧马;南则巢龟鼋,暴鲸鲵,变水处之文身,化鸟言于人俗矣。寻以寿春内款,华阳稽服,蓑彼江阴,忧于系颈。肃宗以冲年践祚,俄则母后当阳,务崇宽政,取和朝野,置荒遐于度外,譬蛮夷于鸡肋。而黠狄沦胥,种落离贰,虏帅飘然,穷而归我,矜其眼目,愍厥颠亡,反之于故庭,复之以保塞。

魏道将亏,祸出权幸,事僻于中,民惊于外,疆场崩腾,藩离倾骇,阴朔委命之伦,云蒸雾合。上失其道,下极其难,政乱如风草,师亡犹弹丸,十数年间,中区殄悴。而江湄巨狡,窥觎上国。蛇虺肆毒,窃我边鄙。耗蠹相率,马首南向,白山、瀍水,狐鼠群游。魏德虽衰,天命未改,援坠扶危,齐武电发,屈身宰世,大济横流。和戎略远,用谋急病,轺轩四指,喻以德音。尔乃舟车接次,驼驴衔尾,烽桥不警,尉候空设。而水乡大猾,好利忘信,纳我逋叛,共为举斧,遂有寒山之战,涡阳□□。纠合伧楚,覆其巢穴,衍以喂卒,纲实鸩死。獯虏那环,寻亦歼殪。

自二百许年,僭盗多矣;天道人事,卒有归焉。犹众星环于斗极,百川之赴溟海。今总其僭伪,列于国籍,俾后之好事,知僭盗之终始焉。

匈奴刘聪，字玄明，一名载，冒顿之后也。汉高祖以宗女妻冒顿，故其子孙以母姓为氏。祖豹，为左贤王。及魏分匈奴之众为五部，以豹为左部帅。豹虽分属五部，然皆家于晋阳汾涧之滨。

父渊，形容伟壮，臂力过人。晋初为任子，在洛阳。豹卒，渊代之。后改帅为都尉，以渊为北部都尉。杨骏辅政，以渊为建威将军、五部大都督，封汉光乡侯。后坐部民叛出塞，免官。永宁初，成都王颖表渊行宁朔将军，监五部军事。及齐王冏、长少王刘与颖等自相诛灭，北部都督刘宣等窃议反叛，谋推渊为大单于。时渊在邺，乃使呼延攸以此谋告之。渊请归会葬，颖不许。颖为皇太弟，以渊为太弟屯骑校尉。

晋惠帝之伐颖也，以渊为辅国将国、都督北城守事。及惠帝败，以渊为冠军将军，封卢奴伯。既而并州刺史司马腾、幽州刺史王浚起兵伐颖，颖师战败。渊谓颖曰："今二镇跋扈，众逾十万，恐非宿卫及近郡士民所能御之。渊当为殿下还说五部，鸠合义众，以赴国难。"颖悦，拜渊为北单于，参丞相军事。渊至左国城，刘宣等上大单于之号，二旬之间，众便五万，都于离石。渊谓宣等曰："帝王岂有常哉！Ｆ当上为汉高，下为魏武。然晋人未必同我，汉有天下世长，恩德结于民心，吾又汉氏之甥，约为兄弟，兄亡弟绍，不亦可乎？今且可称汉，追尊后主，以怀民望。"乃迁于左国城，自称汉王，置百官，年号元熙。追尊刘禅为孝怀皇帝。攻击郡县。桓帝十一年，晋并州刺史司马腾来乞师，桓帝亲率万骑救腾，斩渊将綦母豚，渊南走蒲子。语在《序纪》。

晋光熙元年，渊进据河东，克平阳、蒲坂，遂都平阳。晋永嘉二年，渊称帝，年号永凤。后汾水中得玉玺，文曰"有新保之"，盖王莽之玺也。得者因增""渊海光"三字而献之，渊以为己瑞，号年为河瑞。以聪为大司马、大单于、录尚书事，置单于台于平阳西。渊死，子和僭立。聪即和第四弟也，杀和而自立。

聪猿臂善射，弯弓在三百斤。晋新兴太守郭颐辟为主簿。任以郡事。举良将。为骁骑别部司马。齐王冏以为国中尉。出为左部司马。寻迁右部尉。太宰、河间王颙表为赤沙中郎将。以渊在邺，惧为成都王颖所害，亡奔颖。颖甚悦，拜右积弩将军，参前锋战事，随还左国。渊称大号，拜大司马。封楚王。

及僭位，年号光兴。聪遣王弥、刘曜攻陷洛阳，执晋怀帝，改年为嘉平。聪于是骄奢淫暴，杀戮无已。诛翦公卿，旬日相继。纳其太保刘殷二女为左右贵嫔，又纳殷孙女四人为贵人，六刘之宠，倾于后宫。聪希复出外，事皆中黄门纳奏，左贵嫔决之。其都水使者襄陵王摅以鱼蟹不供，将作大匠望都公靳陵以营作迟晚，并斩于东市。聪游猎无度，晨出暮归，观鱼于汾，以烛继书。其弟刘及子粲舆榇切谏，聪怒曰：“吾岂桀、纣、幽、厉乎，而汝等生来哭人也！”

先是，刘琨来告难，穆帝亲率大众，令长子六修击粲等，大破之。语在《序纪》。

聪与群臣饮宴，逼晋帝行酒。晋光禄大夫庚珉等谋以平阳应刘琨。于是害晋帝，诛珉等。改嘉平为建元。平阳地震，聪崇明观陷为池，水赤如血。赤气至天，有赤龙奋迅而去。流星起于牵牛，入紫微，龙形委蛇，其光照地，落于平阳北十里。视之则肉，长三十步，广二十七步，臭达于平阳。肉旁常有哭声，昼夜不止。聪恶之。刘后产一蛇一虎，各害人而走，寻之不得，须之见在陨肉之旁。聪遣刘曜攻陷长安，执晋愍帝，改建元为麟嘉。其武库陷，入地一丈五尺。

聪自去冬至是，遂不受朝贺，立市于后庭，与宫人宴戏，积日不醒，立上皇后樊氏，樊氏是聪张后之侍婢也。时称后者四人，佩皇后玺绶者七人。阿谀日进，货贿公行，后宫赏赐，动至千万。有豕著进贤冠，犬冠武弁带绶，并升聪座，俄而斗死。宿卫之人无见入者，平文二年，聪死。

子粲，袭位，号年汉昌。粲荒耽酒色，游荡后庭，军国之事，决于大将军靳准。准勒兵诛粲，刘氏男女无少长皆杀之。准自号汉王，置百官。寻为靳明所杀，众降渊族子曜。

曜，字永明。少孤，见养于渊。颇知书计，志性不恒。拳勇有臂力。铁厚一寸，射而洞之。坐事当诛，亡匿朝鲜，客为县卒，会赦得还。聪之末年，位至相国，镇长安。靳准之诛粲也，曜来赴之，次于赤壁。遂僭尊号，改年光初。靳明既降于曜，曜还都长安，自称大赵。

曜西通张骏，南服仇池，穷兵极武，无复宁岁。又发六百万功，营其父及妻二冢，下洞三泉，上崇百尺，积石为基，周回二里，发掘古冢以千百数，迫督役徒，继以脂烛，百姓嗥哭，盈于道路。又更增九十尺。冢前石人有声言"慎"。封其子胤为南阳王，以汉阳十三郡为国。立单于台于渭城，置左右贤王已下，皆以杂种为之。曜得黑兔，改年为太和。

石虎伐曜，曜击破之。遂攻石生于洛阳。曜不抚士众，专与嬖臣饮博，左右或谏，曜怒斩之。石勒进据石门，曜甫知之，解金墉之围，陈于洛西，将与勒战。至西阳门，麾军就平，师遂大溃。曜坠于冰，为石勒将石堪所擒。勒囚之襄国。寻杀之。烈帝元年，曜子毗率百官弃长安西走秦州。寻为石勒所灭。

羯胡石勒，字世龙，小字匐勒。其先匈奴别部，分散居于上党武乡羯室，因号羯胡。祖邪弈于，父周曷朱，一字乞翼加，并为部落小帅。周曷朱性凶粗，不为群胡所附。勒壮健，有胆略，好骑射，周曷朱每使代己督摄部胡，部胡爱信之。

并州刺史司马腾执诸胡，于山东卖充军实，两胡一枷，勒亦在中。至平原，卖与师氏为奴。师家邻于马牧，勒与牧帅汲桑往来相托，遂招集王阳、夔安、支雄、冀保、吴豫、刘膺、姚豹、逯明、郭敖、刘宝、刘徵、张暨仆、呼延莫、郭黑略、张越、孔豚、赵鹿、支屈六等，东如赤龙、骢骥诸苑，乘苑马还掠缯宝以赂汲桑。成都王颖之废也，颖故将阳平人公师藩等自称将军。起兵赵魏的，众至数万，勒与汲桑率牧人，乘苑马数百骑以赴之。于是桑始命勒以石为姓，以勒为名。藩拜为前队督。藩战败身死，勒与汲桑亡潜苑中。颖之将如河北也。汲桑以勒为伏夜牙门，率牧人劫掠郡县系囚，合军以应之。屯于平石。桑自号大将,进军攻邺,以勒为将知都尉。攻邺,克之。寻为晋将苟晞所败。

勒往从刘渊。拜为辅汉将军、平晋王。刘聪立,以勒为征东大将军、并州刺史、汲郡公。刘粲攻洛阳,勒留长史刁膺统步卒九万,徙辎重于重门,率轻骑二万会粲于太阳,大败晋监军裴邈于渑池,遂至洛川。勒出成皋,围晋陈留太守王讃于仓坦,为讃所败。屯文石津。将北攻晋幽州刺史王浚。会浚将王甲始率辽西鲜卑万余骑败刘聪安北大将军赵固于津北,勒乃烧船弃营,引军向柏门,迎重门辎重,合于石门而济。南攻晋豫州刺史冯嵩于陈郡,不克,进攻襄城太守崔广于繁昌,斩之。

先是,雍州流民王如、侯脱、严嶷等,起兵江淮间,受刘渊官位。闻勒之来也。惧,遣众一万拒于襄城,勒击败之,尽俘其众。勒至南阳,屯于宛之北山。王如遣使通好。勒进攻宛,克之,斩侯脱,降严嶷,尽并其众。南至襄阳,攻克江西三十余垒,有据江汉之志。勒右长史张宾以为不可,引军而北。

晋太傅、东海王越率洛阳之众二十余万讨勒。越薨于军,军人推太尉王衍为主,率众而东。勒追击,破之于苦县。勒分骑围而射之。相登如山,杀王衍及晋襄阳王范等十余万人。越世子毗闻越薨,出自洛阳,从者倾城。勒逆毗于洧仓,破之。执毗及晋宗室二十六王并诸卿士,皆杀之。与王弥、刘曜攻陷洛阳,归功弥曜。遂出轘辕,执晋大将军苟晞于蒙城,以为左司马。刘聪授勒镇军大将军、幽州牧,领并州刺史。用张宾之计,自汝南葛陂北都襄国。袭幽州,擒王浚,杀之。刘聪加勒陕东伯,得专征伐,封拜刺史、将军、守宰、列侯,岁尽集上。

及刘粲为靳准所杀,勒率众赴平阳。曜称尊号,授勒大司马、大将军,加九锡,增封十郡,并前十三郡,进为赵公。勒至平阳,靳明出与勒战,勒大破之,遣兼左长史王修、主簿刘茂献捷于曜。明率平阳之众奔曜,曜西如粟邑。勒焚平阳宫室,置戍而归,徙浑仪乐器于襄国。曜遣使授勒太宰,领大将军,进爵赵王,增封七郡。并前二十郡。

出入警跸，冕十有二旒，乘金根车，驾六马，如魏武辅汉故事。

王修舍人曹平乐留仕曜朝，言于曜曰："大司马遣修等来，外表至虔，内觇强弱。"曜实残弊，惧修宣之，大怒，追还策命而斩王修。刘茂逃归，言修死状，勒大怒，诛曹平乐父兄，夷其三族。又知追停太宰、赵王之授，怒曰："帝王之起，复何常也？赵王、赵帝，孤自取之，名号大小，岂尔所节乎！"勒乃自称大都督、大将军、大单于、赵王，以二十四郡为赵国。号为赵王元年，平文三年也。

勒遣使求和，请为兄弟，斩其使以绝之。自是朝会，常僭天子礼乐，以飨群臣。烈帝元年，勒又遣使求和，帝许之。二年，勒僭称皇帝，置百官，年号建平。虽都襄国，又营邺宫，作者数十万人，兼以昼夜。五年，勒死，子大雅僭立。

大雅，名犯显祖庙讳。大雅立，号年延熙。石虎废大雅为海阳王而僭立，寻杀之。

虎，字季龙，勒之从子也。祖曰匐邪，父曰寇觅。寇觅有七子，虎第四。勒父幼而子之，故或谓之为勒弟也。晋永兴中，与勒相失。永嘉五年，刘琨送勒母王氏及虎于葛陂，时年十七矣。

性残忍，游猎无度，能左右射，好以弹弹人，军中甚患之。勒白母曰："此儿凶暴无赖，使军人杀之，声名可惜，宜自除也。"王曰："快牛为犊子时，多能破车。为复小忍，勿却之。"至年十八，身长七尺五寸，弓马迅捷，勇冠当时。将佐亲戚，莫不敬惮，勒深嘉之。而酷害过差，军中有壮健与己齐者，因猎戏谲，辄杀之。至于降城陷垒，不复断别善恶，坑斩士女，鲜有遗类。御众严整，莫敢犯者，指授攻讨，所向无前。故勒宠信弥隆，仗以专征之任。

刘聪以虎为魏郡太守，镇邺三台；又封繁阳侯，食邑三千户。勒为赵王，以虎为车骑将军，加侍中、开府，进封中山公。勒称尊号，为太尉、守尚书令，封中山王，食邑万户。

勒死，虎擅诛右光禄大夫程遐、中书令徐光，遣子邃率兵入大雅宫，直卫文武皆奔散。大雅大惧，自陈弱劣，让位于虎。虎曰："若其不堪,天下自当有大义,何足豫论。"遂逼立之。虎自为丞相、魏王。虎以勒文武旧臣,皆补丞相闲任;其府僚旧昵,悉居台省禁要。改勒太子宫曰崇训宫,徙勒妻刘氏已下居之,简其美淑及车马服御,皆归虎第。

刘氏谓其彭城王石堪曰:"丞相便相凌蹈,恐国祚之灭不复久矣,真可谓养虎自残者也。王将何以图之?"堪曰:"先帝旧臣,皆以斥外,众旅不复由人,宫殿之中,亡所厝计。臣请出奔兖州,据廪丘,扶南阳王恢为盟主,宣太后诏于诸牧守、征镇,令各率义兵同讨恶逆,蔑不济也。"刘氏然之。既而,堪计不果,虎炙而杀之,又杀刘氏。石生先镇长安,石朗镇洛阳,并起兵讨虎,为虎所灭。虎遂自立为大赵王,号年建武,自襄国徙居于邺。乃杀大雅及其母程氏,并大雅诸弟。

初,虎衣衮冕,将祀南郊,照镜无首,大恐怖,不敢称皇帝,乃自贬为王。使其太子邃省可尚书奏事,唯选牧守、祀郊庙、征伐、刑断,乃亲览之。虎又改称大赵天王。邃以事呈之,恚曰:"此小事,何足呈也!"时有所问,复怒曰:"何以不呈!"诮责杖捶,月至再三。邃甚愠恨,私谓中庶子李颜等曰:"官家难称,吾欲行顿之事,卿从我乎?"颜等伏不敢对。虎闻而大怒,杀邃及其男女二十六人,一棺埋之。诛其宫臣支党二百余人。

立次子宣为太子。

虎于邺起台观四十余所,营长安、洛阳二宫,作者四十余万人。又欲自邺起阁道,至于襄国。敕河南四州具南师之备。并、朔、秦、雍、严西讨之资,青、冀、幽州三五发卒。诸州造甲者五十万人。扰役黎元,民庶失业,得农桑者十室而三。般夫十七万人,为水所没,为虎所害,三分而一。课责征士,五人车一乘、牛二头、米各十五斛、绢十匹。诸役调有不办者,皆以斩论,穷民率多鬻子以充军制,而犹不足者,乃自经于道路。死者相望,犹求发无已。太武殿成,图书忠臣、孝子、烈士、贞女,皆变为胡状。头缩入肩。虎大恶之。遣司虞中郎将贾霸率工匠四千,于东平冈山造猎车千乘,辕长三丈,高一丈八尺,置高一丈七尺;格虎车四十乘,立行楼二层于其上。南至荥阳,东极阳都。使御史监司。其中禽兽,民有犯者,罪至大辟。御史因之,擅作威福。民有美女、好牛马,求之不得,便诬以犯兽论,民死者相继,海岱、河济之间,民无宁志矣。又发民牛二万余头,配朔州牧官。增内官二十四等,东宫十二等,诸公侯七十余国,皆为置女官九等。先是,大发民女二十已下、十三已上三万余人,为三等之第,以分配之。郡县有希旨,务于美淑。夺人妇者九千余人。民妻有美色,豪势因而协之,率多自杀。太子、诸公私令采发者,亦垂一万。

建国九年,虎遣使朝贡。虎使其太子宣及宣弟秦公韬递日省可尚书奏事。宣恶韬侔己。谓嬖人杨柯、牟成等曰:“汝等杀韬,吾入西宫,当以韬之国邑分封汝等。韬既死,上必亲临,因行大事,亡不济矣。”柯等许诺,乃夜入韬弟而杀之。虎将出临韬丧,其司空李农谏,乃止。竖日,有人告之,虎大怒,以铁环穿宣额而锁之,作数斗木槽,和以羹饭,以猪狗法食之。取害韬刀仗,舐其上血,号叫之声,震动宫殿。积柴城北,树标其上,标末置鹿卢。穿之以绳。送宣于标所,使韬所亲宦者郝雅、刘灵拔其发,抽其舌,以绳贯其额,鹿卢绞上之。刘霸断其手足,斫眼溃腹,如韬之伤。四面纵火,烟焰际天,虎从昭仪已下数千人,登中台以观之。火灭,取灰分置诸门交道中。杀其妻子二十九人。诛其四率已下三百人、宦者五十人,皆车裂、节解,弃之漳水,污其东宫,以养猪牛。

十二年,虎自称皇帝,号年太宁。

虎死,少子世僭立。虎养孙闵杀世,以世兄遵为主。遵以闵为大将军辅政。遵立七日,大风、雷震、昼昏,火水俱下,灾其太武殿,延及宫内府库,至于阊阖门。火月余乃减。

遵兄鉴,又杀遵而自立,号年青龙。鉴弟苞与胡张才、孙伏都等谋杀闵,不克而死。自凤阳门至琨华殿,积尸如丘,流血成池。闵知胡人不为己用。乃闭邺城四门,尽杀诸胡。晋人貌似胡者,多亦滥死。闵乃杀鉴而自立,尽灭石氏。

闵本姓冉,乃复其姓。自称大魏,号年永兴。寻为慕容隽所擒。

铁弗刘虎，南单于之苗裔，左贤王去卑之孙，北部帅刘猛之从子。居于新兴虑虒之北。北人谓胡父鲜卑母为“铁弗”，因以为号。猛死，子副仑来奔。虎父诰升爰，代领部落。诰升爰，一名训兜。诰升爰死，虎代焉。虎，一名乌路孤。始臣附于国，自以众落稍多，举兵外叛。平文与晋并州刺史刘琨共讨之，虎走据朔方，归附刘聪，聪以虎宗室，拜安北将军、监鲜卑诸军事、丁零中郎将。复渡河侵西部，平文逆击，大破之，虎退走出塞。昭成初，虎又寇西部，帝遣军逆讨，又大破之。

虎死。子务桓，代领部落，遣使归顺。务桓，一名豹子。招集种落，为诸部雄。潜通石虎，虎拜为平将军、左贤王。

务桓死，弟阏陋头代立。密谋反叛，语在《序纪》。后务桓子悉勿祈逐阏陋头而自立。悉勿祈死，弟卫辰代立。

卫辰，务桓之第三子也。既立之后，遣子朝献，昭成以女妻卫辰。卫辰潜通苻坚，坚以为左贤王。遣使请坚，求田内地，春来秋去。坚许之。后掠坚边民五十余口为奴婢以献于坚。坚让归之。乃背坚，专心归国。举兵伐坚，坚遣其建节将军邓羌讨擒之。坚自至朔方，以卫辰为夏阳公，统其部落。卫辰以坚还复其国，复附于时，虽于国贡使不绝。而诚敬有乖。

帝讨卫辰，大破之，收其部落十六七焉。卫辰奔苻坚，坚送还朔方，遣兵戍之。昭成末，卫辰导苻坚来寇南境，王师败绩。坚遂分国民为二部，自河以西属之卫辰，自河以东属之刘库仁。语在《燕凤传》。坚后以卫辰为西单于，督摄河西杂类，屯代来城。

慕容永之据长子，拜卫辰使持节、都督河西诸军事、大将军、朔州牧，居朔方。姚苌亦遣使结好，拜卫辰使持节、都督北朔杂夷诸军事、大将军、大单于、河西王、幽州牧。累为寇害。

登国中，卫辰遣子直力鞮寇南部，其众八九万。太祖军五六千人，为其所围。太祖乃以车为方营，并战并前，大破之于铁岐山南，直力鞮单骑而走,获牛羊二十余万。乘胜追之,自五原金津南渡,迳入其国,居民骇乱,部落奔溃,遂至卫辰所居悦跋城。卫辰父子惊遁,乃分遣诸将轻骑追之。陈留公元虔南至白盐池,虏卫辰家属;将军伊谓至木根山,擒直力鞮,尽并其众。卫辰单骑遁走,为其部下所杀,传首行宫,获马牛羊四百余万头。

先是,河水赤如血,卫辰恶之,及卫辰之亡,诛其族类,并投之于河。卫辰第三子屈孑,亡奔薛干部帅太悉伏。

屈孑,本名勃勃,太宗改其名曰屈孑。屈孑者,卑下也。太悉伏送之姚兴,兴高平公破多罗没弈干妻之以女。屈孑身长八尺五寸,兴见而奇之,拜骁骑将军,加封车都尉,常参军国大议,宠遇逾于勋旧。兴弟济南公邕言于兴曰:“屈孑天性不仁,难以亲育,宠之太甚,臣窃惑之。”兴曰:“屈孑有济世之才,吾方收其艺用。与之共平天下,有何不可?”乃以屈孑为安远将军,封阳川侯,使助没弈干镇高平,议以义城、朔方杂夷及卫辰部众三万配之,以候边隙。邕固谏以为不可,兴曰:“卿何以知其气性?”邕曰:“屈孑奉上慢,御众残,贪暴无亲,轻为去就,宠之逾分,终为边害。”兴乃止,以屈孑为持节、安北将军、五原公,配以三交五部鲜卑二万余落,镇朔方。

太祖末,屈孑袭杀没弈干而并其众,僭称大夏天王,号年龙升,置百官。兴乃悔之。屈孑耻姓铁弗,遂改为赫连氏,自云徽赫与天连。又号其支庶为铁伐氏,云其宗族刚锐如铁,皆堪伐人。刘裕攻长安,屈孑闻而喜曰:“姚泓岂能拒裕,裕必灭之。待裕去后,吾取之如拾遗耳。”于是秣马厉兵,休养士卒。及裕擒泓,留子义真守长安,屈孑伐之,大破义真,积人头为京观。号曰“髑髅台”。遂僭称皇帝于灞上,号年为昌武,定都统万。勒铭城南,颂其功德。以长安为南都。

性骄虐,视民如草芥。蒸土以筑都城,铁锥刺入一寸,即杀作人而并筑之。所造兵器,匠呈必死,射甲不入即斩弓人,如其入也便斩铠匠,凡杀工匠数千人。常居城上,置弓剑于侧,有所嫌忿,手自杀之。群臣忤视者，凿其目；笑者，决其唇；谏者，谓之诽谤，先截其舌，而后斩之。

议废其长子璝，璝自长安起兵攻屈孑。屈孑中子太原公昌破璝，杀之。屈孑以昌为太子。始光二年，屈孑死，昌僭立。

昌，字还国，一名折，屈孑之第三子也。既僭位，改年永光。世祖闻屈孑死，诸子相攻，关中大乱。于是西代。乃以轻骑一万八千济河袭昌。时冬至之日，昌方宴飨，王师奄到，上下惊扰。车驾次于黑水，去城三十余里，昌乃出战。世祖驰往击之，昌退走入城，未及闭门，军士乘胜入其西宫，焚其西门，夜宿城北。明日，分军四出，略居民，杀获数万，生口牛马十数万，徙万余家而还。

后昌遣弟定与司空奚斤相持于长安，世祖乘虚西伐，济君子津，轻骑三万，倍道兼行。群臣咸谏曰：“统万城坚，非十日可拔。今轻军讨之，进不可克，退无所资，不若步军攻具，一时俱往。”世祖曰：“夫用兵之术，攻城最下，不得已而用之。如其攻具一时俱往，贼必惧而坚守，若攻不时拔，则食尽兵疲，外无所掠，非上策也。朕以轻骑至其城下，彼先闻有步军而徒见骑至，必当心闲。朕且羸师以诱之，若得一战，擒之必矣。所以然者，军士去家二千里，复有黄河之难，所谓置之死地而后生也。以是决战则有余，攻城则不足。”遂行。次于黑水，分军伏于深谷，而以少众至其城下。

昌将狄子玉来降，说：“昌使人迫其弟定，定曰：‘城既坚峻，未可攻拔，待擒斤等，然后徐往，内外击之，何有不济。’昌以为然。”世祖恶之，退军城北，示昌以弱，遣永昌王健及娥清等分骑五千，西掠居民。会军士负罪，亡入昌城，言官军粮尽，士卒食菜，辎重在后，步兵未至，击之为便。昌信其言，引众出城，步骑三万。司徒长孙翰等言：“昌步陈难陷，宜避其锋，且纵步兵，一时奋击。”世祖曰：“不然。远来求贼，恐其不出，今避而不击，彼奋我弱，非计也。”遂收军伪北，引而疲之。昌以为退，鼓噪而前，舒陈为翼。行五六里，世祖冲之，贼陈不动，稍复前行。会有风起，方术宦者赵倪劝世祖更待后日,崔浩叱之。世祖乃分骑为左右以掎之。世祖坠马,贼已逼接,世祖腾马,刺杀其尚书斛黎,又杀骑贼十余人,流矢中掌,奋击不辍。昌军大溃,不及入城。奔于上邽,遂克其城。

初,屈丐性奢,好治宫室。城高十仞,基厚三十步,上广十步,宫墙五仞,其坚可以砺刀斧。台榭高大,飞阁相连,皆雕镂图画,被以绮绣,饰以丹青,穷极文采。世祖顾谓左右曰:"蕞尔小国,而用民如此,虽欲不亡,其可得乎?"后侍御史安颉擒昌,世祖使侍中古弼迎昌至京师,舍之西宫门内,给以乘舆之副,又诏昌尚始平公主,假常忠将军、会稽公,封为封王。坐谋反,伏诛。

昌弟定,小字直獖,屈丐之第五子。凶暴无赖。昌败,定奔于平凉,自称尊号,改年胜光。定登阴盘山,望其本国,泣曰:"先帝以朕承大业者,岂有今日之事乎!使天假朕年,当与诸卿建季兴之业。"俄而有群狐百数鸣于其侧,定命射之,无所获。定恶之,曰:"此亦大不臧,咄咄天道,复何言哉!"与刘义隆连和,遥分河北,自恒山以东属义隆,恒山以西属定。遣其将寇麟城,始平公隗归讨破之。定又将数万人东击归。世祖亲率轻骑袭平凉,定救平凉,方陈自固。世祖四面围之,断其水草。定不得水,引众下原。诏武卫将军丘眷击之,众溃。定被创,单骑遁走,收其余众,乃西保上邽。神䴥四年,为吐谷浑慕璝所袭,擒定,送京师,伏诛。

徒何慕容廆。字弈洛环,其本出于昌黎。曾祖莫护跋,魏初率诸部落入居辽西,从司马宣王讨平公孙渊,拜率义王,始建国于棘城之北。祖木延,从毋丘俭征高丽有功,加号左贤王。父涉归,以勋进拜鲜卑单于,迁邑辽东。涉归死,廆代领部落,以辽东僻远,徙于徒何之青山。穆帝之世,颇为东部之患。左贤王普根击走之,乃修和亲。晋愍帝拜廆镇军将军、昌黎辽东二国公。平文之末,廆复侵东部,击破之。王浚称制,以廆为散骑常侍、冠军将军、前锋大都督、大单于。廆以非王命所授,拒之。廆死,子元真代立。

元真,小字万年,名犯恭宗庙讳。元真既袭,弟仁叛于辽东之平郭，与元真相攻，元真讨斩之。乃号年为元年，自称燕王，置官如魏武辅汉故事。石虎率众伐元真，元真击走之。建国二年，帝纳元真女为后。元真袭石虎，至于高阳，掠徙幽、冀二州三万户而还。四年，元真遣使朝贡，城和龙城而都焉。元真征高丽，大破之，遂入丸都，掘高丽王钊父利墓，载其尸，并其母妻、珍宝，掠男女五万余口，焚其宫室，毁丸都而归。钊单马遁走，后称臣于元真，乃归其父尸。又大破宇文，阔地千里，徙其部民五万余家于昌黎。元真死，子俊统任。

俊，字宣英。既袭位，号年为元年。闻石氏乱，乃砺甲严兵，将为进取之计。鉴山除道，入自卢龙，克蓟城而都之。进克中山、常山，大破冉闵于魏昌廉台，擒之。闵太子睿固守邺城，进师攻邺，克之。建国十五年，俊僭称皇帝，置百官，号年元玺，国称大燕，郊祀天地。十六年，遣使朝贡。俊自蓟迁都于邺，号年为光寿。俊死，子炜统任。

炜，字景茂，隽之第三子也。既僭立，号年建熙。炜政无纲纪，时人知其将灭，有神降于邺，自称"湖女"，有声，与人相接，数日而去。僭晋将桓温率众伐炜，至于枋头，炜叔父垂击走之。垂有大功，炜不能赏，方欲杀之。垂怒，奔苻坚。坚遣将王猛伐邺，擒炜，封新兴侯，后拜尚书。

太祖之七年，苻坚败于淮南，垂叛，攻苻丕于邺。炜弟济北王泓，先为北地长史，闻垂攻邺，亡奔关东，收诸马牧鲜卑，众至数千，还屯华阴。炜乃潜使诸弟及宗人起兵于外。坚遣将军张永步骑五千击之，为泓所败。泓众遂盛，自称使持节、大都督、陕西诸军事、大将军、雍州牧、济北王，推垂为丞相、都督陕东诸军事、领大司马、冀州牧、吴王。

坚遣子巨鹿公睿伐泓。泓弟中山王冲，先为平阳太守，亦起兵河东，有众二万。泓大破睿军，斩睿。冲为坚将窦冲所破，弃其步众，率鲜卑八千奔于泓军。泓众至十余万。遣使谓坚曰："秦为无道，灭我社稷。今天诱其衷，秦师倾败，将欲兴复大燕。吴王已定关东，可速资备大驾,奉送乘舆并宗室功臣之家,泓当率关中燕人翼卫皇帝,还返邺都。与秦以虎牢为界,分王天下,永为邻好,不复为秦之患也。"坚怒责炜曰:"卿虽曰破灭,其实若归,奈何因王师小败,猖悖若是!泓书如此,卿欲去者,朕当相资。"炜叩头流血,涕泣陈谢。坚久之曰:"此自三竖之罪,非卿之过。"复其位,待之如初,命炜以书招喻垂及泓、冲,使息兵还长安,恕其反叛之咎。而炜密遣使谓泓曰:"今秦数已终,社稷不轻,勉建大业。可以吴王为大将军,领司徒,承制封拜。听吾死问,汝便即尊位。"泓于是进向长安,年号燕兴。

泓谋臣高盖、宿勤崇等以泓德望后冲,且持法苛峻,乃杀泓,立冲为皇太弟,承制行事,置百官。冲去长安二百里,坚遣子平原公晖拒之。冲大破晖军,进据阿房。初,坚之灭燕,冲姊清河公主年十四,有殊色,纳之。宠冠后庭。冲年十二,亦有龙阳之姿,坚又幸之。姊弟专宠,宫人莫进,长安歌之曰:"一雌复一雄,双飞入紫宫。"咸惧为乱。王猛切谏,坚乃出冲。及其母卒,葬之以燕后之礼。长安又谣曰:"凤皇,凤皇,止阿房。"坚以凤皇非梧桐不栖,非竹实不食,乃莳梧竹数十万株于阿房城,以待凤皇之至。冲小字凤皇,至是终为坚贼,入止阿城焉。

炜入见坚,稽首谢曰:"弟冲不识义方,孤背国恩,臣罪应万死。陛下垂天地之容,臣蒙更生之惠。臣二子昨婚,明当三日,愚欲暂屈鸾驾,幸臣私第"。坚许之。炜出,术士王嘉曰"椎卢作蒺蔾,不成文章,会天大雨,不得杀羊。"言炜将杀坚而不果也,坚与群臣莫之能解。是夜大雨,晨不果出。初,炜遣诸弟起兵于外也,谋欲伏兵请坚杀之。时鲜卑在城者,犹有千余人,炜令其帅悉罗腾、屈突铁侯等潜告之曰:"官今使吾外镇,听旧人悉随。可于某日会集某处。"鲜卑信之。北部人突贤之妹,为坚左将军窦冲小妻,贤与妹别,妹请冲留其兄。冲驰入白坚,坚大惊,召腾问之,腾具首服。乃诛炜父子及其宗族,城内鲜卑无少长男女皆杀之。廆弟运。运孙永。

永，字叔明。炜既为符坚所并，永徙于长安，家贫，夫妻常卖靴于市。及炜为坚所杀也，冲乃自称尊号，以永为小将。冲与左将军苟池大战于骊山，永力战有功。斩池等数千级。坚大怒，复遣领军将军杨定率左右精骑二千五百击冲，大败之，俘掠鲜卑万余而还，坚悉坑之。又败冲右仆射慕容宪于灞浐之间。定果勇善战，冲深惮之，纳永计，穿马坎以自固。迁永黄门郎。

冲毒暴关中，人民流散，道路断绝，千里无烟。及坚出如五将山，冲入长安，纵兵大掠，死者不可胜计。初，坚之未乱也，关中土燃，无火而烟气大起，方数十里，月余不灭。坚每临听讼观，令民有怨者，举烟于城北，观而录之。长安为之语曰："欲得必存，当举烟。"关中谣曰："长鞘马鞭击左股，太岁南行当复虏。"西人呼"徒何"为"白虏"。冲果据长安，乐之忘归，且以慕容垂威名夙著，跨据山东，惮不敢进，课农筑室，为久安之计。众咸怨之。

登国元年，冲左将军韩延因民之怨，杀冲，立冲将段随为燕王，改年昌平。冲之入长安，王嘉谓之曰："凤皇，凤皇，何不高飞还故乡？无故在此取灭亡！"

冲败，其左仆射慕容恒与永潜谋，袭杀段随，立宜都王子觊为燕王，号年建明，率鲜卑男女三十余万口，乘舆服御、礼乐器物，去长安而东，以永为武卫将军。恒弟护军将军韬，阴有贰志，诱觊杀之于临晋，恒怒，去之。永与武卫将军刁云率众攻韬，韬遣司马宿勤黎逆战，永执而戮之。韬惧，出奔恒营。恒立莫容冲子望为帝，号年建平。众悉去望奔永，永执望杀之，立慕容泓之子忠为帝，改年建武，忠以永为太尉，守尚书令，封河东公。至闻喜，知慕容垂称尊号，托以农要弗集，筑燕熙城以自固。刁云等又杀忠，推永为大都督、大将军、大单于、雍秦梁凉四州牧、河东王，称藩于垂。永以符丕至平阳，恐不能自固，乃遣使求丕假道还东。丕不许，率众讨永，永击走之，进据长子。永僭称帝，号年中兴。

垂攻丁零翟钊于滑台，钊请救于永，永谋于众。尚书郎勃海鲍遵曰："徐观其弊，卞庄之兴也。"中书侍郎太原张腾曰："强弱势殊，何弊之有！不如救之，成鼎峙之势。可引兵趣中山，昼多疑兵，夜倍其火，彼必惧而还师。我冲其前，钊蹑其后，天授之机，不可失也。"永不从。钊败，降永。永以钊为车骑大将军、东郡王。岁余。谋杀永，永诛之。

垂遣其龙骧将军张崇攻永弟武乡公友于晋阳，永遣其尚书令刁云率众五万屯潞川。垂停邺，月余不进，永乘诡道伐之。乃摄诸军还于太行轵关。垂进师，入自木井关，攻永从子征东将军小逸豆归、镇东将军王次多于台壁。永遣其从兄太尉大逸豆归救次多等，垂将平规击破之。永率众五万与垂战于台壁南，为垂所败，奔还长子，婴城固守。大逸豆归部将潜为内应，垂勒兵密进，永奔北门，为前驱所获，垂数而戮之。并斩永公卿已下刁云、大逸豆归等三十余人。永所统新旧民户，及服御、图书、器乐、珍宝，垂尽获之。

垂，字道明，元真第五子也。甚见宠爱，常目而谓诸弟曰："此儿阔达好奇，终能破人家，或能成人家。"故名为霸，字道业，恩遇逾于隽，故隽不能平之。及即王位，以垂坠马伤齿，改名为缺，外以慕郤缺为名，内实恶之。寻以谶记之文，乃去夬，以垂为名焉。年十三，为偏将，所在征伐，勇冠三军。

隽平中原，垂为前锋，累战有大功。及僭尊号，拜黄门郎。出为安东、冀州牧，封吴王。以侍中、右禁将军，录留台事，镇龙城，大收东北之和。历位镇东、平州、征南大将军、荆兖二州牧、司隶校尉。以车骑大将军败桓温于枋头，威名大震。不容于炜，西奔苻坚。坚甚重之，拜冠军将军，封宾都侯。

坚败于淮南，入于垂军。子宝劝垂杀之，垂以坚遇之厚也，不听。行至洛阳，请求拜墓，许之，遂起兵。攻苻丕于邺，乃引漳水以灌之，不没者尺余。丁零翟斌怨垂，使人夜往决堰，水溃，故邺不拔。垂称燕王，置百官，年号燕元。引师去邺，开苻丕西归之路。丕固守邺城，请援于司马昌明。垂怒曰："苻丕，吾纵之不能去，方引南贼规固邺都，不可置也。"乃复进师，丕乃弃邺奔并州。垂以兄子鲁阳王和为南中郎将,镇邺。垂定都中山。登国元年,垂僭称大位,号年为建兴。建宗庙社稷于中山,尽有幽、冀、平州之地。

垂遣使朝贡。三年,太祖遣九原公仪使于垂,垂又遣使朝贡。四年,太祖遣陈留公虔使于垂,又遣使于朝贡。五年,又遣秦王觚使于垂,垂留觚不遣,遂绝行人。垂议讨慕容永,太史令靳安言于垂曰:"彗星经尾箕之分,燕当有野死之王,不出五年,其国必亡。岁在鹑火。必克长子。"垂乃止。安出而谓人曰:"此众既并,终不能久。"安意盖知太祖之兴也,而不敢言。

先是,丁零翟辽叛垂,后遣使谢罪,垂不许,辽怒,遂自号大魏天王,有众数万,屯于滑台,与垂相击。辽死,子钊代之。及垂征克滑台,钊奔长子。垂议征长子,诸将咸谏,以永国未有衅,连岁征役,士卒疲怠,请待他年。垂将从之,垂弟司徒、范阳王德固劝垂征。垂曰:"司徒议与吾同,二人同心,其利断金,吾计决矣。且吾投老,叩囊底智足以克之,不复留逆贼以累子孙。"垂率步骑七万伐永,克之。

十年,垂遣其太子宝来寇。时太祖幸河南宫,乃进师临河,筑台告津,奋扬威武,连旌沿河,东西千有余里。是时,陈留公虔五万骑在河东,要山截谷六百余里,以绝其左;太原公仪十万骑在河北,以承其后;略阳公遵七万骑塞其南路。太祖遣捕宝中山行人,一二尽擒,马步无脱。宝乃引船列兵,亦欲南渡。中流,大风卒起,漂宝船数十艘泊南岸,擒其将士三百余人,太祖悉赐衣服遣还。始宝之来,垂已有疾,自到五原,太祖断其行路,父子问绝。太祖乃诡其行人之辞,令临河告之曰:"汝父已死,何不遽还!"兄弟闻之,忧怖,以为信然。于是士卒骇动,往往间言,皆欲为变。初,宝至幽州,其所乘车轴,无故自折,占工靳安以为大凶,固劝令还,宝怒不从。至是问安,安对曰:"今天变人事,咎徵已集,速去可免。"宝逾大恐。安退而告人曰:"今皆将死于他乡,尸骸委于草野,为乌鸟蝼蚁所食,不复见家矣。"

冬十月,宝烧船夜遁。是时,河冰未成,宝谓太祖不能渡,故不设斥候。十一月，天暴风寒，冰合。太祖进军济河，留辎重，简精锐二万余骑急追之，昼夜兼行，暮至参合陂西。宝在陂东，营于蟠羊山南水上。靳安言于宝曰："今日西北风劲，是追军将至之应，宜设警备，兼行速去，不然必危。"宝乃使人防后。先不抚循，军无节度，将士莫为尽心，行十余里，便皆解鞍寝卧，不觉大军在近。前驱斥候，见宝军营，还告。其夜，太祖部分众军相援，诸将罗落东西，为掎角之势。约勒士卒，束马口，衔枚无声。昧爽，众军齐进，日出登山，下临其营。宝众晨将东引，顾见军至，遂惊扰奔走。太祖纵骑腾蹑，大破之，有马者皆蹶倒冰上，自相镇压，死伤者万数。宝及诸父兄弟，单马迸散，仅以身免。于是宝军四五万人，一时放仗，敛手就羁矣，其遗迸去者不过千余人。生擒其王公文武将吏数千，获宝宠妻及宫人、器甲、辎重、军资杂财十余万计。

　　垂复欲来寇，太史曰："太白夕没西方，数日后见东方，此为躁兵，先举者亡。"垂不从，凿山开道。至宝前败所，见积骸如丘，设祭吊之，死者父兄子弟遂皆嚎哭，声震山川。垂惭忿呕血。发病而还，死于上谷。宝僭立。

　　宝，字道佑，小字库勾，垂之第四子也。少而轻果，无志操，好人佞己。及为太子，砥砺自修，朝士翕然称之。垂亦以为克保家业。垂妻段氏谓垂曰："宝资质雍容，柔而不断，承平则为仁明之主，处难则非济世之雄。今托之以大业，未见克昌之美。辽西、高阳，儿之贤者，宜择一以树之。赵王麟，奸诈负气，常有轻宝之心，恐必难作。此自家事，宜深图之。"垂弗纳。宝闻之，深以为恨。宝既僭位，年号永康。遣麟逼其母段氏曰："后常谓主上不能继守大统，今竟能不？宜早自裁，以全段氏。"段氏怒曰："汝兄弟尚逼杀母，安能保社稷！吾岂惜死，念国灭不久耳。"遂自杀。宝议以后谏废嫡统，无母后之道，不宜成丧，群臣咸以为然。宝中书令眭邃执意抗言，宝从而止。

　　皇始元年，太祖南伐。及克信都，宝大惧。太祖军于柏肆，宝夜来犯营，太祖击破之。宝走还中山，率万余骑奔蓟。宝子清河王会，先守龙城，闻宝被围，率众赴难，逢宝于路。宝分夺其军，以授弟辽西王农等。会怒，袭农伤之。农弟高阳王隆，劝宝收会，不获。会勒兵攻宝，宝走龙城。会追围之。侍御郎高云袭败会，会奔中山。宝命云为子，封夕阳公。会至中山，为蒙容普邻所杀。宝率众自龙城而南，将攻中山。众惮征，逃溃。宝还龙城，垂舅兰汗拒之，宝南走，奔蓟。汗遣使诱迎宝，宝杀之。将南奔叔父范阳王德，闻德称制，退潜辟阳。汗复遣迎宝。宝以汗垂之季舅，子盛又汗之婿也。必谓无二，乃还龙城。汗杀之，及子弟等百余人。汗自称大都督、大单于、昌黎王，号年青龙，以盛子婿，哀而宥之。

盛，字道运。宝之长子也。垂封为长乐公，历位散骑常侍、左将军。宝既僭立，进爵为王，拜征北大将军、司隶校尉、尚书左仆射。兰汗之杀宝也，以盛为侍中、左光禄大夫。盛乃间汗兄弟，使相疑害。李旱、卫双、刘志、张真等，皆盛之旧昵，汗太子穆并引为腹心。盛要结旱等，因汗、穆等酒醉，夜袭杀之。僭尊号，改年为建平；又号年为长乐，盛改称庶民大王。盛以宝暗而不断，遂峻极威刑，纤介嫌忌，莫不裁之于未萌，防之于未兆。于是上下震惧，人不自安，虽忠诚亲戚，亦金怀离贰。前将军段玑等，夜潜禁中，鼓噪攻盛。盛闻变起，率左右出战，众皆披溃。俄有一贼，暗中击盛，伤之。遂辇升殿，申约禁卫，召叔父河间公熙属之，未至而盛死。

熙，字道文，小字长生，垂之少子也。群臣与盛伯母丁氏议，以其家多难，宜立长君，遂废盛子定，迎熙而立之。熙立，杀定，年号光始。筑龙腾苑，广褒十余里，役徒二万人。起景云山于苑内，基广五百步，高十七丈。又起逍遥宫、甘露殿，连房数百，观阁相交。凿天河渠，引水入宫。又为妻符氏凿曲光海、清凉池，季夏盛暑，不得休息，渴死者太半。熙游于城南，止大柳树下，若有人呼曰："大王且止。"熙恶之，伐其树，下有蛇长丈余。熙尽杀宝诸子，改年为建始。又为其妻起承华殿，负土于北门，土与谷同价。

典军杜静,载棺诣阙,上书极谏。熙大怒,斩之。熙妻尝季夏思冻鱼脍,仲冬须生地黄,皆下有司切责,不得,加之以大辟,其虐也如此。及苻氏死,熙拥其尸而抚之,曰:"体已就冷,命遂断矣。"于是僵仆绝息,久而乃苏,悲号擗踊,斩衰食粥。大敛之后,复启而交接。制百官哭临,沙门素服。令有司案检,有泪者为忠孝。无泪者罪之。于是群臣震惧,莫不含辛以为泪焉。及葬。熙被发徒跣步从。辒车高大,毁城门而出,长老相谓曰:"慕容氏自毁其门,将不入矣。"中卫将军冯跋兄弟闭门拒熙,执而杀之。立夕阳公云为主。

云,宝之养子。复姓高氏,年号正始。跋又杀云自立。云之立也,熙幽州刺史、上庸公慕容懿以辽西归降,太祖以懿为征东将军、平州牧、昌黎王。后坐反,伏诛。元真少子德。

德,字玄明,雅为兄垂所重。桓温之至枋头也,德与垂击走之。苻坚灭炜,以德为张掖太守。垂称尊号,封为范阳王,拜车骑大将军、司隶校尉,寻迁司徒。宝既即位,以德镇邺,后拜丞相。宝既东走,群僚劝德称尊号,德不从。皇始二年,既拔中山,太祖遣卫王仪攻邺。德率户四万南走滑台,自称燕王,号年为燕元,置百官。

德冠军将军苻广叛于乞活垒,德留兄子和守滑台,率众攻广,斩之。而和长史李辩杀和,以城来降。德无所据,乃谋于众。其给事黄门侍郎张华劝德取彭城而据之。其尚书潘聪曰:"青齐沃壤,号曰'东秦'。土方二千里,户余十万,四塞之固,负海之饶,可谓用武之国。宜攻取据之,以为关中、河内也。"德从之,引师克薛城,徐兖之民尽附之。以其南海王法为兖州刺史,镇梁父。进克莒城,以潘聪徐州刺史,镇莒城。

北伐广固,司马德宗幽州刺史辟闾浑闻德将至,徙民入千余户入广固,遣司马崔诞率千余人戍薄荀固,平原太守张豁屯柳泉。诞、豁皆承檄遣子降德。浑惧,携妻子北走,德追骑斩之。浑少子道秀自归,请与父俱死。"德曰:"浑虽不忠,而子能孝,其特赦之。"德入都广固,僭称尊号,号年建平。女水竭,德闻而恶之,因而寝疾。兄子超请祈女水，德曰："人君之命，岂女水所知。"超固请，终不许。立超为太子。德死，超僭立。

超，字祖明，德兄北海王纳之子也。既僭位，号年太上。超青州刺史、北地王钟，兖州刺史、南海王法等，起兵叛超，超悉平之。超南郊，柴燎焰起，而烟不出。灵台令张光告人曰："今火盛而烟灭，国其亡乎？"天赐五年，司马德宗将刘裕伐超。超将公孙五楼劝超拒之于大岘，超曰："但令度岘，我以铁骑践之，此成擒也。"太尉、桂林王镇曰："若如圣旨，必须平原用马，便宜出岘逆战。战而不胜，犹可退守，不宜纵敌，自贻寇逼。臣以为天时不如地利，拒之大岘，策之上也。"超不从。出而告人曰："主上酷似刘璋。今年国灭，吾必死之。"超收镇下狱。裕入大岘，超拒之于临朐，乃赦镇而谢之。超战于临朐，为裕所败，退还广固。裕遂围之。广固鬼夜哭，有流星长十余丈，陨于广固。城溃。裕执超，送建康市斩之。

临渭氐苻健，字建业，本出略阳临渭。祖怀归，为部落小帅。父洪，字广世。洪之生也，陇右霖雨，百姓苦之。时有谣曰："雨若不止，洪水必起。"故名之曰洪。年十二而父死，为部帅，群氐推以为盟主。刘曜拜洪为宁西将军、率义侯，徙之高陆，进为氐王。石虎平秦陇，表石勒拜冠军将军、泾阳伯，又徙之枋头。迁光烈将军，进爵为侯，稍迁冠军大将军，进封西平公。讨平梁犊，进位车骑大将军、开府仪同三司、略阳公。冉闵之乱，秦雍徙民西归，凭洪为主，众至十余万，自称大将军、大单于、三秦王。既而为将麻秋所鸩，临死，谓健曰："关中周汉旧都，形胜之国，进可以一同天下，退不失保全秦雍，吾死之后，便可鼓行而西。"健从之。

健，初名羆，字世建，又避石虎外祖张羆之名，故改焉。健便弓马，善于事人，石虎深爱之，历位翼军校尉、镇军将军。

时京兆杜洪窃据长安，关中雄隽皆应之。健密图关中，惧洪之知也，乃缮宫室于枋头，课民种麦，示无西意。既而自称征西大将军、雍州刺名，尽众西行。至盟津，起浮桥以济，遣弟辅国将军雄率步骑五千入自潼关，兄子扬武将军菁率众七千自轵关入河东。执菁手曰："若事不捷，汝死河北，我死河南，不及黄泉，无相见也。"济讫，焚桥，自统大众，继雄而进。杜洪遣将军张光逆健于潼关，雄击破之。洪尽召关中之众以拒健。健闻而筮之，遇"泰"之"临"。健曰："小往大来，吉亨。昔往东而小，今还西而大，吉孰大焉。诸君知不？此则汉祖屠秦之机也。"健长驱至长安，杜洪奔司竹，健遂入都。

建国十四年，乃僭称天王，号年皇始，国号大秦，置百官。健寻自称皇帝。桓温率众伐长安，次于灞上。健弟雄击温，破之，温乃引众东走。健遣其太子苌追温，比至潼关，九败之，苌亦为流矢所中死。关中大饥，蝗虫生于华泽，西至陇山，百草皆尽，牛马至相啖毛，虎狼食人，行路断绝。十八年，健死，子生僭立。

生，字长生，健之第三子也。幼而粗暴，昏酒无赖，祖洪甚恶之。生无一目，年七岁，洪戏之，问侍者曰："吾闻瞎儿一泪，信乎？"侍者曰"然"。生怒，引佩刀自刺出血，曰："此亦一泪也！"洪惊，鞭之，生曰："性耐刀稍，不堪鞭挞。"洪曰："汝为尔不已，吾将以汝为奴。"生曰："可不如石勒也。"洪惧，跣而掩其口。谓健曰："此儿狂悖，宜早除之，不然，长大必破人家。"健将杀之，雄止之曰："儿长成自当修改，何至便如此。"健乃止。及长，力举千钧，雄勇好杀，手格猛兽，走及奔马，击刺骑射，冠绝一时。

初，健之长子死，生母强氏意在少子柳，健以谶有"三羊五眼"之言，故立之。生既僭立，号年寿光。虽在谅暗，游饮自若。弯弓露刃，以见朝臣，锤钳锯凿，备置左右。在位未几，后妃公卿，下至仆隶，杀五百余人。朝飨群臣，酣饮奏乐，生亲歌以和之。命其尚书令辛牢行酒，既而生怒曰："何不强酒。犹有坐者！"引弓射牢而杀之。于是百僚大惧，无不引满，污服失冠，生以为乐。

长安大风，或称贼至，宫门昼闭，五日乃止。生推告贼者，刳出心胃。生舅强平切谏，生凿其顶而杀之。虎狼大暴，从潼关至于长安,昼则断道,夜则发屋,不食六畜,专以害人。自其元年秋,至于二年夏,虎杀七百余人,民废农桑,内外凶惧。其臣奏请禳灾,生曰:"野兽饥则食人,饱当自止,终不累年为患也。天将助吾行诛,以施刑教,但勿犯罪,何为怨天。"生如阿房,遇人共妹行者,逼令为淫,固执弗从,生怒杀之。

其尚书仆射贾玄石形貌美伟,生与妻楼上望见玄石在庭中,妻曰:"此何人也?"生曰:"汝欲得也?"乃诛玄石。生尝夜食枣过多,至旦病,使太医程延诊脉。延曰:"陛下食枣多,无他疾也。"生曰:"嘻,汝非圣人,焉知吾食枣?"乃杀之。常会舆上溲便,輂者谓之天雨。生既眇其目,所讳者不足、不具、少无缺伤残毁偏只之言,皆不得道,左右忤旨而死者,不可胜计。太白犯东井,其臣奏曰:"东井,秦也,太白罚星,必有暴兵起于京师。"生曰:"星入井者,必将渴耳。何所怪乎?"初,生梦大鱼食蒲,又长安谣曰:"东海大鱼化为龙,男便为王女为公。问在何所,洛门东。"是月,生以谣梦之故,诛太师鱼遵父子一十八人。东海,符坚封也,时为龙骧将军,宅在洛门之东。又谣曰:"百里望空城,郁郁何青青。瞎人不知法,仰不见天星。"于是悉壤诸空城以让之。"法"是符法也。

生耽湎于酒,无复昼夜。其臣朝谒,漏尽请见,生曰:"日知尽乎?须待饮讫。"因醉问左右曰:"吾统天下已来,汝等何所闻乎?"或对曰:"圣明宰世,子育百姓,罚必有罪,赏必有功,天下唯歌太平,未闻有怨。"生曰:"汝媚吾也。"引而斩之。他日,又问,或对曰:"陛下刑罚微过。"生曰:"汝谤吾也。"亦杀之。使宫人与男女裸交于殿前,引群臣临而观之。或生剥牛羊驴马,活熏鸡豚鹅鸭,数十为群,放之殿下。剥人面皮,令其歌舞。勋旧亲戚,杀害略尽,王公在者以疾告归,得度一日如十年。至于截胫刳胎、拉胁锯颈者,动有千数。生夜对侍婢曰:"阿法兄弟,亦不可信,明当除之。"旦而侍婢以告,法与弟坚率壮士数百人入云龙门,宿卫者皆舍仗归坚。废生为越王,俄而杀之。

坚，字永固。一字文玉，雄第二子也。既杀符生，以位让其兄清河王法，法固以坚。于是去皇帝之号，僭称天王，号年永兴。以法为丞相、东海公，寻以疑忌杀之。改年为甘露，时建国二十二年也。

坚从弟晋公柳反于蒲坂，魏公庾反于陕，燕公武反于安定，坚弟赵公双反于上邽，皆讨平之。慕容垂奔于坚，王猛劝坚杀之，坚不从。三十八年，改为建元。坚遣使牛恬朝贡。使尚书令王猛伐邺，坚亲率大众以继之。克邺，擒慕容炜。坚使其右将军杨安攻克汉中，仍平蜀，又遣其武卫将军苟苌西伐凉州，降张天锡，遣其子长乐公丕攻克襄阳。坚观其史书，见母苟氏通李威之事，惭怒，乃焚其书。

坚南伐司马昌明，戎卒六十万，骑二七万，前后千里，旗鼓相望。坚至项城，凉州兵始达咸阳，蜀汉之军，顺流而下，幽冀之众，至于彭城。东西万里，水陆齐进，运漕万艘，自河入石门，达于汝颍。坚弟阳平公融攻寿春，克之。融驰使白坚曰：“贼少易俘，但惧越逸，宜速进军。”坚大悦，舍大军于项城。轻骑八千，兼道赴之。坚与融登城，望昌明将谢石军。又望八公山上草木皆类人形，顾谓融曰：“此亦劲敌也。何谓少乎！”忱然有惧色，谢石欲战，符融陈逼肥水，石遣使谓融曰：“君若小退师，令将士周旋，仆与君公缓辔而观之，不亦美也？”融于是麾军却陈，欲因其济，覆而取之。军遂奔退，制之不可止。融马倒见杀，军遂大败。谢石乘胜追击，至于青冈，死者相枕。坚单骑遁还淮北。

初，谣言曰：“坚不出项。”群臣劝坚停项，为六军声镇，坚不从。诸军悉溃，唯其冠军慕容垂一军独全，坚以千余骑赴之。收集离散，比至洛阳，众十余万。行未及关，垂有贰志，说坚请巡抚燕代，并求拜墓，许之。垂遂杀坚骁骑将军石越、镇军将军毛当，引丁零之众攻坚子长乐公丕于邺。慕容泓、冲起兵华泽，坚遣子睿、晖前后击泓，为泓所败。长安鬼夜哭三旬。

冲又击杀坚将姜宇于灞上，遂屯阿房，进逼长安。坚登城观之，叹曰：“此房何从而出？其强若斯！”大言责冲曰：“尔辈群奴，正可牧牛羊，何为送死！”冲曰：“奴则奴矣，既厌奴苦，取尔见代。”坚遣使送锦袍一领遗冲,使者称有诏:"古人兵交,使在其间。卿远来草创,得无劳乎? 今送一袍,以明本怀。朕于卿恩分如何,而于一朝忽为此变?"冲命詹事答之,亦称皇太弟有令:"孤今心在天下,岂顾一袍小惠! 苟能知命,便可君臣束手,早送皇帝。自当宽贷符氏,以酬曩好,终不使既往之事,独美于前。"坚大怒曰:"朕不用王景略、阳平公之言,使白虏敢至于此!"

长安大饥,人民相食。姚苌叛于北地,与冲连和,合攻长安。有群鸟数万,鸣于长安城上,其声甚悲,占者以为不终年,有甲兵入城之象。每夜有人周城大呼曰:"杨定健儿应属我,宫殿台观应坐我,父子同出不共汝。"旦遣寻求,不见人迹。先是,又谣曰:"坚入五将山长得。"坚大信之,告其太子永道:"在或导余,脱如谣言。留汝兼总戎政,勿与贼争利。吾当出陇收兵,运粮以给汝。天其或者正训予也。"遣其卫将军杨定击冲于城西,为冲所擒。坚弥惧,付永道以后事,率骑数百出如五将,宣告州郡,期救长安。

月余,永道寻将母妻、宗室男女数千骑出奔武都,遂假道入司马昌明。慕容冲入据长安。坚至五将山,姚苌遣其将吴忠围之。坚众奔散,独左右十数人,神色自若,坐而待之,召宰人进食。俄而兵至,执坚及其夫人张氏与少女宝锦,送诣姚苌。苌囚之,将害焉。坚自以平生遇苌厚,忿之,厉声大骂,谓张氏曰:"岂令羌奴辱吾儿!"于是杀宝锦。姚苌乃缢坚于新平佛寺。永道既奔昌明,处之江州,桓玄以为梁州刺史,后为刘裕所诛。永道名犯高祖庙讳。

坚子丕,字永叔。坚以为征东将军、冀州牧,封长乐公,镇邺。为慕容垂围逼,丕乃去邺,率男女六万余口进如潞川。坚骠骑将军张蚝、并州刺史王腾迎丕入据晋阳。坚既为姚苌所杀,太祖九年,丕乃僭称尊号,改年太安。

先是,王猛子幽州刺史永亦率众赴之,丕以永为司徒、录尚书事,张蚝为司空,王腾为司隶,传檄远近,率多应之。丕留王腾守晋阳,杨辅守壶关,率众四万,进据平阳,将讨姚苌。而慕容永请假道东归，丕弗许，怒曰："永乃我之马将，首乱京畿，祸倾社稷，承凶继逆，方请逃归。是而可忍，孰不可恕！"使其丞相王永讨之，战于襄陵，永大败，死之。丕众离散，率骑数千南奔东垣，为司马昌明将冯该所杀。

丕族子登，字文高。粗险不修细行，故坚弗之奇也。长而折节，颇览书传。坚以为长安令，坐事黜为狄道长。

及关中起兵，奔于枹罕。群氏杀河州牧毛兴，推卫平为安西将军、河州刺史，平以登为长史。既而，枹罕诸氏以卫平年老，议欲废之，而惮其宗强，连日不决。氏有啖青者，谓诸将曰："大事宜定，东讨姚苌，不可犹豫，一旦事发，返为人害。诸君但请卫公会集众将，青为诸君决之。"众咸以为然，因大飨。青抽剑而前曰："卫公朽耄，不足以成大事。狄道长符登，虽王室疏属，请共立之。"于是推登为使持节、都督陇右征羌诸军事、抚军大将军、雍河二州牧、略阳公，率众五万东下陇，据南安，驱使请命。丕以登为征西大将军、开府仪同三司、南安王，余因其所称而授之。

后与姚苌战于胡奴阜，大破之。丕死，登国元年，登僭称尊号于陇东，号年太初，置百官。立坚神主于军中，载以辒辌，羽葆青盖，建黄旗，虎贲之士三百人以卫之，每战必告。缮甲治兵，引师而东，皆刻铧铠为"死休"字，示以战死为志。每战，以长矛钩刃为方圆大陈，知有厚薄，从中分配，故人自为战，所向无前。登每围苌营，四面大哭，哀声动人，大呼曰："杀君贼姚苌，出来！吾与尔决，何为枉害无辜！"苌惮而不应。

登进攻安定，苌袭其辎重，获登妻毛氏，将妻之。毛氏哭骂，苌杀之。登闻姚苌死，喜曰："姚兴小儿，吾将折杖以笞之。"乃尽众而东，以趣废桥。兴将尹纬据桥待之，争水不得，为纬所败，奔于平凉，入马毛山。姚兴攻之，登战死。

子崇，奔于湟中。僭称尊号，改年延初。寻为乞伏乾归所杀。

羌姚苌，字景茂，出于南安赤亭，烧当之后也。祖柯回，助魏将绊姜维于沓中，以功假绥戎校尉、西羌都督。父弋仲，晋永嘉之乱，东徙榆眉。刘曜以弋仲为平西将军、平襄公。烈帝之五年，弋仲率部众随石虎迁于清河之滠头，勒以弋仲为奋武将军，封襄平公。昭成时，弋仲死，子襄代，屯于谯城。慕容隽以襄为豫州刺史、凡阳公，进屯淮南，自称大将军、大单于。为司马聃将桓温所败，奔于河东，后为符眉所杀。

弋仲有子四十二人，苌第二十四。随兄襄征伐，襄甚奇之。襄之败也，苌率子弟降于符坚。从坚征伐，频有战功，历宁、幽、兖三州刺史，封益都侯，邑五百户。符坚伐司马昌明，以苌为龙骧将军，督益梁州诸军事。谓苌曰：“朕本以龙骧建业，龙骧之号，初未假人，今特以相授。山南之事，一以委卿。”坚左将军窦冲进曰：“王者无戏言，此将不臧之徵也。惟陛下察之。”坚默然。

及慕泓起兵华泽，坚遣子卫大将军睿讨之，战败，为泓所杀。时苌为睿司马，惧罪，奔马牧，聚众万余，自称大将军、大单于、万年秦王，号年白雀。数月之间，众至十余万，与慕容冲连和，进屯北地。符坚出至五将山，苌执而杀之。登国元年，僭称皇帝，置百官，国号大秦，年曰建初，改长安曰常安。以其太子兴镇长安，自击符登安定，败之。

苌病，梦符坚将天官使者、鬼兵数百，突入营中，苌惧，走后宫。宫人迎苌刺鬼，误中苌阴。鬼相谓曰：“正中死处。”拔矛出血石余。瘖而惊悸，遂患阴肿，医刺之，出血如梦。苌乃狂言，或称“臣”，或称“苌”，“杀陛下者兄襄，非臣之罪，愿不枉臣。”苌死，子兴袭位，秘不发丧。

兴，字子略，苌长子也。既灭符登，乃发丧行服，僭称皇帝于槐里，号年皇初。天兴元年，兴去皇帝之号，降称天王，号年洪始。兴克洛阳，以其弟东平公绍镇之。三年，兴遣使朝贡，太祖遣谒者仆射张济使于兴。兴又大破乞伏乾归，遂入枹罕，获铠马六万匹，乾归降于兴。

太祖遣军袭兴高平公没弈干,干弃部众,率数千骑与赫连屈子奔于秦州。追至于瓦亭,长安震惧。兴大议为寇,其臣咸以为不可,兴不从。天兴五年夏,兴遣其弟义阳公平率众四万侵平阳,攻乾壁六十余日,壁中众少失井,乃陷之。六月,太祖将讨平,遣毗陵王顺等三军六万骑为先锋。七月,车驾亲征。八月,次于永安。平募遣勇将,率精骑二百窥军,为太祖前锋将长孙肥所擒,匹马不返。平遂退走,太祖急追,及于柴壁。平因守固,太祖围之,兴乃悉举其众救平。

太祖闻兴将至,增筑重围,内以防平之出,外以距兴之入。又截汾曲为南北浮桥,乘西岸筑围。太祖以步骑三万余人,渡蒙坑南四十里,逆击兴。兴晨行北引,未及安营,太祖军卒至,兴众怖扰。太祖诏毗陵王顺以精骑冲击,获兴甲骑数百,斩首千余级。兴退,南走四十余里。太祖引还。平竟不敢出,但使人烧围百步而已。太祖知兴气挫,乃南绝蒙坑之口,东杜新坂之隘。守天渡,屯贾山,令平水陆路绝,将坐甲而擒之。太祖又缘汾带冈树栅数十里,以卫刍牧者。九月,与从汾西北下,凭壑为垒以自固。兴又将数千骑,乘西岸窥视太祖营,束柏材从汾上流下之,欲以毁桥,官军钩取以为薪蒸。兴还垒。

太祖度其必攻西围,乃命修堙,增广之。至夜,兴果来攻,梯短不及,弃之堙中而还。又分其众,临汾为垒,叩逼水门,与平相望。太祖因截水中,兴内外隔绝,士众丧气。于是平粮尽窘急,夜悉众将突西南而出。兴列兵汾西,举烽鼓噪,为平接援。太祖简诸军精锐,屯汾西,固守南桥,绝塞水口。兴夜闻声,望平力战突兔,平闻外鼓,望兴攻围引接。故但叫呼,虚相应和,草敢通围。平引不得出,穷迫,乃将二妾赴水而死。兴安远将军不蒙世、扬武将军雷重等将士四千余人,随平投水。太祖令泗水钩捕,无得免者。平众三万余人,皆敛手受执,擒兴尚书右仆射狄伯支,越骑校尉唐小方,积弩将军姚梁国,建忠将军雷星、康官,北中郎将康猥,兴从子伯禽已下四品将军已上四十余人。兴远来赴救,自观其穷,力不能免,举军悲号,震动山谷,数日不止。

频遣使请和,太祖不许,乃班师。兴还长安。有雀数万头,斗于兴庙,毛羽折落,多有死者,月余乃止。识者曰:“今雀斗庙上,子孙当有争乱者乎?”又兴殿有声如牛吼。有二狐入长安,一登兴殿屋,走入宫,一入于市,求之不得。先是,谯纵略有益宁之地,僭称尊号,遣称蕃于兴,兴以纵为蜀王,加九锡。永兴三年,兴遣周宝朝贡。五年,兴遣使朝贡,并请进女,太宗许之。

兴中子广平公弼有宠,委之朝政。兴疾笃,长子泓侍疾于中,弼集党数千人,候兴死,欲杀泓自立。兴诸子侄外镇者,闻之,皆起兵讨弼,兴疾瘳,不忍诛弼,免官而已。神瑞元年,兴遣兼散骑常侍、尚书吏部郎严康朝贡。二年,兴遣散骑常侍东武侯姚敞、尚书姚泰奉其西平公主于太宗,帝以后礼纳之。兴复以弼为中军大将军,配兵三万,屯于渭北。兴又疾甚,弼遣其党姚武伯等率众攻端门。泓时侍疾,遣兵拒之,兴力疾临前殿,杀弼,弼党乃散。泰常元年,兴死,泓僭立。

泓,字元子,兴之长子也。既僭位,号年永和。赫连屈子攻泓秦州,又克安定,据雍城。司马德宗将刘裕伐泓,裕遣将檀道济至洛阳,泓弟陈留公洸以城降。泓弟太原公懿反于蒲坂,泓从弟齐公恢反于岭北,皆举兵伐长安。泓既有内难,裕遂长驱入关。泓战败,请降,送于建康市斩之。

略阳氏吕光,字世明,本出略阳。父婆楼,符坚太尉。光年十岁,游戏好战陈之法,为诸儿所推。身长八尺四寸,肘有肉印。从王猛征讨,稍迁破虏将军。

坚以光为骁骑将军,率众七千讨西域,所经诸国,莫不降附。光至龟滋,王帛纯拒之,西域诸胡救帛纯者,七十余万人,光乃结陈为勾锁之法,战于城西,大破之,斩级万余,帛纯逃走,降者三十余国。

光以驼二千余头，致外国珍宝及奇伎、异戏、殊禽、怪兽千有余品，骏马万余匹而还。符坚凉州刺史梁熙遣兵拒之，光击破熙军，遂入姑臧。斩熙，自署护羌校尉、凉州刺史。登国初，又自称使持节、大都督、大将军、凉州牧、酒泉公。

主簿尉佑，奸佞浅薄，光宠任之，谮诛姚皓、尹景等名士十余人。于是远近失望，人怀离贰。四年，光私称三河王，遣使朝贡。置官自丞郎已下，犹摄州事，号麟嘉元年。皇始初，光僭称天王，置百官，改号龙飞，立子绍为太子。遣使朝贡。光疾甚，立绍为天王，自号太上皇帝。光死，长子纂杀绍僭立。

纂，字永绪。既自立，号咸宁元年。纂弟大司马洪，名犯显祖讳，以猜忌不容，起兵攻纂，纂杀之，纵兵大掠。纂笑谓左右曰："今日之战何如？"纂侍中房晷对曰："先帝始崩，太子以幽逼致殂；山陵甫讫。大司马疑惧肆逆。京邑交兵，友于接刃。虽洪自取夷灭，亦由陛下无棠棣之义。且洪妻，陛下弟妇也；洪女，陛下之侄女也。奈何使小人污辱为婢妾？天地神明，岂忍见此！"因歔欷流涕。纂谢之，乃收洪妻子。

纂昏虐任情，游田无度，耽荒酒色，与左右因醉驰猎于坑涧之间，或有谏者，纂皆不纳。又性多猜忌，忍于杀戮。纂从弟超杀纂。纂弟纬单马入城，超杀之而立其兄隆。

隆，字永基，光弟宝之子也。初，超让位于隆，隆难之，超曰："今犹乘龙上天，岂得中下！"乃僭位，改神鼎元年。超使纂妻杨氏及侍婢数人殡纂于城西，超虑杨持珍宝出，使人搜之。杨氏责超曰："郎君兄弟手刃相图，新妇旦夕死人，用金宝何为！"超惭而退。杨氏国色，超将妻焉，谓其父桓曰："后若自杀，祸及卿宗。"桓以告之，杨氏曰："大人本卖女与氏，以图富贵，一之以甚，复可使女辱于二氏乎！"乃自杀。

沮渠蒙逊、秃发傉檀频来攻击，河西之民，不得农植，谷价勇贵,斗直钱五千文,人相食,饿死者千余口。姑臧城门昼闭,樵采路断,民请出城,乞为夷虏奴婢者,日有数百。隆恐沮动人情,尽坑之。于是积尸盈于衢路,户绝者十有九焉。屡为蒙逊攻逼,乃请迎于姚兴。遣齐难率众迎之,隆遂降焉。至长安,寻复为兴所诛。

史臣曰:夷狄不恭,作害中国,帝王之世,未曾无也。刘渊等假窃名目,狼戾为梗,污辱神器,毒螫黎元,丧乱鸿多,一至于此。怨积祸盈,旋倾巢穴。天意其俟大人乎?

魏书卷九六
列传第八四

僭晋司马叡　　赍李雄

僭晋司马睿，字景文，晋将牛金子也。初，晋宣帝生大将军、琅邪武王伷，伷生冗从仆射、琅邪恭王觐。觐妃谯国夏侯氏，字铜环，与金奸通，遂生睿，因冒姓司马，仍为觐子，由是自言河内温人。

初为王世子，又袭爵，拜散骑常侍，频迁射声、越骑校尉，左、右军将军。从晋惠帝幸临漳，其叔繇为成都王颖所杀，睿惧祸，遂走至洛，迎其母俱归陈国。东海王越收兵下邳，假睿辅国将军。越谋迎惠帝於长安，复假睿平东将军、监徐州诸军事，使镇下邳。寻加安东将军、都督扬州诸军事、假节，当镇寿阳，且留下邳。及越西迎惠帝，留睿镇后，平东府事。当迁镇江东，属陈敏作乱，睿以兵少因留下邳。

永嘉元所春，敏死。秋，睿始到建业。五年，进镇东将军、开仪同三司，又以会稽户二万增封，加督扬、江、湘、交、广五州诸军事。六月，王弥、刘曜寇洛阳，怀帝幸平阳，晋司空荀蕃、司隶校尉荀组推睿为盟主。於是辄改易郡县，假置名号。江州刺史华轶、北中郎将裴宪并不从之。宪自称镇东将军、都督江北五郡军事，与轶连和。睿遣左将军王敦、将军甘卓、周访等击轶。斩之。宪奔于石勒。六年，睿檄四方，称与穆帝俱讨刘渊。大会平阳。

建兴元年，晋愍帝以睿为侍中、左丞相、大都督、陕东诸军事、持节、王如故。睿改建业为建康。七月，睿以晋室将灭，潜有他志，乃自大赦，为大都督，都督中外诸军事，又为丞相。睿号令不行，政刑淫虐，杀督运令史淳于伯，行刑者以刀拭柱，血流上柱二丈三尺，径头流下四尺五寸，其直如弦。时人怨之。

平文帝初，睿自称晋王，改元建武，立宗庙、社稷，置百官，立子绍为太子。睿以晋王而祀南郊。其年，睿僭即大位，改为大兴元年。其朝廷之仪，都邑之制，皆准模王者，拟议中国。遂都于丹阳，因孙权之旧所，即禹贡扬州之地，去洛二千七百里。地多山水，阳鸟攸居，厥土惟涂泥，厥田惟下下，所谓"岛夷卉服"者也。

《周礼》，职方氏掌天下之地，辨其邦国都鄙。四夷、八蛮、七闽、九貉、五戎、六狄之人民与其财用、九谷、六畜之数要，周知其利害。东南曰扬州，其山镇曰会稽，其薮泽曰具区，其川三江，其浸五湖，其利金锡竹箭，其民二男五女，其畜宜鸟兽，其谷宜稻。春秋时为吴越之地。吴越僭号称王，僻远一隅，不闻华土。楚申公巫臣窃妻以奔，教其军陈，然后乃知战伐。由是晚与中国交通。俗气轻急，不识礼教，盛饰子女以招游客，此其土风也。战国时则并于楚。故地远恃险，世乱则先叛，世治则后服。秦末，项羽起江南，故衡山王吴芮从百越之兵，越王无诸身率闽中之众以从，灭秦。汉初，封芮为长沙王，无诸为闽越王，又封吴王濞于朱方。逆乱相寻，亟见夷灭。汉末大乱，孙权遂与刘备分据吴蜀。权阻长江，殆天地所以限内外也。睿因扰乱，跨而有之。中原冠带呼江东之人，皆为貉子，若狐貉类云。巴、蜀、蛮、獠、溪、俚、楚、越，鸟声禽呼，言语不同，猴蛇鱼龟，嗜欲皆异。江山辽阔，将数千里，睿羁縻而已，未能制服其民。有水田，少陆种，以罟纲为业。机巧趋利，恩义寡薄。家无藏蓄，常守饥寒，地既暑湿，多有肿泄之病，障气毒雾，射工、沙虱、蛇虺之害，无所不有。睿割有扬、荆、梁三州之土，因其故地，分置十数州及诸郡县，郡县户口至有不满百者。

遣使韩畅浮海来请通和。平文皇帝以其僭立江表，拒不纳之。

是时，睿大将军王敦宗族擅势，权重於睿，迭为上下，了无君臣之分。睿侍中刘隗言於睿曰："王氏强大，宜渐抑损。"敦闻而恶之。

惠帝时,叡改年曰永昌。王敦先镇武昌,乃表于叡曰:"刘隗前在门下,遂秉权宠。今趣进军,指讨奸孽,宜速斩隗首,以谢远近。朝枭隗首,诸军夕退。昔太甲不能尊明汤典,颠覆厥度,幸纳伊尹之训,殷道复昌,贤智故有先失后得者矣。"敦又移告州郡,以沈充为大都督,护东吴诸军。叡乃下书曰:"王敦恃宠,敢肆狂逆,方朕於太甲,欲见困于桐宫。是可忍也,孰不可忍也!今当亲帅六军,以诛大逆。"叡光禄勋王含率其子瑜以轻舟弃叡,归于武昌。叡以其司空王导为前锋大都督,尚书陆晔为军司;以广州刺史陶侃为江州,梁州刺史甘卓为荆州,使其率众挏蹑敦后;以太子右率周莚率中军三千人讨沈充。敦至洌州,表尚书令刁协党附,宜加诛戮。叡遣右将军周札戍于石头,札潜与敦书,许军至为应。敦使司马杨朗等入于石头。札□见敦。朗等既据石头,叡征西将军戴渊、镇北将军刘隗率众攻之,戴渊亲率士,鼓众陵城。俄而鼓止息,朗等乘之,叡军败绩。隗、协入叡,叡遣其避祸,二人泣而出。隗还淮阴,后奔石勒。协奔江乘,为敦追兵所害。叡师败。

敦自为丞相,武昌郡公,邑万户,朝事大小皆关涔之。敦收戴渊及叡尚书左仆射周颛,并斩于石头,皆叡朝之望也。於是改易百官及诸州镇,其余转徙黜免者过百数,或朝行暮改,或百日半年。敦所宠沈充、钱凤等所言必用,所谮必死。敦将还武昌,其长史谢鲲曰:"公不朝,惧天下私议。"敦曰:"君能保无变乎?"对曰:"鲲近入觐,主上侧席待公,迟得相见,宫省穆然,必无不虞之虑。公若入朝,鲲请侍从。"敦曰:"正复杀君等数百,何损朝廷!"遂不朝而去。敦召安南将军甘卓,转谯王承为军司,并不从。敦遣从母弟南蛮校尉魏刘率江夏太守李恒攻承於临湘,旬日城陷,执承送于武昌。敦从弟王廙使贼迎之,害于车中。

先是,王敦表疏,言旨不逊,叡以示承曰:"敦言如此,岂有厌哉?"对曰:"陛下不早裁之,难将作矣。"敦恶之。襄阳太守周虑袭杀甘卓。

叡畏迫於敦,居常忧戚,发病而死。

　　子绍僭立，改年曰太宁。王敦将篡，讽绍徵己，乃为书曰："孤子绍顿首，天下事大，绍以眇身，弗克负荷，哀忧孔疚，如临于谷，实赖家宰，以济艰难。公迈德树勋，遐迩归怀，任社稷之托，居总己之统，然道里长远，江川阻深，动有介石之机，而回旋之间，固以有所丧矣。谓公宜入辅朝政，得旦夕酬诺，朝士亦佥以为然。以公高亮忠肃，至心忧国，苟其宜然，便当以至公处之，期于静国宁民，要之括囊无咎。伏想暗同此志，愿便速克近期，以副翘企之怀。"绍恭惮于敦若此。

　　复使兼太常应詹拜敦丞相、武昌郡公，奏事不名，入朝不趋，剑履上殿。敦于是屯于芜湖。敦仍转王导为司徒，自领扬州刺史，以兄含子应为武卫将军，以自副贰。敦无子，养应为后。敦疾逾年，故召含还，欲属以后事。是时，敦令绍宿卫之兵三番休二。绍密欲袭敦，微行敦营垒。及敦疾，绍屡遣大臣讯问起居，迁含骠骑大将军。仪同三司。

　　敦疾甚，绍召其司徒王导、中书监庾亮、凡阳尹温峤、尚书卞壸密谋讨之。导、峤及右将军卞敦共据石头，光禄勋应詹都督朱雀虘南诸军事，尚书令郗鉴都督从驾诸军事，绍出次于中堂。敦闻兵起，怒欲自将，困不能坐。召其党钱凤、郑岳、周抚等率众三万指造建业。含谓敦曰："此事吾便当行。"于是以含为元帅。凤等问敦曰："事克之日，天子云何？"敦曰："尚未南郊，何为天子！便尽卿兵势。唯保护东海王及裴妃而已。"

　　初，绍谓敦已死，故敢发兵。及下诏数日，敦犹能与王导书，后自手笔曰："太真别来几日，作如此事！"太真，温峤字也。绍朝见之，咸共骇惧。含等兵至，温峤辄烧朱雀桁以挫其锋。绍使中军司马曹浑、左卫参军陈嵩、段匹磾弟秃率壮士千人逆含等战于江宁，斩其前锋将何康，杀数百人。敦闻康死，军不获济，怒曰："我兄老婢耳！门户衰微，群从中才兼文武者皆早死，今年事去矣。"语参军吕宝曰："我当力行。"因作势而起，困乏，乃复卧。使术士郭亚璞筮之，卦成，对曰："不能佳。"敦既疑璞劝亮、峤等举事，又闻卦恶，于是杀璞。

敦疾转困，语其舅羊鉴及子应曰："我亡后，应便即位，先立廷百官。然后营葬。"初敦败睿之后，梦白犬自天而下，噬之。及疾甚，见刁协、甘卓为祟，遂死。王应秘不发丧，裹尸以席，埋于斋中，与其将诸葛瑶等纵酒淫逸。沈充将万余人来会含等，充临行，顾谓其妻曰："男儿不建豹尾，不能归也。"绍平西将军祖约率众至于淮南，逐敦所置淮南太守任台。绍将刘遐、苏峻济自满洲，含率率渡兵，应詹逆击，大破之。周抚斩钱凤，沈充将吴儒斩充。绍遣御史刘彝发敦痤，斩尸，枭首朱雀桁。绍死。

子衍僭立，号年曰咸和。衍历阳太守苏峻不顺于衍，衍护军庾亮曰："苏峻豺狼，终为祸乱，晁错所谓削之亦反，不削亦反；削之反速而祸小，不削反迟而祸大。"乃以大司农徵之，令峻弟逸领峻部曲。徵书至，峻怒曰："庾亮专擅，欲诱杀我也。"阜陵令匡术、乐安人任让并为峻谋主，劝峻诛亮。乃使使推崇祖约，共讨亮，约大喜。于是约命兄逖子沛国内史涣、女婿淮南太守许柳将兵会峻。峻使其党韩光，光名犯恭宗庙讳，入姑熟。杀于湖令陶馥，残掠而还。衍假庾亮节为征讨都督，使其右卫将军赵胤、左将军司马流率众次于慈湖。韩光里袭流，杀之。

衍以其骁骑将军钟雅为前锋监军，假节，率舟军拒峻。宣城内史桓彝统吏士次于芜湖，韩光败之，大掠宣城诸县而还。江州刺史温峤使督护王愆期、西阳太守邓岳、鄱阳太守纪睦等以舟军赴于建业。愆期、岳次直渎，峻督众二万济自横江，登牛渚山。愆期等邀击不制。峻至于蒋山，衍假领军卞壶节，率诸将陈兵。衍之将怯兵弱，为峻所败，卞壶及其二子、丹阳尹羊曼、黄门侍郎周导、卢江太守陶瞻、散骑侍郎任台等皆死，死者三千余人。庾亮兵败，与三弟奔于柴桑。峻遂焚衍宫，群贼突掠，百僚奔散，唯有米数石而已，无以自供。峻逼衍大赦，庾亮兄弟不在赦限。峻以祖约为太尉、尚书令，加侍中，自为骠骑将军领军将军、录尚书事。于是建业荒毁，奔投吴会者十八九。

　　温峤闻之,移告征镇州郡。庾亮至盆口,峤分兵配给。又招衍荆州刺史陶侃欲共讨峻。侃不从,曰:“吾疆场外将,本非顾命大臣,今日之事,所不敢当。”时侃子为峻所害,峤复喻侃曰:“苏峻遂得志,四海虽广,公宁有容足地乎? 贤子越骑酷没,天下为公痛心,况慈父之情哉!”侃乃许之。苏峻屯于于湖。衍母庾氏忧怖而死。

　　苏峻闻兵起,自姑孰还建业,屯于石头。使其党张瑾、管商率众拒诸军。逼迁衍于石头。衍哀泣升车,宫人尽哭,随从衍者,莫不流涕。峻以仓屋为宫,使乡人许方为司马,督将兵守卫。陶侃、庾亮、温峤率舟军二万至于石头,俄引还,次于蔡洲沙门浦。庾亮守白石垒,诘朝,峻将万余人攻之。亮等逆击,峻退。吴国内史庾冰率三吴之众骤战,不胜。瑾、商等破庾冰前军于无锡,焚掠肆意。韩光攻宣城内史桓彝,彝率吏民力战不胜,为光所杀。祖约为颖川人陈光率其属攻之,约乃奔于历阳。长乐人贾宁劝峻杀王导,尽诛诸大臣,峻不从,乃改计叛峻。王导使袁耽潜诱纳之,谋奉衍出奔温峤。

　　峤食尽,贷于陶侃。侃怒曰:“使君前云不忧无士众及粮食也,唯欲得老民为主耳。今比战皆北,良将安在? 今若无食,民便欲西归。”先是,峤虑侃不赴,故以甘言招侃。峤乃卑辞谢之,且曰:“今者,骑虎之势可得下乎? 贼垂灭,愿公留思。”侃怒少止。其将李阳说曰:“今事若不捷,虽有粟,焉得而食之。公宜割见储,以卒大事。”乃以米五万石供军。

　　祖涣袭溢口,欲以沮温峤之兵。涣过皖,攻谯国内史桓云,不克,乃还。苏峻并兵攻大业,大业水竭,皆饮粪汁。诸将谋救之,虑不能当,且欲水陆攻峻。陶侃以舟师攻石头,温峤、庾亮陈于白石。峻子硕以数十骑出战,峻见硕骑,乃舍其众,自以四马北下突陈,陈坚乃还。军士彭世、李千投之以矛,峻坠马,遂枭首,脔割之,焚其骸骨。任让及诸贼帅复立峻弟逸,求峻尸弗获,乃发衍父母冢,剖棺焚尸。匡术率其徒据苑城以降,韩光、苏硕等率众攻苑,苑中饥,谷石四万。诸将攻石头。苏硕及章武王世子休率劲贼孔卢、张偏等数十人击李阳于相浦，退走。硕等追之，庾冰司马腾含以锐卒自后击之，硕、逸等震溃。奔于曲阿。含入抱衍，始得出奔温峤之舟。

是时，兵破之后，宫室灰烬，议欲迁移，王导不从乃止。衍改年咸康。建国中，衍死。中书监庾冰废衍子千龄，立其弟岳，改年曰建元。

初，岳之立，当改元，庾冰立号，而晋初已有，改作，又如之，乃为建元。顷之，或告冰曰："子作年号，乃不视谶也。谶云：'建元之末丘山崩。'丘山，岳也。"冰瞿然，久而叹曰："如有吉凶，岂改易所能救乎？"遂不复改。

岳死，庾冰欲立司马昱。骠骑将军何充立岳子聃，号年曰永和。聃安西将军桓温率所统七千余人伐蜀，拜表辄行。聃威力微弱，不能控制也。

及石虎死，聃征北将军褚裒以舟军至下邳，西中郎将陈逮进据淮南。石遵闻裒至下邳，使其司空李农领万余骑逆围督护王龛于薛，执龛送于邺，又杀李迈。龛，裒之骁将。三军丧气，乃引还。陈逮闻之，震惧，焚淮南而走。

桓温表废聃扬州刺史殷浩，聃惮温，乃除其名。温遂率所统诸军步骑四万，自郢越关中至灞上。符健与五千余人守长安小城。是岁大俭，温军人悬磬，健深沟坚壁，清野待温。温军食尽，乃退，符健遣子苌频击败之。初，温次灞上，其部将振武将军、顺阳太守薛珍劝温径进逼城，温弗从。珍以偏师独济，颇有所获。温退，珍乃还，放言于众，且矜其锐而咎温之持重。温惭忿，杀之。聃又改年曰升平。

聃死，无子。立衍子丕，号年隆和。时谣曰："升平不满斗，隆和那得久。"改为兴宁，又谣曰："虽复改兴宁，亦自无聊生。"

丕死，弟奕立，号年曰太和。桓温率众北讨慕容炜，至金乡，凿钜野三百余里以通舟军，自清水入河。慕容垂逆击破之，获其资仗。温之北引也，先命西中郎将袁真及赵悦开石门，而表真等停于梁、宋,石门不通。粮竭。温自枋头回军,垂以步骑数万迫及襄邑,大败温军。

温遂归罪袁真,除名削爵,收节传。真子双之等杀梁国内史朱宪,真据寿阳以叛,真诸子兄弟阻兵自守,招诱陆城戍将陈郡太守朱辅数千人。遣参军爨亮通慕容炜,又遣使西降符坚。真病死,辅立其嫡子瑾为使持节、建威将军、豫州刺史。瑾弟四五人皆领兵。炜令陈文报爨亮,且以观变。桓温遣督护竺瑶以军沂淮伐瑾,瑶次于肥口,屡战。慕容炜假瑾征南将军、扬州刺史、宣城公,瑾弟泓等皆郡守、四品将军,朱辅亦如之。温乃伐瑾,瑾等拒战,于是筑长围守之。城中震溃,遂平瑾。

初,温任兼将相,其不臣之心,形于音气。曾卧对亲僚,抚枕而起曰:"为尔寂寂,将为文、景所笑。"众莫敢对。后悉众北讨,冀城陵夺之势。及枋头奔败,知民望之去己。既平瑾,问中书郎郗超曰:"足以雪枋头之耻乎?"超曰:"此未厌有识之情也。公六十之年,败于大举,不建不世之勋,不足以镇惬民望。"因说温以废立之事。温既宿有此谋,深纳超言。温自广陵将旋镇姑孰,至于白石,乃言其主弈少同阉人之疾,初在东海、琅邪国。亲近嬖人相龙、朱灵宝等并侍卧内,而美人田氏、孟氏遂生三男。众致疑惑,然莫能审其虚实。

至是,将建储立王,温因之以定废立之计,遂率百僚并还朝堂。温率众人,屯兵宫门,进坐殿庭,使督护竺瑶、散骑侍郎刘亨取弈玺绶。弈著白帢单衣,步下西堂,登犊车。群臣拜辞,皆殒涕。侍御史将百余人,送出神虎门,入东海第。于是迎司马昱而立之。

昱,睿子也。昱东向流涕,拜受玺绶。昱既僭立,改年曰咸安,以温依诸葛亮故事,甲仗入殿,进丞相,其大司马等皆如故,留镇建业。以弈为海西县公。

温常有大志,昱心不自安,谓中书郎郗超曰:"命之修短,本所不计,故当无复近日事邪?"超父愔为会稽太守,超假还东,昱谓之曰:"致意尊公,家国之事,遂至于此。由吾不能以道匡衡,思患豫防,愧叹之深,言何能喻!"又诵庚阐诗云:"志士痛朝危,忠臣哀主辱。"因泣下。昱疾,与温书曰:"吾遂委笃,足下便入,冀得相见,不谓疾患,遂至于此。今者慨然,势不复久,且虽有诏,岂复相及。慨恨兼深,如何可言!天下艰难,而昌明幼冲眇然,非阿衡辅导之训,当何以宁济也?国事家计,一托于公。"昱死。

子昌明僭立。徐州小吏卢悚与其妖众男女二百,向晨攻广莫门,诈言海西公还,由万春、云龙门入殿,略取三厢及武库甲仗。时门下军校并假兼,在直吏士骇愕不知所为。游击将军毛安之先入云龙门讨悚,中领军桓秘、将军殷康止车门入,会兵攻之,斩五十六级,捕获余党,死者数百人。前殿中监许龙与悚皆遣人至吴,诈迎弈,弈不从。

昌明改年曰康宁。徵温入朝,又诏温无拜。尚书谢安等于新亭见温,皆敬。温拜昱墓,得病还姑孰。温自归寝疾,讽求备物九锡。谢安已令吏部郎袁彦伯撰策文,文成,安辄勾点,令更治改。既屡引日,乃谋于尚书仆射王彪之,彪之云:"闻彼病日增,亦当不复支久,自可小迟回其事。"安从之。温死。

符坚遣符雅率将王统、朱彤、杨安、姚苌步骑五万向骆谷,伐昌明秦州刺史杨纂。纂请救于梁州刺史杨亮,亮遣参军卜靖赴之,败走。朱彤至梁州,亮望风奔散,于是坚遂有梁、益二州。昌明上下莫不忧怖。

建国三十九年,昌明改年曰太元元年。太祖七年,符坚大举讨昌明,令其国曰:"东南平定指日,当以司马昌明为尚书仆射,可速为起第。"坚前后擒张天锡等皆豫筑甲宅,至而居之。坚至淮南,大败奔退。

是时,昌明年长,嗜酒好内,而昌明弟会稽王道子任居宰相,昏瞀尤甚,狎昵谄邪。于时,尼媪构扇内外,风俗颓薄,人无廉耻。左仆射王恂儿婚,门客车数百乘,会闻王雅为太子少傅,回以诣雅者半焉。雅素有宠,人情去就若此。皇始元年,昌明死,子德宗僭立。

初,昌明耽于酒色。末年,殆为长夜之饮,醒治既少,外人罕得接见,故多居内殿,流连于樽俎之间。以嬖姬张氏为贵人,宠冠后宫,威行阃内。于时年几三十,昌明妙列妓乐,陪侍嫔少,乃笑而戏之云:"汝以年当废,吾已属诸姝少矣。"张氏潜怒,昌明不觉而戏逾甚。向夕,昌明稍醉,张氏乃多潜饮宦者内侍而分遣焉。至暮,昌明沉醉卧,张氏遂令其婢蒙之以被,既绝而惧,货左右云以魇死。时道子昏废,子元显专政,遂不穷张氏之罪。

德宗既立,改年为隆安。以道子为太傅、扬州牧、中书监,加殊礼,黄钺、羽葆、鼓吹,又增甲仗百人入殿。既而内外众事必先关于道子。尚书仆射王国宝轻薄无行,为道子所亲,权震建业,擅取东宫兵以配己府。道子以王绪为辅国将军、琅邪内史,又辄并石头之兵,屯于建业。绪犹领其从事中郎,居中用事,宠幸当政。德宗兖州刺史王恭恶国宝、王绪之乱政也,乃要荆州刺史殷仲堪克期同举。王恭表德宗曰:"国宝身负莫大之罪,谨陈其状。前荆州刺史王悦,国宝同产弟也。受任西藩,不幸致丧。国宝求假奔彼,遂不即路,虑台纠察,惧于黜免,乃毁冠改服,变为妇人,与婢同载,入请相王。又先帝暴崩,莫不惊号,而国宝觍然,了无哀容,方犯阍叩扉,求行奸计,欲诈为遗诏,矫弄神器。彰暴于外,莫不闻知。谗疾二昆,过于仇敌,树立私党,遍于府朝。兵食资储,敛为私积,贩官鬻爵,威恣百城。收聚不逞,招集亡命。辅国将军王绪顽凶狂狡,人理不齿,同恶相成,共窃名器。自知祸恶已盈,怨集人鬼,规为大逆,荡覆天下。昔赵鞅兴晋阳之甲,夷君侧之恶,臣虽驽劣,敢忘斯义。"

恭表至,道子密欲讨恭,以元显为征虏将军,内外诸军潜加严备。而国宝惶惧不知所为,乃遣数百人戍竹里,夜遇风雨,各散而归。绪劝国宝杀王珣,然后南征北伐,弗听,反问计于珣。既而惧慑,遂上表解职。寻复悔惧,诈称德宗复其本官。道子既不能拒恭等之兵,亦欲因以委罪,乃收国宝付廷尉杀之,斩王绪于市,以悦恭等。司徒左长史王廞遭母丧居吴,恭板行吴国内史。廞乃徵发吴兴诸郡兵。国宝既死，王恭使廞反于丧。廞谓因缘事际，可大得志，乃据吴郡，遣子弟率众击恭。以女为真烈将军，亦置官属，领兵自卫。恭遣司马刘牢之讨平之。

德宗谯王尚之兄弟复说道子，以为藩伯强盛，宰相权弱，宜密树置，以自藩卫。道子然之，分遣腹心，跨据形要，由是内外骚动。王恭深虑祸难，复密要殷仲堪、西中郎将庾楷、广州刺史桓玄，同会建业，玄等响应。恭抗表传檄，以江州刺王愉、司马尚之为事端。仲堪遣龙骧将军、南郡相杨佺期舟师五千发江陵，桓玄借兵于仲堪，亦给五千人。于是德宗戒严，加道子黄钺；遣右将军谢琰拒恭等；元显为征讨都督，众军继进，前军王珣领中军府众次于北郊；以尚之为豫州刺史，率弟恢之、允之西讨楷等，皆执白虎幡居前。王恭遣刘牢之为前锋，次于竹里。

初，道子之谋恭也，啖牢之以重赏，牢之斩恭别帅颜延、延弟强，送二级于谢琰。琰与牢之俱进袭恭，恭奔于曲阿，为湖浦尉所执。送建业。尚之与庾楷子鸿战于牛渚，斩鸿前锋将殷万，鸿遁还历阳。尚之犹不敢济。桓玄、佺期奄至横江，尚之等退，恢之所领外军皆没。玄等径造石头，仲堪继在芜湖，建业震骇。道子杀恭于倪瑭。桓玄等于是走还寻阳。

是年冬，德宗遣使朝贡。并乞师请讨姚兴。二年夏，德宗又遣使朝贡。以元显为扬州刺史。道子有疾，元显惧己弗得袭位，故矫以自授，而道子弗知。既瘳，乃大怒，以元显已拜，故弗复改，于是内外政事一决元显。道子少而耽酒，治日甚希，至是无事，俾昼作夜，时谓道子为东录，元显为西录，西府千两辐凑，东第门设雀罗矣。元显年少，顿居权重，骄奢淫暴，于是远近讥之。

初，德宗新安太守孙泰以左道惑众被戮，其兄子恩窜于海屿，妖党从之。至是转众，攻上虞，杀县令，众百许人径向山阴。会稽内史王凝之事五斗米道，恩之来也，弗先遣军，乃稽颡于道室，跪而咒说，指麾空中，若有处分者。官属劝其讨恩，凝之曰："我已请大道出兵，凡诸津要，各有数万人矣。"恩渐近，乃听遣军。比兵出，恩已至

矣。战败,凝之奔走,再宿执之。旬日,恩众数万,自号平东将军,逼
人士为官属。于是诸郡妖惑,并杀守令而应之,众皆云集。吴国内
史桓谦出奔,吴兴太守谢邈被害。自德宗以来,内外乖贰,石头以
外,皆专之于荆、江,自江以西则受命于豫州,京口暨于江北皆兖州
刺史刘牢之等所制,德宗政令所行,唯三吴而已。恩既作乱,八郡尽
为贼场,及丹阳诸县处处蜂起,建业转成蹙弱。且妖惑之徒,多潜都
邑,人情危惧,恒虑大兵窃发,于是众军戒严,刘牢之共卫将军谢琰
讨之。贼等禁令不行,肆意杀戮,士庶死者不可胜计,或醢诸县令以
食其妻子,不肯者辄支解之,其虐如此。骠骑长史王平之死未葬,恩
剖棺焚尸,以其头为秽器。牢之率军讨破之。琰将至吴兴,贼徒遁
走,驱逼士庶,奔于山阴。诸妖乱之家,妇女尤甚,未得去者,皆盛饰
婴儿投之于水而告之曰:“贺汝先登仙堂,我寻复就汝也。”贼既走
散,邑屋焚毁,郛郭之中,时见人迹,经月乃渐有归者。谢琰留屯乌
程,遣其将高素助牢之。牢之率众军济江。

　　初,孙恩闻八郡响应也,告诸官属曰:“天下无复事矣,当与诸
君朝服而至建业。”既闻牢之临江,复曰:“我割据浙江,不失作勾践
也。”寻知牢之已济,乃曰:“孤不耻走。”于是乃走。缘道多遗珍宝,
牢之将士争取之,不得穷追。恩复入于海。初,三吴困于虐乱,皆企
望牢之、高素等。既至,放肆抄暴,百姓咸怨毒失望焉。

　　孙恩在海,妖众转复从之。既破永嘉、临海,复入山阴。谢琰战
殁。于是建业大震,遣冠军将军、东海太守桓不才,辅国将军孙无
终,广陵相高雅之等东讨恩。吴兴太守庚恒虑妖党复发,大行诛戮,
杀男女数千人。孙恩复破高雅之于余姚,雅之走还山阴。元显自为
后将军、开府仪同三司、都督十六州,本官悉如故;封子彦章为东海
王,食吴兴四万余户;清选文学臣僚,吏兵一同宗国。

　　孙恩浮海奄至京口,战士十万,刘牢之隔在山阴,众军惧不敢
旋,恩遂径向建业。德宗惶骇,遽召豫州刺史司马尚之。于时中外
惊扰,而元显置酒高会,道子唯日祈于钟山。恩来渐近,百姓凶惧。
尚之率精锐驰至,径屯积弩堂。恩时溯风,不得疾行,数日乃至白

石。恩本以诸军分散，欲掩不备，知尚之尚在建业，复闻牢之不还，不敢上，乃走向郁洲。恩别帅卢循攻没广陵，虏掠而去。

桓玄闻孙恩之逼也，乃建牙戒严，表求征讨。时恩去未远，玄表复至，元显等大惧，急遣止玄。庾楷密使自结于元显，说玄大失人情，众不为用，若朝廷遣军，己当内应。元显得书大喜，遣张法顺谋于刘牢之，牢之同许焉。于是征兵装舰，将谋西讨。德宗改年曰元兴，以元显为大都督讨玄。玄军至，元显不战而败，父子并为玄所杀。后改年为大亨。

天兴六年十月，德宗遣使朝京师。德宗封桓玄为楚王，玄寻逼德宗手诏禅位。德宗出居永安宫。玄既受禅，封德宗为南康平固县王，居之寻阳。天赐元年，德宗在姑熟，二月，至寻阳。其彭城内史刘裕杀玄徐州刺史桓修，与刘毅等举兵讨玄。玄败走寻阳，携德宗兄弟至于江陵，又走荆州。荆州别驾王康产、南郡相王腾之迎德宗入南郡府。桓玄死。玄将桓振复袭江陵，斩王康产及腾之。将杀德宗，玄扬州刺史、新安王桓苦谦禁之，乃止。

时卢循执德宗广州刺史吴隐之，自号平南将军、广州刺史，令其党徐道覆据始兴，余郡皆以亲党居之。德宗复僭立于江陵，改年义熙。尚书陶夔迎德宗，达于板桥，大风暴起，龙舟沉没，死者十余人。德宗发江陵至寻阳，其益州刺史毛璩、参军谯纵反，攻涪城，克之，遂以益州叛德宗。德宗发姑熟，还建业。六月，太祖遣军攻德宗钜鹿太守贺申，申举城降。

永兴二年，卢循复起于岭南，杀德宗江州刺史何无忌于石城。咸欲以德宗北走，知循未下，乃止。裕令抚军刘毅讨循，败于桑落洲，步走而还。裕党孟昶、诸葛长民等劝裕拥德宗过江，裕不从。

神瑞二年，德宗遣广武将军玄文、石齐朝贡。太宗初，刘裕征姚泓。三年，太宗遣长孙道生、娥清破其将朱超石于石河，擒骑将军杨丰，斩首千七百余级。

三年，德宗死。弟德文僭立。四年，改年曰元熙。五年，德文禅位于裕,裕封德文为零陵王。德文后河南褚氏,兄季之,弟淡之虽德文姻戚,而尽心于裕。德文每生男,辄令方便杀焉。或诱内人,密加毒害,前后非一。及德文被废,囚于秣陵宫,常惧见祸,与褚氏共止一室,虑有鸩毒,自煮食于前。六年,刘裕将杀之,不欲遣人入内,令淡之兄弟视褚氏,褚氏出别宫,于是兵乃逾垣而入,进药于德文。德文不肯饮,曰:"佛教,自杀者不复人身。"乃以被掩杀之。

　　自睿之僣江南,至于德文之死,君弱臣强,不相羁制,赏罚号令,皆出权宠,危亡废夺,衅故相寻,所谓"夷狄之有君,不若诸夏之亡"也。

　　賨李雄,字仲隽,盖廪君之苗裔也。其先居于巴西宕渠。秦并天下,为黔中郡,薄赋其民,口出钱三十,巴人谓赋为"賨",因为名焉。后徙枑阳。祖慕,魏东羌猎将。慕有五子:辅、特、痒、流、骧。

　　晋惠时,关西扰乱,频岁大饥,特兄弟率流民数万家就谷汉中,遂入巴蜀。时晋益州刺史赵𢠹反叛,特兄弟起兵诛之,晋拜特宣威将军、长乐乡侯,流奋威将军、武阳侯。流民阎式等推特行镇北大将军,承制封拜,流行镇东将军。后与晋益州刺史罗尚相攻。昭帝七年,特自称大将军、大都督,号年建初。战败,为尚所杀,流代统兵事。

　　流,字玄通,自称大都督、大将军。流病将死,以后事属雄。雄,特少子也。

　　雄自称大都督、大将军。十年,僣称成都王,号年建兴,置百官。时涪陵人范长生颇有术数,雄笃信之,劝雄即真。十二年,僣称皇帝,号大成,改年为晏平,拜长生为天地太师,领丞相,西山王。又改年为玉衡。雄以中原丧乱,乃频遣使朝贡,与穆帝请分天下。雄舍其子,而立兄荡第四子班为太子。烈帝六年,雄死。

　　班代统任,雄子期,杀班而自立。

　　期,字世运,雄第四子也。改年为玉恒。骧子寿,自涪城袭克成都,废期为邛都公,期自杀。

寿,字武秀。初为雄大将军,封建宁王,以南中十二郡为建宁国,至期,徙封汉王。既废期自立,改年为汉兴,又改号曰汉,时建国元年也。寿广汉太守李乾与大臣谋欲废寿,寿惧,令子广与大臣盟于殿前。

寿闻邺中殷实,宫观美丽,石虎以杀罚御下,控制邦域城镇,深用欣慕。吏民有小过,辄杀之以立威名。又以郊甸未实,城邑空虚,工匠器械,事用不足,乃徙民三丁已上于成都,兴尚方、御府,发州郡工巧以充之。广修宫室,引水入城,务于奢役,百姓疲于使役,民多嗟怨,思乱者十室而九。其尚书左仆射蔡兴直言切谏,寿以为谤讪,诛之。其臣龚壮作诗七首,托言应琚以讽寿。寿报曰:"省诗知意。若今人所作,贤哲之话言;古人所作,死鬼之常辞耳。"动慕汉武、魏明政法,耻闻父兄时事。上书者不得言先世政化,自以胜之也。及寿疾病,见李期、蔡兴为祟,遂死。子势统任。

势,字子仁。既立,改年为太和。遣使朝贡,又改为嘉宁。势弟汉王广以势无子,请为太弟,势不许。广欲袭势,势使其太保李奕击广于涪城,克之,贬为临邛侯,广寻自杀。

势既骄吝,荒于酒色,至杀人而取其妻,又纳李奕女为后。耽于淫乐,不恤国事,夷獠叛乱,境土减削,累年荒俭。性多忌害,诛残大臣,刑罚酷滥。斥外父祖旧臣,亲任近习,左右小人因行威福。修饰室宇,群臣谏诤,一无所纳。又常居内,少见公卿。史官屡陈灾谴,乃加相国董皎大都督,以名位优之,实望与分灾眚。

建国十年,司马聃将桓温伐之,势降于温。先是,频有怪异。成都北乡有人望见女子避入草中,往视,见物如人,有身形头目,无手足,能动摇,不能言。广汉马生角,各长寸半。有马驹,一头、二身、六耳、无目、二阴、一牝一牡。又有驴,无皮毛,饮食数日而死。江南雨血,地生毛。江源又生草,高七八尺,华叶皆赤,子青如牛角。涪陵民药氏妇头上生角,长三寸,凡三截之。李汉家舂米,米自臼中跳出,敛举箕中,又跳出,写置篁中。童谣曰:"江桥头,阙下市,成都北门十八子。"又曰:"有客有客,来侵门陌,其气欲索。"谯周云:"我死后三十年,当有异人入蜀,由之而亡。"蜀亡之岁,去周亡三十二年。周又著谶曰:"广汉城北,有大贼,曰流特,攻难得,岁在玄宫自相克。"卒如其言。

史臣曰:司马睿之窜江表,窃魁帅之名,无君长之实,跼天蹐地,畏首畏尾,对之李雄,各一方小盗,其孙皓之不若矣。

魏书卷九七
列传第八五

岛夷桓玄　海夷冯跋
岛夷刘裕

岛夷桓玄,字敬道,本谯国龙亢楚也。僭晋大司马温之子,温爱之,临终,命以为后。年七岁,袭封南郡公。登国五年,为司马昌明太子洗马。玄志气不伦,欲以雄豪自许。朝议以温有陵虐之迹,故抑玄兄弟,出为义兴太守,不得志。少时去职。

皇始初,司马德宗立,其会稽王道子擅权,信任尚书仆射王国宝,为时所疾。玄说荆州刺史殷仲堪,令推德宗兖州刺史王恭为盟主,以讨国宝,仲堪从之。会恭使亦上,相逢于中路,约同大举,并抗表起兵,寻平王国宝等。天兴初,德宗以玄为使持节、督交广二州诸军事、建威将军、一越中郎将、广州刺史。

后王恭复与德宗豫州刺史庾楷共起兵,以讨其江州刺史王愉、司马尚之兄弟。玄及龙骧将军扬佺期、荆州刺史殷仲堪等率军应恭,玄等造于石头。于时,德宗征虏将军司马元显一军仍守石头,列舟舰断淮口。道子出军,将屯中堂,忽有马惊,军中扰乱,人马赴江者甚众,良久乃定。玄等不知建业危弱,且王恭寻败,玄甚惶惧,乃回军于蔡洲。王恭司马刘牢之率北府军来次新亭。于是德宗以桓修为荆州,仲堪为广州,玄为江州,佺期为雍州,刺史都恢为尚书。仲堪回师南旋,乃使人徇于玄等军曰:“若不各散归,大军至江陵,当悉戮余口。”仲堪偏将刘系先领兵二千隶于佺期,辄率众而归,玄等大惧,乃狼狈而走,庚楷亦弃众奔于南军。玄并趣轻舟追仲堪,至寻阳,而推玄为盟主,镇于夏口。德宗加玄都督荆州四郡,以玄兄西昌公伟为辅国将军、南蛮校尉。宠玄兄弟,欲以侵削荆、雍。

　　先是,荆州大水,仲堪仓廪空竭,玄乘其虚而伐之,先遣军袭巴陵。梁州刺史郭铨当之镇,路逢玄,玄遣铨为前驱。玄发夏口,与仲堪书云:“今当入沔,讨除佺期,顿兵江口。若相与无贰,可杀杨广,若其不尔,便当率军入江。”别与桓伟书,令克期为内应。伟惶遽,以书示仲堪,仲堪慰喻遣归,夜乃执之。仲堪遣龙骧将军殷迈、振威将军刘山民等,统众七千至西江口。玄闻迈至,复与其党符永道领帐下击之,迈等败走。玄顿巴陵,收其兵而馆其谷,复破杨广于夏口。仲堪既失巴陵之积,又诸将皆败,江陵骇震,城内大饥,皆以胡麻为廪。

　　初,仲堪之得玄书也,急召佺期。佺期曰:“江陵无食,何以待敌?可来见就,共守襄阳。”仲堪犹以全军,无缘弃城进走,甚忧佺期弗来,乃绐之曰:“:比来收集,已有储矣,可有数万人百日粮。”佺期信之,乃率步骑八千,既至,仲堪惟以饭饷其军。佺期大怒曰:“今兹败矣!”不过见仲堪,使人于舰上横射玄,玄军亦射之,佺期乃退。玄乃渡军于马头,命其诸军进,破杀仲堪,杀杨广、全期、殷道护及仲堪参军罗企生等。

　　德宗以玄为持节、都督荆司雍秦梁益宁江八州及杨豫并八郡诸军事、后将军、荆江二州刺史。玄大论功赏,以长史卞范之领南郡相,委以心膂之任。乃断上流,禁商旋。德宗下书曰:“竖子桓玄,故大司马不腆之息,少怀狡恶,长而不悛,遂与王恭协同奸谋,阻兵内侮,三方云集,志在问鼎,窥拟神器。赖祖宗威灵,宰傅神略,忠义奋发,罪人斯殒。玄等猖狂失图,回舟鸟逝。便宜乘会,歼除奸源。于时同异之论,用惑庙策,遂使王宪废挠,宠授非所。犹冀玄当洗濯胸腑,小惩大诫,而狼心弗革,悖慢愈甚,割据江、湘,擅威荆、郢,矫命称制,与夺在手。又对侍中王谧放肆丑言,欲纵凶毒,陵陷上京。无君之心,形于音翰;不臣之迹,日月弥著。是可忍也。孰不可怀!宜明九伐,以宁西夏。尚书令、后将军元显可为征讨大都督、督十八州诸军事、骠骑大将军、仪同三司。"以刘牢之为前锋,行征西将军,权领江州,命司马尚之入沔水。

玄闻元显处分,甚骇惧,欲保江陵。长史卞范之说玄东下,玄甚狐疑,范之苦劝,玄乃留桓伟守江陵,率军东下。至夏口,乃建牙传檄曰:

案扬州刺史元显凶暴之性,自幼加长;犯礼毁教,发蒙如备。居丧无一日之哀,衰绖宵征之服,弦觞于殷忧之时,穷色于罔极之日,劫略王国宝妓妾一朝空房。此基恶之始,骇愕视听者矣。相王有疾,情无悚惧,幸灾擅命,扬州篡授,遂乃父子同录,比肩连案。

既专权重,多行之暴,恐相王知之,杜绝视听。恶声无闻,佞誉日至。万机之重,委之厮孽;国典朝政,纷纭淆乱。又讽旨尚书,使普敬录公。录公之位,非尽敬之所。苟自尊贵,遂悖朝礼。又妖贼陵纵,破军殄民之后,已为都督,亲则刺史,于宜降之日,辄加崇进。弱冠之年,古今莫比。宰相惩恶,已独解录,推祸委罚,归之有在,自古僭逆未有若斯之甚者。

取妾之僭,殆同六礼。乃使尚书仆射为媒人,长史为迎客,嬖胜饕餮,贺同长秋,所谓无君之心,触事而发。八日观佛,略人子女,至人家宿,唐突妇妾。庆封迄今,甫易室之饮;晋灵以来,忽有支解之刑。喜怒轻戮,人士割裂,治城之暴,一睡而斩。又以四岁薛子,兴东海之封。吴兴残暴之后,横复若斯之调。妖贼之兴,实由此竖。居丧极味,孙泰供其膳;在夜思游,亦孙泰延其驾。泰承其势,得行威福,虽加诛戮,所染既多。加之以苦发乐属,枉滥者众,驱逐徙拨,死叛殆尽。改号元兴,以为己瑞,莽之符命,于斯尤著。否极必亨,天盈其毒,不义不昵,势必崩丧。取乱侮亡,实在斯会。三军文武,愤踊即路。

玄亦失荆楚人情,而师出不顺。其兵虽强,虑弗为用,恒有回师之计。既过寻阳,不见东军,玄意乃定。于是遂鼓行而进,径至姑熟,又克历阳。刘牢之遣子敬宣诣玄请降，玄大喜，与敬宣置酒宴集。玄至新亭，元显弃船，退入国子堂，列陈宣阳门前。元显欲挟德宗出战，而军中相惊，言玄已及南岸，乃回军赴宫。既至中堂，一时崩散。元显奔东府，惟张法顺一骑随之。

玄乃为侍中、都督中外诸军、丞相、录尚书事、扬州牧、领徐州刺史，持节、荆江二州、公如故。假黄钺、羽葆、鼓吹、班剑二十人。置左右长史，从事中郎四人，甲仗二百人入殿。于是收道子付廷尉，免为庶人，徙于安城郡；杀元显并其子，及豫州刺史司马尚之、吏部郎袁遵、张法顺等，又灭庾楷于豫章。徙尚之弟丹阳尹恢之、辅国将军允之，及国宝、王绪诸子于交、广州。以刘牢之为会内史，将欲解其兵也。初，敬宣既降，随入东府，至是求归。玄冀牢之受命，乃遣之。敬宣既至，牢之知将不免，欲袭玄，众皆离散，乃于班渎北走，缢于新洲。传首建业。敬宣奔于江北。

玄白德宗，大赦，改年为大亨。玄让丞相、荆江徐三州及录尚书事，乃改授太尉、都督中外、扬州牧、领平西将军、豫州刺史，绿綟绶，加衮冕之服，剑履之礼，入朝不趋，赞拜不名，增班剑六十人，甲仗二百人入殿。玄乃镇姑熟。既而大筑府第，田游无度，政令屡改，骄侈肆欲，朋党翕习，沮乱内外。朝政皆谘焉，小事则决于左仆射桓谦及丹阳尹卞范之。玄大赋三吴富室，以赈饥民，犹不能济也。东郡既由兵掠，因以饥馑，死者甚众。三吴户口减半，会稽则十三四，临海、永嘉死散殆尽。诸旧富室皆衣罗谷，佩金玉，相守闭门而死。

玄自封豫章郡公，食安成七千五百户，后封桂阳郡公，邑二千五百户；本封南郡如故。既而鸩杀道子。玄削夺德宗供奉之具，务尽约陋，殆至饥寒。虽杀逆未至，君臣之体尽矣。进位大将军，加前后部羽葆鼓吹，奏事不名。又表请自率诸军，命诸蕃方兵扫平关洛，德宗不许之。

玄本无资力，但好为大言，既不办行，乃云奉诏故止。玄既无他处分，先作征行服玩，并制装书画之具。或谏曰："今日之行，必有征无战，辎重自足相运，不烦复有制造。"玄曰："书画服玩，宜恒在左右,且兵凶战危,脱有意外,当使轻而易运。"众咸笑之。玄所亲仗,惟桓伟而已,先欲徵还,以自副贰。伟既死,玄甚匡惧。

初,玄常以其父王业垂成,以己弱年,不昌前构,常怀恨愤。及昌明死,便有四方之计,既克建业,无复居下之心。及伟死,虑一己单危,益速速成大业。卞范之之徒,既虑事变,且幸其利,咸共催促,于是殷仲文等并已撰集策命矣。德宗加玄相国,总百揆,封南郡、南平、宜都、天门、零陵、桂阳、营阳、衡阳、义阳、建平十郡为楚王,备九锡之礼,扬州牧、领平西将军、豫州刺史如故。遣司徒王谧授相国印绶,光禄大夫武陵王司马遵授楚王玺策。德宗先遣百僚固请,又云当亲幸敦喻。十二月,德宗禅位于玄,大赦所部,称永始元年。初欲改年为建始,左丞王纳之曰:"建始者,晋赵王伦之号也。"于是易为永始,复同王莽始贵之年。

玄入建邺宫,逆风迅激,旌旗、服章、仪饰一皆倾偃。是月酷寒,此日尤甚。多行苛政,而时施小惠。迎温神主进于太庙。玄游行无度,至此不出。殿上施金额流苏绛帐,颇类辒车、王莽仙盖。太庙、郊斋皆二日而已。又其庙祭不及于祖,以玄曾祖已上名位不显,故不列序。且以王莽立九庙,见讥前史,遂以一庙矫之。又毁僭晋小庙,以崇台榭。其庶母蒸尝,未有定所。慢祖忘亲,时人知其不永。是月,玄出游水南,飘风飞其仪盖。又欲造大辇,使容三十人坐,以二百人舆之。玄骄逸荒纵,不恤时事,奏案停积,了不省览。或亲细事,手注直官,自用令史,制度乱出,主司奉答不暇。晨夜游猎,文武困乏。直侍之官,皆系马省中;休下之吏,留供土木之役。朝士劳瘁,百姓力尽,民之思乱,十室而八。

德宗彭城内史刘裕因是斩徐州刺史桓修于京口,与沛国刘毅、东海何无忌收众济江。玄加桓谦征讨都督,召侍官皆入止省中。玄移还上宫,百僚步从。赦扬、豫、徐、兖、青、冀六州。遣顿丘太守吴甫之、右卫将军皇甫敷北拒刘裕于江乘,裕斩甫之,进至罗落桥,又枭敷首。玄外粗猛,内匡怯,及闻二将已没,志虑荒窘,计无所出。日与巫术道士为厌胜之法。乃谓众曰:"朕其败乎?"黄门郎曹靖对曰:

“神怒民怨，臣实忧惧。”玄曰：“民怨可然，神何为怒？”对曰：“移晋宗庙，飘泊无所；大楚之祭，不及于祖。此其所以怒也。”玄曰：“卿可不谏？”对曰：“辇上诸君子皆以为尧舜之世，臣何敢谏。”

玄使桓谦、何澹之屯于东掖门，卞范之屯覆舟山西，众合二万。又遣武卫庚赜之配以精卒利器，援助谦等。谦等大败，玄声云赴战，将子侄出南掖门，西至石头。先使殷仲文具船于津，遂相与南走。经日不得食，左右进以粗粥，咽不能下。玄子升五六岁，抱玄胸而抚之，玄悲不自胜。玄挟德宗发寻阳，至江陵，西中郎将桓石康纳之。张幔屋，止城南，署置百官，以卞范之为尚书仆射，殷仲文为徐州，其余各显用。玄谓诸侍臣曰：“卿等并升清涂，翼从朕躬。都下窃位者方应谢罪军门，其见卿等入石头，无异云霄中人也。”玄以奔败之后，惧法令不肃，遂轻怒妄杀，逾甚暴虐。殷仲文谏之，玄大怒曰：“汉高、魏武几遇败，但诸将失利耳。以天文恶，故还都旧楚，而群小愚惑，妄生是非，方当纠之以猛，未宜施之以恩也。”荆、江郡守以玄播越，咸遣使通表，有匡宁之辞，玄悉不受，乃更令所在表贺迁都。玄在道自作《起居注》，叙其拒刘裕事，自谓算略无失，诸将违节度，以至于败。不暇谋议军事，惟诵述写传之。

刘裕遣其冠军将军刘毅发建邺，追之，玄军屡败。玄常装轻舸于舫侧，故其兵人莫有斗志。玄乃弃众而走，余军以次崩散，遂与德宗还江陵。初，玄留德宗妻子巴陵，殷仲文与玄同舟，乃说玄求别舫收集散军，遂以宗妻归于建邺。玄入江陵城，南平太守冯该劝玄更战。玄欲出汉中，投梁州刺史桓希，夜中处分将发，城内已乱，禁令不行，将亲近腹心百许人出城北。至城门，左右即于暗中斫玄面，前后相杀，交横盈路，玄仅得至船。德宗入南郡府，玄既下船，犹豫走汉中。玄屯骑校尉毛修之诱以入蜀，遂与石康等溯江而上。达枚回洲，为益州参军费恬等迎射之，箭如雨下。玄中流矢，子升辄拔之。益州督护冯迁轴刃而登玄舰，玄曰：“是何人也，敢杀天子！”迁曰：“我自欲天子之贼耳。”遂斩玄首并石康等，斩升于江陵市，传送玄首，枭于朱雀门。

玄既败,桓谦匿于沮中。桓振逃于华容之浦,阴聚党数千人,晨袭江陵,克之。桓谦亦聚众而出。振既至,问玄子升所在,知升已死,欲杀德宗,谦苦禁之。于是为玄举哀,谥为武悼皇帝。谦率群官复立德宗,振自为都督八州、□□将军、荆州刺史,谦复本职,又加江豫二州刺史。后德宗益州刺史毛璩杀桓希于汉中。桓振寇江陵,为唐兴所斩。其余亲从,或当时擒获,或奔散外境,数年之间,并败灭之。

海夷冯跋,字文起,小名乞直伐,本出长乐信都。慕容永僭号长子,以跋父安为将。永为垂所灭,安东徙昌黎,家于长谷。跋饮酒至一石不乱。母弟素弗,次丕,次洪,皆任侠放逸,不修行业,跋恭慎勤稼穑,既家昌黎,遂同夷俗。

后慕容熙僭号,以跋为殿中左监,稍迁卫中郎将。后坐事逃亡。既而熙政残虐,民不堪命,跋乃与从兄万泥等二十三结谋,跋与二弟乘车,使妇人御,潜入龙城,匿于孙护之室以诛熙。乃立夕阳公高云为主,以跋为侍中、征北大将军、开府仪同三司,封武邑公,事皆决跋兄弟。太宗初,云为左右所杀,跋乃自立为燕王,置百官,号年太平,于时永兴元年也。跋抚纳契丹等诸落,颇来附之。

太宗遣谒者于什门喻之,为跋所留。语在《什门传》。泰常三年,和龙城有赤气蔽日,自寅至申,跋太史令张穆以为兵气,言于跋曰:"大魏威制六合而聘使隔绝,自古邻国未有不通之理,违义致忿,取败之道,恐大军卒至,必致吞灭,宜还魏使,奉修职贡。"跋不从。太宗诏征东大将军长孙道生率众二万讨之,跋婴城固守,不克而还。

神䴥二年,跋有疾。其长子永先死,立次子翼为世子,摄国事,勒兵以备非常。跋姜宋氏规立其子受居,深忌翼,谓之曰:"主上疾将瘳,奈何代父临国乎?"翼遂还。宋氏矫绝内外,遣阉人传问,翼及跋诸子、大臣并不得省疾,惟中给事胡福独得出入,专掌禁卫。跋疾甚,福虑宋氏将成其计,乃言于跋弟文通,勒兵而入。跋惊怖而死,文通袭位。翼勒兵出战,不利,遂死。跋有男百余人,悉为文通所杀。

文通，跋之少弟也，本名犯显祖庙讳。高云僭号，以为征东大将军，领中领军，封汲郡公。跋立，为尚书左仆射，改封中山，仍为领军，内掌禁卫，外总朝政，历位司徒。及自立，乃与刘义隆交通。

延和元年，世祖亲讨之，文通婴城固守。文通营丘、辽东、成周、乐浪、带方、玄菟六郡皆降，世祖徙其三万余户于幽州。文通尚书郭渊劝其归诚进女，乞为附庸，保守宗庙。文通曰："负衅在前，怨形已露，降附取死，不如守志，更图所适也。"

先是，文通废其元妻王氏，黜世子崇，令镇肥如，以后妻慕容氏子王仁为世子。崇母弟广平公朗、乐陵公邈相谓曰："大运有在，家国已亡，又慕容之潜，祸将至矣。"于是遂出奔辽西，劝崇来降，崇纳之。会世祖使给事中王德陈示成败，崇遣邈入朝。世祖遣兼鸿卢李继持节拜崇假节、侍中、都督幽平二州东夷诸军事、车骑大将军、领护东夷校尉、幽平二州牧，封辽西王，录其国尚书事，食辽西十郡，承制假授文官尚书、刺史，武官征虏已下。文通遣其将封羽率众围崇，世祖诏永昌王健督诸军救之。封羽又以凡城降，徙其三千余家而还。

文通遣其尚书高颙请罪，乞以季女充掖庭。世祖许之，徵其子王仁入朝，文通不遣。其散骑常侍刘训言于文通曰："虽结婚和通，而未遣侍子，魏若大举，将有危亡之虑。夫以重山之隘，刘禅衔璧；长江之难，孙皓归命。况魏强于晋氏，燕弱于吴蜀，愿时遣世子，以恭大国之命。然后收离集散，厚布恩泽，分赈仓廪以济民乏，劝督农桑以邀秋稔，庶大业危而更安，社稷可以永保"文通大怒，杀之。世祖又诏乐平王丕等讨之，日就蹙削，上下危惧。

文通太常阳岷复劝文通请罪乞降，速令王仁入侍。文通曰："吾未忍为此，若事不幸，且欲东次高丽，以图后举。"岷曰："魏以天下之众击一隅之地，以臣愚见，势必土崩。且高丽夷狄，难以信期，始虽相亲，终恐为变。若不早裁，悔无及也。"文通不听，乃密求迎于高丽。太延二年，高丽遣将葛卢等率众迎之，入和龙城，脱其弊褐，取文通精仗以赋其众。文通乃拥其城内士女入于高丽。先是，其国有狼夜绕城群嗥，如是终岁。又有鼠集于城西，阗满数里，西行至水，则在前者衔马矢，迭相啮尾而渡，宿军地燃，一旬而灭。触地生蛆，月余乃止。和龙城生白毛，长一尺二寸。

文通至辽东，高丽遣使劳之曰："龙城王冯君爰适野次，士马劳乎?"文通惭怒，称制答让之，高丽乃处之于平郭，寻徙北丰。文通素侮高丽，政刑赏罚，犹如其国。高丽乃夺其侍人，质任王仁。文通忿怨之，谋将南奔。世祖又徵文通于高丽，高丽乃杀之于北丰，子孙同时死者十余人。文通子朗、邈。朗子熙，在《外戚传》。

岛夷刘裕，字德舆，晋陵丹徒人也。其先不知所出，自云本彭城彭城人，或云本姓项，改为刘氏，然亦莫可寻也。故其与从亭、安上诸刘，了无宗次。裕家本寒微，住在京口，恒以卖履为业。意气楚刺，仅识文字，樗蒲倾产，为时贱薄。尝负骠骑谘议刁逵社钱三万，经时不还。逵以其无行，录而徵责，骠骑长史王谧以钱代还，事方得了。落魄不修廉隅。

天兴二年，僭晋司马德宗遣其辅国将军刘牢之东讨孙恩，裕应募，始为牢之参军。恩北寇海监，裕追胜之，以功稍迁建武将军、下邳太守。刘牢之讨桓玄，裕参其军事。牢之降，裕为玄从兄桓修中兵参军。孙恩死，余众推恩妹夫卢循为主，玄遣裕征之，裕破循于东阳、永嘉，循浮海奔逸。加裕彭城内史。

及桓玄废德宗而自立，裕与弟道规、刘毅、何无忌潜谋举兵。桓修弟思祖镇广陵，道规刘毅先为之佐。天赐初，裕与何无忌等旦候城门开，率众斩玄徐州刺史桓修于京口。其日，刘毅、道规等亦斩思祖，因收众济江。河内太守辛扈兴、恒农太守王元德、振威将军童厚之，亦与裕克是日取玄。毅兄迈时在建业，毅遣周安要之。迈惧而告玄，玄遣顿丘太守吴甫之、右卫将军皇甫敷北拒。裕率众宿于竹里，遇甫之于江乘，裕执长刀直入其陈，斩甫之。进至罗落桥，又斩敷首。玄使桓谦屯东陵，卞范之屯覆舟山西。裕又破之。玄大惧，乃携子侄浮江南走。

裕入镇石头,以德宗司徒王谧为录尚书,领扬州刺史,立留台,总百官,裕为使持节、都督扬徐兖豫青冀幽并八州、镇军将军、徐州刺史。令道规等率众追玄。裕因是相署名位,遣尚书王嘏等迎德宗,燔桓温神主于宣阳门外。寻杀尚书左仆射王愉及其子绥、纳等。裕以司马遵为大将军,承制,入居东宫,公卿以下莫不毕拜。乃大赦,惟玄等不在例。是夜,司徒王谧逃走。刘毅以其手解德宗玺绶,宜诛之。裕以其偿钱之惠,固请免之,乃遣丹杨尹孟昶迎焉。

无忌、道规至于桑落洲,破桓玄。诸将进据寻阳,加裕都督江州。刘毅复败桓玄于峥嵘洲,玄乃弃众单舸奔走,挟德宗奔于江陵。裕领青州刺史,甲仗百人入殿。毅等平巴陵,德宗复位于江陵,改年曰义熙。及还建业,裕进侍中、车骑将军、都督中外诸军事,饰让不受。加录尚书事,又诈不受。乃出镇丹徒,改授都督十六州,余如故;又领兖州,乃解青州。

卢循破广州,裕仍以循为广州刺史,其党琅邪人徐道覆为始兴相。裕又都督交广二州,又封裕豫章郡公,邑万户,绢三万匹。加侍中,进号骠骑将军、仪同三司。又进裕扬州刺史,录尚书事,居于东府。裕遣刘敬宣伐蜀,为谯道福所败,乃免敬宣官。裕自降为中军将军,开府如故。

永兴初,慕容超大掠淮北,执德宗阳平太守刘千载、济南太守赵元,驱掠千余家而归。裕乃伐超,遂屠广固。执超,斩其王公以下三千人,纳口万余,马二千匹,夷其城隍。送超于建业,斩之。

裕是行也。徐道覆劝卢循令乘虚而出,循从之,于是南康、卢陵、豫章诸郡守皆奔走。江州刺史何无忌率军至豫章,战殁。于时,群议欲令德宗北徙渡江。循遂寇湘中,破刘道规于长沙,败刘毅于桑落洲,席卷而下。裕将孟昶、诸葛长民劝裕拥德宗过江,裕不从。昶谓事必不济,乃自杀。裕发居人治石头城。道覆等至,即欲于新亭白石渚焚舟而上。卢循曰:“大军未至,孟昶便逆自杀,以此而推,建业寻应有变。但按甲守之,不忧不济也。”乃屯军于蔡洲。循乃率众数万上南岸,至于丹阳郡,遂遣焚京口、金城、姑熟,寇掠涂中及江宁、芜湖。循以阮赐为豫州刺史,裕中军参军尚靖、宣城内史毛修之破赐于姑熟,获其辎重,赐乃退。

又加裕太尉、中书监、黄钺,裕受黄钺。卢循既不战,乃告道覆曰:"师老矣,可还据寻阳,并力取荆州,徐以三分有二之势,与下流争衡,犹可以济也。"乃自蔡洲南退。裕遣辅国将军王仲德等追之。裕又遣建威将军孙季高,率众自海道袭番禺。裕自以舟师南伐。季高乘海兼行,奄至番禺。循不以海道为防,既至而觉,众乃大惊。季高悉力而上,四面攻之,仍屠其城。卢循父嘏及长史孙建之,并以轻舟奔始兴。

循与道覆率众而下,裕众军击之,循等还寻阳。循欲遁于豫章,乃悉力栅断左里。裕诸军乘胜而击之,循单舸径还广州,道覆还始兴。裕还,为大将军、扬州牧、班剑二十人,本官如故。徐道覆至始兴,犹据山涧,刘蕃等攻之,道覆先鸠妻子,然后自杀。卢循至番禺,收众攻季高,刘蕃遣沈田子讨之,循奔走。余众从领道袭合浦,克之。进攻交阯,交州刺史杜惠度屡战克捷,循投水而死。

裕自为太尉、中书监。裕杀尚书左仆射谢混、兖州刺史刘蕃。裕既权重,便怀异志,以荆州刺史刘毅颇有勇略,又据上流之所,心畏恶之,遂自讨毅,遣参军王镇恶等袭江陵。镇恶至豫章口,焚毅舟舰。毅兵逆战不能抗,镇恶驰入外城。于时毅病,乃阻内城。镇恶焚诸门攻之,其徒乃溃。毅自北门出走,缢于道侧,斩尸于市,诛其子侄。裕至江陵,诛南蛮校尉郗僧施、卫军谘议谢邵等。

裕本寒微,不参士伍。及擅时政,便肆意杀戮,以威惧下。初以刁逵缚之之怨,诛其兄弟;又以王愉、谢混、郗僧施之徒并皆时望,遂悉害之。分荆州为湘州,裕自总督。裕还于东府,召诸葛长民屏人闲语,密令士丁旿等出自幔后,于座拉之,长民坠地,死于床侧。亦以才雄见忌也。

荆州刺史司马休之颇得众心,裕内怀忌惮,神瑞二年,率众讨之,遣龙骧将军蒯恩等为前军。裕进领荆州刺史,加黄钺。雍州刺史鲁宗之率其子轨会休之于江陵。轨等军败,乃与休之俱奔襄阳。
裕自领南蛮校尉。休之等奔姚兴。裕为太傅、扬州牧,剑履上殿,入
朝不趋,赞拜不名。置左右长史、司马、从事中郎四人,余如故。裕
又领平北将军、徐兖二州刺史,增督南秦州,寻督中外诸军事。

　　裕志倾僭晋。若不外立功名,恐人望不许,乃西伐姚泓。自领
征西将军、司豫二州刺史,寻领北雍州刺史,加前后部羽葆鼓吹,增
班剑为四十人。子义符为中军将军,监太尉留府事,给鼓吹一部。右
仆射刘穆之为左仆射,领军、中军二府军司,入居东府,总摄内外。
穆之谓龙骧将军王镇恶曰:“公今委卿以关中,卿其勉之。”镇恶曰:
“吾今不克咸阳,誓不济江,而公九锡不至者,亦卿之责矣。”

　　裕率众军至彭城,加镇北将军、徐州刺史。遣中兵参军沈林子
自汴入河,冠军檀道济与王镇恶步出淮肥,裕将王仲德汛济入河。
德宗封裕十郡为宋公,加相国、九锡,僭拟魏晋故事。王镇恶恶进至
宜阳,独取潼关,沈林子自襄邑屯于陕城,姚泓诸将不能抗。始裕入
河西上,太宗遣将军娥清、长高嵩等屯于河畔。裕遣朱超石、刘荣祖
等渡河,长孙道生破之,擒斩其将杨丰等。裕遣将军王仲德、赵伦之
率沈田子等入武关,屯军青泥。沈林子由秦岭会田子于尧柳城。姚
泓率众数万,不战而还。裕至关头,镇恶至渭桥,破泓军于横门。裕
至长安,执姚泓以归,斩于建业市。裕以其子义真为雍州刺史,镇咸
阳。进裕为宋王,增十郡,置百官,一拟旧制。裕还彭城。

　　赫连屈丐掠渭阳,义真遣沈田子率军讨之。田子退军陕上,镇
恶往就田子议之,田子斩镇恶于幕下,又杀其兄弟群从七人。田子
驰还,云“镇恶有异志”,义真长史王修执而斩之。义真与左右多为
不法,王修每裁割之,左右咸恕。白义真曰:“王修以关中阻险,兵食
又足,欲谋反叛,宜早图之。”义真遂遣左右杀修,裕闻之,以朱令石
为雍州刺史。义真发自长安,将走江东,诸将竞收财货,次于灞上。
赫连昌率众追之,既至青泥,义真大败,蒯恩与安西司马毛修之并
被擒获。参军段横,名犯高祖庙讳,单马负义真走归。朱令石亦弃
长安,奔就龙骧将军王敬先于曹公故垒。既而城陷,被执见杀

德宗死，裕立德宗弟德文。裕又自增十郡。裕遣司马傅亮赴建业，令徵己入辅。德文禅其位，遂自号为宋，改年为永初，时泰常五年也。裕即僭位，频请和通，太宗许之。六年，裕遣其中军将军沈范、索季孙等朝贡。七年五月，裕死。

子义符僭立。太宗以其礼敬不足，遣山阳公奚斤等率步骑二万于滑台渡河南讨。义符司州刺史毛德祖遣司马翟广领步骑三千来拒。司空奚斤以千余骑徇陈留，太守严棱率众降。仍攻滑台，其东郡太守王景度奔走，斩其司马阳瓒。德祖又遣其将窦应明攻辎重于石济。奚斤于土楼大破广等，乘胜径至虎牢。义符遣其将杜垣等与徐州刺史王仲德次湖陆。太宗诏安平公叔孙建等军于泗淮口，义符兖州刺史徐琰委尹卯城奔退，于是泰山诸郡悉弃戍而走。太宗诏苍梧子公孙表等复攻虎牢，义符遣将檀道济率师赴救。

八年，义符改年为景平。奚斤进攻金墉，义符河南太守王涓之出奔。太宗南巡至邺，奚斤自金庸还围虎牢。太宗又诏安平公叔孙建等东击青州，其刺史竺夔守东阳城，济南太守垣苗自梁邹奔夔。奚斤分军攻颍川，太守李元德奔还项城。斤又遣骑破高平郡所统五县，略居人二千余家。叔孙建以时暑班师。檀道济、王仲德向青州，遂不敢进。太宗至虎牢，因幸洛阳，乃北渡河。斤克虎牢，擒德祖及其荥阳太守翟广、广武将军窦霸等，义符豫州刺史刘粹屯项城，不敢进。斤遣步骑至许昌，颍川太守索元德奔项城，遂围汝阳，太守王公度突围而出。仍破邵陵，掠万余口而还。

始光初，义符司空徐羡之、尚书令傅亮、领军谢晦等专其朝政，收其卢陵王义真，徙于新安郡，杀之。义符昏暴失德，羡之等勒兵入殿，时义符在华林舟中，兵士竞进，杀其侍者，扶义符出东阁，废为营阳王。遂徙于吴郡，于金昌亭杀之。

亮等立义符弟荆州刺史义隆，号年元嘉，遣使赵道生朝贡。二年，徐羡之、傅亮归政于义隆，不许。三年，义隆信其侍中王华之言，诛羡之、傅亮，遣其将檀道济等讨荆州刺史谢晦。晦率众东下，谋废义隆，以讨王化为辞，破义隆将到彦之。及闻道济将至，晦众崩散。晦走江陵，乃携其弟遁等北走，至安头陆延头，为戍主光顺之所执，斩于建业。八月，义隆使其殿中将军吉恒朝贡。神䴥二年，又遣殿中将军孙横之朝贡。三年。又遣殿中将军田奇朝贡。

寻遣其右将军到彦之、安北将军王仲德、兖州刺史竺灵秀舟师入河，骁骑将军段横寇虎牢；又遣其豫州刺史刘德武、后将军长沙王义欣至彭城为后继。到彦之寇碻磝，分军向虎牢及洛阳。世祖诏河南诸军收众北渡以骄之。寻诏冠军将军安颉等率众自盟津渡，攻金墉，义隆建武将军杜骥出奔，遂乘胜进攻虎牢，陷之，斩其司州刺史尹冲。叔孙建大破竺灵秀，追至湖陆。四年，颉攻滑台，彦之与王仲德等焚舟弃甲，走归彭城。义隆又遣檀道济救滑台，叔孙建、长孙道生击之。道济至高梁山，颉等攻克滑台，擒其司徒从事中郎朱修之等，道济走奔历城，夜乃遁还。义隆青州刺史萧思话亦弃镇奔于平昌，其东阳积粟为百姓所焚。

延和元年五月，义隆又遣赵道生朝贡。二年二月，诏兼散骑常侍宋宣使于义隆，且为皇太子结亲。九月，义隆遣赵道生贡驯象一。太延二年三月，义隆遣使会元绍朝贡。义隆忌其司空檀道济，遂诛之。道济临死，脱帻投地曰："乃复坏汝万里长城。"三年三月，义隆遣其散骑常侍刘熙伯朝贡，且论纳币。六月，义隆女死，不果为婚。五年十一月，义隆遣黄延年献驯象。

真君初，义隆徙其弟大将军义康于豫章。二年，其龙骧参军巴东扶令育诣义隆理义康，义隆大怒，收育杀之。四月，义隆遣使黄延年朝贡。十二月，义隆又遣黄延年朝贡。是岁，义隆梁州刺史刘真道将裴方明攻击杨难当。难当舍仇池，将妻子来奔。

三年，世祖诏琅邪王司马楚之等讨之。安西将军古弼、平西将军元济，等邀义隆秦州刺史胡崇之于浊水，破擒之，余众奔汉中。义隆立难当兄子文德为秦州刺史、武都王，戍茄卢，弼等讨平之。义隆遂杀真道、方明。五年，义隆复遣使朝贡。

六年，其员外散骑侍郎孔熙先以才学而不见用，太子詹事范晔以家门淫污，为世所薄，与熙先及外生谢综谋杀义隆，立其弟前大将军义康。丹阳尹徐湛之告之，乃诛晔等，徙义康于安成郡。御史临守。七年，诏诸军掠济阴、金乡等七县，并驱青、冀二州民户而还。北地人盖吴聚众反，义隆以吴为安西将军、雍州刺史，封北地公，规乱雍州，诏诸军讨平之。

义隆好施小计，扇动边民，内起山苑，穷侈极丽，役使百姓，江南苦之。九年正月，义隆遣使献孔雀。

十一年二月，世祖欲猎于云梦，发使告义隆，勿相猜阻，义隆请奉诏。

世祖南巡，义隆边城闭门拒守，世祖忿之，乃攻悬瓠。分遣使者安慰降民，其不服者诛戮之。义隆汝南、南顿、汝阳、颍川太守并弃城奔走。义隆安北将军、武陵王骏遣参军刘泰之、臧肇之，殿中将军尹怀义、程天祚等以千余骑至汝阳，永昌王位击破之，斩泰之、肇之、程天祚等。

义隆又遣宁朔将军王玄谟率其太子步兵校尉沈庆之、镇军谘议参军申坦等入河，青冀二州刺史萧斌及骏水陆并进，太子左卫率臧质统骁骑将军王方回、发蛮司马刘康祖、右军参军梁坦造许、洛，右将军豫州刺史南平王铄。太尉江夏王义恭为诸军节度，梁、南秦二州刺史刘秀之统辅国将军杨文德、宣威将军刘洪宗向沔陇，护军将军萧思话部龙骧将军杜坦、竟陵太守刘德愿向武关。义隆令王公妃主及其朝士牧守下逮富人，通出私财，以资军费，士庶怨之。南兖及青、冀、兖、豫三五简发，以配戎行，扬、南徐、兖、江州富民并四分之一。建威司马申元吉趣泗渎，萧斌至碻磝，王玄谟遣宁军主王宝惠攻滑台，右军萧铄遣中兵参军梁坦等进军小索。世祖诏诸援滑台，大败王宝惠等，王玄谟走还碻磝。萧斌遣申坦与梁坦、垣护之据两当城，斌退还历下。及车驾渡河，梁坦退走，弃甲山积。车驾发滑台，过碻磝，义隆又遣雍州刺史、竟陵王诞率其将薛安都、柳元景等入卢氏，进攻弘农。诏洛州刺史张提率众度崤，蒲城镇将何难于风陵堆济河，秦州刺名杜道生至阌乡。元景退走。

十一月，车驾从东安山出下邳，义隆邹山戍主、鲁阳阳平二郡太守崔邪利降。楚王建、南康侯杜道俊进军清西，至留城。义隆镇军刘骏参军马文恭至萧域，军主嵇玄敬至留城，并为觇候，见官军俱时退走。永昌王仁攻悬瓠，拔之，获义隆守将赵淮，过定项城，破尉武戍，执其戍主。进攻寿阳，屯兵于孙叔敖冢，掠马头、钟离二郡。义隆遣左军将军刘康祖赴寿阳，与仁相遇，仁大破之，尽坑其众，斩康祖，传首示寿春，获其将胡盛之、王罗汉等。以所斩首，使军士曳之，浇城三匝，积之城西，高与城齐。刘铄乃焚四郭卢舍，婴城固守。车驾至盱眙、淮、泗。义隆遣辅国将军臧质率师至盱眙，顿军城北。六军于上流济淮，质遣司马胡崇之等率所领于山上立营，建威将军毛熙祚据城前大浦。诏攻二军，斩崇之、熙祚等及佗首数千级，众悉赴水死，淮南之民皆诣军降。高梁王那出山阳，永昌王仁于寿阳出横江，凡所经过，莫不风靡。

车驾登于瓜步，伐苇结筏，示欲渡江。义隆大惧，欲走吴会。建业士女咸荷担而立。义隆遣黄延年朝于行宫，献百牢，贡其方物，并请和，求进女于皇孙。世祖以师婚非礼，许和而不许婚。

初，义隆欲遣军侵境，其臣江湛、徐湛之赞成其事，而义隆太子劭与萧思话、沈庆之谓义隆曰："昔檀道济、到彦之无利而反，今将帅士众不及于前，不可轻动兵甲。"时湛等在坐，义隆使与庆之谋议。庆之曰："治国如治家，耕当问奴，织当问婢。今欲伐国，而与白面书生辈谋之，事何由济？"义隆大笑，遂不纳庆之言。至是，登石头城楼而望，甚有忧色，叹曰："若檀道济在，岂应至此！"劭乃委罪于江、徐。义隆曰："此自吾意，不关二人也。"

正平元年正月，世祖飨会于瓜步，既许和好，诏班师。其江北之民归降者数十万计。凡克南兖、豫、徐、兖、青、冀六州，其军锋杀掠不可胜算。时义隆江北萧条，境内搔扰。义隆虑义康为乱，遣使杀之，葬以侯礼。义隆惭恚，归罪于下，降义恭为仪同三司，萧斌、王玄谟并免所居职。十月，义隆遣其将军孙盖等朝贡。

兴安元年，义隆遣抚军将军萧思话率其将张永等攻碻磝。诏诸军击破之，永等退走。思话遣建武将军垣护之至梁山逆军，尚书韩茂率骑逆击之，思话退还麋沟。义隆又遣雍州刺史臧质向崤陕，梁州刺史刘秀之、辅国将军杨文德出子午。豫州刺史长孙兰遣骑破之，秀之等仅以身免。臧质、柳元景、薛安都等至关城，并相继败走。

是年，义隆太子劭及始兴王休明令女巫严道育咒诅义隆，事发，义隆愤愧自失，废于政事。乃议黜劭、杀休明，屡召尚书仆射徐湛之、吏部尚书江湛、侍中王僧绰等谋议。僧绰曰："当断不断，反受其乱。惟愿以义割恩，略小不忍。不尔，便应坦怀如初，无烦疑论，不可使难生虑表，取笑千载。"义隆曰："卿可谓能断在大事，此不可不殷勤三思。义康始死，人谓我无复慈爱之道。"僧绰又云："臣恐千载之后，言陛下易于裁弟，堆于废子。"义隆默然。

休明母潘有宠于义隆，义隆以废立之谋告之。潘请赦，弗许，遂告休明。休明驰报劭，劭知已当废，遂夜召左右队主陈叔儿、詹斋帅、张超之、任建之等，总二千余人被甲自卫。又召左卫率袁淑、中舍人殷仲素、左积弩将军王正见，又呼左军长史萧斌。劭曰："朝廷信谗，当见罪废，内省无过，不能受枉。明当入殿，卿等必不得异。"乃遍拜告哀，众皆惊，不得答。袁淑良久曰："自古无此类，愿加善思。"劭怒变色，于是左右咸云伏听令旨。明晨，斩淑。劭守万春门，乃告门者曰："我受敕入，有所收，可助我督后队令速。"劭又诈义隆敕云："鲁秀谋反，汝明可守关，将兵入讨也。"故士卒信之。超之等率十余人走入云龙门，拔刃径登含章殿。义隆夜与徐湛之屏人闲语，时犹未讫，门户并无侍卫。义隆迫急，以几自郭，兵刃交下，五指俱落。超之斩义隆，徐湛之为乱兵所害。劭分遣掩江湛之，斩之。休明时在西州，来屯中堂。劭又使兵杀休明母。是日，劭登殿受玺绶，下书曰："徐湛之、江湛杀逆无状，吾勒兵入殿，已无所及。号恸崩恤，心肝破裂。今罪人斯得，元凶克殄，卜世灵祚，永享无穷。思与亿兆覃兹更始，可大赦天下，改元嘉三十年为太初元年。"

劭弟骏，时为江州刺史。先以西阳蛮反，义隆令东宫步兵校尉沈庆之、襄阳太守柳元景、司空中兵参军宗悫并讨之。骏出次五洲，斩劭使于军门。司徒义宣、雍州刺史臧质、司州刺史鲁爽同举兵。骏以沈庆之、柳元景、宗悫为前军，骏谘议参军颜竣专主军谋。劭葬义隆，托疾不出。臧质子敦逃走，劭乃悉聚诸王及大臣徙入城内，移南岸百姓渡淮，贵贱皆被驱逼，建业淆乱。骏等发寻阳，檄至，劭乃移骏数子于侍中省，义宣诸男于大仓屋，以兵守之；使其产鲁秀、王罗汉等为水陆之备，休明及萧斌为之谋主；焚除淮中船航。骏至南洲，顿漂洲，令柳元景等击劭，劭众崩溃，奔走还宫。义恭单马奔骏，劭既位。劭大怒，遣休明就西省杀义恭子南丰王朗等十二人。

骏乃僭即大位于新亭。于是擒劭、休明，并枭首大桁，暴尸于市，经日坏烂，投之水中，男女妃妾一皆从戮。时人为之语曰："遥望建康城，小江逆流萦；前见子杀父，后见弟杀兄。"

兴光元年，骏改年曰孝建。其中军府录事参军周殷启骏曰："今士大夫父母在，而兄弟异计，十家而七，庶人父子殊产，八家而五。凡甚者乃危亡不相知，饥寒不相恤。又疾谇害其间，不可称数。宜明其禁，以易其风。"俗弊如此，骏不能革。臧质遣使说荆州刺史南郡王义宣曰："有大才，负大功，挟震主威，自鲜宜有全者。宜在人前，早有处分。"义宣使要豫州刺史鲁爽、兖州刺史徐遗宝、司州刺史鲁秀等，克秋起兵。爽时昏醉，即日便戴黄标，称建平元年，板义宣为天子，遣信至建业迎弟瑜。

由是骏知爽反，惶惧，欲遣迎义宣，其竟陵王诞执议不许，乃遣左卫将军王玄谟率众讨爽，领军将军柳元景、镇军将军沈庆之议义宣。臧质下戍大雷，驰报义宣，抗表以诛元景为名。遣军就质，使爽与质会于江上，玄谟屯兵梁山。义宣率众至寻阳，与质俱下。雍州刺史朱修之不从义宣。臧质进计曰："今万人取南州，则梁山中绝；万人守梁山，玄谟必不敢动。下官浮舟外江，直向石头，此上策也。"义宣将从之，其谘议刘谌之曰："质不求前驱，凶志难测，不如尽锐攻梁山，事克，然后长驱，万安之计也。"义宣乃止。义宣遣刘谌之就质，步攻东垒。义宣进自芜湖，赴梁山，屯兵西岸。玄谟拒质，骏将军护之、薛安都又摧破之。义宣众溃，因风放火，焚其舟舰。义宣闭船大泣，因而迸逸。走至江陵，荆州司马竺超民具仪服迎之，左右相率溃叛，超民送付刺奸，朱修之于狱杀之。

太安二年，骏改年为大明。骏于新亭造中兴佛寺，设斋。忽有一僧形貌有异，众皆愕然。问其名，答云名惠明，从天安寺来。言竟，倏然而灭，乃改为天安寺。至天安初，而彭城归国。四年，骏遣其将殷孝祖寇济州，高宗遣清水公封敕文等击走之，又诏征西将军支豹子击孝祖于清东。五年，豹子还，遂掠地至高平，大获而还。

骏以其南兖州刺史竟陵王诞得士庶之心，内畏忌之。诞不自安，乃治城，多聚粮仗。骏大怒，贬诞爵为侯，遣兖州刺史垣阆、给事中戴明宝讨之。诞遣众出战，斩垣阆。诞表骏曰：“往年元凶祸逆，陛下入讨，臣背凶赴顺，可谓常节。及丞相构难，臧鲁协从，朝野悦忽，咸怀忧惧。陛下欲建百官羽仪星驰推奉，臣前后固执，末方赐从。社稷获全，是谁之力？陛下接遇殷勤，屡加崇宠，骠骑、扬州，旬月移授。恩秩频烦，复赐徐、兖，仰屈皇舆，远相饯送。臣一遇之感，此何以忘，庶希偕老，永相娱慰。岂谓陛下信用谗言，遂令小人来相掩袭。不任枉酷，即加诛揃，雀鼠贪生，仰违诏敕。今亲勒部曲，镇捍徐、兖。昔缘何福，同生皇家，今有何罪，便成胡越。陵锋奋戈，万没岂顾，定荡之期，冀在旦夕。右军、宣简，爰及武昌，皆以无罪，并遇枉酷。臣有何过，复致于此？陛下宫闱之丑，岂可一二！临纸悲塞，不止所言。”骏以沈庆之前军讨之，亲劳军人，赐以金帛。庆之军败退，伤者十四五。骏大怒，将自往。久乃拔之，斩诞传首。诞母殷、妻徐并自杀。城内诛者数千人，或先鞭杀而行戮。并移首于石头南岸，以为京观，至于风晨雨夜，辄闻哀号之响。骏淫乱无度，蒸其母路氏。秽污之声，布于瓯越。东扬州刺史颜竣恃旧，每戏弄之，骏惭怒杀竣。

和平元年七月，骏使其散骑常侍明僧皓朝贡。二年三月，又使其散骑常侍尹显朝贡。骏雍州刺史、海陵王休茂谋将除骏，参军尹玄庆斩休茂。是岁，凡诸郡士族婚官点杂者，悉黜为将吏。而人情惊怨,并不服役,逃窜山湖,聚为寇盗。侍中沈怀文苦谏,不纳。三年三月,骏使其散骑常侍严灵护朝贡。以沈怀文数直谏,付廷尉杀之。

骏宠姬殷死,赠贵妃,谥曰宣。及葬龙山,给銮辂、九旒、黄屋、左纛、羽葆、鼓吹、班剑、虎贲。龙辌之丽,功妙万端,山池云凤之属,皆装以众宝,绣帷珠带,重铃叠眊,仪服之盛,古今鲜有。骏自殷死,常怀悲测,神情罔罔,废叶政事。或亲至殷灵床,酌莫酒饮之,既而恸哭,流连不能自反。其耽昏若此。四年,猎于乌江之榜口。又游湖县之满山,并与母同行,宣淫肆意。五年,三吴大饥,人食草木皮叶,亲属互相贩鬻,劫掠蜂起,死者不可胜数。是年,骏死。

子子业立,性尤凶悖。其母疾笃,遣呼子业。子业曰:"病人间多鬼,那可往?"其母怒,语侍者曰:"将刀来破我腹,那得生如馨儿!"六年,改为永光。

以奄人华愿儿为散骑常侍,游止必同。越骑校尉戴法兴屡相裁割,愿儿深以为隙。或谓法兴为真天子,子业为赝天子,愿儿具以闻,子业乃杀法兴。骠骑将军柳元景、尚书左仆射颜师伯欲废子业,立太宰义恭,以告沈庆之,庆之告子业。子业出兵诛义恭,遂刲剔支体,抽裂心藏,挑其眼睛,投之蜜中,谓之鬼目粽。又杀柳元景、颜师伯,并诸子及弟侄。乃改年为景和。子业除去丧礼,有锦谷之衣。以石头城为长乐宫,东城为未央宫,北邸为建章宫,南宅为乐杨宫。

子业自以昔在东宫,不为骏所爱,及即位,常欲毁其墓。乃遣发骏所宠殷氏冢。殷死,骏为之造新安寺,于是坏之,复欲诛诸远近尼僧。遣使杀其新安王鸾,临死叹曰:"惟愿后身不复生天王家!"义恭既诛,徐州刺史义阳王昶大惧,遣典签蘧法生启求还建业。子业谓法生曰,"义阳谋反,我正欲诛之。"法生惧祸,走还彭城。子业遣沈庆之率师伐昶。法生至彭城,昶便缮甲,诸郡不从,昶知事不捷,遂来奔。

子业淫其姑,称为谢氏,为贵嫔、夫人,加以殊礼,虎贲剑戟,出警入跸，鸾辂龙旗，在贵妃之上，即义隆第十女，其新蔡长公主也。子业矫云主丧，空设丧事，而实纳之。时其姊山阴主大见爱狎，淫恣过度，谓子业曰："妾与陛下男女虽殊，俱托体先帝，陛下六宫百数，而妾惟一驸马，事不均平，乃可如此。"子业为主置面首左右三十人，进爵会稽郡长公主，秩同郡王，食汤沐邑二千户，给鼓吹一部，加班剑二十人，每出游，与群臣陪乘。吏部褚渊以有风貌，子业使渊侍主。子业皆令庙别画其祖父形像，曾入裕庙，指裕像曰："此渠大英雄，生擒数天子。"次入义隆庙，指义隆像曰："此渠亦不恶，但暮年中不免儿斫去头。"次入其父骏庙，指骏像曰："此渠大好色，不择尊卑。"顾谓左右曰："渠大齇鼻，如何不齇之？"即令书画工齇骏像鼻。其父子淫悖，书契所无也。

子业又杀沈庆之，抚军谘议参军何迈，即其新蔡主婿。其湘东王彧及建安王休仁、山阳王休祐常被猜忌，并欲诛之。休仁每以调谑悦之，故得推迁不死。彧、休祐形体肥大，遂以笼盛称之，彧尤肥，号曰"猪王"。廷尉刘蒙妾怀孕，子业迎入宫，冀其生男，立为太子，及其生子，遂为大赦。子业召其南平王铄妃江氏偶诸左右，江不从。子业曰："若不从，当杀汝三子"。江犹不从，乃鞭一百，杀其子敬猷等。巫觋云："湘州有天子气。"子业将南行，以厌之。未行前，欲悉诛诸叔。时彧被拘秘书省，与子业左右阮佃夫等谋废子业。子业出华林园，共巫竹林堂前射鬼。佃夫时为内监，乃以告外监典事朱幼、主衣寿寂之、细铠主姜产之等，寂之抽刃而前，产之继进。子业引弓射寂之，不中，寂之乃斩其首。

沔既诛子业，忧遽不知所为。休仁推立彧，彧时失履，徒跣登西堂，备天子仪服，呼诸大臣入见，事无巨细，称令施行。彧以豫章王子尚及山阴主为子业所狎，杀之。十二月，僭即帝位，改年为泰始。

先是，子业敕其弟子勋曰："闻汝与何迈谋共废我，汝自量体气何如孝武？寻当遣使送药与汝。"子勋长史邓琬与录事参军陶亮等起兵，遣其党俞伯奇出顿大雷，巴东太守孙仲之至于平石，与陶亮并统前军。始彧未知子勋起兵,加子勋车骑将军、仪同三司。符至寻阳,邓琬乃投于地,攘袂起曰:“殿下当开端门,何黄阁之有!”与陶亮等徵兵驰檄,建牙于桑厄。

时雍州刺史袁觊便劝子勋即位,琬乃立宗庙,设坛场,造乘舆法服,立子勋为天子,即位江州,号义嘉元年。子勋以袁觊为尚书左仆射,邓琬为尚书右仆射,左司马张悦为领军将军、吏部尚书,州郡并加爵号。彧乃遣领军将军王玄谟讨之,复遣其使沈攸之、刘灵出据虎槛。初彧闻四方反乱,忧遽不知所为,休仁请前锋决胜,于是始有防御之军。攸之军至江州,斩子勋。彧虑子勋弟松滋侯子房等年大终不相服,休仁遂劝除之。因诛骏舅子路休之等,以陷子房兄弟。于是杀骏子安陆王子绥及子房、临海王子顼、永嘉王子仁、始安王子真、邵陵王子元、淮南王子孟、临贺王子产、晋熙王子舆及子起、子期、子悦、子顿。初,骏二十八男,其余先早夭,及子业杀子鸾等,至是尽殪之矣,其骨肉相残若此之甚。

彧南新蔡太守常珍奇奉启请降,显祖诏遣西河公元石、京兆侯张穷奇率军援之。皇兴元年正月,彧遣其散骑常侍贝思、散骑侍郎崔小白朝贡。初,彧遣其镇军张永、领军沈攸之,以大众迎其徐州刺史薛安都。安都闻永将发,乃遣信请降。祖诏博陵公尉元、城阳公孔伯恭率骑二万救之。永等前后奋击,斩首冻死者不可胜数。又其兖州刺史毕众敬亦来降款,至是,徐兖及淮西诸郡、青齐二州相寻归附。彧又遣其中领军沈攸之、太子左卫率刘勔寇彭城,兖州刺史申纂守无盐。时薛安都略有广平、顺阳、义成、扶风诸郡。沈攸之至下邳,与元等战败而走。

初彧青州刺史沈文秀、冀州刺史崔道固并请归顺,诏遣征南大将军慕容白曜率众援之。文秀等复叛归彧,白曜进军围城。二年,克历城,获道固。彧遣其员外散骑常侍李丰朝贡。彧遣沈文秀弟文静海道救青州,文静至东莱之不期城,白曜遣军克之。寻获东阳城。彧遣其员外散骑常侍王希涓朝贡。四年六月,彧又遣员外散骑常侍刘航朝贡。

延兴元年，彧于岩山射雉，休祐从在后，与其左右相失。彧遣寿寂之率诸壮士追蹑休祐，踧令坠马，拉而杀之，乃扬声曰："骠骑坠马死。"召司徒休仁宿尚书下省，鸩而杀之。

自彧立之后，民庶凋弊，而宫殿器服多更兴造。初其即位，军人多被超越，或有不与戎勤，寄名受赏。阮佃夫等并被信委，凡所谈笑，言无不行，抽进阿党，咸受不次之位。故佃夫左右，乃有四军、五校、羽林、给事等官。皆市井佣贩之人，谄附而获。至纲纪不立，风政颓弊，境内多难，民庶嗷然。遂广募义勇，置为部曲。于是官品沦褫，士人人浑乱，民众颙颙，咸愿来奔矣。

彧遣其司州刺史垣叔通为益州刺史。叔通极为聚敛，蜀还之货，过数千金，知彧好财，先送家资之半，彧犹嫌少。及叔通至建业，遣诣廷尉，彧先令狱官留之于讯堂，弥旬不得出。叔通于是悉送其财，然后原遣。凡蛮夷不受鞭罚，输财赎罪，谓之賧，时人谓叔通被賧刺史。彧尝宫内大集而裸妇人观之，以为忻笑。其妻王氏以扇鄣面，独无所言。彧怒曰："外舍家寒乞，今共为笑乐，何独不视！"王曰："为乐之事，其方自多，岂有姑姊妹集聚，而裸妇人形体，以此为乐！外舍之忻，适与此不同。"彧大怒，遣王起去。

彧末年好事鬼神，多所忌讳，言语文书有祸败凶丧及疑似之言应回避者，数百千品，有犯必加罪戮。改骟马字为马边瓜，以"骟"似"祸"字故也。尝以南苑借张永，言且给三百年，期讫更申。其事皆如此。又以宣阳门之名不善，甚讳之。其太后停尸漆床，移出东宫，见之怒甚。免中庶子官，职局以下坐死者数十人。内外常虑犯误，人不自保。移床治壁，必祭土神，文士为辞，祝事如大祭。又更忍虐好杀，左右失旨忤意，往往有刳斫断截者。时遣窥觇淮泗，军旅不息，荒弊积久，府藏空虚，内外百官，普断禄俸。而彧奢费过度，务为雕侈，每所造制，必为正御三十、副御三十、次副三十，须一物辄造九十枚。境内骚然，人不堪命。

彧又以寿寂之有胆决，乃杀之。又追降休仁、休祐为庶人，绝其属籍，诸子徙远郡。休祐母邢、妻江，付廷尉杀之。遣员外散骑侍郎田廉、员外散骑侍郎祖德朝贡。又杀其巴陵王休若。改年为泰豫。又遣田廉及员外散骑侍郎刘惠秀朝贡。彧又杀太子太傅王景文,畏其族盛故也。彧死。

子昱僭立,改为元徽。昱遣员外散骑常侍田惠绍、员外散骑侍郎刘惠秀朝贡。其司空桂阳王休范奔寻阳举兵,右卫将军萧道成率众军出顿新亭,越骑尉张荀儿斩休范首,其左右皆散。道成遣送其首,途行中遇贼,遂弃于水中。休范之徒乃诈曰:“殿下犹在新亭。”于是士庶奔驰候迎。是夜,休范将杜墨骡等又攻新东厢,休范参军江珉等破二县六署,窃掠金帛,放诸徒隶。由是徒众复盛,烧东宫津阳门,乃领军右府。昱将陈显达率所领至杜姥宅,破墨骡军主全景渊。进平白壁,宣阳、津阳二门,斩墨骡等。昱遣其员外散骑常侍明昙徽、员外散骑侍郎江山图朝贡。五年,又遣员外散骑常侍李祖、员外散骑侍郎鱼长耀朝贡。

承明妆,昱建平王景素据京口叛昱,昱遣萧道成前军将军周盘龙、殿中将军张倪奴讨之,攻陷京口,斩景素。太和初,昱以其母数谏责之,遂使太医煮药欲鸩之。左右止之曰:“若行此事,官便应作孝,岂复得出狡狯。”昱曰:“汝语大有理。”乃止。初,昱母陈氏,本李道儿妾,彧纳之,生昱,故世中皆呼昱为李氏子,昱每自称李将军,或自名为李统。

昱直阁将军申伯宗、步兵校尉朱幼、司徒左长史沈勃等欲废昱。昱亲率羽林兵掩之,乃躬运矛矟,手杀勃等,阖门婴稚,莫不脔截。昱狂走逸游,不舍昼夜,腹心所寄数十许人,并执兵刃为人之牙爪,路行逢人,便加听刺;或入人家劫略财贿,往来倏忽,状若鬼魅。建业惶振,并重关自守。又锤拍针凿锥锯之属,常以自随,或有忤意,辄加酷暴,锤阴、刺心、剖腹之诛,日有十数。常见卧尸流血,然后为乐,无所诛害,则忧思草草。于耀灵殿上养驴数十头,造露车,以银为校具,或乘以出入。著小裤衫,带挟刀剑。与营署女子通好,自赍私服赠之。常入炉肆饮酒,辄与左右歌唱,略民鸡犬,躬自屠割。内外畏恶，人不自保。

昱往新安寺，夕乃还殿，寝于毡幄。昱左右杨玉夫、杨万年等见其醉眠，乃于幄斩之。左右陈奉伯称敕开承明门出，送首于直阁王敬则，夜送昱首与中领军萧道成。道成率左右数十人，称昱行还，开承明门入殿，云其皇太后令废昱为苍梧王，立昱弟扬州刺史安成王准。初，或晚年瘵疾，不能内御，诸弟姬人有怀孕者，辄取以入宫，生男，皆杀其母，而与其宫人所爱者养之。准即桂阳王休范子也。

荆州刺史沈攸之兴兵讨道成。准改年为升明。遣其员外散骑常侍李祖、员外散骑侍郎陶贞宝赴国讣，并贡方物。准司徒袁粲、丹阳尹刘秉、中领军刘韫、前湘州刺史王蕴等以道成专恣，潜谋图之。共推粲为主，要引沈攸之以为外援。丹阳丞王逊告道成，并斩之。准遣员外散骑常侍何价、员外散骑侍郎孔逖朝贡。三年正月，准遣其员外散骑常侍殷灵诞、员外散骑侍郎苟昭先朝贡。准寻禅位于道成，居于东邸。道成僭立，封准汝阴郡王，寻死于丹阳。

史臣曰：桓玄侏张，冯、刘乃厥。疑穷凶极迷，为天下笑，其夷楚之常性乎？

魏书卷九八
列传第八六

岛夷萧道成　岛夷萧衍

　　岛夷萧道成,字绍伯,晋陵武进楚也。僭晋时,以武进之东城为兰陵郡县,遂为兰陵人。父承之,常随宗人萧思话征伐,久乃得为其横野司马,以军功仕刘义隆,位至右军将军。道成少好武事,初从散冗,每充征役,前后为讨蛮小帅,以堪勤剧见知。

　　思话之镇襄阳,启之自随,任以统戍。稍迁左军中兵参军,每在疆场,扰动边民,曾至谈堤,大败而走。刘骏时间关伪职,至建业令。骏死,子业以为后军将军、直阁。子业死,刘彧除右军将军。

　　时子业江州刺史、晋安王子勋,会稽太守、寻阳王子房等,并举兵。彧加道成辅国将军东讨,平定诸县。晋陵太守袁标、吴郡太守顾琛、吴兴太守王云生,皆弃郡奔走。时徐州刺史薛安都遣从子索儿率锐众度淮,徵道成拒焉。以功封西阳县开国侯,食邑六百户。子勋遣临川内史张淹自东峤入,规欲扰动三吴,刘彧遣道成率三千人统军主沈思仁拒淹,淹便奔走。张永、沈攸之大败于彭城,刘彧以道成为冠军将军督诸军事,假节,戍淮阴。

　　彧死,子昱以道成为右卫将军,领卫尉,加兵五百人,与尚书令袁粲、护军褚渊、领军刘勔参掌朝事。寻解卫尉,加侍中,戍石头城。刘休范举兵,以讨王道隆等为名,治严数日,便率大众席卷而下。道成等率众拒战。事平,以道成为散骑常侍、中领军、都督南兖兖徐青冀五州、镇军将军、南兖允州刺史,持节、侯如故。后进爵为公,曾邑

二千户

　　刘昱凶虐日甚，道成与直阁王敬则、昱左右杨玉夫同谋杀昱，迎弟准立之，改年为升明，时太和元年也。道成移镇东城，以甲仗五十人入殿，进位侍中、司空、录尚书事、骠骑大将军、持节、都督、刺史，加故封竟陵郡公五千户，给班剑三十人，又进督豫司二州。荆州刺史沈攸之举兵讨道成，道成率众入镇朝堂。司徒袁粲先镇石头，据城与尚书令刘秉、前湘州刺史王蕴谋讨道成，密信要攸之速下，将为内应。不克，粲与子最俱死，秉父子逾城走于额檐湖，王蕴走向斗场，并见擒。攸之至于夏口，败走，与第三子中书郎太和单骑南奔华容县，俱自缢死。

　　道成又为太尉，增封三千户，班剑四十人，甲仗百人入殿。道成将有大志，准侍中王俭请间，劝之，道成曰：“卿言何？我今当依事相启。”言辞虽历，而意色甚悦。俭讽动在位，乃加道成黄钺、都督中外诸军事、太傅、领扬州牧，剑履上殿，入朝不趋，赞拜不名。置左右长史、司马、从事中郎、掾、属各四人，使持节、侍中、太尉、骠骑大将军录尚书、南徐州刺史如故。道成诈辞殊礼，重申前命，剑履上殿，入朝不趋，赞拜不名。进位相国。总百揆，封十郡为齐公，备九兔之礼，加玺拔、远游冠，位在诸王上，加相国、绿綟绶，其骠骑大将军、扬州牧、南徐州刺史如故。于是建齐台，置百官，以东府为齐宫，又增封十郡，进公为王。寻僭大号，封其主刘准为汝阴王，未几而死。

　　于是高祖诏梁郡王嘉督二将出淮阴，陇西公元操三将出广陵，河东公薛虎子三将出寿春以讨之。元操等攻其马头戍，克之。道成遣其徐州刺史崔文仲攻陷茬眉戍，诏遣尚书游明根讨之；又遣平南将军郎大檀三将出朐城，将军白吐头二将出海西，将军元泰二将出涟口，将军封延三将出角城，镇南将军贺罗出下蔡。道成梁州刺史崔慧景遣长史裴叔保率众寇武兴关城，氐帅杨鼠击破之，叔保还南郑。梁郡王嘉破道成将卢绍之、玄元度于煦山。下蔡戍主弃城遁走。又诏昌黎王冯熙为西道都督，与征南将军桓诞出义阳，镇南将军贺罗自下蔡东出钟离，道成游击将军桓康于淮阳，破之。道成豫州刺史垣崇祖寇下蔡，昌黎王冯熙击破之。梁郡王嘉大破道成将，俘获二万余口送京师。

道成遣后军参军车僧朗朝贡。先是，刘准遣使殷灵诞、苟昭先，未反而道成僭立。及僧朗至，朝廷处之灵诞之下，僧朗与灵诞竟前后，降人解奉君于朝会刃僧朗。诏加殡敛，送丧令还。道成死。

子赜僭立，改年为永明。赜遣其骁骑将军刘缵、前将军张谟朝贡。八年，又遣兼员外散骑常侍司马宪、兼员外散骑侍郎庚习朝献。九年，遣辅国将军刘缵、通直郎裴昭明朝贡。十年，又遣昭明与冠军参军司马迪之朝贡。

赜初为太子时，特奢侈，道成每欲废之，赖王敬则和谐。赜性贪婪，常谓人曰：“唯崔慧景知我贫。”赜尝至其益州刺史刘悛宅昼卧，觉，悛自捧金澡盘面广三尺，爱姬执金澡灌受四升，以充活盥，因以奉献，赜纳之。其好利若此。赜游猎无度，其殿中将军邯郸超上表谏，赜杀之。

十三年，遣平南参军颜幼明、冗从仆射刘思效朝贡。十四年，赜巴东王子响杀长史刘寅、司马席恭穆，谋杀赜。赜遣丹阳尹萧顺之讨杀之。十五年二月，遣员外散骑常侍裴昭明、员外散骑侍郎谢竣朝贡。九月，又遣司徒参军萧琛、范缜朝贡。十六年，复遣琛与司徒参军范云朝贡，又遣车骑功曹庚华、南豫州别驾何宪朝贡。

十七年，赜雍州刺史王奂与南蛮长史刘兴祖论众罪，赜以兴祖付狱，令送还建业。奂辄于狱杀之，而云自死。赜怒，遣其直阁将军曹道刚、梁州刺史曹虎收奂，奂闭门拒战。司马黄瑶起于城内起兵攻奂，杀之，奂子秘书丞肃、肃弟秉来降。

赜子长懋死，立其孙南郡王昭业为太孙。赜遇疾暂绝，其子竟陵王子良在殿内，昭业未入。中书郎王融戎服于中书省阁口断东宫仗不得进，欲立子良。赜既苏，昭业入殿。融知子良不得立，乃释服还省。赜死。

昭业立十数日，收融付廷尉杀之。昭业生而为其叔子良所养。

而矫情饰诈，阴怀鄙匿，与左右无赖群小二十许人共衣食，同卧起。妻何氏择其中美貌者与交通。密就富商大贾取钱无数。

既与子良同居，未得肆意。子良移西邸，昭业独住西州，每至昏夜，辄开后阁，与诸小人共至诸营署恣淫宴。凡诸不逞，皆迭加爵位，许以南面之日，便即施行，皆疏官位名号于黄笺纸与之，各各囊盛，带之肘后。昭业师史仁祖、侍书胡天翼闻之，相与谋曰："若言之二宫，则其事未易，若于营署为异人所殴打，及为犬物所伤残，岂直罪止一身，亦当尽室及祸。年各已七下余，生宁足吝也。"数日，仁祖、天翼皆自杀。

昭业父长懋自患及死，昭业侍奉忧哀，号毁过礼。及还私室，与所亲爱欣笑酣饮，备诸甘滋。葬毕，立为皇太孙。截壁为阁，于母房内往何氏间，每入辄弥时不出。赜至东宫，昭业迎拜号恸，绝而后苏，赜自下舆抱持之，宠爱隆重。初，昭业在西州，令女巫杨氏祷祝，速求天位，及其父死，谓由杨氏之力，倍加敬信。杨氏子珉亦有美貌，何氏尤爱悦之。昭业呼杨氏为婆。刘氏以来，民间亦作《杨婆儿歌》，盖为此也。及在东宫，赜有疾，令杨氏日夕祈祷，令赜早死。与何氏书，于纸中作一大"喜"字，作小"喜"三十六字绕之。赜谓其必能负荷大业，谓曰："五年以来，一委宰相，汝多厝意。五年以后，勿复委人。"临死，执昭业手曰："阿奴若忆翁，当好作。"如此者再而死。子良时在中书省，昭业疑畏，使虎贲中郎将潘淑领百人屯太极殿西阶以防之。大敛之始，呼赜伎人备举众乐，诸伎虽畏威从事，莫不哽咽流涕。及成服，悉遣诸王还第。子良固乞留过赜葬，不许。

昭业素好狗马，立未十日，便毁赜所起招婉殿，以殿材乞阉人徐龙驹造宅，于其处为马埒，驰走坠马，面额并伤，称疾不出者数日。多聚名鹰快犬，以梁肉奉之。赜将葬，丧车未出端门，昭业便称疾还内。裁入阁，便于内奏胡伎，鼟铎之声，震响内外。时司空王敬则问射声校尉萧坦之曰："便如此，不当匆匆邪？"坦之曰："此政当是内人哭声响彻耳。"自赜葬后，昭业微服而出，游走里市。又多往其父母陵隧中，与群小共作鄙艺，掷涂赌跳，放鹰走狗，诸杂狡狯，日日辄往，以此为常。朝事大小，皆断于尚书令萧鸾。

初，萧赜聚钱，上库至五亿万，斋库亦出三亿万，金银布帛丝绵不可称计。至此岁末，所用过半，皆赐与左右厮卒之徒。及至废黜，府库空尽。昭业在内，常着紫绵红绣杂衣或锦帽。

改年为隆昌。以黄门郎周奉叔为冠军将军、青州刺史。奉叔谄谀为事，昭业甚悦之，而专恣跋扈，无所忌惮，常从单刀二十口，出入禁闼，门卫莫也诃止。每语人云：“周郎刀不识君。”徐龙驹自东宫斋师，以便佞见宠，构造奸邪，以取容媚，凡诸鄙黩杂事，皆龙驹所劝诱也。昭业为龙驹置美女伎乐，常住含章殿，著黄纶帽，被貂裘，南面向案，代昭业画敕，左右侍直，与昭业不异。萧鸾固请诛之，杨珉及母亦并下狱死。珉及母为昭业所宠，恩情特隆，赏赐倾府藏。珉为何氏所幸，常居中内侍。萧坦鸾初令卫尉萧谌、征北谘议萧坦之请诛珉，何氏与昭业同席坐，流涕覆面，谓坦之曰：“杨郎好年少，无罪，何可枉杀！”坦之乃耳语于昭业曰：“此事别有一意，不可令人闻。”昭业呼何氏曰：“阿奴暂起去。”坦之乃曰：“外闻并云杨珉与皇后有情，闻彰遐迩，此事自古所无，恐必误官事。”昭业不得已，乃许之。俄敕原之，已行刑矣。

益州刺史刘悛罢任还，昭业以其馈奉不丰，收付廷尉，将加大辟。悛弟中书郎绘乞以身代，得不死，禁锢终身。昭业与其父宠姬霍氏淫通，纳之后宫。萧鸾谋废之，率众而入。时昭业裸身与霍氏相对，闻兵至，拔剑起拒鸾，鸾自杀之，左右死者十余人。

鸾立其弟昭文，自为使持节、都督扬南徐二州、骠骑大将军、开府、录尚书事、扬州刺史，辑班剑三十人，封宣城郡公，二千户。以兵五千人出镇东城。杀其鄱阳王锵、随王子隆。遣中护军王玄邈杀昭文南兖州刺史、安陆王子敬，豫州刺史王广之杀江州刺史、晋安王子懋，又杀湘州刺史、南平王锐，郢州刺史、晋熙王銶，南豫州刺史、宜都王鉴。鸾加黄钺，进授都督中外诸军、太傅、领大将军、扬州牧；增班剑四十人，前后部羽葆鼓吹；剑履上殿，入朝不趋，赞拜不名；封宣城郡王，食邑五千户；使持节、中书监、录尚书并如故。又杀昭

文桂阳王铄、衡阳王钧、江夏王锋、卢陵王子卿、建安王子真、巴陵
王子伦。乃废昭文为海陵王，寻死。鸾僭立焉。

鸾，字景栖。其叔父道成宠爱之，过于诸子。萧赜末，为尚书左
仆射，甚亲委之。赜死，遂秉朝政。既杀昭业，专权酷暴，屠灭赜等
子孙。既而自立，时太和十八年也，号年建武。其宣德太仆刘朗之、
游击将军刘璩之坐不赡给兄子，致使随母他嫁，免官禁锢，时论者
谓薄义之由，实自鸾始。

鸾雍州刺史曹虎据襄阳请降，高祖诏行征南将军薛真度督四
将出襄阳，大将军刘昶出义阳，徐州刺史元衍出钟离，平南将军刘
藻出南郑，车驾南伐。十九年，鸾龙阳县开国侯王朗自涡阳来降。左
将军元丽大破鸾将，擒其宁州刺史董蛮。车驾济淮，幸八公山。巡
淮而东，发钟离，将临江水，司徒冯诞薨，乃诏班师，遣使临江数鸾
罪恶。

鸾杀其西阳王子明、南海王子罕、邵陵王子真。二十一年，车驾
讨鸾，鸾前将军韩季方、戈阳太守王嗣之、后将军赵祖悦等十五将
来降。大破鸾军于江北，获其将军王伏保等。车驾遂巡沔东而还。
鸾将王昙纷等万余人冠南青州，黄郭戍主崔僧渊击破之，悉虏其
众。又克新野城，斩鸾辅国将军、新野太守刘忌。鸾湖阳戍主蔡道
福、赭阳戍主成公期及军主胡松，舞阴戍主、辅国将军、西汝南北义
阳二郡太守黄瑶起，及直阁将军、军主鲍举，南乡太守谦，并委戍
走，擒瑶起、鲍举。

鸾又杀其河东王铉、临驾王子岳、西阳王子文、衡阳王子珉、湘
东王子建、南郡王子夏、巴陵王昭秀、桂阳王昭粲。

车驾幸南阳，进攻宛城，拔之，冠军将军、南阳太守房伯玉以城
降。又大败鸾平北将军崔慧景、黄门郎萧衍于邓城，斩获首虏二万
有余。鸾忧怖，遂疾甚。乃大赦，改年为永泰。其大司马王敬则于
会稽举兵，将以诛鸾，镇北谘议谢朓，敬则女夫也，告之，敬则败而
死。鸾死。

子宝卷僭立。二十三年春,宝卷改元为永元。遣其太尉陈显达率崔慧景攻马圈城,诏前将军元英讨之。宝卷遣将寇顺阳,诏振威将军慕容平城率骑讨之。显达攻陷马圈城,车驾南伐,诏镇南大将军、广阳王嘉断均口。显达战败,溃围夜走斩,斩其左军将军张子顺。贼将蔡福、成公期等数万人弃顺阳遁走。

宝卷昏狂,政出群竖。其始安王遥光据东府反,不克,见杀。并杀其右仆射萧坦之、左卫将军曹虎、领军将军刘暄。寻杀司空徐孝嗣、左仆射沈文季、前抚军长史沈昭略。其太尉、江州刺史陈显达举兵袭建业,不果而死。

景明初,宝卷豫州刺史裴叔业以寿阳降,宝卷遣其卫尉萧懿为征虏将军、豫州刺史,步道伐寿阳,顿军小岘。诏遣军司李焕及统军奚康生、杨大眼等率众入寿阳,骠骑大将军、彭城王勰,车骑将军王肃率步骑十万赴之。宝卷遣将胡松、李居士率众万余屯死虎,陈伯之水军溯淮而上,以逼寿春。勰、肃大破之,斩首万数。陈伯之又寇淮南,勰破之肥口。豫州刺史田益宗破宝卷将吴子阳、刘元超于长风。宝卷遣侍中崔慧景率诸军自广陵水路,欲赴寿阳。慧景见宝卷狂虐,不复自保,及得专征,欣然即路。慧景子觉时为直阁,与之密期。慧景至广陵,觉遂出奔。慧景过广陵数十里,便回军还。时广陵阙镇,司马崔恭纳之,因率众济江,遂攻建业。宝卷婴城自守。宝卷豫州刺史萧懿击破慧景,擒杀之。

慧景既死,宝卷便自得志,无所忌惮,日日出游。爱幸茹法珍、梅虫儿等,及左右应敕、捉御刀之徒并专国命,民间谓之"刀敕"。宝卷每常轻骑戎服,往此诸家,与之燕饮。此等每有吉凶,宝卷辄往吊庆,不欲令人见之,驱斥百姓,惟置空宅而已。所往之处,既无定所,官司常虑得罪,东行驱西面人,南出驱北面人,旦或应出,夜便驱遣,吏司奔驰,叫呼盈路,老少震惊,啼号塞路,处处禁断,不知所适。疾患困笃者悉舆去之,其有无人舆者,匍匐道侧,主司又加捶打,绝命者相继。还宫之时,常至半夜,左右辄入富室取物荡尽。前魏兴太守王敬宾新死未敛，家人被驱，不得守视，及家人还，鼠食敬宾两眼都尽，如此者非一。宝卷酷乱逾甚，其尚书令萧懿虽有大勋，忌而杀之，并杀其弟卫尉卿萧畅。世宗诏冠军将军、南豫州刺史席法友三万人围宝卷辅国将军北新、安丰二郡太守胡景略于建安城，克之，擒景略。宝卷雍州刺史萧衍据襄阳，举兵伐之，荆州行事萧颖胄应衍。三月，颖胄叛宝卷，以南康王宝融为天子，于是宝融僭即帝位。颖胄为侍中、尚书令，衍为左仆射、都督征讨诸军、征东大将军，使持如故。颖胄请封宝卷为虞阳县侯，宝融不许，又封涪陵王。颖胄监八州诸军事、行荆州刺史。假衍黄钺。萧衍军至沔口，郢州婴城自守。

宝卷又杀巴陵王昭胄、永新侯昭秀、黄门郎萧寅。宝卷昏暴日甚，内外不堪，其前南谯太守王灵秀等于石头迎宝卷弟宝夤，率城内文武向其台城，百姓空手随从者万数。会日暮，城门闭，不克。衍兵至建业，所在弃宝卷降之。衍兵入宫，宝卷在含德殿，吹笙歌作《女儿子》卧未及睡。闻兵入，趋出北户，欲还后宫，清曜阁已闭。阉人禁防黄泰平刀伤其膝，仆地，顾曰："奴反也！"直后张齐斩首送衍，衍追封东昏侯，废其皇后、太子为庶人。衍杀宝卷弟湘东王宝晊，衍又杀邵陵王宝攸、晋熙王宝嵩、桂阳王宝贞，其建安王宝夤来奔。寻逼宝融禅位于己，封为巴陵王，宫于姑熟。宝融寻暴死。

岛夷萧衍，字叔达，亦晋陵武进楚也。父顺之，萧赜光禄大夫。衍少轻薄有口辩，历王俭卫军府户曹属，累迁为萧鸾黄门侍郎、太子中庶子。

太和二十二年，高祖南伐，诏诸军围襄阳，衍时率众来援，为武卫将军宇文福所破，单骑走免。萧鸾末，出为辅国将军、雍州刺史。鸾死，子宝卷立，杀衍兄懿，遣巴西、梓潼二郡太守刘山阳西上，声颖云之郡，实令袭衍。山阳至荆州，为萧颖胄所杀。景明二年，衍乃与颖胄推宝卷弟荆州刺史宝融为主，号年中兴，举兵伐宝卷。其年十二月，克建业，杀宝卷及其妻子。衍为大司马、录尚书事、扬州刺史,建安郡公,邑万户。三年,又自为相国、扬州牧,封十郡为梁王。

衍寻僭立,自称曰梁,号年天监。五月,扬州小岘戍主党法宗袭衍大岘戍,破之,擒其龙骧将军邾菩萨送京师。衍又遣将张嚣寇扬州,州军击破之,斩二千余级。四年三月,扬州刺史任城王澄遣长风戍主奇道显攻衍阴山戍,破之,斩其龙骧将军、都亭侯梅兴祖,仍攻白藁戍,又破之,斩其宁朔将军吴道爽等,获数千级。衍又遣其徐州长史潘伯怜屯军淮陵,徐州刺史司马明素又据九山,澄遣军并击破之,斩伯怜,擒明素。衍将吴子阳寇白沙,中山王英大破之,擒斩千数。衍梁州刺史平阳县开国侯翟远、徐州刺史永昌县开国侯陈虎牙来降。

正始元年正月,衍将赵祖悦屯据陈关,江州刺史陈伯之击破之。二月,衍将姜庆真袭陷寿春外郭,州军击走之。中山王英围衍钟离。衍遗冠军张惠绍率众军送粮于钟离,任城王澄遣统军王足、刘思祖邀击于邵阳,大破之,生擒惠绍,并其骁骑将军祁阳县开国男赵景悦等十将,斩获数千级。惠绍,衍舅子也。衍乃移书求之,朝议欲示威怀,遂听惠绍等还。三月,元英破衍将王僧炳于樊城。八月,英又攻衍义阳,克之,破衍将马仙琕,擒其冠军将军蔡灵恩等十余将。九月,衍霍州刺史田道龙、义州刺史张宗之遣使内附。十二月,衍梁秦二州行事夏侯道迁据汉中内附,诏尚书邢峦率众赴之。

二年四月,峦频破衍军,遂入剑阁,执其辅国将军范始男送京师。峦又遣统军王足破衍诸将,斩其辅国将军冯文豪等。六月,衍遣将王超宗寇边,扬州刺史薛真度大破之,俘斩三千级。七月,王足又大破衍众,斩其秦梁二州刺史鲁方达、王明达等三十余将,俘虏二千五百人。九月,衍湘州刺史杨公则率众寇寿春,扬州刺史元嵩击破之,斩获数千级。

三年正月,衍徐州刺史昌义之寇梁城,江州刺史王茂先寇荆州,屯河南城。平南将军陈伯之击义之,平南将将杨大眼击茂先,并大破之,斩其辅国将军王花,俘斩二千,茂先逃溃,追奔至于汉水,拔其五城。将军宇文福略衍司州,俘获千余口而还。五月,衍将萧

晒寇淮阳,张惠绍寇宿豫,萧密寇梁城,韦睿寇合肥。平南将军奚康
生破惠绍,斩其徐州刺史宋黑。七月,衍徐州刺史王伯敖入寇阴陵,
中山王英大破之,斩将二十五人,首虏五千。衍又遣将桓和屯孤山,
冠军将军桓方庆屯固城,龙骧将军矫道仪屯蒙山。八月,安东将军
邢峦击桓和,破之。将军元恒攻克固城,统军毕祖朽攻克蒙山,斩获
及赴沂水死者四千有余。衍又遣张惠绍屯宿豫,萧晒屯淮阳。九月,
都督邢峦大破之,斩其大将蓝怀恭等三十余人,惠绍、萧晒并弃戍
南走,追斩数万级。衍中军大将军临川王萧密、右仆射柳惔、徐州刺
史昌义之等屯据梁城,中山王英大破之,密等弃城沿淮东走,追奔
至于马头,衍冠军将军、马头戍主朱思远弃城走,擒衍将三十余人,
斩获五万有余。十月,衍征虏将军马仙琕率众三万寇义阳,郢州刺
史娄悦以州军击走之。

永平元年十月,悬瓠城民白早生据州反叛,衍遣将齐苟仁等四
将以助之。诏尚书邢峦率骑讨之,峦攻克悬瓠,斩早生,擒苟仁,俘
衍众三千余人。初,早生之反也,世宗遣主书董绍衔诏宣慰,绍为早
生所执,送之于衍。衍乃厚资遣绍,令奉书朝廷,请割宿豫内属,以
求和好。时朝议或有异同,世宗以衍辞虽款顺,而不称藩,诏有司不
许。十二月,衍宁朔将军张凝等率众寇楚城,中山王英破擒之。衍
将马仙琕据金山,郢州刺史娄悦击走之。

二年正月,中山王英攻克衍长薄戍,杀伤数万;仍攻拔武阳关,
擒衍云骑将军、松滋县开国侯马广,冠军将军、迁陵县开国子彭瓮,
骁骑将军、当阳县开国伯徐元秀等二十六将,俘获七千余人;又进
攻黄岘西关,衍将军马仙琕弃西关,李元履弃黄岘遁走。

四年春三月,衍琅邪郡民王万寿等斩衍辅国将军、琅邪东莞二
郡太守、带昫山戍主刘晰并将士四十余人,以城内属。徐州刺史卢
昶遣兼郯城戍副张天惠率众赴之,而衍郁洲已遣二军以拒天惠,天
惠与万寿等内外齐击,俘斩数百。昶仍遣琅邪戍主傅文骥入城据
守,衍又遣将张稷、马仙琕等攻围文骥。诏昶率众赴之,而文骥以粮
尽降衍,昶遂失利而还。

延昌二年二月,郁洲徐玄明斩送衍镇北将军、青冀二州刺史张稷首,以州内附。三年六月,衍遣众寇九山,荆州枣史桓叔兴大破之,斩其虎旅将军蔡令孙、冠军将军席世兴、贞义将军蓝次孙。四年二月,衍宁州刺史任天洪率众寇关城,益州长史成兴孙击破之。

熙平元年正月,衍遣其恒农太守王定世等寇边,都督元志破之,斩定世,悉俘其众。衍豫州刺名赵祖悦率众数万,偷据硖石,诏镇南将军崔亮、镇军将军李平讨克之,斩祖悦,传首京师。衍衡州刺史张齐寇益州,刺史傅竖眼讨之,斩其将太洪,齐遁走。初,衍每欲称兵境上,窥伺边隙,常为诸将摧破,虽怀进趣之计,而势力不从。遂于浮山堰淮,规为寿春之害。肃宗诏征南萧宝夤率诸将讨之,大破衍众于淮北。秋九月,堰逢溃决,漂其缘淮城戍居民村落十余口,流入于海。

正光元年,衍改称普通。至三年,其弟子西丰侯正德弃衍来奔,寻复亡归,衍初忿之,改其姓为背氏,既而复焉,封为临贺王。五年九月,衍将裴邃、虞鸿袭据寿春外郭,刺史长孙稚击走之。

孝昌元年正月,徐州刺史元法僧据城南叛,衍遣豫章王综镇彭城。综,萧宝卷之遗腹子也。初,衍平建业,因纳其母吴氏,吴氏先有孕,后生综,衍谓为己子,甚宠爱之。综既长,母密告综,综遂潜图叛衍,既镇彭城,及大军往讨,综乃拔身来奔。余将退走,国军追蹑,所获万计。衍初闻之,恸哭气绝,甚为惭悢,犹云其子,言其病风所致,时人咸笑之。三月,衍遣其北梁州长史锡休儒、司马鱼和、上庸太守姜平洛等入寇直城,梁州史傅竖眼遣息敬绍率众大败也,擒斩三千人,休儒等遁走。四月,衍益州刺史萧润猷遣将樊文炽等率众围小剑戍,益州刺史邴虬遣子子达,行台魏子建遣别将淳于诞拒击之。五月,诞等大破文炽,俘斩二万,擒其次将萧世隆等十二人,交炽走免。是岁,衍又改年为大通。

二年七月,衍将元树、湛僧珍等寇寿春。又攻逼新野,诏都督魏承祖讨破之。三年二月,衍将成景隽寇彭城,行台崔孝芬率诸将击走之。建义元年,衍遣其将曹义宗寇荆州,大都督费穆大破之,生擒义宗,槛送京师。初,尔朱荣入洛,北海王颢奔于衍,衍以颢为魏主,资颢士马,令其大将陈庆之部率送颢。永安二年夏,遂入洛阳,车驾还讨,破走之,唯庆之一身走免,自余部众皆见俘执。闰月,巴州刺史严始欣据州入衍,衍遣将萧玩、张鸿等率众赴援,都督元景夏率益梁二州军讨之。三年正月,斩始欣,衍众败走,又斩萧玩等首,俘获万余人。

普泰元年春,南青州刺史茹怀朗遣部将何宝率步骑三千击衍守将于琅邪,擒其云麾将军、徐兖二州刺史沈预,斩其宣猛将军、齐州刺史刘相如。永熙元年夏,衍遣其邺王元树及谯州刺史朱文开入据谯城,东南道行台樊子鹄率诸军攻克之,擒元树、文开等送于京师。

天平元年十月,衍雄信将军纪耕率众入寇峚碙,都督曹仲尼破走之,斩其军主沈达、闵庄等。二年正月,衍将湛僧珍寇南兖州,州军击破之。行台元晏又破湛僧珍等于项城,虏其□□刺史杨暊。二月,衍司州刺史陈庆之、郢州刺史田朴特等寇边,豫州刺史尧雄击走之。五月,衍仁州刺史黄道始寇北济阴,徐州刺史任祥讨破之。十月,衍将梁秉隽寇单父,祥又大败之,俘斩余万人。十一月,衍雍州刺史萧恭遣将柳仲礼寇荆州,刺史王元轨破之于牛饮,斩其将张殖、王世兴。

是年,衍又改号为中大通。三年五月,豫州刺史尧雄攻衍白苟堆镇,克之,擒其北平太守苟元旷。十月,行台侯景攻陷衍楚城,获其楚州刺史桓和兄弟。四年九月,衍青冀二州刺史徐子彦寇围城,南青州刺史陆景元击走之。先是,益州刺史傅和以城降衍,衍资送和,令申意于齐献武王,求通交好,王起绥边远,乃请许之。

四年冬,衍遣其散骑常侍张皋、通直常侍刘孝仪、通直常侍崔晓朝贡。(元象)二年夏,又遣散骑常侍沈山卿、通直常侍刘研朝贡。兴和二年春,又遣散骑常侍柳豹、通直常侍刘景彦朝贡。其年冬,又遣散骑常侍陆晏子、通直常侍沈景徽朝贡。是年,衍改号大同。三年夏,又遣散骑常侍明少遐、通直郎谢藻朝贡。四年春,又遣散骑常侍袁狎、通直常侍贺文发朝贡。其年冬，又遣散骑常侍刘孝胜、通直常侍谢景朝贡。武定元年夏，又遣散骑常侍沈众、通直常侍殷德卿朝贡。其年冬，又遣散骑常侍萧确、通直常侍陆缅朝贡。三年秋，又遣散骑常侍徐君房、通直常侍庚信朝贡。四年夏，又遣散骑常侍萧瑳、通直常侍贺德场朝贡。五年春，又遣散骑常侍谢兰、通直常侍鲍至朝贡。朝廷亦遣使报之。十余年间，南境宁息。六年，衍又改号为中大同，其年又改为太清。

是岁，司徒侯景反，遣使通衍，请其拯援。衍惑景游说，遂绝贡使。衍子纲及朝臣并切谏以为不可，衍不从。乃遣其兄子豫州刺史、贞阳侯渊明，北兖州刺史胡贵孙等寇逼徐州，与侯景为声援，仍堰泗水以灌彭城。齐文襄王遣行台慕容绍宗、仪同三司高岳、潘相乐等率众讨之。绍宗檄衍境内曰：

夫乾坤交泰，明圣兴作，有冥运行之力，俱尽变化之途。抱职含灵，融然并至；呈形赋命，混而同往。所以玄功潜运，至德旁通，百姓日用而不知，万国受赐而无迹。岂徒凿其耳目，易其心虑，悟以风云，一其文轨，使夫日月之照不私，雨露之施均洽，运诸仁寿之域，纳于福禄之林。自晋政多僻，金行沦荡，中原作战斗之场，生民为鸟兽之饵，则我皇魏握玄帝之图，纳水灵之祉，驾云车而自北，策龙御以图南，致符上帝，援溺下土，怪物殛死，淫水不作，运神器于顾眄，定宝命于踟蹰。恢之以武功，振之以文德，宇内反可封之俗，员首识尧舜之心。沙海荒忽之外，瀚漠羁縻之表，方志所不传，《荒经》所不缀，莫不绳谷钓山，依风托水，共仰中国之圣，同欣大道之行。唯夫三吴、百越独阻声教，匪民之咎，责有由焉。

自伪晋之后，刘萧作慝，擅僭一隅，号令自己。惟我祖宗驭宇，爱民重战，未极谋臣之画，不穷节将之兵。聊遣行人，降以尺一，圆台已筑，黄屋辄去，赐其几杖，置之度外。萧衍轻险有素，士操蔑闻，睥睨君亲，自少而长，好乱乐祸，恶直丑正，巧用其短，以少为多。玄惑愚浅，大言以惊俗；驱扇邪僻，口兵以作威。曲体协肩,摇唇鼓舌,候当朝之顾指,邀在位之余论。遂污辱冠带,偷窃藩维。及宝卷昏狂,下不堪命,曾无北面有犯之节,遽灭人伦在三之礼,凭妖假怪,鬼语神言,称兵指阙,倾朝鸩主,陵虐孤寡,聋愚士民。天不悔祸,奸丑得志,内恣雕靡,外逞残贼。驱赢国之兵,迫糊口之众,南出五领,北防九江,屯戍不解,役无宁岁。死亡矢刃之下,夭折雾露之中,哭泣者无已,伤痍者不绝。托身人上,忽下如草。遂使顽嚣子弟,肆行淫虐,狡猾群小,纵极贪婪。剥割苍生,肌肉略尽,刳剔黔首,骨髓俱罄。猛虎未方其害,饿狼讵侔其祸。慄慄周余,救死无地。至于矫情饰诈,事非一绪。毒螫满怀,妄敦戒业;躁竞盈胸,廖治清静。至乃大兴寺塔,广缮台堂,昭阳至景,垂珠衔璧,峥嵘刻削,千门万户。鞭挞疲民,尽其筋骨,延壤运石,悲歌掩途,死而可祈,甘同仙化。智浅谋疏,曾不自揆。遏桐柏之流,翻为己害;子亡齐之胤,忽为戎首。书契迄滋,罕闻其事。至于废损冢嫡,崇树愚子,朋党路开,彼我侧目。疾视扼腕,十室而九;翘足有待,良亦多人。

二纪于滋,王家多故,始则车驰之警,终有惊坠之哀,神只痛愤,寓县崩震。于是故相国、齐献武高王感天壤之惨黩,激云雷以慨然,仗高义而率民,奋大节以成务。爰有匡国定霸之图,非直讨贼雪耻之举。于是睿略纷纭,灵武冠世,荡涤逋孽,尊主康邦。皇上秉历受图,天临日镜,道随玄运,德与神行。既而元首怀舞戚之风,上宰薄兵车之会,遂解絷南冠,喻以好睦,舟车遵溯,川陆光华,亭徼相望,欣然自泰,反肉还童,不待羊、陆。虽嘉谋长算,爰自我始,罢战息民,两获其泰。王者之信,明如四时。岂或为人君父,二三其德,书而不法,可不惜哉!

侯景一介役夫,出自凡贱,身名沦蔽,无或可纪。直以趋驰便习,见爱尔朱,小人叨窃,遂忝名位。及中兴之际,义旗四指,元恶不赦,实在群胡。景荷人成拔,藉其股肱,主人有丹颈之期,所天蹈族灭之衅。虽不能蔽捍左右,以命酬恩,犹当惨颜后至，义形于色。而趣利改图，速如覆手，投身麾下，甘为仆隶。

献武王弃其瑕秽，录其小诚，得厕五命之末，预在一队之后。参迹驱驰，庶其来效，长鞭利镞，术以制之。既关陇遄诛，每事经略，以河南空虚之地，非兵战之冲，薄存掎角，聊示旗鼓，岂资实效，寄以游声。军机催勒，盖唯景任，总兵统旅，别有司存。而愚褊有积，骄傲遂甚，犯违军纪，仍自猜贰，祸心潜构，翻为乱阶。负恩弃德，罔恤天讨，不义不昵，厚而必颠。委慈母如脱屣，弃少弟如遗土。群子陆陆，妻侄成行，慕姜儿之爽言，蔑伯春之宛转。跳梁猖蹶，夫欲谁欺！比之枭镜，异类同丑；欲拟蛇鼠，顾匪其伦。及远托关右，委命寇逆，宝炬定君臣之分，黑獭结兄弟之亲，授以名器之尊，救其重围之死，凭人系援，假人鼻息。俄而忘恩背惠，亲寻干戈，衅暴恶盈，侧首无托。以金陵遄逃之薮，江南流御之地，甘辞卑体，进熟图身。诡言浮说，抑可知矣。叛竖救命，岂将择音。伪朝大夫幸灾忘义，主瞀于上，臣蔽于下。逐雀去草，曾不是图，窃宝叛邑，椒兰比好。人而无礼，其能国乎！

夫安危有大势，成败有恒兆，不假离朱之目，不藉子野之听，聊陈刺心之说，且吐伐谋之言。今帝道休明，皇猷允塞，四民乐业，百灵效祉。虽上相云亡，而伊陟继事，秉文经武，虎视龙骧。驱日下之俊雄，收一世之英锐。击刺犹雷电，合战如风雨，控弦跃马，固敌是求。蠕蠕昔遭离乱，辐分瓦裂，匹马孤征，告困于我。国家深敦邻附，愍其入怀，尽忧人之礼，极继绝之义，保卫出于故地，资给唯其多少，存其已亡之业，成其莫大之基。深仁厚德，镂其骨髓，引领思报，义如手足。吐谷浑深执忠孝，胶漆不渝，万里仰德，奏款属路，并申以婚好，行李如归。蠕蠕境斜界黄河，望通幽夏，飞雪千里，曾冰洞积。北风转劲，实筋角之时；沍寒方猛，正毡裘之利。吐谷浑疾彼凶逆，强兵岁举，倾河及鄯，尘通陇峡。驱龙池之种，藉常胜之气，二方候隙，企其移踵。加以独孤如愿拥众秦中，治兵劫协。黑獭北备西拟，内营腹心,救首救尾,疲于奔命。岂暇称兵东指,出师函谷。且秋风扬尘,国有恒防,关河形胜之际,山川襟带之所,猛将精兵,基峙岳立。又宝炬河阴之北,黑獭亡山之走,众无一旅,仅以身归。就其不顾根本,轻怀进趣,斯则一劳永逸,天赞我也。言之旦旦,日月经天,举世所知,义非徒语。持此量之,理有可见,则侯景游辞,莫非虚诞。

夫景绳枢席牖之子,阡陌鄙俚之夫,遭风尘之会,逢驰骛之日,遂位在三吏,邑启千社,揣身量分,久当止足。而乃周章去就,离跂不已,夫岂徒尔,事可榷扬。度其众叛亲离,守死不暇,乃闻将弃悬瓠,远赴彭城。老贼奸谋,复将作矣。固扬声赴助,计在图袭,吞渊明之众,招厌虐之民,举长淮以为断,仍鸱张岁月,南面假名,死而后已。此盖蚌鹬之祸,我承其弊。

且伪主昏悖,不惟善邻,贼忍之心,老而弥笃。纳逋叛之诡谲,蔑信义以猖狂,天丧其神,人重其怨,将践瓜圃之踪,且追儿侯之辙。今徵发犬羊,侵轶徐部,筑垒拥川,颛𫗧小利,此而可忍,孰不可怀!兵凶战危,出不得已,谬奉朝规,肃滋九伐。扛鼎拔树之众,超乘投石之旅,练甲争途,波聚雾合。虎班龙文之逸,兰池蒲梢之驵,嘘天陆野,蹑影追风,振旅南辕,长驱讨蹙。非直三吴鼠面,一麾鱼骇,乘此而往,青盖将归。且衍虐纲蛊,兵权在外,持险躁之风俗,兼轻薄之子孙。萧纶凶狡之魁,岂无商臣之很;萧誉失志之愤,当专忖诸之客。外崩中溃,今也其时。幕府师行以礼,兵动以义,吊民伐罪,理有存焉。其有知机审变,翻然鹊起,立功立事,去危就安,赏典未忘,事必加等。若军威所至,敢有拒违,尺儿已上,咸从枭戮。

今三礼四义之将,豹虎熊罴之士,深衔逋伪信纳叛亡,违卜愎谏,实兴伐役。莫不含怒作色,如赴私仇,茹肝涉血,义不旋踵。攻战之日,事若有神,莽积麻乱,匪旦伊夕。以彼曲师危卒,望我军锋,何异蛞蝓被甲,蜘蛆举尾。正恐旗鼓一接,芝薫俱摧,先事喻怀,备知翰墨。王侯无种,祸福由人,斯盖丈夫肉食之秋,壮士封侯之会。冬冰可折,时不再来,凡百君子,勉求多福。

橄之所到,咸共申省,知我国行师之意。

冬十二月,绍宗、高岳等大破衍众寒山,擒渊明、贵孙等,俘斩五万,其冻溺烧之而死,不可胜数。衍既惭悔。六年,复遣使羊珍孙款关乞和,并修吊书于齐文襄王。文襄王欲以威德怀之,许其通而不复其书。衍于是遣其散骑常侍谢廷、通直常侍徐陵诣阙朝贡。廷等未及还,而侯景举兵袭衍,密与衍弟子临贺王正德交通,许推为主。景至横江,衍令正德率军拒景,正德因而迎之。景济江,立以为主,以趣建业。衍好人佞己,末年尤甚,或有云国家强盛者,即便忿怒,有云朝廷衰弱者,因致喜悦。是以其朝臣左右皆承其风旨,莫敢正言。

初,景之将渡江也,衍沿道军戍,皆有启列,而中领军朱异恐忤衍意,且谓景不能渡,遂不为闻。景至嵫湖,方大惊骇,乃令其太子纲守中书省,军事悉以委之。又逼居民入城,百姓因相剥掠,不可禁止。衍令直从监俞景茂赦二冶、尚方、钱署罪人及建康、廷尉诸囚,欲押令入城以充防捍。诸徒囚放火烧冶,一时散走。衍忧懑计,唯令其王公已下分屯诸门,摄诸寺藏钱皆入聚德阳堂,以充军实。

景既至,便围其城,纵火烧烫,掘长围,筑土山以攻衍。衍亦于城内起山以应之。衍令文武运士,人责二十石,于是其王侯朝贵皆自负檐。萧纲亦欲自负,金议以为太示迫屈,乃止。衍每募人出战,素无号令,初或暂胜,后必奔背。景宣言曰“城中非无菜,但无酱耳。”以戏侮之。衍太官及军人无柴,乃发取尚书省、武库、左右藏以充用。衍州镇外援虽有至者,而景围栅深固,内外断绝。衍数募人出战,常为景所执获。有一小儿请以飞鹞传致消息,纲乃作数千丈绳,缀纸鹞于绳端,缚书其背,又题鹞口:“若有得鹞送援军者,赏银百两。”纲出太极殿,因西北风而扬之,频放数鹞,景令走马射取之,竟不能达也。

衍城内大饥,人相食,米一斗八十万,皆以人肉杂牛马而卖之。

军人共于德阳堂前立市,屠一牛得绢三千匹,卖一狗得钱二十万。皆熏鼠捕雀而食之,至是雀鼠皆尽,死者相枕。初有盗取其池鱼者,衍犹大怒,敕付廷尉,既而宿昔都尽。其不识事宜如此。

　　景久攻未拔,而衍外援虽多,各各乖张,无有总制,更相妒忌,不肯奋击。唯衍子邵陵王纶再于钟山决战,战败而走。景粮既少,遂谲衍求和。衍信之,乃割江西四州授景,封为寿阳王,遣其朝贡。与部下歃血盟讫,景诈引军还石头。衍乃敕援军令下,诸军初不受诏,后重敕乃从。衍又令援军以船三百艘给景,景犹嫌其少,又敕付二百。衍永安侯萧确、直阁将军赵威方颇有勇略,为景所惮。景乃谓衍曰:“确与威方频隔岸见骂,云:“天子自与汝和,我终不置汝!’我今便不敢去,若召此二人入城者,吾当解围。”衍复遣使徵确等,确等不从。衍又为手书与诸军云:“确若不入者,宜以军法送之。”确等不得已,乃赴衍。景复谓衍曰:“始有西信至,北军已克寿春、钟离,我今便无委足处,求权借广陵、谯州,待征复两城,还以此州相归。”衍又许之。

　　景外云欲和,伺其懈怠,衍君臣上下信景欺诈,所有战具,悉皆收去。后知非实,更狼狈设备,有甚于初。城转危急,衍等计穷,乃复遣使诣景,景又诡云:“今时既热,便不能得去,正当乞留京师,为朝廷立效耳。”而悉力大攻,七年三月遂拔之。景自至建业,纵军士前后虏掠,仓库所有,皆扫地尽矣。景乃从数百骑见衍,歔欷涕流,因请香火为作义儿,还以衍为主,令正德通启云:“前为景所擒,使摄四海,辞不获免,权总万机。今景既入辅,乞解僭滥,以王还邸。”

　　自景围建业,城中多有肿病,死者相继,无复板木,乃剟柱为棺。自云龙、神虎门外,横尸重沓,血汁漂流,无复行路。及景入城,悉聚尸焚之,烟气张天,臭闻数十里。初,城中男女十余万人,及陷,存者才二三千人,又皆带疾病,盖天亡之也。衍寻为景所饿杀。自衍为景攻围历百余日,衍子荆州刺史、湘东王绎,益州刺史、武陵王纪各拥兵自守,坐看衍之悬危,竟不奔赴。始景渡江至陷成之后,江南之民及衍王侯妃主、世胄子弟为景军人所掠,或自相卖鬻,漂流入国者,盖以数十万口;加以饥馑死亡,所在涂地,江左遂为丘墟矣。

初,衍崇信佛道,于建业起同泰寺,又于故宅立光宅寺,于钟山立大爱敬寺,兼营长千二寺,皆穷工极巧,殚竭财力,百姓苦之。曾设斋会,自以身施同泰寺为奴,其朝臣三表,不许,于是内外百官共敛珍宝而赎之。衍每礼佛,舍其法服,著乾陀袈裟。令其王侯子弟皆受佛诫,有事佛精苦者,辄加以菩萨之号。其臣下奏表上书,亦称衍为皇帝菩萨。衍所部刺史郡守初至官者,皆责其上礼献物,多者便云称职,所贡微少言为弱堕。故其牧守在官,皆竟事聚敛,劫剥细民,以自封殖,多妓妾、梁肉、金绮。百姓怨苦,咸不聊生。又发召兵士,皆须锁械,不尔便即逃散。其王侯贵人,奢淫无度;弟兄子侄,侍妾或及千数,至乃回相赠遗。其风俗颓丧,纲维不举若此。衍自以持戒,乃至祭其祖祢,不设牢牲。时人皆窃云,虽僭司王者,然其宗庙实不血食矣。衍未败前,灾其同泰寺,衍祖父墓前石麟一旦亡失,识者咸知其将灭也。景又立衍子纲,寻复杀之。衍之亲属并见屠害矣。

史臣曰:二萧竟涂泥之中,同蜗角之战,或年才三纪,或身不获终,而偷名江徼,自拟王者,考之遂古,所未前闻。昔句践致贡而延世,夫差争长而后死,两寇方之吴越,不乃劣乎?

魏书卷九九
列传第八七

私署凉州牧张寔
鲜卑乞伏国仁
鲜卑秃发乌孤
私署凉王李皓
卢水胡沮渠蒙逊

张寔,字安逊,安定乌氏人。父轨,字士彦,散骑常侍。以晋室多难,阴图保据河西,求为凉州,乃除持节、护羌校尉、凉州刺史。桓帝西略也,轨遣使供其方物,晋加号安西将军,封安乐乡侯,邑一千户。永嘉五年,晋以轨为镇西将军、都督陇右诸军事,封霸城侯。寻进车骑大将军、开府仪同三司。愍帝即位,进拜司空,封西平公,邑三千户。后拜侍中、太尉、凉州牧。轨年老多疾,拜寔抚军大将军、副凉州刺史。未几,轨风病积年,二子代行州事,闭绝音问,莫能知者。轨颇识天文,每州内有贼,舆疾仰观曰:"无能为害。"终如其言。

寔代统任,愍帝拜为使持节、都督凉州诸军事、西中郎将、凉州刺史、领护羌校尉、西平公。刘曜陷长安,寔自称侍中、司空、大都督、凉州牧,承制行事。于时天下丧乱,秦雍之民死者十八九,唯凉州独全。寔自恃众强,转为骄恣。平文皇帝四年,寔为左右阎沙等所杀。先是,谣曰:"蛇利炮,蛇利炮,公头坠地而不觉。"寔所住室梁间,有人象而无头,久之乃灭。实恶之,未几见杀。实弟茂统任。

茂,字成逊,私署使持节、都督凉州诸军事、平西将军、护羌校尉、凉州牧、西平公。诛阎沙等百余人。遣使朝贡。茂妻弟贾模兄弟谋害茂,茂杀之。刘曜上陇,茂惧而降,曜以为太师、凉王。茂卒,无子,实子骏统任。

骏,字公庭。自称使持节、大将军、护羌校尉、凉州牧、西平公。遣使朝贡。

炀帝时,陇西人辛晏以枹罕降之,骏遂有河南之地,至于狄道,与石勒分境。骏筑南城,起谦光殿于其中,穷珍极巧。又四面各起一殿,东曰宜阳青殿,南曰朱阳赤殿,西曰正德白殿,北曰玄武黑殿,服章器物皆依色随四时居之,其旁有直省寺署,一依方色。其奢僭如此,民以劳怨。

骏议治石田,参军索孚谏曰:“凡为治者,动不逆天机,作不破地德。昔后稷之播百谷,不垦磐石;禹决江河,不逆流势。今欲徙石为田,运土殖谷,计所损用,亩盈百石所收不过三石而已,窃所未安。”骏怒,出孚为伊吾都尉。有石陨于破胡,燋而碎,声如击鼓,闻七百里。其处气上黑如烟,烟首加赤飙。骏少而淫佚,常夜出微行,奸乱邑里,少年皆化之。性又贪婪,有图秦、陇意。以谷帛付民,岁收倍利,利不充者,簿卖田宅。

分武威、武兴、西平、张掖、酒泉、建康、西海、西郡、湟河、晋兴、广武十一郡为凉州,以长子重华为刺史;金兴、晋城、武始、南安、永晋、大夏、武城、汉中八郡为河州,以其宁戎校尉张瓘为刺史;敦煌、晋昌、高昌、西域都护、戊己校尉、玉门大护军。三郡三营为沙州,以西胡校尉杨宣为刺史。骏私署大都督、大将军、假凉王、督摄三州。始制诸祭酒、郎中、大夫、舍人、谒者之官,官号皆拟天朝,而微辨其名。舞六佾,建豹尾,车服旌旗一如王者。轨保凉州,阴澹之力。骏以阴氏门宗强盛,忌之,乃逼澹弟鉴令自杀,由是大失人情。骏既病,见鉴为崇,遂死,时建国九年也。子重华统任。

重华,字太林。私署使持节、大都督、太尉公、护羌校尉、凉州牧、西平公、假凉王。石虎遣麻秋率众渡河,城于长最,凉州震动。司马张耽荐主簿谢艾于重华,重华任之。艾击斩秋将綦毋安等,俘斩万五千人。重华遣使朝贡,自署丞相、凉王、领秦雍凉三州牧。重华死,子曜灵统任。

曜灵,年十岁,自称大司马、凉州牧,以重华兄祚为抚军将军辅政。祚先蒸重华母马氏,密说马氏以曜灵幼弱,须立长君,马从之,遂废曜灵而立祚。曜灵寻为祚所杀。

祚,字太伯。既统任,自称大将军、凉州牧、凉公。专为奸虐,骏及重华子女未嫁者皆淫之,凉州人士咸赋《墙茨》。初,重华末年,有螽斯虫集安昌门外,缘壁逆行。都尉常据谏曰:“螽斯是祚小字,今乃逆行,灾之大者,愿出之。”重华曰:“子孙繁昌之征,何为灾也?吾昨梦祚摄位,方委以周公之事,辅翼世子。”而祚终杀曜灵焉。

自署凉王,立宗庙,置百官,号和平元年。遣使朝贡。又追加轨以下王号。滥杀谢艾于酒泉。郎中丁琪谏祚僭窃,祚斩琪于阙下。废诸神祀,山川枯竭。置五都尉,司人奸过。禁四品以下不得衣缯帛,庶人不得畜奴婢、乘车马,百姓怨愤。有光状如车盖,声如雷,震动城邑。仲夏降霜。有神降自称“玄冥”,与人交语,祚日夜祈之,神言与其福利,祚信焉。众知祚必败,而祚暴虐弥甚。

明年,祚河州刺史张瓘起兵讨祚,骁骑将军宋混率众应瓘。混进攻姑臧,祚遣侍中索孚伐瓘。有王鸾者,云“师出必败”,并陈祚三不道,祚以妖言惑众斩之,鸾临刑曰:“我死之后,军败于外,王死于内。”祚族之。宋混至姑臧,领军赵长等开宫门应之。入殿,称万岁,祚以长等破混也,出劳之。长以槊刺祚中额,祚奔入,为厨士徐黑所杀,暴尸道左。城内咸称万岁。瓘等立重华少子玄靖统任。

玄靖,字元安。自署使持节、大都督、大将军、凉王。以瓘为尚书令、凉州牧秉政,宋混为尚书仆射。

瓘性猜恶，赏罚皆以爱憎，无复纲纪。郎中殷郇陈损益，谏瓘，瓘曰："虎生三日能食肉，不须人教。"由是莫有言者。瓘与玄靖参乘出城，城北大桥三梁俱折。瓘恶之，乃日日散钱帛，树私惠。而都街杀人，朝朝不绝；思为乱者，十室而九。东苑大冢上忽有池水，城东大泽，地忽火燃，广数里。乃杀宿嫌牛旋等，以应水火之变。瓘谋诛诸宋，废玄靖自立。先是，太白守舆鬼，占者以为州分，当有暴兵，故瓘欲厌之。于是宋混率众诛瓘，瓘先杀妻子三十口，乃自杀。

玄靖以混为骠骑大将军、尚书令。混病死，弟玄安代辅政。以旱祈带石山，玄安欲登之，弟名犯世宗讳，曰："世人云登此山者，破家身亡。"玄安曰："安有此也！"策马登之，马倒伤足。御史房屋柱自燃燋折，或曰："柱之为字也，左木右主，'宋'字含木，木燋，宋破而主存，灾之大也，宜防之。"又所乘马五匹，一夜中髦尾秃，人曰："尾之为字也，尸下毛，毛去尸，绝灭之徵。"玄安曰："吉凶在天，知可如何？"未几，玄安司马张邕起兵杀玄安，尽诛宋氏。

先是，谣曰："灭宋者，田土子。"邕，一名野。邕刑杀过差，内外复思为乱。骏少子天锡因民心起兵杀邕，以冠军大将军辅政。玄靖庶母郭氏以天锡擅权，与张氏疏宗谋诛之，事发，天锡杀玄靖而自立。

天锡，字纯嘏，一名公纯。私署使持节、大都督、大将军、护羌校尉、凉州牧、凉王。有火燃于泥中。天锡骄恣淫昏，不恤民务，元日与嬖人亵饮。既□□。群臣朝贺，又不省其母。从事中郎张虑舆榇切谏，且求大觐，天锡不纳。昭成末，苻坚遣将苟苌伐凉州，破之，天锡降于苌。初，骏时谣曰："刘新妇簸米，石新妇炊羖羝荡涤，簸张儿，张儿食之口正披。"是时，姑臧及诸郡国童儿皆歌之，谓刘曜、石虎并伐凉州不克，至坚而降之也。天锡至长安，坚拜为尚书。坚败于寿春，天锡奔建康。

鲜卑乞伏国仁，出于陇西，其先如弗自漠北南出。五代祖佑邻并兼诸部，部众渐盛。父司繁，拥部落降于苻坚，以为南单于，又拜镇西将军,镇勇士川。司繁死,国仁代统任。苻坚之伐司马昌明,以国仁为前将军、领骑先锋。及坚之败,国仁叔步颓叛于陇右,坚令国仁讨之,步颓大悦,迎而推之,招集部落,众十余万。太祖时,私署都督、大将军、大单于,秦州、河州牧,号年建义,署置官属,分部内为十一郡,筑勇士城以都之。国仁死。

弟乾归统事,自署大都督、大将军、大单于、河南王,改年为太初,署百官。登国中,迁于金城。南门自坏,乾归恶之,迁于苑川。寻为姚兴所破,又奔枹罕,遂降姚兴。兴拜为河州刺史,封归义侯。寻还苑川。乾归乃背姚兴,私称秦王,置百官,年号更始。遣使请援,太宗许之。后乾归田于五溪,枭集其手,寻为兄子公府所杀。子炽磐杀公府,代统位。

炽磐自称大将军、河南王,改年为永康。后袭秃发傉檀于乐都,灭之,乃私署秦正,置百官,改年为建洪。后遣其尚书郎莫胡、积射将军乞伏又寅等贡黄金二百斤,请伐赫连昌,世祖许之。及世祖平统万,炽磐乃遣其叔平远将军泥头、弟安远将军度质于京师,又使其中书侍郎王恺、丞相从事中郎乌讷阗奉表贡其方物。炽磐死,子暮末统任。

暮末,字安石跋。既立,改年为永洪。其尚书陇西辛进曾随炽磐游于后园,进弹鸟丸,误伤暮末母面,至是杀进五族二十七人。暮末弟殊罗蒸炽磐左夫人秃发氏,暮末知而禁之。殊罗惧,与叔父什寅谋杀暮末。秃发氏盗门钥于内,钥误,门者告暮末,收其党与尽杀之。欲鞭什寅,什寅曰:"我负汝死,不负汝鞭。"暮末怒,刳其腹,投尸于河。什寅母弟白养及去列颇有怨言,又杀之。政刑酷滥,内外崩离,部民多叛,人思乱矣。后为赫连定所逼,遣王恺、乌讷阗请迎于世祖,世祖许以安定以西、平凉以东封之。暮末乃焚城邑,毁宝器,率户万五千至高田谷,为赫连定所拒,遂保南安。世祖遣使迎之,暮末卫将军吉毗固谏,以为不宜内徙,暮末从之。赫连定遣其北平公韦伐率众一万攻南安,城内大饥,人相食。神䴥四年,暮末及宗族五百余人出降,送于上邽。

鲜卑秃发乌孤，八世祖匹孤自塞北迁于河西。其地东至麦田、牵屯，西至湿罗，南至浇河，北接大漠。匹孤死，子寿阗统任。初，母孕寿阗，因寝产于被中，乃名秃发，其俗为被覆之义。五世祖树机能，壮果多谋略，晋泰始中，杀秦州刺史胡烈于万斛堆，败凉州刺史苏愉于金山。咸宁中，又斩凉州刺史杨欣于丹岭，尽有凉州之地。后为部民没骨所杀，从弟务丸统任。务丸曾孙思复犍，部众稍盛，即乌孤父也。思复犍死，乌孤统任。

皇始初，吕光拜乌孤益州牧、左贤王。乌孤私署大都督、大将军、大单于、西平王，年号太初。天兴初，乌孤又称武威王，徙治乐都，置车骑将军已下，分立郡县。乌孤因酒走马，马倒伤胁，笑曰："几为吕光父子所喜。"既而遂死。

弟凉州牧、西平公利鹿孤统任，徙治西平，改年建和。使使朝贡。遣弟车骑将军傉檀拒吕纂，纂士马精锐，军人大惧，傉檀下马据胡床，以安众情。乃贯甲交战，破纂军二千余级。利鹿孤私署百官，自丞相以下。利鹿孤死。

傉檀统任，私署凉王。还居乐都，年号洪昌。遣使朝贡。

天赐中，傉檀诈降姚兴，兴以傉檀为凉州刺史，遂据姑臧。与沮渠蒙逊战于均石，为蒙逊所败。傉檀又为赫连屈丐所破于阳武，以数千骑奔南山，几为追骑所得。惧东西寇至，乃徙三百里内民于姑臧。姚兴乘衅遣将姚弼等至于城下，傉檀驱牛羊于野，弼众采掠，傉檀因分击大破之，弼乃退还。傉檀又自署凉王，署百官，改号嘉平。永兴中，尽众伐沮渠蒙逊，为蒙逊所败于穷泉，单马归姑臧。惧蒙逊所灭，乃迁于乐都。蒙逊以兵围之，筑室反耕，为持久之计。傉檀以子保周为质于蒙逊，蒙逊乃还。神瑞初，傉檀率骑击乙弗房，大有擒获，而乞伏炽磐乘虚袭乐都克之，执傉檀子虎台以下。傉檀闻之曰："若归炽磐，便为奴仆，岂忍见妻子在他怀中也。"引众而西，众皆离散。傉檀曰："蒙逊、炽磐昔皆委质于吾，今而归之，不亦鄙哉！四海之广，无所容身，何其痛乎！"既乃叹曰："吾老矣，宁见妻子而死。"

遂降炽磐，炽磐待以上宾之礼，用为骠骑大将军，封左南公。岁余，鸩杀之。傉檀少子贺，后来奔，自有《传》。

李暠，字玄盛，小字长生，陇西狄道人也，汉前将军广之后。曾祖柔，晋相国从事中郎、北地太守。祖弇，张祚武卫将军。父昶，早卒。暠，遗腹子也。皇始中，吕光建康太守段业自称凉州牧，以敦煌太守孟敏为沙州刺史，暠为效谷令。敏死，敦煌护军郭谦等推暠为宁朔将军、敦煌太守。业私称凉王，暠诈臣于业。业以暠为镇西将军。天兴中，暠私署大都督、大将军、护羌校尉、秦凉二州牧、凉公，年号庚子，居敦煌，遣使朝贡。天赐中，改年建初，迁于酒泉，岁修职贡。暠死，子歆统任。

歆，字士业，自称大都督、大将军、护羌校尉、凉州牧、凉公，号年嘉兴元年。大破沮渠蒙逊于解支涧，获七千余级。遣使朝贡。歆闻蒙逊南伐乞伏，乃起兵攻张掖。其母尹氏谓歆曰："汝新造之国，地狭民希，蒙逊骁武，汝非其敌。吾观其数年以来，经谋规略，有兼并之志，且天时人事，似欲归之。度德量力，《春秋》之义。先王遗令'深慎兵战，保境宁民，俟时而动'言犹在耳，奈何忘之！汝必行也，非唯师败，国亦亡矣。"歆不从，遂率步骑三万东伐，次于都渎涧。蒙逊自浩亹拒歆，战于怀城，为蒙逊所败。左右劝歆还酒泉，歆曰："吾违太后明敕，远取败辱，不杀此胡，复何面目见吾母也！"勒众复战，败于蓼泉，为蒙逊所杀，蒙逊遂克酒泉。歆之未败，有一大蛇从南门而入，至歆恭德殿前，有双雉飞出。宫内通街大树上有乌鹊争巢，鹊为乌所杀。敦煌父老令狐炽梦一白头公帢衣，而谓曰："南风动，吹长木。胡桐椎，不中轂。"言讫忽然不见。歆小字桐椎，至是而亡。

歆弟敦煌太守恂复自立于敦煌，称冠军将军、凉州刺史。蒙逊攻恂于敦煌，三面起堤，以水灌城。恂请降，不许。城陷，恂自杀。蒙逊克敦煌。恂兄翻子宝后入国，自有《传》。

胡沮渠蒙逊，本出临松卢水，其先为匈奴左沮渠，遂以官为氏。

蒙逊滑稽有权变,颇晓天文,为诸胡所归。吕光杀其伯父西平太守罗仇,蒙逊聚众万余,屯于金山,与从兄晋昌太守男成共推建康太守段业为使持节、大都督、龙骧大将军、凉州牧、建康公,称神玺元年。业以蒙逊为张掖太守,封临池侯,男成为辅国将军,委以军国之任。业自称凉王,以蒙逊为尚书左丞。忌蒙逊威名,微疏远之。天兴四年,蒙逊内不自安,谓为安西太守。蒙逊欲激怒其众,乃密诬告男成叛逆,业杀之。蒙逊泣告众,陈欲复仇之意。男成素有恩信,众情怨愤,泣而从之。蒙逊因举兵攻杀业,私署使持节、大都督、大将军、凉州牧、张掖公,号年永安,居张掖。永兴中,蒙逊克姑臧,迁居之。改号玄始元年,自称河西王,置百官丞郎以下,频遣使朝贡。蒙逊寝于新台,阉人王怀祖斫蒙逊伤足,蒙逊妻孟氏擒怀祖斩之。蒙逊闻刘裕灭姚泓,怒甚,有校书郎言事于蒙逊,蒙逊曰:"汝闻刘裕入关,敢妍妍然也!"遂杀之。其峻暴如此。太常中,蒙逊克李歆,寻灭敦煌。后改年承玄。神䴥中,遣尚书郎宗舒、左常侍高猛朝贡,上表曰:

伏惟陛下天纵睿圣,德超百王,陶育齐于二仪,洪基隆于三代。然钟运多难,九服纷扰,神旗暂拥,车书未同。上灵降祐,祚归有道,纯风一鼓,殊方革面。群生幸甚,率土齐欣。臣诚弱才,效无可录,幸遇重光,思竭力命。自欣投老,得睹盛化,冀终余年,凭倚皇极。前后奉表,贡使相望,去者杳然,寂无旋返。未审津涂寇险,竟不仰达,为天朝高远,未蒙齿录?屏营战灼,无地自措。往年侍郎郭祇等还,奉被诏书,三接之恩始隆,万里之心有赖。今极难之余,开泰唯始,诱劝既加,引纳弥笃。老臣见存,遐外无弃,仰荷恺悌之仁,俯蹈康哉之咏。然商胡后至,奉公卿书,援引历数安危之机,厉以窭融知命之美。顾惟情愿,实深悚惕。何者?臣不自揆,远托大荫,庶微诚上宣,天鉴下降。若万国来庭,百辟陛贺,高蹈先至之端,独步知机之首。但世难尚殷,情愿未遂,章表频修,滞怀不畅,许身于国,款诚莫表。致惑群后,贻虑公卿,辞旨纷纭,抑引重沓,不在同奖之例,未达拱辰之心。延首一隅,低回四极。臣历观符瑞,候察天时,未有过于皇魏,逾于陛下。加以灵启圣姿,幼登天位,美咏侔于成康,道化逾于文景。方将振神纲以掩六合,洒玄泽以润八荒。况在秦陇荼炭之余,直是老臣尽效之会。

后蒙逊遣子安周内侍,世祖遣兼太常李顺持节拜蒙逊为假节,加侍中,都督凉州、西域羌戎诸军事,太傅,行征西大将军,凉州牧,凉王,册曰:

昔我皇祖胄自黄轩,总御群才,摄服戎夏,叠曜重光,不殒其旧。逮于太祖,应期协运,大业唯新,奄有区宇,受命作魏。降及太宗,广辟崇基,政和民阜。朕承天绪,思廓宇县。然时运或否,氛雾四张,赫连跋扈于关西,大檀陆梁于漠北,戎夷负阻,江淮未宾,是用自东徂西,戎轩屡驾。赖宗庙灵长,将士宣力,克翦凶渠,震服强狁,四方渐泰,表里无尘。王先识机运,经略深远,与朕协同,厥功洪茂。当今运钟时季,僭逆凭陵,有土者莫不跨峙一隅,有民者莫不荣其私号,不遵众星拱极之道,不慕细流归海之义。而王深悟大体,率由典章,任土贡珍,爱子入侍。勋义著焉,道业存焉。惟王乃祖乃父有土有民,论功德则无二于当时,言氏族则始因于世爵。古先帝王褒贤赏德,莫不胙土分民,建为藩辅。是以周成命太公以表东海,襄王锡晋文大启南阳。是用割凉州之武威、张掖、敦煌、酒泉、西海、金城、西平七郡封王为凉王。受兹素土,苴以白茅,用建冢社,为魏室藩辅,盛衰存亡,与魏升降。夫功高则爵尊,德厚则任重。又加命王入赞百揆,谋谟帏幄,出征不怀,登摄候伯。其以太傅行征西大将军,仗钺秉旄,鹰扬河右,远祛王略,怀柔荒隅,北尽于穷发,南极于庸岷,西被于昆领,东至于河曲,王实征之,以夹辅皇室。又命王建国,署将相群卿百官,承制假授,除文官刺史以还、武官抚军以下,建天子旌旗,出入警跸如汉初诸侯王故事。钦哉惟时,往践乃职,祗服朕命,协亮天工,俾九德咸事,无忝庶官,用终尔显德,对扬我皇祖之休烈。

崔浩之辞也。

蒙逊又改称义和元年。延和二年四月，蒙逊死，遣使监护丧事，谥曰武宣王。蒙逊性淫忌，忍于刑戮，闺庭之中，略无风礼。

第三子牧犍统任，自称河西王，遣使请朝命。

先是，世祖遣李顺迎蒙逊女为夫人，会蒙逊死，牧犍受蒙逊遗意，送妹于京师，拜右昭仪。改称承和元年。世祖又遣李顺拜牧犍使持节、侍中、都督凉沙河三州西域羌戎诸军事、车骑将军、开府仪同三司、领护西戎校尉、凉州刺史、河西王。牧犍以无功授赏，乃留顺，上表乞安、平一号，忧诏不许。牧犍尚世祖妹武威公主，遣其相宋繇表谢，献马五百匹、黄金五百斤。繇又表请公主及牧犍母妃后定号。朝议谓：礼，母以子贵，妻从夫爵，牧犍母宜称河西国太后，公主于其国内可称王后，于京师则称公主，诏从之。牧犍遣其将军沮渠旁周朝京师，世祖遣侍中古弼、尚书李顺赐其侍臣衣服有差，并徵世子封坛入侍。牧犍乃遣封坛朝于京师。

太延五年，世祖遣尚书贺多罗使凉州，且观虚实。以牧犍虽称蕃致贡，而内多乖悖，于是亲征之。诏公卿为书让之曰：

王外从正朔，内不舍僭，罪一也；民籍地图，不登公府，任土作贡，不入司农，罪二也；既荷王爵，又受伪官，取两端之荣，邀不二之宠，罪三也；知朝廷志在怀远，固违圣略，切税商胡，以断行旅，罪四也；扬言西戎，高自骄大，罪五也；坐自封殖，不欲入朝，罪六也；北托叛虏，南引仇池，凭援谷军，提挈为奸，罪七也；承救过限，辍假征、镇，罪八也；欣敌之全，幸我之败，侮慢王人，供不以礼，罪九也；既婚帝室，宠逾功旧，方恣欲情，蒸淫其嫂，罪十也；既违伉俪之体，不笃婚姻之义，公行酖毒，规害公主，罪十一也；备防王人，候守关要，有如寇仇，罪十二也。这为臣如是，其可怒乎！先令后诛，王者之典也。若亲率群臣，委贽郊迎，谒拜马首，上策也；六军即临，面缚舆榇，又其次也；如其守迷穷城，不时悛悟，身死族灭，为世大戮。宜思厥中，自求多福也。

官军济河，牧犍曰："何故尔也！"用其左丞姚定国计，不肯出迎，求救于蠕蠕；又遣弟董来率兵万余人拒官军于城南，战退。车驾至姑臧，遣使喻牧犍令出。牧犍闻蠕蠕内侵于善无，幸车驾返楅，遂婴城自守。牧犍兄子祖逾城出降，具知其情，世祖乃引诸军进攻。牧犍兄子万年率麾下又来降。城拔，牧犍与左右文武面缚请罪，诏释其缚。徙凉州民三万余家于京师。

初，太延中，有一父老投书于敦煌城东门，忽然不见，其书一纸八字，文曰："凉王三十年，若七年。"又于震电之所得石，丹书曰："河西、河西三十年，破带石，乐七年。"带石，山名，在姑臧南山祀傍，泥陷不通。牧犍征南大将军董来曰："祀岂有知乎！"遂毁祀伐木，通道而行。牧犍立，果七年而灭，如其言。牧犍淫嫂李氏，兄弟三人传嬖之。李与牧犍姊共毒公主，上遣解毒医乘传救公主，得愈。上徵李氏，牧犍不遣，厚送居于酒泉，上大怒。既克，犹以妹婿待之。其母死，以王太妃礼葬焉。又为蒙逊置守墓三十家。改授牧犍征西大将军、王如故。

初，官军未入之间，牧犍使人斫开府库，取金银珠玉及珍奇器物，不更封闭。小民因之入盗，巨细荡尽，有司求贼不得。真君八年，其所亲人及守藏者告之，上乃穷竟其事，搜其家中，悉得所藏器物。又告牧犍父子多畜毒药，前后隐窃杀人乃有百数。姊妹皆为左道，朋行淫佚，曾无愧颜。始罽宾沙门曰昙无谶，东入鄯善，自云能使鬼治病，令妇人多子，与鄯善王妹曼头陁林私通。发觉，亡奔凉州。蒙逊宠之，号曰"圣人"。昙无谶以男女交接之术教授妇人，蒙逊诸女、子妇皆往受法。世祖闻诸行人，言昙无谶之术，乃召昙无谶。蒙逊不遣，遂发露其事，拷讯杀之。至此，帝知之，于是赐昭仪沮渠氏死，诛其宗族，唯万年及祖以前先降得免。

是年，人又告牧犍犹与故臣民交通谋反，诏司徒崔浩就公主第赐牧犍死。牧犍与主诀，良久乃自裁，葬以王礼，谥曰哀王。及公主薨，诏与牧犍合葬。公主无男，有女以国甥亲宠，得袭母爵为武威公主。

蒙逊子秉，字季义。世祖以其父故，拜东雍州刺史。险诐多端，真君中，遂与河东蜀薛安都谋逆。至京师，付其兄弟，扼而杀之。

万年、祖并以先降，万年拜安西将军、张掖王，祖为广武公。万年后为冀、定二州刺史，复坐谋逆，与祖俱死。

初，牧犍之败也，弟乐都太守安周南奔吐谷浑，世祖遣镇南将军奚眷讨之。牧犍弟酒泉太守无讳奔晋昌，乃使弋阳公元絜守酒泉。真君初，无讳围酒泉，絜轻之，出城与语，为无讳所执。絜所部相率固守，无讳仍围之，粮尽，为无讳所陷。无讳又围张掖，不能克，退保临松，遂还。世祖下诏喻之。时永昌王健镇凉州，无讳使其中尉梁伟诣健，求奉酒泉，又送絜及统帅兵士于健军。

二年春，世祖遣兼鸿胪持节策拜无讳为征西大将军、凉州牧、酒泉王。寻以无讳复规叛逆，复遣镇南将军、南阳公奚眷讨酒泉，克之。无讳遂谋渡流沙，遣安周西击鄯善。鄯善王恐惧，欲降，会魏使者劝令拒守。安周遂与连战，不能克，退保东城。三年春，鄯善王比龙西奔且末，其世子乃从安周，鄯善大乱。无讳遂渡流沙，士卒渴死者太半，仍据鄯善。

先是，高昌太守阚爽为李宝舅唐契所攻，闻无讳至鄯善，遣使诈降，欲令无讳与唐契相击。无讳留安周住鄯善，从焉耆东北趣高昌。会蠕蠕杀唐契，爽拒无讳。无讳将卫兴奴诈诱爽，遂屠其城，爽奔蠕蠕。无讳因留高昌。五年夏，无讳病死，安周代立。后为蠕蠕国所并。

史臣曰：周德之衰，七雄竞踌，咸分割神州，睥睨尊极。至是，张实等介在人外，地实戎墟，大争鸱张，潜怀不逊，其不知量固为甚矣。蛇虺相噬，终为擒灭，宜哉！

魏书卷一○○
列传第八八

高句丽　百济　勿吉　失韦
豆莫娄　地豆于　库莫奚
契丹　乌洛侯

　　高句丽者,出于夫余,自言先祖朱蒙。朱蒙母河伯女,为夫余王闭于室中,为日所照,引身避之,日影又逐,既而有孕,生一卵,大如五升。夫余王弃之与犬,犬不食;弃之与豕,豕又不食;弃之于路,牛马避之;后弃之野,众鸟以毛茹之。夫余王割剖之,不能破,遂还其母。其母以物裹之,置于暖处,有一男破壳而出。及其长也,字之曰朱蒙,其俗言"朱蒙"者,善射也。

　　夫余人以朱蒙非人所生,将有异志,请除之,王不听,命之养马。朱蒙每私试,知有善恶,骏者减食令瘦,驽者善养令肥。夫余王以肥者自乘,以瘦者给朱蒙。后狩于田,以朱蒙善射,限之一矢。朱蒙虽矢少,殪兽甚多。夫余之臣又谋杀之,朱蒙母阴知,告朱蒙曰:"国将害汝,以汝才略,宜远适四方。"朱蒙乃与乌引、乌违等二人弃夫余,东南走。中道遇一大水,欲济无梁,夫余人追之甚急。朱蒙告水曰:"我是日子,河伯外孙,今日逃走,追兵垂及,如何得济?"于是鱼鳖并浮,为之成桥,朱蒙得渡,鱼鳖乃解,追骑不得渡。朱蒙遂至普述水,遇见三人,其一人著麻衣,一人著纳衣,一人著水藻衣,与朱蒙至纥升骨城,遂居焉,号曰高句丽,因以为氏焉。

　　初，朱蒙在夫余时，妻怀孕，朱蒙逃后生一子，字始闾谐。及长，知朱蒙为国主，即与母亡而归之，名之曰闾达，委之国事。朱蒙死，闾达代立。闾达死，子如栗代立。如栗死，子莫来代立，乃征夫余，夫余大败，遂统属焉。莫来子孙相传，至裔孙宫，生而开目能视，国人恶之。及长凶虐，国以残破。宫曾孙位宫亦生而视，人以其似曾祖宫，故名为位宫，高句丽呼相似为"位"。

　　位宫亦有勇力，便弓马。魏正始中，入寇辽西安平，为幽州刺史毋丘俭所破。其玄孙乙弗利，利子钊，烈帝时与慕容氏相攻击。建国四年，慕容元真率众伐之，入自南陕，战于木底，大破钊军，乘胜长驱，遂入丸都，钊单马奔窜。元真掘钊父墓，载其尸，并掠其母妻、珍宝、男女五万余口，焚其宫室，毁丸都城而还。自后钊遣使来朝，阻隔寇仇，不能自达。钊后为百济所杀。

　　世祖时，钊曾孙琏始遣使者安东奉表贡方物，并请国讳。世祖嘉其诚款，诏下帝系名讳于其国，遣员外散骑侍郎李敖拜琏为都督辽海诸军事、征东将军、领护东夷中郎将、辽东郡开国公、高句丽王。敖至其所居平壤城，访其方事，云：辽东南一千余里，东至栅城南至小海，北至旧夫余，民户参倍于前。魏时，其地东西二千里，南北一千余里。民皆土著，随山谷而居，衣布帛及皮，土田薄瘠，蚕农不足以自供，故其人节饮食。其俗淫，好歌舞，夜则男女群聚而戏，无贵贱之节，然洁净自喜。其王好治宫室，其官名有谒奢、太奢、大兄、小兄之号。头著折风，其形如弁，旁插鸟羽，贵贱有差。立则反拱，跪拜曳一脚，行步如走。常以十月祭天，国中大会。其公会，衣服皆锦绣，金银以为饰，好蹲踞。食用俎凡。出三尺马，云本朱蒙所乘，马种即果下也。后贡使相寻，岁致黄金二百斤，白银四百斤。

　　时冯文通率众奔之，世祖遣散骑常侍封拨诏琏令送文通，琏上书，称当与文通俱奉王化，竟不送。世祖怒，欲往讨之，乐平王丕等议待后举，世祖乃止，而文通亦寻为琏所杀。后文明太后以显祖六宫未备，敕琏令荐其女。琏奉表，云女已出嫁，求以弟女应旨，朝廷许焉，乃遣安乐王真、尚书李敷等至境送币。琏惑其左右之说，云朝廷昔与冯氏婚姻，未几而灭其国，殷鉴不远，宜以方便辞之。琏遂上书妄称女死。朝廷疑其矫诈，又遣假散骑常侍程骏切责之，若女审死者，听更选宗淑。琏云："若天子恕其前愆，谨当奉诏。"会显祖崩，乃止。

至高祖时，琏贡献倍前，其报赐亦稍加焉。时光州于海中得琏所遣诣萧道成使余□□□阙，高祖诏责琏曰："道成亲杀其君，窃号江左，朕方欲兴灭国于旧邦，继绝世于刘氏，而卿越境外交，远通篡贼，岂是藩臣守节之义？今不以一过掩卿旧款，即送还藩，其感恕思愆，只承明宪，辑宁所部，动静以闻。"

太和十五年，琏死，年百余岁。高祖举哀于东郊，遣谒者仆射李安上策赠车骑大将军、太傅、辽东郡开国公、高句丽王，谥曰康。又遣大鸿胪拜琏孙云使持节、都督辽海诸军事、征东将军、领护东夷中郎将、辽东郡开国公、高句丽王，赐衣冠服物车旗之饰；又诏云遣世子入朝，令及郊丘之礼。云上书辞疾，惟遣其从叔升于随使诣阙，严责之。自此岁常贡献。

正始中，世祖于东堂引见其使芮悉弗，悉弗进曰："高丽系诚天极，累叶纯诚，地产土毛，无愆王贡。但黄金出自夫余，珂则涉罗所产。今夫余为勿吉所逐，涉罗为百济所并，国王臣云惟继绝之义，悉迁于境内。二品所以不登王府，实两贼是为。"世宗曰："高丽世荷上将，专制海外，九夷黠虏，实得征之。瓶罄罍耻，谁之咎也？昔方贡之愆，责在连率。卿宜宣朕旨于卿主，务尽威怀之略，揃披害群，辑宁东裔，使二邑还复旧墟，土毛无失常贡也。"

神龟中，云死，灵太后为举哀于东堂，遣使策赠车骑大将军、领护东夷校尉、辽东郡开国公、高句丽王，又拜其世子安为安东将军、领护东夷校尉、辽东郡开国公、高句丽王。正光初，光州又于海中执得萧衍所授安宁东将军衣冠剑佩，及使人江法盛等，送于京师。安死，子延立。出帝初，诏加延使持节、散骑常侍、车骑大将军、领护东夷校尉、辽东郡开国公、高句丽王，赐衣冠服物车旗之饰。天平中，诏加延侍中、骠骑大将军，余悉如故。延死，子成立。讫于武定末，其贡使无岁不至。

百济国，其先出自夫余。其国北去高句丽千余里，处小海之南。其民土著，地多下湿，率皆山居。有五谷，其衣服饮食，与高句丽同。延兴二年，其王余庆始遣使上表曰："臣建国东极，豺狼隔路，虽世承灵化，莫由奉藩，瞻望云阙，驰情罔极。凉风微应，伏惟皇帝陛下协和天休，不胜系仰之情。谨遣私署冠军将军、驸马都尉弗斯侯、长史余礼，龙骧将军、带方太守、司马张茂等，投舫波阻，搜径玄津，托命自然之运，遣进万一之诚。冀神只垂感，皇灵洪覆，克达天庭，宣畅臣志，虽旦闻夕没，永无余恨。"

又云："臣与高句丽源出夫余，先世之时，笃崇旧款。其祖钊轻废邻好，亲率士众，陵践臣境。臣祖须整旅电迈，应机驰击，矢石暂交，枭斩钊首。自尔已来，莫敢南顾。自冯氏数终，余烬奔窜，丑类渐盛，遂见陵逼，构怨连祸，三十余载，财殚力竭，转自孱踧。若天慈曲矜，远及无外，速遣一将来救臣国，当奉送鄙女，执扫后宫，并遣子弟，牧圉外厩。尺壤匹夫，不敢自有。"

又云："今琏有罪，国自鱼肉，大臣强族，戮杀无已，罪盈恶积，民庶崩离。是灭亡之期，假手之秋也。且冯族士马，有鸟畜之恋；乐浪诸郡，怀首丘之心。天威一举，有征无战。臣虽不敏，志效毕力，当率所统，承风响应。且高丽不义，逆诈非一，外慕隗嚣藩卑之辞，内怀凶祸豕突之行。或南通刘氏，或北约蠕蠕，共相唇齿，谋陵王略。昔唐尧至圣，致罚丹水；孟常称仁，不舍涂詈。涓流之水，宜早壅塞；今若不取，将贻后悔。去庚辰年后，臣西界小石山北国海中，见尸十余，并得衣器鞍勒，视之非高丽之物，后闻乃是王人来降臣国。长蛇隔路，以沉于海，虽未委当，深怀愤恚。昔宋戮申舟，楚庄徒跣；鹞撮放鸠，信陵不食。克敌建名，美隆无已。夫以区区偏鄙，犹慕万代之信，况陛下合气天地，势倾山海，岂令小竖，跨塞天达逵？今上所得鞍一，以为实验。"

显祖以其僻远，冒险朝献，礼遇优厚，遣使者邵安与其使俱还。

诏曰:"得表闻之,无恙甚善。卿在东隅,处五服之外,不远山海,归诚魏阙,欣嘉至意,用戢于怀。朕承万世之业,君临四海,统御群生。今宇内清一,八表归义,襁负而至者,不可称数。风俗之和,士马之盛,皆余礼等亲所闻见。卿与商丽不穆,屡致陵犯,苟能顺义,守之以仁,亦何忧于寇仇也。前所遣使,浮海以抚荒外之国,从来积年,往而不返,存亡达否,未能审悉。卿所送鞍,比校旧乘,非中国之物。不可以疑似之事,以生必然之过。经略权要,已具别旨。"

又诏曰:"知高丽阻疆,侵轶卿土,修先君之旧怨,弃息民之大德,兵交累载,难结荒边。使兼申胥之诚,国有楚越之急,乃应展义扶微,乘机电举。但以高丽称藩先朝,供职日久,于彼虽有自昔之衅,于国未有犯令之愆。卿使命始通,便求致伐,寻讨事会,理亦未周。故往年遣礼等至平壤,欲验其由状。然高丽奏请频烦,辞理俱诣,行人不能抑其请,司法无以成其责,故听其所启,诏礼等还。若今复违旨,则过咎益露,后虽自陈,无所逃罪,然后兴师讨之,于义为得。九夷之国,世居海外,道畅则奉藩,惠戢则保境,故羁縻著于前典,楛贡旷于岁时。卿备陈疆弱之形,具列往代之迹,俗殊事异,拟规乖衷,洪规大略,其致犹在。今中夏平一,宇内无虞,每欲陵威东极,悬旌域表,拯荒黎于偏方,舒皇风于远服。良由高丽即叙,未及卜征。今若不从诏旨,则卿之来谋,载协朕意,元戎启行,将不云远。便可豫率同兴,且以待事,时遣报使,速究彼情。师举之日,卿为乡导之首;大捷之后,又受元功之赏,不亦善乎!所献锦布海物,虽不悉达,明卿至心。今赐杂物如别。"又诏琏护送安等。

安等至高句丽,琏称昔与余庆有仇,不令东过,安等于是皆还。乃下诏切责之。五年,使安等从东莱浮海,赐余庆玺书,褒其诚节。安等至海滨,遇风飘荡,竟不达而还。

勿吉国,在高句丽北,旧肃慎国也。邑落各自有长,不相总一。其人劲悍,于东夷最强,言语独异。常轻豆莫娄等国,诸国亦患之。去洛五千里。自和龙北二百余里有善玉山,山北行十三日至祁黎山;又北行七日至如洛环水,水广里余;又北行十五日至太鲁水;又东北行十八日到其国。国有大水,阔三里余,名速末水。其地下湿,筑城穴居,屋形似冢,开口于上,以梯出入。其国无牛,有车马,佃则偶耕,车则步推。有粟及麦穄,菜则有葵。水气碱凝,盐生树上,亦有盐池。多猪无羊。嚼米酝酒,饮能至醉。妇人则布裙,男子猎犬皮裘。初婚之夕,男就女家,执女乳而罢,便以为定,仍为夫妇。俗以人溺洗手面,头插虎豹尾。善射猎,弓长三尺,箭长尺二寸,以石为镞。其父母春夏死,立埋之,冢上作屋,不令雨湿;若秋冬,以其尸捕貂,貂食其肉,多得之。常七八月造毒药,傅箭镞,射禽兽,中者便死。煮药毒气亦能杀人。国南有徒太山,魏言"大白",有虎豹黑狼害人,人不得山上溲污,行迳山者,皆以物盛。

去延兴中,遣使乙力支朝献。太和初,又贡马五百匹。乙力支称,初发其国,乘船溯难河西上,至太沵河,沉船于水,南出陆行,渡洛孤水,从契丹西界达和龙。自云其国先破高句丽十落,密共百济谋从水道并力取高句丽,遣乙力支奉使大国,请其可否。诏敕三国同是藩附,宜共和顺,勿相侵扰。乙力支乃还,从其来道,取得本船,泛达其国。九年,复遣使侯尼支朝献。明年,复入贡。

其傍有大莫卢国、覆钟国、莫多回国、库娄国、素和国、具弗伏国、匹黎尔国、拔大何国、郁羽陵国、库伏真国、鲁娄国、羽真侯国,前后各遣使朝献。太和十二年,勿吉复遣使贡楛矢方物于京师。十七年,又遣使人婆非等五百余人朝献。景明四年,复遣使俟力归等朝贡。自此迄于正光,贡使相寻。尔后,中国纷扰,颇或不至。兴和二年六月,遣使石久云等贡方物,至于武定不绝。

失韦国,在勿吉北千里,去洛六千里。路出和龙北千余里,入契丹国;又北行十日至啜水;又北行三日,有盖水;又北行三日,有犊了山,其山高大,周回三百余里;又北行三日,有大水名屈利;又北行三日,至刃水;又北行五日,到其国。有大水从北而来,广四里余,名榞水。国土下湿。语与库莫奚、契丹、豆莫娄国同。颇有粟麦及穄，唯食猪鱼，养牛马，俗又无羊。夏则城居，冬逐水草，亦多貂皮。丈夫索发。用角弓，其箭尤长。女妇束发，作叉手髻。其国少窃盗，盗一徵三，杀人者责马三百匹。男女悉衣白鹿皮襦裤。有曲酿酒。俗爱赤珠，为妇人饰，穿挂于颈，以多为贵，女不得此，乃至不嫁。父母死，男女众哭三年，尸则置于林树之上。

武定二年四月，始遣使张焉豆伐等献其方物。迄武定末，贡使相寻。

豆莫娄国，在勿吉国北千里，去洛六千里，旧北扶余也。在失韦之东，东至于海，方二千里。其人土著，有宫室仓库。多山陵广泽，于东夷之域，最为平敞。地宜五谷，不生五果。其人长大，性强勇，谨厚，不寇抄。其君长皆以六畜名官，邑落有豪帅。饮食亦用俎豆。有麻布衣，制类高丽，而幅大。其国大人，以金银饰之。用刑严急，杀人者死，没其家人为奴婢。俗淫，尤恶妒妇，妒者杀之，尸其国南山上至腐。女家欲得，输牛马乃与之，或言本秽貊之地也。

地豆于国，在失韦西千余里。多牛羊，出名马，皮为衣服。无五谷，惟食肉酪。延兴二年八月，遣使朝贡。至于太和六年，贡使不绝。十四年，频来犯塞，高祖诏征西大将军、阳平王颐击走之。自后时朝京师，迄武定末，贡使不绝。

库莫奚国之先，东部宇文之别种也。初为慕容元真所破，遗落者窜匿松漠之间。其民不洁净，而善射猎，好为寇钞。登国三年，太祖亲自出讨，至弱洛水南，大破之，获其四部落，马牛羊豕十余万。帝曰："此群狄诸种不识德义，互相侵盗，有犯王略，故往征之。且鼠窃狗盗，何足为患。今中州大乱，吾先平之，然后张其威怀，则无所不服矣。"既而车驾南还云中，怀服燕赵。十数年间，诸种与库莫奚亦皆滋盛。及开辽海，置戍和龙，诸夷震惧，各献方物。

高宗、显祖世，库莫奚岁致名马文皮。高祖初，遣使朝贡。太和四年，辄入塞内，辞以畏地豆于钞掠，诏书切责之。二十二年，入寇安州，营、燕、幽三州兵数千人击走之。后复款附，每求入塞，与民交易。世宗诏曰："库莫奚去太和二十一年以前，与安营二州边民参居，交易往来，并无疑贰。至二十二年叛逆以来，遂尔远窜。今虽款附，犹在塞表，每请入塞与民交易。若抑而不许，乖其归向之心；听而不虞，或有万一之警。不容依先任其交易，事宜限节，交市之日，州遣上佐监之。"自是已后，岁常朝献，至于武定末不绝。

契丹国，在库莫奚东，异种同类，俱窜于松漠之间。登国中，国军大破之，遂逃迸，与库莫奚分背。经数十年，稍滋蔓，有部落，于和龙之北数百里，多为寇盗。真君以来，求朝献，岁贡名马。显祖时，使莫弗纥何辰奉献，得班飨于诸国之末。归而相谓，言国家之美，心皆忻慕，于是东北群狄闻之，莫不思服。悉万丹部、何大何部、伏弗郁部、羽陵部、日连部、匹絜部、黎部、吐六于部等，各以其名马文皮入献天府，遂求为常。皆得交市于和龙、密云之间，贡献不绝。

太和三年，高句丽窃与蠕蠕谋，欲取地豆于以分之。契丹惧其侵轶，其莫弗贺勿于率其部落车三千乘、众万余口，驱徙杂畜，求入内附，止于白狼水东。自此岁常朝贡。后告饥，高祖矜之，听其入关市籴。及世宗、肃宗时，恒遣使贡方物。

熙平中，契丹使人祖真等三十人还，灵太后以其俗嫁娶之际，以青毡为上服，人给青毡两匹，赏其诚款之心，余依旧式。朝贡至齐受禅常不绝。

乌洛侯国，在地豆于之北，去代都四千五百余里。其土下湿，多雾气而寒，民冬则穿地为室，夏则随原阜畜牧。多豕，有谷麦。无大君长，部落莫弗皆世为之。其俗绳发，皮服，以珠为饰。民尚勇，不为奸窃，故慢藏野积而无寇盗。好猎射。乐有箜篌，木槽革面而施九弦。其国西北有完水，东北流合于难水，其地小水皆注于难，东入于海。又西北二十日，行有于巳尼大水，所谓北海也。世祖真君四年来朝，称其国西北有国家先帝旧墟，石室南北九十步，东西四十步，高七十尺，室有神灵，民多祈请。世祖遣中书侍郎李敞告祭焉，刊祝文于室之壁而还。

　　史臣曰：夷狄之于中国，羁縻而已。高丽岁修贡职，东藩之冠，荣哀之礼，致自天朝，亦为优矣。其他碌碌，咸知款贡，岂牛马内向，东风入律者也。

魏书卷一○一
列传第八九

氐　吐谷浑　宕昌　高昌
邓至　蛮　獠

　　氐者,西夷之别种,号曰白马。三代之际,盖自有君长,而世一朝见,故《诗》称"自彼氐羌,莫敢不来王"也。秦汉以来,世居岐陇以南,汉川以西,自立豪帅。汉武帝遣中郎将郭昌、卫广灭之,以其地为武都郡。自汧渭抵于巴蜀,种类实繁,或谓之白氐,或谓之故氐,各有侯王,受中国封拜。

　　汉建安中,有杨腾者,为部落大帅。腾勇健多计略,始徙居仇池。仇池方百顷,因以为号,四面斗绝,高七里余,羊肠蟠道三十六回,其上有丰水泉,煮土成盐。腾后有名千万者,魏拜为百顷氐王。千万孙名飞龙,渐强盛,晋武帝假平西将军。无子,养外甥令狐茂搜为子。惠帝元康中,茂搜自号辅国将军、右贤王,群氐推以为主,关中人士流移者多依之。愍帝以为骠骑将军、左贤王。

　　茂搜死,子难敌统位,与弟坚头分部曲。难敌自号左贤王,屯下辨;坚头号右贤王,屯河池。难敌死,子毅立,自号使持节、龙骧将军、左贤王、下辨公,以坚头子盘为使持节、冠军将军、右贤王、河池公。臣晋,晋以毅为征南将军。三年,毅族兄初袭杀毅,并有其众,自立为仇池公,臣于石虎,后称藩于晋。永和十年,改初为天水公。十一年,毅小弟宋奴使姑子梁三王因侍直手刃杀初,初子国率左右诛三王及宋奴,复自立为仇池公。桓温表国为秦州刺史,国子安为武都太守。十二年,国从叔俊复杀国自立。国子安叛苻生,杀俊,复称藩于晋。安死,子世自立为仇池公。晋太和三年,以世为秦州刺史,弟统为武都太守。世死,统废世子纂自立。统一名德。纂聚党袭杀统,自立为仇池公,遣使诣简文帝,以纂为秦州刺史。

晋咸安元年,苻坚遣杨安伐纂,克之,徙其民于关中,空百顷之地。宋奴之死,二子佛奴、佛狗逃奔苻坚,坚以女妻佛奴子定,拜为尚书、领军。苻坚之败,关右扰乱,定尽力于坚。坚死,乃率众奔陇右。徙治历城,去仇池百二十里,置仓储于百顷。招夷夏得千余家,自称龙骧将军、仇池公,称藩于晋。孝武即以其自号假之,后以为秦州刺史。登国四年,遂有秦州之地,自号陇西王。后为乞伏乾归所杀,无子。

佛狗子盛,先为监国,守仇池,乃统事,自号征西将军、秦州刺史、仇池公,谥定为武王。分诸氐羌为二十部护军,各为镇戍,不置郡县,遂有汉中之地,仍称藩于晋。天兴初,遣使朝贡,诏以盛为征南大将军、仇池王。隔碍姚兴,不得岁通贡使。盛以兄子抚为平南将军、梁州刺史,守汉中。

刘裕永初中,封盛为武都王。盛死,私谥曰惠文王,子玄统位。玄字黄眉,号征西大将军、开府仪同三司、秦州刺史、武都王,虽称藩于刘义隆,仍奉晋义熙之号,后始用义隆元嘉正朔。初,盛谓玄曰:“吾年已老,当终为晋臣,汝善事宋帝,故玄奉焉。玄善于待士,为流旧所怀。始光四年,世祖遣大鸿胪公孙轨拜玄为征南大将军、都督、梁州刺史、南秦王,玄上表请比内藩,许之。

玄死,私谥孝昭王,子保宗统位。初,玄临终,谓弟难当曰:“今境候未宁,方须抚慰,保宗冲昧,吾授卿国事,其无坠先勋。”难当固辞,请立保宗以辅之。保宗既立,难当妻姚氏谓难当曰:“国险宜立长君,反事孺子,非久计。”难当从之,废保宗而自立,称藩于刘义隆。难当拜保宗为镇南将军,镇石昌,以次子顺为镇东将军、秦州刺史,守上邽。保宗谋袭难当,事泄被系。

先是,四方流人以仇池丰实,多往依附,流人有许穆之、郝惔之二人投难当,并改姓为司马,穆之自云名飞龙,恢之自云名康之,云是晋室近戚。康之寻为人所杀。

时刘义隆梁州刺史甄法护刑政不理,义隆遣刺史萧思话代任,难当以思话未至,遣将举兵袭梁州,破白马,遂有汉中之地。寻而思话使其司马萧承之先驱进讨,所向克捷,遂平梁州,因又附义隆。难当后释保宗,遣镇董亭。保宗与兄保显归京师,世祖拜保宗征南大将军、秦州牧、武都王,尚公主;保显为镇西将军、晋寿公。后遣大鸿胪崔颐拜难当为征南大将军、仪同三司、领护西羌校尉、秦梁二州牧、南秦王。

难当后自立为大秦王,号年曰建义,立妻为王后,世子为太子,置百官,具拟天朝,然犹贡献于刘义隆不绝。寻而其国大旱,多灾异,降大秦王复为武都王。太延初,难当立镇上邽,世祖遣车骑大将军、乐平王丕等督河西高平诸军取上邽,又诏谕难当,难当奉诏摄守。寻而倾国南寇,规有蜀土,袭义隆益州,攻涪城,又伐巴西,获维州流人七千余家还于仇池。义隆怒,遣将裴方明等伐之。难当为方明所败,弃仇池,与千余骑奔上邽。世祖遣中山王辰迎之赴行宫。方明既克仇池,以保宗弟保炽守之,河间公齐击走之。

先是,诏保宗镇上邽,又诏镇骆谷,复其本国。保宗弟文德先逃氐中,乃说保宗令叛,事泄,齐执保宗送京师,诏难当杀之。氐羌立文德,屯于浊水。文德自号征西将军、秦河梁三州牧、仇池公,求援于义隆。义隆封文德为武都王,遣偏将房亮之等助之。齐逆击,禽亮之。文德奔守葭芦,武都、阴平氐多归之。诏淮阳公皮豹子等率诸军讨之,文德走汉中,收其妻子僚属资粮,及保宗妻公主送京师,赐死。初,公主劝保宗反,人间曰:“背父母之邦若何?”公主曰:“礼,妇人外成,因夫而荣,事立,据守一方。我亦一国之母,岂比小县之主。”以此得罪。

高宗时,拜难当营州刺史,还为外都大官。卒,谥曰忠。子和,随父归国,别赐爵仇池公。子德袭难当爵,早卒。子小眼袭,例降为公,拜天水太守。卒,子大眼,别有《传》。小眼子公熙袭爵。

正光中，尚书右丞张普惠为行台，送租于南秦、东益，普惠启公熙俱行。至南秦，以氐反不得进，遣公熙先慰氐。东益州刺史魏子建以公熙险薄，密令访察，公熙果有潜谋，将为叛乱。子建仍报普惠，令其摄录。普惠急追，公熙竟不肯赴，东出汉中。普惠表列其事，公熙大行贿赂，终得免罪。后为假节、别将，与都督元志同守歧州，为秦贼莫折天生所虏，死于秦州。

文德后自汉中入统沔、陇，遂有阴平、武兴之地，后为刘义隆荆州刺史刘义宣所杀。

保宗之执也，子元和奔义降，以为武都、白水太守。元和据城归顺，高宗嘉之，拜征南大将军、武都王，内徙京师。元和从叔僧嗣，复自称武都王于葭芦。僧嗣死，从弟文度自立为武兴王，遣使归顺，显祖授文度武兴镇将。既而复叛。高祖初，征西将军皮欢喜攻葭芦，破之，斩文度首。

文度弟弘，小名鼠，犯显祖庙讳，以小名称。鼠自为武兴王，遣使奉表谢罪，贡其方物，高祖纳之。鼠遣子苟奴入侍，拜鼠都督、南秦州刺史、征西将军、西戎校尉、武都王。

鼠死，从子后起统任，高祖复以鼠爵授之。鼠子集始为白水太守，后起死，以集始为征西将军、武都王。集始后朝于京师，拜都督、南秦州刺史、安南大将军、领护南蛮校尉、汉中郡侯、武兴王，赐以车旗戎马锦彩缯纩等。寻还武兴，进号镇南将军，加督宁、湘等五州诸军事。后仇池镇将杨灵珍袭破武兴，集始遂入萧赜。

景明初，集始来降，还授爵位，归守武兴。死，子绍先立，拜都督、南秦州刺史、征虏将军、汉中郡公、武兴王；赠集始车骑大将军、开府仪同三司，谥安王。

绍先年幼，委事二叔集起、集义。夏侯道迁以汉中归顺也，萧衍白马戍主尹天保率众围之。道迁求援于集起、集义，二人贪保边藩，不欲救之，唯集始弟集朗心愿立功，率众破天保，全汉川，集朗之力也。集义见梁益既定，恐武兴不得久为外藩，遂扇动诸氐，推绍先僭称大号，集起、集义并称王，外引萧衍为援。安西将军邢峦遣建武将军傅竖眼攻武兴,克之,执绍先送于京师。遂灭其国,以为武兴镇,复改镇为东益州。前后镇将唐法乐、刺史杜纂、邢豹,以威惠失衷,氐豪仇石柱等相率反叛,朝廷以西南为忧。正光中,诏魏子建为刺史,以恩信招抚,风化大行,远近款附,如内地焉。后唐永代子建为州。未几,氐人悉反,永弃城东走,自此复为氐地。其后,绍先奔还武兴,复自立为王。

吐谷浑,本辽东鲜卑徒河涉归子也。涉归一名弈洛韩,有二子,庶长曰吐谷浑,少曰若洛廆。涉归死,若洛廆代统部落,别为慕容氏。

涉归之存也,分户七百以给吐谷浑。吐谷浑与若洛廆二部马斗相伤,若洛廆怒,遣人谓吐谷浑曰:“先公处分,与兄异部,何不相远,而马斗相伤!”吐谷浑曰:“马是畜耳,食草饮水,春气发动,所以斗。斗在马,而怒及人,乖则甚易,今当去汝万里之外。”若洛廆悔,遣旧老及长史七那楼追谢留之。吐谷浑曰:“我乃祖以来,树德辽右,先公之世,卜筮之言,云有二子当享福祚,并流子孙。我是卑庶,理无并大,今以马致乖,殆天所启。诸君试驱马令东马若还东,我当随去。”即令从骑拥马令回数百步,欻然悲鸣,突走而西,声若颓山,如是者十余辈,一回一迷。楼力屈,乃跪曰:“可汗,此非复人事。”浑谓其部落曰:“我兄弟子孙并应昌盛,廆当传子及曾玄孙,其间可百余年,我及玄孙间始当显耳。”于是遂西附阴山,后假道上陇。若洛廆追思吐谷浑,作《阿于歌》,徒河以兄为阿于也。子孙僭号,以此歌为辇后鼓吹大曲。

吐谷浑遂徙上陇,止于枹罕暨甘松,南界昂城、龙涸,从洮水西南极白兰数千里中,逐水草,庐帐而居,以肉酪为粮。西北诸种谓之阿柴虏。

吐谷浑死,有子六十人。长子吐延,身长七尺八寸,勇力过人,性刻暴,为昂城羌酋姜总所刺。剑犹在体,呼子叶延,语其大将纥拔塈曰："吾气绝，棺敛讫，便速去保白兰，地既险远，又土俗懦弱，易控御。叶延小儿，欲授余人，恐仓卒终不能相制。今以叶延付汝，竭股肱之力以辅之。孺子得立，吾无恨也。"抽剑而死。有子十二人。

叶延少而勇果。年十岁，缚草为人，号曰"姜聪"每旦辄射之，射中则嗥叫泣涕。其母曰："仇贼诸将已屠脍之，汝年小，何烦朝朝自苦。"叶延呜咽若不自胜，答母曰："诚知无益，然罔极之心，不胜其痛。"性至孝，母病三日不食，叶延亦不食。颇视书传，自谓曾祖弈洛韩始封昌黎公，吾为公孙之子，案《礼》，公孙之子得以王父字为氏，遂以吐谷浑为氏焉。

叶延死，子碎奚立，性淳谨。三弟专权，碎奚不能制，诸大将共诛之。奚忧哀不复摄事，遂立子视连为世子，委之事，号曰"莫贺郎"，华言父也。碎奚遂以忧死。

视连立，以父忧思，不游娱酣宴。十五年，死，弟视罴立。死，子树洛干等并幼，弟乌纥提立，而妻树洛干母。生二子慕璝、利延。乌纥提一名大孩。死，树洛干立，自号车骑将军。是岁，晋义熙初也。

树洛干死，弟阿豺立，自号骠骑将军、沙州刺史。部内有黄沙，周回数百里，不生草木，因号"沙州"。阿豺兼并羌氏，地方数千里，号为强国。田于西强山，观垫江源，问于群臣曰："此水东流，有何名？由何郡国入何水也？"其长史曾和曰："此水经仇池，过晋寿，出宕渠，号垫江，至巴郡入江，度广陵会于海。"阿豺曰："水尚知有归，吾虽塞表小国，而独无所归乎？"遣使通刘义符，献其方物。义符封为浇河公。未及拜受，刘义隆元嘉三年又加除命。又将遣使朝贡，会暴病，临死召诸子弟告之曰："先公车骑舍其子虔以大业属吾，吾岂敢忘先公之举而私于纬代，其以慕璝继事。"阿豺有子二十人，纬代，长子也。阿豺又谓曰："汝等各奉吾一双箭，折之地下。"俄而命母弟慕利延曰："汝取一双箭折之。"慕利延折之。又曰："汝取十九双箭折之。"延不能折。阿豺曰："汝曹知否？单者易折，众则难摧，戮力一心，然后社稷可固。"言终而死，兄子慕璝立。

先是，阿豺时，刘义隆命竟未至而死，慕璝又奉表通义隆，义隆又授陇西公。慕璝招集秦凉亡业之人,及羌戎杂夷众至五六百落,南通蜀汉,北交凉州、赫连,部众转盛。

世祖时,慕璝始遣其侍郎谢大宁奉表归国,寻讨禽赫连定,送之京师。世祖嘉之,遣使者策拜慕璝为大将军、西秦王。慕璝表曰:"臣诚庸弱,敢竭情款,俘禽僭逆,献捷王府。爵秩虽崇而土不增廓,车旗既饰而财不周赏。愿垂鉴察,其单款。臣顷接寇逆,疆境之人,为贼所抄,流转东下。今皇化混一,求还乡土。乞佛曰连、窟略寒、张华等三人,家弱在此,分乖可愍,愿并敕遣使,恩洽遐荒,存亡感戴。"

世祖诏公卿朝会议答施行。太尉长孙嵩及议郎、博士二百七十九人议曰:"前者有司处以为秦王荒外之君,本非政教所及,来则受之,去则不禁。皇威远被,西秦王慕义畏威,称臣纳贡,求受爵号。议者以为古者要荒之君,虽人土众广,而爵不拟华夏。陛下加宠王官,乃越常分,容饰车旗,班同上国。至于缯絮多少,旧典所无,皆当临时以制丰寡。自汉魏以来,抚接荒遐,颇有故事。吕后遗单于御车二乘、马二驷,单于答马千匹。其后匈奴和亲,敌国遗缯絮不过数百,呼韩邪称臣,身自入朝,始为方伯。今西秦王若以土无桑蚕,便当上请,不得言'财不周赏'。昔周室衰微,齐侯小白一匡天下,有赐胙之命,无益土之赏;晋侯重耳破楚城濮,唯受南阳之田,为朝宿之邑。西秦所致,唯定而已。塞外之人,因时乘便,侵入秦凉,未有经略拓境之勋,爵登上国,统秦、凉、河、沙四州之地,而云'土不增廓'。比圣朝于弱周,而自同于五霸,无厌之情,其可极乎?西秦王忠款于朝廷,原其本情,必不至此,或左右不敏,因致斯累。检西秦流人贼时所抄,悉在蒲坂,今既称藩,四海咸泰,天下一家,可敕秦州送诣京师,随后遣还。所请乞佛三人,昔为宾国之使,来在王庭,国破家迁,即为臣妾,可勿听许。"制曰:"公卿之议,未为失体。西秦王所收金城、枹罕、陇西之地,彼自取之,朕即与之,便是裂土,何须复廓。西秦款至,绵绢随使疏数增益之,非一匹而已。"自是慕璝贡献颇简,又通于刘义隆,义隆封为陇西王。

　　太延二年,慕璝死,弟慕利延立,诏遣使者策谥慕璝曰惠王。后拜慕利延镇西大将军、仪同三司,改封西平王,以慕璝子元绪为抚军将军。时慕利延又通刘义隆,义隆封为河南王。世祖征凉州,慕利延惧,遂率其部人西遁沙漠。世祖以慕利延兄有禽赫连定之功,遣使宣喻之,乃还。后慕利延遣使表谢,书奏,乃下诏褒奖之。慕利延兄子纬代惧慕利延害己,与使者谋欲归国,慕利延觉而杀之。纬代弟叱力延等八人逃归京师,请兵讨慕利延,世祖拜叱力延归义王,诏晋王伏罗率诸将讨之。军至大母桥,慕利延兄子拾寅走河西,伏罗遣将追击之,斩首五千余级,慕利延走白兰。慕利延从弟伏念、长史鹁鸠黎、部大崇娥等率众一万三千落归降。后复遣征西将军、高凉王那等讨之于白兰,慕利延遂入于阗国,杀其王,死者数万人。南征罽宾。遣使通刘义隆求援,献乌丸帽、女国金酒器、胡王金钏等物,义隆赐以牵车。七年,遂还旧土。

　　慕利延死,树洛干子拾寅立,始邑于伏罗川,其居止出入窃拟王者。拾寅奉修贡职,受朝廷正朔,又受刘义隆封爵,号河南王。世祖遣使拜为镇西大将军、沙州刺史、西平王。后拾寅自恃险远,颇不恭命,通使于刘彧,献善马、四角羊,或加之官号。

　　高宗时,定阳侯曹安表拾寅今保白兰,多有金银牛马,若击之可以大获。议者咸以先帝忿拾寅兄弟不穆,使晋王伏罗、高王那再征之,竟不能克。拾寅虽复远遁,军亦疲劳。今在白兰,不犯王塞,不为人患,非国家之所急也。若遣使招慰,必求为臣妾,可不劳而定也。王者之于四荒,羁縻而已,何必屠其国、有其地。安曰:“臣昔为浇河戍将,与之相近,明其意势。若分军出其左右,拾寅必走保南山,不过十日,牛马草尽,人无所食,众必溃叛,可一举而定也。”从之,诏阳平王新成、建安王穆六头等出南道,南郡公李惠、给事中公孙拔及安出北道以讨之。拾寅走南山,诸军济河追之。时军多病,诸将议:贼已远遁,军容已振,今驱疲病之卒,要难冀之功,不亦过乎!众以为然,乃引还,获驼马二十余万。显祖复诏上党王长孙观等率州郡兵讨拾寅,军至曼头山,拾寅来逆战,观等纵兵击败之,拾寅宵遁。于是思悔，复修藩职，遣别驾康盘龙奉表朝贡。显祖幽之，不报其使。拾寅部落大饥，屡寇浇河，诏平西将军、广川公皮欢喜率敦煌、枹罕、高平诸军为前锋，司空、上党王长孙观为大都督以讨之。观等军入拾寅境，刍其秋稼，拾寅窘怖，遣子诣军，表求改过。观等以闻，显祖以重劳将士，乃下诏切责之，徵其任子。拾寅遣子斤入侍，显祖寻遣斤还。拾寅后复扰掠边人，遣其将良利守洮阳，枹罕所统，枹罕镇将、西郡公杨钟葵赍拾寅书以责之。拾寅表曰："奉诏听臣还旧土，故遣良利守洮阳，若不追前恩，求令洮阳贡其土物。"辞旨恳切，显祖许之。自是岁修职贡。

太和五年，拾寅死，子度易侯立，遣其侍郎时真贡方物，提上表称嗣事。后度易侯伐宕昌，诏让之，赐锦彩一百二十匹，喻令悛改，所掠宕昌口累部送时还。易侯并奉诏。死，子伏连筹立。

高祖欲令入朝，表称产病，辄修洮阳、泥和城而置戍焉。文明太后崩，使人告凶，伏连筹拜命不恭，有司请伐之，高祖不许。群臣以其受诏不敬，不宜纳所献。高祖曰："拜受失礼，乃可加以告责；所献土毛，乃是臣之常道，杜弃所献，便是绝之，纵欲改悔，其路无由矣。"诏曰："朕在哀疚之中，未有征讨，而去春枹罕表，取其洮阳、泥和二戍。时以此既边将之常，即便听许。及偏师致讨，二戍望风请降，执讯千余人，又得妇女九百口。子妇可悉还之。"伏连筹乃遣世子贺鲁头朝于京师，礼锡有加，拜伏连筹使持节、都督西垂诸军事、征西将军、领护西戎中郎将、西海郡开国公、吐谷浑王，麾旗章绶之饰皆备给之。后遣兼员外散骑常侍张礼使于伏连筹，伏连筹谓礼曰："昔与宕昌通和，恒见称大王，己则自名，今忽名仆而拘执此使，将命偏师往问其意。"礼曰："君与宕昌并为魏藩，而比辄有兴动，殊违臣节。当发之日，宰辅以为君若反迷知罪，则克保藩业；脱守愚不改，则祸难将至。"伏连筹遂默然。

及高祖崩，遣使赴哀，尽其诚敬。伏连筹内修职贡，外并戎狄，塞表之中，号为强富。准拟天朝，树置官司，称制诸国，以自夸大。世宗初诏责之曰："梁州表送卿报宕昌书，梁弥邕与卿并为边附，语其国则邻藩,论其位则同列,而称书为表,名报为旨,有司以国有常刑,殷勤请讨。朕虑险远多虞,轻相构惑,故先宣此意,善自三思。"伏连筹上表自申,辞诚恳至。终世宗世至于正光,犁牛蜀马及西南之珍,无岁不至。后秦州城人莫折念生反,河西路绝,凉州城人万于菩提等东应念生,囚刺史宋颖。颖密遣求援于伏连筹,伏连筹亲率大众救之,遂获保全。自尔以后,关徼不通,贡献路绝。

伏连筹死,子夸吕立。始自号为可汗,居伏俟城,在青海西十五里。虽有城郭而不居,恒处穹庐,随水草畜牧。其地东西三千里,南北千余里。官有王公、仆射、尚书及郎将、将军之号。夸吕椎髻毦珠,以皂为帽,坐金师子床。号其妻为"恪尊",衣织成裙,披锦大袍,辫发于后,首戴金花冠。其俗:丈夫衣服略同于华夏,多以罗幂为冠,亦以缯为帽,妇人皆贯珠贝,束发,以多为贵。兵器有弓刀甲矟。国无常赋,须则税富室商人以充用焉。其刑罚:杀人及盗马者死,余则微物以赎罪,亦量是决杖;刑人必以毡蒙头,持石从高击之。父兄死,妻后母及嫂等与突厥俗同。至于婚,贫不能备财者,辄盗女去,死者亦皆埋殡。其服制,葬讫则除之。性贪婪,忍于杀害。好射猎,以肉酪为粮。亦知种田,有大麦、粟、豆,然其北界气候多寒,唯得芜菁、大麦,故其俗贫多富少。青海周回千余里,海内有小山,每冬冰合后,以良牝马置此山,至来春收之,马皆有孕,所生得驹,号为龙种,必多骏异。吐谷浑尝得波斯草马,放入海,因生骢驹,能日行千里,世传青海骢者是也。土出牦牛、马,多鹦鹉,饶铜、铁、朱沙。地兼鄯善、且末。

兴和中,齐献武王作相,招怀荒远,蠕蠕既附于国,夸吕遣使致敬。献武王喻以大义,徵其朝贡,夸吕乃遣使人赵吐骨真假道蠕蠕频来;又荐其从妹,静帝纳以为嫔。遣员外散骑常侍傅灵摆使于同国。夸吕又请婚,乃以济南王匡孙女为广乐公主以妻之。此后朝贡不绝。

吐谷浑北有乙佛勿敌国,俗风与吐谷浑同。不识五谷,唯食鱼及苏子。苏子状若中国苟杞子。

北又有阿兰国，与鸟兽同，不知斗战，忽见异人，举国便走。土无所出，大养群畜。体轻工走，逐之不可得。

北又有女王国，以女为主，人所不至，其传云然。

宕昌羌者，其先盖三苗之胤，周时与庸、蜀、微、卢等八国从武王灭商，汉有先零、烧当等，世为边患。其地东接中华，西通西域，南北数千里，姓别自为部落，酋帅皆有地分，不相统摄，宕昌即其一也。

俗皆土著，居有屋宇，其屋织牦牛尾及䍽羊毛覆之。国无法令，又无徭赋。惟战伐之时，乃相屯聚，不然则各事生业，不相往来。皆衣裘褐。收养牦牛、羊、豕以供其食。父子、伯叔、兄弟死者，即以继母、叔母及嫂、弟妇等为妻。俗无文字，但候草木荣落，记其岁时。三年一相聚，杀牛羊以祭天。

有梁勤者，世为酋帅，得羌豪心，乃自称王焉。勤孙弥忽，世祖初，遣子弥黄奉表，求内附。世祖嘉之，遣使拜弥忽为宕昌王，赐弥爵甘松侯。弥忽死，孙虎子立。其地自仇池以西，东西千里，席水以南，南北八百里，地多山阜，人二万余落。世修职贡，颇为吐谷浑所断绝。虎子死，弥治立。虎子弟羊子先奔吐谷兵，吐谷浑遣送羊子，欲夺弥治位。弥治遣文度救，显祖诏武都镇将宇文生救之，羊子退走。

弥治死，子弥机立，遣其司马利住奉表贡方物。杨文度之叛，围武都，弥机遣其二兄率众救武都，破走文度。高祖时，遣使子桥表贡朱沙、雌黄、白石胆各一百斤。自此后，岁以为常，朝贡相继。后高祖遣鸿胪刘归、谒者张察拜弥机征南大将军、西戎校尉、梁益二州牧、河南公、宕昌王。后朝于京师，殊无风礼。朝罢，高祖顾谓左右曰："夷狄之有君，不如诸夏之亡也。宕昌王虽为边方之主，乃不如中国一吏。"于是改授领护西戎校尉、灵州刺史，王如故，赐以车骑、戎马、锦彩等，遣还国。

高昌者，车师前王之故地，汉之前部地也。东西二千里，南北五百里，四面多大山。或云昔汉武遣兵西讨，师旅顿弊其中，尤困者因住焉。地势高敞，人庶昌盛。因云"高昌"；亦云其地有汉时高昌垒，故以为国号。东去长安四千九百里，汉西域长史、戊己校尉并居于此。晋以其地为高昌郡，张轨、吕光、沮渠蒙逊据河西，皆置太守以统之。去敦煌十三日行。国有八城，皆有华人。地多石碛，气候温暖，厥土良沃。谷麦一岁再熟，宜蚕，多五果，又饶漆。有草名羊刺，其上生蜜而味甚佳。引水溉田。出赤盐，其味甚美。复有白盐，其形如玉，高昌人取以为枕，贡之中国。多蒲萄酒。俗事天神，兼信佛法。国中羊马，牧在隐僻处以避寇，非贵人不知其处。北有赤石山，七十里有贪污山，夏有积雪，此山北铁勒界也。

世祖时，有阚爽者，自为高昌太守。太延中，遣散骑侍郎王恩生等使高昌，为蠕蠕所执。真君中，爽为沮渠无讳所袭，夺据之。无讳死，弟安周代立，和平元年，为蠕蠕所并。蠕蠕以阚伯周为高昌王，其称王自此始也。太和初，伯周死，子义成立。岁余，为其兄首归所杀，自立为高昌王。五年，高车王可至罗杀首归兄弟，以敦煌人张孟明为王。后为国人所杀，立马儒为王，以巩顾礼、麹嘉为左右长史。

二十一年，遣司马王体玄奉表朝贡，请师迎接，求举国内徙。高祖纳之，遣明威将军韩安保率骑千余赴之，割伊吾五百里，以儒居之。至羊榛水，儒遣礼、嘉率步骑一千五百迎安保，去高昌四百里而安保不至。礼等还高昌，安保亦还伊吾。安保遣使韩兴安等十二人使高昌，儒复遣顾礼将其世子义舒迎安保。至白棘城，去高昌百六十里，而高昌旧人情恋本土，不愿东迁，相与杀儒，而立麹嘉为王。

嘉，字灵凤，金城榆中人。既立，又臣于蠕蠕那盖。顾礼与义舒随安保至洛阳。及蠕蠕主伏图为高车所杀，嘉又臣高车。初，前部胡人悉为高车所徙，入于焉耆，焉耆又为嚈哒所破灭，国人分散，众不自立,请王于嘉,嘉遣第二子为焉耆王以主之。熙平元年,嘉遣兄子私署左卫将军、田地太守孝亮朝京师,仍求内徙,乞军迎援。于是遣龙骧将军孟威发凉州兵三千人迎之,至伊吾,失期而反。于后十余遣使,献珠像、白黑貂裘、名马、盐枕等,款诚备至,惟赐优旨,卒不重迎。三年,嘉遣使朝贡,世宗又遣孟威使诏劳之。

延昌中,以嘉为持节、平西将军、瓜州刺史、泰临县开国伯,私署王如故。熙平安,遣使朝献。诏曰:"卿地隔关山,境接荒漠,频请朝援,徙国内迁。虽来诚可嘉,即于理未惬,何者?彼之甿庶,是汉魏遗黎,自晋氏不纲,因难播越,成家立国,世积已久。恶徙重迁,人怀恋旧。今若动之,恐异同之变,爰在肘腋,不得便如来表。"神龟元年冬,孝亮复表求援内徙,朝廷不许。正光元年,肃宗遣假员外将军赵义等使于嘉。嘉朝贡不绝。又遣使奉表,自以边遐,不习典诰,求借《五经》、诸史,并请国子助教刘变以为博士,肃宗许之。

嘉死,赠镇西将军、凉州刺史,子坚立。于后,关中贼乱,使命遂绝。普泰初,坚遣使朝贡,除平西将军、瓜州刺史、泰临县伯,王如故,又加卫将军。至永熙中,特除仪同三司,进为郡公。后遂隔绝。

邓至者,白水羌也,世为羌豪,因地名号,自称邓至。其地,自亭街以东,平武以西,汶岭以北,宕昌以南。土风习俗,亦与宕昌同。其王像舒治遣使内附,高祖拜龙骧将军、邓至王,遣贡不绝。

邓至之西,有赫羊等二十国,时遣使朝贡,朝廷皆授以杂号将军、子男、渠帅之名。

蛮之种类,盖盘瓠之后,其来自久。习俗叛服,前史具之。在江淮之间,依托险阻,部落滋蔓,布于数州,东连寿春,西通上洛,北接汝颍,往往有焉。其于魏氏之时,不甚为患。至晋之末,稍以繁昌,渐为寇暴矣。自刘石乱后,诸蛮无所忌惮,故其族类渐得北迁,陆浑以南,满于山谷,宛洛萧条,略为丘墟矣。

太祖既定中山,声教被于河表。泰常八年,蛮王梅安率渠帅数千朝京师,求留质子,以表忠款。始光中,拜安侍子豹为安远将军、江州刺史、顺阳公。兴光中,蛮王文武龙请降,诏褒慰之,拜南雍州刺中、鲁阳侯。延兴中,大阳蛮酋桓诞拥沔水以北,滍叶以南八万余落,遣使内属。高祖嘉之,拜诞征南将军、东荆州刺史、襄阳王,听自选郡县。

诞,字天生,桓玄之子也。初,玄西奔至枚回洲,被杀。诞时年数岁,流窜大阳蛮中,遂习其俗。及长,多智谋,为群蛮所归。诞既内属,治于朗陵。太和四年,王师南伐,诞请为前驱,乃授使持节、南征西道大都督,讨义阳,不果而还。十年,移居颍阳。十六年,依例降王为公。十七年,加征南将军、中道大都督,征竟陵,遇迁洛,师停。是时,萧赜征虏将军、直阁将军蛮酋田益宗率部曲四千余户内属。襄阳酋雷婆思等十一人率户千余内徙,求居大和川,诏给廪食。后开南阳,令有沔北之地。蛮人安堵,不为寇贼。十八年,诞入朝,赏遇隆厚。卒,谥曰刚。

子晖,字道进,位龙骧将军、东荆州刺史,袭爵。景明初,大阳蛮酋田育丘等二万八千户内附,诏置四郡十八县。晖卒,赠冠军将军。三年,鲁阳蛮鲁北燕等聚众攻逼颍川,诏左卫将军李崇讨平之,徙万余家于河北诸州及六镇。寻叛南走,所在追讨,比及河,杀之皆尽。四年,东荆州蛮樊素安反,僭帝号。正始元年,素安弟秀安复反,李崇、杨大眼悉讨平之。二年,萧衍沔东太守田清喜拥七郡三十一县,户万九千,遣使内附,乞师讨衍。其雍州以东,石城以西,五百余里水陆援路,请率部曲断之。四年,萧衍永宁太守文云生六部自汉东遣使归附。

永平初,东荆州表□□太守桓叔兴前后招慰大阳蛮归附者一万七百户,请置郡十六、县五十,诏前镇东府长史郦道元检行置之。叔兴,即晖弟也。延昌元年,拜南荆州刺史,居安昌,隶于东荆。三年,萧衍遣兵讨江沔,破掠诸蛮姓,百姓扰动。蛮自相督率二万余人,频请统帅为声势。叔兴给一统并威仪,为之节度,蛮人遂安。其年,萧衍雍州刺史萧藻遣其将蔡令孙等三将,寇南荆之西南,沿襄沔上下,破掠诸蛮。蛮酋衍龙骧将军楚石廉叛衍来请援,叔兴与石廉督集蛮夏二万余人击走之,斩令孙等三将。藻又遣其新阳太守邵道林于沔水之南,石城东北立清水戍,为抄掠之基。叔兴遣诸蛮击破之。四年,叔兴上表请不隶东荆,许之。萧衍每有寇抄,叔兴必摧破之。

正光中,叔兴拥所部南叛。蛮首成龙强率户数千内附,拜为刺史。蛮师田午生率户二千内徙扬州,拜为郡守。萧衍义州刺史、边城王文僧明,铁骑将军、边城太守田官德等,率户万余举州内属。拜僧明平南将军、西豫州刺史,封开封侯;官德龙骧将军、义州刺史,自余封授各有差。僧明、官德并入朝,蛮出山至边城、建安者八九千户。义州寻为萧衍将裴邃所陷。衍定州刺史田超秀亦遣使求附,请援历年,朝廷恐轻致边役,未之许。会超秀死,其部曲相率内附,徙之六镇、秦陇,所在反叛。二荆、西郢,蛮大扰动,断三鸦路,杀都督,寇盗至于襄城、汝水,百姓多被其害。萧衍遣将围广陵,樊城诸蛮并为前驱,自汝水以南,处处钞劫,恣其暴掠。连年攻讨,散而复合,其暴滋甚。

又有冉氏、向氏者,陬落尤盛。余则大者万家,小者千户,更相崇僭,称王侯,屯据三峡,断遏水路,荆、蜀行人至有假道者。

獠者,盖南蛮之别种,自汉中达于邛笮川洞之间,所在皆有。种类甚多,散居山谷,略无氏族之别。又无名字,所生男女,唯以长幼次第呼之。其丈夫称阿谟、阿段,妇人阿夷、阿等之类,皆语之次第称谓也。依树积木,以居其上,名曰“干兰”,干兰大小,随其家口之数。往往推一长者为王,亦不能远相统摄。父死则子继,若中国之贵族也。獠王各有鼓角一双,使其子弟自吹击之。好相杀害,多不敢远行。能卧水底,持刀刺鱼。其口嚼食并鼻饮。死者竖棺而埋之。性同禽兽,至于忿怒,父子不相避,惟手有兵刃者先杀之。若杀其父,走避,求得一狗以谢其母,母得狗谢,不复嫌恨。若报怨相攻击,必杀而食之。平常劫掠,卖取猪狗而已。亲戚比邻,指授相卖,被卖者号哭不服，逃窜避之，乃将卖人捕逐，指若亡叛，获便缚之。但经被缚者，即服为贱隶，不敢称良矣。亡失儿女，一哭便止，不复追思。惟执楯持矛，不识弓矢，用竹为簧，群聚鼓之，以为音节。能为细布，色至鲜净。大狗一头，买一生口。其俗畏鬼神，尤尚淫祀。所杀之人，美鬓髯者必剥其面皮，笼之于竹，及燥，号之曰鬼，鼓舞祀之，以求福利。至有卖其昆季妻奴尽者，乃自卖以供祭焉。铸铜为器，大口宽腹，名曰铜爨，既薄且轻，易于熟食。

建国中，李势在蜀，诸獠始出巴西、渠川、广汉、阳安、资中，攻破郡县，为益州大患。势内外受敌，所以亡也。自桓温破蜀之后，力不能制，又蜀人东流，山险之地多空，獠遂挟山傍谷。与夏人参居者颇输租赋，在深山者仍不为编户。萧衍梁、益二州，岁岁伐獠以自裨润，公私颇藉为利。

正始中，夏侯道迁举汉中内附，世宗遣尚书邢峦为梁益二州刺史以镇之，近夏人者安堵乐业，在山谷者不敢为寇。后以羊祉为梁州，傅竖眼为益州。祉性酷虐，不得物情。萧衍辅国将军范季旭与獠王赵清荆率众屯孝子谷，祉遣统军魏胡击走之。后萧衍宁朔将军姜白复拥夷獠入屯南城，梁州人王法庆与之通谋，众屯于固门川，祉遣征虏将军□□讨破之。竖眼施恩布信，大得獠和。后以元法僧代傅竖眼为益州，法僧在任贪残，獠遂反叛，勾引萧衍军围逼晋寿。朝廷忧之，以竖眼先得物情，复令乘传往抚。獠闻竖眼至，莫不欣然，拜迎道路，于是而定。

及元恒、元子真相继为梁州，并无德绩，诸獠苦之。其后朝廷以梁益二州控摄险远，乃立巴州以统诸獠，后以巴酋严始欣为刺史。又立隆城镇，所绾獠二十万户，彼谓北獠，岁输租布，又与外人交通贸易。巴州生獠并皆不顺，其诸头王每于时节谒见刺史而已。

孝昌初，诸獠以始欣贪暴，相率反叛，攻围巴州。山南行台勉谕，即时散罢。自是獠诸头王相率诣行台者相继，子建厚劳赉之。始欣见中国多事，又失彼心，虑获罪谴。时萧衍南梁州刺史阴子春扇惑边陲，始欣谋将南叛。始欣族子恺时为隆成镇将，密知之，严设逻候,遂禽萧衍使人,并封始欣诏书、铁券、刀剑、衣冠之属,表送行台。子建乃启以镇为南梁州,恺为刺史,发使执始欣,囚于南郑。遇子建见代,梁州刺史傅竖眼仍为行台。竖眼久病,其子敬绍纳始欣重赂,使得还州。始欣乃起众攻恺,屠灭之,据城南叛,萧衍将萧玩率众援接。时梁益二州并遣将讨之,攻陷巴州,执始欣,遂大破玩军。及斩玩,以傅云表为刺史。后元罗在梁州,为使陷,自此遂绝。

史臣曰:氐、羌、蛮、獠风俗各异,嗜欲不同,言语不通。圣人因时设教,所以达其志而通其俗也。然而外宁必有内忧,览之者不可不诚慎也。

魏收书列传第八十九亡,史臣论盖略《北史》。

魏书卷一〇二
列传第九〇

西　域

《夏书》称"西戎即序";班固云:就而序之,非盛威武,致其贡物也。汉氏初开西域,有三十六国。其后分立五十五王,置校尉、都护以抚纳之。王莽篡位,西域遂绝。至于后汉,班超所通者五十余国,西至西海,东西万里,皆来朝贡,复置都护、校尉以相统摄。其后或绝或通,汉朝以为劳弊中国,其官时置时废。暨魏晋之后,互相吞灭,不可复详记焉。

太祖初,经营中原,未暇及于四表。既而西戎之贡不至,有司奏依汉氏故事,请通西域,可以振威德于荒外,又可致奇货于天府。太祖曰:"汉氏不保境安人,乃远开西域,使海内虚耗,何利之有?今若通之,前弊复加百姓矣。"遂不从。历太宗世,竟不招纳。

太延中,魏德益以远闻,西域龟兹、疏勒、乌孙、悦般,渴槃陁、鄯善、焉耆、车师、粟特诸国王,始遣使来献。世祖以西域汉世虽通,有求则卑辞而来,无欲则骄慢王命,此其自知绝远,大兵不可至故也;若报使往来,终无所益,欲不遣使。有司奏九国不惮遐险,远贡方物,当与其进,安可豫抑后来,乃从之。于是始遣行人王恩生、许纲等西使,恩生出流沙,为蠕蠕所执,竟不果达。又遣散骑侍郎董琬、高明等多赍锦帛,出鄯善,招抚九国,厚赐之,初,琬等受诏,便道之国可往赴之。琬过九国,北行至乌孙国,其王得朝廷所赐,拜受甚悦,谓琬曰:"传闻破洛那、者舌皆思魏德,欲称臣致贡,但患其路无由耳。今使君等既到此，可往二国，副其慕仰之诚。”琬于是自向破洛那，遣明使者舌。乌孙王为发导译达二国，琬等宣诏慰赐之，已而琬、明东还，乌孙、破洛那之属遣使与琬俱来贡献者十有六国。自后相继而来，不间于岁，国使亦数十辈矣。

初，世祖每遣使西域，常诏河西王沮渠牧犍令护送，至姑臧，牧犍恒发使导路出于流沙。后使者自西域还，至武威，牧犍左右谓使者曰：“我君承蠕蠕吴提妄说，云：‘去岁魏天子自来伐我，士马疫死，大败而还，我禽其长弟乐平王丕。’我君大喜，宣言国中。”又闻吴提遣使告西域诸国，称：“魏已削弱，今天下唯我为强，若更有魏使，勿复恭奉。”西域诸国亦有贰者。牧犍事主稍以慢堕。使还，具以状闻，世祖遂议讨牧犍。凉州既平，鄯善国以为：唇亡齿寒，自然之道也，今武威为魏所灭，次及我也；若通其使人，知我国事，取亡必近，不如绝之，可以支久。乃断塞行路，西域贡献，历年不入。后平鄯善，行人复通。

始琬等使还京师，具言凡所经见及传闻傍国，云：‘西域自汉武时五十余国，后稍相并。至太延中，为十六国，分其地为四域。自葱岭以东，流沙以西为一域；葱岭以西，海曲以东为一域；者舌以南，月氏以北为一域；两海之间，水泽以南为一域。内诸小渠长，盖以百数。其出西域本有二道，后更为四：出自玉门，渡流沙，西行二千里至鄯善，为一道；自玉门渡流沙，北行二千二百里至车师，为一道；从莎车西行一百里至葱岭，葱岭西一千三百里至伽倍，为一道；自莎车西南五百里，葱岭西南一千三百里至波路，为一道焉。”自琬所不传而更有朝贡者，纪其名，不能具国俗也。其与前使所异者录之。

鄯善国，都捍泥城，古楼兰国也。去代七千六百里，所都城方一里。地多沙卤，少水草，北即白龙堆路。至太延初，始遣使来献。四年，遣其弟素延耆入侍。及世祖平凉州，沮渠牧犍弟无讳走保敦煌。无讳后谋渡流沙，遣其弟安周击鄯善，王比龙恐惧欲降。会魏使者自天竺、罽宾还，俱会鄯善，劝比龙拒之。遂与连战，安周不能克，退保东城。后比龙惧，率众西奔且末，其世子乃应安周。鄯善人颇剽劫之，令不得通。世祖诏散骑常侍、成周公万度归乘传发凉州兵讨之，度归到敦煌，留辎重，以轻骑五千渡流沙，至其境。时鄯善人众布野，度归敕吏卒，不得有所侵掠。边守感之，皆望旗稽服。其王真达面缚出降，度归释其缚，留军屯守，与真达诣京都。世祖大悦，厚待之。

是岁，拜交趾公韩牧为假节、征西将军、领护西戎校尉、鄯善王以镇之，赋役其人，比之郡县。

且末国，都且末城，在鄯善西，去代八千三百二十里。真君三年，鄯善王比龙避沮渠安周之难，率国人之半奔且末，后役属鄯善。且末西北方流沙数百里，夏日有热风，为行旅之患。风之所至，唯老驼豫知之，即鸣而聚立，埋其口鼻于沙中，人每以为候，亦即将毡拥蔽鼻口。其风迅驶，斯须过尽，若不防者，**必至危毙**。

于阗国，在且末西北，葱岭之北二百余里。东去鄯善千五百里，南去女国二千里，去朱俱波千里，北去龟滋千四百里，去代九千八百里。其地方亘千里，连山相次。所都城方八九里，部内有大城五，小城数十。于阗城东三十里有首拔河，中出玉石。土宜五谷，并桑麻。山多美玉，有好马、驼、骡。其刑法，杀人者死，余罪各随轻重惩罚之。自外风俗物产，与龟滋略同。

俗重佛法，寺塔僧尼甚众，王尤信尚，每设斋日，必亲自洒扫馈食焉。城南五十里有赞摩寺，即昔罗汉比丘卢旃为其王造覆盆浮图之所，石上有辟支佛跣处，双迹犹存。于阗西五里有比摩寺，云是老子化胡成佛之所。俗无礼义，多盗贼，淫纵。自高昌以西，诸国人等，深目高鼻，唯此一国，貌不甚胡，颇类华夏。城东二十里有大水北流，号树枝水，即黄河也，一名计式水。城西五十五里亦有大水，名达利水，与树枝水会，俱北流。

真君中，世祖诏高凉王那击吐谷浑慕利延，慕利延惧，驱其部落渡流沙。那进军急追之,慕利延遂西入于阗,杀其王,死者甚众。显祖末,蠕蠕寇于阗,于阗患之,遣使素目伽上表曰:"西方诸国,今皆已属蠕蠕,奴世奉大国,至今无异。今蠕蠕军马到城下,奴聚兵自固,故遣使奉献,延望救援。"显祖诏公卿议之,公卿奏曰:"于阗去京师几万里,蠕蠕之性,惟习野掠,不能攻城,若为所拒,当已旋矣。虽欲遣师,势无所及。"显祖以公卿议示其使者,亦以为然。于是诏之曰:"朕承天理物,欲令万方各安其所,应救诸军以拯汝难。但去汝遐阻,虽复遣援,不救当时之急,已停师不行,汝宜知之。朕今练甲养卒,一二岁间当躬率猛将,为汝除患,汝其谨警候以待大举。"先是,朝廷遣使者韩羊皮使波斯,波斯王遣使献驯象及珍物。经于阗,于阗中于王秋仁辄留之,假言虑有寇不达。羊皮言状,显祖怒,又遣羊皮奉诏责让之,自后每使朝献。

蒲山国,故皮山国也。居皮城,在于阗南,去代一万二千里。其国西南三里,有冻凌山。后役属于阗。

悉居半国,故西夜国也,一名子合。其王号子,治呼犍。在于阗西,去代万二千九百七十里。太延初,遣使来献,自后贡使不绝。

权于麾国,故乌秅国也。其王居乌秅城,在悉居半西南,去代一万二千九百七十里。

渠莎国,居故莎车城,在子合西北,去代一万二千九百八十里。

车师国,一名前部。其王居交河城。去代万五十里,其地北接蠕蠕。本通使交易,世祖初,始遣使朝献,诏行人王恩生、许纲等出使。恩生等始度流沙,为蠕蠕所执。恩生见蠕蠕吴提,持魏节不为之屈。后世祖切让吴提,吴提惧,乃遣恩生等归。许纲到敦煌,病死,朝廷壮其节,赐谥曰贞。

初,沮渠无讳兄弟之渡流沙也,鸠集遗人,破车师国。真君十一年,车师王车夷落遣使琢进、薛直上书曰:"臣亡父僻处塞外,仰慕天子威德,遣使表献,不空于岁。天子降念,赐遗甚厚。及臣继立,亦不阙常贡;天子垂矜,亦不异前世。敢缘至恩,辄陈私艰。臣国自无讳所击,经今八岁,人民饥荒,无以存活。贼今攻臣甚急,臣不能自全,遂舍国东奔,三分免一,即日已到焉耆东界。思归天阙,幸垂赈救。"于是下诏抚慰之,开焉耆仓给之。正平初,遣子入侍,自后每使朝贡。

且弥国,都天山东于大谷,在车师北,去代一万五百七十里。本役属车师。

焉耆国,在车师南,都员渠城,白山南七十里,汉时旧国也。去代一万二百里。其王姓龙,名鸠尸卑那,即前凉张轨所讨龙熙之胤。所都城方二里,国内凡有九城。

国小人贫,无纲纪法令。兵有弓刀甲稍。婚姻略同华夏。死亡者皆焚而后葬,其服制满七日则除之。丈夫并翦发以为首饰。文字与婆罗门同。俗事天神,并崇信佛法。尤重二月八日、四月八日。是日也,其国咸依释教,斋戒行道焉。气候寒,土田良沃,谷有稻、粟、菽、麦,畜有驼马。养蚕不以为丝,唯充绵纩。俗尚蒲萄酒,兼爱音乐。南去海十余里,有鱼盐蒲苇之饶。东去高昌九百里,西去龟兹九百里,皆沙碛;东南去瓜州二千二百里。

恃地多险,颇剽劫中国使。世祖怒之,诏成周公万度归讨之,约赍轻粮,取食路次。度归入焉耆东界,击其边守左回、尉犁二城,拔之,进军向员渠。鸠尸卑那以四五万人出城,守险以拒。度归募壮勇,短兵直往冲,鸠尸卑那众大溃,尽虏之,单骑走入山中。度归进屠其城,四鄙诸戎皆降服。焉耆为国,斗绝一隅,不乱日久,获其珍奇异玩殊方谲诡不识之物,橐驼马牛杂畜巨万。

时世祖幸阴山北宫,度归破焉耆露板至,世祖省讫,赐司徒崔浩书曰："万度归以五千骑经万余里，拔焉耆三城，获其珍奇异物及诸委积不可胜数。自古帝王，虽云即序西戎，有如指注，不能控引也。朕今手把而有之，如何？"浩上书称美，遂命度归镇抚其人。初，鸠尸卑那走山中，犹觊城不拔，得还其国。既见尽为度归所克，乃奔龟兹，龟兹以其婿，厚待之。

龟兹国，在尉犁西北，白山之南一百七十里，都延城，汉时旧国也。去代一万二百八十里。其王姓白，即后凉吕光所立白震之后。其王头系彩带，垂之于后，坐金师子床。所居城方五六里。其刑法，杀人者死，劫贼则断其一臂，并刖一足。税赋准地征租，无田者则税银钱。风俗、婚姻、丧葬、物产，与焉耆略同，唯气候少温为异。又出细毡、饶铜、铁、铅、麖皮、氍毹、盐绿、雌黄、胡粉、安息香、良马、犎牛等。东有轮台，即汉贰师将军李广利所屠者。其南三百里有大河东流，号计式水，即黄河也。东去焉耆九百里，南去于阗一千四百里，西去疏勒一千五百里，北去突厥牙帐六百余里，东南去瓜州三百里。其东阙城戍，寇窃非一。世祖诏万度归率骑一千以击之，龟兹遣乌羯目提等领兵三千距战，度归击走之，斩二百余级，大获驼马而还。

俗性多淫，置女市，收男子钱入官。土多孔雀，群飞山谷间，人取养而食之，孳乳如鸡鹜，其王家恒有千余只云。其国西北大山中有如膏者，流出成川，行数里入地，如馎糊，甚臭；服之，发齿已落者，能令更生，病人服之皆愈。自后每使朝贡。

姑默国，居南城，在龟兹西，去代一万五百里。役属龟兹。

温宿国，居温宿城，在姑默西北，去代一万五百五十里。役属龟兹。

尉头国，居尉头城，在温宿北，去代一万六百五十里。役属龟兹。

乌孙国，居赤谷城，在龟兹西北，去代一万八百里。其国数为蠕蠕所侵，西徙葱岭山中，无城郭，随畜牧逐水草。太延三年，遣使者董琬等使其国，后每使朝贡。

疏勒国，在姑墨西，白山南百余里，汉时旧国也，去代一万一千二百五十里。高宗末，其王遣使送释迦牟尼佛袈裟一，长二丈余。高宗以审是佛衣，应有灵异，遂烧之以验虚实，置于猛火之上，经日不然，观者莫不悚骇，心形俱肃。其王戴金师子冠。土多稻、粟、麻、麦、铜、铁、锡、雌黄、锦、绵，每岁常供送于突厥。其都城方五里，国内有大城十二，小城数十。人手足皆六指，产子非六指者即不育。胜兵二千人。南有黄河，西带葱岭，东去龟兹千五百里，西去镈汗国千里，南去朱俱波八九百里，东北至突厥牙帐千余里，东南去瓜州四千六百里。

悦般国，在乌孙西北，去代一万九百三十里。其先，匈奴北单于之部落也。为汉车骑将军窦宪所逐，北单于度金微山，西走康居，其羸弱不能去者住龟兹北。地数千里，众可二十余万。凉州人犹谓之"单于王"。其风俗言语与高车同，而其人清洁于胡。俗剪发齐眉，以醍醐涂之，昱昱然光泽，日三澡漱，然后饮食。其国南界有火山，山傍石皆焦熔，流地数十里乃凝坚，人取为药，即石流黄也。

与蠕蠕结好，其王尝将数千人入蠕蠕国，欲与大檀相见。入其界百余里，见其部人不浣衣，不绊发，不洗手，妇人舌舐器物。王谓其从臣曰："汝曹诳我入此狗国中！"乃驰还。大檀遣骑追之不及，自是相仇仇，数相征讨。真君九年，遣使朝献；并送幻人，称能割人喉脉令断，击人头令骨陷，皆血出或数升或盈斗，以草药内其口中，令嚼咽之，须臾血止，养疮一月复常，又无痕瘢。世祖疑其虚，乃取死罪囚试之，皆验。云中国诸名山皆有此草，乃使人受其术而厚遇之。

又言其国有大术者,蠕蠕来抄掠,术人能作霖雨狂风大雪及行潦,蠕蠕冻死漂亡者十二三。是岁,再遣使朝贡,求与官军东西齐契讨蠕蠕。世祖嘉其意,命中外诸军戒严,以淮南王他为前锋,袭蠕蠕。仍诏有司,以其鼓舞之节施于乐府。自后每使贡献。

者至拔国,都者至拔城,在疏勒西,去代一万一千六百二十里。其国东有潘贺那山,出美铁及师子。

迷密国,都迷密城,在者至拔西,去代一万二千六百里。正平元年,遣使献一峰黑橐驼。其国东有山,名郁悉满,山出金玉,亦多铁。

悉万斤国,都悉万斤城,在悉密西,去代一万二千七百二十里。其国南有山,名伽色那,山出师子。每使朝贡。

忸密国,都忸密城,在悉万斤西,去代二万二千八百二十八里。

洛那国,故大宛国也。都贵山城,在疏勒西北,去代万四千四百五十里。太和三年,遣使献汗血马,自此每使朝贡。

粟特国,在葱岭之西,古之奄蔡,一名温那沙。居于大泽,在康居西北,去代一万六千里。先是,凶奴杀其王而有其国,至王忽倪已三世矣。其国商人先多诣凉土贩货,及克姑臧,悉见虏。高宗初,粟特王遣使请赎之,诏听焉。自后无使朝献。

波斯国,都宿利城,在忸密西,古条支国也。去代二万四千二百二十八里。城方十里,户十余万,河经其城中南流。土地平正,出金、银、鍮石、珊瑚、琥珀、车渠、马脑,多大真珠、颇梨、琉璃、水精、瑟瑟、金刚、火齐、镔铁、铜、锡、朱砂、水银、绫、锦、叠、䍆、氍毹、氍毹、赤獐皮,及熏陆、郁金、苏合、青木等香,胡椒、毕拨、石密、千年枣、香附子、诃梨勒、无食子、盐绿、雌黄等物。气候暑热，家自藏冰。地多沙碛，引水溉灌。其五谷及鸟兽等与中夏略同，唯无稻及黍、稷。土出名马、大驴及驼，往往有日行七百里者，富室至有数千头。又出白象、师子、大鸟卵。有鸟形如橐驼，有两翼，飞而不能高，食草与肉，亦能啖火。

其王姓波氏，名斯。坐金羊床，戴金花冠，衣锦袍、织成帔，饰以真珠宝物。其俗：丈夫剪发，戴白皮帽，贯头衫，两厢近下开之，亦有巾帔，缘以织成；妇女服大衫，披大帔，其发前为髻，后披之，饰以金银花，仍贯五色珠，落之于膊。王于其国内，别有小牙十余所，犹中国之离宫也。每年四月出游处之，十月乃还。王即位以后，择诸子内贤者，密书其名，封之于库，诸子及大臣皆莫之知也。王死，众乃发书视之，其封内有名者，即立以为王，余子出各就边任，兄弟更不相见也。国人号王曰"医㘅"妃曰"防步率"，王之诸子曰"杀野"。大官有摸胡坛，掌国内狱讼；泥忽汗，掌库藏开禁；地早，掌文书及众务；次有遏罗诃地，掌王之内事；薛波勃，掌四方兵马。其下皆有属官，分统其事。兵有甲稍圆排剑弩弓箭，战兼乘象，百人随之。

其刑法：重罪悬诸竿上，射杀之；次则系狱，新王立乃释之；轻罪，则剟刖若髡，或剪半鬓，及系牌于项，以为耻辱，犯强盗者，系之终身；奸贵人妻者，男子流，妇人割其耳鼻。赋税则准地输银钱。俗事火神、天神。文字与胡书异。

多以姊妹为妻妾，自余婚合，亦不择尊卑，诸夷之中最为丑秽矣。百姓女年十岁以上有姿貌者，王收养之，有功勋人即以分赐。死者多弃尸于山，一月著服。城外有人别居，唯知丧葬之事，号为不净人，若入城市，摇铃自别。以六月为岁首，尤重七月七日、十二月一日。其日，人庶以上各相命召，设会作乐，以极欢娱。又每年正月二十日，各祭其先死者。

神龟中，其国遣使上书贡物，云："大国天子，天之所生，愿日出处常为汉中天子。波斯国王居和多千万敬拜。"朝廷嘉纳之。自此每使朝献。

伏卢尼国，都伏卢尼城，在波斯国北，去代二万七千三百二十里，累石为城。东有大河南流，中有鸟，其形似人，亦有如橐驼、马者，皆有翼，常居水中，出水便死。城北有云尼山，出银、珊瑚、琥珀，多师子。

色知显国，都色知显城，在悉万斤西北，去代一万二千九百四十里。土平，多五果。

伽色尼国，都伽色尼城，在悉万斤南，去代一万二千九百里。土出赤盐，多五果。

薄知国，都薄知城，在伽色尼南，去代一万三千三百二十里。多五果。

牟知国，都牟知城，在忸密西南，去代二万二千九百二十里。土平，禽兽、草木类中国。

阿弗太汗国，都阿弗太汗城，在忸密西，去代二万三千七百二十里。土平，多五果。

呼似密国，都呼似密城，在阿弗太汗西，去代二万四千七百里。土平，出银、琥珀，有师子，多五果。

诺色波罗国，都波罗城，在忸密南，去代二万三千四百二十八里。土平，宜稻、麦，多五果。

早伽至国，都早伽至城，在忸密西，去代二万三千七百二十八里。土平，少田植，取稻麦于邻国，有五果。

伽不单国，都伽不单城，在悉万斤西北，去代一万二千七百八十里。土平，宜稻、麦，有五果。

者舌国，故康居国，在破洛那西北，去代一万五千四百五十里。太延三年，遣使朝贡，自是不绝。

伽倍国，故休密翕侯。都和墨城，在莎车西，去代一万三千里。人居山谷间。

折薛莫孙国，故双靡翕侯。都双靡城，在伽倍西，去代一万三千五百里。人居山谷间。

钳敦国，故贵霜翕侯。都护澡城，在折薛莫孙西，去代一万三千五百六十里。人居山谷间。

弗敌沙国，故肸顿翕侯。都薄茅城，在钳敦西，去代一万三千六百六十里。居山谷间。

阎浮谒国，故高附翕侯。都高附城，在弗敌沙南，去代一万三千七百六十里。居山谷间。

大月氏国，都卢监氏城，在弗敌沙西，去代一万四千五百里。北与蠕蠕接，数为所侵，遂西徙都薄罗城，去弗敌沙二千一百里。其王寄多罗勇武，遂兴师越大山，南侵北天竺，自乾陁罗以北五国尽役属之。世祖时，其国人商贩京师，自云能铸石为五色琉璃，于是采矿山中，于京师铸之。既成，光泽乃美于西方来者。乃诏为行殿，容百余人，光色映彻，观者见之，莫不惊骇，以为神明所作。自此中国琉璃遂贱，人不复珍之。

安息国,在葱岭西,都蔚搜城。北与康居、西与波斯相接,在大月氏西北,去代二万一千五百里。

大秦国,一名黎轩,都安都城。从条支西渡海曲一万里,去代三万九千四百里。其海傍出,犹勃海也,而东西与勃海相望,盖自然之理。地方六千里,居两海之间。其地平正,人居星布。其王都城分为五城,各方五里,周六十里,王居中城。城置八臣,以主四方;而王城亦置八臣,分主四城。若谋国事及四方有不决者,则四城之臣集议王所,王自听之,然后施行。王三年一出观风化,人有冤枉诣王诉讼者,当方之臣,小则让责,大则黜退,令其举贤人以代之。其人端正长大,衣服车旗拟仪中国,故外域谓之大秦。

其土宜五谷、桑麻,人务蚕田,多球琳、琅玕、神龟、白马朱鬣、明珠、夜光璧。东南通交趾,又水道通益州永昌,郡多出异物。大秦西海水之西有河,河西南流。河西有南、北山,山西有赤水,西有白玉山。玉山西有西王母山,玉为堂云。从安息西界循海曲,亦至大秦,四万余里。于彼国观日月星辰,无异中国,而前史云条支西行百里日入处,失之远矣。

阿钩羌国,在莎车西南,去代一万三千里。国西有县度山,其间四百里中,往往有栈道,下临不测之渊,人行以绳索相持而度,因以名之。土有五谷诸果。市用钱为货。居止立宫室。有兵器。土出金珠。

彼路国,在阿钩羌西北,去代一万三千九百里。其地湿热,有蜀马。土平,物产国俗与阿钩羌同。

小月氏国,都富楼沙城。其王本大月氏王寄多罗子也。寄多罗为匈奴所逐,西徙后,令其子守此城,因号小月氏焉。在波路西南,去代一万六千六百里。先居西平、张掖之间,被服颇与羌同。其俗以金银钱为货。随畜牧移徙,亦类匈奴。其城东十里有佛塔,周三百五十步,高八十丈。自佛塔初建,计至武定八年,八百四十二年,所谓"百丈佛图"也。

罽宾国,都善见城,在波路西南,去代一万四千二百里,居在四山中。其地东西八百里,南北三百里。地平,温和。有苜蓿、杂草、奇木、檀、槐、梓、竹。种五谷,粪园田。地下湿,生稻。冬食生菜。其人工巧,雕文、刻镂、织罽。有金、银、铜、锡,以为器物。市用钱。他畜与诸国同。每使朝献。

吐呼罗国,去代一万二千里。东至范阳国,西至悉万斤国,中间相去二千里;南至连山,不知名;北至波斯国,中间相去一万里。国中有薄提城,周匝六十里。城南有西流大水,名汉楼河。土宜五谷,有好马、驼、骡。其王曾遣使朝贡。

副货国,去代一万七千里。东至阿副使且国,西至没谁国,中间相去一千里;南有连山,不知名;北至奇沙国,相去一千五百里。国中有副货城,周匝七十里。宜五谷、蒲桃,唯有马、驼、骡。国王有黄金殿,殿下金驼七头,各高三尺。其王遣使朝贡。

南天竺国,去代三万一千五百里。有伏丑城,周匝十里,城中出麿尼珠、珊瑚。城东三百里有拔赖城城,中出黄金、白真檀、石蜜、蒲萄。土宜五谷。世宗时,其国王婆罗化遣使献骏马、金银,自此每使朝贡。

叠伏罗国,去代三万一千里。国中有勿悉城,城北有盐奇水,西流。有白象,并有阿末黎,木皮中织作布。土宜五谷。世宗时,其国王伏陀末多遣使献方物,自是每使朝贡。

拔豆国,去代五万一千里。东至多勿当国,西至㤄那国,中间相去七百五十里,南至厨陵伽国,北至弗那伏且国,中间相去九百里。国中出金、银、杂宝、白象、水牛、牦牛、蒲萄、五果。土宜五谷。

㤄哒国,大月氏之种类也,亦曰高车之别种,其原出于塞北。自金山而南,在于阗之西,都马许水南二百余里,去长安一万一百里。其王都拔底延城,盖王舍城也。其城方十里余,多寺塔,皆饰以金。风俗与突厥略同。其俗:兄弟共一妻,夫无兄弟者,其妻戴一角帽;若有兄弟者,依其多少之数,更加角焉。衣服类加以缨络,头皆剪发。其语与蠕蠕、高车及诸胡不同。众可十万。无城邑,依随水草,以毡为屋,夏迁凉土,冬逐暖处。分其诸妻,各在别所,相去或二百三百里。其王巡历而行,每月一处,冬寒之时,三月不徙。王位不必传子,子弟堪任,死便授之。其国无车有舆,多驼马。用刑严急,偷盗无多少皆腰斩,盗一责十。死者,富者累石为藏,贫者掘地而埋,随身诸物,皆置家内。其人凶悍,能斗战。西域康居、于阗、沙勒、安息及诸小国三十,许皆役属之,号为大国。与蠕蠕婚姻自太安以后,每遣使朝贡。正光末,遣使贡师子一,至高平,遇万俟丑奴反,因留之。丑奴平,送京师。永熙以后,朝献遂绝。

初,熙平中,肃宗遣王伏子统宋云、沙门法力等使西域,访求佛经。时有沙门慧生者,亦与俱行,正光中还。慧生所经诸国,不能知其本末及山川里数。盖举其略云:其国去漕国千五百里,去瓜州六千五百里。

朱居国,在于阗西。其人山居。有麦,多林果。咸事佛。语与阗相类。役属㤄哒。

渴槃陁国,在葱岭东,朱驹波西。河经其国,东北流。有高山,夏积霜雪。亦事佛道。附于哒哒。

钵和国,在渴槃陀西。其土尤寒,人畜同居,穴地而处。又有大雪山,望若银峰。其人唯食饼麨,饮麦酒,服毡裘。有二道,一道西行向哒哒,一道西南趣乌苌。亦为哒哒所统。

波知国,在钵和西南。土狭人贫,依托山谷,其王不能总摄。有三池,传云大池有龙王,次者有龙妇,小者有龙子,行人经之,设祭乃得过,不祭多遇风雪之困。

赊弥国,在波知之南。山居,不信佛法,专事诸神。亦附哒哒。东有钵卢勒国。路险缘铁锁而度,下不见底。熙平中,宋云等竟不能达。

乌苌国,在赊弥南。北有葱岭,南至天竺。婆罗门胡为其上族。婆罗门多解天文吉凶之数,其王动则访决焉。土多林果,引水灌田,丰稻麦。事佛,多诸寺塔,事极华丽。人有争诉,服之以药,曲者发狂,直者无恙。为法不杀,犯死罪唯徙于灵山。西南有檀特山,山上立寺,以驴数头运食,山下无人控御,自知往来也。

乾陀国,在乌苌西,本名业波,为哒哒所破,因改焉。其王本是敕勒,临国民二世矣。好征战,与罽宾斗,三年不罢,人怨苦之。有斗象七百头,十人乘一象,皆执兵仗,象鼻缚刀以战。所都城东南七里有佛塔,高七十丈,周三百步,即所谓"雀离佛国"也。

康国者,康居之后也。迁徙无常,不恒故地,自汉以来,相承不绝。其王本姓温,月氏人也。旧居祁连山北昭武城,因被匈奴所破,西逾葱岭,遂有其国。枝庶各分王,故康国左右诸国,并以昭武为姓,示不忘本也。王字世夫毕,为人宽厚,其得众心。其妻,突厥达度可汗女也。都于萨宝水上阿禄迪城,多人居。大臣三人共掌国事。其王索发,冠七宝金花,衣绫、罗、锦、绣白叠,其妻有髻,幪以皂巾。丈夫剪发,锦袍。各为强国,西域诸国多归之。米国、史国、曹国、何国、安国、小安国、那色波国、乌那曷国、穆国皆归附之。有胡律,置于祆祠,将决罚,则取而断之。重者族,次罪者死,贼盗截其足。人皆深目、高鼻、多髯。善商贾,诸夷交易多凑其国。有大小鼓、琵琶、五弦箜篌。婚姻丧制与突厥同。国立祖庙,以六月祭之,诸国皆助祭。奉佛为胡书。气候温,宜五谷,勤修园蔬,树木滋茂。出马、驼、驴、犁牛、黄金、碙沙、𧄍香、阿薛那香、瑟瑟、獐皮、氍毹、锦、叠。多蒲萄酒,富家或致十石,连年不败。太延中,始遣使贡方物,后遂绝焉。

　　史臣曰:西域虽通魏氏,而中原始平,天子方以混一为心,未遑征伐。其信使往来,深得羁縻勿绝之道耳。

　　魏收书《西域传》,亡此卷全写《北史·西域传》,而不录安国以后。案《隋书·西域传》云康国“大业中始遣使贡方物,后遂绝焉”,此改“大业”字为“太延”,盖行人妄改。

魏书卷一〇三
列传第九一

蠕蠕　匈奴宇文莫槐
徒何段就六眷　高车

　　蠕蠕,东胡之苗裔也,姓郁久闾氏。始神元之末,掠骑有得一奴,发始齐眉,忘本姓名,其主字之曰木骨闾。"木骨闾"者,首秃也。木骨闾与郁久闾声相近,故后子孙因以为氏。木骨闾既壮,免奴为骑卒。穆帝时,坐后期当斩,亡匿广漠溪谷间,收合逋逃得百余人,依纯突邻部。木骨闾死,子车鹿会雄健,始有部众,自号柔然,而役属于国。后世祖以其无知,状类于虫,故改其号为蠕蠕。

　　车鹿会既为部帅,岁贡马畜、貂豽皮,冬则徙度漠南,夏则还居漠北。车鹿会死,子吐奴傀立。吐奴傀死,子跋提立。跋提死,子地粟袁立。地粟袁死,其部分为二,地粟袁长子匹候跋继父居东边,次子缊纥提别居西边。

　　及昭成崩,缊纥提附卫辰而贰于我。登国中讨之,蠕蠕移部遁走,追之,及于大碛南床山下,大破之,虏其半部。匹候跋及部帅屋击各收余落遁走,遣长孙嵩及长孙肥追之,渡碛。嵩至平望川,大破屋击,禽之,斩以徇。肥至涿邪山,及匹候跋,跋举落请降,获缊纥提子曷多汗及曷多汗兄诘归之、社仑、斛律等并宗党数百人,分配诸部。缊纥提西遁,将归卫辰,太祖追之,至跋那山,缊纥提复降,太祖抚尉如旧。

　　九年,曷多汗与社仑率部众弃其父西走,长孙肥轻骑追之,至上郡跋那山,斩曷多汗,尽殪其众。社仑与数百人奔匹候跋,匹候跋处之南鄙,去其庭五百里,令其子四人监之。既而社仑率其私属执匹候跋四子而叛,袭匹候跋。诸子收余众,亡依高车斛律部。社仑凶狡有权变,月余,乃释匹候跋,归其诸子,欲聚而歼之。密举兵袭匹候跋,杀匹候跋。子启拔、吴颉等十五人归于太祖。社仑既杀匹候跋,惧王师讨之,乃掠五原以西诸部,北度大漠。太祖以拔颉为安远将军、平棘侯。社仑与姚兴和亲。

太祖遣材官将军和突袭黜弗、素古延诸部,社仑遣骑救素古延,突逆击破之。社仑远遁漠北,侵高车,深入其地,遂并诸部,凶势益振。北徙弱洛水,始立军法:千人为军,军置将一人;百人为幢,幢置帅一人;先登者赐以虏获,退懦者以石击首杀之,或临时捶挞。无文记,将帅以羊屎粗计兵数,后颇知刻木为记。其西北有匈奴余种,国尤富强,部帅曰拔也稽,举兵击社仑,社仑逆战于颏根河,大破之,后尽为社仑所并。号为强盛。

随水草畜牧,其西则焉耆之地,东则朝鲜之地,北则渡沙漠,穷瀚海,南则临大碛。其常所会庭则敦煌、张掖之北,小国皆苦其寇抄,羁縻附之,于是自号丘豆伐可汗。"丘豆伐"犹魏言驾驭开张也,"可汗"犹魏言皇帝也。蠕蠕之俗,君及大臣因其行能即为称号,若中国立谥,既死之后,不复追称。太祖谓尚书崔玄伯曰:"蠕蠕之人,昔来号为顽嚣,每来抄掠,驾牸牛奔遁,驱犍牛随之,牸牛伏不能前。异部人有教其以犍牛易之者,蠕蠕曰:'其母尚不能行,而况其子'。终于不易,遂为敌所虏。今社仑学中国,立法置战陈,卒成边害。道家言圣人生,大盗起,信矣。"

天兴五年,社仑闻太祖征姚兴,遂犯塞,入参合陂,南至豺山及善无北泽。时遣常山王遵以万骑追之,不及。天赐中,社仑从弟悦代、大那等谋杀社仑而立大那,发觉,大那等来奔。以大那为冠军将军、西平侯,悦代为越骑校尉、易阳子。三年夏,社仑寇边。永兴元年冬,又犯塞。二年,太宗讨之,社仑遁走。

道死,其子度拔年少,未能御众,部落立社仑弟斛律,号蔼苦盖可汗，魏言姿质美好也。斛律北并贺术也骨国，东破譬历辰部落。三年，斛律宗人悦侯咄抵千等数百人来降。斛律畏威自守，不敢南侵，北边安静。神瑞元年，与冯跋和亲，跋聘斛律女为妻，将以交婚。斛律长兄子步鹿真谓斛律曰："女小远适，忧思生疾，可遣大臣树黎、勿地延等女为媵。"斛律不许。步鹿真出谓树黎等曰："斛律欲令汝女为媵，远至他国。"黎遂共结谋，令勇士夜就斛律穹庐，候伺其出，执之，与女俱嫔于和龙。乃立步鹿真。

步鹿真立，委政树黎。初，高车叱洛侯者叛其渠帅，导社仑破诸部落，社仑德之，以为大人。步鹿真与社仑子社拔共至叱洛侯家，淫其少妻。妻告步鹿真，叱洛侯欲举大檀为主，遗大檀金马勒为信。步鹿真闻之，归发八千骑往围叱洛侯。叱洛侯焚其珍宝，自刎而死。步鹿真遂掩大檀，大檀发军执步鹿真及社拔，绞杀之，乃自立。

大檀者，社仑季父仆浑之子，先统别部，镇于西界，能得众心，国人推戴之，号牟汗纥升盖可汗，魏言制胜也。斛律父子既至和龙，冯跋封为上谷侯。大檀率众南徙犯塞，太守亲之，大檀惧而遁走。遣山阳侯奚斤等追之，遇寒雪，士众冻死堕指十二三。及太宗崩，世祖即位，大檀闻而大喜，始光元年秋，乃寇云中。世祖亲讨之，三日二夜至云中。大檀骑围世祖五十余重，骑逼马首，相次如堵焉。士卒大惧，世祖颜色自若，众情乃安。

先是，大檀弟大那与社仑争国，败而来奔。大檀以大那子于陟斤为部帅，军士射于陟斤杀之，大檀恐，乃还。二年，世祖大举征之，东西五道并进：平阳王长孙翰等从黑漠，汝阴公长孙道生从白黑两漠间，车驾从中道，东平公娥清次西从栗园，宜城王奚斤、将军安原等西道从尔寒山。诸军至漠南，舍辎重，轻骑赍十五日粮，绝漠讨之，大檀部落骇惊北走。神麚元年八月，大檀遣子将骑万余人入塞，杀掠边人而走。附国高车追击破之。自广宁还，追之不及。

二年四月，世祖练兵于南郊，将袭大檀。公卿大臣皆不愿行，术士张渊、徐辩以天文说止世祖，世祖从崔浩计而行。会江南使还，称刘义隆欲犯河南，谓行人曰："汝疾还告魏主，归我河南地，即当罢兵,不然尽我将士之力。"世祖闻而大笑,告公卿曰:"龟鳖小竖,自救不暇,何能为也? 就使能来,若不先灭蠕蠕,便是坐待寇至,腹背受敌,非上策也。吾行决矣。"于是车驾出东道向黑山,平阳王长孙翰从西道向大娥山,同会贼庭。五月,次于沙漠南,舍辎重,轻袭之。至栗水,大檀众西奔。弟匹黎先典东落,将赴大檀,遇翰军,翰纵骑击之,杀其大人数百。大檀闻之震怖,将其族党,焚烧庐舍,绝迹西走,莫知所至。于是国落四散,窜伏山谷,畜产布野,无人收视。世祖缘栗水西行,过汉将窦宪故垒。六月,车驾次于兔园水,去平城三千七百里。分军搜讨,东至瀚海,西接张掖水,北渡燕然山,东西五千余里,南北三千里。高车诸部杀大檀种类,前后归降三十余万,俘获首虏及戎马百余万匹。八月,世祖闻东部高车屯巳尼陂,人畜甚众,去官军千余里。遂遣左仆射安原等往讨之。暨巳尼陂,高车诸部望军降者数十万。

大檀部落衰弱,因发疾而死,子吴提立,号敕连可汗,魏言神圣也。四年,遣使朝献。

先是,北鄙候骑获吴提南偏逻者二十余人,世祖赐之衣服,遣归。吴提上下感德,故朝贡焉。世祖厚宾其使而遣之。延和三年二月,以吴提尚西海公主,又遣使人纳吴提妹为夫人,又进为左昭仪。吴提遣其兄秃鹿傀及左右数百人来朝,献马二千匹,世祖大悦,班赐甚厚。至太延二年,乃绝和犯塞。四年,车驾幸五原,遂征之。乐平王丕、河东公贺多罗督十五将出东道,永昌王健、宜都王穆寿督十五将出西道,车驾出中道。至浚稽山,分中道复为二道,陈留王崇从大泽向涿邪山,车驾从浚稽北向天山。西登白阜,刻石记行,不见蠕蠕而还。时漠北大旱,无水草,军马多死。五年,车驾西伐沮渠牧犍,宜都王穆寿辅景穆居守,长乐王嵇敬、建宁王崇二万人镇漠南,以备蠕蠕。吴提果犯塞,寿素不设备。贼至七介山,京邑大骇,争奔中城。司空长孙道生拒之于吐颓山。吴提之寇也。留其兄乞列归与北镇诸军相守,敬、崇等破乞列归于阴山之北,获之。乞列归叹曰:"沮渠陷我也。"获其伯父他吾无鹿胡及其将帅五百人,斩首万余级。吴提闻而遁走,道生追之,至于漠南而还。

真君四年,车驾幸漠南,分四道:乐安王范、建宁王崇各统十五将出东道,乐平王督十五将出西道,车驾出中道,中山王辰领十五将为中军后继。车驾至鹿浑谷,与贼将遇,吴提遁走,追至颎至河,击破之。车驾至石水而还。五年,复幸漠南,欲袭吴提,吴提远遁,乃还。

吴提死,子吐贺真立,号处可汗,魏言唯也。十年正月,车驾北伐,高昌王那出东道,略阳王羯儿出西道,车驾与景穆自中道出涿邪山。吐贺真别部帅尔绵他拔等,率千余家来降。是时,军行数千里,吐贺真新立,恐惧远遁。九月,车驾北代,高昌王那出东道,略阳王羯儿出中道,与诸军期会于地弗池。吐贺真悉国精锐,军资甚盛,围那数十重。那掘长围坚守,相持数日。吐贺真数挑战,辄不利,以那众少而固,疑大军将至,解围夜遁。那引军追之,九日九夜,吐贺真益惧,弃辎重,逾穹隆岭远遁。那收其辎重,引军还,车贺会于广泽。略阳王羯儿尽收其人户畜产百余万。自是吐贺真遂单弱远窜,边疆息警矣。太安四年,车驾北征,骑十万,车十五万两,旌旗千里,遂渡大漠。吐贺真远遁,其莫弗乌朱驾颓率众数千落来降,乃刊石记功而还。世祖征伐之后,意存休息;蠕蠕亦怖威北窜,不敢复南。

和平五年,吐贺真死,子予成立,号受罗部真可汗,魏言惠也。自称永康元年,率部侵塞,北镇游军大破其众。皇兴四年,予成犯塞,车驾北讨。京兆王子推、东阳公元丕督诸军出西道,任城王云等督军出东道,汝阴王赐、济南公罗乌拔督军为前锋,陇西王源贺督诸军为后继。诸将会车驾于女水之滨,显祖亲誓众,诏诸将曰:“用兵在奇不在众也,卿等为朕力战,方略已在朕心。”乃选精兵五千人挑战,多设奇兵以惑之。虏众奔溃,逐北三十余里,斩首五万级,降者万余人,戎马器械不可称计。旬有九日,往返六千余里,改女水曰武川,遂作《北征颂》,刊石纪功。

延兴五年,予成求通婚娉,有司以予成数犯边塞,请绝其使,发兵讨之。显祖曰:“蠕蠕譬若禽兽,贪而亡义,朕要当以信诚待物,不可抑绝也。予成知悔前非,遣使请和,求结姻媛,安可孤其款意?"乃诏报曰:"所论婚事,今始一反,寻览事理,未允厥中。夫男而下女,爻象所明,初婚之吉,敦崇礼娉,君子所以重人伦之本。不敬其初,令终难矣。"予成每怀谲诈,终显祖世,更不求婚。

太和元年四月,遣莫何去汾比拔等来献良马、貂裘,比拔等称:"伏承天朝珍宝华丽甚积,求一观之。"乃敕有司出御府珍玩金玉、文绣器物,御厩文马、奇禽异兽,及人间所宜用者列之京肆,令其历观焉。比拔见之,自相谓曰:"大国富丽,一生所未见也。"二年二月,又遣比拔等朝贡,寻复请婚焉。高祖志存招纳,许之。予成虽岁贡不绝,而款约不著,婚事亦停。

九年,予成死,子豆仑立,号伏古敦可汗,魏言恒也。自称太平元年。豆仑性残暴好杀,其臣侯医垔、石洛候数以忠言谏之,又劝与国通和,勿侵中国。豆仑怒,诬石洛候谋反,杀之,夷其三族。十六年八月,高祖遣阳平王颐、左仆射陆睿并为都督,领军斛律桓等十二将七万骑讨豆仑。部内高车阿伏至罗率众十余万落西走,自立为主。豆仑与叔父那盖为二道追之,豆仑出自浚稽山北而西,那盖出自金山。豆仑频为阿伏至罗所败,那盖累有胜捷。国人咸以那盖为天所助,欲推那盖为主。那盖不从,众强之,那盖曰:"我为臣不可,焉能为主!"众乃杀豆仑母子,以尸示那盖,那盖乃袭位。

那盖号候其伏代库者可汗,魏言悦乐也。自称太安元年。那盖死,子伏图立,号他汗可汗,魏言绪也。自称始平元年。正始三年,伏图遣使纥奚勿六跋朝献,请求通和。世宗不报其使,诏有司敕勿六跋曰:"蠕蠕远祖社仑是大魏叛臣,往者包容,暂是通使。今蠕蠕衰微,有损畴日,大魏之德,方隆周汉,跨据中原,指清八表。正以江南未平,权宽北掠,通和之事,未容相许。若修藩礼,款诚昭著者,当不孤尔也。"永平元年,伏图又遣勿六跋奉函书一封,并献貂裘,世宗不纳,依前喻遣。

伏图西征高车,为高车王弥俄突所杀,子丑奴立号豆罗伏跋豆伐可汗,魏言彰制也。自称建昌元年。永平四年九月,丑奴遣沙门洪宣奉献珠像。延昌三年冬,世宗遣骁骑将军马义舒使于丑奴,未发而崩,事遂停寝。丑奴壮健,善用兵。四年,遣使侯斤尉比建朝贡。熙平元年,西征高车,大破之,禽其王弥俄突,杀之,尽并叛者,国遂强盛。二年,又遣侯斤尉比建、纥奚勿六跋、巩顾礼等朝贡。神龟元年二月,肃宗临显阳殿,引顾礼等二十人于殿下,遣中书舍人徐纥宣诏,让以蠕蠕藩礼不备之意。

初,豆仑之死也,那盖为主,伏图纳豆仑之妻候吕陵氏,生丑奴、阿那瑰等六人。奴立后,忽亡一子,字祖惠,求募不能得。有屋引副升牟妻是豆浑地万,年二十许,为医巫,假托神鬼,先常为丑奴所信,出入去来,乃言此儿今在天上,我能呼得。丑奴母子欣悦,后岁仲秋,在大泽中施帐屋,斋洁七日,祈请天上。经一宿,祖惠忽在帐中,自云恒在天上。丑奴母子抱之悲喜,大会国人,号地万为圣女,纳为可贺敦,授夫副升牟爵位,赐牛马羊三千头。地万既挟左道,亦有姿色,丑奴甚加重爱,信用其言,乱其国政。如是积岁,祖惠年长,其母问之,祖惠言:“我恒在地万家,不尝上天。上天者,地万教也。”其母具以状告丑奴,丑奴言:“地万悬鉴远事,不可不信,勿用谗言也。”既而地万恐惧,谮祖惠于丑奴,丑奴阴杀之。

正光初,丑奴母遣莫何去汾李具列等绞杀地万,丑奴怒,欲诛具列等。又阿至罗侵丑奴,丑奴击之,军败。还,为母与其大臣所杀。立丑奴弟阿那瑰。立经十日,其族兄俟力发示发卒众数万以伐阿那瑰,阿那瑰战败,将弟乙居伐轻骑南走归国。阿那瑰母候吕陵氏及其二弟寻为示发所杀,而阿那瑰未之知也。

九月,阿那瑰将至,肃宗遣兼侍中陆希道为使主,兼散骑常侍孟威为使副,迎劳近畿,使司空公、京兆王继至北中,侍中崔光、黄门郎元纂在近郊,并申宴劳,引至门阙下。十月,肃宗临显阳殿,引从五品以上清官、皇宗、藩国使客等列于殿庭,王公以下及阿那瑰等入,就庭中北面。位定,谒者引王公以下升殿,阿那瑰位于藩王之下;又引将命之官及阿那瑰弟并二叔,位于群官之下。遣中书舍人曹道宣诏劳问,阿那瑰启云:“陛下优隆,命臣弟叔等升殿预会,但臣有从兄，在北之日，官高于二叔，乞命升殿。"诏听之，乃位于阿那瓌弟之下，二叔之上。宴将罢，阿那瓌执启立于座后，诏遣舍人常景问所欲言，阿那瓌求诣殿前，诏引之。阿那瓌再拜跽曰："臣先世源由，出于大魏。"诏曰："朕已具之。"阿那瓌起而言曰："臣之先逐草放牧，遂居漠北。"诏曰："卿言未尽，可具陈之。"阿那瓌又言曰："臣先祖以来，世居北土。虽复隔越山津，而乃心慕化；未能时宣者，正以高车悖逆，臣国扰攘，不暇遣使，以宣远诚。自顷年以前，渐定高车。及臣兄为主，故遣巩顾礼等使来大魏，实欲虔修藩礼，是以曹道芝北使之日，臣与主兄即遣大臣五人拜受诏命。臣兄弟本心未及上彻，但高车从而侵暴，中有奸臣，因乱作逆，杀臣兄，立臣为主。裁过旬日，臣以陛下恩慈如天，是故仓卒轻身投国，归命陛下。"诏曰："具卿所陈，理犹未尽，可更言之。"阿那瓌再拜受诏，起而言曰："臣以家难，轻来投阙，老母在彼，万里分张，本国臣民，皆已迸散。陛下隆恩，有过天地。求乞兵马。还向本国，诛剪叛逆，收集亡散。陛下慈念，赐借兵马。老母若在，得生相见，以申母子之恩。如其死也，即得报仇，以雪大耻。臣当统临余人，奉事陛下，四时之贡，不敢阙绝。陛下圣颜难睹，敢有披陈，但所欲言者，口不能尽言，别有辞启，谨以仰呈，愿垂昭览。"仍以启付舍人常景，具以奏闻。寻封阿那瓌朔方郡公、蠕蠕王，赐以衣冕，加之辂盖，禄从、仪卫同于戚藩。

　　十二月，肃宗以阿那国无定主，思还绥集，启请切至，诏议之。时朝臣意有同异，或言听还，或言不可。领军元乂为宰相，阿那瓌私以金百斤货之，遂归北。二年正月，阿那瓌等五十四人请辞，肃宗临西堂，引见阿那瓌及其伯叔兄弟五人，升阶赐坐，遣中书舍人穆弼宣劳。阿那瓌等拜辞，诏赐阿那瓌细明光人马铠二具，铁人马铠六具；露丝银缠槊二张并白眊，赤漆槊十张并白眊，黑漆槊十张并幡；露丝弓二张并箭，朱漆柘弓六张并箭，黑漆弓十张并箭；赤漆楯六幡并刀，黑漆楯六幡并刀；赤漆鼓角二十具；五色锦被二领，黄绌被褥三十具；私府绣袍一领并并帽，内者绯纳袄一领；绯袍二十领并帽，内者杂彩千段；绯纳小口裤褶一具，内中宛具；紫纳大口裤褶一具,内中宛具;百子帐十八具,黄布幕六张;新乾饭一百石,麦麨八石,榛麨五石;铜乌镇四枚,柔铁乌镇二枚,各受二斛;黑漆竹枚四枚,各受二升;婢二口,父草马五百匹,驼百二十头,㸬牛一百头,羊五千口;朱画盘器十合;粟二十万石。至镇给之,诏侍中崔光、黄门元纂郭外劳遣。

阿那瓌来奔之后,其从父兄俟力发婆罗门卒数万人入讨示发,破之。示发走奔地豆于,为其所杀。推婆罗门为主,号弥偶可社句可汗,魏言安静也。时安北将军、怀朔镇将杨钧表:“传闻彼人已立主是阿那瓌同堂兄弟。夷人兽心,已相君长,恐未肯以杀兄之人,郊迎其弟。轻往虚反,徒损国威,自非广加兵众,无以送其入北。”二月,肃宗诏旧经蠕蠕使者牒云具仁,往喻婆罗门迎阿那环复藩之意。婆罗门殊自骄慢,无逊避之心,责具仁礼敬,具仁执节不屈。婆罗门遣大官莫何去汾、俟斤丘升头六人,将兵二千随具仁迎阿那瓌。五月,具仁还镇,论彼事势。阿那瓌虑不敢入,表求还京。会婆罗门为高车所逐,率十部落诣凉州归降,于是蠕蠕数万相率迎阿那瓌。七月,阿那瓌启云:“投化蠕蠕元退社、浑河旃等二人,以今月二十六日到镇,云国土大乱,姓姓别住,迭相抄掠,当今北人鹄望待拯。今乞依前恩,赐给精兵一万,还令督率送臣碛北,抚定荒人,脱蒙所请,事必克济。”诏付尚书、门下博议。八月,诏兼散骑常侍王遵业驰驲宣旨慰阿那瓌,并申赐赉。九月,蠕蠕后主俟匿伐来奔怀朔镇,阿那瓌兄也,列称规望乞军,并请阿那瓌。

十月,录尚书事高阳王雍、尚书令李崇、侍中侯刚、尚书左仆射元钦、侍中元乂、侍中安丰王延明、吏部尚书元修义、尚书李彦、给事黄门侍郎元纂、给事黄门侍郎张烈、给事黄门侍郎卢同等奏曰:“窃闻汉立南、北单于,晋有东、西之称,皆所以相维御难,为国藩篱。今臣等参议以为怀朔镇北土名无结山吐若奚泉,敦煌北西海郡即汉晋旧障,二处宽平,原野弥沃。阿那瓌宜置西吐若奚泉,婆罗门宜置西海郡,各令总率部落,收离聚散。其爵号及资给所须,唯恩裁处。彼臣下之官,任其旧俗。阿那瓌所居,既是境外,宜少优遣,以示威刑。请沃野、怀朔、武川镇各差二百人,令当镇军主监率,给其粮仗,送至前所,仍于彼为其造构,功就听还。诸于北来,在婆罗门前投化者,令州镇上佐准程给粮,送诣怀朔阿那瓌,镇与使人量给食廪。在京馆者,任其去留。阿那瓌草创,先无储积,请给朔州麻子乾饭二千斛,官驼运送。婆罗门居于西海,既是境内,资卫不得同之。阿那瓌等新造藩屏,宜各遣使持节驰驿先诣慰喻,并委经略。"肃宗从之。十二月,诏安西将军、廷尉元洪超兼尚书行台,诣敦煌安置婆罗门。婆罗门寻与部众谋叛投嚈哒。嚈哒三妻,皆婆罗门姊妹也。仍为州军所讨,擒之。

三年十二月,阿那瓌上表乞粟,以为田种,诏给万石。四年,阿那瓌众大饥,入塞寇抄,肃宗诏尚书左丞元孚兼行台尚书持节喻之。孚见阿那瓌,为其所执。以孚自随,驱掠良口二千,公私驿马牛羊数十万北遁,谢孚放还。诏骠骑大将军、尚书令李崇等率骑十万讨之,出塞三千余里,至瀚海,不及而还。俟匿伐至洛阳,肃宗临西堂,引见之。五年,婆罗门死于洛南之馆,诏赠使持节、镇西将军、秦州刺史、广牧公。

是岁,沃野镇人破六韩拔陵反,诸镇相应。孝昌元年春,阿那瓌率众讨之,诏遣牒云具仁赍杂物劳赐阿那瓌。阿那瓌拜受诏命,勒众十万,从武川镇西向沃野,频战克捷。四月,肃宗又遣兼通直散骑常侍、中书舍人冯隽使阿那瓌,宣劳班赐有差。阿那瓌部落既和,士马稍盛,乃号敕连头兵豆伐可汗,魏言把揽也。十月,阿那瓌复遣郁久闾弥娥等朝贡。三年四月,阿那瓌遣使人巩凤景等朝贡,及还,肃宗诏之曰:"北镇群狄,为逆不息,蠕蠕主为国立忠,助加诛讨,言念诚心,无忘寝食。今知停在朔垂,与尔朱荣邻接,其严勒部曲,勿相暴掠。又近得蠕蠕主启,更欲为国东讨。但蠕蠕主世居北漠,不宜炎夏,今可且停,听待后敕。"盖朝廷虑其反覆也。此后频使朝贡。

建义初,孝庄诏曰:"夫勋高者赏重,德厚者名隆。蠕蠕主阿那瓌镇卫北藩,御侮朔表,遂使阴山息警,弱水无尘,刊迹狼山,铭功瀚海,至诚既笃,勋绪莫酬。故宜标以殊礼,何容格以常式。自今以后,赞拜不言名,上书不称臣。"太昌元年六月,阿那瓌遣乌句兰树仟伐等朝贡,并为长子请尚公主。永熙二年四月,出帝诏以范阳王海之长女琅邪公主许之,未及婚,帝入关。齐献武王遣使说之,阿那瓌遣使朝贡,求婚。献武王方招四远,以常山王妹乐安公主许之,改为兰陵公主。瓌遣奉马千匹为娉礼,迎公主,诏宗正元寿送公主往北。自是朝贡相寻。瓌以齐献武王威德日盛,请致爱女于王,静帝诏王纳之。自此塞外无尘矣。

匈奴宇文莫槐,出于辽东塞外,其先南单于远属也,世为东部大人。其语与鲜卑颇异,人皆翦发,而留其顶上,以为首饰,长过数寸则截短之。妇女披长襦及足,而无裳焉。秋收乌头为毒药,以射禽兽。莫槐虐用其民,为部人所杀,更立其弟普拨为大人。

普拨死,子丘不勤立,尚平文女。丘不勤死,子莫廆立,本名犯太祖讳。莫廆遣弟屈云攻慕容廆,廆击破之;又遣别部素延伐慕容廆于棘城,复为慕容廆所破。时莫廆部众强盛,自称单于,塞外诸部咸畏惮之。莫廆死,子逊昵延立,率众攻慕容廆于棘城。廆子翰先戍于外,逊昵延谓其众曰:"翰素果勇,必为人患,宜先取之,城不足忧也。"乃分骑数千袭翰。闻之,使人诈为段末波使者,逆谓逊昵延曰:"翰数为吾患,久思除之。令闻来讨,甚善,戒严相待,宜兼路早赴。"翰设伏待之,逊昵延以为信然,长驱不备,至于伏所,为翰所虏。翰驰使告廆,乘胜遂进,及晨而至,廆亦尽锐应之。逊昵延见而方严,率众逆战,前锋始交,而翰已入其营,纵火燎之,众乃大溃,逊昵延单马奔还,悉俘其众。

逊昵延父子世雄漠北,又先得玉玺三纽,自言为天所相,每自夸大。及此败也,乃卑辞厚币,遣使朝献于昭帝,帝嘉之,以女妻焉。逊昵延死,子乞得龟立,复伐慕容廆,廆拒之。惠帝三年,乞得龟屯保浇水,固垒不战,遣其兄悉跋堆袭廆子仁于柏林,仁逆击,斩悉跋堆。廆又攻乞得龟克之,乞得龟单骑夜奔,悉虏其众。乘胜长驱,入其国城,收资财亿计,徙部民数万户以归。

先是，海出大龟，枯死于平郭，至是而乞得龟败。别部人逸豆归杀乞得龟而自立，与慕容晃相攻击，遣其国相莫浑伐晃，而莫浑荒酒纵猎，为晃所破，死者万余人。建国八年，晃伐逸豆归，逸豆归拒之，为晃所败，杀其骁将涉亦干。逸豆归远遁漠北，遂奔高丽。晃徙其部众五千余落于昌黎，自此散灭矣。

徒何段就六眷，本出于辽西。其伯祖日陆眷，因乱被卖为渔阳乌丸太库辱官家奴。诸大人集会幽州，皆持唾壶，唯库辱官独无，乃唾曰陆眷口中。日陆眷因咽之，西向拜天曰："愿使主君之智慧禄相，尽移入我腹中。"其后渔阳大饥，库辱官以日陆眷为健，使将之诣辽西逐食，招诱亡叛，遂至强盛。日陆眷死，弟乞珍代立，乞珍死，子务目尘代立，即就陆眷父也，据有辽西之地，而臣于晋。其所统三万余家，控弦上马四五万骑。晋穆帝幽州刺史王浚以段氏数为己用，深德之，乃表封务目尘为辽西公，假大单于印绶。浚使务目尘率万余骑伐石勒于常山封龙山下，大破之。务目尘死，就陆眷立。

就陆眷与弟匹磾、从弟末波等，率五万余骑围石勒于襄国。勒登城望之，见将士皆释仗寝卧，无警备之意，勒因其懈怠，选募勇健，穿城突出，直卫末波，生擒之。置之座上，与饮宴尽欢，约为父子，盟誓而遣之。末波既得免，就陆眷等遂摄军而还，不复报浚，归于辽西。自此以后，末波常不敢南向溲焉，人问其故，末波曰："吾父在南。"其感勒不害己也如此。

就陆眷死，其子幼弱，匹磾与刘琨世子群奔丧。匹磾阴卷甲而往，欲杀其从叔羽鳞及末波而夺其国。末波等知之，遣军逆击，匹磾、刘群为末波所获。匹磾走还蓟，惧琨擒己，请琨宴会因执而害之。匹磾既杀刘琨，与羽鳞、末波自相攻击，部众乖离。欲拥其众徙保上谷，阻军都之险，以拒末波等。平文帝闻之，阴严精骑将击之。匹磾恐惧，南奔乐陵。后石勒遣石虎击段文鸯于乐陵，破之，生擒文鸯。匹磾遂率其属及诸坞壁降于石勒。末波自称幽州刺史，屯辽西。

末波死，国人立日六眷弟护辽为主。烈帝特，假护辽骠骑大将军、幽州刺史、大单于、北平公，弟郁兰抚军将军、冀州刺史、勃海公。建国元年，石虎征护辽于辽西，护辽奔平冈山，遂投慕容晃，晃杀之。郁兰奔石虎，以所徙鲜卑五千人配之，使屯令支。郁兰死，子龛代之。及冉闵之乱，龛率众南移，遂据齐地。慕容俊使弟玄恭帅众伐龛于广固，执龛送之蓟，俊毒其目而杀之，坑其徒三千余人。

高车，盖古赤狄之余种也。初号为狄历，北方以为敕勒，诸夏以为高车、丁零。其语略与匈奴同，而时有小异，或云其先匈奴之甥也。其种有狄氏、袁纥氏、斛律氏、解批氏、护骨氏、异奇斤氏。

俗云匈奴单于生二女，姿容甚美，国人皆以为神。单于曰："吾有此女，安可配人，将以与天。"乃于国北无人之地，筑高台，置二女其上，曰："请天自迎之。"经三年，其母欲迎之，单于曰："不可，未彻之间耳。"复一年，乃有一老狼昼夜守台嗥呼，因穿台下为空穴，经时不去。其小女曰："吾父处我于此，欲以与天。而今狼来，或是神物，天使之然。"将下就之。其姊大惊曰："此是畜生，无乃辱父母也！"妹不从，下为狼妻而产子，后遂滋繁成国，故其人好引长歌，又似狼嗥。

无都统大帅，当种各有君长，为性粗猛。党类同心，至于寇难，翕然相依。斗无行陈，头别冲突，乍出乍入，不能坚战。其俗蹲倨亵黩，无所忌避。婚姻用牛马纳聘以为荣。结言既定，男党营车阑马，令女党恣取，上马祖乘出阑，马主立于阑外，振手惊马，不坠者即取之，坠则更取，数满乃止。俗无谷，不作酒，迎妇之日，男女相将，持马酪熟肉节解。主人延宾亦无行位，穹庐前丛坐，饮宴终日，复留其宿。明日，将妇归，既而将夫党还入其家马群，极取良马。父母兄弟虽惜，终无言者。颇讳取寡妇而优怜之。其畜产自有记识，虽阑纵在野，终无妄取。俗不清洁，喜致震霆，每震则叫呼射天而弃之移去。至来岁秋，马肥复相率候于震所，埋羖羊，然火，拔刀，女巫祝说，似如中国祓除，而群队驰马旋绕，百匝乃止。人持一束柳梜。回竖之，以乳酪灌焉。妇人以皮裹羊骸，戴之首上，萦屈发鬓而缀之，有似轩冕。其死亡葬送,掘地作坎,坐尸于中,张臂引弓,佩刀挟矟,无异于生,而露坎不掩。时有震死及疫疠,则为之祈福;若安全无他,则为报赛。多杀杂畜,烧骨以燎,走马绕旋,多者数百匝。男女无小大皆集会,平吉之人则歌舞作乐,死丧之家则悲吟哭泣。其迁徙随水草,衣皮食肉,牛羊畜产尽与蠕蠕同,唯车轮高大,辐数至多。

后徙于鹿浑海西北百余里,部落强大,常与蠕蠕为敌,亦每侵盗于国家。太祖亲袭之,大破其诸部。后太祖复度弱洛水,西行至鹿浑海,停驾简轻骑,西北行百余里,袭破之,虏获生口马牛羊二十余万。复讨其余种于狼山,大破之。车驾巡幸,分命诸将为东西二道,太祖亲勒六军从中道,自驳𬇙水西北,徇略其部,诸军同时云合,破其杂种三十余落。卫王仪别督将从西北绝漠千余里,复破其遗迸七部。于是高车大惧,诸部震骇。太祖自牛川南引,大校猎,以高车为围,骑徒遮列,周七百余里,聚杂兽于其中。因驱至平城,即以高车众起鹿苑,南因台阴,北距长城,东包白登,属之西山。寻而高车侄利曷莫弗敕力犍率其九百余落内附,拜敕力犍为扬威将军,置司马、参军,赐谷二万斛。后高车解批莫弗幡豆建复率其部三十余落内附,亦拜为威远将军,置司马、参军,赐衣服,岁给廪食。

蠕蠕社仑破败之后,收拾部落,转徙广漠之北,侵入高车之地。斛律部部帅倍侯利患之,曰:"社仑新集,兵贫马少,易与耳。"乃举众掩击,入其国落。高车昧利,不顾后患,分其庐室,妻其妇女,安息寝卧不起。社仑登高望见,乃招集亡散得千人,晨掩杀之,走而脱者十二三。倍侯利遂来奔,赐爵孟都公。倍侯利质直勇健过人,奋戈陷阵,有异于众。北方之人畏婴儿啼者,语曰"保侯利来",便止。处女歌谣云:"求良夫,当如倍侯。"其服众如此。善用五十蓍筮吉凶,每中,故得亲幸,赏赐丰厚,命其少子曷堂内侍。及倍侯利卒,太祖悼惜,葬以国礼,谥曰忠壮王。后诏将军伊谓帅二万骑北袭高车余种袁纥、乌频,破之。

太祖时,分散诸部,唯高车以类粗犷,不任使役,故得别为部落。后世祖征蠕蠕，破之而还，至漠南，闻高车东部在巳尼陂。人畜甚众，去官军千余里，将遣左仆射安原等讨之。司徒长孙翰、尚书令刘洁等谏，世祖不听，乃遣原等并发新附高车合万骑，至于巳尼陂。高车诸部望军而降者数十万落，获马牛羊亦百余万，皆徙置漠南千里之地。乘高车，逐水草，畜牧蕃息，数年之后，渐知粒食，岁致献贡，由是国家马及牛羊遂至于贱，毡皮委积。

高宗时，五部高车合聚祭天，众至数万。大会，走马杀牲，游绕歌吟忻忻，其俗称自前世以来无盛于此。会车驾临幸，莫不忻悦。后高祖召高车之众随车驾南讨，高车不愿南行，遂推表纥树者为主，相率北叛，游践金陵。都督宇文福追讨，大败而还。又诏平北将军、江阳王继为都督讨之，继先遣人慰劳树者。树者入蠕蠕，寻悔，相率而降。

高车之族又有十二姓：一曰泣伏利氏，二曰吐卢氏，三曰乙旃氏，四曰大连氏，五曰窟贺氏，六曰达薄干氏，七曰阿仑氏，八曰莫允氏，九曰俟分氏，十曰副伏罗氏，十一曰乞袁氏，十二曰右叔沛氏。先是，副伏罗部为蠕蠕所役属，豆仑之世，蠕蠕乱离，国部公散，副伏罗阿伏至罗与从弟穷奇俱统领高车之众十余万落。太和十一年，豆仑犯塞，阿伏至罗等固谏不从，怒，率所部之众西叛，至前部西北，自立为王，国人号之曰“候娄匐勒”，犹魏言大天子也。穷奇号“候倍”，犹魏言储主也。二人和穆，分部而立，阿伏至罗居北，穷奇在南。豆仑追讨之，频为阿伏至罗所败，乃引众东徙。十四年，阿伏至罗遣商胡越者至京师，以二箭奉贡，云：“蠕蠕为天子之贼，臣谏之不从，遂叛来至此而自竖立，当为天子讨除蠕蠕。”高祖未之信也，遣使者于提往观虚实。阿伏至罗与穷奇遣使者薄颉随于提来朝，贡其方物，诏员外散骑侍郎可足浑长生复与于提使高车，各赐绣裤褶一具，杂彩百匹。穷奇后为厌哒所杀，虏其子弥俄突等，其众分散，或来奔附，或投蠕蠕。诏遣宣威将军、羽林监孟威抚纳降人，置之高平镇。

阿伏至罗长子燕阿伏至罗余妻，谋害阿伏至罗，阿伏至罗杀之。阿伏至罗又残暴，大失众心，众共杀之，立其宗人跋利延为主。岁余，哌哒伐高车，将纳弥俄突，国人杀跋利延，迎弥俄突而立之。弥俄突既立，复遣朝贡，又奉表献金方一、银方一、金杖二、马七匹、驼十头。诏使者慕容坦赐弥俄突杂彩六十匹。世宗诏之曰："卿远据沙外，频申诚款，览揖忠志，特所钦嘉。蠕蠕、哌哒、吐谷浑所以交通者，皆路由高昌，掎角相接。今高昌内附，遣使迎引，蠕蠕往来路绝，奸势。不得妄令群小敢有陵犯，拥塞王人，罪在不赦。"弥俄突寻与蠕蠕主伏图战于蒲类海北，为伏图所败，西走三百余里。伏图次于伊吾北山。

先是，高昌王麹嘉表求内徙，世宗遣孟威迎之。至伊吾，蠕蠕见威军，怖而遁走。弥俄突闻其离骇，追击大破之，杀伏图于蒲类海北，割其发，送于孟威。又遣使献龙马五匹、金银貂皮及诸方物，诏东城子干亮报之，赐乐器一部，乐工八十人，赤绅十匹，杂彩六十匹。弥俄突遣其莫何去汾屋引叱贺真贡其方物。

肃宗初，弥俄突与蠕蠕主丑奴战败被擒，丑奴系其两脚于弩马之上，顿曳杀之，漆其头为饮器。其部众悉入哌哒。经数年，哌哒听弥俄突弟伊匐还国。伊匐既复国，遣使奉表，于是诏遣使者谷楷等拜为镇西将军、西海郡开国公、高车王。伊匐复大破蠕蠕，蠕蠕主婆罗门走投凉州。正光中，伊匐遣使朝贡，因乞朱画步挽一乘并幔褥，鞦靷一副，伞扇各一枚，青曲盖五枚，赤漆扇五枚，鼓角十枚。诏给之。伊匐后与蠕蠕战，败归，其弟越居杀伊匐自立。

天平中，越居复为蠕蠕所破，伊匐子比适复杀越居而自立。兴和中，比适又为蠕蠕所破。越居子去宾自蠕蠕来奔，齐献武王欲招纳远人，上言封去宾为高车王，拜安北将军、肆州刺史。既而病死。

初，太祖时有吐突邻部，在女水上，常与解如部相为唇齿，不供职事。登国三年，太祖亲西征，渡弱洛水，复西行趣其国，至女水上，讨解如部落破之。明年春，尽略徙其部落畜产而还。

又有纥突邻，与纥奚世同部落，而各有大人长帅，拥集种类，常为寇于意辛山。登国五年,太祖勒众亲讨焉。慕容驎率师来会,大破之。纥突邻大人屋地鞬、纥奚大人库寒等皆举部归降。皇始二年,车驾伐中山,军于柏肆,慕容宝夜来攻营,军人惊走还于国,路由并州,遂反,将攻晋阳,并州刺史元延讨平之。纥突邻部帅匿物尼、纥奚部帅叱奴根等,复聚党反于阴馆。南安公元顺讨之不克,死者数千人。太祖闻之,遣安远将军庾岳还讨匿物尼等,皆殄之。

又有侯吕邻部,众万余口,常依险畜牧。登国中,其大人叱伐为寇于苦水河。八年夏,太祖大破之,并禽其别帅焉古延等。

薛干部,常屯聚于三城之间。及灭卫辰后,其部帅太悉伏望军归顺,太祖抚安之。车驾还,卫辰子屈丐奔其部。太祖闻之,使使诏太悉伏执送之。太悉伏出屈丐以示使者曰:“今穷而见投,宁与俱亡,何忍送之。”遂不遣。太祖大怒,车驾亲讨之。会太悉伏先出击曹覆寅,官军乘虚,遂屠其城,获太悉伏妻子、珍宝,徙其人而还。太悉伏来赴不及,遂奔姚兴,未几亡归岭北。上郡以西诸鲜卑、杂胡闻而皆应之。天赐五年,屈丐尽劫掠总服之。及平统万,薛干种类皆得为编户矣。

而率屯山鲜卑别种破多兰部,世传主部落。至木易干,有武力,壮勇,劫掠左右。西及金城,东侵安定,数年间,诸种患之。天兴四年,遣常山王遵讨之于高平,木易干将数千骑弃国遁走,尽徙其人于京师。余种分进,其后为赫连屈丐所灭。

又黜弗、素古延等诸部,富而不恭。天兴五年,材官将军和突率六千骑袭而获之。

又越勒倍泥部,永兴五年,转牧跋那山西。七月,遣奚斤讨破之,徙其人而还。

史臣曰:周之猃狁,汉之匈奴,其作害中国固亦久矣。魏晋之世,种族瓜分,去来沙漠之陲,窥扰郛塞之际,犹皆东胡之余绪,冒顿之枝叶。至如蠕蠕者,匈奴之裔,根本莫寻,逃刑集丑,自小为大,风驰鸟赴,倏来忽往,代京由之屡骇,戎车所以不宁。是故魏氏祖宗扬威曜武,驱其畜产,收其部落,翦之穷发之野,逐之无人之乡。岂好肆兵极锐,凶器不戢,盖亦急病除恶,事不得已而然也。

魏书卷一〇四
列传第九二

序　传

　　汉初，魏无知封高良侯，子均，均子恢，恢子彦。彦子歆，字子胡，幼孤有志操，博洽经史。成帝世，位终钜鹿太守，仍家焉。歆子悦，字处德，性沉厚有度量，宣城公赵国李孝伯见而重之，以女妻焉。位济阴太守，以善政称。悦子子建，字敬忠，释褐奉朝请，累迁太尉从事中郎。

　　初，世祖时平氐，遂于武兴立镇，寻改为东益州。其后镇将、刺史乖失人和，群氐作梗，遂为边患，乃除子建为东益州刺史。子建布以恩信，风化大行，远近清静。正光五年，南、北二秦城人莫折念生、韩祖香、张长命相继构逆，佥以州城之人，莫不劲勇，同类悉反。宜先收其器械，子建以为城人数当行陈，尽皆骁果，安之足以为用，急之腹背为忧，乃悉召居城老壮晓示之，并上言诸城人本非罪坐而来者悉求听免。肃宗优诏从之。子建渐分其父兄子弟外居郡戍，内外相顾，终获保全。及秦贼乘胜，屯营黑水，子建乃潜使掩袭，前后斩获甚众，威名赫然，先反者及此悉降。及间使上闻，肃宗甚嘉之，诏子建兼尚书为行台，刺史如故。于是威震蜀土，其梁、巴、二益、两秦之事，皆所节度。

　　梁州刺史传竖眼子敬和中心以为愧，在洛大行货赂，以图行台。先是，子建亦屡求归京师。至此，乃遣刺史唐永代焉，竖眼因为行台。子建将还，群氐慕恋，相率断道。主簿杨僧覆先行晓喻，诸氐忿曰："我留刺史,尔送出也!"斫之数创,几死。子建徐加慰譬,旬日方得前行,吏人赠遗,一无所受。而东益氐、蜀寻反,攻逼唐永,永弃城而走,乃丧一藩矣。初,永之走,子建客有沙门昙璨及钜鹿人耿显皆没落氐手,及知子建之客,垂泣追衣物还之,送出白马。遗爱所被如此。自国家开华阳等郡,梁州邢峦、益州傅竖眼及子建为最。

初,子建为前军将军,十年不徙,在洛闲暇,与吏部尚书李韶、韶从弟延实颇为弈棋,时人谓为耽好。子建每曰："棋于机权廉勇之际,得之深矣。且吾未为时用,博弈可也。"及一临边事,凡经五年,未曾对局。

还洛后,俄拜常侍、卫尉卿。初,元颢内逼,庄帝北幸,子建谓所亲卢义僖曰："北海自绝社稷,称藩萧衍。吾老矣,岂能为陪臣?"遂携家口居洛南,颢平乃归。先苦风痹,及此遂甚,以卿任有务,屡上书乞身,特除右光禄大夫。邢杲之平,太傅李延实子侍中彧为大使,抚慰东土。时外戚贵盛,送客填门,子建亦往候别,延实曰："小儿今行,何以相勖?"子建曰："益以盈满为诫。"延实怅然久之。

及庄帝杀尔朱荣,遇祸于河阴者,其家率相吊贺。太尉李虔第二子仁曜,子建之女婿,往亦见害。子建谓姨弟卢道虔曰："朝廷诛翦权强,凶徒尚梗,未闻有奇谋异略,恐不可济。此乃李门祸始,吊贺无乃忽忽?"及永安之后,李氏宗族流离,或遇诛夷,如其所虑。后历左光禄大夫,加散骑常侍、骠骑大将军。

子建自出为藩牧,董司山南,居脂膏之中,遇天下多事,正身洁己,不以财利经怀。及归京师,家人衣食常不周赡,清素之迹著于终始。性存重慎,不杂交游,唯与尚书卢义僖、姨弟泾州刺史卢道裕雅相亲昵。

及疾笃,顾敕二子曰："死生大分,含气所同,世有厚葬,吾平生不取;蓬蒵裸身,又非吾意。气绝之后,敛以时服。吾生年契阔,前后三娶,合葬之事,抑又非古。且汝二母先在旧茔,坟地久固,已有定别,唯汝次母墓在外耳,可迁入兆域,依班而定,行于吾墓之后。如此足矣,不须祔合。当顺吾心,勿令吾有遗恨。"永熙二年春,卒于洛阳孝义里舍，时年六十三。赠仪同三司、定州刺史，谥曰文静。二子收、祚。

收，字伯起，小字佛助。年十五，颇已属文。及随父赴边，值四方多难，好习骑射，欲以武艺自达。荥阳郑伯调之曰："魏郎弄戟多少？"收惭，遂折节读书。夏月坐板床，随树阴讽诵，积年，床板为之锐减，而精力不辍。以文华显。

初以父功，除太学博士。及尔朱荣于河阴滥害朝士，收亦在围中，以日晏获免。吏部尚书李神隽重收才学，奏授司徒记室参军。永安三年，除北主客郎中。前废帝立，妙简近侍，诏试收为《封禅书》，收下笔便就，不立草稿，文将千言，所改无几。时黄门郎贾思同侍立，深奇之。帝曰："虽七步之才，无以过此。"迁散骑侍郎，寻敕典起居注，并修国史。俄兼中书侍郎，年二十六。

出帝初，又诏收摄本职，文诰填积，事咸称旨。黄门郎崔㥄从齐献武王入朝，熏灼于世，收初不诣门。㥄为帝《登祚赦》，云"朕托体孝文"，收嗤其率直。正员郎李慎以告之，㥄深忿忌。时前废帝殂，令收为诏，㥄乃宣言："收普泰世出入帏幄，一日造诏，优为词旨，然则义旗之士，尽为逆人。又收父老合解官归侍。"南台将加弹劾，赖尚书辛雄为言于中尉綦隽，乃解。收有贱生弟仲同先未齿录，因此怖惧，上籍，遣还乡扶侍。

出帝尝大发士卒，狩于嵩少之南，旬有六日，时既寒苦，朝野嗟怨。帝与从官皆胡服而骑，宫人及诸妃主杂其间，奇伎异饰，多非礼度。收欲言则畏惧，欲默不能已，乃上《南狩赋》以讽焉，年二十七，虽富言淫丽，而终归雅正。帝手诏报焉，甚见褒美。郑伯谓曰："卿不遇老夫，犹应逐兔。"初，齐献武王固让天柱大将军，帝敕收为诏，令遂所请，欲加相国，问收相国品秩，收以实对，帝遂止。收既未测主相之意，以前事不安，求解，诏许焉。久之，除帝兄子广平王赞开府从事中郎，收不敢辞，乃为《庭竹赋》以致己意。寻兼中书舍人，与济阴温子升、河间邢子才齐誉，世号三才。时出帝猜忌献武，内有间隙,收遂以疾固辞而免。其舅崔孝芬怪而问之,收曰:"惧有晋阳之甲。"寻而献武南上,帝西入关。

收兼通直散骑常侍副王昕聘萧衍,昕风流文辩,收辞藻富逸,衍及其群臣咸加敬异。先是,南北初和,李谐、卢元明首通使命,二人才器并为邻国所重。至此,衍称曰:"卢、李命世,王、魏中兴,未知后来复何如耳?"文襄启收兼散骑常侍,修国史。武定二年,除正常侍,领兼中书侍郎,仍修史。帝宴百僚,问何故名人日,皆莫能知。收对曰:"晋议郎董勋《答问》称,俗云正月一日为鸡,二日为狗,三日为猪,四日为羊,五日为牛,六日为马,七日为人。时邢邵亦在侧,甚恶焉。自南北和好,书下纸每云:"想彼境内宁静,此率土安和。"萧衍后使,其书乃去"彼"字,自称犹著"此",欲示无外之意。收定报书云:"想境内清晏,今万国安和。"南人复书,依以为礼。后献武入朝,静帝授相国,固让,令收为启。启成呈上,文襄时侍侧,献武指收曰:"此人当复为崔光。"四年,献武于西门豹祠宴集,谓司马子如曰:"魏收为史官,书吾善恶。闻北伐时,诸贵常饷史官饮食,司马仆射颇曾饷不?"因共大笑。仍谓收曰:"卿勿见元康等在吾目下趋走,谓吾以为勤劳,我后世身名在卿手,勿谓我不知。"寻加兼著作郎。

静帝曾季秋大射,普令赋诗,收诗末云:"尺书徵建邺,折简召长安。"文襄壮之,顾谓人曰:"在朝今有魏收,便是国之光彩。雅俗文墨,通达纵横,我亦使子才、子升时有所作,至于词气,并不及之。吾或意有所怀,忘而不语,语而不尽,意有未及。及收呈草,皆以周悉,此亦难有。"又敕兼主客郎,接萧衍使谢珽徐陵。侯景既陷台城,衍鄱阳王范时为合州刺史,文襄敕收以书喻之。范得书,乃率部伍西上,□州刺史崔圣念入据其城。文襄谓收曰:"今定一州,卿有其力,犹恨'尺书徵建邺'未效耳。"

文襄崩,文宣如晋阳,令与黄门郎崔季舒、高德正、吏部郎中尉瑾于北第参掌机密。转秘书监,兼著作郎,又除定州大中正。时齐将受禅,杨愔奏收置之别馆,令撰禅代诏册诸文,遣徐之才守门不听出。天保元年,除中书令,仍兼著作郎,封富平县子。二年,授诏撰魏史，除魏尹，故优以禄力，专在史阁，不知郡事。

初，帝令群臣各言志，收曰："臣愿得直笔东观，早出《魏书》。"故帝使收专其任。又诏平原王高隆之总监之，隆之署名而已。帝敕收曰："好直笔，我终不作魏太武诛史官。"始，魏初邓渊撰《代记》十余卷，其后崔浩典史，游雅、高允、程骏、李彪、崔光、李琰之世修其业。浩为编年体，彪始分作纪表志传，书犹未出。世宗时，命邢峦追撰《高祖起居注》，书至太和十四年，又命崔鸿、王遵业补续焉。下讫肃宗，事甚委悉。济阴王晖业撰《辨宗室录》三十卷。收于是与通直常侍房延祐，司空司马辛元植，国子博士刁柔、裴昂之，尚书郎高孝干，传总斟酌，以成《魏书》。辨定名称，随条甄举；又搜采亡遗，缀续后事，备一代史籍，表而上闻。勒成一代大典，凡十二纪、九十二列传，合一百一十卷，五年三月奏上之。秋，除梁州刺史，收以志未成，奏请终业，许之。十一月，复奏十志：天象四卷，地形三卷，律历二卷，礼乐四卷，食货一卷，刑罚一卷，灵徵二卷，官氏二卷，释老一卷，凡二十卷，续于纪传，合一百三十卷，分为十二帙。其史三十五例，二十五序，九十四论，前后二表一启焉。

前上十志启

臣收等启：昔子长命世伟才，孟坚冠时特透，宪章前哲，裁勒坟史，纪、傅之间，申以书、志，绪言余迹，可得而闻。叔峻删缉后刘，绍统削撰季汉，十《志》实范迁、固，表盖阙焉。曹氏一代之籍，了无具体；典午终世之笔，罕云周洽。假复事播，四夷盗听，间有小道俗言，要奇好异，考之雅旧，咸乖实录。自永嘉丧圮，中原淆然，偏伪小书，殆无可取。魏有天下，跨踪前载，顺未克让，善始令终。陛下极圣穷神，奉天屈己，顾眄百王，指掌万世，深存有魏抚运之业，永念神州人伦之绪。

臣等肃奉明诏，刊著魏籍，编纪次传，备闻天旨。窃谓志之为用，纲罗遗逸，载纪不可，附传非宜。理切必在甄明，事重尤应标著。搜猎上下，总括代终，置之众篇之后，一统天人之迹。褊心末识，辄在于此。是以晚始撰录，弥历炎凉，彩旧增新，今乃断笔。时移世易，理不刻船，登阁含毫，论叙殊致。《河沟》往时之切，《释老》当今之重，《艺文》前志可寻，《官氏》魏代之急，去彼取此，敢率愚心。谨成十志二十卷，请续于传末，并前例目，合一百三十一卷。臣等妨官秉笔，迄无可采，尘黩旒冕，堕深冰谷。谨启。

十一月，持节、都督梁州诸军事、骠骑将军、梁州刺史、前著作郎、富平县开国子臣魏收启

平南将军、司空司马修史臣辛元植

冠军将军、国子博士修史臣刀柔

陵江将军尚书左主客郎中修史臣高孝幹

前西河太守修史臣綦母怀文

魏书卷一○五之一
志第一

天象一

　　夫在天成象，圣人是观。日月五星，象之著者；变常舛度，徵咎随焉。然则明晦晕蚀，疾余犯守，飞流欻起，彗孛不恒。或皇灵降临，示谴以戒下；或王化有亏，感达于天路。《易》称"天垂象，见吉凶"，"观乎天文，以察时变"；《书》曰："历象日月星辰，敬授民时。"是故有国有家者之所祇畏也。百王兴废之验，万国祸福之未，兆勤虽微，罔不必至，著于前载，不可得而备举也。班史以日晕五星之属列《天文志》，薄蚀彗孛之以入《五行说》。七曜一□，而分为二《志》，故陆机云学者所疑也。今以在天诸异咸入天象，其应徵符合，随而条载，无所显验，则阙之云。

　　太祖天兴五年八月，天鸣。

　　六年九月，天鸣。

　　皇始二年十月壬辰，日晕，有佩琼。占曰"兵起"。天兴元年九月，乌丸张超收合亡命，聚党三千余家，据勃海之南皮，自号征东大将军、乌丸王，钞掠诸郡。诏将军庾岳讨之。

　　天兴三年六月庚辰朔，日有蚀之。占曰："外国侵，土地分"。五年五月，姚兴遣其弟义阳公平率众四万来侵平阳，乾壁为平所陷。

　　六年四月癸巳朔，日有蚀之。占曰"兵稍出"。十月，太祖诏将军伊谓率骑二万北袭高车，大破之。

　　天赐五年七月戊戌朔，日有蚀之。占曰"后死"。六年七月，夫人刘氏薨,后谥为宣穆皇后。

太宗神瑞二年八月庚辰晦,日有蚀之。

世祖始光四年六月癸卯朔,日有蚀之。占曰“诸侯非其人”。神麚元年二月,司空奚斤、监军侍御史安颉讨赫连昌,擒之于安定。其余众立昌弟定为主,走还平凉,斤追之,为定所擒。将军丘堆弃甲与守将高凉王礼东走蒲坂,世祖怒,斩堆。

神麚元年十一月乙未朔,日有蚀之。

太延元年正月己未朔,日有蚀之。

四年十一月丁卯朔,日有蚀之。

太平真君元年四月戊午朔,日有蚀之。

三年八月甲戌晦,日有蚀之。

六年六月戊子朔,日有蚀之。占曰“有九族夷灭”。七年正月戊辰,世祖车驾次东雍州。庚午,围薛永宗营垒。永宗出战,大败。六军乘之,永宗众溃,斩永宗,男女无少长皆赴汾水而死。

七年六月癸未朔,日有蚀之。占曰“不臣欲杀”。八年三月,河西王沮渠牧犍谋反,伏诛。

十年夏四月丙申朔,日有蚀之。

六月庚寅朔,日有蚀之。占曰“将相诛”。十一年六月己亥,诛司徒崔浩。

十一年十二月辛未,日南北有珥。

高宗兴安元年十一月己卯,日出赤如血。

二年三月,日晕。

兴光元年七月丙申朔,日有蚀之。

和平元年九月庚申朔,日有蚀之。

三年二月壬子朔,日有蚀之。占曰“有白衣之会”。六年五月癸卯,高宗崩。

显祖皇兴元年十月己卯朔,日有蚀之。

二年四月丙子朔,日有蚀之。占曰“将诛。”四年十月,诛济南王慕容白曜。

十月癸酉朔，日有蚀之。占曰"尊后有忧"。三年，夫人李氏薨，后谥思皇后。

三年十月丁酉朔，日有蚀之。

高祖延兴元年十二月癸卯，日有蚀之。占曰"有兵"。二年正月乙卯，统万镇胡民相率北叛，遣宁南将军、交阯公韩拔等灭之。

三年十二月癸卯朔，日有蚀之。

四年正月癸酉朔，日有蚀之。占曰"有崩主，天下改服。有大臣死"。五年十二月己丑，征北大将军、城阳王寿薨。六年六月辛未，显祖崩。

七月丙寅，日有背珥。

五年正月丁酉，白虹贯日，直珥一。

承明元年三月辛卯，日晕五重，有二珥。

太和元年冬十月辛亥朔，日有蚀之。

二年正月辛亥，日晕，东西有珥。

二月乙酉晦，日有蚀之。占曰"有欲反者，近三月，远三年"。四年正月癸卯，洮阳羌叛，枹罕镇将讨平之。

九月乙巳朔，日有蚀之。占曰"东邦发兵"。四年十月丁未，兰陵民桓富杀其县令，与昌虑桓和北连太山群盗张和颜等聚党保五固，推司马朗之为主，诏淮阳王尉元等讨之。

三年春正月癸丑，日晕，东西有珥，有佩戟一重，北有偃戟四重，后有白气贯日珥，状如车轮。京师不见，雍州以闻。

三月癸卯朔，日有蚀之。占曰"大臣诛"。四月，雍州刺史、宜都王目辰有罪，赐死。

四年正月辛酉，日东西有珥，北有佩，日晕贯两珥。

五年正月庚辰，日晕，东西有珥；南北并白气，长一丈，广二尺许；北有连环晕。又贯珥内，复有直气，长三丈许，内黄、中青、外白。晕乍成，散，乃灭。

七月庚申朔，日有蚀之。

七年十二月乙巳朔，日有蚀之。

八年正月戊寅,有白气贯日。占曰'近臣乱'。十年三月丁亥,中散梁众保等谋反,伏诛。

十一年十一月丁亥,日失色。

十二年三月戊戌,白虹贯日。

十三年二月乙亥朔,日十五分蚀八。占曰'有白衣之会'。十一月己未,安丰王猛薨。

十四年二月己巳朔未时,云气班驳,日十五分蚀一。占曰'有白衣之会'。九月癸丑,文明太皇太后冯氏崩。

十五年正月癸亥晦,日有蚀之。占曰'王者将兵,天下扰动'。十七年六月丙戌,高祖南伐。

十七年六月庚辰朔,日有蚀之。

十八年五月甲戌朔,日有蚀之。

二十年九月庚寅晦,日有蚀之。

二十三年六月己卯,日中有黑气。占曰'内有逆谋'。八月癸亥,南徐州刺史沈陵南叛。

十二月甲申,日中有黑气,大如桃。

世宗景明元年正月辛丑朔,日有蚀之。

七月己亥朔,日有蚀之。

二年四月癸酉,日自午及未再晕,内黄外白。

七月癸巳朔,日有蚀之。

八月戊辰,日赤无光,中有黑子一。

三年正月乙巳,日中有黑气,如鹅子,申、酉复见。又有二黑气横贯日。

二月辛卯,日中有黑气,大如鹅子。

七月丁巳朔,日有蚀之。

正始元年十二月丙戌,黑气贯日。壬子,日有冠珥,内黄外青。占曰'天下喜'。三年正月丁卯,皇子生,大赦天下。

三年二月甲辰,日左右有珥,内赤外黄。

辛亥,日晕,外白内黄。

十月乙巳，日赤无光。

十二月乙卯，日晕，内黄外青；东西有珥，北有背。巳时，白虹贯日。

永平元年三月己酉，日南北有珥，外青内黄，晕不匝；西北有直气，长尺余；北有白虹贯日。

八月壬子朔，日有蚀之。

二年八月丙午朔，日有蚀之。

丁卯旦，日旁有黑气，形如月，从东南来冲日。如此者一辰，乃灭。

三年二月甲子，日中有黑气二。

十二月乙未，日交晕，中赤外黄；东西有珥，南北白晕贯日，皆匝。

四年十一月癸卯，日中有黑气二，大如桃。占曰‘天子崩’。延昌四年正月丁巳，世宗升遐。

十二月壬戌朔，日有蚀之，在牛四度。占曰“其国叛兵发”。延昌二年正月庚辰，萧衍郁洲民徐玄明等斩送衍镇北将军、青冀二州刺史张稷首，以州内附。

延昌元年二月甲戌，至于辛戌，日初出及将没，赤白无光明。

五月己未晦，日十五分蚀九。占曰‘大旱，民流千里’。二年春，京师民饥，死者数万口。

二年闰月辛亥，日中有黑气。占曰“内有逆谋”。三年十一月丁巳，幽州沙门刘僧绍聚众反，自号净居国明法王，州郡捕斩之。

五月甲寅，日有蚀之，京师不见，恒州以闻。

三年三月庚申，日交晕，其色内赤黄，外青白；南北有佩，可长二丈许，内赤黄，外青白；西有白晕贯日。又日东有一抱，长二丈许，内赤黄，外青。

肃宗熙平元年三月戊辰朔，日有蚀之。

丁丑，日出无光，至于酉时。占曰“兵起。”神龟元年正月，秦州羌反。二月己酉，东益州氐反。七月，河州民却铁忽聚众反，自称水池王。

四月甲辰卯时,日晕帀,西有一背,内赤外黄;南北有珥,内赤外黄,渐灭。

十二月己酉,日晕,北有一抱,内赤外白,两傍有珥,北有白虹贯日。

神龟元年三月丁丑,白虹贯日。占曰"天下有来臣之众,不三年"。十一月乙酉,蠕蠕莫缘梁贺侯豆率男女七百口来降。

二年正月辛巳朔,日有蚀之。

正光元年正月乙亥朔,日有蚀之。占曰"有大臣亡"。七月丙子,杀太傅、领太尉、清河王怿。

二年五月丁酉,日有蚀之,夏州以闻。

三年正月甲寅,日交晕,内赤外青,有白虹贯晕;外有直气,长二丈许,内赤外青。

五月壬辰朔,日有蚀之。占曰"秦邦不臣"。五年六月,秦州城人莫折大提据城反,自称秦王。

十月己巳,太史奏自入月已来,黄埃掩日,日出三丈,色赤如赭,无光曜。

十一月己丑朔,日有蚀之。占曰"有小兵,在西北"。四年二月己卯,蠕蠕主阿那瓌率众犯塞。

四年十一月癸未朔,日有蚀之。

五年闰月乙酉,日晕,内赤外青;南有珥,上有一抱两背,内赤外青。

三月丁卯,日晕三重,外青内赤。占曰"有谋其主"。孝昌元年正月庚申,徐州刺史元法僧据城反,自称宋王。

十二月丙申,日晕,南北有珥,上有两抱一背。

孝昌元年十二月丙戌,白虹刺日不过,虹中有一背。占曰"有臣背其主";一曰"有反城"。二年九月己卯,东豫州刺史元庆和据城南叛。

三年十一月戊寅辰时,日晕,东面不合,其色内赤外黄;东西有珥,内赤外黄;西北去晕一尺余,有一背,长二丈余,广三尺许,内赤外黄。

　　庄帝永安二年三月甲戌未时,日晕三重,内黄赤,外青白,晕东西两处不合,其状如抱。

　　五月辛酉,日晕,东西两处不合。

　　辛未申时,日南有珥;去一尺余,有一背,长三丈许,广五尺余,内赤外青。

　　七月丙寅,直东去日三尺许有一背,长二丈余,内赤外青。半食顷,从北头渐灭至半,须臾还如初见,内赤外青,其色分炳。

　　十月己酉朔,日从地下蚀出,十五分蚀七,亏从西南角起。占曰"西夷欲杀,后有大兵,必西行"。三年四月丁卯,雍州刺史尔朱天光讨擒万俟丑奴、萧宝夤于安定,送京师斩之。

　　三年五月戊戌辰时,日晕币,内赤外白,晕内有两珥;西有白虹贯日;东北有一背,内赤外青;南有一背,内赤外青;东有一抱,内青外赤。京师不见,青州表闻。

　　六月辛丑,日晕,白虹贯日。

　　前废帝普泰元年三月丁亥,日月并赤赭色,天地浑浊。

　　六月巳亥朔,日蚀,从西南角起,云阴不见,定相二州表闻。占曰"主弱,小人持政"。时尔朱世隆兄弟专擅威福。

　　后废帝中兴二年二月辛丑辰时,日晕,东西不合,其色内赤外青;南北有珥;西北去晕一尺余,有一背,长二丈许,可广三尺,内赤外青。

　　十一月,日晕再重,上有背,长三丈余,内青外赤。

　　出帝太昌元年五月,日晕再重,上有两背,一尺许。

　　癸丑午时,日南有珥,去日一尺余有一背,长三丈许,广五尺,内赤外青。

　　十月辛酉朔,日从地下蚀出,亏从西南角起。占曰"有兵大行"。永熙二年正月甲午,齐献武王自晋阳出讨尔朱兆。丁酉,大破之于赤洪呤,兆遁走自杀。

永熙二年四月己未朔,日有蚀之,在丙,亏从正南起。占曰"君阴谋"。三年五月辛卯,出帝为斛斯椿等诸佞关构,猜于齐献武王,托讨萧衍,盛暑徵发河南诸州之兵,天下怪恶之。语在《斛斯椿传》。

三年四月癸丑,日有蚀之。占曰"有乱杀天子者"。七月丁末,出帝为斛斯椿等迫协,遂出于长安。

孝静元象元年春正月辛丑朔,日有蚀之。占曰"大臣死"。八月辛卯,司徒公高敖曹战殁于河阴。

六月己丑,日晕一重,有两珥;上有背,长二丈余。

十一月己巳辰时,日晕,南面不合,东西有珥、背,有白虹,至珥不彻。

二年二月己丑巳时,日晕帀,白虹贯日不彻。

兴和二年闰月丁丑朔,日有蚀之。占曰"有小兵"。七月癸巳,元宝炬广豫二州行台赵继宗、南青州刺史崔康寇阳翟,镇将击走之。

武定三年冬十一月壬申,日晕两重,东南角不合;西南、东北有珥;西北有两重背;东北、西北有白气,并有两珥;中间有一白气,东西璜至珥。

十二月乙酉,竟天微有白云,日晕,东南角不合;西南、东北有珥;西北有一背,去日一尺。

五年正月己亥朔,日有蚀之,从西南角起。占曰"不有崩丧,必有臣亡,天下改服"。丙午,齐献武王薨。

三月辛丑,日晕帀,西北交晕贯日,并有一珥一抱。

六年七月庚寅朔,日有蚀之,亏从西北角起。

魏书卷一〇五之二
志第二

天象二

太祖皇始二年六月庚戌,月掩太白,在端门外。占曰"国受兵"。九月,慕容贺驎率三万余人出寇新市。十月,太祖破之于义台坞,斩首九千余级。

天兴元年十一月丁丑,月犯东上相。

二年五月辛酉,月掩东上相。

八月壬辰,月犯牵牛。占曰"国有忧"。三年二月丁亥,皇子聪薨。

三年三月乙丑,月犯镇星,在牵牛。

七月己未,月犯镇星,在牵牛。

辛酉,月犯哭星。

四年三月甲子,月生齿。占曰"有贼臣"。五年十一月,秀容胡帅、前平原太守刘曜聚众为盗,遣骑诛之。

七月丁卯,月犯天关。

十月甲子,月犯东次相。

五年四月辛丑,月掩辰星,在东井。

五月丙申,月犯太微。

七月己亥,月犯岁星,在左角。

十月戊申,月晕左角。时帝讨姚兴弟平于乾壁,克之。太史令晁崇奏角虫将死,上虑牛疫,乃命诸军并重焚车。丙戌,车驾北引。

牛大疫,死者十八九,官车所驭巨犗数百,同日毙于路侧,首尾相属,麋鹿亦多死。

乙卯,月犯太微。占曰"贵人忧"。六年七月,镇西大将军、司隶校尉、毗陵王顺有罪,以王还第。

十二月庚申,月与太白同入羽林。

六年正月,月掩氐西南星。

六月甲辰,月掩北斗魁第四星。

十月乙巳,月犯轩辕第四星。

十一月辛巳,月犯荧惑。

天赐元年二月甲辰,月掩岁星,在角。占曰"天下兵起"。三年四月,蠕蠕寇边,夜召兵将,旦,贼走乃罢。

四月甲午,月掩轩辕第四星。占曰"女主恶之"。六年七月,夫人刘氏薨,后谥宣穆皇后。

五月壬申,月掩斗魁第二星。

二年三月壬辰,月掩左执法。

丁酉,月掩心前星。

四月己卯,月犯镇星,在东壁。占曰"贵人死"。四年五月,常山王遵有罪,赐死。

七月己未,月掩镇星。

八月丁巳,月犯斗第一星。占曰:"大臣忧"。三年七月,太尉穆崇薨。

十月丁巳,月掩镇星,在营室。

三年二月己丑,月犯心后星。

四月癸丑,月犯太微西上将。

己未,月犯房南第二星。占曰"将相有忧。"四年五月,诛定陵公和跋。

五月癸未,月犯左角。占曰"左将军死"。六年三月,左将军、曲阳侯元素延死。

十二月丙午,月掩太白,在危。

四年二月庚申，月掩心后星。

五年五月丁末，月掩斗第二星。占曰“大人忧”。六年十月戊辰，太祖崩。

太宗永兴元年二月甲子，月犯昴。占曰“胡不安，天子破匈奴”。二年五月，太宗讨蠕蠕社崙，社崙遁走。

九月壬寅，月犯昴。

闰月丁酉，月犯昴。

二年三月丁卯，月掩房南第二星，又掩斗第五星。

五月甲子，月掩斗第五星。

己亥，月掩昴。

六月己丑，月犯房南第二星。

七月乙亥，月犯舆鬼。

八月甲申，月犯心前星。

三年六月庚子，月犯岁星，在毕。占曰‘有边兵。’五年四月，上党民劳聪士臻群聚为盗，杀太守令长，相率外奔。

八月乙未，月犯岁星，在参。

四年春正月壬戌，月行毕，蚀岁星。

癸亥，月掩房北第二星。

闰月庚申，月行昴，犯荧惑。

七月，月蚀荧惑。

八月戊申，月犯泣星。

十月辛亥，月掩天关。占曰“有兵”。五年六月，护泽民刘逸自号征东将军、三巴王，署置官属，攻逼建兴郡，元城侯元屈等讨平之。

五年三月戊辰，月行参，犯太白。

四月癸卯，月晕翼、轸、角。

七月庚午，月掩钩钤。占曰“喉舌臣忧”。五年三月，散骑常侍王洛儿卒。

八月庚申，月犯太白。占曰“忧兵。”神瑞元年二月，赫连屈丐入寇河东,杀掠吏民,三城护军张昌等要击走之。

九月己丑,月犯左角。占曰“天下有兵。”神瑞元年十二月,蠕蠕犯塞。

十月乙巳,月犯毕。占曰“贵人有死者”。泰常元年三月,长乐王处文薨。

十一月丙戌,月蚀房第一星。

十二月甲辰月,三晕东井。

神瑞元年正月丁卯,月犯毕。占曰“贵人有死者”。泰常元年四月庚申,河间王修薨。

二月戊申,月蚀房第一星。

三月壬申,月蚀左角。

五月壬寅,月犯牵牛南星。

六月丙申,月掩氐。

七月庚辰,月犯天关。

八月丁酉,月蚀牵牛中大星。

己酉,月犯西咸。占曰“有阴谋”。神瑞二年三月,河西饥胡屯聚上党,推白亚栗斯为盟主,号大单于,称建平元年。四月,诏将军公孙表等五将讨之。

二年三月丁巳,月入毕。占曰“天下兵起”。泰常元年三月,常山民霍季自言名载图谶,持一黑石,以为天赐玉印,诳惑聚党,入山为盗。州郡捕斩之。

四月己卯,月犯毕阳星。

七月辛丑,月犯毕,占曰“贵人有死者”。泰常元年十二月,南阳王良薨。

八月壬子,月犯氐。

十月甲子,月晕毕。

十一月,月晕轩辕。

戊午,月犯毕阳星。

泰常元年五月甲申,月犯岁星,在角。

六月己巳，月犯毕。占曰"贵人死"。二年十月，豫章王夔薨。

七月，月犯牛。

十月丙戌，月入毕。占曰"有边兵"。二年二月，司马德宗谯王司马文思自江东遣使诣阙上书，请军讨刘裕，太宗诏司徒长孙嵩率诸将邀击之。

二年五月丙子，月犯轩辕。

八月己酉，月犯牵牛。占曰："其地有忧"。三年，司马德宗死。

丁卯，月犯太微。

十一月癸未，月犯东井南辕西头第一星。占曰"诸侯贵人死"一曰"有水"。三年八月，雁门、河内大雨水，复其租税。五年三月，南阳王意文薨。

二年正月戊申，月犯舆鬼、积尸。己酉，月犯轩辕、爝星。占曰"女主有忧。"五年六月丁卯，贵嫔杜氏薨，后谥密皇后。

四月壬申，月犯镇星，在张。

五月癸亥，月犯太白于东井。

七月丁巳，月犯东井。

九月丙寅，月犯荧惑，在张翼。

十一月庚申，月犯太白，在斗。

十二月庚辰，月犯荧惑于太微。

四年正月丙午，月犯太微。

三月壬寅，月犯太微。

五月丙申，月犯太微。占曰"人君忧"。八年十一月，太宗崩。

十二月丁巳，月犯太白，入羽林。

五年十一月辛亥，月蚀荧惑，在亢。占曰"韩郑地大败"。八年九月，刘义符颍川太守李元德窃入许昌，太宗诏交趾侯周几击之，元德遁走。

六年二己亥，月蚀南斗杓星。

五月丙辰，月晕，在角亢。

七年正月丁卯，月犯南斗。占曰"大臣忧"。三月，河南王曜薨。

三月壬戌,月犯南斗。

五月丙午,月犯轩辕。

六月辛巳,月犯房。占曰"将相有忧"八年六月己亥,太尉宜都公穆观薨。

世祖始光元年正月壬午,月犯心中央大星。

二年三月丙子,月犯荧惑,在虚。

十二月丁酉,月犯轩辕。

神麚三年夏四月壬戌,月犯轩辕。

六月,月犯岁星。

四年十月丙辰,月掩天关。占曰"有兵"。延和元年七月,世祖讨冯文通于和龙。

十二月,月犯房、钩钤。

延和元年三月,月犯轩辕。

四月,月犯左角。占曰"天下有兵"。二年二月,征西将军金崖与安定镇将延普及泾州刺史狄子玉争权举兵攻普,不克,退保胡空谷,驱掠平民,据险自固。世祖诏平西将军、安定镇将陆俟讨获之。

五月,月犯轩辕,掩南斗第六星。

七月丙午,月蚀左角。

三年二月庚午,月犯毕口而出,月晕昴、五车及参。占曰"贵人死"。五月甲子,阴平王求薨。

闰月己丑,月入东井,犯太白。占曰"忧兵"。七月辛巳,世祖行幸隰城,命诸军讨山胡白龙于西河,克之。

太延元年五月壬子,月犯右执法。占曰"执法有忧"。十月,尚书左仆射安原谋反,伏诛。

十月丙午,月犯右执法。

二年正月庚午,月犯荧惑。占曰"贵人死"。三年正月癸未,征东大将军、中山王纂薨。

二月,月犯太微东蕃第一星。

三月癸亥,月犯太微右执法,又犯上相。占曰"将相有免者"。真君二年三月庚戌,新兴王俊、略阳王羯儿有罪,并黜为公。

三年正月,月犯东井。占曰"将相死"。戊子,太尉、北平王长孙嵩薨。乙巳,镇南大将军、丹阳王叔孙建薨。

九月丙申,月晕太微。

十一月戊戌,月掩太白。

四年四月己卯,月犯氐。

十一月丁未,月犯东井。占曰"将军死"。真君二年九月戊戌,抚军大将军、永昌王健薨。

五年六月甲午朔,月见西方。

七月,月掩镇星。

真君元年十二月,月犯太微。

二年六月壬子朔,月见西方。

三年三月癸未,月犯太白。占曰"忧兵"。四年正月,征西将军皮豹子等大破刘义隆将于乐乡,擒其将王奂之、王长卿等。

五年五月甲辰,月犯心后星。

六年四月,月犯心。占曰"有亡国"。是月,征西大将军、高凉王那讨吐谷浑慕利延于阴平。军到曼头城,慕利延驱其部落西渡流沙,那急追之,故西秦王慕璝世子被襄逆军距战,那击破之。慕利延遂西入于阗。

七年八月癸卯,月犯荧惑,又犯轩辕。

十一月,月犯轩辕。

八年正月庚午,月犯心大星。

九年正月,月犯岁星。

十一年正月甲子,月入羽林。

正平元年正月,月入羽林。

高宗太安四年正月己未,月入太微,犯西蕃。

三月,月犯五诸侯。

六月癸酉朔,月生西方。

八月,月入南斗。

九月，月犯轩辕。

十二月，月犯氐。

五年正月，月掩轩辕，又掩氐东南星。

六月，月犯心前星。

十二月，月犯左执法。占曰"大臣有忧"。和平二年四月，侍中、征东大将军、河东王闾毗薨。

和平元年正月丁未，月入南斗。

三月，月掩轩辕。占曰"女主恶之。"四月，保皇太后常氏崩。

六月戊子，月犯心前星。

十一月壬辰，月犯右执法。

二年正月，月犯心后星。

九月，月犯心大星。

三年三月壬寅，月犯心后星。

八月，月犯哭星。

四年四月，月掩轩辕、女御星。

五年二月甲申，月入南斗魁中，犯第三星。

三月庚子，月入舆鬼、积尸。

六年七月，月犯心前星。

九月，月犯轩辕右角。

显祖天安元年六月甲辰，月犯东井。

十月癸巳，月掩东井。

皇兴元年正月丙辰，月犯东井北辕东头第三星。

八月辛酉，月蚀东井南辕第二星。占曰"有将死"。

三年正月，司空、平昌公和其奴薨。

十月癸巳，月在参蚀。

二年四月丙辰，月犯牵牛中星。

三年十二月乙酉，月犯氐。

五年七月辛巳，月犯东井。

高祖延兴元年十月庚子，月入毕口。占曰"有赦"。

二年正月乙卯，曲赦京师及河西，南至秦泾，西至枹罕，北至凉州及诸镇。

二年正月壬戌，月犯毕。占曰"天子用法"。九月辛巳，统万镇将、河间王闾虎皮坐贪残，赐死。

闰月丙子，月犯东井。占曰"有水"。是年，以州镇十一水旱，免民田租，开仓赈恤。

庚子，月犯东井北辕。

三年八月己未，月犯太微。占曰"将相有免者，期不出三年。"承明元年二月，司空、东郡王陵定国坐事免官爵。

十二月戊午，月蚀在七星，京师不见，统万镇以闻。

四年正月已卯，月犯毕。占曰"贵人死"。五年十二月，城阳王长寿薨。

二月癸丑，月犯轩辕。

甲寅，月犯岁星。占曰"饥"。太和元年正月，云中饥，诏未仓赈恤。

九月乙卯，月犯右执法。占曰："大臣有忧"。承明元年六月，大司马、大将军、安成王万安国坐矫诏杀部长奚买如于苑中，赐死。

五年三月甲戌，月掩镇星。

八月乙亥，月掩毕。占曰"有边兵"。泰太和元年正月，泰州略阳民王元寿聚众五千余家，自号为冲天王。二月，诏秦、益二州刺史武都公尉洛侯讨破元寿，获其妻子，送京师。

十一月癸卯，月入轩辕中，蚀第三星。

承明元年四月甲戌，月蚀尾。

太和元年二月壬戌，月在井，晕参、南北河、五车二星、三柱、荧惑。

三月甲午，月犯太微。

戊辰，月蚀尾，下入浊气不见。

五月丁亥，月犯轩辕大星。

丙午，月入太微。

八月庚申，月入南斗，犯第三星。

戊寅，月入太微，犯屏南星。

十月乙丑，月蚀昴，京师不见，雍州以闻。占曰"贵臣诛"。是月，诛徐州刺史李欣。

十二月癸卯，月犯南斗。

二年六月庚辰，月犯太微东蕃南头第一星，京师不见，定州以闻。

甲申，月犯房，又犯太微。

八月壬午，月入南斗。占曰"大臣诛"。十二月，诛南郡王李惠。

九月庚申，阴云开合，月在昴蚀。

十月戊戌，月人南斗口中。占曰"大臣诛"。三年四月，雍州刺史、宜都王目辰有罪，赐死。

十一月甲子，月犯镇星。

十二月戊戌，月入南斗口中。

三年正月壬子，月晕觜、参两肩、五车五星、毕、东井。占曰"有赦"。十月，大赦天下。

二月庚寅，月犯心。

三月庚戌，月入南斗口中。占曰"大臣诛"。九月，定州刺史、安乐王长乐有罪，征诣京师，赐死。

乙卯，月入南斗口中。

七月癸未，月犯心。

十月，月犯心。

十二月丙戌，月犯太微左执法。占曰"大臣有忧"。四年正月，襄城王韩颓有罪，削爵徙边。

四年正月丁未，月在毕，晕参两肩、五车、东井。丁巳，月犯心。占曰"人伐其主"。五年二月，沙门法秀谋反，伏诛。

戊午，月又犯心。

二月己卯，月犯轩辕北第二星。

辛巳，月犯太微左执法。占曰"大臣有忧"。闰月，顿丘王李钟葵有罪,赐死。

壬午,月蚀。

乙酉,月掩荧惑。

五年二月癸卯,月犯太微西蕃南头第一星。

二月甲辰,月在翼,晕东南,不匝。须臾,西北有偏白晕,侵五车二星、东井、北河、北河、舆鬼、柳北斗、紫微宫、摄提,翼星。

戊戌,月犯心,京师不见,济州以闻。

七月戊寅,月犯昴。占曰"有白衣之会"。六年正月,任城王云薨。

六年正月癸亥,月在毕,晕参两肩、五车三星、胄、昴、毕,京师不见,营州以闻。

己巳,月在张,犯轩辕大星。

辛未,月蚀。

五月戊申,月入南斗口中。

戊寅,月犯昴。

七月丁卯,月蚀。

十一月辛亥朔,月寅见东方,京师不见,平州以闻。

七年五月辛卯,月犯南斗。

八年正月辛巳,月在毕,晕东井、岁星、觜、参两肩、五车。

三月己丑,月犯心。

四月丁亥,月蚀斗。

癸亥,月犯昴,相州以闻。占曰"有白衣之会"。十一年五月,南平王浑薨。

五月丁亥,月在斗,蚀尽。占曰"饥"。十二月,诏以州镇十五水旱民饥,遣使者循行,问所疾苦,开仓赈恤。

九年正月丁丑,月在参,晕觜、参两肩、东井、北河、五车三星。占曰"水"。是年,冀、定数州水,民有卖男女者。

戊申,月犯东井。占曰"贵人死";一曰"有水"。十月,侍中、司徒、魏郡王陈建薨。是年,京师及州镇十二水旱伤稼。

四月丁未，月犯心。

十一月戊寅，月蚀。

十年十一月辛亥，月犯房。

十一年正月丙午，月犯房钩钤。

二月癸亥，月犯东井。

三月丙申，月三晕太微。

庚子，月蚀氐。占曰"籴贵"。是年，年谷不登，听民出关就食，开仓赈恤。

六月乙丑，月犯斗。

丙寅，月犯建星。

七月丁未，月入东井。

八月己巳，月蚀胃。占曰"有兵"。是月，蠕蠕犯塞，遣平原王陆睿讨之。

九月戊戌，阴云离合，月在胃蚀。

十一月乙巳，月入氐。

十二月戊午，月及荧惑合于东壁。

甲子，月入东井，犯天关。

十二年正月戊戌，月犯左角。

二月壬戌，月晕太微。

丁卯，月犯氐。

四月癸丑，月犯东井。占曰"将死"。九月，司徒、淮南王他薨。

壬戌，月犯氐，与岁星同在氐。

癸亥，月犯房。

六月丁巳，月入氐，犯岁星。

七月乙酉，月犯房。

庚寅，月犯牵牛。

庚子，月犯毕。

九月，月蚀尽。

十一月己未，月犯东井。

丙寅，月犯左角。占曰"天下有兵"。十三年正月，萧赜遣众寇边，淮阳太守王僧隽击走之。

十二月甲申，月犯毕。

乙未，月犯氐。

丙申，月犯房。

十三年正月甲寅，月入东井。

壬戌，月掩牵牛。

二月己丑，月在角，十五分蚀七。

三月庚申，月犯岁星。

四月丙戌，月犯房。

六月乙酉，月掩牵牛。

乙未，月犯毕。占曰"贵人死"。十二月，司空、河东王苟颓薨。

七月丁未，月入氐。

戊申，月犯楗闭。

八月丙戌，天有微云，月在未蚀。占曰"有兵"。十四年四月，地豆于频犯塞，诏征西大将军、阳平王颐击走之。

九月丁巳，月掩毕。

庚申，月入东井。

十月己卯，月掩荧惑，又掩毕。

丁酉，月犯楗闭。

十二月壬午，月入东井。

十四年二月甲戌，月犯毕。

六月甲戌，月犯亢。

八月乙亥，月犯牵牛。

辛卯，月犯轩辕。占曰"女主当之"。九月，文明皇太后冯氏崩。

十月壬午，月入东井。

戊子，月犯太微。

十一月戊戌，月犯镇星。

乙卯，月犯太微右执法。

十二月庚辰,月犯轩辕。

癸未,月掩太微左执法。

十五年正月己酉,月在张蚀。

三月丙申,月掩毕。占曰"有边兵"。十六年八月,诏阳平王颐、右仆射陆睿督十二将、七万骑,北讨蠕蠕。

四月庚午,月犯轩辕。

癸酉,月犯太微东蕃上将。占曰"贵人忧"。六月,济阴王郁以贪残赐死。

癸未,月犯岁星。

五月庚子,月掩太微左执法。占曰"大臣忧"。十七年二月,南平王霄薨。

丁未,月掩建星。

七月乙未,月犯太微东蕃。

辛丑,月掩建星。

癸卯,月犯牵牛。

九月乙丑,月犯牵牛。占曰"大臣有忧"。十七年,萧赜死。大臣疑当作吴越。

癸未,月入太微,犯右执法。占曰"大臣忧"。十七年八月,三老、山阳郡开国公尉元薨。

十月甲午,月犯镇星。

戊申,月犯轩辕。

十一月乙巳,月犯毕。

辛未,月入东井。

十二月辛卯,月蚀尽。

十六年二月甲辰,月入氐。

三月己卯,月入羽林。

四月壬辰,月入太微。

丙午,月入羽林。

五月壬子,月掩南斗第六星。

甲戌,月入羽林。

六月戊子,月犯荧惑。占曰"贵人死"。十九年五月,广川王谐
薨。

己丑,月入太微。

丁酉,月掩建星。

丁未,月入毕。占曰"有边兵"。十九年正月,平南将军王肃频
破萧鸾军于义阳,降者万余。

七月甲戌,月入毕。

丁丑,月犯轩辕。

八月壬辰,月犯建星。

壬寅,月犯毕。

甲辰,月入东井。

戊申,月犯轩辕。占曰"女主当之"。二十年十月,废皇后冯氏。

辛亥,月入太微,犯右执法。

九月癸亥,月掩镇星。

十月辛卯,月入羽林。

癸亥,月入东井。

十一月甲子,月犯毕。

壬申,月入太微。

丁丑,月入氐。

十二月丁酉,月在柳蚀。占曰:"国有大事,兵起"。十七年八月
己丑,车驾发京师南伐,步骑三十余万。

十七年正月己丑,月犯轩辕。

壬申,月犯氐。

三月甲午,月入太微。

壬寅,月掩南斗第六星。

四月癸丑,月入太微。占曰"大臣死"。十九年二月辛酉,司徒
冯诞薨。

壬寅,月入羽林。

五月甲子,月犯南斗第六星。

乙丑,月掩建星。

六月甲午,月在女蚀。占曰"旱"。二十年,以南北州郡旱,遣侍臣循察,开仓赈恤。

七月壬子,月入太微。占曰"有反臣"。二十年二月,恒州刺史穆泰谋反,伏诛,多所连及。

丙辰,月入氐。

癸未,月犯南斗第六星。

庚申,月犯建星。

八月庚寅,月犯哭星。

辛卯,月入羽林。

丁酉,月入毕。占曰"兵起"。十九年二月,车驾南伐钟离。

辛丑,月犯舆鬼。

乙巳,月入太微,犯屏星。

十月壬午,月犯建星。

甲午,月入东井。

十一月壬子,月犯哭星。

辛酉,月犯东井前星。

丁卯,月入太微。占曰"大臣死,有反臣"。二十七年四月,大将军、宋王刘昶薨。广州刺史薛法护南叛。

壬申,月入氐。

十二月辛巳,月入羽林。

乙未,月入太微。

己亥,月入氐。

十八年二月甲午,月入氐。

四月庚申,月在斗蚀。

六月丁卯,月入东井。

十九年三月己卯,月犯轩辕。占曰"女主当之。"二十一年十月,追废贞皇后林氏为庶人。

二十年七月辛巳,月掩镇星。

十月丙午,月在毕蚀。

二十一年三月丁酉,月犯屏星。

四月庚午,月掩房星。

六月丁卯,月掩斗魁。

十二月己卯,月掩心。

二十二年正月丙申,月掩轩辕。占曰"女主当之"。二十三年,诏赐皇后冯氏死。

二月乙丑,月与岁星、荧惑合于右掖门内。

丁卯,月在角蚀。占曰"天子忧"。二十三年四月,高祖崩。

七月乙酉,月掩心。

九月庚申,月蚀昴。

二十三年二月壬戌,月在轸蚀。

六月癸未,月掩房南头第二星。

甲申,月掩箕北头第一星。

八月,月在壁,蚀子巳上。

十一月癸丑,月在毕,晕昴、觜、参、五车。

十二月乙巳,月掩昴。

辛巳,月掩五车。

世宗景明元年正月丙辰,月在翼蚀,十五分蚀三。

十二月癸未,月晕太微,既而有白气,长一匹,广二尺许,南至七星。俄而月复晕北斗大角。

丁亥,月晕角、亢房。

二年正月甲辰,月晕井、觜、参两肩、昴、五车。占曰"贵人死,大赦"。二月甲戌,大赦天下。五月壬子,广陵王羽薨。

二月丙子,月掩轩辕大星。占曰"女主忧"。正始四年十月,皇后于氏崩。

癸未,月掩房南头第二星。丙戌,月入南斗距星南三尺。占曰"吴越有忧"。十二月,萧宝卷直后张齐玉杀宝卷。

五月丙午，月掩心第三星。

戊申，月掩斗魁第三星。

七月辛亥，月晕晕娄，内青外黄，轸昴、毕、天船、大陵、卷舌、奎娄。

三年正月甲寅，月入斗，去魁第二星四寸许。占曰"吴越有忧"。四月，萧衍又废其主宝融。

四月癸酉，月乘房南头第二星。

己亥，月晕，在角、亢、氐、房、心。

六月戊戌，月掩南斗第二星。

八月壬寅，月晕，外青内黄，轸昴、毕、娄、胃、五车。占曰"贵人死"。乙卯，三老元丕薨。

己酉，月犯轩辕。

十一月己巳，月蚀井尽。

十二月壬辰，月掩昴。占曰"有白衣之会。"正始二年四月，城阳王鸾薨。

乙未，月晕参，井、镇星。占曰："兵起"。四年，氐反，行梁州事杨椿、左将军羊社大破之。

丙申，月掩镇星，又晕。

四年正月庚申，月晕胃、昴、参、五车。

二月辛亥，月掩太白。

三月辛酉，月晕轩辕、太微西垣帝坐。

四月丙申，月掩心大星。

五月丁卯，月在斗，从地下蚀出，十五分蚀十二。占曰"饥"。正始四年八月，敦煌民饥，开仓赈恤。

六月癸卯，月犯昴。占曰"有白衣之会。"永平元年三月，皇子昌薨。

丁未，月掩太白。

七月戊午，月犯房大星。

壬申，月犯昴、毕、觜、参、东井、五车五星。占曰"旱，有大赦。"

正始元年正月丙寅,大赦、改年。六月,诏以旱,撤乐减膳。

十二月丁亥,月晕昴、毕、娄、胃。

己未,月晕太微帝坐、轩辕。

庚子,月晕房、心、亢、氐。占曰"有军,大战"。正始元年,荆州刺史杨大眼大破群蛮樊秀安等。

正始元年正月乙卯,月晕胃、昴、毕、五车二星。

丁巳,月晕娄、胃、昴、毕。

戊戌,月晕五车三星、东井、南河、北河、舆鬼、镇星。

二月甲申,月晕昴、毕、参左肩、五车。

二年九月癸未,月在昴,十五分蚀十。占曰"饥"。四年九月,司州民饥,开仓赈恤。

十一月丙子,月晕;东西两珥,内赤外青;东有白虹,长二丈许;西有白虹,长一匹;北有虹,长一丈余,外赤内青黄,虹北有背,外赤内青黄。

三年正月辛巳,月晕太微帝坐、轩辕左角、贲疑星。

三月庚辰,月在氐,蚀尽。

十月甲寅,月犯太白。

永平元年五月丁未,月犯毕。占曰"贵人有死者"。九月,杀太师彭城王勰。

六月己巳,月掩毕。

十一月癸酉,月犯左执法。占曰"大臣有忧"。四年三月壬戌,广阳王嘉薨。

二年正月甲午,月在翼,十五分蚀十二。

十一月丙戌,月掩毕大星。

三年正月戊子,月在张蚀。

闰月乙酉,月在危蚀。

十一月壬寅,月犯太白。

十二月壬午,月在张蚀。

四年四月癸酉,月晕太微、轩辕。占曰"小赦"。延昌二年八月,诸犯罪者恕死，从流已下减降。

辛卯，月犯太白于胃。

八月癸丑，月掩舆鬼。

丁巳，月入太微。占曰“大臣死”。延昌元年三月己未，尚书左仆射，安乐王诠薨。

辛酉，月犯太白。

十月壬午，月失行黄道北，犯轩辕大星。

甲申，月入太微。

十一月乙巳，月犯毕。占曰“为边兵”。十一月戊申，诏李崇、奚康生治兵寿春，以讨朐山之寇。

延昌元年二月庚午，月晕东井、舆鬼、轩辕大星。

三月辛丑，月在翼晕，须臾之间，再成再散。

壬寅，月犯太微。

乙巳，月晕角、亢、房、心、镇、岁。

九月丁卯，月及荧惑俱在七星。

十月癸酉，月晕东井、五车、毕、参。占曰“大旱”；一曰“为水”。二年四月庚子，出绢十五万匹，赈恤河南饥民。五月，寿春水。

十二月戊戌，月犯荧惑于太微。占曰“君死，不出三年”。四年正月，世宗崩。

二年正月庚子，月晕，晕东有连环，轹亢、房、镇、织女、天棓、紫宫、北斗。

二月己巳，月晕荧惑、轩辕、太微帝座。占曰“旱”。六月乙酉，青州民饥，诏开仓赈恤。

四月丙申，月掩镇星。

己亥，月在箕，从地下蚀出，还生三分，渐渐而满。占曰“饥。”三年四月，青州民饥，开仓赈恤。

六月乙巳，月犯毕左股。占曰“为边兵”。二年六月，南荆州刺史柏叔舆破萧衍军于九江。

七月戊午，月掩镇星。

十月丙申，月在参，蚀尽。占曰"军起"。三年十一月，诏司徒高肇为大将军，率步骑十五万伐蜀。

三年二月乙酉，月晕毕、昴、太白、东井、五车。

四月癸巳，月在尾，从地下蚀出，十五分蚀十四。占曰"旱，饥"。熙平元年四月，瀛州民饥，开仓赈恤。

九月丁卯，月犯太微屏星。

十月壬寅，月犯房第二星。

十二月丙午，月掩荧惑。

四年五月庚戌，月犯太微。占曰"贵人忧"。九月，安定王燮薨。

九月乙丑，月犯太微。

十月癸巳，月入太微。占曰"大臣死"。熙平二年二月，太保、领司徒、广平王怀薨。

闰月戊午，月犯轩辕。占曰"女主忧之"。神龟元年九月，皇太后高尼崩于瑶光寺。

肃宗熙平元年八月己酉，月在奎，十五分蚀八。占曰"有兵"。神龟元年三月，南秦州氐反，遣龙骧将军崔袭持节喻之。

十二月戊戌，月犯岁星。

甲辰，月晕东井、觜、参、五车。占曰"大旱"；一曰"水"。二年十月庚寅，幽、冀、沧、瀛四州大饥，开仓赈恤。

二年二月丁未，月在轸蚀。

四月癸卯，月犯房。

八月癸卯，月在娄，蚀尽。

九月癸酉，月犯毕。占曰"贵人有死者"。神龟元年四月丁酉，司徒胡国珍薨。

十月癸卯，月晕昴、毕、觜、参、五车、四星。

甲辰，月晕毕右股、觜、参、五车、三星、东井。占曰"天下饥，大赦"。神龟元年正月，幽州大饥，死者甚众，开仓赈恤。又大赦天下。

十一月戊戌，月晕觜、参、东井。

壬子，月犯心小星。

神龟二年二月丙辰,月在参,晕井、觜、参右肩、岁星、五车、四星。占曰"有相死"。十二月,司徒、尚书令、任城王澄薨。

八月辛未,月犯轩辕。

十二月庚申,月在柳,十五分蚀十。

正光元年正月戊子,月犯轩辕大星。占曰"女主有忧"。七月丙子,元叉幽灵太后于北宫。

十二月甲寅,月蚀。占曰"兵外起"。二年正月,南秦州氐反。二月,诏光禄大夫邴虬讨之。

二年五月丁未,月蚀。占曰"旱,饥"。三年六月,帝以炎旱,减膳撤悬。

七月乙卯,月在昴北三寸。

九月庚戌,月晕、胃、昴、毕、五车二星。

辛亥,月昴、毕、觜、参两肩、五车五星。占曰"有赦"。三年十一月丙午,大赦天下。

十月辛卯,月掩心大星。

十一月己酉,月在井蚀。

乙卯,月犯昴。

三年正月甲寅,月掩心距星。

二月丁卯,月掩太白,京师不见,凉州以闻。

甲戌,月在张,晕轩辕,太微右执法、岁星。

四月丁丑,月掩心距星。

九月丙午,月在毕,晕昴、毕、觜、参两肩、五车四星。

四年正月戊戌,月在井,晕东井、南河,轾觜、参右肩一星、五车一星。

七月乙巳,月在胃,晕娄、胃、昴、毕、觜。占曰"贵人死"。四年十一月丁酉,太保崔光薨。

八月乙亥,月在毕,掩荧惑。

五年二月庚寅,月在参,晕毕、觜、参两肩、东井、荧惑、五车一星。占曰"兵起"。六月,秦州城人莫折大提据城反,自称秦王,诏雍州刺史元志讨之。

闰月壬辰，月在张，晕轩辕、太微西蕃。占曰"天子发军自卫"。孝昌三年正月己丑，诏内外戒严，将亲出讨。

癸巳，月在翼，晕太微、张、翼。占曰"士卒多逃走"；一曰"士卒大聚"。十月，营州城人刘安定、就德兴反，执刺史李仲遵。其部下王恶儿斩安定以降，德兴东走，自号燕王。

八月丙申，月在昴，晕胃、昴、五车二星、毕、觜、参一肩。

十二月癸未，月在娄，晕奎、娄、胃、昴。

孝昌元年九月丁巳，月蚀。

十月丙戌，月在毕，晕昴、毕、觜两肩、五车二星。

二年八月甲申，月在胃，掩镇星。

闰月癸酉，月掩镇星。

三年正月戊辰，月犯镇星于娄，相去七寸许，光芒相及。占曰"国破，期不出三年"；一曰"天下有大丧"。武泰元年二月癸丑，萧宗崩。四月庚子，尔朱荣害灵太后及幼主。又害王公已下。

癸酉，月在井，晕觜、参两肩、南北河、五车两星。占曰"有赦"。七月己丑，大赦天下。

武泰元年三月庚申，月掩毕大星。

庚午，月在轸，晕太微、角。

庄帝建义元年七月丙子，月在毕，掩大星。

永安元年十一月丙寅，月在毕大星东北五寸许，光芒相掩。

十二月辛卯，月在娄，晕奎、岁星、胃、昴。

癸巳，月掩毕大星。

二年三月乙卯，月入毕口。占曰"大兵起"。壬戌，诏大将军、上党王天穆与齐献武王讨邢杲。

四月己丑，月在翼，入太微，在屏星西南，相去一尺五寸，须臾下没。

辛卯，月在轸，晕太微、轸、角。

乙丑，月在危。

八月乙丑，月在毕左股第二星北，相去二寸许，光芒相掩，须臾入毕。占曰"兵起"。三年正月辛丑，东徐州城民吕文欣等反，杀刺史，行台樊子鹄讨之。

十月辛亥，月在毕，晕毕、昴、镇星、觜、参、井、五车四星。占曰"兵起，大赦"。三年三月，万俟丑奴遣其大行台尉迟菩隆寇岐州，大都督贺拔岳、可朱浑道元大破之。四月，大赦天下。

甲子，月在参蚀。

十二月丙辰，月掩毕右股大星。

乙丑，月、荧惑同在轸。

丁巳，月在毕，晕昴、毕及镇星、觜、参、伐、五车四星。占曰："大赦"。三年九月，大赦天下。

癸亥，月在异，晕轩辕、太微。占曰"有赦"。三年十月戊申，皇子生，大赦天下。

乙丑，月在轸，掩荧惑。

三年正月己丑，月入太微，袭荧惑。

辛卯，月行太微中，晕太微、荧惑。

壬辰，月在轸，掩荧惑。

四月戊午，月晕太微。

五月甲申望前，月蚀于午。《洪范传》曰："天子微弱，大法失中，不能立功成事，则月蚀望前。"时尔朱荣等擅朝也。

六月乙巳，月在毕大星北三寸许，光芒相掩。

八月庚申，月入毕口，犯左股大星。

辛丑，月入轩辕后星北，夫人南，直东过太白，犯次妃。占曰"人君死，"又为"兵起。"十二月尔朱兆入洛，执帝，杀皇子，乱兵污辱后宫，杀司徒公、临淮王彧。

九月庚寅，月在参，晕昴、觜、参、井、岁镇二星，五车三星。

十月辛亥，月晕东壁。

十一月辛丑，月在太白北，中不容指。

前废帝普泰元年正月己丑，月在角，晕轸、角、亢，亦连环晕接北斗柄三星、大角、织女。

五月甲申，月蚀尽。

己未，月犯毕右股第一星，相去三寸许，光芒相及，又入毕口。

十月癸丑，月晕昴、觜、参、东井、五车三星。占曰"有赦"。是月，齐献武王推立后废帝，大赦天下。

后废帝中兴元年十一月甲申，月晕。

二年四月戊寅，月在箕蚀。

出帝太昌元年六月癸未，月载珥。

九月甲寅，月入太微，犯屏星。

十月丙子，月在参蚀。

永熙二年十一月乙丑，月在毕晕，昴、觜、参两肩、五车五星。

三年三月戊戌，月在亢蚀。

八月庚午，月在毕，晕昴、毕、觜、参、五车四星。占曰"大赦"。是月戊辰，大赦天下。

孝静天平元年十二月庚申，月在毕，晕昴、毕、觜、参两肩，五车五星。

闰月庚子，月掩心中央星。

二年三月，月晕北斗第二星。占曰"枭贵兵聚"。是月，齐献武王讨山胡刘蠡升，斩之。三年，并、肆、汾、建诸州霜俭。

壬申，月在娄，太白在月南一寸许，到明渐渐相离。

八月己卯，月在心，去心中央大星西厢七寸许。

十一月戊辰，月在心，掩前小星。

三年春正月丁卯，月掩轩辕大星。

二月丁亥，月蚀。

八月癸未，月蚀。

十月丁丑，月在荧惑北，相去五寸许。

四年二月壬申，月掩五车东南星。

庚辰，月连环晕北斗。

八月癸未，月掩五车东南星。

元象元年三月丁卯,月掩轩辕大星。

六月癸卯,月蚀。

十月己亥,阴云班驳,月在昴,晕胃、昴、毕。占曰"大赦"。兴和元年五月,大赦天下。

丁未,月在翼,晕太微、轩辕、左角、轸二星。

十一月庚午,月在井,晕五车一星及东井、南北河。占曰"有赦"。兴和元年十一月,大赦,改年。

兴和元年八月辛丑,月在毕,晕毕、觜、参两肩、五车。

九月丁巳,月在斗,犯魁第三星,相去三寸许,光芒相及。

丁卯,月掩昴。

十二月甲午,月蚀。

二年八月己酉,月犯心中央大星。

三年春正月辛巳,月在毕,晕东井、参两肩、毕,西轹昴、五车五星。占曰"大赦"。武定元年正月,大赦,改元。

四月壬辰,月蚀。

八月丁巳,月在胃,晕毕、岁星、昴、娄、胃、五车一星,须臾晕缺复成。

四年十一月壬午,月在七星,晕荧惑、轩辕、太微帝坐。

十二月壬寅,月在昴,晕昴、毕、五车两星。占曰"有赦"。武定二年三月,齐献武王历冀定二州,因入朝,以今春亢旱,请蠲县租,赈穷乏,死罪已下一皆原宥。

武定元年三月丙午,月蚀。

四年正月己未,月蚀轸。

六月癸巳,月入毕中。

九月癸亥,月在翼,晕轩辕、太微帝坐、荧惑。占曰"兵起"。是月,北徐州山贼郑土定自号郎中,偷陷州城,仪同斛律平讨平之。

五年正月乙巳,月犯毕大星、昴、东井、觜、参、五车三星。占曰"大赦"。五月丁酉朔,大赦天下。

庚辰,月在张,晕轩辕大星、太微天庭。

　　七年九月戊午，月在斗，掩岁星。占曰"吴越有夏"。是岁，侯景破建业，吴人饿死及流亡者不可胜数。

　　十一月丁卯，月蚀。

魏书卷一○五之三
志第三

天象三

太祖皇始元年夏六月，有星孛于髦头。孛所以去秽布新也，皇天以黜无道，建有德，故或凭之以昌，或縣之以亡。自五胡蹂辅生人，力正诸忧，百有余年，莫能建经始之谋而底定其命。是秋，太祖启冀方之地，实始芟夷涤除之，有德教之音，人伦之象焉。终以锡类长代，修复中朝之旧物，故将建元立号，而天街孛之，盖其祥也。先是，有大黄星出于昴、毕之分五十余日。慕容氏太史丞王先曰："当有真人起于燕、代之间，大兵锵锵，其锋不可当。"冬十一月，黄星又见，天下莫敌。是岁六月，木犯哭星。木，人君也，君有哭泣之事。是月，太后贺氏崩。至秋，晋帝殂。

二年六月庚戌，月奄金于端门之外。战祥也，变及南宫，是谓朝庭有兵。时燕王慕容宝已走和龙，秋九月，其弟贺麟复纠合三万众寇新市，上自击之，大败燕师于义台，悉定河北。而晋桓玄等连衡内侮，其朝庭日夕戒严。是岁正月，火犯哭星。占有死丧哭泣事。秋八月，又守井、钺。占曰："大臣诛"。十月，襄城王题薨。明年正月，右军将军尹国于冀州谋反，被诛。

天兴元年八月戊辰，木昼见昴。昴，赵代墟也。□天之事。岁为有国之君，昼见者并明而干阳也。天象若曰：且有负海君，实能自济其德而行帝王事。是月，始正封畿，定权量，肆礼乐，颁官秩。十二月，群臣上尊号，正元日，遂禋上帝于南郊。由是魏为北帝，而晋氏为南帝。

元年十月至二年五月，月再掩东蕃上相。相所以蕃辅王室而定君臣位。天象若曰：今下凌上替而莫之或振，将焉用之哉？且曰：中坐成刑，贵人夺势。是岁，桓玄专杀殷仲堪等，制上流之众，晋室由是遂卑。是岁五月，辰星犯轩辕大星。占曰"女主当之。"三年三月至七月，月再犯镇星于牵牛，又犯哭星。为兵丧、女忧。或曰：月为强大之臣，镇所以正纲纪也。是为强臣有干犯者，在吴越。既而晋太后李氏殂，桓玄擅命江南，仍有艰故云。

三年三月，有星孛于奎，历阁道，至紫微西蕃，入北斗魁，犯太阳守，循下台，辅南宫，履帝坐，遂由端门以出。奎是封豨，剥气所由生也。又殷徐州之次，桓玄国焉，刘裕兴焉。天象若曰："君德之不建，人之无援，且有权其列蕃，盗其名器之守而荐食之者矣；又将由其天步，席其帝庭，而出号施令焉。至四年二月甲寅，有大流星众多西行，历牛、虚、危，绝汉津，贯太微、紫微。虚、危主静人，牵牛主农政，皆负国之阳国也。天象若曰："黎元丧其所食，失其所系命，卒至流亡矣；上不能恤，又将播迁以从之。其后晋人有孙恩之难，而桓玄踵之，三吴连兵荐饥，西奔死亡者万计，竟篡晋主而流之寻阳，既又劫之以奔江陵。是岁三月甲子，月生齿。占曰"有贼臣"。七月丁卯，月犯天关。关，所以制畿封国也，月犯之，是为兵起于郊甸。十月甲子，月又犯东蕃上相。占同二年。既而桓玄戮金陵，杀司马元显、太傅道子。是岁秀容胡师亦聚众反，伏诛。

五年四月辛丑，月掩辰星，在东井。月为阴国之兵，辰象战斗。占曰："所直野军大起，战不胜，亡地，家臣死"。冬十月，帝伐秦师于蒙坑，大败之，遂举乾壁，关中大震。其上将姚平赴水死。是月戊申，月晕左角。太史令晁崇奏："角虫将死。"上虑牛疫，乃命诸将并重焚车。丙戌，车驾北引，牛大疫，死者十月八九，官车所御巨犗数百，同日毙于路侧，首尾相属，麋鹿亦多死者。

五年三月戊子，太白犯五诸侯，昼见经天。九月己未，又犯进贤。太白为强侯之诚，犯五诸侯，所以兴霸形也。是时，桓玄擅征伐之柄，专杀诸侯，以弱其本朝，卒以干君之明而代夺之。故皇天著诚焉。若曰："夫进贤兴功,大司马之官守也,而今自残之,君于何有焉。"是冬十月,客星白若粉絮,出自南宫之西,十二月入太微,乱气所由也。以距乏之气,而乘粹阳之天庭,适足以驱除焉尔。明年,竟篡晋室,得诸侯而不终。是岁五月丙申,月犯太微;十月乙卯,又如之。月者太阴,臣象,太微正阳之庭,不当横行其中,是谓朝庭间隙,强臣不制,亦桓玄之诫也。又占曰"贵人有坐者"。明年七月,镇西大将军、毗陵王顺以罪还第,亦是也。

五年七月己亥,月犯岁星,在鹑火鸟帑,南国之墟也。至天赐元年二月甲辰,又掩之,在角。角为外朝,而岁星君也。天象若曰:"有强大之臣干君之庭,以挟其主而播迁于外。"是岁,桓玄之师败绩于刘裕,玄劫晋帝以奔江陵。至五月,玄死,桓氏之党复攻江陵,陷之,凡再劫天子云。先是,六年六月甲辰,月掩斗魁第四星;至天赐元年五月壬申,又掩斗魁第三星;二年八月丁巳,双犯斗第一星。斗为吴分。大人忧,将相戮,宫中有自贼者。及桓玄伏诛,贵臣多戮死者。江南兵革,十余岁乃定,故谪见于斗。

天赐二年四月己卯,月犯镇星,在东壁;七月己未,又如之;十月丁巳,又掩之,在室。夫室星,所以造宫庙而镇司空也。占曰"土功之事兴"。明年六月,发八部人,自五百里内缮修都城,魏于是始有邑居之制度。或曰北宫后庭,人主所以庇卫其身也,镇主后妃之位,存亡之基。而是时坚冰之渐著矣,故犯又掩再三焉。占曰"臣贼君邦,大丧"。是岁三月丁酉,月犯心前星;三年二月,月犯心后星;四年二月,又如之。心主嫡庶之礼。占曰"乱臣犯主,储君失位,庶子恶之"。先是,天兴六年冬十月至元年四月,月再掩轩辕。占曰"有乱易政,后妃执其咎"。三年五月壬寅,荧惑犯氐。氐,宿宫也。天戒若曰:"是时,蛊惑人主而兴内乱之萌矣,亦自我天视而修省焉。"及六年七月,宣穆后以强死,太子微行人间,既而有清河万人之难。二年八月,火犯斗;丁亥,又犯建。斗为大人之事,建为经纶之始,此天所以建创业君。时刘裕且倾晋祚,而清河之衅方作矣,帝犹不悟。至是岁九月,火犯哭星。其象若曰:"将以内乱,至于哭泣之事焉。"由是言之,皇天所以训劫杀之主熟矣,而罕能敬复以自悟,悲夫!

二年八月甲子,荧惑犯少微;庚寅,犯右执法;癸卯,犯左执法;十一月丙戌,太白掩钩钤,皆南邦之谪也。火象方伯,金为强侯,少微以官贤材而辅南宫之化,执法者威令所由行也。天象若曰:"夫禄去公室,所由来渐矣,始则奋其贤材以为其本朝,终以干其钤辖而席其威令焉。至三年十二月丙午,月掩太白于危。危,齐分也。占曰"其国以战亡"。丁未,金、火皆入羽林。四年正月,太白昼见奎。是谓或称王师而干君明者。占曰"天下兵起,鲁邦受之"。二月癸亥,金、火、土、水聚于奎、娄。徐鲁之分也。四神聚谋,所以革衰替之政,定霸王之命。五月己丑,金昼见于参。天意若曰:"是将自植攻伐,以震其主,而代夺之云而。"八月辛丑,荧惑右执法。九月,遂犯进贤。与桓氏同占。是时,南燕慕荣氏兼有齐鲁之墟,不务修德,而骤侵晋淮、泗。六年四月,刘裕以晋师伐之,大败燕师于临朐,进克广固,执慕容超以归,戕诸建康。于是专其兵威,荐食藩辅,篡夺之形由此而著云。二年三月,月掩左执法;三年四月,又犯西番上将;己未,犯房次相;六月,火犯房次将。三年七月,太尉穆崇薨。四年,诛定陵公和跋,杀司空庾岳。又四年六月,火犯水左翼。八月,金掩火,犯左执法。占曰"大兵在楚,执法当之"。至五年,火犯天江。占曰"水贼作乱"。六月,金犯上将,又犯左执法。其后卢循作乱于上流,晋将何无忌战死,左仆射孟昶仰药卒,刘裕自伐齐奔命,仅乃克之。

六年六月,金、火再入太微,犯帝座、蓬、孛、客星及他不可胜纪。太史上言,且有骨肉之祸,更政立君,语在帝纪。冬十月,太祖崩。夫前事之感大,即后事之灾深,故帝之季年妖怪特甚。是岁二月至九月,月三犯昴。昴为白衣会,宫车晏驾之徵也。十二月辛丑,金犯木于奎。占曰"其君有兵死者"。既而慕容超戮于晋。是岁四月,火犯水于东井。其冬,赫连氏攻安定,秦主兴自将救之,自是侵伐不息。或曰"水火之合,内乱之形也"。时朱提王悦谋反,赐死。

太宗永兴二年五月己亥,月掩昴。昴为髦头之兵,虏君忧之。是月,蠕蠕社仑围长孙嵩于牛川,上自将击之,社仑遁走,道死。六月甲午,太白昼见。占曰"为不臣"。七月,月犯鬼。占曰"乱臣在内"。明年五月,昌黎王慕容伯儿谋反,诛之。是岁三月至秋八月,月三掩南斗第五星。

斗,吴分也。且曰:强大之臣有干天禄者,大人忧之。是月乙未,太白犯少微,昼见;九月甲寅,进犯左执法。占曰"且有杖其霸刑,以戮社稷之卫而专威令者,徵在南朔"。先是,三月丁卯,月掩房次将;六月己丑,又如之;八月甲申,犯心前星。占曰"服辂者当之,君失驭,徵在豫州"。时刘裕谋弱晋室,四年九月,专杀仆射谢混,因袭荆州刺史刘毅于江陵,夷之。明年三月,又诛晋豫州刺史诸葛长人,其君托食而已。是岁八月壬子,太白犯轩辕大星。占曰"有乱易政,女君忧"。三年十一月丙午,金犯哭星。午,秦地。四年八月戊申,月犯哭星。申,晋地。是月,晋后王氏死;其后姚主薨。

三年六月庚子,月犯岁星,在毕;八月乙未,又犯之,在参;四年正月,又蚀,在毕。直徽垣之阳,参在山河之右。岁星所以阜农事安万人也。占曰"月仍犯之,边萌阻兵而荐饥"。是岁六月癸巳,金、木合于东井;七月甲申,金犯土于井。占曰"其国内兵,有白衣之会"。十一月,土犯井;十二月癸卯,土犯钺。土主疆理之政,存亡之机也,是为土地分裂,有戮死之君,徵在秦邦。至五年二月丙午,火、土皆犯井。占曰"国有兵丧之祸,主出走。"是月壬辰,岁、填、荧惑、太白聚于井。将以建霸国之命也,其地君子忧,小人流。又自三年四月至五年三月,荧惑三干鬼。主命者将夭而国徙焉。是时,雍州假王霸之号者六国,而赫连氏据朔方之地,尤为强暴,荐食关中,秦人奔命者殣路。间岁,姚兴薨而难作于内。明年,刘裕以晋师伐之,秦师连战败绩,执姚泓以归,戕诸建康。既而遗守内携,长安沦覆焉。或曰:自上党并河、山之北,皆鬼星、参、毕之郊也。五年四月,上党群盗外叛。六月,护泽人刘逸自称三巴王。七月,河西胡曹龙入蒲子,号大单于。十月,将军刘洁、魏勤击吐京叛胡失利,勤力战死,洁为所虏。明年,赫连屈子寇蒲子、三城,诸将击走之。其余灾波及晋、魏,仍其兵革之祸。二年九月土犯毕,为疆场之兵。三年七月,木犯土于参。占曰"战败,亡地,国君死"。四年十月,月掩天关。其灾同上。参,外主巴蜀。其后晋师伐蜀,戕其主谯纵。先是,四年闰月,月犯荧惑,在昴;七月,又蚀之。五年,将军奚斤讨越勤,大破之。明年,秃发氏降于西秦,其君傉檀戕死。

神瑞元年二月，填入东井，犯天尊，旱祥也。天象若曰："土失其性，水源将壅焉；施于天尊，所以福矜寡之萌也。"先是，去年九月至于五月，岁再犯轩辕大星。八月庚寅至二年三月，填再犯鬼积尸。岁星主农事，轩辕主雪霜风雨之神，返覆由之，所以告黄祇也。土爰稼穑，鬼为物之精气，是谓稼穑潜耗，人将以馑而死焉。一曰大旱。是后，京师比岁霜旱，五谷不登。诏人就食山东，以粟帛赈乏，语在《崔浩传》。先是，月犯岁于毕。占曰"饥在晋代，亦其徵"。又鬼主秦，旱在秦邦。至二年，太史奏，荧惑在匏瓜中，一夜忽亡失之，后出东井，语在《崔浩传》。既而关中大旱，昆明枯涸。是岁四月癸丑，流星昼见中天，西行。占曰"营头所首，野有覆军，流血西行，谪在秦邦"。而魏人观之，亦王师之戒也。天若戒魏师曰："是拥众而西，固欲干君之明而代夺之尔，姑息人以观变，无庸御焉。"先是，五年三月，月犯太白于参；八月庚申，又犯之。参，魏分野。占曰"强侯作难，国战不胜"。九月己丑，月犯左角；是岁三月壬申，又蚀之。是谓以刚晋之兵合战而偏将戮。征在兖州。二年四月，太白入毕，月犯毕而再入之。占曰："大战不胜，边将忧，魏邦受之。"六月己巳，有星孛于昴南。天象若曰："且有驱除之雄，勿用距之于朔方矣。"明年七月，刘裕以舟师溯河。九月，裕陷我滑台，兖州刺史尉建以畏懦斩。时崔浩欲勿战，上难违众议，诏司徒嵩率师迓之，及晋人战于畔城，魏师败绩，语在《崔浩传》。裕既定关中，遽归受禅，既而赫连氏并之，遂窃尊号云。自元年正月至泰常元年十月，月三犯毕，再入之，再犯毕阳星。占曰"边兵起，贵人有死者"。元年十二月，蠕蠕犯塞，上自将，大破之。二年，上党胡反，诏五将讨平之。泰常元年，长乐、河间、南阳王皆薨。二年，豫章王又薨。常山霍季聚众反，伏诛。

二年四月辛巳，有星孛于天市。五月甲申，彗星出天市，扫帝座，在房心北。市所以建国均人心，宋分也。国且殊号，人将更主，其革而为宋乎？先是，往岁七月，月犯钩钤；十一月，月食房上相；至元年二月，又如之。天象若曰："尚尸铃键之位，君凭而尊之者，又将及矣。"是岁八月，金、木合于翼。占曰"且有内兵，楚邦受之"。至泰常二年正月，晋荆州刺史司马休之、雍州刺史鲁宗之为刘裕所袭，

皆出奔走。是岁十月，镇星守太微，七十余日。占曰"易代立王"。其
三年三月癸丑，太白犯五诸侯，如桓氏之占。七月，有流星孛于少
微，以入太微。自刘氏之霸，三变少微以加南宫矣。始以方伯专之，
中则霸形干之，又今孛政除之。驯而三积，坚冰至焉。是月，辰星见
东方，在翼，甚明大。翼，楚邦也。是为冢臣干明，贼人其昌。先是，
五年十一月壬子，辰星出而明盛非常。至泰常二年十二月庚戌，辰星过时而
见，光色明盛，是为强臣有不还令者。至是又如之，亦三至焉。或曰：辰星以负
北海，亦魏将大兴之兆。九月，长彗星孛于北斗，轹紫微，辛酉，入南
宫，凡八十余日。十二月，彗星出自天津，入太微，迳北斗，干紫宫，
犯天棓，八十余日，及天汉乃灭，语在《崔浩传》。是岁，晋安帝殂，后
年而宋篡之。夫晋室虽微，泰始之遗俗也。盖皇天有以原始笃终，
以哀王道之沦丧，故犹著二微之戒焉。神瑞二年四月，木入南宫，加右
执法；五月，火又如之。八月，金入自掖门，掩左执法；泰常元年六月，又由掖门
入太微。五月，火犯执法。是冬，土守天尊而月掩之。三年八月，土又入太微，
犯执法，因留二百余日。九月，金又犯右执法。十月，火犯上将，因留左掖门内
二十日，乃逆行。四年三月，出西蕃，又还入之，绕填星成句己。四月丙午，行端
门出。皆晋氏之谪也。自晋灭之后，太微有变多应魏国也。

　　泰常三年十月辛巳，有大流星出昴，历天津，乃分为三，须臾有
声。占曰"车骑满野，非丧即会"。明年四月，帝有事于东庙，蕃服之
君以其职来祭者，盖数百国也。是岁正月己酉，月犯轩辕；四月壬
申，又犯填星，在张；四年五月，辰星又犯轩辕。占曰"国有丧，女君
受之"。明年五月，贵人姚氏薨，是为昭哀皇后。六月，贵嫔杜氏薨，
是为密后。先是，二年九月，火犯轩辕；三年八月，金又犯之。占同也。

　　四年，自正月至秋七月，月行四犯太微。天象若曰："太微粹阳
之天庭，月者臣也；今横行辐之，不已甚乎。先是，元年五月，月犯岁
星，在角。是岁七月，月又犯岁星。明年，宋始建国。后年而晋主殂，
裕鸩之也。昔桓氏之难，月再干岁星，再劫其主。至是，亦再犯之而
再剿其君，极其幽逼之患，而济以篡杀之祸，斯谓之甚矣。先是，三年
九月，月犯火于鹑尾；十二月，又犯火于太微。是岁五月，月犯太白，在井。十
月，又犯之，在斗，且再犯井星。皆有兵水大丧，诸侯有死者。七月，雁门、河内

大水。五年三月，南阳王意文死。十一月，西凉李歆为沮渠所灭，晋君亦殂，秦、吴亡之应。

五年十一月乙卯，荧惑犯填星，在角。角，外朝也。土为纪纲，火主内乱，会于天门，王纲将紊焉。占曰"有死君逐主，后妃忧之"。十二月，月蚀荧惑，在亢。亢，内庭也。占曰"君薨而乱作于内，贵臣以兵死"。是月，客星见于翼。翼，楚邦也。占曰"国更服，边有急，将军或谋反者"。六年二月，月食南斗杓星。十月乙酉，金、土斗于亢。占曰："内兵且丧，更立王公"。又兖州，陈，郑之墟也，有攻城野战之象焉。至七年正月，犯南斗；三斗壬戌，又犯之。斗为人君受命，又吴分。是岁五月，宋武殂。秋九月，魏师侵宋北鄙。十一月，攻滑台，克之。明年，拔虎牢陷金墉，屠许昌，遂启河南之地。八年，宋太后萧氏死，既大臣专权，迁杀其主，卒皆伏诛。自五年八月至七年十二月，荧惑一守轩辕，再犯进贤，再犯房星，月一犯轩辕及房，皆女君大臣之戒。是时，阳平、河南王，太尉穆观相次薨，而宋氏廷臣乘衅以侮其主，竟以诛死云。或曰：火犯土、亢，为饥疾。时官军陷武牢，会军大疫，死者十二三。是冬，诏裹饥人。

六年六月壬午，有大流星出紫宫。占曰"上且行幸若有大君之使"。明年，驾幸桥山，祠黄帝，东过幽州，命使者观省风俗。十月，上南征。八年春，步自邺宫，遂绝灵昌，至东郡，观兵成皋，反自河内，登太行山，幸高都，饮至晋阳焉。

七年二月辛巳，有星孛于虚、危，向河津。占曰"玄枵所以饰丧纪也，宗庙并起，司人疑更谋，有易政之象"。十一月甲寅，彗星出室，扫北斗，及于□门。占曰"内宫几室，主命将，易塞垣，有土功之事，其地又齐、卫也"。八年正月，彗星出奎南长三丈，东南扫河。奎为荐食之兵，徐方之地。占曰"西北之兵伐之，君绝嗣，天下饥"。七年十二月，帝命寿光侯叔孙建徇定齐地。八年春，筑长城，距五原二千余里，置守卒，以备蠕蠕。冬十月，大饥。十一月己巳，上崩于西宫。明年，宋废其主。由是南邦日蹙，齐卫之地尽为兵卫。及世祖即政，遂荒淮沂以负东海云。八年二月丙寅，火守斗，亦南邦之谪也。十一

月，彗星孛于土司空。司空主疆理邦域，且日有土功哭泣事。后年，赫连屈孑
薨，太武征之，取新秦之地，由是征伐四克，提封万里云。

世祖始光元年正月壬午，月犯心大星。心为宋分，中星者，君
也；月为大臣，主刑事。是岁五月，宋权臣徐羡之、谢晦、傅亮放杀其
主，而立其弟宜都王，是为宋文帝。至十月，火犯心。天戒若曰：“是
复作乱以干其君矣。”十月壬寅，大流星出天将军，西南行，殷殷有
声。占曰“有禁暴之兵，上将督战，以所首名之”。三年正月，岁星食
月在张。张，南国之分。岁之于月，少君之象，今反食之，且诛强大
之臣。是月，羡之等戮死，谢晦兴江陵之甲以伐其君，宋将檀道济帅
师御之，晦又奔溃伏诛。或曰：是岁，上伐赫连氏，入其郛。夏都直伐西南，
亦奔星应也。

二年五月，太白昼见经天。占曰“时谓乱纪，革人更王”。六月
己丑，火入羽林，守六十余日。占曰“禁兵大起，且有反臣之戒。”

三年十月，有流星出西南而东北行，光明烛地，有声如雷，鸟兽
尽骇。占曰“所发之野有破国迁君，西南直夏而首于代都焉。著而
有声，盛怒也”。

四年五月辛酉，金、水合于西方。占曰“兵起，大战”。先是，三
年正月，宋人有谢氏之难，王卒尽出。冬十一月，上伐赫连昌，入其
郛，徙万余家以归。是岁，复攻之；六月，大败昌于城下，昌奔上邽，
遂拔统万，尽收夏器用，虏其母弟妻子，由是威加四邻，北夷慑焉。

神䴥元年五月癸未，太白犯天街。占曰“六夷氂头灭”。二年五
月，太白昼见。占曰：“大兵且兴，强国有弱者”。是月，上北征蠕蠕，
大破之，虏获以钜万计，遂降高车，以实漠南，辟地数千里云。

三年六月，火犯井、鬼，入轩辕，占曰“秦忧兵乱，有死君。又旱
饥之应”。丙子，有大流星出危南，入羽林。占曰“兵起，负海国与王
师合战。”是岁，自三月至十月，太白再犯岁星，月又犯之。占曰“有
国之君，或罹兵刑之难者；且岁馑”。十二月丙戌，流星首如瓮，长二
十余丈，大如数十斛船，色正赤，光烛人面，自天船及河，抵奎大星，
及于壁。占曰“天船以济兵车，奎为徐方，东壁，卫也，是为宋师之

祥。昭盛者,事大也"。是岁六月,宋将到彦之等侵魏,自南鄘清水入河,溯流而西,列屯二千余里。九月,帝用崔浩策,行幸统万,遂击赫连定于平凉。十二月,克之,悉定三秦地。明年,大师涉河,攻滑台,屠之,宋人宵遁。是时,赫连定辅攻西秦,戮其君乞伏慕末。吐谷浑慕容璝又袭击定,虏之,以强死者,再君焉。是岁二月,定州大馑,诏开仓赈乏。或曰:奎星羽猎,理兵象也;流星抵之而著大,是为大人之事。冬十月,上大阅于漠南,甲骑五十万,旌旗二千余里,又明盛之徵。四年。金、火入东井,火又犯天户;明年正月,又犯鬼。占曰"秦有兵丧"。而至秦夏出夷威,沮渠蒙逊又死,氐主杨难当陷宋之汉中地云。

四年三月,有大流星东南行,光烛地,长六七丈,食顷乃灭,后有声。占曰"大兵从之"。是时,诸将方逐宋师,至历城不及。有声,骏奔之象也。四月辛未,太白昼见于胃。胃为赵分。五月,太白犯天关;十月丙辰,月又掩之。天关外主勃、碣,山河之险穷焉。占曰:"兵革起"。九月丙寅,有流星大如斗,赤色,发太微,至北斗而灭。太微,礼乐之庭,且有昭德之举,而述宣王命,是以帝车受之。是月壬申,有诏徵范阳卢玄等三十六人,郡国察秀、孝数百人,且命以礼宣喻,申其出处之节。明年六月,上伐北燕,举燕十余郡,进围和龙,徙豪杰三万余家以归。四年八月,金入太微,亦君自将兵象。明年正月庚午,火入鬼。占曰"秦有死君"。四月己丑,太白昼见,为不臣,其后秦王赫连昌叛走伏诛之应也。

延和元年七月,有大流星出参左肩,东北入河乃灭。参主兵政,晋、魏墟也,山河所首,推之大兵,将发于魏以加燕国。八月癸未,太白犯心前星;乙酉,又犯心明堂。占曰"有亡国,近期二年"。十二月,有流星大如瓮,尾长二十余丈,奔君之象,比岁连兵东讨,至太延二年三月,燕后主冯文通去国奔高丽。元年四月,月犯左角。五月,月掩斗。七月,月食左角。皆占曰"兵大起"。其后,征西将军金崖、安定镇将延普、泾州刺史狄子玉争权,崖及子玉举兵攻普不克,据胡空谷反,平西将军陆俟讨获之。

三年三月丙辰,金昼见,在参。魏邦戒也。闰月戊寅,金犯五诸

侯。占曰"四滑起，官兵起乱"。疑已丑，月入井，犯太白。占曰"兵起
合战，秦邦受之"。七月，上幸显城，诏诸军讨山胡白龙，入西河。九
月克之，伏诛者数千人。而宋大将军、彭城王义康方擅威福，后竟幽
废。是岁二月庚午，月犯毕口而出，因晕昴及五车。占曰"贵人死"。五月甲子，
阴平王求蒉。

　　太延元年五月，月犯右执法。九月，火犯太微上将，又犯左执
法。十月丙午，月犯右执法。二年二月，月犯东蕃上相。三月，月及
太白俱犯右执法及上相。三年八月，火犯左执法及上将。五年二月，
木逆行犯执法。皆大臣谪也。元年十月，左仆射安原谋反，诛。三
年正月，征东大将军中山王纂、太尉北平王长孙嵩、镇南大将军丹
阳王叔孙建皆薨。其后，宋大将军义康坐徙豫章，诛其党与，仆射殷
景仁亦寻卒焉。元年五月，彗出轩辕。二年正月，月犯火；月，后妃也。三年
七月，木犯轩辕。至五年七月，月掩填星。并女主谪也。真君元年，太后窦氏殂，
宋氏皇后亦终，或曰：彗出轩辕，女主有为寇者。其后沮渠氏失国，实公主潜启
魏师。

　　二年五月壬申，有星孛于房。占曰"名山崩，有亡国"。八月丁
亥，木入鬼，守积尸；十一月辛亥，又犯鬼。鬼秦分，天戒若曰：凉君
淫奢无度，财力穷矣，将丧国，身为戮焉。二年正月、四年十一月，月皆
犯井，亦为秦有兵刑。

　　三年正月壬午，有星晡前昼见东北，在井左右，色黄，大如橘。
魏师之应也。黄星出于燕墟而慕容氏灭，今复见东井，凉室亡乎？四
年四月己酉，华山崩。华山，西镇也。天又若曰：星孛于房，既有徵
矣，镇倾而国从之。先是，元年十二月，金犯羽林；二年十二月至四
年十一月，火再入之。五年五月，太白昼见胃、昴，入羽林，遂犯毕。
毕，又边兵也。六月，上自将西征。秋八月，进围姑臧。九月丙戌，
沮渠牧犍帅文武将吏五千余人面缚来降。明年，悉定凉地。或曰：星
孛于房，为大臣之事，又懂祥也。火入鬼，犯轩辕，又稼墙不成。自元年己来，将
相薨尤众。至直君元年，州镇十五尽饥。

　　四年十月壬戌，大流星出文昌，入紫宫，声如雷。天象若曰：将

相或以全师御卫帝宫者,其事密近,有震惊之象焉。明年六月,帝西征,诏大将军黎敬等帅众二万屯漠南,以备暴寇。九月,蠕蠕乘虚犯塞,遂至七介山,京师大骇,司空长孙道生等并力拒之,虏乃退走。是月壬午,有大流星出紫微,入贯索,长六丈余。占曰"有大君之命"。贯索,贱人牢也。明年,帝命侍臣行郡国,观风俗,问其所疾苦云。

真君二年七月壬寅,填星犯钺。镇者,国家所安危,而为之纲纪者也,其婴铁钺之戮而君及焉。自元年十一月至此月,岁星三犯房上相。岁星为人君,今反覆由之,循省钩钤之备也。天若戒辅臣曰:"凉邦卒灭,敌国殚矣,而犹挟震主之威,负百胜之计,盍思盈亢之戒乎?"是时,司徒崔浩方持国钧,且有宠于上。明年,安西李顺备五刑之诛,而由浩锻成之。后八年,竟族灭无后。夫天哀贤良而示以明训凤矣,罕能省躬以先觉,岂不悲哉!浩诛之明年,卒有景穆之祸,后年而乱作。

三年三月癸未,月犯太白。占曰"大兵起,合战"。九月乙丑,有星孛于天牢,入文昌、五车,经昴、毕之间,至天苑,百余日与宿俱入西方。天象若曰:"且有王者之兵,彗除毛头之域矣,贵臣预有戮焉。"明年正月,征西将军皮豹子大败宋师于乐乡。九月,上北伐,药平王丕统十五将为左军,中山王辰统十五将为右军,上自将中军。蠕蠕可汗不敢战,亡,追至顿根河,虏二万余骑而还。中山王辰等八将军坐后期,皆斩。或曰:彗由昴、毕,贵人多死。十一月,太保卢鲁元薨。五年二月,乐平王丕薨。

六年二月,太白、荧惑、岁星聚于东井。占曰:"三星合,是为惊立绝行,其国内外有兵与丧,改立王公"。九月,卢水胡盖吴据杏城反,僭署百官,杂虏皆向从,关内大震。十一月,将军叔孙拔败吴师于渭北。至七年正月,太白犯荧惑。占曰"兵起,有大战"。时上讨吴党于河东,屠之,遂幸长安。二月,吴军败绩于杏城,弃马遁去,复收合余烬。八月,乃夷之。五年五月,月犯心。六年四月,又如之。占曰"兵犯宋邦"。是月,太白入轩辕。占曰"有反臣"。是冬,宋太子詹事范晔谋反,诛。诏高凉王那徇淮泗,徙其人河北焉。

九年正月,火、水皆入羽林。占曰"禁兵大起"。四月,太白昼见经天。十年五月,彗星出于昴北。此天所以修除天街而祸髦头之国也。时间岁讨蠕蠕。是秋九月,上复自将征之,所捕虏凡百余万矣。是岁七月,太白犯哭星。占曰"天子有哭泣事"。明年春,皇子真薨。

十年十月辛巳,彗星见于太微。占曰"兵丧并兴,国乱易政,臣贼主"。至十一年正月甲子,太白昼见,经天;四月,又如之。占曰"中岁而再干明,兵事尤大,且革人更王之应也"。是岁十月甲辰,荧惑入太微。十二月辛未,又犯之。癸卯,又如之。占曰"臣将戮主,君将恶之,仍犯事荐也"。先是,八年正月庚午,月犯心大星;九年正月,犯岁星;是岁九月,太白又犯岁星;至正平元年五月,彗星见卷舌,入太微。卷舌,谗言之戒。六月辛酉,彗星进逼帝坐;七月乙酉,犯上相,拂屏,出端门,灭于翼、轸;辛酉,直阴国。疑翼、轸为楚邦,于屏者,萧墙之乱也。天象若曰:"夫肤受之谮实为乱阶,卒至芟夷主相,而专其大号,虽南国之君由迁及焉。"先是,去年十月,上南征绝河。十二月,六师涉淮,登瓜步山观兵,骑士六十万,列屯三千余里,宋人凶惧,馈百牢焉。是年正月,尽举淮南地,俘之以归,所夷灭甚众。六月,帝纳宗爱之言,皇太子以强死。明年二月,爱杀帝于永安宫,左仆射兰延等以建议不同见杀。爱立吴王余为主,寻又贼之。荐灾之验也。间岁,宋太子劭坐蛊事泄,亦杀其君而僭立,劭弟武陵王骏以上流之师讨平之。灭于翼轸之徵也,先是,七年八月,月犯荧惑。八月至十一月,又犯轩辕。是岁正月,太白经天。九月,火犯太微。十月,宗爱等伏诛,高宗践阼。至十一月,录尚书元寿、尚书令长孙渴侯以争权,赐死;太尉黎、司徒弼又忤旨左迁。孛于屏相之应。出明年五月,太后崩。

高宗兴安二年二月,有星孛于西方。占曰"凡孛者,非常恶气所生也,内不有大乱,外且有大兵"。至兴光元年二月,有流星大如月,西行。占曰"奔星所坠,其野有兵,光盛者事大"。先是,京兆王杜元宝、建康王崇、济南王丽、濮阳王闾文若、永昌王仁,相次谋反伏诛。是岁,宋南郡王义宣及鲁爽、臧质以荆豫之师构逆,大将王玄谟等西讨，尽夷之。或曰：彗加太微、翼、轸之余祸也。《春秋》，星之大变，或灾连三国之君，其流炎之所及，二十余年而弭。至是彗于天庭，二太子首乱，三君为戮，侯王辜死者几数十人。由此言之，皇天疾威之诚，不可不惕也。

太安元年六月辛酉，有星起河鼓，东流，有尾迹，光明烛地。河鼓为履险之兵，负海之象也。昭盛为人君之事，星之所往，君且从之。间二岁，帝幸辽西，登碣石以临沧海，复所过郡国一年，又尾迹之征。是岁五月，火入斗。斗主形命之养。其后三吴荐饥，仍岁疾疫。

三年夏四月，荧惑犯太白。占曰"是谓相铄，不可举事用兵，成师以出而祸其雄之象也"。明年，宋将殷孝祖侵魏南鄙，诏征南将军皮豹子击之，宋军大败。或曰：金火合，主丧事。明年十月，金又犯哭星。十二月，征东将军、中山王托真薨。

三年十一月，荧惑犯房钩钤星。是谓强臣不御，王者夏之。至四年正月，月入太微，犯西蕃；三月，又犯五诸侯。占曰"诸侯大臣有谋反伏诛者"。是月，太白犯房，月入南斗，皆宋分。占曰"国有变，臣为乱"。十一月，长星出于奎，色白，蛇行，有尾迹，既灭，变为白云。奎为徐方，又鲁分也。占曰"下有流血积骨"。明年，宋兖州刺史竟陵王诞据广陵作乱，宋主亲戎，自夏涉秋，无日不战，及城陷，悉屠之。

四年八月，荧惑守毕，直徽垣之南。占曰"岁馑"。至五年二月，又入东井。占曰"旱，兵，饥疫，大臣当之"。六月，太白犯钺。占曰"兵起，更正朔"。是岁二月，司空伊馛薨。十二月，六镇、云中、高平、雍、秦饥旱。明年，改年为和平。至六月，诸将讨吐谷浑什寅，遂绝河穷蹑之，会军大疫，乃还。是岁三月，流星数万西行。占曰"小流星百数四面行者，庶人迁之象"。既而吐谷浑举国西逋，大军又随蹑之。

四年九月，月犯轩辕。十二月，犯氐。至五年正月，月掩轩辕，又掩氐东南星。皆后妃之府也。和平元年正月丁未，岁犯鬼。鬼为死丧，岁星，人君也，是为君有丧事。三月，月掩轩辕。四月戊戌，皇太后崩于寿安宫。《宋志》云："人间宣言，人主帷箔不修，故谪见轩辕。又五年十一月，月犯左执法；明年十一月，又犯之。占曰"大臣有忧"。和平二年，征东将军、河东王闾毗薨。十月，广平王洛侯薨。

和平元年十月，有长星出于天仓，长丈余。僮祥也。二年三月，荧惑入鬼。是谓稼穑不成，且曰万人相食。其后定、相阻饥，宥其田租。时三吴仍岁凶旱，死者十二三。先是，元年四月，太白犯东井。井、鬼皆秦分，雍州有兵乱。自元年六月，月犯心大星，三犯前后于房。心，宋分。时宋君虐其诸弟，后宫多丧，子女继夭，哭泣之声相再。是岁，诏诸将讨雍州叛氐，大破之。宋雍州刺史、海陵王休茂亦称兵作乱。间岁而宋主殂，嗣子淫昏，政刑紊焉。先是，元年十月，太白入氐。占曰"兵起后宫，有白衣会"。三年五月，岁星犯上将。占曰"上将忧之"。三年八月，月犯哭星。皆宋祥也。是岁，乐良王万寿及征东大将军、常山王素并薨。

二年三月辛巳，有长星出天津，色赤，长匹余，灭而复出，大小百数。天津，帝之都，船所以渡，神通四方，光大且众，为人君之事。天象若曰："是将有千乘万骑之举，而绝逾大川矣。"是月，发卒五千余，通河西猎道。后年八月，帝校猎于河西，宋主亦大阅舟师，巡狩江右云。

二年九月，太白犯南斗。斗，吴分。占曰"君死更政，大臣有诛者"。十一月，太白犯填。填，女君也，且曰有内兵、白衣会。至三年九月，火犯积尸。上曰"贵人忧之，斧钺用"。十月，太白犯岁星。岁为人君，而以兵丧干之，且有死君篡杀之祸。是月，荧惑守轩辕。占曰："女主忧之宫中兵乱"。十一月，岁入氐。氐为正寝，岁为有国之君。占曰"诸侯王有来入宫者"。五年二月，月入南斗魁中，犯第四星。占曰"大人忧，太子伤，宫中有自贼者；又大赦"。既而宋孝武及宋后相继崩殂，少主荐诛辅臣，寡连戚属，群下相与杀之，而立宋明帝。江南大饥，且仍有肆眚之令焉。先是，三年六月，太白犯东井。七月，火入井。四年五月，金、火皆犯上相。五年六月，火又入井。占曰"大臣忧，斧钺用"。六年七月，月犯心前星。是月，宋杀少主，其后有乙浑之难。

五年七月丁未，岁星守心。心为明堂，岁为诸侯，为长子入而守之,立君之象。占曰"凡五星守心,皆为宫中乱贼,群下有谋立天子者。"七月己酉,有流星,长丈余,入紫微,经北辰第三星而灭。占曰"有大丧"。九月丁酉,火入轩辕。十一月,长星出织女,色正白,彗之象也。女主专制,将由此始,是以天视由之。长星,彗之著,易政之渐焉。冬,荧惑入太微,犯上将。十二月,遂守之。占曰"公侯谋上,且有斩臣"。六年正月乙未,有流星,长丈余,自五车抵紫宫西蕃乃灭。天象若曰:"群臣或修霸刑,而干蕃辅之任矣。"且占曰"政乱有奇令"。四月,太白犯五诸侯。占曰"有专杀诸侯者"。五月癸卯,上崩于太华殿,车骑大将军乙浑矫诏杀尚书杨宝年等于禁中。戊申,又害司徒、平原王陆丽。明年,皇太后定策诛之。太后临朝,自冯氏始也。或曰:心为宋分。是岁六月,岁星昼见于南斗。斗为天禄,吴分也。天象若曰:"或以诸侯干君而代夺之。"是冬,宋明帝以皇弟践阼,孝武诸子举兵攻之,四方响应,寻皆伏诛。有太白之刑与岁星之佑焉。是岁三月,有流星西行,不可胜数,至明乃止。至六月己卯,又有流星,多西南行。星众而小,庶人象也,星之所首,人将从之。及宋讨孝武诸子,大兵首自寻阳,进平荆雍。其后张永之师败绩于吕梁,魏师尽举淮右,俘其人,又西流之效也。

显祖天安元年正月戊子,太白犯岁星。岁,农事也,肃杀干之,是为稼穑不登。六月,荧惑犯鬼。占曰"旱饥疾疫,金革用"。八月丁亥,太白犯房。占曰"霜雨失节,马牛多死"。九月甲寅,荧惑犯上将,太白犯南斗第三星。曰"贵人将相有诛者。"十一月己酉,太白又犯岁星。或曰:岁为诸侯,太白主兵刑之政,再干之,事荐也。是岁九月,州镇十一旱饥。十月,宋氏六王皆戮死。明年,宋师败于吕梁,江阴阻饥,牛且大疫。其后,东平王道符擅杀副将及雍州刺史,据长安反,诏司空和其奴讨灭之。九月,诏赐六镇孤贫布帛,宋主以后宫服御赐征北将士。后岁夏,旱,河决,州镇二十七皆饥,寻又天下大疫。元年六月,太白犯左执法。十月,火又犯之。占曰"大臣有忧,霸者之刑用"。是岁六月,月犯井。十月,又掩之。皇兴元年正月,月犯井北辕第二星。八月,又蚀之。占曰"贵人当之,有将死,水旱祥也"。道符作乱之明年,司空和其奴、太宰李峻皆薨。

皇兴元年四月，太白犯镇星。占曰"有攻城略地之事"。六月壬寅，太白犯鬼，秦分也。二年正月，太白犯荧惑。占曰"大兵起"。是时，镇南大将军尉元、征南大将军慕容白曜略定淮泗。明年，徐州群盗作乱，元又讨平之。后岁正月，上党王观西征吐谷浑，又大破之。

二年九月癸卯，火犯太微上将。占曰"上将诛。"先是，元年六月，荧惑犯氐；是岁十一月，太白又犯之。是为内宫有忧逼之象。占曰"天子失其宫"。四年十月，诛济南王慕容白曜。明年，上近于太后，传位太子，是为孝文帝。《宋志》以为，先是比年月频犯左角，占曰"天子恶之"。及上逊位，而宋明帝亦殂。

高祖延兴元年十月庚子，月入毕口。毕，魏分。占曰："小人罔上，大人易位，国有拘主反臣。"十二月辛卯，火犯钩钤。钩钤以统天驷，火为内乱。天象若曰："人君失驭，或以乱政乘之矣。"乙巳，镇星犯井。夫井者，天下之平也，而女君以干之，是为后窃刑柄。占曰："天下无主，大人忧之，有过赏之事焉。"二年正月，月犯毕。丙子，月犯东井。庚子，又如之。占曰："天下有变，令贵人多死者。"

三年八月，月犯太微。又群阴不制之象也。是时，冯太后宣淫于朝，昵近小人而附益之，所费以钜万亿计，天子徒尸位而已。二年九月，河间王闾虎皮以贪残赐死。其后，司空、东平郡王陆丽坐事废为兵，既而宫车晏驾。或曰：月入毕口为赦令。二年正月，曲赦京师及秦梁诸镇。星及月犯井，皆为水灾，且旱祥也。是岁九月，州镇十一水旱，诏免其田租，开仓赈乏。

四年九月己卯，月犯毕。七月丙申，太白犯岁星，在角。丁卯，太白又入氐。太白有母后之几，主兵丧之政，以干君于外朝而及其宿宫，是将有劫杀之虞矣。二月癸丑，月犯轩辕。甲寅，又犯岁星。月为强大之臣，为主女之象，始由后妃之府而干少阳之君，示人主以戒敬之备也。五年三月甲戌，月掩填星。天象若曰："是又僻行不制，而弃其纪纲矣。"且占曰"贵人强死，天下乱"。三月癸未，金、火皆入羽林。占曰"臣欲贼主，诸侯之兵尽发"。八月乙亥，月掩毕。十一月，月入轩辕，食第二星。至承明元年四月，月食尾。五月己亥，金、火皆入轩辕。庚子，相逼同光。皆后妃之谪也。天若言曰："母后之衅几贯盈矣，人君忘祖考之业，慕匹夫之孝，其如宗祀何？"是时，献文不悟，至六月暴崩，实有鸩毒之祸焉。由是言之，皇天有以睹履霜之萌，而为之成象久矣。其后，文明皇太后崩，孝文皇帝方修谅阴之仪，笃孺子之慕，竟未能述宣《春秋》之义，而惩供人之党，是以胡氏循之，卒倾魏室，岂不哀哉！或曰：太白犯岁于天门，以臣伐君之象；金、火同光，又兵乱之徵。时宋主昏狂，公侯近戚冤死相继。既而桂阳、建平王并称兵内侮，矢及宫阙，仅乃戡之。寻为左右杨玉夫等所杀。或曰：月犯岁、镇，金、火入轩辕，皆谨祥也。月掩毕，主边兵。四年，州镇十三饥，又比岁蝗旱。太和元年，云中又饥，开仓赈之。先是，四年四月丙午，有大星西流，殷殷有声。十一月辛未，又如之。是岁五月，宋桂阳王反于江州，间岁，沈攸之反于江陵，皆为大兵西伐。时以江南内携，又诏五将伐蜀。

太和元年五月庚子，太白犯荧惑，在张，南国之次也。占曰"其国兵丧并兴，有军大战，人主死"。壬申，水、土合于翼，皆入太微，主令不行之象也。占曰"女主持政，大夫执纲，国且内乱，群臣相杀"。九月丁亥，太白昼见，经天，光色尤盛，更姓之祥也。二年九月，火犯鬼。占曰"主以淫溢失政，相死之"。三年三月，月犯心。心为天王，又宋分。三月，填星逆行入太微，留左掖门内。占曰"土守南宫，必有破国易代。逆行者，事逆也"。自元年三月至二年六月，月行五犯太微，与刘氏篡晋同占。又自元年八月至三年五月，月行六犯南斗，入魁中。斗为大人寿命，且吴分。是时，冯太后专政，而宋将萧道成亦擅威福之权，方图刘氏。宋司徒袁粲起兵石头，沈攸之起兵江陵，将诛之，不克，皆为所杀。三年四月，竟篡其君而自立，是为齐帝。是年五月，又害宋君于丹阳宫。又元年十月，月犯昴，为刑狱事。二年六月，月犯房。占曰"贵人有诛者"。或曰"月犯斗，亦大臣之谪也。"其后李惠伏诛，宜都长乐王并赐死。又元年二月壬戌，月在井，晕参、毕、两河、五车。占曰"大赦"。至八月，大赦天下。三年正月壬子，又晕觜、参、昴、毕、五车、东井。至十月，大赦天下。

三年，自五月至十二月，月三入斗魁中。四年五月庚戌、七月己巳，又如之。六年二月，又犯斗魁第二星。占曰"其国大人忧，不出三年"。七月丁未，十月丙申，月再犯心大星。自四年正月至六年二月，又五干。斗为爵禄之柄，心为布政之宫，月行干而辅之，亦以荐矣。其占曰"月犯心，乱臣在侧，有亡君之戒，人主以善事除殃"。是时，冯太后将危少主者数矣，帝春秋方富，而承事孝敬，动无违礼，故竟得无咎。至六年三月，而齐主殂焉。或曰：月犯斗，其国兵忧。心，又豫州也。时比岁连兵南讨，五年二月，大破齐师于淮阳，又击齐下蔡军，大败之。先是，三年八月，金犯轩辕。四年二月，又犯轩辕第二星。六年正月，又犯轩辕大星。八月，又犯轩辕左角。左角后宗也。是时，太后淫乱，而幽后之侄婵，又将薄德。天若言曰：是无周南之风，不足训也，故月、太白骤于之。

三年九月庚子，太白犯左执法。十一月丙戌，月犯之。四年二月辛巳，月又犯之。九月壬戌，太白又犯之。五年二月癸卯，月犯太微西蕃上将。至六年十月乙酉，荧惑又犯之。夫南宫执法，所以纠淫忒，成肃雍，而上将朝庭之辅也。天象若曰："王化将弛，淫风几兴，固不足以令天下矣；而廷臣莫之纠弼，安用之！"文明太后虽独厚幸臣，而公卿坐受荣赐者费亦巨亿，盖近乎素餐焉。其三年九月，安乐王长乐下狱死，陇西王源贺薨。四年正月，广川王略薨，襄城王韩颓徒边。七月，顿丘王李钟葵赐死。其后，任城王云、中山王睿又薨。比年死黜相继，盖天谪存焉。四年春，月又掩火，亦大臣死黜之祥也。又比年，月再犯昴，亦为狱事与白衣之会也。

五年九月辛巳，填犯辰星于轸。占曰"为饥，为内乱，且有壅川溢水之变"。是岁，京师大霖雨，州镇十二饥。至六年七月丙申，又大流星起东壁，光明烛地，尾长二丈余。东壁，土功之政也。是月，发卒五万，通灵丘道。十月己酉，有流星入翼，尾长五丈余。七星，中州之羽仪；翼，南国也。天象若曰：将择文明之士，使于楚邦焉。明年，员外散骑常侍李彪使齐，始通二国之好焉。四年正月丁未，月在毕、晕参、井、五车，赦祥也。四月，幸廷尉狱，录四徒。明年二月，大赦。是月，月在翼，有偏日晕，侵五车、东井、轩辕、北河、鬼，至北斗、紫垣、摄提。六年正月癸亥，月在毕，晕参两肩、五车、胃、昴、毕。至甲戌，天下大赦。江南嗣君即位，亦大赦改元。

七年六月庚午辰时，东北有流星一，大如太白，北流破为三段。十月己亥，星陨如虹。是时，太后专朝，且多外嬖，虽天子由倚附之，故有干明之谪焉。破而为三，席势者众也。昔春秋星陨如雨，而群阴起霸。其后汉成帝时，旰日晦冥，众星行陨，耀耀如雨，而王氏之祸萌。至是天妖复见，又与元后同符矣。

十年八月辰时，有星落如流火三道；戊寅，又有流星出日西南一丈所，西北流，大如太白，至午西破为二段，尾长五尺，复分为二，入云间。仍见者，事荐也，后代其踵而行之，以至于分崩离析乎？先是，七年十月，有客星大如斗，在参东，似孛。占曰"大臣有执主之命者，且岁旱籴贵"。十年九月，荧惑犯岁星，岁主晨事，火星以乱气干之，五稼旱伤之象也。占曰"元阳以僅，人不安"。自八年至十一年，黎人阴饥，且仍岁灾旱。八年正月辛巳，月在毕，晕井、岁星、觜、参、五车。占曰"有赦，籴贵"。其年六月，大赦。冬，州镇十五水旱，人饥。九年正月，月在参，晕觜、参两肩、五车，为大赦，为水。戊申，月犯井，为水祥也。是岁，冀定数州大水，人有鬻男女者，京师及州镇十三水旱伤稼。明年，大赦。

十一年三月丁亥，火、土合于南斗。填为履霜之渐，斗为经始之谋，而天视由之，所以为大人之戒也。占曰"其国内乱，不可举事用兵"。是时，齐主持诸侯王酷甚，虽酒食之馈，犹裁之有司。故天若言曰："非所以保根固本，以贻长代之谋也，内乱由是兴焉。"五月丁酉，太白经天，昼见，庚子，遂犯毕。毕，又边兵也。是岁，蠕蠕寇边。明年，齐将陈达伐我南鄙，陷沣阳。间岁而齐君子子响为有司所御，遂愤怒而反，伏诛。及齐主殂而西昌侯篡之，高、武子孙所在棋布，皆拱手就戮，亦齐君自为之焉。十一年六月乙丑，月犯斗。丙寅，遂犯建星。亦图始之谋也。十二年七月，月犯牛。十三年六月，又掩之。明年八月，又犯之。牛主吴分。占曰："国有忧，大将戮。"亦江南兵僅之征也。

七月癸丑，太白犯轩辕大星。八月甲寅，又犯之。皆女君之谪也。天象若曰："轩辕以母万物，由后妃之母兆人也，是固多秽，复将安用之？其物类之感，又稼穑之不滋候也。"是岁，年谷不登，听人出关就食。明年，州镇十五皆大饥，诏开仓赈乏。间岁，太后崩。是岁，月三入井，金又犯之。占曰"阴阳不和，不为水患且大旱"。其后连年亢阳，而吴中比岁霖雨伤稼也。

十二年三月甲申，岁星逆行入氐。甲、申，皆齐分也。占曰"诸侯王而升为天子者"。逆行者，其事逆也。先是，去年十月，岁、辰、太白合于氐。是谓惊亡绝行，改立王公。是岁四月，月犯氐，与岁同舍。六月丁巳，月又入氐，犯岁星。月为强大之臣，岁为少君也，与岁同心内宫而干犯之，强宗擅命，逼夺其君之象也。再干之，其事荐至。

十三年三月庚申，月犯岁。十五年六月，又犯之。岁星不在宿宫，是为强侯之谴。江南太子、贤王相次薨殁，既而齐武帝殂，太孙幼冲，西昌辅政，竟杀二君而篡之。月再犯于氐及逆行之效也。或曰：月犯木，饥祥也。时比岁稼穑不登。又十二年正月戊戌，月犯左角。十一月丙寅，又如之。七月，金又犯左角。角为外朝，且兵政也。占曰"不出三年，天下有兵，主子死，大君恶之"。至十四年，有子响诛，间岁而齐室乱。

十二年四月癸丑，月、火、金会于井；辛酉，金犯火；甲戌，火、水又俱入井。皆两阳失节，万物不成候也。且曰：王业将易，诸侯贵人多死。是岁，月行四入氐；十月，辰星入之；闰月丁丑，火犯氐；乙卯又入之。占曰"大旱岁荒，人且相食，国易政，君失宫，远期五年。"氐，又女君之府也。是岁，两雍及豫州旱饥。明年，州镇十五大馑。至十四年，太后崩。时江南北连岁灾雨，至十七年，有劫杀之祸，诛死相踵焉。是岁，月三犯房。十三年四月，又犯之。七月至十月，再犯键闭。占曰"有乱臣，不出三年伐其主"。自十二年七月至十四年八月，月再犯牛，又再掩之，凡六犯牛且掩之。牛为吴越，馑祥也。毕，魏分。且曰：贵人多死免者。十二年九月，司徒、淮南王佗薨。十三年，光州人王泰反，章武、汝阴、南顿三王皆坐贼废，安丰王猛、司空荀颓并薨。十四年，池豆干及库莫奚频犯塞，京兆王废为庶人。

魏收书《天象志》第一卷载天及日变，第二卷载月变，第三、第四卷应载星变。今此二卷,天、日、月、星变编年,物系魏及南朝祸咎。盖魏收《志》第三、第四卷亡,后人取他人所撰《志》补足之。魏澹书世已无本,据目录作西魏《帝纪》,而元善见、司马昌明、刘裕、萧道成皆入列传。此《志》主东魏,而晋、宋、齐、梁君皆称帝号,亦非魏澹书明矣。《唐书·经籍志》有张太素《魏书》一百卷,故世人疑此二卷为太素书《志》。《崇文物目》有张太素《魏书·天文志》二卷,今亦亡矣。惟昭文馆有史馆旧本《魏书·志》第三卷,前题朝议郎、行著作郎修国史张太素撰。太素,唐人,故讳"世"、"民"等字。

魏书卷一〇五之四
志第四

天象四

　　太和十二年十一月戊午，太白犯岁，又犯火，丧疾之祥。占曰
"国无兵忧，则君有白衣之会"。丙寅，火又犯木。占曰"内无乱政，
则主有丧戚之故"。十二月壬寅，太白犯填。占曰"金为丧祥，后妃
受之"。十三年二月，荧惑犯填。占曰"火主凶乱，女君应之"。皆文
明太后之谪也。先是，十一年六月甲子，岁星昼见。十二月甲戌，又
昼见。是岁，六月，又如之。岁而丽于大明，少君象也。是时，孝文
有仁圣之表，而太后分权以干冒之，及帝春秋方壮，始将经纬礼俗，
财成国风。故比年女君之谪屡见，而岁星浸盛，至于不可掩夺矣。且
占曰"木昼见，主有白衣之会"。是岁九月丙午，有大流星自五车北
入紫宫，抵天极，有声如雷。占曰"天下大凶，国有丧，宫且空。"夫五
车，君之车府也。天象若曰："是将以丧事有千乘万骑而举者。"大有
声，其事昭盛。至十四年三月，填星守哭泣。占曰"将以女君有哭泣
之事。"四月丙申，火犯鬼，丧祥也。六月，有大流星从紫宫出，西行。
天象又曰："人主将以丧事而出其宫。"八月，月、太白皆犯轩辕。九
月癸丑，而太皇太后崩，帝哭三日不绝声，夕饮不入口者七日，纳菅
屦，徒行至陵，其反亦如之，哀毁骨立，杖而后起，虽殊俗之萌，矫然
知感焉。自九月至于岁终，凡四谒陵。又荐出紫宫之验也。十四年
十一月，月犯填星。十二月，月犯轩辕。十五年十月，月犯填，又犯轩辕。八月，
又犯之。九月，月掩填星。十七年正月，月又犯轩辕。皆女君之象也。是时，林

贵人以故事薨，及冯贵人为后，而其姊谮之，至二十年竟坐废黜，以忧死。幽后继立，又以淫乱不终。

十三年十二月戊戌，填星、辰星合于须女。女，齐、吴分。占曰"是为雍沮，主令不行，且有阴亲者"。至十四年三月庚申，岁星守牛。占曰"其君不爱亲戚，贵人多丧；又懂祥也"。是岁，太白三犯荧惑。十月，太白入氐。十一月，有大流星从南行入氐。甲申，齐邦之物也。金、火相铄，为兵丧，为大人之谪。天象若曰："宿宫有兵丧之故，盛大者循而残之，处其寝庙之中矣。"至十五年三月壬子，岁犯填，在虚。三月癸巳，木、火、土三星合宿于虚。甲午，火、土相犯。虚，齐也。占曰"其国乱专政，内外兵丧，故立侯王"。九月乙丑，太白犯斗第四星。戊子，有大流星起少微，入南宫，至帝坐。主有盛大之臣，乘贤以侮其君者。且占曰"大人易政"。至十七年正月戊辰，金、木合于危。危，亦齐也，是为人君且罹兵丧之变。四月戊子，太白犯五诸侯。占曰"有擅刑以残贼诸侯者。"至七月，齐武帝殂，西昌侯以从子干政，竟杀二君而自立，是为齐明帝。于是高、武诸子王侯数十人相次诛夷，殆无遗育矣。虽继体相循，实有准命之祸，故天谪仍见云。自十五年至十七年，月行七犯建星。建星，为忠臣之辅，经代之谋，又吴之分也。十五年，再犯牵牛。十六年至十七年，又四犯南斗。是谓臣干天禄，且曰"大人多死者"。又十五年七月，金入太微。十七年，火入太微宫，反臣之戒。是岁，月行四入太微，十七年，六入太微，比岁凡十干之，而齐君夷其宗室，亦积忍酷甚也。

十五年四月癸亥，荧惑入羽林。十六年二月壬子，太白入羽林。占曰"天下兵起"。三月己卯、四月丙午、五月甲戌、十月辛卯，月行皆入羽林。十七年四月壬寅、八月辛卯、十二月辛巳，又如之。先是，阳平王颐统十二将军骑士七万，北讨蠕蠕。是岁八月，上勒兵三十余万自将击齐，由是比岁皆有事于南方。十五年三月，月掩毕。十一月，又犯之。十六年五月及七月，月再入毕。八月、十一月，又再犯之。十七年八月，又入毕。毕为边兵。占曰"贵人多死"。十五年六月，济阴王郁赐死。十七年，南平王霄、三老尉元皆死。十八年，安定王休死。十九年，司徒冯诞、太师冯熙、广川王谐皆死。

十七年二月庚戌,火、土合于室。室星,先王所以制宫庙也,荧惑天视,填为司空,聚而谋之,其相宅之兆也。且纬曰:"人君不失善政,则火土相扶,卜洛之业庶几兴矣。"是岁九月,上罢击齐,始大议迁都。冬十月,诏司空穆亮、将作董迩缮洛阳宫室,明年而徙都之。于是更服色,殊徽号,文物大备,得南宫之应焉。凡五星分野,荧惑统朱鸟之宿,而填以轩鼓寓之,皆周鹑火之分。室,又并州之分。是为步自并州,而经始洛邑之祥也。

十七年二月丁丑,太白犯井。辛丑,又犯鬼。五月戊午,昼见。九月,又如之。是谓兵祥,雍州也。是月,火、木合于娄。娄为徐州,占曰"其地有乱,万人不安"。八月辛巳,荧惑入井。占曰"兵革起"。明年二月,诏征南将军薛真度督四将出襄阳,大将军刘昶出义阳,徐州刺史元衍出钟离,平南将军刘薛出南郑,皆两雍、徐方之分。后年正月,平南王肃大败齐师于义阳,降者万余。己亥,上绝淮,登八公山,并淮而东,及钟离乃还。至十九年六月庚申,金、木合于井。七月,火犯井。三十一年十一月,大败齐师于沔北。明年春,复大破之,下二十余城,于是悉定沔汉诸郡。时江南伪立雍州于襄阳,以总牧西土遗黎,故与东井同候。

十八年四月甲寅,荧惑入轩辕,后妃之戒也。是时,左昭仪得幸,方谮诉冯后,上蛊而惑之。故天若言曰:"夫肤受之微不可不察,亦自我天视而降鉴焉。"至十九年三月,月犯轩辕。二十年七月辛巳,又掩填星。是月,冯后竟废,寻以忧死,而立左昭仪,是为幽后。明年,追废林贞后为庶人。二十二年正月,月又掩轩辕。十一月,又彗星起轩辕,历鬼南,及天汉。天又若曰:"是固多秽德,宜其彗除矣。"行历鬼,又强死之征。明年,幽后赐死也。

十九年六月壬寅,荧惑出于端门。占曰"邦有大狱,君子恶之,又更纪立王之戒也"。明年,皇太子恂坐不轨,黜为庶人。至二十一年十月壬午,荧惑、岁星合于端门之内。岁为人君,火主死丧之礼,而陈于门庭,大丧之象也。二十二年二月乙丑,木、火合于掖门内。是夕,月行逮之。三月丙午,木、火俱出掖门外,再合一相犯,月行逮之。后妃预有咎焉。明年四月,宫车晏驾。夫太微,礼乐之庭也。时帝方修礼仪,正丧服,以经人伦之化,竟未就而崩。少君嗣立,其事复寝,缙绅先生咸哀恸焉。故天视奉而修之,是以徘徊南宫,盖皇天有以著慎终归厚之情。或曰"合于天庭南方,有反臣之戒。"是时,齐明帝殂,比及三年,而乱兵四交宫掖,既而萧衍戡之,竟覆齐室云。

二十一年十一月,有流星照地,至天津而灭。占曰"将有楼船之攻,人君以大众行"。二十二年,而上南伐。是岁之正月,有流星大如三斗瓶,起贯索,东北流,光烛地,经天棓乃灭,有声如雷。天棓,天子先驱也。占曰"国中贵人有死者,且大赦。"至三月,上南征不豫,诏武卫元嵩诣洛阳,赐皇后死。

世宗景明元年四月壬辰,有大流星起轩辕左角,东南流,色黄赤,破为三段,状如连珠,相随至翼。左角,后宗也。占曰"流星起轩辕,女主后宫多谮死者。"翼为天庭之羽仪,王室之蕃卫,彭城国焉。又占曰"流星于异,贵人有忧击"。是时,彭城王忠贤,且以懿亲辅政,借使世宗谅阴,恭己而修成王之业,则高祖之道庶几兴焉。而阿倚母族,纳高肇之谮,明年,彭城王竟废。后数年,高氏又鸩于后,而以贵嫔代之。由是小人道长,谮乱之风作矣。夫天之风戒,肇于履端之始,而没身不悟,以伤魏道,岂不哀哉!或曰:"轩辕主后土之养气,而庇佑下人也,故左角谓之少人焉"。天象若曰:"人将丧其所以致养,几至流亡离析矣。"是岁,北镇及十七州大馑,人多就食云。是岁十二月癸未,月晕太微,既而有白气长一丈许,南抵七星,俄而月复晕北斗大角。为君以兵自卫,又赦祥也,且为立君之戒。时萧衍立少主于江陵,改元大赦。寻伐金陵,以长围逼之。又二年正月,月晕井、参、觜、昴、五车。占曰"贵人死,大赦"。是岁,广陵王羽薨。二月至秋,再大赦。

二年正月己未,金、火俱在奎,光芒相掩。为兵丧,为逆谋,大入忧之,野有破军杀将。奎,徐方也。三月丁巳,有流星起五诸侯,入五车,至天潢散绝为三,光明烛地。五车,所以辅衰替之君也,流星自五诸侯干之,诸侯且霸而修兵车之会;分而为二,距乏疑之君几将并立焉。魏收以为,流星出五车,诸侯有反者。至五月,咸阳王禧谋反,赐死。戊午,填星在井,犯钺,相去二寸。占曰"人君有戮死者"。时萧衍起兵襄阳,将讨东昏之乱。是月,推南康王宝融为帝,践阼于江陵,于是齐有二君矣。至八月戊午,金、火又合于翼,楚分也。十一

月甲寅，金、水俱出西方。占曰"东方国大败"。时萧衍已举夏口，平
寻阳，遂沿流而东，东主之师连战败绩，于是长围守之。十二月，齐
将张稷斩东昏以降，又戮主之征。至三年正月，火犯房北星，光芒相
接。癸巳，填星逆行，守井北辕西星。皆大臣贼主，更政立君之戒也。
三月，金、水合于须女。女，齐分；金、水合，为兵诛。二月丁酉，有流
星起东井，流入紫宫，至北极而灭。东井，雍州之分，衍凭之以兴，且
西君之分，使星由之以抵辰极，是为禅受之命，且为大丧。是月，齐
诸侯相次伏诛，既而西君锡命，衍受禅于建康，是为梁武帝。戊辰，
而少主殂。自二年至三年，月六掩犯斗魁；七月，火犯斗，皆吴分也。时江南
北岁大馑，又连兵北鄙，负败相迹。又二年七月，月晕娄，内青外黄，轹昴、毕、
天船、大陵、卷舌、奎。船为徐鲁，又赦祥也，且曰"多死丧"。三月，青、齐、徐、兖
饿死万余人。七月，大赦。三年八月，月晕，外青内黄，轹昴、毕、娄、胃、五车。占
曰"贵人多死"。十二月，月犯昴，环月。太传、平阳王丕薨。后年正月，大赦。

　　三年八月丙戌，有大流星起天中，北流，大如二斗器。占曰"有
天子之使出自中京，以临北方"。至四年九月壬戌，有大流星起五
车，东北流。占曰"有兵将首于东北"。是岁二月辛亥，三月丁未，月
再掩太白，皆大战之象也。庚辰，扬州诸将大破梁师于阴陵。十一
月，左仆射源怀以便宜安抚北边。明年二月，又大破梁师于邵陵。九
月，蠕蠕犯边，复诏源怀击之。是岁七月，月晕昴、毕、觜、参、井、五车。占
曰"旱，大赦"。又再晕轩辕、太微。明年正月，月晕五车、东井两河、鬼、填星。是
月，大赦，改元。六月，以亢阳，诏撤乐减膳。

　　正始元年正月戊辰，流星如斗，起相星，入紫宫，抵北极而灭。
夫紫宫，后妃之内政，而由辅相干之，其道悖矣。且占曰"其象著大，
有非常之变"。至二年六月癸丑，有流星如五斗器，起织女，抵室而
灭。占曰"王后忧之，有女子白衣之会"。往反营室，衅归后庭焉。三
年正月己亥，有大流星起天市垣，西贯紫蕃，入北极市垣之西。又公
卿外朝之理也。占曰"以臣犯主，天下大凶"。明年，高肇欲其家擅
宠，乃鸩杀于后及皇子昌，而立高嫔为后。先是，景明四年七月，太白犯
轩辕大星。至二年六月，木犯昴。占曰"人君有白衣之会"。同上。

三年六月丙辰，太白昼见。占曰"阴国之兵强"。八月，梁师寇边，攻陷城邑。秋九月，安东将军邢峦大破之宿豫，斩将三十余人，捕房数万。十月甲寅，月犯太白，又大战之象。明年，中山王英败绩于淮南，士卒死者十八九。又元年正月，月晕胃、昴、毕、五车。戊午，又晕五车、东井、两河、鬼、填星。二月甲申，又晕昴、毕、觜、参。三年正月，月晕太微、轩辕。皆为兵赦。是月，皇子生，大赦天下。

四年七月己卯，有星孛于东北。占曰"是谓天谗，大臣贵人有戮死者"。凡孛出东方必以晨，乘日而见，乱气蔽君明之象也。昔鲁哀公十三年十一月，有星孛于东方。明年，春秋之事终，是谓诸夏微弱，蛮夷递霸，田氏专齐，三族擅晋，卒以干其君明而代夺之，陵夷遂为战国，天下横流矣。今孛星又见，与春秋之象同。天戒若曰："是居太阳之侧而干其明者，固多秽德，可彗除矣；而君不悟，衰替之萌，将繇此始乎？"是岁，高肇鸩后及皇子，明年又谮杀诸王，天下冤之。肇故东夷之俘，而骤更先帝之法，累构不测之祸，干明孰甚焉，魏氏之悖乱自此始也。

永平元年三月戊申，荧惑在东壁，月行抵之，相距七寸，光芒相及。室壁四辅，君之内宫，人主所以庇卫其身也。天象若曰："且有重大之臣屏藩王室者，将以诸谗贼之乱，死于内宫。"又曰："诸侯相谋"。五月癸未，填星逆行，太微在左执法西。是为后党持政，大夫执纲而逆行侮法，以启萧墙之内。是月，月犯毕。六月，又掩之。占曰"贵人有死者"。庚辰，太白、岁星合于柳。柳为周分。且占曰"有内兵以贼诸侯"。八月，京兆王愉出为冀州刺史，恐不见容，遂举兵反，以诛尚书令高肇为名，与安乐王诠相攻于定州。九月，太师、彭城王毙于禁中，愉亦死之。或曰：柳、豫州分，所合之野，谋兵，有战野拔邑事。至十一月丙子，流星起羽林南，大如碗，色赤，有黑云东南引，如一匹布横北轹星。占曰"禁兵起，所首召之"。是岁，豫州人白早生杀刺史司马悦，以城降梁，遣尚书邢峦击之。十二月，峦拔县瓠，斩早生。

二年三月丁未，有流星径数寸，起自天纪，孛于市垣，光芒烛地，有尾迹，长丈余，凝著天。天象若曰："政失其纪，而乱加乎人，浸以萌矣,是将以地震为征。"地震者,下土不安之应也。是月,火入鬼,距积尸五寸。积尸,人之精爽,而炎气加之,疫祥也。四月乙丑,金入鬼,去积尸一寸。又以兵气干之,强死之祥也。逾逼者事甚。鬼主骄亢之戒,故金火荐灾其人,以警而惧之。五月,太白犯岁,光芒相触。占曰"兵大乱,岁饥,不出三年"。七月庚辰,有流星起腾蛇,入紫宫,抵北极而灭。天戒若曰"彼光后王道者,疑以驭阴阳之变矣。将有水旱之沴,地震之祥,而后灾加皇极焉。"明年夏四月,平阳郡大疫,死者几三千人。平阳,鬼星之分也。秋,州郡二十大水,冀定旱饥。四年,朐山之役,丧师殆尽。其后繁时、桑乾、灵丘、秀容、雁门地震陷裂,山崩泉涌,杀八千余人。延昌三年,诏曰:"比岁山鸣地震,于今不已,朕甚惧焉。"至正月,宫车晏驾。七年十一月丙戌,月掩毕大星。至三年八月,火犯积尸。占曰"贵人死,又饥疫祥也"。比年水旱灾疫。是月,中山王略薨。明年春,司徒、广阳王嘉薨。

二年九月甲申,岁星入太微,距右执法五寸,光明相及。十二月乙酉,逆行入太微,奄左执法。三年闰月壬申,又顺行犯之,相去一寸。《保乾图》曰:"臣擅命,岁星犯执法。"是时,高肇方为尚书令,故岁星反复由之,所以示人主也。天若言曰:"政刑之命乱矣,彼居重华之位者,盖将反复而观省焉。今虽厚而席之,适所以为祸资耳。且占曰"中坐成刑,远期五年"。间五岁而肇诛。四年四月庚午,荧惑犯轩辕大星。至五月,入太微,距右执法三寸,光芒相接。荧惑,天视也,始由轩辕而省执法之位。其象若曰:"是居后党而擅南宫之命,君其降监焉。其应与岁星同也。"

四年正月戊戌,有流星起张,西南行,殷殷有声,入参而灭。张,河南之分;参,为兵事。占曰"流星自东方来,至伐而止,有来兵大败吾军。有声者,怒也"。先是,去年十一月,月犯太白。是岁,又犯之,在胃。八月辛酉,又犯之。胃为徐方,大战之象也。十月戊寅,有大流星孛于羽林,南流,色赤,珠落下入浊气,孛然而流。王师溃乱之兆。先是,梁朐山镇杀其将来降,诏徐州刺史卢昶援之。十二月,昶军大败于淮南,沦覆十有余万。是岁七月乙巳,有流星起北斗魁前,西北流入紫宫,至北极而灭。占曰"不出期年,兵起,且亡君戒"。是岁,有朐山之役,间岁而帝崩。

四年十二月己巳,岁星犯房上相,相距一寸,光芒相及。至延昌元年三月丙申,岁星在钩余东五寸,距键闭三寸。丙午,又掩房上相。天象若曰:"夫钤键之嚳,君上所宜独操,非骖服所当共也。"先是,高肇为尚书令,而岁星三省执法。是岁至升为司徒,犹怏怏不悦,而岁星又再循之,所以示人主审矣。间二岁而上崩,肇亦诛灭。或曰:木与房合,主丧、水。又元年二月,月晕井、鬼、轩辕。十月,又晕井、五车、参、毕。皆水旱饥赦之祥。自元年二月不雨至六月雨,大水。二年四月庚子,出绢十五万匹赈河南饥人。是夏,州郡十二大水。八月,天下殊死。

二年四月庚午,荧惑犯轩辕大星。十月壬申,月失行,犯轩辕大星。至延昌元年三月,填星在氐,守之九十余日。占曰"有德令,拜太子,女主不居宫"。至十月,立皇太子,赐为父后者爵,旌孝友之家。至二年三月乙丑,填星守房。占曰"女主有黜者,以地震为征"。地震者,阴盈而失其性也。四月丙申,月掩填星。七月戊午,又如之。是为后妃有相迁夺者,且曰"女主死之"。时比岁地震。至三年八月,太白又犯轩辕。十二月,月掩荧惑。皆小君之谪也。时高后席宠凶悍,虽人主犹畏之,莫敢动摇,故世宗胤嗣几绝。明年,上崩,后废为尼,降居瑶光寺,寻为胡氏所害,以厌天变也。

延昌元年八月己未,流星起五车,西南流入毕。毕,边兵也。占曰"有兵车之事,以所直名之"。至二年十一月戊午,又有流星起五车,西南流,殷殷有声。凭怒者,事盛也。十二月己卯,有流星西南流,分而为二。又偏师之象也。至三年六月辛巳,太白昼见。占曰"西兵大起,有王者之丧"。十一月,大将军高肇伐蜀,益州刺史傅竖眼出北巴,平南羊祉出涪,安西奚康生出绵竹,抚军甄琛出剑阁,会帝崩,旋师。先是,元年三月己酉,木、土相犯。占曰"人君有失地者,将死之"。又曰"先作事者败,兵起必受其殃"。三年九月,太白掩右执法。是为大将军有罹刑辟者。先是,二年二月,梁郁洲人徐玄明斩大将张稷来降。及肇出征,退亦就戮。

元年三月乙未,有流星起太阳守,历北斗,入紫宫,抵北极,至华盖而灭。太阳守所以弱承帝车,大臣之象。今使星由之,以语天极之位,臣执国命,将由此始乎?且占曰"天下大凶,主室其空。"先是,去年八月至十月,月再入太微。是岁三月,又如之。十二月甲戌,月犯火于太微。占曰"君死,不出三年,贵人夺权失势"。二年三月辛酉,荧惑又犯太微。占曰"天下不安,有立君之戒"。九月丁卯,入太微,犯屏星。明年正月而世宗崩,于是王室遂卑,政在公辅。三年二月,月晕毕、昴、五车、太白、东井。占主赦。是月,太白失行,在天关北。占有关梁之兵,道不通。明年正月,肃宗立,大赦天下。二月,梁将任太洪帅众寇关城。

四年五月庚戌,九月乙丑、十月癸巳,月皆犯太微。中岁而骤干之,强臣不御,执法多门之象也。闰月戊午,月犯轩辕,又女主之谪,十一月庚寅,木、火会于室,相距一尺。至甲午,火徙居东北,亦相距一尺。室为后宫,火与木合曰内乱,环而营之,或淫事干逼诸侯之象。占曰"奸臣谋,大将戮。若有夷族之害,以赦令除之"。先是,三年九月,太白犯执法。是岁八月,领军于忠擅戮仆射郭祚。九月,太后临朝,淫放日甚,至逼幸清河王怿。其后,羽林千余人焚征西将军张彝宅,辜死者百数,朝廷不能讨,于是大赦。原羽林亦营室之故也。魏收以为月犯太微,大臣有死者。其后安定王薨。月犯轩辕,女主忧之。其后皇太后高尼崩于瑶光寺。营室又主土功也。胡太后害高氏以厌天变,乃以后礼葬之。

四年十月,太白犯南斗。斗为吴分。占曰"大兵起"。先是三年四月,有流星起天津,东南流,轹虚、危。天津主水事,且曰有大众之行。其后梁造浮山堰,以害淮泗,诸将攻之。是岁闰月,有大奔星起七星,南流,色正赤,光明烛地,尾长丈余,历南河,至东井。七星,河南之分也。流星出之,有兵起;施及东井,将以水祸终之。又占曰"所与城等"。疑是时,镇南崔亮攻梁师于硖石。明年二月,镇东萧宝夤大破梁淮北军。九月,淮堰决,梁人十余万口皆漂入海。

肃宗熙平元年三月丙子,太白犯岁星。十二月甲辰,月犯岁星。是谓强盛之阴而陵少阳之君。岁,又诸侯也。天象若曰:"始由内乱干之，终以威刑及之。"是岁正月，荧惑犯房。四月庚子，又逆行犯之。癸卯，月又犯房。占曰"天下有丧，诸侯起霸，将相戮"。十一月，大流星起织女，东南流，长且三丈，光明照地。占曰"王后忧之，有女子白衣之会"。间岁，高太后殂，司徒国珍薨，中宫再有丧事。其后仆射于忠，司徒、任城王澄薨。既而太后幽逼，清河、中山王戮死。或曰："月、太白犯岁星，僅祥也。火犯房，陈兵满野，有饥国，且大赦。"又元年十二月，月晕井、觜、参、五车。占曰"水旱，有赦"。至二年正月，大赦。十月，幽、冀、沧、瀛大饥。是月，月再晕毕、参、五车。占曰"饥，赦"。明年，幽州大饥，死者数千人，自正月不雨至六月。是岁，四夷反叛，兵大出，又赦改元。

二年六月癸丑，有大流星出河鼓，东南流，至牛。十一月，流星起河鼓，色黄赤，西南流，长且三丈，有光照地。至神龟元年四月壬子，有流星起河鼓，西北流，至北斗散灭。河鼓，鼓旗之应也，故流星出之兵出，入之兵入。昔宋泰始初，大流星出自河鼓，西南行，竟夜，有小星百数从之。既而诸侯同时作乱。至是三出河鼓，秦州属国羌及南秦、东益氏皆反。七月，河州人却铁忽与群盗又起，自称水池王，诏行台源子恭及诸将四出征之。朝廷多事，故天应屡见云。

神龟二年四月甲戌，大流星起天市垣西，东南流，轩尾，光明蜀地。天象若曰：将作大众而从后妃之事矣，以所首名之。是岁九月，太后幸崧高。或曰市垣所以均国风；尾，幽州也。明年，诏尚书长孙稚抚巡北蕃，观省风俗。二月丙辰，月在参，晕井、觜、参、岁星、五车。占曰"有死相，且赦"。明年，诸王多伏辜，又大赦。

二年八月己亥，太白犯轩辕。是月，月又犯之。至正光元年正月，月又犯轩辕大星。四月庚戌，金、火合于井，相去一尺。占曰"王业易，君失政，大臣首乱，将相戮死，以用师大败"。五月丙午，太白犯月，相距三寸。占曰"将相相攻，秦国有战"。七月，太白犯角。角，天门也，是为兵及朝庭。占曰"有谋不成，破军斩将"。是月，侍中元叉矫诏幽太后于北宫，杀太傅、清河王怿。八月，中山王熙起兵诛元叉，不克遇害。明春，卫将军奚康生谋讨叉于禁中，事泄又死。是冬，诸将伐氏，官军败绩。

正光元年九月辛巳,有彗星光焰如火,出于东方,阴动争明之异也。《感精符》曰:"天下以兵相威,以势相乘,至威_疑乱,起布衣,从衡祸,未庸息,帝宫其空。"昔正始中,天谗孛于东北,是岁而摄提复周。故天象若曰:"夫谗之乱萌有自来矣,彗除之象今则著矣,战国之祸将由此作乎?"间三年,而北镇肇乱,关中迹之。自是奸雄鼎沸,覆军相踵,其灾之所及且二十年余而犹未弭焉。《梁志》曰:九月乙亥,有星晨见东方,光如火。占曰"国皇见,有内难急兵。"明年,义州反。乙亥去辛巳凡六日,而北方观之,其气盖同矣。始干其明,以妖南国,既又彗而布之,以除魏邦。

二年四月甲辰,火、土相犯于危。十一月辛亥,金、土又相犯于危。危,存亡之机,太白司兵,荧惑司乱,而玄枵司人,土下之所系命也。三精荐聚,群臣叶谋,以济屯复之运焉。占曰"天下方乱,甲兵大起,王后专制,有虚国徙王"。至四年四月己未,火、土又相犯于室。是谓后宫内乱。且占曰"欲杀主,天子不以寿终"。或曰:魏氏,轩辕之裔,填星之物也。赤灵为母,白灵为子,经纶建国之命,所以传拨乱之君也,其受之者将在并州与有齐之国乎?其后太后淫昏,天下大坏,上春秋方壮,诛诸佞臣。由是郑俨等竦惧,遂说太后鸩帝。既而尔朱氏兴于并州,终启齐室之运,卜洛之业遂丘墟矣。二年十月,月掩心大星。至三年正月,月掩心距星。四月丁丑,又如之。占曰"乱臣在侧"。□□□□五年,间三岁而肃宗崩。

三年七月庚申,有大流星如五斗器,起王良,东北流,长一丈许。王良主车骑,且曰:"有军涉河,昭盛者事大。"是日,月在昴北三寸。十一月乙卯,又如之。是谓兵加匈奴,且胡王之谪也。先是,蠕蠕阿那瑰失国,诏北镇师纳之。是岁八月,蠕蠕后主来奔怀朔镇。间岁,阿那瑰背约犯塞,诏尚书令李崇率骑十万讨之,出塞三千余里,不及而还。二年九月庚戌,月晕胃、昴、毕、五车。辛亥,又晕之。占曰"饥旱有赦"。至三年九月,月在毕,晕昴、毕、觜、参、五车。是岁夏,大旱。十二月,大赦。

三年二月丁卯,月掩太白,京师不见,凉州以闻。占曰"天下大兵起。凉州独见,灾在秦也"。三月癸卯,有大流星起西北角,流入紫宫,破为三段,光明照地。角星,主外朝兵政,流星由之,将大出师之象。若曰:将以兵革之故,王室分崩。入抵紫宫,天下大凶,有虚国之象。四月癸酉,有大奔星历紫微,入北斗东北首,光明烛地,殷然如雷。盛怒之象也,皆以所直名之。至四年八月乙亥,月在毕,掩荧惑。又边城兵乱之戒也。十月乙卯,太白入斗口,距第四星三寸,光芝相掩。占曰"大兵起,将戮辱,又吴分也"。五年正月,沃野镇人破落汗拔陵反,临淮王彧征之,败绩于五原。六月,莫折大提反于秦,雍州刺史元志讨之,又大败于陇东。明年,南方诸将频破梁师。至八月,杜洛周起上谷,其后鲜于修礼反定州。王师比岁北征,冀方大震。既而葛荣承之,竟陷河北。五年二月,月在参,晕觜、参、五车、东井、荧惑。八月,又晕之。闰月,月在张、翼,再晕轩辕、太微。占曰"兵起,士卒多遁走"。一曰"士卒大聚"。又皆赦祥也。是时,徵调骤起,兵相跆藉。又有诏内外戒严,将亲征。自二月至六月,再大赦天下。十月,月在毕,晕昴、毕、觜、参。后年春,又大赦。先是,二年九月,岁星犯左执法。至三年正月癸丑,又逆行犯之,相去四寸,光芒相及。五月丙辰,岁星又掩左执法。是时宦者刘腾与元叉叶谋,遂总百揆之任,故岁星反复由之,与高肇同占。至四年二月,腾死,又由是失援。其年十一月庚戌,岁星犯房上相,相距二寸,光芒相掩。五年四月己丑,岁星又逆行犯之。明年,皇太后反政,又遂废黜。昔高肇为尚书令,而岁星三省之,及升于上相,岁星亦再循之。至是三犯执法而腾死,再干上相而又败,旷宫之谴,异代同符矣。

孝昌元年五月,太白犯轩辕。八月,在张、角,盛大。占曰"有暴酷之兵"。张,河南也。十二月,火入鬼,又犯之。占曰"大贼在大人之侧"。后以淫溢失政,又秦分也。二年正月癸卯,金、木相犯于牛。十一月戊申,又相犯于女。岁所以建国均人,女为蚕妾,牛为农夫。天象若曰:"是将罹以寇戎,而丧其耕织之务矣。"且曰:有乱兵大战而波及齐、吴。是岁八月甲申,月在胃,掩镇星。闰月癸酉,又掩之。三年正月戊辰,又掩之。是为女君有罹兵刑之祸者,荐干之事甚而众也。又占曰“天下大丧，无主，贵人兵死，国以灭亡”。又二年三月，奔星大如斗，出紫微，东北流，光照地。占曰“王师大出，邦去其君”。六月，有奔星如斗，起大角，入紫宫而灭。栋星以肆觊群后，而敷威令于四方也。今大号由之，以诏天极，不以逆乎？且有空国徙王之戒焉。十月，有星入月中而灭。占曰“入而无光，其国卒灭；星反出者，亡国复立”。是岁四月至三年九月，荧惑再犯轩辕大星。武泰元年正月，又逆行复犯之。占曰“主命将失，女君之象，乱逆之灾”。三月庚申，月掩毕大星。占曰“边兵起，贵人多死者”。是时淫风滋甚，王政尽弛，自大河而北，极关而西，覆军屠邑，不可胜计。既而萧宝夤叛于雍州，梁师骤伐淮泗，连兵责士，万姓嗷嗷，丧其乐生之志矣。是岁二月，帝竟以暴崩。四月，尔朱荣以大兵济河，执太后及幼主，沉诸中流，害王公以下二千，遂专权晋阳，以令天下焉。三年正月癸酉，月在井，晕觜、参、两河、五车。七月，大赦。明年，少主立，又大赦。

　　庄帝永安元年七月癸亥，太白犯左角，相距四寸，光芒相掩，兵及朝庭之象。占曰“大战不胜，贵人有来者，其谋不成”。至二年闰月，荧惑入鬼，犯积尸。占曰“兵起西北，有铁钺之诛”。是岁，北海王颢以梁师陷考城，执济阳王晖业，乘虚逐胜，遂入洛阳。至七月，王师大败之，颢竟戮死，有谋不成之验。明年，尔朱天光击反虏万俟丑奴及萧宝夤于安定，克之，咸伏诛。

　　二年十一月，荧惑自鬼入太微西掖门，犯上将，出东掖门，犯上相，东行累日，句已去来，复逆行而西。十二月乙丑，月又掩之。至三年正月癸未，逆行入东掖门。己丑，月入太微，袭荧惑。辛卯，月行太微中，又晕之。三月己卯，在右执法北一尺五寸，留十四日。至壬辰，月又掩之，复顺行而东。四月戊午，月又干太微而晕。己未，荧惑出端门，在左执法南尺余而东。自魏兴以来，未有循环反复若此之荟也。是时，孝庄将诛权臣，有兴复魏室之志，是以诚发于中而荧惑咨谋于上焉。其占曰“有权臣之戮，有大兵之乱，贵人以强死而天下灭亡”。至五月己亥，太白在参昼见。参为晋阳之墟。天意若曰：“干明之衅于是乎在矣。”七月甲午，有彗星晨见东北方，在中台东一丈,长六尺,色正白,东北行,西南指。丁酉,距下台上星西北一尺而晨伏。庚子,夕见西北方,长尺,东南指,渐移入氐。八月己未,渐见。癸亥,灭。占曰"彗出太阶,有阴谋奸宄兴"。凡天事为之微形以戒告人主,始涤公辅之秽而彗除之,权臣将灭之象;再干太阳之明而后陵夺之,逆乱复兴之象也。三月而见者,变近亟也。究于内宫者,反仇其上也,近期在冲,远期一年。先是,二月壬申,有大流星相随西北,尾迹不绝以千计。西北直晋阳之墟,而微星,庶人所以载皇极也,人徙而君从之。是月戊戌,有大奔星自极东贯紫宫而出,影迹随之,迁君之应。至九月,上诛太原王荣、上党王天穆于明光殿。是夕,尔朱氏党攻西阳门不克,退屯河阴。十二月,洛阳失守,帝崩于晋阳。自是南宫版荡,劢杀之祸相踵。先是,永安元年七月丙子,十一月丙寅,十二月癸巳,月皆掩毕大星。至二年三月乙卯,月入毕口。八月乙丑,又距毕左股二寸,光芒相掩,须臾入毕口。十二月丙辰,掩毕右股大星。三年六月乙巳,又犯毕大星。八月庚申,入毕口,犯左股大星。是月辛丑,太白犯轩辕。明年五月,月又犯毕右股,遂之。毕星,所以建魏国之命也。占曰"天下有变,其君大忧,边兵起,上将戮,月荐干之,事甚而众。"及尔朱兆作乱,奉长广王为主,号年建明。明年二月,又废之而立节闵。六月,高欢又推安定王为帝于信都,复黜之,后更立武帝。于是三少王相次崩殂,又洛阳再陷,六宫污辱,有兵及轩辕之效焉。永安二年十月辛亥,十二月丁巳,月皆在毕,晕昴、毕、填星、觜、参、五车。普泰元年正月己丑,月在角,晕轸、角、五车、亢,连环晕北斗、大角、织女。十月,又晕昴、毕、觜、井、五车。是时,肆赦之令,岁月相踵。

　　节闵普泰元年五月辛未,太白出西方,与月并,间容一指,战祥也。先是,去年十一月辛丑,月在太白北,不容一指。占曰"有破军杀将,主人不胜。"既而尔朱氏南侵,王师败绩。至是,又与月合,几将复之乎?十月甲寅,金、火、岁、土聚于觜、参,甚明大。晋魏之墟也。且曰:兵丧并起,霸君兴兴焉。是时,勃海王欢起兵信都,改元中兴。至十一月己卯,奔星如斗,起太微,东北流,光明烛地,有声如

雷。占曰"大臣有外事，以所首事命之"。或曰"中国失君，有立王迁
主。著而有声者，盛怒也"。是时，尔朱氏成师北伐。明年三月癸巳，
火逆行犯氐。占曰"天子失其宫"。闰月庚申，岁星入鬼，犯天尸。占
曰有戮死之君"。既而尔朱兆等大败于韩陵，覆师十余万。四月，武
帝即位，比及岁终，凡杀三废帝。

孝武永熙元年九月，太白经天。十一月辛丑，有大流星出昴北，
东南流，轹毕贯参，光明照地，有声如雷。天象若曰：将有髦头之兵，
凭陵塞垣，与大司马合战。明年正月丁酉，勃海王欢追击兆等于赤
洪岭，大破之，尔朱氏歼焉。

二年四月，太白昼见。九月丁酉，火、木合于翼，相去一寸，光芒
相掩。占曰"是谓内乱，奸臣谋，人主忧"。甲寅，金、火合于轸，相去
七寸，光芒相及。占曰"是谓相铄，不可举事用兵"。翼、轸南宫之蕃，
又荆州也。至三年三月癸巳，有奔星如三斛瓮，起匏瓜，西流入市
垣，有光烛地，迸流如珠，尾迹数丈，广且三尺，凝著天，状如苍白
云，须臾屈曲蛇行。匏瓜为阴谋；星大如瓮，为发谋举事；光盛且大，
人贵而众也；以所首名之，且为天饰，王者更均封疆。是时，斛斯椿
等方说上伐高欢，荆州刺史贺拔岳预谋焉；高欢知之，亦以晋阳之
甲来赴。七月，上自将十余万，次河桥，望欢军，惮之不敢战，遂西幸
长安。至十月，勃海王更奉孝静为主，改元天平，由是分为二国，更
均封疆之应也。是月，欢命侯景攻荆州，拔之，胜南奔。是年三月庚
子，木逆行，在左执法北一寸，光芒相掩。五月甲申，又在执法西半寸，乍见乍
不见。占曰"疆臣擅命，改政更元"。十二月，上崩，由是高欢、宇文泰擅权两国。
又二年十一月乙丑，三年八月庚午，十二月庚申，月皆在毕，晕毕、昴、参、五
车。自三年二月至明年正月，东、西魏凡四大赦。

三年五月己亥，荧惑逆行，掩南斗魁第二星，遂入斗口。先是，
元年十一月，荧惑入斗十余日，出而逆行，复入之，六十日乃去。斗，
大人之事也。占曰"中国大乱，道路不通，天下皆更元易政，吴越之
君绝嗣"。是岁，东、西帝割据山河，遂为战国比。十月至正月，梁、
魏三帝皆大赦改元。或曰："斗为奉命之养，而火以乱气干之，毫荒

之戒也。"是时,梁武帝年已七十矣,怠于听政,专以讲学为业,故皇天殷勤著戒。又若言曰:"经远之谋替矣,将以逆乱终之,而剿其天禄焉。"夫天悬而示之,且犹不悟,其后摄提复周,卒有侯景之乱云。

三年十二月,梁人立元庆和为魏王,屯平濑。明年正月,东南行台元晏大破之。六月,豫州刺史尧雄又大破梁师于南顿。十月,梁攻单父,徐州刺史任祥又大破之,斩虏万余级。十二月,柳仲礼寇荆州,诸将又大败之。时梁军政益弛,故累有负败之应。

东魏孝静天平二年,有星孛于太微,历下台,及室壁而灭。南宫,成周之墟,孝文之余烈也,孛星由之,易政徙王之戒。天象若曰:"王城为墟,夏声几变,而台阶持政,有代夺之渐乎?且抵于营室,更都之象也。"是后两霸专权,皆以北俗从事,河南新邑遂为战争之郊。间三岁,至兴和元年九月,发司州卒十万营邺都,十月新宫成。

天平元年闰月,月掩心大星。二年八月,又犯之,相去七寸。十一月,又掩心小星。相臣逼主之象,且占曰"人臣伐主,应以善事除殃"。时两雄王业已定,特以人臣取容而已。至兴和二年八月,月又犯心大星。后数年而禅代。

元象二年七月壬戌,金、土合于七星。癸亥,遂犯七星。七星,河南之分,金而犯土,将有封畿之战,且占曰"其分亡地"。先是,去年十二月癸丑,太白食月。是岁三月壬申,太白又与月合,相距一寸,大战之祥也。月象强大之国,而金合之,秦师将胜焉。十二月,有流星从天市垣西流,长且一丈,有尾迹。三年正月,勃海王欢攻夏州,克之。十月丁丑,月犯火。占曰"大将有斗死者"。十二月,大都督窦泰入潼关。明年,宇文泰距击斩之。十月,遂及勃海王欢战于沙苑,欢军败绩,捕虏万余。是月,独孤信拔洛阳。

三年十一月,荧惑犯岁星。占曰"有内乱,臣谋主"。至四年正月,客星出于紫宫。占曰"国有大变"。二月壬申、八月癸未,月再掩五车东南星。占曰"兵起,道不通"。十一月,太白昼见。占曰"军兴,为不臣"。五年二月庚戌、三月甲子,填星逆顺行,再犯上相。上相,司徒也。六月,太白入东井。占曰"秦有兵,大臣当之"。至元象元年七月,太白在柳,昼见。柳,河南也。八月辛卯,有大流星出房、心北,东南行,长且三尺,尾迹分为三段,军破为三之象也。先是,行台侯景、司徒高昂围金墉,西帝及宇文泰自将救之。是月,陈于河阴,泰以中军合战,大克,司徒高昂死之。既而左右军不利,西师由是败绩,斩将二十余人,降卒六万。是月,西帝太傅梁景睿长安反,关中大震,寻皆伏诛。天平三年正月,元象元年三月,月再掩轩辕大星。是年,西帝废皇后乙氏,立蠕蠕女为后。明年五月,火犯轩辕大星。既而乙氏遇害,其后蠕蠕后又死,而乙氏为崇焉。元象元年十月,月犯昴,晕毕、胃。丁未,在翼,晕大星、轩辕、左角。十一月,在井,晕五车、两咸。东西主凡三大赦。

兴和元年二月壬子,火犯井。占曰"秦有兵乱,贵人当之"。四月,又入鬼。亦兵丧之祥也,又土地之分也。至二年十一月甲戌,太白在氏,与填星相犯。氏,郑地也。至四年七月壬午,火、木合于井,相去一尺。占同天平。明年,北豫州刺史高仲密据武牢西叛,宇文泰帅众援之。戊申,及勃海王战于邙山,西军大败,虏王侯将校四百余人,获六万余级。元年八月,月在毕,晕昴、毕、觜、五车。二年正月大赦。三年正月至八月,又再晕之,岁星在焉。四年十一月,月晕轩辕、太微。壬申,又晕胃、昴、毕、五车。皆兵饥赦祥也。明年,东西主皆大赦。后年三月,高欢入朝,以春冬亢旱,请赈穷乏,死罪已下皆宥之。先是,元年十月辛丑,有彗星出于南斗,长丈余。至十一月丙戌,距太白三尺,长丈余,东南指。二月乙卯,至娄始灭。占曰"彗出南斗之土,皆诛其上"。疑又吴分。始自微末,终成著大,而与兵星合焉。天戒若曰:"夫劫杀之萌,其事由来渐矣,而人君辨之不早,终以兵乱横流,不可扑灭焉。"娄又徐方之次,乱之所自招也。至二年四月己丑,金、木相犯于奎。丙午,火、木又相犯于奎。奎为徐方,所以虞蹶防之寇也。岁主建国之命,而省人君之差败,火主乱,金主兵;三精荐而聚谋,所以哀矜下土而示驱除之戒也。是时,梁主衰老,太子贤明而不能授之以政焉,由是领军朱异等浸侵明福之权。至武定五年,侯景窃河南六州而叛,又与连衡而附益之。是岁十二月,梁师败绩于彭城,捕虏五万余级,江淮之间始萧然愁叹矣。明年,师大败,陷溺以十万数,景遂举而济江,三吴大荒,道殣流离者大半,淮表二十六州咸内属焉。昔三精聚谋于危,九年而高氏霸,至是聚谋于奎而萧氏亡,亦天之大数云尔。

武定二年四月丁巳,荧惑犯南宫上将。戊寅,又犯右执法。占曰"中坐成刑,金火尤甚"四年四月庚午,金昼见。六月癸巳,月入毕,九月壬寅,太白在左执法东南三寸许,是为执法事。五年正月,月犯毕大星,贵人之谪也。先是,九月,大丞相欢围玉壁不克,是月,欢薨于晋阳。辛亥,侯景反,仆射慕容绍宗击之。八月,淮南三王谋反,诛。明年,绍宗攻王思政于颍川,竟溺。四年九月,月在翼,晕轩辕、太微帝坐。五年二月,晕昴、毕、参、井、五车。五月,在张,又晕轩辕、太微。时兵革屡动,东、西帝皆比岁大赦。

七年九月戊午,月掩岁星,在斗。斗为天庙,帝王寿命之期。月由之以干岁星。是为大人有篡杀死亡之祸。是岁,梁武帝以忧逼殂,明年而齐帝,后年西主文帝及梁简文又终,天下皆有大故,而江表尤甚。八年三月甲午,岁、镇、太白在虚。虚,齐分,是为惊立绝行,改立王公。荧惑又从而入之,四星聚焉。五月丙寅,帝禅位于齐。是岁,西主大统十六年也。是时,两主立,而东帝得全魏之墟,于天官为正。昔宋武北伐,四星聚奎,及西伐秦,四星聚井;四星聚参而勃海始霸,四星聚危而文宣受终。由是言之,帝王之业其有徵矣。其后六年,西帝禅于周室,天文史失其传也。

魏书卷一〇六上

志第五

地形上

司州　　定州　　冀州　　并州　　瀛州

殷州　　沧州　　肆州　　幽州　　晋州

怀州　　建州　　汾州　　东雍州　安州

义州　　南汾州　　南营州　　营州

平州　　恒州　　朔州　　云州　　蔚州

显州　　廓州　　武州　　西夏州　宁州

灵州

　　《夏书·禹贡》、周氏《职方》中画九州,外薄四海,析其物土,制其疆域,此盖王者之规摹也。战国分并,秦吞海内,割裂都邑,混一华夷。汉兴,即其郡县,因而增广。班固考地理,马彪志郡国,魏世三分,晋又一统,《地道》所载,又其次也。自刘渊、石勒倾覆神州,僭逆相仍,五方淆乱,随所跨擅。□□□长,更相侵食,彼此不恒,犬牙未足论,绣错莫能比。魏定燕赵,遂荒九服,夷翦逋伪,一国一家,遗之度外,吴蜀而已。正光已前,时惟全盛,户口之数,此夫晋之太康,倍而已矣。孝昌之际,乱离尤甚。恒代而北,尽为丘墟;崤潼已西,烟火断绝;齐方全赵,死如乱麻。于是生民耗减,且将大半。永安末年,胡贼入洛,官司文簿,散弃者多,往时编户,全无追访。今录武定之世以为《志》焉。州郡并改,随而注之,不知则阙,内史及相仍代相沿。魏自明、庄,寇难纷纠,攻伐既广,启土逾众,王公锡社,一地累封,不可备举,故总以为郡。其沦陷诸州户,据永熙缩籍,无者不录焉。

司州治邺城,魏武帝国于此。太祖天兴四年置相州。天平元年迁都改。领郡十二,县六十五,户三十七万一千六百七十五,口一百四十五万九千八百三十五。

魏尹故魏郡,汉高祖置,二汉属冀州,晋属司州,天兴中属相州。天平初改为尹。领县十三,户一十二万二千六百一十三,口四十三万八千二十四。邺二汉、晋属。天平初,并荡阴、安阳,属之荡阴。太和中,置关,今罢。有西门豹祠、武城、牖里城、荡城、石窦堰。有南部、右部、西部。天平中,决漳水为万金渠,今世号天平渠。临漳天平初,分邺并内黄、斥丘、肥乡置。有鼓山、肥乡城、邯郸城、斥丘城、列人城、鸬鹚陂、林台泽。有左部、东部、北部尉。繁阳二汉属,晋属顿丘。真君六年并顿丘,太和十九年复。天平二年属,治繁阳城。列人前汉属广平,后汉属,晋属广平。天平初属,昌乐太和二十一年分魏置,永安元年置郡。天平中罢郡,复。有昌城。武安二汉属,晋属广平。天平初属,临水晋属广平,真君六年并邺。太和二十一年复属。魏二汉、晋属。平邑天平二年分元城置。易阳二汉属赵国,晋属广平。天平初属,有易阳城。元城二汉属,晋属阳平。天平初属,有沙鹿山。斥章前汉属广平,后汉属巨鹿,晋属广平。真君三年并列人,太和二十年复。天平初属。贵乡天平二年分馆陶置,治赵城。有东中郎将治。有空陵城、关城。

阳平郡魏文帝黄初二年,分魏置,治馆陶。领县八,户四万七千四百四十四,口十六万二千七十五。馆陶二汉属魏郡。晋属。有馆陶城。清渊二汉属郡,晋属。有清渊城。乐平二汉属东郡,晋属。前汉清县,后汉章帝更名。治乐平城。发干二汉属东郡,晋属。有发干城。临清太和二十一年置。武城永安中置,天平元年罢,二年复。有武城。武阳二汉、晋属东郡,曰东武阳。后改属。阳平二汉属东郡,晋属。永嘉后并乐平。太和二十一年复属。有阳平城、岗城、赵简子陵、武沟水、白马渊。

广平郡汉武帝为平干国，宣帝改为广平国。后汉建武中省，属巨鹿。魏文帝黄初二年复，改治曲梁城。领县六，户二万三千七百五十，口十万三千四百三。平恩二汉属魏郡，晋属，治恩城。有康台泽。曲安景明中分平恩置，治曲安城。邯郸二汉属赵国，晋属，后属魏。真君六年属，有紫山。广平前汉属，后汉属巨鹿，晋属，后罢。太和二十年复，治广平城。曲梁前汉属，后汉属魏，晋属。广年前汉属，后汉属巨鹿，晋属，永嘉后废。太和二十年复，治广年城。

汲郡晋武帝置，治城头。领县六，户二万九千八百八十三，口十万二千九百九十七。北修武孝昌中分南修武置，治清阳城。有清阳泉、马泉、丁公神、育河、陶河、熨斗泉、覆釜山、五里泉、七里熨、马鸣泉、重泉、郡戎、安阳城。南修武二汉属河内，晋属。有黄家、吴城、宜阳城。汲二汉属河内，晋属，后罢。太和十二年复，治汲城。有比干墓、太公庙、陈城。兴和二年，恒农人率户归国，仍置义州于城中。朝歌二汉属河内，晋属。有朝歌城、崔方城、大方山、淇水、白沟水、天井沟、苑城、新城、伏羲祠。山阳二汉、晋属河内，后属。有沁阳城、南、北二武阳城。孝景二年置郡，初治共城，后移治山阳城，寻罢。获嘉二汉属河内，晋属，后省。太和二十三年复，治新洛城。有获嘉城。

广宗郡太和十一年立，寻罢，孝昌中复。领县三，户一万三千二百六十二，口五万五千八百九十七。广宗后汉属巨鹿，晋属安平。中兴中，立南、北广宗，寻罢，后属。有广宗城、建始城、建德城。武强真君三年并信都，太和二十二年复。有武城。经后汉、晋属安平。真君二年并南宫，后复属。

东郡秦置，治滑台城。晋改为濮阳，后复。天兴中置兖州，太和十八年改。领县七，户三万五百二十一，口十万七千百一十七。东燕二汉属，晋属濮阳，后属。有燕城、尧祠、伍子胥祠。平昌孝昌二年分白马置，治平昌城。白马二汉属，晋属濮阳，后属。有朝沟、白马、樊城、凡豪城。凉城有凉城、南中城、西王母祠。酸枣二汉、晋属陈留，后属。有酸枣城、肺山、白沙渊、望气台、五马渊。长垣二汉、晋属陈留，后属。真君八年并外黄，景明三年复。有平丘城、匡城、蒲城、子路祠、长垣城、卫灵公祠、龙城。长乐武泰初分凉城置，有盘。

北广平郡永安中分广平置。领县三，户一万六千六百九十一，口九万一千一百四十八。**南和**前汉属广平,后汉属巨鹿,晋属,后并任。太和二十年复。有左阳亭、沙陵、南和城(一名嘉和城)安丰城。**任**前汉属广平,后汉属巨鹿,晋属。有广平乡城、宛乡城、丰城、张相祠。**襄国**秦为信都,项羽更名。二汉属赵国,晋属,后并任。太和二十年复。有襄国城。

　　林虑郡永安元年置。领县四,户一万三千八百二十一,口五万二千三百七十二。**林虑**二汉属河内,晋属汲郡。前汉名隆虑,后汉避殇帝名改焉。真君六年并邺,太和二十一年复。有陵阳河,东流为垣。**临淇**天平初分朝歌、林虑、共县置,有王莽岭。源河,东流为淇。有黎川、祜柏岭、黎城、淇城。**共**二汉属河内,晋属汲。天平中属。有星城、凡城、卓水陂、柏门山。桓门水,南流,名太清水。有檐山、白鹿山。**魏德**天平二年分朝歌置。有累山、冷泉。

　　顿丘郡晋武帝置。领县四,户一万七千二十二,口八万七千六十三。**顿丘**太和中并汲郡,余民在畿外者景明中置。有鱼阳泽、帝颛顼冢、帝喾冢。**卫国**二汉属东郡,晋属。汉曰观,后汉光武改。有卫国城、卫康叔冢、子路冢、蒯聩冢、孔悝冢、卫辄冢、卫灵公冢、武乡城。**临黄**真君三年并卫国,太和十九年复。有宫城、黄城、卫新台、昌乡水。**阴安**二汉属魏郡,晋属。真君三年并卫国。太和十九年后,有阴安城。审食其冢。

　　濮阳郡晋置。天兴中属兖州,太和十一年属齐州,孝昌末又属西兖。天平初属。领县四,户一万八千六百六十四,口五万五千五百一十二。**廪丘**前汉属东郡,后汉属济阴,晋属。有羊角哀左伯桃冢、管公明冢。**濮阳**二汉属东郡,晋属。**城阳**二汉、晋属济阴,后属。有瓠子河、雷泽。**鄄城**二汉属济阴,晋属。

　　黎阳郡孝昌中分汲郡置,治黎阳城。领县三,户一万一千九百八十,口五万四百五十七。**黎阳**二汉、晋属魏郡,后罢,孝昌中复属。有黎阳山。**东黎**永安元年分黎阳置。**顿丘**二汉属东郡,晋属顿丘,太和十八年属汲,后属。永安元年分入内黄,天平中罢。

　　清河郡汉高帝置。领县四,户二万六千三十三,口十二万三千六百七十。**清河**二汉、晋属。前汉曰厝,后汉安帝改为甘陵,晋改。有河城。**贝丘**二汉、晋属。**侯城**太和十三年置,有侯城。**武城**二汉、晋曰东武城,属,后改。有武城。有暗阁。

定州太祖皇始二年置安州，天兴三年改。领郡五，县二十四，户一十七万七千五百一，口八十三万四千二百七十四。

中山郡汉高帝置，景帝三年改为国，后改。领县七，户五万二千五百九十二，口二十五万五千二百四十一。卢奴州，郡治。二汉属。世祖神䴥中置新城宫。有焉卿城、乐阳城。上曲阳前汉属常山，后汉属，晋属常山。真君七年并新市，景明元年复属，有平乐城。有恒山、嘉山、黑山、尧山、黄山。魏昌二汉、晋属，前汉曰苦陉，后汉章帝改为汉昌，魏文帝改。有魏昌城、安城。新市二汉、晋属。有蔺相如冢、羲台城、新市城。毋极二汉属，晋罢。太和十二年复，治毋极城。有新城、廉台。安喜二汉、晋属，前汉曰安险，后汉章帝改。有天井泽、安喜城、赵尧祠。唐二汉、晋属。有左人城、寡妇城、唐水、狼山祠。

常山郡汉高帝置，曰恒山郡，文帝讳恒，改为常山，后汉建武中省真定郡属焉。孝章建初中为淮阳，永元二年复。领县七，户五万六千八百九十，口二十四万八千六百二十二。九门二汉、晋属，有常山城、九门城。有安乐垒、燕赵神、受阳垒、明台神。真定前汉属真定国，后汉、晋属。故东垣，汉高帝十一年改。有赵朔祠。行唐二汉、晋曰南行唐，属，后改。太和十四年置唐郡，二十一年罢郡立。熙平中移犊乾城，治唐城。蒲吾二汉、晋属。有嘉阳城。灵寿二汉、晋属。有所山、西王母祠、慈水。井陉二汉、晋属。有回星城。石邑前汉属，后汉罢，晋复属。有石邑城。

巨鹿郡秦置，后汉建武中省广平国属焉。领县三，户二万七千一百七十二，口一十三万二百三十九。曲阳二汉、晋属赵国，曰下曲阳，后改。有临平城、真乡城、曲乡城，有尧祠、青丘。槀城前汉属真定，后汉属，晋罢，太和十二年复。有肥垒。鄡二汉、晋属。有鄡城、安定城。有西门、赵君神，有青丘、牛丘、黄丘、驰丘、灵丘。

博陵郡汉桓帝置。领县四，户二万七千八百一十二，口一十三万五千七十。饶阳前汉属涿，后汉属安平，晋属。有鲁口城、博陵城、三良神、饶阳城。安平前汉属涿，后汉属安平，晋属。治安平城。有楼、女贵人神。深泽前汉属涿，后汉属安平，晋属。二汉、晋曰南深泽，后改。有女蜗神祠。安国二汉属中山，晋属。真君七年并深泽，景明二年复。有盐石渊、安国城。

北平郡孝昌中分中山置，治北平城。领县三，户一万三千三十四，口六万五千一百二。**蒲阴**二汉、晋属中山。前汉曰曲逆，章帝改名。有蒲阴城、安国城、安阳、赤泉神。**北平**二汉、晋属中山。有北平城、木门城。**望都**二汉、晋属中山。有高昌城、朝阳城、伊祁山。有尧神、孙山。

冀州后汉治高邑，袁绍曹操为冀州，治邺、魏、晋治信都，晋世邵续治厌次，慕容垂治信都。皇始二年平信都，仍置。领郡四，县二十一，户二十二万五千六百四十六，口四十六万六千六百一。

长乐郡汉高帝置，为信都郡，景帝二年为广川国，明帝更名乐成，安帝改曰安平，晋改。领县八，户三万三千六百八十三，口十四万三千一百四十五。**堂阳**前汉属巨鹿，后汉、晋属安平国，后属，有荆丘。**枣强**前汉属清河，后汉罢，晋复，属广川。神瑞二年，并广川，太和二十二年后属。有煮枣城。**扶柳**前汉属，后汉、晋属安平国。真君三年并堂阳，景明元年复。**索卢**晋属广川。神瑞二年并广川，太和二十二年复属。有索卢城。**广川**前汉属，后汉属清河，晋属广川，后属。**南宫**前汉属，后汉、晋属安平，后属。**信都**二汉、晋属。有武阳城、安城、辟阳城。**下博**二汉、晋属。

勃海郡汉高帝置，世祖初改为沧水郡，太和二十一年复。领县四，户三万七千九百七十二，口一十四万四百八十二。**南皮**二汉、晋属。有勃海城。**东光**二汉、晋属。**修**前汉、晋属，号修，后改。有董仲舒祠。**安陵**晋置勃属。

武邑郡晋武帝置。领县五，户二万九千七百七十五，口一十四万四千五百七十九。**武遂**前汉属河间，后汉、晋属安平，后属。**阜城**前汉属渤海，后汉属安平，晋属渤海，后属。有弓高城。**灌津**前汉属信都，后汉、晋属安平，后属。有窦氏冢。**武邑**前汉属信都，后汉、晋属安平，后属。**武强**神光一年并武邑，太和十八年复。有武强渊。

安德郡太和中置，寻并勃海，中兴中复。领县四，户二万二千二百一十六，口六万八千三百九十六。**平原**二汉、晋属。真君三年并鬲，太和二十一年复，属勃海，后属。**安德**二汉、晋属平原，后属勃海，后属。**绎幕**二汉、晋属清河，真君三年并武城，太和二十一年复，后属。**鬲**二汉、晋属平原，后属勃海，后属。治临齐城。

并州汉、晋治晋阳，晋末治台壁，后治晋阳。皇始元年平，仍置。领郡五，县二十六，户一十万七千九百八十三，口四十八万二千一百四十。

太原郡，领县十，户四万五千六，口二十万七千五百七十八。晋阳二汉、晋属，真君九年罢榆次属焉。有介子推祠。西南有悬瓮山，一名龙山，晋水所出，东入汾。有晋王祠、梗阳城。同过水出木瓜岭，一出沾岭，一出大廉山，一出原过祠下，五水合道，故曰"同过"，西南入汾。出帝永昌中，霸朝置大丞相府；武定初，齐献武王上置晋阳宫。祁二汉、晋属。有祁城、祁奚墓、周党冢、太谷水、赵襄子城。榆次二汉、晋属，真君九年并晋阳，景明元年复。有鹿台山祠。长宁水，西北合同过。中都二汉、晋属。有榆次城、寿阳城、平谭城、原过祠、早山。邬二汉、晋属，后罢，太和十九年复。有中都。有邬城、大岳山。虑水，入区夷泽。平遥二汉、晋为平陶属，后改。有京陵城、平遥城、过山。沾二汉属上党，晋属乐平。真君九年，罢乐平郡属焉。有夹山。豫水出得车岭，西北入汾。有汾阳、追城。受阳晋属乐平，真君九年罢乐平，属。有大陵城、文谷水。长安太常二年置，真君中省，景明初复。有二陵城、三角城。阳邑二汉、晋属，真君九年罢，景明二年复。有白壁岭、樊阳水、八表山、徐水。

上党郡秦置，治壶关城，前汉治长子城。董卓作乱，治壶关城。慕容俊治安民城，后迁壶关城。皇始元年，迁治安民，真君中复治壶关。有白马祠、刘公祠、上党关、石井关、天井关。领县五，户二万五千九百三十七，口一十万四千四百七十五。屯留二汉、晋属，有屯留城。凤皇山，一名天冢山。大王山，上有关龙逢祠。有疑山、迈泽、黄沙岭。绛水自寄氏界来入浊漳，因名交漳。余五城。阳水源出三棿山，东流合车台水，东南入绛水。长子二汉、晋属，慕容永所都。有廉山，浊漳出焉。有长子城、应城、倾城、幸城。长湾水东流至梁川，北入浊漳。羊头山下神农泉，北有谷关，即神农得嘉谷处。有泉北流至陶乡，名陶水，合羊头山水，北流入浊漳。有鲍宣墓。壶关二汉、晋属，后罢，太和十三年复。有羊肠坂、静林山。鸡鸣岭，一名大山。有赤壤川，其地寒而早霜。鲁般门，一名天门。微子城、铁鼓山、五马门、令狐微君墓、五龙祠。寄氏二汉为猗氏，属。晋。景明元年复，改。有猗氏城。三想山北有水，源出蒲谷，东南流入给水。有八礼泉、上党谷。有盘秀岭，蓝水出其南，东流令浊漳。有方山、伏牛山。乐阳普泰中分长子、寄氏置。有望天岭，绛水所出。有尧庙。

乡郡石勒分上党置武乡郡，后罢，延和二年置。领县四，户一万六千二百一十，口五万五千九百六十一。阳城二汉、晋属上党，曰涅，永安中改。有涅城。覆甑山，涅水出焉，东南合武乡水。襄垣二汉、晋属上党。有五音山神祠、襄垣城、临川城。乡郡治。晋属上党，真君九年罢辽阳属焉。有武乡城、魏城、榆社城。方山上有尧庙。三台岭上有李阳墓，有古麻池，即石勒与李阳所争池。铜鞮二汉、晋属上党。有铜鞮城。石弟水东行入漳。有乌苏城、沙石堆。有尧祠。

乐平郡后汉献帝置，真君九年治太原，孝昌二年复，治沾城。领县三，户一万八千二百六十七，口六万八千一百五十九。辽阳晋属，真君九年并乡，孝昌二年复。有黄泽岭、辽阳城。乐平晋属，真君九年并治，孝昌二年复。有象山祠、沾岭、八赋岭。石艾前汉属太原，后罢，晋属。真君九年罢，孝昌六年复故名上艾，后改。有井陉关、苇泽关、董卓城、宏女泉及祠。

襄垣郡建义元年置，治襄垣城。领县四，户七千五百一十三，口三万六千五百六十七。襄垣郡治。建义元年分乡郡之襄垣置，有安民城、襄垣城。五原建义元年分乡郡之铜鞮置。建义建义元年分上党之屯留置，有鹿台山及祠。刈陵二汉、晋曰潞，属上党，真君十一年改，后属。有伏牛山、黎城、三垄山、积布山、潞城、武军城、涉城。有涉水、台壁。

瀛州太和十一年分定州河间、高阳，冀州章武、浮阳置，治赵都军城。领郡三，县十八，户十万五千五百四十九，口四十五万一千五百四十二。

高阳郡晋置高阳国，后改。领县九，户三万五百八十六，口十四万一百七。高阳前汉属涿，后汉属河间国，晋复。有郝神、高阳城。博野有博陆城、侯城、武城、中乡城。蠡吾前汉属涿，后汉属中山，晋属。有清凉城、颛顼城、蠡吾城、石羊垒。易前汉属涿，汉、晋属河间，后属。有易京。扶舆前汉属涿，后汉罢，晋复置。前汉、晋曰樊舆，后罢。太和中改，复。新城二汉、晋曰北新城。前汉属中山，后汉属涿，晋属。乐乡前汉属信都，后汉罢，晋复属。有乐乡城。永宁有班姬神、石兰神。清苑高祖太和元年分新城置。

章武郡晋置章武国，后改。领县五，户三万八千七百五十四，口十六万二千八百七十。成平前汉属勃海，后汉、晋属河间国，后属。治京城。

有平城、乐平城。**平舒**前汉属勃海,后汉属河间国,晋属。二汉、晋曰东平舒。有章武城、平乡城。有城头神、里城神。**束州**前汉属勃海,后汉属河间国,晋属。有束州城。**文安**前汉属勃海,后汉属河间国,晋属。有文安、平曲城、广陵、赵君神。**西章武**正光中分沧州章武置。有章武城。

　　河间郡汉文帝置河间国,后汉光武并信都,和帝永元三年复,晋仍为国,后改。领县四,户三万五千八百九,口十四万八千五百六十五。**武垣**前汉属涿郡,后汉、晋。有武垣城、小陵城。**乐城**二汉、晋属,治河间城。有高平陵、二王陵。**中水**前汉属涿郡,后汉、晋属河间国。**鄚**后汉、晋属,治陵城。有鄚城。

　　殷州孝昌二年分定、相二州置,治广阿。领郡三,县十五,户七万七千九百四十三,口三十五万七千一十六。

　　赵郡秦邯郸,汉高帝为赵国,景帝又为邯郸,后汉建武中复,后改。领县五,户三万一千八百九十九,口一十四万八千三百一十四。**平棘**二汉属常山,晋属。有平棘城。**房子**二汉属常山,晋属。有房子城、回车城、平州城、嶂洪祠。**元氏**二汉属常山,晋属。有元氏城、大岭山。**高邑**二汉属常山,前汉曰鄗,后汉光武改,晋属。有廮亭祠、汉光武即位碑。有高邑城。**栾城**太和十一年分平棘置,治关城。有栾城。

　　巨鹿郡永安二年分定州巨鹿置,治旧杨城。领县四,户一万三千九百九十七,口五万八千五百四十九。**廮陶**二汉、晋属,治廮陶城。有沃州城。**宋子**二汉属,后罢。永安二年复,治宋子城。**西经**永安二年分经县置。有邑城、三女神。**廮遥**永安二年分廮陶置。治杨城,有历城。

　　南赵郡太和十一年为南巨鹿,属定州,十八年属相州,后改。孝昌中属。领县六,户三万二千四十六,口十五万一百一十三。**平乡**晋属,后罢。景明二年复,治巨鹿城,有平乡城。**南栾**二汉属巨鹿,晋罢,后复。真君六年并柏人,太和二十一年复。有南栾城。**巨鹿**二汉、晋属巨鹿,后属。**柏人**二汉、晋属。有柏人城、柏乡城。**广阿**前汉属巨鹿,后罢。太和十三年复。有广阿城、尧台、大陆陂、铜马祠。**中丘**前汉属常山,后汉、晋属赵国,晋乱,罢。太和二十一年复。有中丘城、伯阳城、鹊山祠。

沧州熙平二年分瀛、冀二州置，治饶安城。领郡三，县十二，户七万一千八百三，口二十五万一千八百七十九。

浮阳郡太和十一年分勃海、章武置，属瀛州，景明初并章武，熙平二年复。领县四，户二万六千八百八十，口九万八千四百五十八。饶安二汉、晋属渤海。前汉曰千童，灵帝改。有无棣沟、西乡、茅焦冢。浮阳郡治。二汉、晋属渤海，西接漳水，衡水入焉，今谓之合口。有浮水。高城二汉、晋属勃海，治高城。有平津乡。兴和中绾流民立东西河郡隰城县。武定末罢。章武二汉属勃海，晋属章武，后属。治章武城。有汉武帝台。漳水，入海。有沾水。大家姑祠，俗云海神，或云麻姑神。

乐陵郡晋为国，后改。领县四，户二万四千九百九十八，口八万五千二百八十四。乐陵郡治。二汉属平原，后属。魏初置义兴郡，晋太和中罢。有乐陵城、东乡城、白麻泉神。阳信二汉属渤海，晋属。治阳信城。有盐山神祠。厌次二汉属平原，后汉曰富平。孝明改，晋属。治马领城。有蒲台祠。有富城，邵续居之，号邵城。中有铁柱神、羊阑城。湿沃前汉属千乘国，后罢，晋复属。治乱城。有故暗阁、延乡城、后父城。

安德郡中兴初分乐陵置，太昌初罢。天平初复，治般界。领县四，户一万九千九百二十五，口六万八千一百三十七。般二汉、晋属平原，后属勃海，熙平中属乐陵，后属。治般城。有故般河。重合二汉、晋属渤海。正平元年，并安陵，太和十八年复，后属勃海。熙平中属乐陵，后属。治重合城。有苑康冢、劳敬通墓。重平前汉属勃海，后罢，孝昌中复属。有欧阳歆冢。平昌二汉、晋属平原，后汉、晋曰西平昌，后罢。太和二十二年复，属勃海。熙平中属乐陵，后属。治平昌城。

肆州治九原。天赐二年为镇，真君七年置州。领郡三，县十一，户四万五百八十二，口一十八万一千六百三十三。

永安郡后汉建安中置新兴郡，永安中改。领县五，户二万二千七百四十八，口一十四万四千一百八十五。定襄前汉属定襄，后汉属云中，晋属新兴。真君七年并云中、九原、晋昌属焉。永安中属。有赵武灵王祠、介君神、五石神、关门山、圣人祠、皇天神、定襄城、抚城。阳曲二汉、晋属太原，永安中属。有罗阴城、阳曲泽。平寇真君七年并三堆、朔方、定阳属焉。永安中属。有

鸡头山神祠、三会河。**蒲子**始光三年置,真君七年并平河属焉。永安中属。有
索山祠。**驴夷**二汉属太原,曰虑虒,晋罢,太和十年复改。永安中属。有思阳
城、驴夷城、仓城、代王神祠。

秀容郡永兴二年置,真君七年并肆卢、敷城二郡属焉。领县四,户一
万一千五百六,口四万七千二十四。**秀容**永兴二年置,有秀容城、原平
城、肆卢城、石鼓山神、女郎神、金山神、护君神、风神。**石城**永兴二年置,有大
颓石神。**肆卢**治新会城。真君七年并三会属焉。有清天神、大罗山、台城、大
邗城。**敷城**始光初置郡,真君七年改治敷城。有石谷山、亚角神、车轮泉神。

雁门郡秦置,光武建武十五年罢,二十七年复。天兴中属司州,太和十
八年属。领县二,户六千三百二十八,口三万四百三十四。**原平**前汉
属太原,后汉、晋属。有阴馆城、楼烦城、广武城、龙渊神、亚泽神。**广武**前汉属
太原,后汉、晋属。有东西二平原。

幽州治蓟城。领郡三,县十八,户三万九千五百八十,口一十四
万五百三十六。

燕郡故燕。汉高帝为燕国,昭帝改为广阳郡,宣帝更为国。后汉光武并
上谷,和帝永元六年复为广阳郡。晋改为国,后改。领县五,户五千七百四
十八,口二万二千五百五十九。**蓟**二汉属广阳,晋属。有燕昭王陵、燕惠
王陵、狼山神、戾陵陂。**广阳**二汉属广阳,晋属。有广阳城。**良乡**二汉属涿,
晋属范阳,后属。治良乡城。有大房山神。**军都**前汉属上谷,后汉属广阳,晋
属。有观石山、军都关、昌平城。**安城**前汉属勃海,后汉属广阳,晋属。有安次
城、苌道城。

范阳郡汉高帝置涿郡,后汉章帝改。领县七,户二万六千八百四十
八,口八万八千七百七。**涿**二汉属涿,晋属。有涿城、当平城、鸾城。**固安**
二汉属涿,晋属。有固安城、永阳城、金台、三公台、易台。**范阳**二汉属涿,晋
属。有长安城、范阳城、梁门陂。**苌乡**晋属。有苌乡城。**方城**前汉属广阳、后
汉属涿,晋属。有临乡城、方城、韩侯城。**容城**前、后汉属涿、晋属,后罢。太和
中复。**逎**二汉属涿,晋属。有遒城、南北二道城。

渔阳郡秦始皇置。真君七年并北平郡属焉。领县六,户六千九百八

十四，口二万九千六百七十。**雍奴**二汉属，晋属燕国，后属。真君七年并
泉州属。有泉州城、雍奴城。**潞**二汉属，晋属燕国，后属。真君七年并安乐、平
谷属焉。有乐山神。**无终**二汉、晋属右北平，后属。有无终城、狼山。**渔阳**二
汉属，晋罢，后复。有渔阳城、□乐城、桃花山。**土垠**二汉、晋属右北平，后属。
有北平城。**徐无**二汉、晋属右北平，后属。有徐无城。

晋州孝昌中置唐州，建义元年改。治白马城。领郡十二，县三十一，
户二万八千三百四十九，口一十万三十九。

平阳郡晋分河东置。真君四年置东雍州，太和十八年罢，改置。领县
五，户一万五千七百三十四，口五万八千五百七十一。**禽昌**二汉属河
东，晋属，即汉、晋之北屈也。神䴥元年，世祖禽赫连昌，仍置禽昌郡。真君二年
改，七年并永安属焉。有乾城、郭城。**平阳**二汉属河东，晋属，州治。真君六年
复禽昌，太和十一年复。有晋永、高梁城、龙子城、尧庙。**襄陵**二汉属河东，晋
属。治襄陵城。**临汾**二汉属河东，晋属。真君七年并泰平，太和十一年复。**泰
平**真君七年置。有泰平城、齐城。

北绛郡孝昌三年置，治绛。领县二，户一千七百四十，口六千二百
九十二。**新安**二汉属恒农，晋属河南，后罢。孝昌二年复，后属。**北绛**二汉
属河东，晋属平阳。二汉、晋曰绛，后罢。太和十二年复，改属。

永安郡建义元年治永安城。领县二，户二千九百三十二，口一万
五百四十。**永安**二汉属河东，晋属平阳。前汉曰彘，顺帝改。真君七年并禽
昌，正始二年复属。治仇池壁。有霍山祠、赵城。**杨**二汉属河东，晋属平阳，后
罢。太和二十一年复，后属。治杨城。有岳阳山，东明神。

北五城郡兴和二年置。领县三，户二百一十二，口八百六十四。
平昌兴和二年置。**石城**兴和二年置。**北平昌**兴和二年置。

定阳郡兴和四年置。领县三，户四百九十八，口一千九百四十
一。**平昌**兴和四年置。**西五城**兴和四年置。

敷城郡天平四年置。领县一，户九十，口三百五十九。**敷城**天平四
年置。

河西郡天平四年置。领县一，户二百五十六，口一千一百四十

四。夏阳天平四年置。

五城郡天平中置。领县三，户四百一十一，口一千六百一十八。北枣天平二年置。南枣天平二年置。永安元象元年置。

西河郡旧汾州西河民，孝昌二年为胡贼所破，遂居平阳界，还置郡。领县三，户一千七百六十一，口四千九百九十七。永安孝昌中置，治白坑城。隰城孝昌中置。介休孝昌中置。冀氏郡建义元年，割平阳郡置。领县二，户一千三百二，口五千三百一十六。冀氏建义元年，割禽昌、襄陵置。有冀氏城。合阳建义元年置，有合阳城。

南绛郡建义初置，治会交川。领县二，户八百三十六，口二千九百九十一。南绛太和十八年置，属正平郡，建义初属。小乡建义元年罢，有小乡城。

义宁郡建义元年置，治孤远城。领县四，户二千四百七十八，口八千四百六十六。团城建义元年置，治陶谷川。义宁建义元年分禽昌置。安泽建义元年置。沁源建义元年置，郡治。

怀州天安二年置，太和十八年罢，天平初复。领郡二，县八，户二万一千七百四十，口九万八千三百一十五。

河内郡汉高帝置。领县四，户九千九百五，口四万二千六百一。野王二汉、晋属，州、郡治。有太行山、华岳神。沁水二汉、晋属，治沁城。有沁水、济水。河阳二汉、晋属，后罢。孝昌中复。轵后汉、晋属，治轵城。有轵关。

武德郡天平初分河内置。领县四，户一万一千八百三十五，口五万五千七百一十四。平皋二汉、晋属河内。有平皋陵、平皋城、安昌城。温二汉、晋属河内。有温、沇水。怀二汉、晋属河内。有长陵城、怀城。州二汉、晋属河内。有雍城、中都城、金城。

建州慕容永分上党置建兴郡，真君九年省，和平五年复。永安中罢郡置州，治高都城。领郡四，县十，户一万八千九百四，口七万五千三百。

高都郡永安中置。领县二，户六千四百九十九，口二万七千六百

三十五。**高都**二汉晋属上党,后属。**阳阿**二汉属上党,晋罢,后复属。有武
斩关。

长平郡永安中置,治玄氏城。领县二,户五千四百一十二,口二万
二千七百七十八。**高平**永安中置,治高平城。**玄氏**二汉、晋属上党郡治。有
羊头山。

安平郡,领县二,户五千六百五十八,口一万九千五百五十七。
端氏二汉属河东,晋属平阳,后属。真君七年省,太和二十年复。**沪泽**二汉属
河东,晋属平阳,后属。

泰宁郡孝昌中置,及县。领县四,户一千三百三十五,口五千三
百三十。**东永安**,**西河**,**西沪泽**,**高延**。

汾州延和三年为镇。太和十二年置州,治蒲子城。孝昌中陷,移治西河。
领郡四,县十,户六千八百二十六,口三万一千二百一十。

西河郡汉武帝置,晋乱罢。太和八年复,治兹氏城。领县三,户五千三
百八十八。**隰城**二汉、晋属。太延中改为什星军,太和八年复。有虞城、阳
城。**介休**二汉属太原,晋属。晋乱罢,太和八年复。有木瓜山、邬城。有郭林
宗墓、介休城、太岳山祠。**永安**太和十七年分隰城置。

吐京郡真君九年置。孝昌中陷,寄治西河。领县二,户三百八十四,
口一千五百一十三。**新城**世祖名岭东,太和二十一年改。**吐京**世祖名岭
西,太和二十一年改。

五城郡正平二年置。孝昌中陷,寄治西河。领县三,户二百五十七,
口一千一百一。**五城**世祖名京军,太和二十一年改。有鸡亭。**平昌**世祖名
刑军,太和二十一年改。有白马谷。**石城**世祖为定阳,太和二十一年改。

定阳郡旧属东雍州,延兴四年分属焉。孝昌中陷,寄治西河。领县二,
户七百九十七,口三千二百八。**定阳**延兴四年置。**昌宁**延兴四年置,有
阴阳二城。

东雍州世祖置,太和中罢,天平初复。领郡三,县八,户六千二百四
十一,口三万四百。

邵郡皇兴四年置邵上郡,太和中并河内,孝昌中改复。领县四,户五十二,口一百五十八。白水有马头山。清廉有清廉山、白马山。芒平有王屋山。西太平。

高凉郡,领县二,户四千四百四十五,口二万一千八百五十三。高凉太和十一年分龙门置。有高凉城、暗阁、丽姬冢。龙门故皮氏,二汉属河东。晋属平阳,真君七年改属。有临汾城。

正平郡故南太平,神麚元年改为征平,太和十八年复。领县二,户一千七百四十四,口八千三百八十九。闻喜二汉、晋属河东,后属。有周阳城。曲沃太和十一年置。

安州皇兴二年置,治方城。天平中陷,元象中寄治幽州北界。领郡三,县八,户五千四百五,口二万三千一百四十九。

密云郡皇始二年置,治提携城。领县三,户二千二百三十一,口九千一十一。密云真君九年,并方城属焉。要阳前汉属渔阳,后汉、晋罢,后复属。有桃花山。白檀郡治。

广阳郡延和元年置益州,真君二年改为郡。领县三,户二千八,口八千九百一十九。广兴延和二年置,真君九年并恒,山属。燕乐州郡治。延和九年置,真君九年并水乐。方城普泰元年置。

安乐郡延和元年置交州,真君二年罢州置。领县三,户一千一百六十六,口五千二百一十九。土垠真君九年置。安市二汉、晋属辽东,真君九年并当平属焉。

义州兴和二年置,寄治汲郡陈城。领郡七,县十九,户三千四百二十八,口一万六千七百六十四。

五城郡永安中置,属司州。天平中属北豫州,武定五年属。领县三,户二千一百,口一万七千六十九。隰城永安中置。有凤皇台、安郎神、皇侯神。介休永安中置。五城永安中置。

泰宁郡兴和中置。领县三,户二百二十八,口一千一百二十七。泰宁兴和中置。义兴兴和中置。邵阳兴和中置。

新安郡兴和中置。领县三,户三百九十四,口一千五百九十五。西垣兴和中置。新安兴和中置。东垣兴和中置。

渑池郡兴和中置。领县三,户一百六十六,口八百二十八。北渑池兴和中置。俱利兴和中置。西新安兴和中置。

恒农郡兴和中置。领县三,户九十三,口五百四十三。恒农兴和中置。北郏兴和中置。崤兴和中置。

宜阳郡兴和中置。领县三,户一百六十九,口六百八十六。宜阳兴和中置。南渑池兴和中置。金门兴和中置。

金门郡兴和中置。领县一,户二百七十八,口一千二百一十七。北陆兴和中置。

南汾州,领郡九,县十八,户一千九百三十二,口七千六百四十八。

北吐京郡,领县四,户八十八,口三百五十一。平昌,北平昌,石城,吐京。

西五城郡,领县三,户二百四十七,口一千一百一十八。西五城,昌宁,平昌。

南吐京郡,领县一,户三十二,口七十三。新城。

西定阳郡,领县一,户四十二,口一百四十。洛陵。

定阳郡,领县一,户五十四,口一百九十。永宁。

北乡郡,领县二,户二百九,口七百五十九。龙门,汾阴。

五城郡,领县二,户二百一十四,口八百八十四。五城,平昌。

中阳郡,领县二,户四百六十八,口一千六百三十七。洛陵,昌宁。

龙门郡,领县二,户五百七十八,口二千四百九十六。西太平,汾阳。

南营州,孝昌中营州陷,永熙二年置。寄治英雄城。领郡五,县十一,户一千八百一十三,口九千三十六。

昌黎郡永兴中置。领县三,户五百九,口二千六百五十八。龙城永熙中置。广兴永熙中置。定荒兴和中置。

辽东郡永熙中置。领县二,户五百六十五,口二千六百三十四。太平永熙中置。新昌永熙中置。

建德郡永熙中置。领县二,户一百七十八,口八百一十四。石城永熙中置。广都兴和中置。

营丘郡天平四年置。领县三,户五百一十二,口二千七百二十七。富平天平四年置。永安元象中置。带方元象中置。

乐良郡天平四年置。领县一,户四十九,口二百三。永乐兴和二年置。

东燕州太和中,分恒州东部置燕州。孝昌中陷,天平中领流民置。寄治幽州宣都城。领郡三,户一千七百六十六,口六千三百一十七。

平昌郡孝昌中陷,天平中置。领县二,户四百五十,口一千七百一十三。万言天平中置。昌平天平中置,有龙泉。

上谷郡天平中置。领县二,户九百四十二,口三千九十三。平舒孝昌中陷,天平中置。居庸孝昌中陷,天平中置。

遍城郡武定元年置。领县二,户三百七十四,口一千五百一十三。广武武定元年置。沃野武定元年置。

营州治和龙城。太延二年为镇,真君五年改置。永安末陷,天平初复。领郡六,县十四,户一千二十一,口四千六百六十四。

昌黎郡晋分辽东置。真君八年并冀阳属焉。领县三,户二百一,口九百一十八。龙城真君八年并柳城、昌黎、棘城属焉。有尧祠、榆顿城、狼水。广兴真君八年并徒何、永乐、燕昌属焉。有鸡鸣山、石城、大柳城。定荒正光末置。有鹿头山、松山。

建德郡真君八年置,治白狼城。领县三,户二百,口七百九十三。石城前汉属右北平,后属。真君八年并辽阳、路、大乐属焉。有白鹿山祠。广都真君八年并白狼、建德、望平属焉。有金紫城。阳武正光末置。有三合城。

辽东郡秦置，后罢。正光中复，治固都城。领县二，户一百三十一，口八百五十五。襄平二汉、晋属，后罢。正光中复。有青山。新昌二汉、晋属，后罢。正光中复。

乐良郡前汉武帝置，二汉、晋曰乐浪，后改，罢。正光末复，治连城。领县二，户二百一十九。口一千八。永洛正光末置。有乌山。带方二汉属，晋属带方，后罢。正光末复属。

冀阳郡真君八年并昌黎，武定五年复。领县二，户八十九，口二百九十六。平刚，柳城。

营丘郡正光末置。领县二，户一百八十二，口七百九十四。富平正光末置。永安正光末置。

平州晋置。治肥如城。领郡二，县五，户九百七十三，口三千七百四十一。

辽西郡秦置。领县三，户五百三十七，口一千九百五。肥如二汉、晋属。有孤竹山祠、碣石、武王祠、令支城、黄山、濡河。阳乐二汉、晋属。真君七年并令支合资属焉。有武历山、覆舟山、林榆山、太真山。海阳二汉、晋属。有横山、新妇山、清水。

北平郡秦置。领县二，户四百三十，口一千八百三十六。朝鲜二汉、晋属乐浪，后罢。延和元年徙朝鲜民于肥如，复置，属焉。新昌前汉属涿，后汉、晋属辽东，后属。有卢龙山。

恒州天兴中置司州，治代都平城，太和中改。孝昌中陷，天平二年置，寄治肆州秀容郡城。领郡八，县十四。

代郡秦置，孝昌中陷，天平二年置。领县四。平城二汉、晋属雁门，后属。太平，武周二汉属雁门，晋罢，后复属。永固。

善无郡天平二年置。领县二。善无前汉属雁门，后汉属定襄，后属。沃阳。

梁城郡天平二年置。领县二。参合前汉属代，后汉、晋罢，后复属。裋鸿一本作祗鸿。

繁畤郡天平二年置。领县二。崞山二汉、晋曰崞，属雁门，后改属。繁畤二汉、晋属雁门，后改属。

高柳郡永熙中置。领县二。安阳二汉曰东安阳，属代郡，晋属，后改属。高柳二汉属代郡，晋罢，后复属。

北灵丘郡天平二年置。领县二。灵丘前汉属代，后汉、晋罢，后复属。莎泉。

内附郡天平二年置。

灵丘郡天平年置。

朔州本汉五原郡。延和二年置为镇，后改为怀朔，孝昌中改为州。后陷，今寄治并州界。领郡五，县十三。

大安郡，领县二，狄那，捍殊。

广宁郡，领县二，石门，中川。

神武郡，领县二，尖山，殊颓。

太平郡，领县三，太平，太清，永宁。

附化郡，领县四，附化，息泽，五原，广收。

云州旧置朔州，后陷。永中改，寄治并州界。领郡四，县九。

盛乐郡永熙中置。领县二。归顺永兴中置，州、郡治。还安永熙中置。

云中郡秦置。领县二。延民永兴中置。云阳永熙中置。

建安郡永熙中置。领县二。永定永熙中置。永乐永熙中置。

真兴郡永熙中置。领县三。真兴永熙中置。建义永熙中置。南恩永熙中置。

蔚州永安中改怀荒、御夷二镇置，寄治并州邬县界。领郡三，县七。

始昌郡永安中置。领县二。干门永安中置。兰泉永安中置。

忠义郡永安中置。领县二。苇池永安中置。杨柳永安中置。

附恩郡天平中置。领县二。西凉天平中置。利石天平中置。化政天平中置。

显州永安中置,治汾州六壁城。领郡四,县四。

定戎郡永安中置,治瓜城。领县二。零山永安中置。阳林永安中置。

建平郡永安中置,州治。领县二。升原永安中置。赤谷永安中置。

真君郡天平中置,治东多城。

武昌郡武定四年置,治团城。

廓州武定元年置,治肆州敷城界郭城。领郡三。

广安郡武定元年置。

永定郡武定元年置。

建安郡武定元年置。

武州武定元年置,治雁门川,武定三年始立州城。领郡三,县四。

吐京郡武定八年置。领县二。吐京武定元年置。新城武定三年置。

齐郡武定元年置,州治。领县二。昌国武定元年置。安平武定元年置。

新安郡武定元年置。

西夏州寄治并州界。领郡二。

太安郡

神武郡

宁州兴和中置,寄治汾州介休城。领郡四。

武康郡武定四年置,治东多城。

灵武郡武定元年置。

初平郡武定元年置。

武定郡武定元年置。

灵州太延二年置薄骨律镇,孝昌中改,后陷关西。天平中置,寄治汾州閷城县界。郡县阙。

　　前自恒州已下十州,永安已后,禁旅所出,户口之数,并不得知。

　　"常山郡"注云:后汉建初中为淮阳,永元二年复。今案《后汉书》:章帝建初四年四月徙常山王昞为淮阳王,和帝永元二年五月绍封故淮阳王昞子侧为常山王;《昞传》云:徙淮阳王,以汝南之新安、西华益淮阳国。昞自常山徙封淮阳,非改常山为淮阳,盖魏收之误。

魏书卷一〇六中
志第六

地形中

　　兖州后汉治山阳昌邑，魏、晋治丘，刘义隆治瑕丘，魏因之。领郡六，县三十一，户八万八千三十二，口二十六万六千七百九十一。

　　泰山郡汉高帝置。领县六，户二万六千八百，口九万一千八百七十三。巨平二汉、晋属，治平乐城。有亭亭山祠、霍城、阳关城、巨平城、祝丘、防城、龙山祠。奉高二汉、晋属。有梁父山、岱岳祠、王符山、故明堂基。博平二汉、晋曰博，属，后改。有博平城、防城、龙山祠、野首山、牟山祠、五子胥庙。嬴二汉、晋属。有马耳山祠，汶水出焉。唐阜、嬴城、铜治山。牟汉、晋属。有莱芜城、平州城、牟城、望石山。梁父二汉、晋属。有菟裘泽，徂来山在北，梁父城、龟山、羊续碑、贞女山祠、云母山。

　　鲁郡秦置，为薛郡，高后改为鲁国。皇兴中改。领县六，户一万五千一百六十，口四万七千三百二十九。鲁二汉、晋属。有牛首亭、五父衢、尼丘山、房山、鲁城、叔梁纥庙、孔子墓、庙、沂水、泗水、季武子台、颜母祠、鲁昭公台、伯禽冢、鲁文公冢、鲁恭王陵、宰我冢、儿宽碑。汶阳二汉、晋属。有桑杜丘、新甫山、崅山、春舒城、汶阳城。邹二汉、晋属。有叔梁纥城、峄山、邹山。阳平刘骏置，魏因之。有滕城。新阳前汉属东海，后罢，刘骏复，魏因之。

　　高平郡故梁国。汉景帝分为山阳国，武帝改为郡。晋武帝更名。领县四，户一万一千一百二十四，口二万五千八百九十六。高平二汉属山阳，晋属。前汉橐也，后汉章帝更名。有洸水、千秋城、胡陆城、齐城、高平山、承雀山、伏羲庙。方与汉属山阳，晋属。有方与城。金乡后汉属山阳，晋属。有金乡山、范巨卿冢碑。平阳二汉、晋曰南平阳，汉属。山阳，晋属。有平阳城、漆城、白马沟。

任城郡后汉孝章帝分东平为任城国，晋永嘉后罢，神龟元年分高平置。领县三，户八千五十，口二万一千七百八十九。任城前汉属东平，后汉、晋属。有任城、唐阳城。华阳城。亢父前汉属东平，后汉、晋属。亢父城、女娲冢、风伯祠。巨野二汉属山阳，晋属高平，后属。有巨野城、武安城、武平城、任山祠。

东平郡故梁国，汉景帝分为济东国，武帝改为大河郡，宣帝为东平国，后汉、晋仍为国，后改。领县七，户二万七百五十二，口六万一千八百一十。无盐二汉、晋属。有龙山、无盐城、南章、北章城。范有洣沟。须昌前汉属东郡，后汉、晋属。治须昌城。有济沟。寿张有郈城。平陆二汉、晋属，曰东平陆，后改。有广武城。富城二汉、晋属。有富城、卜城、武强城、左丘明冢。刚前汉属泰山，后汉属济北，晋曰刚平，后改。治刚城。

东阳平郡故东平地，刘义隆置，寻罢。刘骏复，魏因之。治平陆城。领县五，户六千一百四十六，口一万八千九十四。元城刘义隆置，魏因之。有宁阳城。乐平刘义隆置，魏因之。有青山祠、鲁沟水。顿丘刘骏置，魏因之。有乘城。馆陶刘义隆置，魏因之。有唐阳城。平原刘骏置，魏因之。有苦城、巨野泽。

青州后汉治临淄，司马德宗治东阳，魏因之。领郡七，县三十七，户七万九千七百五十三，口二十万六千五百八十五。

齐郡秦置。领县九，户三万八百四十八，口八万二千一百。临淄二汉、晋属。有公孙接冢、晏婴冢、齐庄公冢、营丘、齐台、尧山祠。昌国二汉、晋属。有纪信冢。益都魏置。有钓室。盘阳前汉属济南，后汉、晋属。有朱虚城、大岘山。有甗山、巨平山、太山祠。平昌前汉属琅邪，后汉属北海，晋属城阳。延兴三年属。广饶二汉、晋属。有吴头山。西安二汉、晋属。有逢山、八士山。安平二汉、晋曰东平，后改。前汉属淄川，后汉属北海，后属。有覆釜山。广川有牛山、仲父冢、黑山、石砚山、齐桓公冢、四豪冢。

北海郡汉景帝置，治平寿城。领县五，户一万七千五百八十七，口四万六千五百四十九。下密前汉属胶东国，后汉属，晋属齐郡，后属。剧二汉属。晋属琅邪，后属。有仓山。**都昌**二汉属。晋属齐郡，后属。有徐伟长冢。**平寿**二汉属。晋属齐郡，后属。有浮山，有金关山。**胶东**前汉曰胶东国，后汉属北海，晋属齐郡，后属。有逄萌冢。

乐安郡汉高帝为千乘国，后汉和帝更名乐安国，晋改。领县四，户五千九百一十六，口一万三千二百三十九。**千乘**前汉属千乘，后汉属，晋罢，后复属。**博昌**前汉属千乘，后汉、晋属。**安德** **□般**。

勃海郡故临淄地，刘骏置，魏因之。领县三，户五千二百七十九，口一万三千七百五。**重合**，**修**，**长乐**有王陵冢。

高阳郡故乐安地，刘义隆置，魏因之。领县五，户六千三百二十二，口一万七千六百六十七。**高阳**，**新城**，**鄚**，**安次**，**安平**。

河间郡刘义隆置，魏因之。领县六，户五千八百三十，口一万四千八百一十八。**阜城**，**城平**，**武垣**，**乐城**，**章武**有张释之冢**南皮**刘骏置，魏因之。有望海台。

乐陵郡故千乘地，刘义隆置，魏因之。领县五，户七千九百七十一，口一万八千五百一十五。**阳信**有千乘城、博昌城。**乐陵**有姑城。**厌次**，**新乐**，**湿沃**。

齐州治历城。刘义隆置冀州，皇兴三年更名。领郡六，县三十五，户七万七千三百七十八，口二十六万九千六百六十二。

东魏郡刘骏置，魏因之，治历城，后徙台城。领县九，户一万九千一百三十，口七万三千五百七十。**蠡吾**刘骏置，魏因之。有龙山。**顿丘**刘骏置，魏因之。有飞鸟岘。**肥乡**有平陵城、巨合城。**聊城**有台城、管城。**卫国**有挺城、石汤水、鸡山。**博平**有七鼓城、逢陵城、长白山。**安阳**有鱼沟。**东魏**有嶂山，出铁。有苍浪沟、时水。**临邑**刘骏置，魏因之。有刀环水、鹊山、隰阴城。

东平原郡刘裕置，魏因之，治梁邹。领县六，户一万三千九百二十九，口四万四百三。**平原**有黄山。**鬲**有高苑城、平原城。**临济**有邹平城、建新城。**茌平**有□城。**广宗**有胡山、平郭城。**高唐**。

东清河郡刘裕置。魏因之，治盘阳城。领县七，户六千八百一十，口

二万二千五百七十四。清河，绛幕有陇水。鄃有淳于髡冢、金雀山。零
武城有昌国城。贝丘有莱芜城。饶阳旧属青州。太和十八年分属。

广川郡刘裕置，魏因之。领县三，户三千九百四十五，口一万三
千四百七十二。武强，索卢，中水有长城三总山。

济南郡汉文帝为济南国，景帝为郡，后汉建武中复为国，晋改。领县
六，户二万一十七，口六万八千八百二十。历城二汉、晋属。有黄台、华
不注山、华泉、匡山、舜山祠、娥姜祠。菅二汉、晋属，治菅城。平陵二汉、晋属，
曰东平陵，后改。有章丘城、洛盘城、平陵城、女郎山祠。土鼓二汉属，晋罢，
复。有龙盘山。逢陵有于陵城。朝阳二汉属，后汉曰东朝阳，后改。晋属乐
安，后属。有朝阳城。

太原郡刘义隆置，魏因之。领县四，户一万三千五百六十，口五万
八百二十三。太原司马德宗置，魏因之。治升城。有靡沟、垣城。祝阿二
汉属平原，晋属济南，后属。有唐城、阳城。山茌二汉、晋属泰山，后属。有咸
山、祇山、格马山。卢前汉属太山，后汉、晋属齐北，后属。有卢城、平阴城、孝
子堂。

郑州天平初置颍州，治长城。武定七年改治颍阴城。领郡三，县九，户
六万二千一百七十三，口二十七万四千二百四十二。

许昌郡天平元年分颍川置。领县四，户二万五千三百二十七，口
一十万四千四百六十三。许昌二汉、晋属颍川，即许都也。治许昌城。有
西梁城。扶沟前汉属淮阳，后汉、晋属陈留，真君七年并长平属焉，后属。有白
亭城、蔡河、扶沟城、康沟水、龙州陂、刀陵冈。鄢陵二汉、晋属颍川。有鄢陵
城、马领城、向城、张扬城、蔡泽陂、深陂、三门陂、唐且冢。新汲二汉、晋属颍
川。有新汲城、长合城、临春城、平侯城、鸭子陂。

颍川郡秦置，汉高改曰韩国，寻复。领县三，户二万二千四十四，口
一十万五千九百九。长社二汉、晋属。有长葛城、长平城、望马台、鸡鸣城、
钟皓墓、白雁陵。临颍二汉、晋属。真君七年并颍阴属之。有殷汤城。颍阴
二汉、晋属。真君七年并临颍，元象二年复。有荀爽墓、东西二武城、博望城。

阳翟郡，领县二，户一万四千八百二，口六万三千八百七十。黄

台兴和元年分阳翟置。有葛沟水、黄台冈。**阳翟**二汉属颍川，晋属河南尹，兴和元年属。有阳翟城、康城、禹山祠、赤沙涧、九山祠、吕不韦墓。

济州治济北碻磝城，泰常八年置。领郡五，县十五，户五万三千二百一十四，口一十四万五千二百八十四。

济北郡汉和帝置。领县三，户九千四百六十七，口二万九千三百九十九。**临邑**二汉属东郡，晋属。有昌乡城、临邑城、吴城。**东阿**二汉属东郡，晋属。有东阿城、卫城、济城。**卢**前汉属泰山，后汉、晋属。有柳舒城、鼓城、卢子城。

平原郡汉高帝置。皇始中属冀州，太和十一年分属，武泰初立南冀州，永安中罢州。领县四，户二万二千二百五十，口五万九千四百三十七。**聊城**二汉属东郡，晋属。魏置太平镇，后罢并郡。有王城，郡、县治。有畔城。**博平**二汉属东郡，晋属。有博平城、桑叶城、湿水。**茌平**前汉属东郡，后汉属济北，晋属。治鼓城。有茌平城、阳城。**西聊**孝昌中分聊城置，治聊城。

东平郡太常中置，太和末罢，建义中复。治秦城。领县二，户八千八百九十六，口二万五千一百三。**范**二汉属东郡，晋属兖州东平，后属。治秦城。**寿张**前汉曰寿良，属东郡，光武改。后汉、晋属兖州东平，后属。有梁山、高阳城、丰城、云城。

南清河郡晋泰宁中分平原置。治莒城。领县三，户一万一百三十五，口一万三千九百八十五。**鄃**二汉、晋属清河，太和中属平原。治鄃城。**零**二汉、晋属清河，太和中属平原，后属。治零城。有莒城。**高唐**二汉、晋属平原，后罢。景明三年复。

东济北郡孝昌三年置。领县三，户二千四百六十四，口六千六百七十八。**肥城**前汉属泰山，后汉属济北，晋罢，后复属。治肥城。**谷城**后汉属东郡，晋属济北，后属。**蛇丘**前汉属泰山，后汉、晋属济北，后属。

光州治掖城。皇兴四年分青州置，延兴五年改为镇，景明元年复。领郡三，县十四，户四万五千七百七十六，口一十六万九百五十。

东莱郡汉高帝置。领县四，户一万九千一百九十五，口六万二千四十四。掖州、郡治。二汉属,晋罢,后复。有掖山祠、秀阳山、斧山。西曲城二汉、晋曰曲城,属,后改。有仓石山。东西城皇兴中分曲城置,有昌丘、曰山。卢乡二汉、晋属。有高君山、方山。

长广郡晋武帝置,治胶东城。领县六,户一万五千八百三十三,口五万一千五百六十七。昌阳二汉属东莱,后罢。晋惠帝复,后属。有挺城、望石山、凡马祠、五龙庙、浮游水。长广前汉属琅邪,后属东莱,晋属。有马山祠、即墨城、康王山祠、金泉山、昌城、沽水。不其前汉属琅邪,后汉属东莱,晋属。有牢山、鱼脊山。挺前汉属胶东,后汉属北海,晋属。有乐毅城。即墨郡治。前汉属胶东国,后汉属北海,晋属。有三户山、胶水、宁戚冢。当利二汉、晋属东莱,后属。有当利城。

东牟郡孝昌四年分东郡陈留置,治雍丘。领县四,户一万七百四十八,口四万七千三百三十八。牟平二汉属东莱,晋罢,后复。有之罘山、成山、牟城、东牟城、刘宠墓、凤山。黄二汉、晋属东莱。有黄城、莱山祠、龙溪。惤二汉、晋属东莱。有弦城、罗山。观阳前汉属胶东,后汉属北海,后罢。兴和中复,属。有淳于城、观阳城、昌城、马宾山、牛耳山。

梁州天平初置,治大梁城。领郡三,县七,户四万三千八百一十九,口一十八万一千九百三。

阳夏郡孝昌四年分东郡陈留置,治雍丘城。领县五,户一万六千五百四十九,口六万三千五百五十九。阳夏前汉属淮阳,后汉属陈国,晋初并梁,惠帝复。真君七年并扶沟,太和十二年复。治阳夏城。有大小扶沟。雍丘二汉、晋属陈留。郡治。有抱城、广陵城、高阳城、少姜城、华城、白杨陂。济阳二汉、晋属陈留。延和二年置徐州,皇兴初罢。有济阳城、外黄城、东缗城、崔城。圉城二汉、晋曰圉。前汉属淮阳,后汉、晋属陈留,后罢。景明元年复,后改。有沙城。襄邑二汉、晋属陈留,后罢,景明元年复。有直阳城、脯乡、脯仓。

开封郡天平元年分陈留置,治开封城。领县二,户八千二百七,口三万六千六百二。开封二汉属河南,晋属荥阳。真君八年并菀陵,景明元年复,孝昌中属陈留。有开封城、陈留城、孔侯城。尉氏二汉、晋属陈留。兴安初并菀陵,太安三年复。治尉氏城。有陵有亭。

陈留郡汉武帝置,太和十八年罢,孝昌中复。领县三,户一万九千六百十二,口八万二千七百四十二。浚仪州、郡治。二汉、晋属,后罢,孝昌二年复。有信陵君冢、张耳冢、董仲舒冢、樊于期冢、边让冢、仓垣城,柒水在大梁城东分为蔡渠,圣女渊、雉台。封丘二汉、晋属。真君九年并酸枣,景明二年复。治封丘城。有封丘台、白沟。小黄二汉、晋属。真君八年并外黄,太和中复。有昭灵后冢、陈冢、蔡邕冢、小黄城。

豫州刘义隆置司州,治悬瓠城,皇兴中改。领郡九,县三十九,户四万一千一百七十二,口九万六千九百一十六。

汝南郡汉高帝置。领县八,户一万五千八百八十九,口三万七千六十一。上蔡州、郡治。二汉、晋属。有武陵城。临汝刘裕置,魏因之。有固城。平舆二汉、晋属。有平舆城。安城二汉、晋属。西平二汉、晋属。瞿阳二汉、晋为泸阳,属,后改。有瞿阳城。阳安二汉、晋属。保城刘骏置,魏因之。

颍川郡太和六年置。领县三,户八千三百九十六,口二万六百四十。邵陵二汉属汝南,晋属。有邵陵城、邓城。临颍二汉、晋属。有葛丘、王陵城。曲阳前汉属东海,后汉属下邳,晋罢,后复属。有华岳祠、郾城。

汝阳郡,领县三,户七千二百五十四,口一万五千二百四十五。汝阳郡治。二汉、晋属汝南,后属。有章华台。武津有武津城。征羌后汉属汝南,后属。

义阳郡永安三年置郢州,天平四年罢州置。领县五,户一千七百九十,口四千五百九十五。义阳,清丘有钟离城。平阳有马乡城。真阳有宜春城。安阳后汉属汝南,晋罢,后复属。有真阳城。

新蔡郡晋置。孝昌中陷,后复。治石母台。领县三,户一千九百一十七,口四千七百七十八。新蔡二汉属汝南,晋属汝阴。孝昌中陷,后复属。鲖阳二汉属汝南,晋属汝阴。司马衍并新蔡,后复属,魏因之。永安中陷,武定中复。有蔡城。固始二汉属汝南,晋属汝阴。前汉浸,后汉光武更名,后属。

初安郡延兴二年置。孝昌中陷,后复。领县四,户二千二十六,口五千九百二十二。新怀有乐山。安昌前汉属汝南，后属。怀德有清水山、铜山、浮石山。昭越有木连山。

襄城郡晋武帝置，治襄城。领县三，户一千四百四十六，口四千六十三。义绥，遂宁，武阳。

城阳郡太和三年置，后罢，武定初复。领县五，户五百四十六，口一千三百八十八。安定，淮阴，真阳，建兴，建宁。

广陵郡兴和中分东豫州置。领县五，户一千九百六，口三千二百二十四。宋安兴和中置。光城兴和中置。安蛮兴和中置。新蔡兴和中置。汝南兴和中置。

北豫州后汉治谯，魏治汝南安城，晋治项。司马德宗置司州。泰常中复，治虎牢，太和十九年罢，置东中府，天平初罢，改复。领郡三，县十二，户四万七百二十八，口一十八万二千五百五十一。

广武郡天平初分荥阳置，治中左城。领县五，户一万五千五百九十六，口七万四千五百一十九。曲梁孝昌中分密置。有武陵城、曲梁城。原武二汉属河南，晋罢。孝昌中复，后属。有五马渊、白马渊、原武城。阳武二汉属河南，晋属荥阳，天平初属。有阳武城、黄雀沟。中牟二汉属河南，晋属荥阳。真君八年并阳武，景明元年复，天平初属。有中汤城、管城、尧祠。苑陵二汉属河南，晋属汝阳，天平初属。有新郑城、郑庄公庙、子产祠、苑陵城。

荥阳郡，领县五，户二万一千四百七十二，口九万二千三百一十。荥阳二汉属河南，晋属。有荥阳山、荥阳城、敖仓、广武城、石门城、管叔冢、周苛、纪信冢、荥泽。成皋二汉、晋属河南，后属。京二汉属河南，晋属。有万尹山祠、高阳城、管城、索水、京水、樊哙冢。密二汉属河南，晋属。治容城。有承云山、青烟谷、开阳山、大龟山、子产墓、卓茂冢祠。卷二汉属河南，晋属。真君八年省，太和十一年复。有卷城。

成皋郡天平元年分荥阳置。领县二，户三千六百六十，口一万五千七百四十。西成皋天平元年分荥阳之成皋置，州、郡治。有厄井、汉高祖坛、汜水、成皋城。巩二汉、晋属河南，天平初属。有长罗川、巩城、九山祠。

徐州后汉治东海郡，魏、晋治彭城。领郡七，县二十四，户三万七千八百一十二，口一十万八千七百八十七。

彭城郡汉高帝置楚国，宣帝改，后复为楚国，后汉章帝更名彭城国，晋改。领县六，户六千三百三十九，口二万三千八百四十一。彭城前汉属楚国，后汉、晋属。有寒山、孤山、龟山、黄山、九里山、桓魋冢、亚父冢、楚元王冢、龚胜冢。吕前汉属楚国，后汉、晋属。有吕梁城、茱萸山、逼阳城、明星陂、龙泉塘、石头山、项羽山。薛二汉、晋属鲁国，后属。有奚公山、奚仲庙、薛城、孟尝君冢。龙城有楚王墓、龙汉赤唐陂、龙城。留二汉、晋属。有微山、留城、微子冢、张良冢、祠、广戚城、薛城、戚夫人庙、黄山祠。睢陵前汉属临淮，后汉、晋属下邳。晋乱，属济阴。武定五年属。有睢陵城、九子山、荆山。

南阳平郡治沛南界，后寄治彭城。领县三，户三千七十一，口六千三百五十八。襄邑，阳平，濮阳。

蕃郡孝昌三年置，元象二年并彭城，武定五年复。领县二，户四千三百九十二，口一万八千八百四十二。蕃二汉、晋属鲁国，后属。治蕃城。永兴皇兴初置，属建昌郡。太和十五年罢郡，属彭城，武定五年属。永福皇兴初置，属建昌郡。太和十九年罢郡，属彭城，武定五年属。

沛郡故秦泗水郡，汉高帝更名，后汉为国，后改。领县三，户四千四百一十九，口一万二千二百七十八。萧二汉、晋属。有萧城、汉高祖庙、谷水、华山。沛二汉、晋属。有汉高祖庙、沛城、吕母冢。相二汉、晋属。有厥城、相城、相山庙、罗山。

兰陵郡晋置，后罢。武定五年复，治永城。领县四，户十千四百二十四，口一万五千七百七十六。昌虑二汉、晋属东海，后属。有桃山、孤山。承二汉、晋属东海，后属。有抱犊山、承城、坊山。合乡二汉、晋属东海，后属。有三孤山。兰陵二汉、晋属东海，后属。有兰陵山、石孤山、荀卿冢。

北济阴郡刘骏置，魏因之。治单父城。领县三，户八千五百四十六，口二万一千九百八十八。丰二汉、晋属沛，后属。有丰城、汉高祖旧宅、庙碑。离狐晋乱置，郡治。有单襄公祠、宓子贱祠、汉高祖祠、平洛城。城武前汉属山阳，后汉、晋属济阴，后属。治郜城。

砀郡孝昌二年置，治下邑城。领县二，户三千六百二十一，口八千七百五十四。安阳孝昌二年置，治麻城。砀二汉属梁国，晋罢，后复属。治鲁城。

西兖州孝昌三年置,治定陶城,后徙左城。领郡二,县七,户三万七千四百七,口一十万三千八百九十四。

沛郡兴和二年置,治孝昌城。领县三,户七千五百七十一,口二万三百一十四。考,已氏前汉属梁国,后汉、晋属济阴,后属。有新中城、安阳城。新安兴和中置。

济阴郡,领县四,户二万九千八百三十六,口八万三千五百八十。定陶二汉、晋属。有定陶城。离孤前汉属东郡,后汉、晋属。有离孤城、桃城。冤句二汉、晋属,治冤句城。有南阳城。乘氏二汉、晋属。有大乡城、梁丘城、廪城。

南兖州正光中置,治谯城。领郡七,县二十一,户三万七千一百三十,口一十万五千五百三十九。

陈留郡,领县二,户六千二百三十,口一万六千七百四十九。小黄刘裕置,魏因之。有曹腾墓、曹嵩墓、邓艾祠。浚仪有城父城。谷阳有苦城、阳都陂、老子庙、栾城。东燕有蔡水、冯唐冢。武平正始中置。有武平城、赖乡城。天平二年置镇,武定七年罢。

梁郡故秦砀郡。汉高帝为梁国,后改。治梁国城。领县二,户一万三百五十九,口二万五千九百九十五。襄邑二汉、晋属陈留,后属。治胡城。睢阳二汉、晋属,郡治。

下蔡郡太和十九年置,孝昌中陷,兴和中复。领县四,户三千三百六十二,口七千九百七十三。楼烦孝昌中陷,兴和中复。下蔡前汉属沛,后属。孝昌中陷,兴和中复。临淮永平二年置。孝昌中陷,兴和中复。龙亢二汉属沛,晋属谯国,后罢。永安三年复属,孝昌中陷,兴和中复。

谯郡二汉县,属沛,晋以为郡。太昌中陷,武定中复。领县三,户五千一百三十二,口一万二千九百九十一。蒙二汉、晋属梁国,后属。蕲二汉属沛,晋属。宁陵前汉属陈留,后汉、晋属梁国,后属。孝昌中陷,后复。

北梁郡,领县二,户八千二百三十一,口四万一千七百三十八。

城安孝昌中置郡，治有蛟龙城。**孝阳**孝昌中置，治亳城。

沛郡延昌中置。正光中陷，后复，治黄杨城。领县二，户一千八百四十八，口四千五百六十五。**萧**延昌中置，治虞城。**相**延昌中置。

马头郡司马德宗置，魏因之。正光中陷，天平中复，治建平城。领县三，户一千九百六十八，口五千五百二十八。**蕲**正光中陷，天平中复。**巳吾**后汉属陈留。正光中陷，兴和中，徙治平石城。**下邑**前汉、晋属，晋属梁国。孝昌元年置临涣郡，县属。兴和中罢郡，属。

广州永安中置，治鲁阳。武定中陷，徙治襄城。领郡七，县十五，户二万八千六百九十六，口九万六千七百八十。

南阳郡，领县二，户七千四百八十九，口二万六千七百二十八，南阳有大刘山祠。**堍城**有堍城。

顺阳郡太和中置县，后改。领县二，户二千四十五，口七千二百五十二。**龙阳**太和十七年置。**龙山**太和十七年置。有龙山。

定陵郡永安中置。领县三，户三千六百九十，口八千七百五十六。**北舞阳**皇兴元年置。有木陂。**云阳**太和十一年置。**西舞阳**天安元年置。正光中陷，兴和二年复。

鲁阳郡太和十一年置镇，十八年改为荆州，二十二年罢置。领县二，户二百四十五，口七百七十五。**山北**太和十一年置，有应山应城。**河山**太和二十一年置。

汝南郡永安元年置，治符垒城。领县二，户七百八十三，口二千三百四十四。**汝南**太和十八年置。**符垒**太和中置，有沙水。

汉广郡永安中置。领县二，户六千二百，口八千一十七。**昆阳**二汉属颍川，晋属襄城，后属。有汉广、昆阳城、新安。**高阳**太和元年置。有灈水、南襄城、东西二蒲城、高阳山、皮城、首山祠。

襄城郡晋置。领县二，户八千二百四十四，口四万二千八百七十八。**繁昌**晋属。有繁昌城、颍乡城、安阳城、阳城陂。**襄城**二汉属颍川，晋属。有颍阳城、繁丘城。

胶州永安二年置，治东武陵。领郡二，县十四，户二万六千五百六十二，口六万三百八十二。

东武郡永安二年置。领县三，户八千六百一十七，口一万八千七百五十七。姑幕二汉属琅邪，晋属城阳，后罢。永安中复属。有荆苔山、公冶长墓。扶其永安中置。有常山祠、扶其水、沙城、云母山、卢水。梁乡永安中置，有梁乡城、五弩山。胶水出焉。纪丘山、琅邪台、秦始皇碑。兴和中立临海郡，寻罢，属焉。

高密郡汉文帝为胶西国，宣帝更为高密国，后汉并北海，晋惠帝复，刘骏并北海。延昌中复。领县五，户七千五百五，口一万六千一百五十三。高密前汉属，后汉属北海，晋属城阳，后属。有高密城、维水、郑玄墓。夷安前汉属，后汉属北海，晋属城阳，后属。有夷安城、夷安泽。黔陬前汉属琅邪，后汉属东莱，晋属城阳，后属。有黔陬城、野艾山祠。平昌前汉属琅邪，后汉属北海，晋属城阳。魏初属平昌郡，延昌中属。治平昌城。有龙台山，上有井，云与荆水通。东武二汉属琅邪，晋属城阳，后属。有平昌城。

平昌郡魏文帝置，后废，晋惠帝复。领县六，户一万四百四十，口二万五千四百七十二。昌安前汉属高密，后汉属北海，晋属城阳，后属。有巨丘亭、昌安城。淳于二汉属北海，晋属城阳，后属。有淳于城、铁山。营陵二汉属北海，晋属琅邪，后属。有营陵城、高密城。安丘二汉属北海，晋属琅邪。有石□墓、郚原墓。朱虚前汉属琅邪，后汉属北海，晋属琅邪，后属。有九山，丹水所出。琅邪二汉属琅邪，晋罢，后复属。有管宁墓。

洛州太宗置，太和十七年改为司州，天平初复。领郡六，县十二，户一万五千六百七十九，口六万六千五百二十一。

洛阳郡天平初置。领县二，户三千六百五十九，口一万五千七十二。洛阳二汉、晋属河南，天平初置。缑氏二汉、晋属河南，太和十七年并洛阳，天平初复属。有缑氏城。

河阴郡元象二年置。领县一，户二千七百六十七，口一万四千七百一十五。河阴晋置，太宗并洛阳，正始二年复属河南。

新安郡天平初置。领县三，户四百九十，口一千九百一十一。新安二汉属恒农，晋属河南。太和十二年改为郡，十九年复，后属。东垣二汉、晋属河东，后属。河南二汉、晋属河南，后属。

中川郡天平初置。领县二，户二千七十八，口八千二百二十五。堙阳太和十三年分颍阳置。颍阳天安二年置。

河南郡秦置三川守，汉改为河南郡。后汉、晋为尹，后罢。司马德宗置，后罢。太宗复，太和中迁都，为尹，天平初改。领县一，户三千六百四十二，口一万四千七百一十五。宜迁天平二年置。

阳城郡孝昌二年置。领县三，户三千四十三，口一万一千八百八十三。阳城二汉属颍川，晋属河南，后罢。正光中复属。有少室山、嵩高山、许由墓、启母庙。颍阳二汉属颍川，后属。康城孝昌中分阳城置。有阳城关、箕山、许由隐窟、刑山、郑子产庙。

南青州治国城。显祖置，为东徐州，太和二十二年改。领郡三，县九，户一万五千二十四，口四万五千三百二十二。

东安郡二汉县，晋惠帝置。领县三，户四千六百四十，口一万六千五百五十一。盖二汉属泰山，晋属琅邪，后属。有东安城、灵山庙。新泰有蒙山。发干有危山庙。

东莞郡晋武帝置。领县三，户九千六百二十，口二万六千五百六。莒前汉、晋属城阳，后汉属琅邪，后属。有莒城。东莞二汉、晋属琅邪，后属。诸二汉属琅邪，晋属城阳，后属。

义塘郡武定七年置，治黄郭城。领县三，户七百六十四，口二千二百六十五。义塘武定七年置。归义武定七年置，有卢山、盐仓。怀仁武定七年置。有吴山、魏山、莒城。

北徐州永安二年置。领郡二，县五。户一万四千七百八十一，口四万一百二十五。

东泰山郡皇兴三年分泰山置，属兖州，永安中属。领县三，户五千七，口一万六千三百八十一。南城前汉属东海，后汉、晋属泰山。有东安城、武城、洞石山。新泰魏置，晋属泰山，后属。有嶅山。武阳二汉晋为南武阳,属泰山,后改。有颛臾城、蒙山。

琅邪郡泰置,后汉建武中省城阳国,以其县属。领县二,户九千七百七十四,口二万三千七百四十四。即丘前汉属东海,后汉、晋属。有缯城、临沂城、即丘城、鲁国山庙、王休徵冢。费前汉属东海,后汉属泰山,晋属。有费城。

北杨州天平二年置,治项城。领郡五,县十九,户九千八百四十五,口三万二千一百三十九。

陈郡汉高帝置,为淮阳国,后汉章帝更名陈国,晋初并梁国,后复,改。领县四,户三千二十四,口七千六百六十九。项二汉属汝南,晋属梁国,后属。有方城。长平前汉属汝南,后汉属陈国,晋属颍川。有长平城、习阳城。晋省,惠帝永康元年复。西华二汉属汝南,晋初省,惠帝永康元年复,属颍川,后属。治西华城。襄邑治思都城。

南顿郡晋惠帝置。领县四,户二千五百二十,口七千二百六十五。南顿二汉、晋属汝南,后属。有颍阴城、南顿城、汉光武庙。和城有高阳丘。平乡有平乡城。新蔡二汉属汝南,晋属汝阴,后属。

汝阴郡晋武帝置,太和十八年为东郢州,后罢。治社亭城。领县三,户一千七百九十四,口八千四百九十八。汝阴二汉属汝南,晋属。宋前汉曰新郪,属汝南,后汉改,晋属,后罢,太和元年复属。许昌。

丹杨郡,领县四,户二千一百四十四,口七千九百三十一。秣陵有次水。邵陵,南阳,白水。

陈留郡武定六年置,及县。领县四,户三百六十七,口七百七十五。小黄,宋,雍丘,新蔡。

东楚州司马德宗置宿豫郡。高祖初,立东徐州,后陷。世宗初,改为镇,后陷。武定七年复改。为宿豫郡。领郡六,户六千五百三十一,口二万七千一百三十二。

宿豫郡,领县四,户一千六百五十五,口七千三百七。宿豫武定七年置。新昌武定七年置。临泗武定七年改萧衍平原、清河置。有东西二竹城。濠夷。

高平郡治大徐城。领县四，户九百二十，口三千九十六。高平武
定七年改萧衍东平、阳平、清河、归义四郡置。朱沛武定七年，改萧衍朱沛、修
仪、安丰三郡置。有朱沛水。徐君墓，即延陵季子挂剑处。白水武定七年改萧
衍济阴郡置。襄邑武定十年改萧衍馆陶、下邳、梁招、高平四县置。

淮阳郡萧衍置，魏因之。领县四，户一千六百一十七，口七千二
百七十七。角城武定七年改萧衍临清、天水浮、阳三县置。有昌武城。绥化
武定七年改萧衍绥化、吕梁二郡置。有单甫城。招义武定七年改萧衍恩抚郡
二县置。淮阳武定七年改萧衍西淮郡七县置。

晋宁郡萧衍置，魏因之。领县四，户一千二百二十二，口五千二
十三。临清武定七年置。魏兴武定七年改萧衍梁兴、临沂、兴义三县置。有
鹄城。富城武定七年改萧衍下邳、扶风、清河三郡置。招农武定七年改萧衍
兰陵郡十二县置。有晋宁城。

安远郡武定七年改萧衍安远戍置，治安远城。领县二，户五百八十，
口二千三百八十二。巨鹿郡治。武定七年改萧衍巨鹿郡六县置。淮浦武
定七年改萧衍太山郡四县置。有宁浦。

临沭郡萧衍置，魏因之。领县二，户五百三十五，口二千一百七。
临沭，招远有马微城。

东徐州孝昌元年置，永熙二年州郡陷，武定八年复，治下邳城。领郡
四，县十六，户六千二百八十一，口三万六百六十五。

下邳郡，领县六，户一千一百四十八，口三千七百三十九。下邳
前汉属东海，后汉、晋属。有沂水、巨川神祠。良城前汉属东海，后汉、晋属。有
柏山。僮前汉属临淮，后汉、晋属。坊亭武定八年改晋宁置。栅渊武定八年
分宿豫置。归正武定七年置。有陈珪墓。

武原郡武定八年分下邳置。领县三，户二千八百一十七，口二万
五十五。武原前汉属楚国，后汉、晋属彭城，后属。有武原水、武原城、徐偃王
墓。开远武定八年分良城置。有睹兰山祠。艾山武定八年分僮置。

郯郡秦置，汉高改为东海，后汉为国，晋复，武定八年改。治郯城。领县

四，户一千二百一十九，口三千三百八。**郯**二汉、晋属。有建陵山。**临沂**前汉属，后汉、晋属琅邪，武定八年复。**建陵**前汉属。有建陵山。郡治。有海王神、白马泽、马岭山。**归昌**武定年置。

临清郡孝昌三年置旰眙郡，武定八年改。领县三，户一千五百十七，口三千五百六十三。**下相**前汉、晋属临淮，后汉属下邳，后属。**睢陵**武定七年置。有睢水。**归义**武定七年置。

海州刘子业置青州，武定七年改。治龙沮城。领郡六，县十九，户四千八百七十八，口二万二千二百一十。

东彭城郡萧衍置，魏因之。领县三，户八百，口三千四百六十九。**龙沮**萧衍置，魏因之。有即丘城、房山。**安乐**萧衍置彭城县，武定七年改。有伊莱山、神圣母祠。**勃海**萧衍置清河县，武定七年改。有东海明王神。

东海郡萧衍改置北海郡，武定七年复。领县四，户一千二百四十二，口五千九百四。**赣榆**前汉属琅邪，后汉、晋属。**安流**萧衍置都昌县，武定七年改。**广饶**萧赜置，魏因之。**下密**萧衍置，魏因之。有尧庙。

海西郡萧鸾置东海郡，武定七年改置。领县三，户八百六十，口三千九百五十。**襄贲**二汉晋属。**海西**武定七年分襄贲置。**临海**萧衍置，魏因之。

沭阳郡萧衍置僮阳郡，武定七年改。领县四，户一千三百九十七，口七千五百八十三。**下城**武定七年置。有浮渎神。**临渣**武定七年置。**怀文**武定七年置。**服武**武定七年置。有武都山。

琅邪郡领县三，户三百五十六，口一千三百七十一。**海安**萧衍置，魏因之。有坠屋山、芦石山。**朐**二汉属东海，晋曰临朐，属。萧衍改为招远，武定七年复。有朐城、朐山。郡治。**山宁**萧衍北谯郡，武定十年改置。

武陵郡领县二，户二百二十三，口七百三十三。**上鲜**萧衍齐郡，武定七年改置。**洛要**萧衍高密县，武定七年改。有武陵城。

东豫州太和十九年晋治广陵城。孝昌三年陷，武定七年复。领郡六，县十六，户三千九十九，口一万一千二十一。

汝南郡孝昌三年陷，武定七年复。领县五，户一千六百二十九，口六千四百八十二。南新息孝昌三年陷，武定七年复。北新息，安阳，汝阳，长平。

东新蔡郡，领县四，户二百四十七，口六百七十七。固始太和二年置，孝昌中陷，武定七年复。鲖阳太和二十三年置，孝昌中陷，武定七年复。苞信孝昌中陷，武定七年复。汝阳孝昌三年陷，武定七年复。

新蔡郡孝昌中陷，武定七年复。领县二，户四百六十五，口一千五百一十三。苞信孝昌三年陷，武定七年复。长陵。

弋阳郡孝昌三年陷，武定七年复。领县一，户一百三十七，口五百三十三。弋阳孝昌三年陷，武定七年复。有弋阳城、黄水。

长陵郡萧衍置，魏因之。领县三，户三百八十七，口一千三百六十三。长陵萧衍置，魏因之。苞信萧衍置，魏因之。安宁萧衍置，魏因之。有期思城、孙叔敖庙。

阳安郡，领县一，户二十二，口一百三十一。永阳。

义州萧衍置，武定七年内属。户二百一十五，口三百二十二。

颍州孝昌四年置，武泰元年陷，武定七年复。领郡二十，县四十，户三千六百一，口一万三千三百四十三。

汝阴、弋阳二郡萧衍置双头郡县，魏因之。领县七，户一千六百六十五，口六千七十八。汝阴，陈留萧衍置，魏因之。有高塘陂、蟹谷陂。楼烦建义中陷，武定七年复。宋萧衍置，魏因之。有荆亭城。弋阳，新息太和十九年置弋阳，后陷，武定七年复。萧衍置新息，合弋阳，魏因之。期思萧衍置，魏因之。

北陈留、颍川二郡萧衍为陈州，武定七年改置。领县五，户三百五十一，口一千二百七十二。许昌萧衍置，魏因之。圉城，雍丘有蓬丘、校水。陈留，小黄治安阳城。

财丘、梁兴二郡萧衍置，魏因之。领县四，户二百八十三，口一千六十九。梁兴萧衍置，魏因之。有艾亭丘。财丘，梁城萧衍置，魏因之。汝阳萧衍置,魏因之。

西恒农、陈南二郡萧衍置,魏因之。领县三,户二百三十一,口八百六十四。恒农,胡城萧衍置,魏因之。有焦丘、雉鲷二陂、神庙。南顿萧衍置,魏因之。有闰水、东陵城。

东郡、汝南二郡治牛心丘。领县二,户一百四十七,口六百二十一。白马,济阳萧衍置,魏因之。有石历陂。

清河、南阳二郡萧衍置,魏因之。领县三,户一百三十二,口五百五十五。清河萧衍置,魏因之。南阳,汝南萧衍置,魏因之。

东恒农郡萧衍置,魏因之。领县三,户一百一十九,口四百四十。荥阳,阳武萧衍置,魏因之。淮阳武定七年置,有平陆。

新蔡、南陈留二郡萧衍置,魏因之。领县一,户三百五十七,口一千二百四十二。铜阳萧衍置,魏因之。

荥阳、北通二郡萧衍置,魏因之。领县四,户一百七十七,口四百七十二。北通,临淮萧衍置,魏因之。临沂,汝阴萧衍置,魏因之。

汝南、太原二郡萧衍置,魏因之。领县四,户八十七,口四百六。平豫,安城萧衍置,魏因之。太原,新息萧衍置,魏因之。

新兴郡萧衍置,魏因之。领县四,户一百一十二,口三百二十四。安城郡治。萧衍置,魏因之。都立萧衍置,魏因之。新兴萧衍置,魏因之。义兴萧衍置,魏因之。

谯州景明中置涡阳郡,孝昌中陷,武定七年复置州。治涡阳城。领郡七,县十七,户二千六百一十七,口七千八百二十一。

南谯郡司马昌明置,魏因之。领县四,户四百七十六,口一千七百三十四。涡阳武定六年置。有北平城、曹操祠。茅冈武定六年置。有石山祠。柏桥武定六年置。蜀坡武定六年置。

汧郡萧衍置,魏因之。领县二,户二百五十三,口八百二十九。萧有平阿山。颍川。

龙亢郡萧衍置,魏因之。领县二,户三百三十三,口一千六十六。葛山武定六年置。龙亢武定六年置。

蕲城郡萧衍置,魏因之。领县二,户三百二十四,口七百六。广平
武定六年置。有艾平城、黄丘。蕲城武定六年置,有蕲城。

下蔡郡萧衍颖川郡,武定六年改置。领县二,户三百四十,口八百
七十八。黄城萧衍黄城戍,武定六年改置。肥阳萧衍宁陵县,武定六年改。
有大浮城、石子涧。

临涣郡萧衍置,魏因之。领县三,户七百九,口二千六十二。白掸
治白掸城。丹城治费城。涣北有石城。

蒙郡萧衍置,魏因之。领县二,户一百八十一,口五百四十六。勇
山有丹城、勇山祠。蒙郡治。

北荆州武定二年置。领郡三,县八,户九百三十三,口四千五十
六。

伊阳郡武定二年置,治伏流城,后陷,寄治州城。领县一,户四十八,
口二百八十三。南陆浑。

新城郡天平中置治孔城,后陷,从治州城。领县二,户三百三十一,
口一千四百八十四。新城二汉、晋属河南。北陆武定五年陷。

汝北郡孝昌三年置,治阳仁城。天平二年罢,武定元年复。移治梁崔坞,
五年陷,□年复。治杨志坞。领县五,户五百五十四,口二千二百八十
九。石台有平州城。南汝原有汝水、石涧水。治城,东汝南有石楼山、黄
陂、隔陂。梁有广城泽。

阳州天平初置,寻陷,武定初复。领郡二,县七。

宜阳郡孝昌初置,属□州,天平初属。领县三,宜阳,西新安孝昌三
年置。东亭。

金门郡天平初置。领县四。金门,南渑池,南陕,卢氏。

南司州刘彧置司州,正始元年改为郢州,孝昌三年陷。萧衍又改为司
州,武定七年复,改置。领郡三,县七。

齐安郡正始元年置。领县三。保城刘骏置,魏因之。有罗山庙。鄳

有石城山，有霸山庙。**齐安**正始元年置。

义阳郡魏文帝置，后罢，晋武帝复。**领县二。**平阳有师水。义阳晋属。

宋安郡刘彧置，魏因之。**领县二。**乐宁有成阳关、鸡头山。东随有黄岘关、长平山庙。

楚州萧衍置北徐州，武定七年改，治钟离城。**领郡十二，县二十九。**

彭、沛二郡，领县三。南阳有曲阳城。中阳，洛阳。

马头郡，领县二。蕲，平预。

沛郡，领县三。萧，相，已吾有当涂山、荆山。

安定郡，领县四。濮阳，临泾，新丰，南阳。

广梁郡，领县一。相邑。

鲁郡萧衍置，魏因之。**领县三。**邹，砀，鲁。

北谯郡治阴陵城。**领县二。**南蔡，北谯有苟□城、龙渊。

济阳郡，领县四。乐平，睢阳，顿丘，齐丘。

北阳平郡，领县二。阳平，濮阳。

钟离、陈留二郡，领县五。燕有孤山、白石山。朝歌有九山城、黄溪水。零，浚仪，灌丘有郡阳城。

合州萧衍置，魏因之。治合肥城。**领郡八，县十七。**

汝阴郡州治。**领县二。**汝阴，天水。

南顿郡，领县二。南顿，和城。

南梁郡，领县二。慎，南高。

北梁郡，领县二。北蒙，北陈。

南谯郡，领县二。蕲，邵陵。

庐江郡，领县三。潜有野父山。北始新，南始新。

西汝南郡，领县二。安城有金牛山。新野。

北陈郡，领县二。西华有野王城、舒水。阳夏。

霍州萧衍置，魏因之。**领郡十七，县三十六。**

安丰郡治洛步城。领县一。安丰郡治。

平原郡，领县一。清化。

北颍川郡，领县三。颍川，邵陵，天水。

梁兴郡，领县一。阳夏郡治。

陈郡，领县三。开，阳夏，铜阳。

北陈郡治卫山城。领县一。阳夏。

扶风郡治乌溪城。

北沛郡，领县五。沛，曲阳，相，顺，新蔡郡治。

南陈郡州治。领县二。南陈治玄康城。边水。

新蔡郡，领县三。汝阳，新蔡，固始。

岳安郡，领县二。安成，义兴。

边城郡治麻步山。领县一。史水。

西边城郡，领县三。史水，宇楼，开化。

西沛郡，领县三。萧，沛，平阳。

淮南郡，领县三。淮南，新兴，清河。

乐安郡，领县三。新蔡，乐安，颍川。

南颍川郡，领县一。谯。

睢州萧衍置潼州，武定元年平，改置。治取虑城。领郡五，县十二。

淮阳郡武定六年置。领县二。淮阳武定六年置。睢陵武定六年置，有马牙城。

谷阳郡治谷阳城。太和中置镇，世宗开置平阳郡。孝昌中陷，武定六年复，改。领县二。连城武定六年置，有豪城、涉水。高昌武定六年置，郡治。有项羽祠。

睢南郡萧衍置沛郡，武定六年改。领县二。斛城武定中改萧衍淮阳置。有五丈陂、扶离城。新丰武定六年置。

南济阴郡治竹邑城。孝昌中陷，萧衍为睢州，武定五年复。领县二。顿丘，定陶有诸阳山。

临潼郡治临潼城。孝昌中陷，武定六年置。领县四。晋陵郡治。武定六年置。取虑_{州治。}宁陵_{武定六年置。}夏丘_{武定六年置。有夏丘城。}

南定州_{萧衍置，魏因之。治蒙笼城。}领郡五，县七。

弋阳郡_{州治。}领县二。汝南，期思。

汝阴郡_{治汝阴城。}领县一。汝阴。

安定郡，领县一。安定。

新蔡郡_{治新蔡城。}领县一。新蔡。

北建宁郡，领县二。建宁，阳武。

西楚州_{萧衍置，魏因之。治楚城。}领郡三，县七。

汝阳郡_{萧衍置，魏因之。}领县一。义阳_{萧衍置，魏因之。}

仵城郡_{萧衍置，魏因之。}领县二。城阳_{萧衍置，魏因之。}淮阴_{萧衍置，}
_{魏因之。}

城阳郡_{萧衍置，魏因之。}领县四。淮阴_{萧衍置，魏因之。}平春_{萧衍置，}
_{魏因之。}义兴_{萧衍置，魏因之。}咬城_{萧衍置。魏因之。}

蔡州_{治豫州鲖阳县新蔡城。}领郡二，县四。

新蔡郡_{治四望城。}领县二。南赵，新蔡。

汝南郡_{治白马涧。}领县二。新息，南顿。

西淮州_{萧衍置，魏因之。治豫州界白苟堆。}领郡一，县二。

淮川郡_{州治。}领县二。真阳，梁兴。

谯州_{萧衍置，魏因之。治新昌城。}领郡四，县十五。

高塘郡_{治高塘城。}领县四。平阿，盘塘，石城，兰陵。

临徐郡_{治葛城。}领县三。怀德，乌江，酂。

南梁郡，领县四。慎，梁，蒙，谯。

新昌郡_{州治。}领县四。赤湖，获港，薄阳，顿丘。

扬州后汉治历阳，魏治寿春，后治建业。晋乱，置豫州，刘裕、萧道成并同之。景明中改，孝昌中陷，武定中复。领郡十，县二十一。

梁郡州治。领县二。崇义有楚城、韩城。蒙有马头城。

淮南郡，领县三。寿春故楚。有仓陵城。汝阴有杨泉城、少沟水。西宋。

北谯郡永平元年置。领县二，安阳，北谯。

陈留郡，领县二。浚仪有竹城。雍丘有曹城。

北陈郡，领县一。长平有沙陵城。

边城郡，领县二。期思郡治。有九日山、丰城。新息。

新蔡郡，领县二。新蔡郡治。有太苏山。固始有大城陂。

安丰郡，领县二。安丰有阙城。松兹有□城、阙城。

下蔡郡，领县二。下蔡，楼烦。

颍川郡，领县三。相，西华有泽水。许昌有峡石山。

淮州萧衍置，魏因之。治淮阴城。领郡四，县九。

盱眙郡治盱眙城。领县三。盱眙郡治。阳城，直渎。

山阳郡治山阳城。领县二。山阳郡治。左乡。

淮阴郡，领县三。富陵，怀恩州郡治。鲁。

阳平郡治阳平城。领县一。太清郡治。

仁州萧衍置，魏因之。治赤坎城。领郡一，县二。

临淮郡，领县二。巳吾州郡治。义城。

光州萧衍置，魏因之。治光城。领郡五，县十。

北光城郡，领县二。光城州治。乐安。

弋阳郡，领县二。北弋阳郡治。南弋阳。

梁安郡，领县二。济阳郡治。阳城。

南光城郡，领县二。光城郡治。南乐安。

宋安郡治大城。领县二。乐宁郡治。宋安。

南朔州萧衍置,魏因之。治齐坂城。领郡六,县六。

梁郡,领县一。新息。

新蔡郡,领县一。铜阳。

边城郡治石头城。领县一。边城。

义阳郡,领县一。义阳。

新城郡治新城。有关城。领县一。新城。

黄川郡,领县一。安定。

南建州萧衍置,魏因之。治高平城。领郡七,县十七。

高平郡,领县四。高平,谯,弋阳,义昌。

新蔡郡,领县二。新蔡,安定。

陈留郡,领县三。陈留郡治。京兆,颍川。

鲁郡,领县二。鲁,义兴。

南陈郡,领县二。南陈,环城。

光城郡,领县三。光城,边城,婆水。

清河郡,领县一。清河。

南郢州萧衍置,魏因之。治赤石关。领郡三,县七。

定城郡,领县二。宇娄,边城。

边城郡,领县一。茹由。

光城郡治赤石城。领县一。光城。

沙州萧衍置,魏因之。治白沙关城。领郡二,县二。

建宁郡,领县一。建宁。

齐安郡,领县一。梁丰。

北江州萧衍置,魏因之。治鹿城关。领郡一。

义阳郡,领县一。义阳州郡治。

齐昌郡，领县一。齐昌。

新昌郡，领县一。兴义。

梁安郡治建昌城。领县一。梁兴。

光城郡，领县一。光城。

齐兴郡，领县一。西平。

湘州萧衍置，魏因之。治大治关城。领郡三，县三。

安蛮郡，领县一。新化州郡治。

梁宁郡，领县一。潕阳。

永安郡，领县一。新城。

汴州萧衍置，魏因之。治汴城。领郡二，县四。

沛郡，领县三。萧，颍川，相。

临淮郡，领县一。临淮。

财州武定八年置，治豫州铜县固始城。

前件自阳州已下二十三州并缘边新附，地居险远，故郡县户口有时而阙。

魏书卷一〇六下
志第七

地形下

雍州汉改曰凉,治汉阳郡陇县,后治长安。**领郡五,县三十一。**

京兆郡秦为内史,汉高帝为渭南郡,武帝为京兆尹,后汉因之,属司隶,魏改属。**领县八。长安**汉高帝置,二汉、晋属。有昆明池、周灵台、镐池、彪池水。**杜**二汉、晋属,二汉曰杜陵,晋曰杜城。后改。**鄠**二汉属右扶风,晋属始平,真君七年分属。丰水出焉。山北有风凉原;有苦谷,涝水出焉;有杜城。**新丰**汉高帝置,二汉、晋属。有骊山、戏亭、首谷水。**霸城**郡治。二汉曰霸陵,晋改属。有轵道亭、长门亭、灞水、温泉、安昌陂。**阴槃**二汉属定安,晋属。真君七年并新丰,太和十一年复。有鸿门亭、灵谷水、戏水。**蓝田**二汉、晋属。真君七年并霸城,太和十一年复。有白鹿原。

冯翊郡故秦内史,汉高帝二年更名河上郡,九年复为内史,武帝为左内史,后为在冯翊,后改。**领县六。高陆**郡治。二汉曰高陵,属。晋属京兆,魏明帝改属。有薄水。**频阳**秦置。二汉、晋属。有广武城、南卤原盐也。**万年**汉高帝置。二汉、晋属京兆,后属。有漆沮水。**莲芍**二汉、晋属。有据城、下封城。**广阳**景明元年置。**郃**太和二十二年置。

扶风郡故秦内史,汉高帝二年更名为中地郡,九年复为内史,武帝为右内史,太初中更名主爵都尉,为右扶风,后改。世祖真君年中并始平郡属焉。**领县五。好畤**郡治。前汉属,后汉、晋罢,后复。有武都城。**始平**魏置,晋属始平。有温泉、新市城。**美阳、槐里**二汉、晋属始平,周曰犬丘,秦更名废丘,汉高帝改。有板桥泉。**盭屋**汉武帝置,属。后汉、晋罢,后复。真君七年并武

功属焉

咸阳郡，领县五。石安石勒置。秦孝公筑渭城，名咸阳宫。有四皓祠、安陵城、杜鄠亭、窦氏泉、周文王祠。池阳郡治。二汉属左冯翊，晋属扶风，后属。有郑白渠。灵武前汉属北地，后汉罢，晋复。真君七年分属焉。宁夷有甘泉、九嵏山。泾阳真君七年并石安，景明二年复属。

北地郡魏文帝分冯翊之役褵置。领县七。富平真君八年罢泥阳、弋居属焉。有北地城、汉武帝祠。泥阳二汉、晋属。真君七年并富平，景明元年复。有慈城山。弋居二汉属，晋罢，后复。真君七年并富平，后复。云阳二汉属左冯翊，晋罢，后复属。有蒲池水、云阳宫。铜官真君七年置。有关山、石槃山。土门景明元年置。有土门山。宜君真君七年置。有宜君水。

歧州太和十一年置，治雍城镇。领郡三，县八。

平秦郡太延二年置。领县三。雍二汉、晋属右扶风，后属。有周城。周城真君六年置。横水真君十年分周城置。

武都郡太延年置。领县三。平阳真君六年置。有新谷、五丈原、郿坞。南田，高车。

武功郡太和十一年分扶风置。领县二。美阳二汉、晋属扶风，真君七年罢郡属焉，后属。有歧山、太白山、美原庙、骆谷、邵亭。汉西太和十一年分好畤置。有梁山、武都城。

秦州治上封城。领郡三，县十三。

天水郡汉武帝置。后汉明帝改为汉阳郡，晋复。领县五。上封前汉属陇西，后汉属汉阳，晋属。犯太祖讳改。有席水。显新后汉属汉阳，晋属。真君八年亲安夷，后属。平泉，当亭真君八年置。

略阳郡晋武帝分天水置。领县五。安戎前汉曰戎邑，属天水，后汉、晋罢，后改属。有董城。绵诸前汉属天水，后汉、晋罢，后复属。有榆亭。陇城前汉属天水，后汉属汉阳，晋罢，后复属。有陇城、略阳城。清水前汉属天水，后汉罢，晋复属。阿阳前汉属天水，后汉汉阳，晋罢，太和十一年复属。

汉阳郡真君七年分天水置。领县三。黄瓜真君八年置。有始昌城。阳廉有邓松山。阶陵。

南秦州真君七年置仇池镇,太和十二年为渠州,正始初置。治洛谷城。
领郡六,县十八。

天水郡真君七年置。领县三。水南郡治。真君二年置。平泉真君三
年置。平原。

汉阳郡真君五年置。领县二。谷泉,兰仓郡治。真君三年置。有雷
牛山、黄帝洞。

武都郡汉武帝置。领县四。石门郡治。真君九年置。有羌道城。白
水真君九年置郡,后改。东平真君九年置。孔提。

武阶郡,领县三。北部,南五部太和四年置郡,后改。赤万太和四年
置郡,后改。

修武郡,领县四。平洛太和四年置。柏树太和八年置。下辨二汉、
晋属武都郡,太和四年分属焉。广长郡治。太和四年置。

仇池郡,领县二。阶陵真君四年置。有牛头山。仓泉太和四年置。

南岐州,领郡三。固道郡延兴四年置。
广化郡。
广业郡。

东益州治武兴。领郡七,县十六。
武兴郡,领县四。景昌,武兴州郡治。石门,武安。
仇池郡,领县二。西乡,西石门。
槃头郡,领县二。武世,苌举。
广苌郡,领县二。苌广,新巴。
广业郡,领县二。广业,广化。
梓潼郡,领县二。华阳,兴宋。
洛聚郡,领县二。武都,明水。

益州正始中置。领郡五，县十。

东晋寿郡司马德宗置，魏因之。领县四。黄，石亭，晋安司马德宗置，魏因之。晋寿晋惠帝置，属梓潼，后属。

西晋寿郡，领县一。阴平。

新巴郡司马德宗置，魏因之。领县一。新巴司马德宗置，魏因之。

南白水郡，领县二。始平，京兆。

宋熙郡，领县二。兴乐，元寿。

巴州郡县阙。

梁州萧衍梁、泰二州，正始初改置。领郡五，县十四。

晋昌郡，领县三。龙亭有安国城、镇势山、浣水。兴势延昌三年置。南城。

褒中郡，领县三。褒中二汉、晋属汉中，后罢，永平四年复属。武乡延昌元年置。有牛头山。廉水。

安康郡刘准置，魏因之。领县二。安康二汉曰安阳，属汉中。汉末省，魏复，武帝更名，属魏兴郡，后属。有直水。宁都。

汉中郡秦置。领县三。南郑二汉、晋属。汉阴有胡城。城固二汉、晋属。

华阳郡，领县三。华阳有黄牛山、廉水、萧何城。沔阳二汉、晋属汉中，后属。有白马城、黄沙城、诸葛亮庙。嶓冢有嶓冢山，汉水出焉。

南梁州郡县阙。

东梁州，邻郡三，县四，户一千二百二十二。

金城郡，领县一，户二百八十六。直城。

安康郡，领县，户六百一十八。安康。

魏明郡，领县二，户三百一十八。汉阳，宁都。

泾州治临泾城。领郡六，县十七。

安定郡汉武帝置。太和十一年罢石堂郡，以其县属。领县五。安定前汉属，后汉、晋罢，后复。有铜城。临泾二汉、晋属。有洪城。朝那二汉、晋属。有当原城、胡城。乌氏二汉、晋属。有岐山、泾乡城、阳邑城、抚夷城。石堂有自度山。

陇东郡，领县三。泾阳前汉属安定，后汉、晋罢，属，后复。有薄落山，泾水出焉。白城、方石、渊陇山。祖居前汉属，罢。后复，属武威，晋罢，后复属。抚夷前汉属安定，后汉、晋罢，后复属。

新平郡后汉献帝建安中置。领县四。白土二汉属上郡，晋属金城，后属。有岐亭岭。爰得前汉属安定，后汉、晋罢，后复属。有邑成、东魏城。三水二汉属安定，晋罢，后复属。有随意城。高平二汉属安定，晋罢，后复属。有石门山。

随平郡，领县二。鹑觚前汉属山城，后汉、晋属安定，后属，有□孤原、亭台山。东槃。

平凉郡，领县二。鹑阴郡治。前汉属安定，后汉属武威，晋罢，后复属。有凡亭、泾阳、平凉城。阴密前汉属安定，后汉罢，晋复，后属。

平原郡，领县一。阴槃二汉属安定，晋属京兆，后属。有安城、安武城。

河州有伏乾。阙二字。真君六年置镇，后改。治抱至。领郡四，县十四。

金城郡汉昭帝置。后汉建武十三年执陇西，孝明复。领县二。榆中二汉、晋属。大夏二汉属陇西，晋属晋兴。皇兴三年改为郡，后复属。有白水、金柳城。

武始郡晋分陇西置。领县三。勇田真君八年置郡，后改。狄道二汉属陇西，晋属。阳素。

洪和郡，领县三。水池真君四年置郡，后改。蓝川真君八年置郡，后改。蕈州延兴四年置。

临洮郡二汉、晋县，属陇西。真君六年改置。领县三。龙城太和十年置。石门太和九年置。赤水。

渭州,领郡三,县六。

陇西郡秦置。领县二。襄武,首阳。

南安阳郡,领县二。桓道,中陶。

广宁郡,领县二。彰,新兴真君八年罢中陶、禄部、襄武属焉。

原州太延二年置镇,正光五年改置,并置郡县。治高平城。领郡二,县四。

高平郡,领县二。高平,里亭。

长城郡,领县二。黄石,白池。

凉州汉置,治陇。神麚中为镇,太和中复。领郡十,县二十,户三千二百七十三。

武安郡,领县一,户三百七十三。宜盛。

临杜郡"杜"一作"社"。领县二,户三百八十九。安平,和平。

建昌郡,领县三,户六百五十七。榆中,治城,蒙水。

番和郡,领县二,户一百三十九。彰,燕支。

泉城郡,领县一,户七十二。新阳。

武兴郡,领县三,户三百八十五。晏然,马城,休屠。

武威郡汉武帝置。领县二,户三百四十。林中,襄城有休屠城、武始泽。

昌松郡,领县三,户三百九十七。温泉,揩次本作"撮沙",又作"揩次"。莫口。

东泾郡,领县一,户一百九十一。台城。

梁宁郡,领县二,户三百三十一。园池,贡泽。

鄯州郡县阙。

瓜州郡县阙。

华州太和十一年分秦州之华山、澄城、白水置。领郡三，县十三。

华山郡，领县五。华阴前汉属京兆，后汉、晋属恒农，后属。有华山、集仙馆、巨灵原、湿关，北乡城、重泉城。郑二汉、晋属京兆，后属。有广乡原、郑城、赤城。夏阳二汉、晋属冯翊，后属。故少梁，秦惠文王更名。有梁山、龙门山、黑水城。敷西太和十一年分夏阳置。有武平城、高平城。郃阳二汉、晋属冯翊，后罢，太和二十年复属。

澄城郡真君七年置。领县五。澄城真君七年置。有杏城。五泉真君七年置。有五泉水、湿水、石谷城。三门真君七年置。有阳苑城、衙城。宫城真君七年置。南五泉太和十一年置。

白水郡太和二年分澄城置。领县三。姚谷太和二年置。有黄崖山。白水太和二年置。有五龙山、粟邑城。南白水太和十一年白水置。有阙五字。

北华州太和十五年置东秦州，后改治杏城。领郡一，县七，户一万千五百九十七。

中部郡，领县四，户八千九百二十四。中部姚兴置，魏因之。石保有回女山。狄道有狄兔城、浅石山。长城有五郊城。

敷城郡，领县三，户五千六百七十二。敷城有女阴山。洛川真君中置。定阳。

豳州皇兴二年为华州，延兴二年为三县镇，太和十一年改为班州，十四年为邠州，二十年改焉。领郡三，县十。

西北地郡秦昭王置。领县三。彭阳二汉属安定，晋罢，后复属。富平二汉、晋属北地，后属。有神泉、灵州城、彰猎山。安武前汉属安定，后汉、晋罢，后复属。

赵兴郡真君二年置。领县五。阳周前汉属上郡，后汉、晋罢，后复属。有桥山、黄帝冢、泥阳城、高平城、秋水。独乐前汉属上郡，后汉、晋罢，后复属。定安真君二年置。赵安真君二年置。高望真君二年置。有高望山。

襄乐郡太和十一年置。领县二。襄乐前汉属上郡，后汉、晋罢，后复属。肤施二汉属上郡,晋罢,后复属。有五龙山、黄帝祠。

夏州赫连屈子所都,始光四年平,为统万镇,太和十一年改置。治大夏。领郡四,县九。

化政郡太和十二年置。领县二。革融,岩绿一本作"严缘。"

阐熙郡太和十二年置。领县二。山鹿,新囵。

金明郡真君十二年置。领县三。永丰真君十三年置。启宁,广洛真君十年置。

代名郡太安二年置。领县二。呼酋太安二年置。有横水。渠搜太和二年置。

东夏州延昌二年置。领郡四,县九。

遍城郡太和元年置。领县二。广武前汉属太原,后汉、晋属雁门,后属。有三城、遍城。沃野二汉属朔方,晋罢,后复属。

朔方郡汉武帝置。领县三。魏平,政和,朔方二汉属,晋罢,后复。有贵堰泽。

定阳郡二汉县,属上郡,太安中改置。领县二。临戎二汉属朔方,晋罢,后复属。临真有丹阳山、白泉。

上郡秦置。领县二。石城,因城。

泰州神䴥元年置雍州,延和元年改,太和中罢,天平初复,后降。领郡三,县七。

河东郡秦置。治蒲坂。领县五。安定太和元年置。蒲坂二汉、晋属。有华阳城、雷首山。南解二汉、晋曰解,属,后改。有桑泉城。北解太和十一年置。有张杨城。猗氏二汉、晋属河东,后复属。有介山塘。

北乡郡,领县二。北猗氏太和十一年置。有解城。汾阴二汉、晋属河东,后属。有北乡城、后土祠。

陕州太和十一年置,治陕城。八年罢,天平初复,后陷。领郡五,县十一。

恒农郡前汉置。以显祖讳,改曰恒。领县三。陕中,北陕二汉、晋曰陕,属。有曲沃城、邓芝祠。崤太和十一年置。有三崤山、白杨谷。

西恒农郡,领县一。恒农二汉、晋属恒农,后属。有桃林。

渑池郡,领县二。俱利,北渑池太和十一年置。有马头山、俱利城、生耳山。

石城郡正始二年置县,后改。领县一。同堤。

河北郡,领县四。北安邑二汉、晋曰安邑,属河东,后改。太和十一年置为郡,十八年复属。南安邑太和十一年置,有中条山。河北二汉、晋属河东,后属。有芮城、立城、妫水、首阳山、伯夷叔齐墓。太阳二汉、晋属河东,后属。有虞城、夏阳城。

洛州太延五年置荆州,太和十一年改。治上洛城。领郡五,县七。

上洛郡晋武帝置。领县二。上洛前汉属恒农,后汉属京兆,晋属。有丹水、南秦水、汉高祖祠、四皓祠、高东祠。拒阳。

上庸郡皇兴四年置东上洛,永平四年改。领县二。商前汉属恒农,后汉属京兆,晋属上洛,后属。有京城。丰阳郡治。太安二年置。有圈地。

魏兴郡太延五年置。领县一。阳亭太和五年置。

始平郡景明元年置。领县一。上洛。

苌和郡景明元年置。领县一。南商。

荆州后汉治汉寿,魏、晋治江陵,太延中治上洛,太和中治穰城。领郡八,县四十八。

南阳郡秦置。领县十。宛二汉、晋属。有清水、梅溪水。新城太和二十二年置。有覆釜山、赤石山。冠军汉武帝置。二汉、晋属。有湍水、羊角。舞阴二汉、晋属。有横山。郦二汉、晋属。有大鼓谷、悬鼓山。云阳二汉、晋曰育阳,属。司马昌明改,魏因之。西平有精山、赭山。涅阳二汉、晋属。有涅上陌,西鄂二汉、晋属。有棘山、华城、张衡碑。

顺阳郡魏分南阳置,曰南乡。司马衍更名,魏因之。领县五。南乡后汉属南阳，晋属南乡。丹水前汉属恒农，后汉属南阳，晋属南乡。临洮有洮山。槐里，顺阳二汉属南阳，晋属南乡。汉哀帝置，即博山也。后汉明帝改。

新野郡晋惠帝置。领县三。穰二汉属南阳，晋属义阳，后属。新野二汉属南阳，晋属义阳，后属。池阳。

东恒农郡太和中置。领县六。西城二汉属汉中，晋属魏兴，后属。北郦有长山。南乡，左南乡有凡亭山。上忆，东石。

汉广郡，领县二。南棘阳二汉属南阳，晋属义阳。二汉、晋曰棘阳，后改属。有汉广城。西棘阳。

襄城郡，领县九。方城有赭阳城、七石山。郏城有崩石山。伏城有广阳山。舞阴有唐山。清水，翼阳有招泉。郑，北平有因城。赭城有陵中山。

北清郡，领县二。武川有滍城、鹿鸣山、农山。北雉二汉、晋曰雉，属南阳，后改，属。有西鄂城。

恒农郡，领县四。国，恒农，南郦，邯郸。

襄州孝昌中置。领郡六，县二十。

襄城郡萧道成置，魏因之。治赭阳城。方城翼阳，领县六。方城，郏城，伏城，舞阴，翼阳，赭城。

舞阴郡孝昌中置。领县二。南定，东舞阳，舞阴，安阳。

南安郡太和十三年置郢州，十八年改为南中府，天平初罢府置，后陷。领县四。安南，南舞，叶，南定。

期城郡孝昌中置。领县四。西舞阳，东舞阳，南阳，新安。

北南阳郡孝昌中置，为宣义郡，后改州治。领县二。太和十二年置，郢州，十八年为南中府。天平初，罢府置后。北平，白水。

建城郡太和十八年置，景明末罢郡置戍，永熙二年复。领县二。赭阳，北方城。

南襄州，领郡三，县五。

西淮郡，领县二。钟离，襄城。

襄城郡,领县二。陈阳,上马。

北南阳郡,领县一。南阳。

南广州,领郡五,县七。

襄城郡,领县一。襄城。

鲁阳郡,领县二。冠军,繁昌。

高昌郡,领县一。高阳。

南阳郡,领县一。南阳。

襄城郡,领县二。扶城,南阳。

郢州,领郡三,县八。

安阳郡,领县四。真阳,安阳,清阴一本作青丘。淮阴。

城阳郡,领县三。平春,义阳,义兴。

汝南郡,领县一。上蔡。

南郢州,领郡十二,县二十九。

北遂安郡,领县一。新安。

冯翊郡,领县四。山阳,彭城,城,建安。

江夏郡,领县二。屈阳,郢阳。

子郡,领县四。南新阳,西新,北新阳,新兴。

香山郡,领县二。北新安,郧阳。

永安郡,领县二。永安,南新兴。

新平郡,领县二。城,安城。

永安郡,领县二。刘刚,上城。

宕郡郡,领县三。西新化,东平阳,安城。

宜民郡,领县三。西新安,新安,平阳。

南遂安郡,领县一。

安兴郡。□□郡,领县三。东新市,西新市,长安。

析州,领郡五,县十一。

修阳郡,领县二。盖阳,修阳。

固郡,领县三。怀裹,南乡,固。

朱阳郡,领县二。黄水,朱阳。

南上洛郡,领县二。单水,南上洛。

析阳郡,领县二。西析阳,东析阳。

魏书卷一○七上
志第八

律历上

　　大圣通天地之至理,极生民之能事,体妙击于神机,作范留于器象。然则制物成法,故冥赜可寻;推变有因,而化生以验。昔黄帝采竹昆仑之阴,听凤岐阳之下,断自然之物,写自然之音。音既协矣,黄钟以立;数既生矣,气亦徵之。于是乎备数、和声、审度、嘉量、权衡之用,皆出于兹矣。三古所共行,百王不能易,

　　汉孝武置协律之官,元帝时京房明六十律,事为密矣。王莽世,徵天下通钟律之士,刘歆总而条奏之,最为该博,故班固取以为志。后汉待诏严嵩颇为知律,至其子宣不传,遂罢。魏世杜夔亦以通乐制律,晋中书监荀勖持夔律校练八音,以谓后汉至魏尺长古尺四分有余。又得古玉律,勖以新律命之,谓其应合,遂改晋调,而散骑侍郎阮咸讥其声高。永嘉以后,中原丧乱,考正钟律,所未闻焉。其存于夷裔,声器而已。

　　魏氏平诸僭伪,颇获古乐。高祖虑其永爽,太和中诏中书监高闾修正音律,久未能定。闾出为相州刺史,十八年,闾表曰:"《书》称'同律度量衡',论云'谨权量,审法度'。此四者乃是王者之要务,生民之所由。四者何先?以律为首。岂不以取法之始,求天地之气故也。孔子曰:'移风易俗,莫尚于乐。'然则乐之所感,其致远矣。今调音制乐,非律无以克和,然则律者乐之本也。臣前被救理乐,与皇宗博士孙惠蔚、太乐祭酒公孙崇等考《周官》、《国语》及《后汉律历

志》，案京房法作准以定律，吹律以调丝，案律寸以孔竹，八音之别，事以粗举。书既三奏，备在前文。臣年垂七十，日就衰颓，恐一朝先犬马，竟无丝发之益，使律法长绝，遗恨没世，是以偻偻惓惓，不敢忘怠。近在邺见崇，巨先以其聪敏精勤，有挈瓶之智，虽非经国之才，颇长推考之术，故巨举以教乐，令依臣先共所论乐事，自作《钟磬志议》二卷器数为备，可谓世不乏贤。今崇徒教乐童书学而已，不恭乐事，臣恐音律一旷，精赏实难，习业差怠，转乘本意。今请使崇参知律吕钟磬之事，触类而长之，成益必深。求持臣先所奏三表勘《后汉律历志》，陛下亲览，以求厥衷，俱然易了。又著作郎韩显宗博闻强识，颇有史才，粗解音律，亦求令时往参知。臣虽在外官，窃慕古人举善之议，愚意所及，不能自己，虽则越分，志在补益，愿不以言废人。"诏许之。

景明四年，并州获古铜权，诏付崇以为钟律之准。永平中，崇更造新尺，以一黍之长，累为寸法。寻太常卿刘芳受诏修乐，以秬黍中者一黍之广即为一分，而中尉元匡以一黍之广度黍二缝，以取一分。三家纷竞，久不能决。太和十九年，高祖诏，以一黍之广，用成分体，九十黍之长，以定铜尺。有司奏从前诏，而芳尺同高祖所制，故遂典修金石。迄武定末，未有诸律者。

历者数之用，探灵测化，穷微极幽之术也。所以上齐七政，下授万方。自轩辕以还，迄于三代，推元革统，厥事不一也。秦世汉兴，历同《颛顼》；百有余年，始行《三统》。后汉孝章世改从《四分》，光和中易以《乾象》，魏文时用韩翊所定，至明帝行杨伟《景初》，终于晋朝，无所改作。司天测象，今古共情，启端归余，为法不等，协日正时，俱有得失，

太祖天兴初，命太史令晁崇修浑仪以观星象，仍用《景初历》。岁年积久，颇以为疏。世祖平凉土，得赵歐所修《玄始历》，后谓为密，以代《景初》。真君中，司徒崔浩为《五寅元历》，未及施行，浩诛，遂寝。高祖太和中，诏秘书钟律郎上谷张明豫为太史令，修综历事，

未成,明豫物故。迁洛,仍岁南讨,而宫车晏驾。世宗景明中,诏太乐令公孙崇、太乐令赵樊生等同共考验。正始四年冬,崇表曰:

　　臣顷自太乐,详理金石,及在秘省,考步三光,稽览古今,研其得失。然四序迁流,五行变易,帝王相踵,必奉初元,改正朔,殊徽号、服色,观于时变,以应天道。故《易》,汤武革命,治历明时。是以三五迭隆,历数各异。伏惟皇魏绍天明命,家有率土,戎轩仍动,未遑历事。因前魏《景初历》术数差违,不协晷度。世祖应期,辑宁诸夏,乃命故司徒、东郡公崔浩错综其数。浩博涉渊通,更修历术,兼著《五行论》。是时故司空、咸阳公高允该览群籍,赞明五《纬》,并述《洪范》。然浩等考察,未及周密。高宗践祚,乃用敦煌赵㪖《四寅》之历,然其星度,稍为差远。臣辄鸠集异同,研其损益,更造新历,以甲寅为元,考其盈缩,晷象周密,又从约省。起自景明,因名《景明历》。然天道盈虚,岂曰必协,要须参候是非,乃可施用。太史令辛宝贵职司玄象,颇闲秘数;秘书监郑道昭才学优赡,识览该密;长兼国子博士高僧裕,乃故司空允之孙,世综文业;尚书祠部郎中宗景博涉经史;前兼尚书郎中崔彬,微晓法术,请此数人在秘省参候。而伺察晷度,要在冬夏二至前后各五日,然后乃可取验。臣区区之诚,冀效万分之一。

诏曰:“测度晷象,考步宜审。可令太常卿芳率太学、四门博士等依所启者,悉集详察。”

延昌四年冬,侍中、国子祭酒领著作郎崔光表曰:

　　《易》称“君子以治历明时”;《书》云“历象日月星辰”,“乃同律度量衡”;孔子陈后王之法,曰“谨权量,审法度”;《春秋》举“先王之正时也,履端于始”,又言“天子有日官”。是以昔在轩辕,容成作历;逮乎帝唐,羲和察影。皆所以审农时而重民事也。太和十一年,臣自博士迁著作,忝司载述,时旧钟律郎张明豫推步历法,治己丑元,草创未备。及迁中京,转为太史令,未几丧亡,所造至废。臣中修史,景明初,奏求奉车都尉、领太史令赵樊生,著作佐郎张洪,给事中、领太乐令公孙崇等造历。功未及讫而樊生又丧,洪出除泾州长史,唯崇独专其任。暨永平初,云已略举。时洪府解停京,又奏令重修前事,更取太史令赵胜、太庙令庞灵扶、明豫子龙祥共集秘书,与崇等详验,推建密历。然天道幽远,测步理深,候观迁延,岁月滋久,而崇及胜前后并丧。洪所造历为甲午、甲戌二元,又除豫州司马。灵扶亦除蒲阴令。洪至豫州,续造甲子、己亥二元。唯龙祥在京独修前事,以皇魏运水德,为甲子元。兼校书郎李业兴本虽不预,亦私造历,为戊子元。三家之术并未申用。故贞静处士李谧私立历法,言合纪次,求就其兄琬追取,与洪等所造,递相参考,以知精粗。臣以仰测晷度,实难审正,又求更取诸能算术兼解经义者前司徒司马高绰、驸马都尉卢道虔、前冀州镇东长史祖莹、前并州秀才王延业、谒者仆射常景等日集秘书,与史官同检疏密;并朝贵十五日一临,推验得失,择其善者奏闻施用,限至岁终,但世代推移,轨宪时改,上元今古,考准或异,故三代课步,始卒各别。臣职预其事,而朽惰已甚,既谢运筹之能,弥愧意算之艺。由是多历年世,兹业弗成,公私负责,俯仰惭觋。灵太后令曰:"可如所请。"

延昌四年冬,太傅、清河王怿,司空、尚书令、任城王澄,散骑常侍、尚书仆射元晖,侍中、领军、江阳王继奏:"天道至远,非人情可量;历数幽微,岂以意辄度。而议者纷纭,竞起端绪,争指虚远,难可求衷,自非建标准影,无以验其真伪。顷永平中虽有考察之利,而不累岁穷究,遂不知影之至否,差失少多。臣等参详,谓宜今年至日,更立表木,明伺晷度,三载之中,足知当否。令是非有归,争者息竞,然后采其长者,更议所从。"

神龟初,光复表曰:

《春秋》载"天子有日官,诸侯有日御",又曰"履端于始","归余于终",皆所以推二气,考五运,成六位,定七曜,审八卦,立三才,正四序,以授百官于朝,万民于野。阴阳刚柔,仁义之道,罔不毕备。由是先代重之,垂于典籍。及史迁、班固、司马彪著《立书志》,所论备矣。谨案历之作也,始自黄帝,辛卯为元,迄于大魏,甲寅纪首,十有余代,历祀数千,轨宪不等,远近殊术。其消息盈虚,觇步疏密,莫得而识焉。去延昌四年冬,中坚将军、屯骑校尉张洪,故太史令张明豫,息荡寇将军龙祥、校书郎李业兴等三家并上新历,各求申用。臣学缺章程,艺谢筹运,而窃职观阁,谬忝厥司,奏请广访诸儒,更取通数兼通经义者及太史,并集秘书,与史官同验疏密,并请宰辅群官临检得失,至于岁终,密者施用。奉诏听可。时太傅、太尉公、清河王臣怿等,以天道至远,非卒可量,请立表候影,期之三载,乃采其长者,更议所从。又蒙敕许。于是洪等与前镇东府长史祖莹等研究其事,尔来三年,再历寒暑,积勤构思,大功获成。谨案洪等三人前上之历,并驸马都尉卢道虔、前太极采材军主卫洪显、殄寇将军太史令胡荣及雍州沙门统道融、司州河南人樊仲遵、定州巨鹿人张僧豫所上,总合九家,共成一历,元起壬子,律始黄钟,考古合今,谓为最密。昔汉武帝元封中治历,改年为太初,即名《太初历》;魏文帝景初中治历,即名《景初历》。伏惟陛下道唯先天,功邈稽古,休符告征,灵蔡炳瑞。壬子北方,水之正位;龟为水畜,实符魏德;修母子应,义当《麟趾》。请定名为《神龟历》。今封以上呈,乞付有司重加考议。事可施用,并藏秘府,附于典志。

肃宗以历就,大赦,改元,因名《正光历》,班于天下。其九家共修,以龙祥、业兴为主。

　　壬子元以来,至鲁隐公元年岁在己未,积十六万六千五百七,算外;入甲申纪来,至隐公元年己未,积四万五千三百七,算外。

　　壬子元以来,至今大魏正光三年岁在壬寅,积十六万七千七百五十,算外;壬子岁入甲申纪以来,至今孝昌一年岁在丙午,积四万六千五百五十四,算外。从壬子元以来,至今大魏孝昌三年岁次丁未,积十六万七千七百五十六,算上;壬子岁入甲寅纪以来,至今大魏孝昌三年岁次丁未,积四万六千五百五十六,算上。

章岁,五百五。古十九年七闰,闰余尽为章。积至多年,月尽之日,月见东方,日蚀先晦,辄复变历,以同天象。二百年多一日,三百年多一日半,晦朔失。故先儒及纬文皆言:"三百年斗历改宪"。候天减闰,五百五年减闰余一,九千五百九十五年减一闰月,则从僖公五年至今,日蚀不失晦与二日,合朔者多。闰余成月,余尽为章。

章闰,一百八十六。五百五年闰月之数,其中减旧十九分之一。

章月,六千二百四十六。五百五年所有月之数,并闰月。

蔀法,六千六十。十二章为一蔀,至此年小余成日,为度法。

斗分,一千四百七十七。四分度法得一千五百一十五,为古法。今减三十八者,从僖公五年以来减七日有奇,谓为最近。一百一十三岁减□日,减之太深,是以三十余年改徙四子也。

纪法,六万六百。十部成纪,大余十也。

统法,十二万一千二百。二纪成统,大余二十。

元法,三十六万三千六百。三统成元,大余尽。

日法,七万四千九百五十二。十二乘章月为日法。章月,一年之闰分。

周天分,二百二十一万三千三百七十七。以度法通三百六十五度,内斗分。

气法,二十四。岁中十二,一年一十二次。次有初中,分为二十四。

经月,大余二十九,小余三万九千七百六十九。日法除周天分得之。日法者,一蔀之月数;周天分者,一蔀之日数。以用月除众日,得一月二十九及余,是周天分即为月通。

会数,百七十三,余二万三千二百八。五月二十三分月之二十为一会。以二十三乘五月,内二十,得一百三十五,以乘周天分。以二十三乘日法除之,得一百七十三及余。

会通,一千二百九十八万九千九百四。以日法乘会数,内会余。

周日,二十七,余四万一千五百六十二。以月一日行除周天,得二十七日及余。

通周，二百六万五千二百六十六。日法乘周日二十七,内周余。

小周，六千七百五十一。月一日行十三度,乘章岁,内章闰也。

月周，八万一千一百一十二。以十二乘小周即得,与度同。

推月朔术第一

推积月　术曰：置入纪年,算外,以章月乘之,如章岁为积月,不尽为闰余。闰余满三百一十九以上,其岁有闰。

推朔积日　术曰：以通数乘积月,为朔积分,分满日法为积日,不尽为小余。六旬去积日,不尽为大余。命以纪,算外,则所求年天正十一月朔日。

推上下弦望　术曰：加朔大余七,小余二万八千六百八十,小分一。小分满四,从小余；小余满日法,从大余一；大余满六十,去之,即上弦日。又加,得望；又加,得下弦；又加,得后月朔。

推二十四气第术二

推二十四气　术曰：置入纪年以来,算外,以余数乘之为实。以蔀法除之,所得为积没,不尽为小余。以六旬去积没,不尽为大余。命以纪,算外,所求年天正十一月冬至日。求次气,加大余十五、小余一千三百二十四、小分一,小分满气法二十四,从小余一；小余满蔀法,从大余一；大余满六十,去之,命如上,即次气日。

推闰　术曰：以闰余减章岁五百五,余以岁中十二乘之。满章闰一百八十六,得一月；余半法已上,亦得一月。数从天正十一月起,算外,闰月月也。闰有进退,以无中气为正。

冬至十一月中　　小寒十二月节

大寒十二月中　　立春正月节

雨水正月中　　　惊蛰二月节

春分二月中　　　清明三月节

谷雨三月中　　　立夏四月节

小满四月中　　　芒种五月节

夏至五月中	小暑六月节
大暑六月中	立秋七月节
处暑七月中	白露八月节
秋分八月中	寒露九月节
霜降九月中	立冬十月节
小雪十月中	大十一月节

　　推合朔交会月蚀去交度　术曰：置入纪朔积分，又以交会差分并之，今用甲申纪，差分七百四十一万八千七百八十四也。以会通去之，所得为积交，余不尽者，以日法除之，所得为度余，即所求年天正十一月朔却去交度及余。

　　求次月去交度　术曰：加度二十九日、度余三万九千七百六十九，除如上，则次月去交度及分。

　　求望去交度　术曰：加度十四日、度余五万七千三百六十半，度馀满日法从度，满会数去之，亦除其余。余若不足减者，减度一，加会虚，则望去交度及分。朔望去交度分如朔望合数十四度、度余五万七千三百六十半已下，入交限数一百五十八度、度余四万七百九十九半以上者，朔则交会，望则月蚀。

甲子纪合朔日月
如合璧，交中。

甲戌纪合朔月　　交会差四十九度　　度余三万六千七百四十四
在日道里。

甲申纪合朔月　　交会差九十八度　　度余七万三千四百八十八
在日道里。

甲午纪合朔月　　交会差一百四十八度　度余三万五千二百八十
在日道里。

甲辰纪合朔月　　交会差二十四度　　度余四万八千八百一十六
在日道里。

甲寅纪合朔月　　交会差七十四度　　度余一万六百八

在日道里。

求交道所在月：以十一月朔却去交度及余，减会数及余，余若不足减者，减一度，加入法，乃减之。乃以十一月朔小余加之，满日法，除去之，从日一，余为日余。命起往年十一月，如历月大小除之，不满月者为入月，算外，交道日。交在望前者，其月朔则交会，望则月蚀；交在望后者亦其月月蚀，后月朔则交会。交正在望者，其月月蚀既，前后朔皆交会；交正在朔者，日蚀既，前后望皆月蚀。

求后交月及日：以会数及余加前入月日及余，余满日法，从日一，如历月大小除之，命起前蚀月，得后交月及余。

推月在日道表里　术曰：置入纪朔积分，又以纪交会差分加之，今用甲申纪交会差分七百四十一万八千七百八十四。倍会通，去之。余不满会通者：纪首里者，则天正十一月合朔，月在日道里；纪首表者，则月在表。若满会通者：纪首表者，则月在里；纪首里者，则月在表。黄道南为表，北为里。其满会通者去之，余如日法而一，即往年天正十一月朔却交度及余。以却去交度及余减会数及会余，会余若不足减者，减一度，加日法乃减。余为前去度乃余。又以十一月朔小余加之，满日法从度一。命起十一月，如历月大小除之，不满月者为入月日及余，算外，交道日。若十一月朔月在日道里者，此交为出外，后交为入内；十一月朔在表者，此交为入内，后交为出外。一出一入，常法也。其交在朔后望前者，朔，月在日道表里与十一月同，望则反矣。若交在望后朔前者，望与十一月同，后月朔则异矣。若先交会后月蚀者，朔，月在日道里；望，在表。朔在表，则望在里。其先月蚀后交会者，望在表则朔在里也。望在里则朔在表矣。

推交会起角　术曰：其月在外道，先会后交者，亏从东南角起；先交后会者，亏从西南角起。其月在内道，先会后交者，亏从西北角起；先交后会者，亏从西北角起。合交中者，蚀之既。其月蚀在日之冲，起角亦如之。凡日月蚀，去交十五为限，十以下是蚀也，十以上，亏蚀微少，光影相接而已。

推蚀分多少　术曰：置入交限十五度，以朔望去交日数减之，余则蚀分。

推合朔入历迟疾盈缩第四

推合朔入历迟疾　术曰：置入纪以来朔日积分，又以纪迟疾差分并之。今用甲申纪，迟疾差分一百八十二万九千七百九十二。以通周如一为积周，不尽者以日法约之，为日，不尽为日余。命日算外，即所求年天正十一月合朔入历日。

甲子纪	迟疾差二十四日	日余六万三千五百六十八
甲戌纪	迟疾差二十四日	日余四万二千二百五十六
甲申纪	迟疾差二十四日	日余二万九百四十四
甲午纪	迟疾差二十三日	日余十万四千五百八十四
甲辰纪	迟疾差二十三日	日余五万三千二百七十二
甲寅纪	迟疾差二十三日	日余三万一千九百六十

求次月入历日　术曰：加一日，日余七万三千一百五十九，日余满日法从日，日满二十七去之，亦除余如周日余；日余或不足，减一日，加周虚。日满二十七而余不满周日日余者，为入历值，周日法满去之，为入历一日。

求望入历　术曰：加十四日日余五万七千三百六十半；又加，得后月历日。

月行迟疾度及分	损益率	盈缩并	盈缩积分
一日十四度二百六十一分	益六百八十	盈初	
二日十四度三百分	益六百一十九	盈六百八十	盈积分七千五百五十
三日十四度二百四十六分	益五百五十五	盈一千二百九十九	盈积分一万四千四百二十二
四日十四度一百七十一分	益四百九十	盈一千八百五十四	盈积分二万五百八十四

五日十四度九十九分	益四百一十八	盈二千三百四十四	盈积分二万六千二十四
六日十三度四百七十一分	益二百八十五	盈二千七百六十二	盈积分三万六百六十五
七日十三度二百六十六分	益八十	盈三千四十七	盈积分二万三千八百二十九
八日十三度六十一分	损一百二十五	盈三千一百二十七	盈积分三万四千七百一十七
九日十三度四百一十九分	损二百五十二	盈三千二	盈积分三万三千三百二十九
十日十二度三百三十八分	损三百五十三	盈二千七百五十	盈积分三万五百三十一
十一日十二度二百三十七分	损五百五十四	盈二千三百九十七	盈积分二万六千六百一十二
十二日十二度一百三十六分	损五百五十五	盈一千九百四十二	盈积分二万一千五百七十二
十三日十二度三十五分	损六百五十六	盈一千三百八十八	盈积分一万五千四百一十
十四日十一度四百六十四分	损七百三十一	盈七百三十二	盈积分八千一百二十七
十五日十二度三十六分	益六百五十五	缩初	
十六日十二度二百九分	益五百八十二	缩六百五十五	缩积分七千一百七十二
十七日十二度一百八十九分	益五百二	缩一千二百三十七	缩积分一万三千七百三十四
十八日十二度二百九十分	益四百一	缩一千七百三十七	缩积分一万九千三百七

十九日十二度二百九十九分	益二百九十九	缩二千一百四十	缩积分二万三千七百五十九
二十日十二度四百九十六分	益一百九十五	缩二千四百三十九	缩积分二万七千七十九
二十一日十三度一百一十八分	益六十八	缩二千六百三十四	缩积分二万九千一百四十四
二十二日十三度二百三十三分	损五十七	缩二千七百二	缩积分二万九千九百九十九
二十三日十三度三百八十八分	损二百二	缩二千六百四十五	缩积分二万九千三百六十六
二十四日十四度二十九分	损三百四十八	缩二千四百四十三	缩积分二万七千一百二十三
二十五日十四度一百七十四分	损四百九十三	缩二千九十五	缩积分二万三千二百五十九
二十六日十四度三百八十七分	损六百六	缩一千六百二	缩积分一万七千七百八十六
二十七日十四度三百一十一分	损六百三十一	缩九百九十六	缩积分一万五千十八
周日十四度三百三十九分 小分九千六百八十四	损六百五十 小分九千六百八十四分	缩三百六十五	缩积分四百五十二

推合朔交会月蚀定大小余术曰：以入历日余乘所入历下损益率，以小周六千七百五十一除之，所得以损益盈缩积分，为定积分。值盈者，以减本朔望小余；值缩者，加之。满日法者，交会加时在后日，减之，不足减者，减上一日，加下日法乃减之，交会加时在前日。月蚀者，随定大小余为定日加时。

推加时　术曰：以时法六千二百四十六除定小余，所得命以子

起,算外。朔望加时有余不尽者,四之,加法得一为少,二为半,三为
太半。又有余者,三之,如法得一为强,半法以上排成之,不满半法
弃之。以强并少为少强,并半为半强,并太为太强,得二强者为少
弱,以之并少为半强,以之并半为太弱。以之并太为一弱,随所在辰
命之,则其强弱。日之冲为破,月常在破下蚀。

　　入历值周日者　术曰:以周日月余乘损率,以周日度小分并。
又以入历日余乘之为实,以小周乘周日日余为法,实如法得一,以
减缩积积分。有余者,以加本朔望小余,小余满日法从大余一,是为
蚀后日。推加时如上法。

　　推日月合朔弦望度术第五

　　推日度　术曰:置入纪朔积日,以日度法乘之,满周天去之,余
满日度法为度,不尽为余。命度起牛前十二度,<small>牛前十二度,在斗十五
度也。</small>宿次除之,不满宿者,算外,即天正十一月朔夜半日所在度。

　　推日度又法　术曰:置周天三百六十五度,斗分一千四百七十
七,以冬至去朔日数减一,余以减周天度,冬至小余减斗分,不足减
者,减度一,加日度法,乃减之。命起如上,即所求年天正十一月朔
日夜半日所在度。

　　求次月日所在度　术曰:月大加三十度,月小加二十九度,求
次日加一度,宿次除之,迳斗去其分一千四百七十七。

　　推合朔日月共度　术曰:以章岁乘朔小余,以章月除之,所得
为大分,不尽为小分,以加夜半日度分,分满日度法从度,命起如
前,即所求年天正十一月合朔日月共度。

　　求次月合朔共度　术曰:加度二十九、大分三千二百一十五、
小分二千四百五十五,小分满章月从大分,大分满日度法从度,宿
次除之,迳斗除其分,则次月合朔日月共度。

　　推月度　术曰:置入纪朔积日,以月周八万一千一十二乘之,
满周天去之,余以日度法约之为度,不尽为度分。命度起牛前十二
度,宿次除之,不满宿者,算外,即所求年天正十一月朔夜半月所在

众及分。

推月度又一法　术曰：以小周乘朔小余为实，以章岁乘日法为法，实如法得一为度。不满法者，以章月除之，为大分，不尽为小分。所得以减合朔度及分，余即所求年天正十一月朔夜半月所在度及分。

求次月度　术曰：小月加度二十二、分二千六百五十一，大月加度三十五、分四千八百八十三，分满日度法从度，宿次除之，不满宿者，算外，次月所在度。

求次日月行度　术曰：加度十三、分二千二百三十二，分满日度法从度，宿次除之，迳斗去其分。

求弦望日所在度　术曰：加合朔度七、大分二千三百一十八、小分五千二百九十八、微分一，微分满四从小分，小分满章月从大分，大分满日度法从度，命如上，则上弦日所在度。又加得望、下弦、次月合朔。

| 斗二十六度 | 牛八度 | 女十二度 | 虚十度 |
| 危十七度 | 室十六度 | 壁九度 | |

　　　北方玄武七宿九十八度一千四百七十七分

| 奎十六度 | 娄十二度 | 胃十四度 | 昴十一度 |
| 毕十六度 | 觜二度 | 参九度 | |

　　　西方白虎七宿八十度

| 井三十三度 | 鬼四度 | 柳十五度 | 星七度 |
| 张十八度 | 翼十八度 | 轸十七度 | |

　　　南方朱鸟七宿一百一十二度

| 角十二度 | 亢九度 | 氐一十五度 | 房五度 |
| 心五度 | 尾十八度 | 箕十一度 | |

　　　东方仓龙七宿七十五度

周天三百六十五度、六千六百六十分度之一千四百七十七。

通分，得二百二十一万三千七百七十七，名曰周天分。

五行没灭易卦气候上朔术第六

推五行用事日：水、火、木、金、土各王七十三日、小余二百九十五、小分九、微分三，春木、夏火、秋金、冬水四立即其用事。始求土者，置立春大小余及分，以木王七十三日、小余二百九十五、小分九、微分三加之，微分满五从小分一，小分满气法二十四从小余一，小余满蔀法从大余一，大余满六十去之，命以纪，得季春土王日。又加土王十八日、小余一千五百八十八、小分二十、微分二，满从命如上，即得立夏日。求次如法。又一法求土王用事日：各置四立大小余及分，各减大余十八、小余一千五百八十八、小分二十、微分二，命以纪，算外，即四立土王日。若大余不足减者，加六十而后减之；小余不足减者，减取大余一，加蔀法乃减之。

推没灭　术曰：因冬至积没有小余者，加积一，以没分乘之，如没法而一，为积日，不尽为没余。以六旬去积日，余为没日，命以纪，算外，即所求年天正十一月冬至后没日。

求次没　术曰：加没日六十九、没余二万七百六十四，没余满没法三万一千七百七从没日一，没日满六十去之，命以纪，算外，即次没日。一岁常有五没或六没，小余尽者为灭日。又，以冬至去朔日加没日，冬至小余满蔀法从没日，命日起天正十一月，如历月大小除之；不足，除者入月算，命以朔，算外，即冬至后没日。求次没：加没日六十九，没余三千九百五十九，没分二万四千六百九十七，没分满法从没余，满蔀从没日，命起前没月，历日大小除之，即后没日及余。

推四正卦　术曰：因冬至大小余，即《坎卦》用事日；春分，即《震卦》用事日；夏至，即《离卦》用事日；秋分，即《兑卦》用事日。

求《中孚卦》：加冬至小余五千五百三十、小分九、微分一，微分满五从小分，小分满气法从小余，小余满蔀法从大余，命以纪，算外，即《中孚卦》用事日。其《解》加《震》，《姤》加《离》，《贲》加《兑》。亦如《中孚》加《坎》。

求次卦：加《坎》大余六、小余五百二十九、小分十四、微分四，微分满五从小分，小分满气法从小余，小余满蛞法从大余，命以纪，算外，即《复卦》用事日。《大壮》加《震》，《姤》加《离》，《观》加《兑》，如《中孚》加《坎》。

十一月，《未济》、《蹇》、《颐》、《中孚》、《复》；十二月，《屯》、《谦》、《睽》、《升》、《临》；正月，《小过》、《蒙》、《益》、《渐》、《泰》；二月，《需》、《随》、《晋》、《解》、《大壮》；三月，《讼》、《豫》、《蛊》、《革》、《夬》；四月，《旅》、《师》、《比》、《小畜》、《乾》；五月，《大有》、《家人》、《井》、《咸》、《姤》；六月，《鼎》、《丰》、《涣》、《履》、《遁》；七月，《恒》、《节》、《同人》、《损》、《否》；八月，《巽》、《萃》、《大畜》、《贲》、《观》；九月，《归妹》、《无妄》、《明夷》、《困》、《剥》；十月，《艮》、《既济》、《噬嗑》、《大过》、《坤》。

四正为方伯，《中孚》为三公，《复》为天子，《屯》为诸侯，《谦》为大夫，《睽》为九卿，《升》还从三公，周而复始。九三应上九，清净微温阳风；九三应上六，绛赤决温阴雨。六三应上六，白浊微寒阴雨；六三应上九，麴尘决寒阳风。诸卦上有阳爻者，阳风；上有阴爻者，阴雨。

推七十二候　术曰：因冬至大小余，即虎始交日，加大余五、小余四百四十一、小分八、微分一，微分满三从小分，小分满气法从小余，小余满蛞从大余，命以纪，算外，所候日。

冬至	虎始交	芸始生	荔挺出
小寒	蚯蚓结	麋角解	水泉动
大寒	雁北向	鹊始巢	雉始雊
立春	鸡始乳	东风解冻	蛰虫始振
雨水	鱼上冰	獭祭鱼	鸿雁来
惊蛰	始雨水	桃始华	仓庚鸣
春分	鹰化鸠	玄鸟至	雷始发声
清明	电始见	蛰虫咸动	蛰虫启户
谷雨	桐始花	田鼠为鴽	虹始见
立夏	萍始生	戴胜降于桑	蝼蝈鸣

小满	蚯蚓出	王瓜生	苦菜秀
芒种	靡草死	小暑至	螳螂生
夏至	鹏始鸣	反舌无声	鹿角解
小暑	蝉始鸣	半夏生	木槿荣
大暑	温风至	蟋蟀居壁	鹰乃学习
立秋	腐草化萤	土润溽暑	凉风至
处暑	白露降	寒蝉鸣	鹰祭鸟
白露	天地始肃	暴风至	鸿雁来
秋分	玄鸟归	群鸟养羞	雷始收声
寒露	蛰虫附户	杀气浸盛	阳气始衰
霜降	水始涸	鸿雁来宾	雀入大水化为蛤
立冬	菊有黄华	豺祭兽	水始冰
小雪	地始冻	雉入大水化为蜃	虹藏不见
大雪	冰益壮	地始坼	鹖旦不鸣

术曰:因冬至虎始交后,五日一候。

推上朔法:置入纪年减一,加八,以六律乘之,以六千去之,余为大余,以甲子算外,上朔日。

推五星六通术第七

上元壬子以来至春秋隐公元年己未,积十六万六千五百七,算外;至今大魏熙平二年,岁次丁酉,积十六万七千七百四十五,算外。

木精曰岁星,其数二百四十一万六千六百六十。

火精曰荧惑星,其数四百七十二万五千八百四十八。

土精曰镇星,其数三百二十九万一千二十一。

金精曰太白,其数三百五十三万八千一百三十一。

水精曰辰星,其数七十万二千一百八十二。

推五星:置上元以来尽所求年,减一,以周天二百二十一万三千三百七十七乘之,名为六通之实。以蔀法除之,所得为冬至积日,不尽为小余。以旬六去积日，不尽为大余，命以甲子，算外，即冬至日。以章岁五百五除冬至小余，所得命子，算外，即律气加时。

五星各以其数为法，除六通实，所得为积合，不尽为合余。以合余减法，余为入岁度分，以日度约之，所得即所求天正十一月冬至后晨夕合度算及余。其金、水，以一合日数及合余减合度算及余，得一者为夕见，无所得为晨见。若度余不足减，减合度算一，加日度法乃减之。命起牛前十二度，宿次除之，不满宿者，算外，即天正十一月冬至后晨夕合度及余。

求星合月及日：置冬至朔日数减一，以加合度算，以冬至小余加度余，度余满日度法去之，加度一，合度算变成合日算，余为日余。命起天正十一月，如历月大小除之，不满月者，算外，星合月及日，有闰计之。

求后合月及日：以合终日数及余如前入月算及余，余满日度从日，历月大小除之，起前合月，算外，即后合月及日。其金、水，以一合日数及余，加晨得夕，加夕得晨。

求后合度：以行星度及余加前合度算及余，余满日度从度，命起前合度，宿次除之，不满宿者，算外，即后合度及余。径斗去其分一千四百七十七。

岁星：合终日数三百九十八，合终日余四千七百八十，行星三十三度，度余三千三百三，周虚一千二百八十。

岁星：晨与日合，在日后伏，十六日、余二千三百九十，行星二度、余四千六百八十一半。去日十三度半，晨见东方，顺、疾，日行五十七分之十一，五十七日行十一度。顺，迟，日行九分，五十七日行九度而留。不行，二十七日而旋。逆，行七分之一，八十四日退十三度。复留二十七日。复顺，迟，日行九分，五十七日行九度。复疾，日行十一分，五十七日行十一度，在日前，夕伏西方。顺，迟，十六日、日余二千三百九十，行星二度、余四千六百八十一半，与日合。凡一见三百六十六日，行星二十八度；在日前后伏三十二日、余四千七百八，行星五度、度余三千三百三，复终于晨见。

荧惑:合终日数七百七十九,合终日余五千一十八,周虚九百五十二,行星四十九度,度余二千一百五十四。

荧惑:晨与日合,在日后伏,七十一日,余五千五百八十四,行星五十五度、余四千八百四十五半。去日十六度,晨见东方,顺,疾,日行二十三分之十四,一百八十四日行一百一十二度。顺,迟,日行二十三分之十二,九十二日行四十八度而留。不行,十一日而旋。逆,日行六十二分之十七,六十二日退十度,复留十一日。复顺,疾,日行十四分,一百八十四日行一百一十二度。在日前,夕伏西方,顺,七十一日,余五千五百八十四,行星五十五度、度余四千八百四十五半,而与日合。凡一见六百三十六日,行星三百三度;在日前后伏一百四十三日、余五千一百八,行星一百一十一度、余三千六百四十一,过周四十九度、度余二千一百五十四,复终于晨见。

镇星:合终日数三百七十八日、余三百四十一,行星十二度、余四千九百二十四,周虚五千七百一十九。

镇星:晨与日合,在日后伏,十八日、日余一百七十半,行星二度、余二千四百六十二,去日十五度半,晨见东方。顺,日行十二分之一。八十四日行七度而留。不行,三十六日而旋。逆,日行十七分之一,一百二日退六度。复留三十六日。复顺,日行十二分之一,八十四日行七度,在日前,伏西方。顺,十八日、日余一百七十半,行星二度、余二千四百六十二,而与日合。凡见三百四十二日,行星八度;在日前后,伏三十六日、日余三百四十一,行星四度、度余四千九百二十四,复终于晨见。

太白,金:再合终日数五百八十三日、日余五千一百五十一,周虚九百九,行星二百九十一度,亦曰一合日数。度余五千六百五半。亦曰一合日余。

太白:晨与日合,在日后伏,六日,退四度,去日十度,晨见东方。逆,日行三分之二,九日退六度。留,不行八日。顺,迟,日行十五分之十一,四十五日行三十三度。顺,疾,日行一度、十三分之二,九十一日行一百五度。大疾,日行一度、十三分之三,九十一日行一

百一十二度,在日后,晨伏东方。顺,四十一日、度余五千六百五半,
行星五十一度、度余五千六百五半,而与日合。凡见东方二百四十
四日,行星二百四十度,在日后伏,四十一日、余五千六百五半,行
星五十一度、余五千六百五半,而与日合。见西方亦如之。夕与日合,
在前,伏四十一日、余五千六百五半,行星五十一度、余五千六百五
半,去日十度,夕见西方。顺,疾,日行一度、十三分之三,九十一日
行一百一十二度。顺,迟,日行一度、十三分之二,九十一日行一百
五度。顺,迟,日行十五分之十一,四十五日行三十三度而留。不行,
八日而旋。逆,日行三分之二,九日退六度,在日前,夕伏西方。六
日退四度,而与日合。凡再见四百八十日,行星四百八十度。在日
前后,伏八十三日、余五千一百五十一,行星一百三度,度余五千一
百五十一,过周二百一十八度、度余三千六百七十四,复终终于晨
见。

水星:辰星再合终日数一百一十五、余五千二百八十二,行星
五十七度、亦曰一合日数。余五千六百七十一,亦曰一合日余。周虚七
百七十八。

辰星:与日合,在日后,伏十一日,退六度,去日十七度,晨见东
方而留。不行,四日。顺,迟,日行七分之五,七日行五度。顺,疾,
日行一度、三分之一,十八日行二十四度,在日后,晨伏东方。顺,十
七日、余五千六百七十一,行星四十四度、余五千六百六十一,而与
日合。凡见东方二十九日,行星二十二度,在日后,伏二十八日、余
五千六百七十一,行星三十四度、余五千六百七十一,而与日合。见
西方亦然。

辰星:夕与日合,在日前,伏十七日、余五千六百七十一,行星
三十四度、余五千六百七十一,去日十七度,夕见西方。顺,疾,日行
一度、三分之一,十八日行二十四度。顺,迟,日行七分之五,七日行
五度,而留四日,在日前,夕伏西方。逆,十一日退六度,而晨与日
合。凡再见五十八日,行星四十六度;在日前后,伏五十七日、余五
千二百八十二,行星六十九度、余五千二百八十二,复终于晨见。

斗一至牛五,星纪,丑。　　　　牛五至危五,玄枵,子。

危五至壁三,陬訾,亥。　　　　壁三至娄八,降娄,戌。

娄八至毕二,大梁,酉。　　　　毕二至井五,实沈,申。

井五至鬼三,鹑首,未。　　　　鬼三至张七,鹑火,午。

张七至轸一,鹑尾,巳。　　　　轸一至亢三,寿星,辰。

亢三至心四,大火,卯。　　　　心四至斗一,析木,寅。

魏书卷一〇七下
志第九

律历下

孝静世,《壬子历》气朔稍违,荧惑失次,四星出伏,历亦乖舛。兴和元年十月,齐献武王入邺,复命李业兴,令其改正,立《甲子元历》。事讫,尚书左仆射司马子如、右仆射隆之等表曰:

自天地剖判,日月运行,刚柔相摩,寒暑交谢,分之以气序,纪之以星辰,弦望有盈缺,明晦有修短。古先哲王则之成化,迎日推策,各有司存,以天下之至王,尽生民之能事,先天而天弗违,后天而奉天时。及卯金受命,年历屡改,当涂启运,日官变业,分路扬镳,异门驰骛,回互靡定,交错不等。岂是人情浅深,苟相违异,?盖亦天道盈缩,欲止不能。正光之历既行于世,发元壬子,置差令朔。测影清台,悬炭之期或爽;候气重室,布灰之应少差。

伏惟陛下当璧膺符,大横协兆,乘机虎变,抚运龙飞,苞括九隅,牢笼万宇,四海来王,百灵受职。大丞相、勃海王降神挺生,固天纵德,负图作宰,知机成务,拨乱反正,决江疏河,效显勤王,勋彰济世。功成治定,礼乐惟新,以履端归余,术数未尽,乃命兼散骑常侍执读臣李业兴,大丞相府东阁祭酒、夷安县开国公臣王春,大丞相府户曹参军臣和贵兴等,委其刊正。但回舍有疾徐,推步有疏密,不可以一方知,难得以一途揆。大丞相主簿臣孙搴,骠骑将军、左光禄大夫臣晔,前给事黄门侍郎臣季景,勃海王世子开府谘议参军事、定州大中正臣崔逞,业兴息国子学生、屯留县开国子臣子述等,并令参豫,定其是非。

臣等职司其忧,犹恐未尽。窃以蒙戎为饰,必藉众腋之华;轮奂成宇,宁止一枝之用。必集名胜,更共修理。左光禄大夫臣卢道约,大司农卿、彭城侯臣李谐,左光禄大夫、东雍州大中正臣裴献伯,散骑常侍、西兖州大中正臣温子升,太尉府长史臣陆操,尚书右丞、城阳县开国子臣卢元明,中书侍郎臣李同轨,前中书侍郎臣邢子明,中书侍郎臣宇文忠之,前司空府长史、建康伯臣元仲俊,大丞相法曹参军臣杜弼,尚书左中兵郎中、定阳伯臣李溥济,尚书起部郎中辛术,尚书祠部郎中臣元长和,前青州骠骑府司马、安定子臣胡世荣,太史令、卢乡县开国男臣赵洪庆,太史令臣胡法通,应诏左右臣张吉,员外司马督臣曹魏祖,太史丞郭庆,太史博士臣胡仲和等,或器擒民誉,或术兼世业,并能显微阐幽,表同录异,详考古今,共成此历。甲为日始,子实天正,命历置元,宜从此起。运属兴和,以年号为目,岂独太初表于汉代,景初冠于魏历而已。谨以封呈,乞付有司,依术施用。

诏以新历示齐献武王田曹参军信都芳,芳关通历术,驳业兴曰:“今年十二月二十日,新历在营室十三度,顺,疾;天上岁星在营室十一度。今月二十日,新历镇星在角十一度,留;天上镇星在亢四度,留。今月二十日,新历太白在斗二十五度,晨见,逆行;天上太白在斗二十一度,逆行。便为差殊。”业兴对曰:

岁星行天,伺候以来八九余年,恒不及二度。今新历加二度。至于夕伏晨见,纤毫无爽。今日仰看,如觉二度,及其出没,还应如术。镇星,自造《壬子》元以来,岁常不及,故加《壬子》七度,亦知犹不及王度,适欲并加,恐出没顿校十度、十日,将来永用,不合处多。太白之行,顿疾顿迟,取其会归而已。近十二月二十日,晨见东方,新旧二历推之,分寸不异。行星三日,顿校四度。如此之事,无年不有。至其伏见,还依术法。

又芳唯嫌十二月二十日星有前却。业兴推步已来，三十余载，上算千载之日月星辰，有见经史者，与凉州赵歊、刘义隆廷尉卿何承天、刘骏南徐州从事史祖冲之参校，业兴《甲子元历》长于三历一倍。考洛京已来四十余岁，五星出没，岁星、镇星、太白，业兴历首尾恒中，及有差处，不过一日二日、一度两度；三历之失，动校十日十度。荧惑一星，伏见体自无常，或不应度。祖冲之历多《甲子历》十日六度，何承天历不及三十日二十九度。今历还与《壬子》同，不有加增。辰星一星，没多见少，及其见时，与历无舛，今此亦依《壬子》元不改。太白、辰星，唯起夕合为异。业兴以天道高远，测步难精，五行伏留，推考不易，人目仰窥，未能尽密，但取其见伏大归，略其中间小谬，如此历便可行。若专据所见之验，不取出没之效，则历数之道其几废矣。

夫造历者，节之与朔贯穿于千年之间，闰余斗分推之于毫厘之内。必使盈缩得衷，间限数合，周日小分不殊锱铢，阳历阴历纤芥无爽，损益之数验之交会，日所居度考之月蚀，上推下减，先定众条，然后历元可求，犹甲子难值。又虽值甲子，复有差分，如此踌驳，参错不等。今历发元甲子，七率同遵，合璧连珠，其言不失。法理分明，情谓为可。如芳所言，信亦不谬。但一合之里星度不验者，至若合终必还。依术，镇星前年十二月二十日见差五度，今日差三度；太白前差四度，今全无差。以此准之，见伏之验，寻效可知，将来永用，大体无失。

芳又云：以去年十二月中算新历，其镇星以十二月二十日在角十一度留，天上在亢四度留，是新历差天五度；太白、岁星并各有差。校于《壬子》旧历，镇星差天五度，太白岁星亦各有差，是旧历差天为多，新历差天为少。凡造历者，皆须积年累日，依法候天，知其疏密，然后审其近者，用作历术。不可一月两月之间，能正是非。若如荧惑行天七百七十九日，一迟、一疾、一留、一逆、一顺、一伏、一见之法，七头一终。太白行天五百八十三日，晨夕之法，七头一终。岁星行天三百九十八日，七头一终。镇星行天三百七十八日，七头一终。辰星行天一百一十五日，晨夕之法，七头一终。造历者必须测知七头，然后作术。得七头者造历为近，不得头者其历甚疏，皆非一二日能知是非。自五帝三代以来，及秦、汉、魏、晋，造历者皆积年久测，术乃可观。其仓卒造者，当时或近，不可久行。若三四年作者，初虽近天，多载恐失。今《甲子》新历，业兴潜构积年，虽有少差，校于《壬子元历》，近天者多。若久而验天，十年二十年间，比《壬子元历》，三星行天，其差为密。

献武王上言之，诏付外施行。

上元甲子以来至春秋鲁隐公元年，岁在己未，积二十九万二千七百三十六，算上。

甲子之岁入甲戌纪已来，积十二万四千一百三十六，算上。

上元甲子以来，至大魏兴和二年岁在庚申，积二十九万三千九百九十七，算上。

甲子之岁入甲戌纪至今庚申，积十二万五千三百九十七，算上。

元法，一百一万一千六百。三统之数。

统法，三十三万七千二百。二纪之数。

纪法，十六万八千六百。千蔀成纪，日数至十。

蔀法，一万六千八百六十。三十乘章岁，得日月余皆尽之年数。

度法，一万六千八百六十。三十乘章岁，得此数。

日法，二十万八千五百三十。三十乘章月，得此数。

气时法，一千四百五。十二分度法，得一时之数。

章岁，五百六十二。二十九章、十一年减闰余一，一万一千一百七十八年减右一闰月。

章闰，二百七。五百六十二年之闰月数。

章月，六千九百五十一。五百六十二年之月数并闰。

章中，六千七百四十四。五百六十二年月除闰月数。

周天，六百一十五万八千一十七。度法通度，内斗分之数。

通数，六百一十五万八千一十七。日法通二十九日，内经月余之数。

没分，六百一十五万八千一十七。余数通经没六十九，内分五万七千一百八十四得此数。

余数，八万八千四百一十七。度法通一年下五，内斗分之数。

没法，八万八千四百一十七。一年之内成甲之外分数。

斗分，四千一百一十七。从斗量周天至此，不成度之分。

虚分，九万七千八百八十三。经月二十九日外少此，不满三十日。

小分法，二十四。二十四气除周天分之数也。

岁中，十二。十二月之中气。

会数，一百七十三。月一出一入黄道之日数，五月、二十三分月之二十也。

会余，六万七千一百一十七。百七十二日外不成日之分。

会通，三千六百一十四万二千八百七。以日法通百七十三，内会余之数。

会虚，十四万一千四百一十三。会余之外不成度之数。

周日，二十七。周天用日月行数。

周余，十一万五千六百三十一。周天用日外及本处之分数。

通周，五百七十四万五千九百四十一。日法通二十七，内分。

周虚，九万二千八百九十九。用余外不成日之数。

小周，七千五百一十三。月一日行之数。

月周，二十二万五千三百九十。通小周，内度数。

朔望合数，十四。半经月日数。

度余，十五万九千五百八十八半。半经月日余。

入交限数，一百五十八度。月出入黄道减半月之数。

度余，十一万六千五十八半。减半月小余之外。

推月朔弦望术第一

推积月　术曰：置入纪以来尽所求年，减一，以章月乘之，章岁如一，所得为积月，不尽为闰余。闰余三百五十五以上，其年有闰。余五百一十五以上，进退在天正十一月前后，以冬至定之。

推积日　术曰：以通数乘积月，为朔积分，日法如一，为积日，不尽为小余。以六旬去积日，不尽为大余。命大余以纪，今命以甲戌纪。算外，即所求年天正十一月朔日。

求次月朔　术曰：加大余二十九、小余十一万六百四十七，满除如上，命以纪，算外，即次月朔日。其小余满虚分九万七千八百八十三者，其月大；减者，其月小。

求上下弦望　术曰：加朔大余七、小余七万九千七百九十四、小分一。小分满四，从小余；小余满日法，从大余；大余满六十，去之，命以纪，算外，即上弦日。又加，得望、下弦、后月朔。

推二十四气闰术第二

推二十四气　术曰：置入纪以来尽所求年，减一，以余数乘之，蔀法如一，为积没，不尽为小余。以六旬去积没，不尽为大余，命以纪，算外，即所求年天正十一月冬至日。

求次气术　术曰：加大余十五、小余三千六百八十四、小分一，小分满小分法二十四，从小余；小余满蔀法，从大余一，命如上，算外，即次气日。

推闰　术曰：以闰余减章岁，余以岁中十二乘之，满章闰二百七得一，月余半法以上亦得一月，数起天正十一月，算外，即闰月。闰月有进即，以无中气定之。

推闰又法　术曰：以岁中乘闰余，如章闰得一，盈章中六千七百四十四，数起冬至，算外，中气终闰月也。盈中气在朔若二日，即前月闰。

冬至十一月中	小寒十二月节	大寒十二月中
立春正月节	雨水正月中	惊蛰二月节

春分二月中	清明三月节	谷雨三月中
立夏四月节	小满四月中	芒种五月节
夏至五月中	小暑六月节	大暑六月中
立秋七月节	处暑七月中	白露八月节
秋分八月中	寒露九月节	霜降九月中
立冬十月节	小雪十月中	大雪十一月节

推合朔却去度表里术第三

推合朔却去交度　术曰：置入纪以来朔积分，又以所入纪交会差分并之，甲戌纪交会差分二千六百五十二万二千六百四十九。以会通去之，所得为积交；不尽者，以日法约之，为度，不尽者为度余，即所求年天正十一月朔却去交度及度余。

甲子纪纪首合朔，

日月合璧，交中。

甲戌纪纪首合朔，月在日道表。	交会差一百二十七度	度余三万九千三百四十九
甲申纪纪首合朔，月在日道里。	交会差八十一度	度余一万一千五百六十一
甲午纪纪首合朔，月在日道里。	交会差三十四度	度余十九万二千三百一十三
甲辰纪纪首合朔，月在日道表。	交会差一百六十二度	度余二万三千一百二十二
甲寅纪纪首合朔，月在日道表。	交会差一百一十五度	度余二十万三千八百七十四

求次月却去交度　术曰：加度二十九、度余十一万六百四十七，度余满日法从度，度满会数去之，亦除其会余，即次月朔却去交度及度余。

求望却去交度　术曰：加度十四、度余十五万九千五百八十八半，满除如上，即望却去交度及度余。

推月在日道表里　术曰：置入纪以来朔积分，又以纪交会差分并之，倍会通去之，余以会通减之，得一减者，为月在日道里；无所得者，为月在日道表。

求次月表里　术曰：加次月度及度余，加表满会数及会数余，则在里；加里满会数及会余，则在表。

推交道所在日　术曰：以十一月朔却去交度及余减会数及会余，会余若不足减者，减一度，加日法乃减之；又以十一月朔小余加之，满日法从度，余为度余，即是天正十一月朔前去交度及余。如历月大小除之，起天正月十一月，不满月者为入月，算外，交道所在日。又以岁中乘入月小余，日法除之，所得命以子，算外，即交道所在辰。其交在望前者，其月朔则交会，望则月蚀。交在望后者，其月月蚀，后朔交会。交正在望者，其月月蚀既，前后朔交会。交正朔者，日蚀既，前后月望皆月蚀。

求后交月及日　术曰：以会数及会余加前入月算及余，余满日法从日，日如历月大小除之，起前交月，算外，即后交月及日。以次放之。

推交会起角　术曰：其月在外道，先会后交者，亏从东南角起；先交后会者，亏从西南角起。其月在内道，先会后交者，亏从西北角起，合交中者，蚀之既。其月蚀在日之冲，起角亦如之。

推蚀分多少　术曰：其朔望去交度及度余如入交限数一百五十八度、度余十一万六千五十八半以上者，以减会数及会数余，余为不蚀度。若朔望去交度如朔望合数十四度、度余十五万九千五百八十八半以下者，即是不余度。皆以减十五，余为余蚀分。朔望去交度尽者，蚀之既。

推合朔月蚀入迟疾历盈缩术第四

推合朔入迟疾历　术曰：置入纪以来朔积分，又以所入纪迟疾差分并之，甲戌纪迟差分二百三十五万三千一百九十一。以通周去之，所得日余周；不尽者，以日法约之，为日，不尽者为日余。命日，算外，即所求年天正月十一月合朔入历日。

求次月入历日　术曰：加一日、日余二十万三千五百四十六，日蚀满日从日，法日满周日及周余去之，命如上，算外，即次月入历日。

求望入历　术曰：加日十四日、余十五万九千五百八十八半，满除如上，算外，即望入历日。

月行迟疾度及分	损益率	盈缩并率	盈缩积分
一日十四度四百二分	益七百五十七	盈初	
二日十四度三百三十四分	益六百八十九	盈七百五十	盈积分二万一千一十一
三日十四度二百六十一分	益六百一十七	盈一千四百三十六	盈积分四万一百三十五
四日十四度一百九十分	益五百四十五	盈二千六十二	盈积分五万七千二百三十二
五日十四度一百一十一分	益四百六十六	盈二千六百七	盈积分七万二千三百六十
六日十三度五百二十二分	益三百一十五	盈三千七十三	盈积分八万五千二百九十四
七日十三度二百九十六分	益八十九	盈三千三百八十八	盈积分九万四千三十七
八日十三度六十八分	损一百三十九	盈三千四百七十七	盈积分九万六千五百七
九日十二度四百八十六分	损二百八十三	盈三千三百三十八	盈积分九万二千六百四十九
十日十二度三百七十九分	损三百九十	盈三千五十五	盈积分八万四千七百九十四
十一日十二度三百六十七分	损五百二	盈二千六百六十五	盈积分七万三千九百六十九

十二日十二度一百五十一分	损六百一十八	盈二千一百六十三	盈积分六万三十六
十三日十二度四十分	损七百二十九	盈一千五百四十五	盈积分四万二千八百八十三
十四日十一度五百一十五分	损八百一十六	盈八百一十六	盈积分二万二千六百四十九
十五日十二度三十八分	益七百三十一	缩初	
十六日十二度一百二十三分	益六百三十六	缩七百三十一	缩积分二万二百九十
十七日十二度二百一十一分	益五百五十八	缩一千三百七十七	缩积分三万八千二百二十
十八日十二度二百二十四分	益四百四十五	缩一千九百三十五	缩积分五万三千七百
十九日十二度四百三十五分	益三百三十四	缩二千三百八十	缩积分六万六千五十九
二十日十二度五百五十五分	益二百一十四	缩二千七百一十四	缩积分七万五千三百二十九
二十一日十三度一百二十八分	益七十九	缩二千九百二十八	缩积分八万一千二百六十九
二十二日十二度二百七十分	损六十三	缩三千七	缩积分八百三千四百六十二
二十三日十三度四百三十二分	损二百二十五	缩二千九百四十四	缩积分八万一千七百一十三
二十四日十四度三十三分	损三百八十八	缩二千七百一十九	缩积分七万五千四百六十八
二十五日十四度一百九十四分	损五百四十九	缩二千三百三十一	缩积分六万四千六百九十九

二十六日十四度三百一十九	损六百七十四	缩一千七百八十二	缩积分四万九千四百六十一
二十七日十四度三百三十六分	损七百一	缩一千一百八	缩积分三万七百五十四
周日十四度三百七十九分	损七百三十四	缩四百七	缩积分一万一千二百九十七

推合朔交会月蚀定大小蚀　术曰:以入历日余乘所入历下损益率,以小周七千五百一十三除之,所得损益盈缩积分为定积分。积分盛者,以减本朔望小余;缩者,加之。加之满日法者,交会加时在后日;减之,不足减者,减一日,加日法乃减之,交会加时在前日。月蚀者,随定大小蚀余为定日加时。

推加时　术曰:以岁中乘定小余,日法除之,所得命以子,算外。朔望加时有余不尽者,四之,如法得一为少,二为半,三为太。半又有余者,三之,如法得一为强,半法以上排成一,不满半法弃之。以强并少为少强,并半为半强,并太为太强。得二强者为少弱,以之并少为半弱,以之并半为太弱,以之并太为一辰弱。随所在辰而命之,即其强弱。日之冲为破,月常在破下蚀。

推日月合朔弦望度第五

推日度　术曰:置入纪以来朔积日,以日度法一万六千八百六十乘之,满周天去之,余以日度法约之为度,余命起牛前十二度,宿次除之,不满宿者,算外,即所求年天正十一月朔夜半日所在度及分。

推日度又法　术曰:置周天三百六十五度,斗分四千一百一十七,以冬至去朔日数减一,以减周天度,冬至小余减斗分,斗分不足减者,减一度,加日度法乃减之。命起如上,算外,即所求年天正十一月朔夜半日所在度及分。

求日次月次日所在度　术曰:月大者加度三十,月小者加度二十九,次日者加度一,宿次除之,遥斗除其分。

推合朔日月共度　术曰:以章岁五百六十二乘朔小余,以章月六千九百五十一除之,所得为大分,不尽为小分。以加夜半日度分,分满日度法从度,命如上,算外,即所求年天正十一月合朔日月共度。

术曰:加度二十九、大分八千九百四十五、小分六千九百一十九,小分满章月从大分;大分满日度法从度,宿次除之,迳斗去其分,算外,即次月合朔日月共度。

推月度　术曰:置入纪以来朔积日,以周二十二万五千三百九十乘之,满周天去之。余以日度法约之为度,余为度分,命起牛前十二度,宿次除之,不满宿者,算外,即所求年天正十一月朔夜半月所在度及分。

推月度又法　术曰:以小周乘朔小余为实,章岁乘日法为法,实如法得一为度;不满法者,以章月除之为大分,余为小分。所得以减合朔度及度分,算外,即所求年天正十一月朔夜半月所在度及分。

求月次月度　术曰:月小,加度二十二、分七千三百七十三,月大,加度三十五、分一万三千五百八十三,分满日度法从度,宿次除之,不满宿者,算外,即月次月所在度。

求月次日度　术曰:加度十三、分六千二百一十,分满日度法从度,除加上,算外,即月次日所在度。

求弦望日所在度　术曰:加合朔度七、大分六千四百五十一、小分三千四百六十一、微分二,微分满四从小分,小分满章月从大分,大分满日度法从度,命如上,算外,即上弦日所在度。又如,得望、下弦、后月合朔。

求弦望月所在度　术曰:加合朔度九十八、大分一万一千六百九十五、小分五千二百二十五、微分一,满除如上,算外,即上弦日月所在度。又加,得望、下弦、后月合朔。

　　斗二十六度　　　牛八度　　　女十二度　　　虚十度

危十七度　　　室十六度　壁九度

　北方玄武七宿：九十八度分四千一百一十七

奎十六度　　　娄十二度　胃十四度　　昴十一度

毕十六度　　　觜二度　　参九度

　西方白虎七宿：八十度

井三十三度　　鬼四度　　柳十五度　　星七度

张十八度　　　翼十八度　轸十七度

　南方朱鸟七宿：一百一十二度

角十二度　　　亢九度　　氐十五度　　房五度

心五度　　　　尾十八度　箕十一度

　东方仓龙七宿：七十五度

周天三百六十五度、一万六千八百六十分度之四千一百一十七，通之，得六百一十五万八千一十七，名曰周天。

推土王灭没卦候上朔术第六

推土王日　术曰：置四立大小余，各减其大余十八、小余四千四百二十、小分十八、微分二，大余不足减者，加六十乃减之；小余不足减者，减一日，加蔀法乃减之；小分不足减者，减小余一，加小分法二十四乃减之；微分不足减者，减小分一，加五，然后皆减之。命以纪，算外，即四立前土王日。

推土王又法　术曰：加冬至大余二十七、小余六千六百三十一、小分六、微分三，微分满五从小分，小分满小分法从小余，小余满蔀法从大余一，命以纪，算外，即季冬土王日。

求次季土王日　术曰：加大余九十一，小余五千二百四十四、小分六，小分满小分法从小余，小余满蔀法从大余，大余满六十去之，命以纪，算外，即次季土王日。

推灭没　术曰：因冬至积没有小余者，加积没一，以没分乘之，以没法八万八千四百一十七除之，所得为积日，不尽为没余。六旬去积日，不尽为没日，命以纪，算外，即所求天正十一月冬至后没日。

求次灭　术曰：加没日六十九、没余五万七千二百四十四，没余满没法从没日，没日满六十去之，命以纪，算外，即次没日，余尽者为灭。

求次没　术曰：加没日六十九、没余一万九百一十五、没分六万二千二百八十五，没分满没法从没余，没余满蔀法从没日。命起前没月，历月大小除之，不满月者，即后没日及没余、没分。命曰如上，算外，即次没日。

推四正卦　术曰：因冬至大小余即《坎卦》用事日，春分即《震卦》用事日，夏至即《离卦》用事日，秋分即《兑卦》用事日。《中孚》因《坎卦》。

求次卦　术曰：加《坎卦》大余六，小余一千四百七十三、小分十四、微分四，微分满五从小分，小分满小分法从小余，小余满蔀法从大余，大余满六十去之，命以纪，算外，即《复卦》用事日。

十一月，《未济》、《蹇》、《颐》、《中孚》、《复》。

十二月，《屯》、《谦》、《睽》、《升》、《临》。

正月，《小过》、《蒙》、《益》、《渐》、《泰》。

二月，《需》、《随》、《晋》、《解》、《大壮》。

三月，《豫》、《讼》、《蛊》、《革》、《夬》

四月，《旅》、《师》、《比》、《小畜》、《乾》。

五月，《大有》、《家人》、《井》、《咸》、《姤》。

六月，《鼎》、《丰》、《涣》、《履》、《遁》。

七月，《恒》、《节》、《同人》、《损》、《否》。

八月，《巽》、《萃》、《大畜》、《贲》、《观》。

九月，《归妹》、《无妄》、《明夷》、《困》、《剥》。

十月，《艮》、《既济》、《噬嗑》、《大过》、《坤》。

四正为方伯，《中孚》为三公，《复》为天子，《屯》为诸侯，《谦》为大地，《睽》为九卿，《升》还从三公，周而复始。

九三应上九，清净、微温、阳风；九三应上六，降赤、决温、阴雨。

六三应上六,日泽、寒、阴雨;六三应上九,曲尘、决寒、阳风。诸卦上有阳爻者阳风,上有阴爻者阴雨。

推七十二候　术曰:因冬至大小余即虎始交日,加大余五、小余一千二百二十八、微分一,微分满三从小分,小分满小分法从小余,小余满蔀法从大余,大余满六十去之,命以纪,算外,依次候日。

冬至	虎始交	芸始生	荔挺生
小寒	蚯蚓结	麋角解	水泉动
大寒	雁北向	鹊始巢	雉始雊
立春	鸡始乳	东风解冻	蛰虫始振
雨水	鱼上负冰	獭祭鱼	鸿雁来
惊蛰	始雨水	桃始华	仓庚鸣
春分	鹰化为鸠	玄鸟至	雷始发声
清明	电始见	蛰虫咸动	蛰虫启户
谷雨	桐始华	田鼠化为鴽	虹始见
立夏	萍始生	戴胜降桑	蝼蝈鸣
小满	蚯蚓出	王瓜生	苦菜秀
芒种	靡草死	小暑至	螳螂生
夏至	鵙始鸣	反舌无声	鹿角解
小暑	蝉始鸣	半夏生	木槿荣
大暑	温风至	蟋蟀居壁	鹰乃学习
立秋	腐草化为萤	土润溽暑	凉风至
处暑	白露降	寒蝉鸣	鹰祭鸟
白露	天地始肃	暴风至	鸿雁来
秋分	玄鸟归	群鸟养羞	雷始收声
寒露	蛰虫附户	杀气浸盛	阳气日衰
霜降	水始涸	鸿雁来宾	雀入大水化为蛤
立冬	菊有黄华	豺祭兽	水始冰
小雪	地始冻	雉入大水为蜃	虹藏不见
大雪	冰益壮	地始坼	鹖旦鸣

推上朔　术曰：置入纪以来尽所求年，减一，以六律乘之，以六旬去之，不尽者命以甲子，算上，即上朔日。

推五星见伏术第七

上元甲子以来至《春秋》鲁隐公元年，岁在己未，积二十九万二千七百三十六算。

上元甲子以来至今大魏兴和二年，岁在庚申，积二十九万三千九百九十七算。

木精曰岁星，其数六百七十二万三千八百八十八。

火精曰荧惑，其数一千三百一十四万九千八十三。

土精曰镇星，其数六百三十七万四千六十一。

金精曰太白，其数九百八十四万八百八十二。

水精曰辰星，其数一百九十五万三千七百一十六。

推五星　术曰：置上元以来尽所求年，减一，以周天乘之，为五星之实；各以其数为法，除之，所得为积合，不尽为合余。以合余减法，余为入岁度分。以日度法约之，的得即所求年天正十一月冬至后晨夕合度算及度余。其金、水，以一合日数及合余减合度算及度余，得一者为晨，无所得者为夕；若度余不足减者，减合度算一，加日度法乃减之。命起牛前十二度，宿次除之，不满宿者，算外，即所求年天正十一月冬至后晨夕合度及度余。

径推五星　术曰：置上元以来尽所求年，减一，如法算之。合度余满日度法，加合度算一，合度算满合终日数去之。亦以合终日余减合度，若不足减者，减合度算一，加周虚。积年尽所得即所求年天正十一月冬至后晨夕合度算及度余。其求水及命度，皆如上法。

求星合月及日　术曰：置冬至去朔日数，减一，加合度算。冬至小余以加合度余，合度余满日度法去之，加合度算一。合度算变成合日算，合度余为日余，命日起天正十一月，如历月大小除之，不满月者，算外，即星合月及日。有闰以闰计之。

求后合月及日　术曰：以合终日数及合终日余加前入月算及

余,余满日度法后日,一日如历月大小除之,起前合月,算外,即后合月及日。其金、水以合日数及一合日余加之,加夕得晨,加晨得夕也。

求后合度　术曰:以行星度余加前合度及度余,度余满日度法从度,命起前合度,宿次除之,不满宿者,算外,即后合度余。迳斗除其分,其分四千一百一十七。

岁星:合终日数三百九十八,合终日余一万二千六百八,周虚三千二百五十二,行星三十三度,度余九千四百九十一。

岁星:晨与日合,在日后伏,十六日、日余六千八百四,行星二度、度余一万三千一百七十五。晨见东方,顺,疾,日行五十八分之十一,五十八日行十一度。顺,迟,日行九分,五十八日行九度而留。不行,二十五日而旋。逆,日行七分之一,八十四日退十二度。复留,二十五日。复顺,迟,日行九分,五十八日行九度。复顺,疾,日行十一分,五十八日行十一度。在日前,夕伏西方,顺,十六日、日余六千八百四,行星二度、度余一万三千一百七十六,而与日合。

荧惑:合终日数七百七十九,合终日余一万五千一百四十三,周虚一千七百一十七,行星四十九度,度余六千九百九。

荧惑:晨与日合,在日后伏,七十一日、日余一万六千一,行星五十五度、度余一万三千九百四十三。晨见东方,顺,疾,日行二十三分之十四,一百八十四日行一百一十二度。顺,迟,日行十二分,九十一日行四十八度而留;不行,十一日而旋。逆,日行六十二分之十七,六十二日退十七度。复留,十一日。复顺,迟,日行十二分,九十二日行四十八度。复顺,疾,日行十四分,一百八十四日行一百一十二度。在日前,夕伏西方,顺,七十一日、日余一万六千二,行星五十度、度余一万三千九百四十三,而与日合。

镇星:合终日数三百七十八,合终日余九百八十一,周虚一万五千八百七十九,行星十二度,度余一万三千七百二十四。

镇星:晨与日合,在日后伏,十八日、日余四百九十,行星二度、度余六千八百六十二。晨见东方,顺,日行十二分之一,八十四日行七度而留。不行,三十六日而旋。逆,日行十七分之一,一百二日退六度。复留,三十六日。复顺,日行十二分之一,八十四日行七度。在日前,夕伏西方,顺,十八日、日余四百九十一,行星二度、度余六千八百六十二,而与日合。

太白:合终日数五百八十三,合终日余一万四千五百二,周虚二千三百五十八,行星二百九十一度,亦曰一合日数。度余一万五千六百八十一。亦曰一合日数。

太白:夕与日合,在日前伏,四十一日、日余一万五千六百八十一,行星五十一度、度余一万五千六百八十一。夕见西方,顺,疾,日行一度十三分之三,九十一日行二百一十二度。顺,迟,日行一度十三分之二,九十一日行一百五度。顺,大疾,日行十五分之十二,四十五日行三十三度而留。不行,八日而旋。逆,日行三分之二,九日退六度。在日前,夕伏西方,伏六日,退四度,而与日晨合。

太白:晨与日合,在日后,伏六日,退四度。晨见东方,逆,日行三分之二,九日退六度而留。不行,八日。顺,日行十五分之十一,四十五日行三十三度。顺,疾,日行一度十三分之二,九十一日行一百五度。顺,大疾,日行一度十三分之二,九十一日行一百一十二度。在日后,晨伏东方,顺,四十一日、日余一万五千六百八十一,行星五十一度、度余一万五千六百八十一,而与日夕合。

辰星:合终日数一百一十五,合终日余一万四千八百一十六,周虚二千四十四,行星五十七度,亦曰一合日数。度余一万五千八百四十八。亦曰一合日数。

辰星:夕与日合,在日前伏,十七日、日余一万五千八百四十八,夕见西方,顺,疾,日行一度三分之一,十八日行二十四度。顺,迟,日行七分之五,七日行五度而留。不行,四日。在日前,夕伏西方,逆,十一日退六度,而与日晨合。

辰星:晨与日合,在日后伏,十一日,退六度。晨见东方而留,不行,四日。顺,迟,日行七分之五,七日行五度。顺,疾,日行一度三分之一,十八日行二十四度。在日后,晨伏东方,顺,十七日、日余一万五千八百三十八，行星三十四度、度余一万五千八百四十八，而与日夕合。

五星历步　术曰：以术法伏日度及余加星合日度及余，余满日度法一万六千八百六十得一，从令命之如前，得星见日度及余。以星行分母乘见度分，日度法如一得一分，不尽半法以上亦得一，以加所行分，分满其母得一度。逆顺母不同，以当行之母乘故分，故母如一，为当行分。留者承前，逆则减之，伏不尽度，除斗分，以行母为率，分有损益，前后相御。

求五星行所在度　术曰：以行分子乘行日数，分母除之，所得即星行所在度。

魏书卷一〇八之一
志第一〇

礼　一

　　夫在天莫明于日月，在人莫明于礼仪。先王以安上治民，用成风化，苟或失之，斯亡云及。圣者因人有尊敬、哀思、嗜欲、喜怒之情，而制以上下、隆杀、长幼、众寡之节，本于人心，会于神道，故使三才惟穆，百姓允谐。而淳浇世殊，质文异设，损益相仍，随时作范。秦灭儒经，汉承其弊，三代之礼，盖如线焉。刘氏中兴，颇率周典，魏晋之世，抑有可知。

　　自永嘉扰攘，神州芜秽，礼坏乐崩，人神歼殄。太祖南定燕赵，日不暇给，仍世征伐，务恢疆宇。虽马上治之，未遑制作，至于经国轨仪，互举其大，但事多粗略，且兼阙遗。高祖稽古，率由旧则，斟酌前王，择其令典，朝章国范，焕乎复振。早年厌世，睿虑未从，不尔刘、马之迹，夫何足数？世宗优游在上，致意玄门，儒业文风，顾有未洽，坠礼沦声，因之而往。肃宗已降，魏道衰羸，太和之风，仍世凋落，以至于海内倾圮，纲纪泯然。呜呼！鲁秉周礼，国以克固，齐臣撤器，降人折谋。治身不得以造次忘，治国庸可而须臾忽也。初自皇始，迄于武定，朝廷典礼之迹，故总而录之。

　　太祖登国元年，即代王位于牛川，西向设祭，告天成礼。天兴元年，定都平城，即皇帝位，立坛兆告祭天地。祝曰：“皇帝臣讳敢用玄牡，昭告于皇天后土之灵。上天降命，乃眷我祖宗世王幽都。讳以不德,纂戎前绪,思宁黎元,龚行天罚。殪刘显,屠卫辰,平慕容,定中夏。群下劝进,谓宜正位居尊,以副天人之望。讳以天时人谋,不可久替,谨命礼官,择吉日受皇帝玺绶。惟神祇其丕祚于魏室,永绥四方。"事毕,诏有司定行次,正服色。群臣奏以国家继黄帝之后,宜为土德,故神兽如牛,牛土畜,又黄星显曜,其符也。于是始从土德,数用五,服尚黄,牺牲用白。祀天之礼用周典,以夏四月亲祀于西郊,徽帜有加焉。

二年正月,帝亲祀上帝于南郊,以始祖神元皇帝配。为坛通四陛,为壝埒三重。天位在其上,南面,神元西面。五精帝在坛内,壝内四帝,各于其方,一帝在未。日月五星、二十八宿、天一、太一、北斗司中、司命、司禄、司民在中壝内,各因其方。其余从食者合一千余神,醊在外壝内。藉用藁秸,玉用四珪,币用束帛,牲用騂犊,器用陶匏。上帝、神元用犊各一,五方帝共用犊一,日月等共用牛一。祭毕,燎牲体左于坛南巳地,从阳之义。其瘗地坛兆,制同南郊。明年正月辛酉,郊天。癸亥,瘗地于北郊,以神元窦皇后配。五岳名山在中壝内,四渎大川于外壝内。后土、神元后,牲共用玄牡一,玉用两珪,币用束帛,五岳等用牛一。祭毕,瘗牲体右于坛之北亥地,从阴也。乙丑,赦京师几内五岁刑以下。其后,冬至祭上帝于圆丘,夏至祭地于方泽,用牲币之属,与二郊同。

冬十月,平文、昭成、献明庙成。岁五祭,用二至、二分、腊,牲用太牢,常遣宗正兼太尉率祀官侍祀。置太社、太稷、帝社于宗庙之右,为方坛四陛。祀以二月、八月,用戊,皆太牢。句龙配社,周弃配稷,皆有司侍祀。立祖神,常以正月上未,设藉于端门内,祭牲用羊、豕、犬各一。又立神元、思帝、平文、昭成、献明五帝庙于宫中,岁四祭,用正冬、腊、九月,牲用马、牛各一,太祖亲祀宫中。立星神,一岁一祭,常以十二月,用马荐各一,牛豕各二,鸡一。

太祖初,有两彗星见,刘后使占者占之,曰:"祈之,则当扫定天下。"后从之,故立其祀。又立□□神十二,岁一祭,常以十一月,各用牛一、鸡三。又立王神四,岁二祭,常以八月、十月,各用羊一。又置献明以上所立天神四十所,岁二祭,亦以八月、十月。神尊者以马,次以牛,小以羊,皆女巫行事。又于云中及盛乐神元旧都祀神元以下七帝,岁三祭,正、冬、腊,用马牛各一,祀官侍祀。明年春,帝始躬耕籍田,祭先农,用羊一。祀日于东郊,用骍牛一。秋分祭月于西郊,用白羊一。

天赐二年夏四月,复祀天于西郊,为方坛一,置木主七于上。东为二陛,无等,周垣四门,门各依其方色为名。牲用白犊、黄驹、白羊各一。祭之日,帝御大驾,百官及宾国诸部大人毕从至郊所。帝立青门内近南坛西,内朝臣皆位于帝北,外朝臣及大人咸位于青门之外,后率六宫从黑门入,列于青门内近北,并西面。廪牺令掌牲,陈于坛前。女巫执鼓,立于陛之东,西面。选帝之十族子弟七人执酒,在巫南,西面北上。女巫升坛,摇鼓。帝拜,若肃拜,百官内外尽拜。祀讫,复拜;拜讫,乃杀牲。执酒七人西向,以酒洒天神主,复拜,如此者七。礼毕而返。自是之后,岁一祭。

太宗永兴三年三月,帝祷于武周车轮二山。初,清河王绍有宠于太祖,性凶悍,帝每以义责之,弗从。帝惧其变,乃于山上祈福于天地神祇。及即位坛兆,后因以为常祀,岁一祭,牲用牛,帝皆亲之,无常日。

明年,立太祖庙于白登山。岁一祭,具太牢,帝亲之,亦无常月。兼祀皇天上帝,以山神配,旱则祷之,多有效。是岁,诏郡国于太祖巡幸行宫之所,各立坛,祭以太牢,岁一祭,皆牧守侍祀。又立太祖别庙于宫中,岁四祭,用牛马羊各一。又加置天日月之神及诸小神二十八所于宫内,岁二祭,各用羊一。后二年,于白登西太祖旧游之处立昭成、献明、太祖庙,常以九月、十月之交,帝亲祭,牲用马、牛、羊,及亲行狐刘之礼。别置天神等二十三于庙左右,其神大者以马,小者以羊。华阴公主,帝姊也,元绍之为逆,有保□功,故别立其庙于太祖庙垣后,因祭荐焉。又于云中、盛乐、金陵三所,各立太庙,四时祀官侍祀。

泰常三年,为五精帝兆于四郊,远近依五行数。各为方坛四陛,埒壝三重,通四门。以大皞等及诸佐随配。侑祭黄帝,常以立秋前十八日。余四帝,各以四立之日。牲各用牛一,有司主之。又六宗、灵星、风伯、雨师、司民、司禄、先农之坛,皆有别兆,祭有常日,牲用少牢。立春之日,遣有司迎春于东郊,祭用酒、脯、枣、栗,无牲币。又立五岳四渎庙于桑乾水之阴,春秋遣有司祭,有牲及币。四渎唯以牲牢,准古望秩云。其余山川及海若诸神在州郡者,合三百二十四所,每岁十月,遣祀官诣州镇遍祀。有水旱灾厉,则牧守各随其界内祈谒,其祭皆用牲。王畿内诸山川,皆列祀次祭,若有水旱则祷之。

明年八月,帝尝于白登庙,将荐熟,有神异焉。太庙博士许钟上言曰:“臣闻圣人能飨帝,孝子能飨亲。伏惟陛下孝诚之至,通于神明。近尝于太祖庙,有车骑声,从北门入,殷殷辚辚,震动门阙,执事者无不肃栗。斯乃国祚永隆之兆,宜告天下,使咸知圣德之深远。”

辛未,幸代,至雁门关,望祀恒岳。后二年九月,幸桥山,遣有司祀黄帝、唐尧庙。明年正月,南巡恒岳,祀以太牢。幸洛阳,遣使以太牢祀嵩高、华岳。还登太行。五月,至自洛阳,诸所过山川,群祀之。后三年二月,祀孔子于国学,以颜渊配。

神麚二年,帝将征蠕蠕,省郊祀仪。四月,以小驾祭天神,毕,帝遂亲戎。大捷而还,归格于祖祢,遍告群神。

九月,立密皇太后庙于邺,后之旧乡也。置祀官太常博士、斋郎三十余人,侍祀,岁五祭。

太延元年,立庙于恒岳、华、嵩岳上,各置侍祀九十人,岁时祈祷水旱。其春秋泮涸,遣官率刺史祭以牲牢,有玉币。

魏先之居幽都也,凿石为祖宗之庙于乌洛侯国西北。自后南迁,其地隔远。真君中,乌洛侯国遣使朝献,云石庙如故,民常祈请,有神验焉。其岁,遣中书侍郎李敞诣石室,告祭天地,以皇祖先妣配。祝曰:“天子讳谨遣敞等用骏足、一元大武敢昭告于皇天之灵。自启辟之初,祐我皇祖,于彼土田。历载亿年,聿来南迁。惟祖惟父,光宅中原。克翦凶丑,拓定四边。冲人篡业,德声弗彰。岂谓幽遐,稽首来王。具知旧庙,弗毁弗亡。悠悠之怀,希仰余光。王业之兴,起自皇祖。绵绵瓜瓞,时惟多祐。敢以丕功,配飨于天。子子孙孙,福禄永延。"敞等既祭,斩桦木立之,以置牲体而还。后所立桦木生长成林,其民益神奉之。咸谓魏国感灵祇之应也。石室南距代京可四千余里。

明年六月,司徒崔浩奏议:"神祇多不经,案祀典所宜祀,凡五十七所,余复重及小神,请皆罢之。"奏可。

十一年十一月,世祖南征,迳恒山,祀以太牢。浮河、济,祀以少牢。过岱宗,祀以太牢。至鲁,以太牢祭孔子。遂临江,登瓜步而还。

文成皇帝即位,三年正月,遣有司诣华岳修庙立碑。数十人在山上,闻虚中若音声,声中称万岁云。

和平元年正月,帝东巡。历桥山,祀黄帝。幸辽西,望祀医无闾山。遂缘海西南,幸冀州,北至中山,过恒岳,礼其神而返。明年,帝南巡,过石门,遣使者用玉璧牲牢,礼恒岳。

四月旱,下诏州郡,于其界内神无大小,悉洒扫荐以酒脯。年登之后,各随本秩,祭以牲牢。至是,群祀先废者皆复之。

显祖皇兴二年,以青、徐既平,遣中书令兼太常高允奉玉币祀于东岳,以太牢祀孔子。

高祖延兴二年,有司奏天地五郊、社稷已下及诸神,合一千七十五所,岁用牲七万五千五百。显祖深愍生命,乃诏曰:"朕承天事神,以育群品,而咸秩处广,用牲甚众。夫神聪明正直,享德与信,何必在牲。《易》曰'东邻杀牛,不如西邻之礿祭,实受其福。'苟诚感有著,虽行潦菜羹,可以致大眇,何必多杀,然后获祉福哉!其命有司,非郊天地、宗庙、社稷之祀,皆无用牲。"于是群祀悉用酒脯。

先是,长安牧守常有事于周文、武庙。四年,坎地埋牲,庙玉发见。四月,诏东阳王丕祭文、武二庙。以庙玉露见,若即而埋之,或恐愚民将为盗窃,敕近司收之府藏。

六月，显祖以西郊旧事，岁增木主七，易世则更兆，其事无益于神明。初革前仪，定置主七，立碑于郊所。

太和二年，旱。帝亲祈皇天、日月五星于苑中，祭之夕大雨，遂赦京师。

三年，上祈于北苑，又祷星于苑中。

六年十一年，将亲祀七庙，诏有司依礼具仪。于是群官议曰："昔有虞亲虔，祖考来格；殷宗躬谒，介福攸降。大魏七庙之祭，依先朝旧事，多不亲谒。今陛下孝诚发中，思亲祀事，稽合古王礼之常典。臣等谨案旧章，并采汉魏故事，撰祭服冠屡牲牢之具，罍洗簠簋俎豆之器，百官助祭位次，乐官节奏之引，升降进退之法，别集为亲拜之仪。"制可。于是上乃亲祭。其后四时常祀，皆亲之。

十年四月，帝初以法服御辇，祀于西郊。

十二年十月，帝亲筑圆丘于南郊。

十三年正月，帝以大驾有事于圆丘。五月庚戌，车驾有事于方泽。壬戌，高祖临皇信堂，引见群臣。诏曰："《礼记·祭法》称：'有虞氏禘黄帝。'《大传》曰'禘其祖之所自出'，又称'不王不禘'。《论》曰：'禘自既灌。'《诗颂》：'《长发》，大禘。'《尔雅》曰：'禘，大祭也。'夏、殷四时祭：礿、禘、烝、尝，周改禘为祠。《祭义》称'春祭、秋尝'，亦夏、殷祭也。《王制》称：'犆礿、祫禘、祫尝、祫烝。'其礼传之文如此。郑玄解犆，天子祭圆丘曰禘，祭宗庙大祭亦曰禘。三年一祫，五年一禘。祫则合群毁庙之主于太庙，合而祭之。禘则增及百官配食者，审谛而祭之。天子先禘祫而后时祭，诸侯先时祭而后禘祫。鲁礼，三年丧毕而祫，明年而禘。圆丘、宗庙大祭俱称禘，祭有两禘明也。王肃解禘祫，称天子诸侯皆禘于宗庙，非祭天之祭。郊祀后稷，不称禘，宗庙称禘。禘、祫一名也，合而祭之故称祫，审谛之故称禘，非两祭之名。三年一祫，五年一禘，总而互举之，故称五年再殷祭，不言一禘一祫，断可知矣。礼文大略，诸儒之说，尽具于此。卿等便可议其是非。"

尚书游明根、左丞郭祚、中书侍郎封琳、著作郎崔光等对曰：
"郑氏之义，禘者大祭之名。大祭圆丘谓之禘者，审谛五精星辰也；
大祭宗庙谓之禘者，审谛其昭穆。圆丘常合不言祫，宗庙时合故言
祫。斯则宗庙祫禘并行，圆丘一禘而已，宜于宗庙俱行禘祫之礼。二
礼异，故名殊。依《礼》，春废犆礿，于尝于蒸则祫，不于三时皆行禘
祫之礼。"中书监高闾、仪曹令李韶、中书侍郎高遵等十三人对称：
"禘祭圆丘之禘与郑义同，其宗庙禘祫之祭与王义同。与郑义同者，
以为有虞禘黄帝，黄帝非虞在庙之帝，不在庙，非圆丘而何？又《大
传》称祖其所自出之祖，又非在庙之文。《论》称'禘自既灌'，事似
据。《尔雅》称'禘，大祭也。'《颂》'《长发》，大禘也'，殷王之祭。斯
皆非诸侯之礼，诸侯无禘。礼唯夏殷，夏祭称禘，又非宗庙之禘。鲁
行天子之仪，不敢专行圆丘之禘，改殷之禘，取其禘名于宗庙，因先
有祫，遂生两名。据王氏之义，祫而禘祭之，故言禘祫，总谓再殷祭，
明不异也。禘祫一名也。其禘祫止于一时；止于一时者，祭不欲数，
数则黩。一岁而三禘，愚以为过数。"

帝曰："尚书、中书等，据二家之义，论禘祫详矣。然于行事取
衷，犹有未允。监等以禘祫为名，义同王氏，禘祭圆丘，事与郑同，无
所间然。尚书等与郑氏同，两名两祭，并存并用，理有未称。俱据二
义，一时禘祫，而阙二时之禘，事有难从。夫先王制礼，内缘人子之
情，外协尊卑之序。故天子七庙，诸侯五庙，大夫三庙，数尽则毁，藏
主于太祖之庙，三年而祫祭之。世尽则毁，以示有终之义；三年而
祫，以申追远之情。禘祫既是一祭，分而两之，事无所据。毁庙三年
一祫，又有不尽四时，于礼为阙。七庙四时常祭，祫则三年一祭，而
又不究四时，于情为简。王以禘祫为一祭，王义为长。郑以圆丘为
禘，与宗庙大祭同名，义亦为当。今互取郑、王二义。禘祫并为一名，
从王；禘是祭圆丘大祭之名，上下同用，从郑。若以数则黩，五年一
禘，改祫从禘。五年一禘，则四时尽禘，以称今情。禘则依《礼》文，
先禘而后时祭。便即施行，著之于令，永为世法。"

高闾曰："《书》称：'肆类于上帝，禋于六宗。'六宗之祀，《礼》无

明文,名位坛兆,历代所疑。汉魏及晋诸儒异说,或称天地四时,或称六者之间,或称《易》之六子,或称风雷之类,或称星辰之属,或曰世代所宗,或云宗庙所尚,或曰社稷五祀,凡有十一家。自晋已来,逮于圣世,以为论者虽多,皆有所阙,莫能评究。遂相因承,别立六宗之兆,总为一位而祭之。比敕臣等评议取衷,附之祀典。臣等承旨,披究往说,各有其理。较而论之,长短互有,若偏用一家,事或差舛。众疑则从多,今惑则仍古。请依先别处六宗之兆,总为一祀而祭之。"帝曰:"详定朝令,祀为事首,以疑从疑,何所取正? 昔石渠、虎阁之议,皆准类以引义,原事以证情,故能通百家之要,定累世之疑。况今有文可据,有本可推,而不评而定之,其致安在? 朕躬览《尚书》之文,称'肆类上帝,禋于六宗',文相连属,理似一事。上帝称肆而无禋,六宗言禋而不别其名。以此推之,上帝、六宗当是一时之祀,非别祭之名。肆类非独祭之目,焚烟非他祀之用。六宗者,必是天皇大帝及五帝之神明矣。禋是祭帝之事,故称禋以关其他,故称六以证之。然则肆类上帝,禋于六宗,一祭也,互举以成之。今祭圆丘,五帝在焉,其牲币俱禋,故称肆类上帝,禋于六宗。一祭而六祀备焉。六祭既备,无烦复别立六宗之位。便可依此附令,永为定法。"

十四年八月诏曰:"丘泽初志,配尚宜定,五德相袭,分叙有常。然异同之论,著于往汉,未详之说,疑在今史。群官百辟,可议其所应,必令合衷,以成万代之式。"

中书监高闾议以为:

帝王之作,百代可知,运代相承,书传可验。虽祚命有长短,德政有优劣,至于受终严祖,殷荐上帝,其致一也。故敢述其前载,举其大略。臣闻居尊据极,允应明命者,莫不以中原为正统,神州为帝宅。苟位当名全,化迹流洽,则不专以世数为与夺,善恶为是非。故尧舜禅揖,一身异尚;魏晋相代,少纪运殊。桀纣至虐,不废承历之叙;厉惠至昏,不阙周晋之录。计五德之论,始自汉刘,一时之议,三家致别。故张苍以汉为水德,贾谊、公孙臣以汉为土德,刘向以汉为火德。以为水德者,正以尝有水溢之应,则不推运代相承之数矣。以土德者,则以亡秦继历,相即为次,不推逆顺之异也。以为火德者,悬证赤帝斩蛇之符,弃秦之暴,越恶承善,不以世次为正也,故以承周为火德。自兹厥后,乃以为常。魏承汉,火生土,故魏为土德;晋承魏,土生金,故晋为金德;赵承晋,金生水,故赵为水德;燕承赵,水生木,故燕为木德;秦承燕,木生火,故秦为火德。秦之未灭,皇魏未克神州,秦氏既亡,大魏称制玄朔。故平文之庙,始称"太祖",以明受命之证,如周在岐之阳。若继晋,晋亡已久;若弃秦,则中原有寄。推此而言,承秦之理,事为明验。故以魏承秦,魏为土德,又五纬表验,黄星曜彩,考氏定实,合德轩辕,承土祖未,事为著矣。又秦赵及燕,虽非明圣,各正号赤县,统有中土,郊天祭地,肆类咸秩,明刑制礼,不失旧章。奄岱逾河,境被淮汉。非若龌龊边方,僭拟之属,远如孙权、刘备,近若刘裕、道成,事击蛮夷,非关中夏。伏惟圣朝,德配天地,道被四海,承乾统历,功侔百王。光格同于唐虞,享祚流于周汉,正位中境,奄有万方。今若并弃三家,远承晋氏,则蔑中原正次之实。存之无损于此,而有成于彼;废之无益于今,而有伤于事。臣愚以为宜从尚黄,定为土德。又前代之君,明贤之史,皆因其可褒褒之,可贬贬之。今议者偏据可绝之义,而不录可全之礼。所论事大,垂之万叶。宜并集中秘群儒,人人别议,择其所长,于理为悉。

秘书丞臣李彪、著作郎崔光等议以为:

尚书闾议,继近秦氏。臣职掌国籍,颇览前书,惜此正次,慨彼非绪。辄仰推帝始,远寻百五。魏虽建国君民,兆朕振古,祖黄制朔,绵迹有因。然此帝业,神元为首。案神元、晋武,往来和好。至于桓、穆,洛京破亡。二帝志摧聪、勒,思存晋氏,每助刘琨,申威并冀。是以晋室衔扶救之仁,越石深代王之请。平

文、太祖，抗衡苻石，终平燕氏，大造中区。则是司马祚终于郏
鄏，而元氏受命于云、代。盖自周之灭及汉正号，几六十年，著
符尚赤。后虽张、贾殊议，暂疑而卒从火德，以继周氏。排虐嬴
以比共工，蔑暴项而同吴广。近蠲谬伪，远即神正，若此之明
也。宁使白蛇徒斩，雕云空结哉！自有晋倾沦，暨登国肇号，亦
几六十余载，物色旗帜，率多从黑。是又自然合应，玄同汉始。
且秦并天下，革创法度，汉仍其制，少所变易。犹仰推五运，竟
踵隆姬。而况刘、石、苻、燕，世业促褊，纲纪弗立。魏接其弊，
自有彝典，岂可异汉之承木，舍晋而为土耶？夫皇统崇极，承运
至重，必当推协天绪，考审王次，不可杂以僭窃，参之强狡。神
元既晋武同世，桓、穆与怀、愍接时。晋室之沦，平文始大，庙号
太祖，抑亦有由。绍晋定德，孰曰不可，而欲次兹伪僭，岂非惑
乎？臣所以惓惓惜之，唯垂察纳。

诏令群官议之。

十五年正月，侍中、司空、长乐王穆亮，侍中、尚书左仆射、平原
王陆睿，侍中、吏部尚书、中山王王元孙，侍中、尚书、驸马都尉、南
平王冯诞，散骑常侍、都曹尚书、新泰侯游明根，散骑常侍、南部令
郑侍祖，秘书中散李恺，尚书左丞郭祚，右丞、霸城子卫庆，中书侍
郎封琳，中书郎、泰昌子崔挺，中书侍郎贾元寿等言："臣等受敕共
议中书监高闾、秘书丞李彪等二人所议皇魏行次。尚书高闾以石承
晋为水德。以燕承石为木德，以秦承燕为火德，大魏次秦为土德，皆
以地据中夏，以为得统之征。皇魏建号，事接秦末，晋既灭亡，天命
在我。故因中原有寄，即而承之。彪等据神元皇帝与晋武并时，桓、
穆二帝，仍修旧好。始自平文，逮于太祖，抗衡秦、赵，终平慕容。晋
祚终于秦方，大魏兴于云朔。据汉弃秦承周之义，以皇魏承晋为水
德。二家之论，大略如此。臣等谨共参论，伏惟皇魏世王玄朔，下迄
魏、晋，赵、秦、二燕虽地据中华，德祚微浅，并获推叙，于理未惬。又
国家积德修长，道光万载。彪等职主东观，详究图史，所据之理，其
致难夺。今欲从彪等所议，宜承晋为水德。"诏曰："越近承远，情所

未安。然考次推时，颇亦难继。朝贤所议，岂朕能有违夺。便可依为水德，祖申腊辰。”

四月，经始明堂，改营太庙。诏曰：“祖有功，宗有德，自非功德厚者，不得擅祖宗之名，居二祧之庙。仰惟先朝旧事，舛驳不同，难以取准。今将述遵先志，具详礼典，宜制祖宗之号，定将来之法。烈祖有创基之功，世祖有开拓之德，宜为祖宗，百世不迁。而远祖平文功未多于昭成，然庙号为太祖；道武建业之勋，高于平文，庙号为烈祖。比功校德，以为未允。朕今奉尊道武为太祖，与显祖为二祧，余者以次而迁。平文既迁，庙唯有六，始今七庙，一则无主。唯当朕躬此事，亦臣子所难言。夫生必有终，人之常理。朕以不德，忝承洪绪，若宗庙之灵，获全首领以没于地，为昭穆之次，心愿毕矣。必不可豫，设可垂之文，示后必令迁之。”司空、公长乐王穆亮等奏言：“升平之会，事在于今。推功考德，实如明旨。但七庙之祀，备行日久，无宜阙一，虚有所待。臣等愚谓，依先尊祀，可垂文示后。理衷如此，不敢不言。”诏曰：“理或如此。比有间隙，当为文相示”。

八月壬辰，诏郡国有时果可荐者，并送京师以供庙飧。

又诏曰：“《礼》云：自外至者，无主不立。先朝以来，以正月吉日，于朝廷设幕，中置松柏树，设五帝坐。此既无可祖配，揆之古典，实无所取，可去此祀。又探策之祭，既非礼典，可悉罢之。”

戊午诏曰：“国家自先朝以来，飧祀诸神，凡有一千二百余处。今欲减省群祀，务从简约。昔汉高之初，所祀众神及寝庙不少今日。至于元、成之际，匡衡执论，乃得减省。后至光武之世，礼仪始备，飧祀有序。凡祭不欲数，数则黩，黩则不敬。神聪明正直，不待烦祀也。”又诏曰：“明堂、太庙，并祀祖宗，配祭配享，于斯备矣。白登、崞山、鸡鸣山庙唯遣有司行事。冯宣王诞生先后，复因在官长安，立庙宜异常等。可敕雍州，以时供祭。”又诏曰：“先恒有水火之神四十余名，及城北星神。今圆丘之下，既祭风伯、雨师、司中、司命，明堂祭门、户、井、灶、中溜，每神皆有。此四十神计不须立，悉可罢之。”

甲寅，集群官，诏曰："近论朝日夕月，皆欲以二分之日，于东西郊行礼。然月有余闰，行无常准。若一依分日，或值月出于东，而行礼于西，寻情即理，不可施行。昔秘书监薛谓等尝论此事，以为朝日以朔，夕月以朏。卿等意谓朔朏二分，何者为是？"尚书游明根对曰"考案旧式，推校众议，宜众朏月。"

十一月己未朔，帝释禫祭于太和庙。帝衮冕，与祭者朝服。既而帝冠黑介帻，素纱深衣，拜山陵而还宫。庚申，帝亲省齐宫冠服及郊祀俎豆。癸亥冬至，将祭圆丘，帝衮冕剑舄，侍臣朝服。辞太和庙，之圆丘，升祭柴燎，遂祀明堂，大合。既而还之太和庙，乃入。甲子，帝衮冕辞太和庙，临太华殿，朝群官。既而帝冠通天，绛纱袍，临飨礼。帝感慕，乐悬而不作。丁卯，迁庙，陈列冕服，帝躬省之。既而帝衮冕，辞太和庙，之太庙，百官陪从。奉臣主于斋车，至新庙。有司升神主于太庙，诸王侯牧守、四海蕃附，各以其职来祭。

十六年正月戊午，诏曰："夫四时享祀，人子常道。然祭荐之礼，贵贱不同。故有邑之君，祭以首时，无田之士，荐以仲月。况七庙之重，而用中节者哉！自顷蒸尝之礼，颇违旧义。今将仰遵远式，以此孟月，犆祫于太庙。但朝典初改，众务殷凑，无遑斋洁，遂及于今。又接神飨祖，必须择日。今礼律未宣，有司或不知此。可敕太常令克日以闻。"

二月丁酉，诏曰："夫崇圣祀德，远代之通典；秩阙三字，中古之近规。故三五至仁，唯德配享；夏殷私己，稍用其姓。且法施于民，祀有明典，立功垂惠，祭有恒。式斯乃异代同途，弈世共轨。今远遵明令，宪章旧则，比于祀令，已为决之。其孟春应祀者，顷以事殷，遂及今日。可令仍以仲月而飨祀焉。凡在祀令者，其数有五。帝尧树则天之功，兴巍巍之治，可祀于平阳。虞舜播太平之风，致无为之化，可祀于广宁。夏禹御洪水之灾，建天下之利，可祀于安邑。周文公制礼作乐，垂范万叶，可祀于洛阳。其宣尼之庙，已于中省，当别敕有司。飨荐之礼，自文公已上可令当界牧守，各随所近，摄行祀事,皆用清酌尹祭也。"

丙午,诏有司克吉亥,备小驾,躬临千亩,宜别有敕。

癸丑,帝临宣文堂,引仪曹尚书刘昶、鸿胪卿游明根、行仪曹事李韶,授策孔子,崇文圣之谥。于是昶等就庙行事。既而,帝斋中书省,亲拜祭于庙。

九月甲寅朔,大享于明堂,祀文明太后于玄室,帝亲为之词。

十月己亥,诏曰:"夫先王制礼,所以经纶万代,贻法后昆。至乃郊天享祖,莫不配祭,然而有节。白登庙者,有为而兴,昭穆不次。故太祖有三层之字,巴陵无方丈之室。又常用季秋,躬驾展虔,祀礼或有亵慢之失,嘉乐颇涉野合之讥。今授衣之旦,享祭明堂;玄冬之始,奉烝太庙。若复致斋白登,便为一月再驾,事成亵渎。回详二理,谓宜省一。白登之高,未若九室之美;帏次之华,未如清庙之盛。将欲废彼东山之祀,成此二享之敬。可具敕有司,但令内典神者,摄行祭事。献明、道武各有庙称,可具依旧式。"自太宗诸帝,昔无殿宇,因停之。

十八年,南巡。正月,次殷比干墓,祭以太牢。

三月,诏罢西郊祭天。

十九年,帝南征。正月,车驾济淮,命太常致祭。又诏祀岱岳。

三月癸亥,诏曰:"知太和庙已就,神仪灵主,宜时奉宁。可克三月三日己巳,内奉迁于正庙。其出金墉之仪,一准出代都太和之式。入新庙之典,可依近至金墉之轨。其威仪卤簿,如出代庙。百官奉迁,宜可省之。但令朝官四品已上,侍官五品已上及宗室奉迎。"

六月,相州刺史高闾表言:"伏惟太武皇帝发孝思之深诚,同渭阳之远感,以邺土舅氏之故乡,有归魂之旧宅,故为密皇后立庙于城内,岁时祭祀,置庙户十家,斋宫三十人。春秋烝尝,冠服从事,刺史具威仪,亲行荐酌,升降揖让,与七庙同仪,礼毕,撤会而罢。今庙殿亏漏,门墙倾毁,簠簋故败,行礼有阙。臣备职司,目所亲睹。若以七庙惟新,明堂初制,配飨之仪,备于京邑者,便应罢坏,辍其常祭。如以功高特立,宜应新其灵宇。敢陈所见,伏请恩裁。"诏罢之。

十一月庚午，帝幸委粟山，议定圆丘。己卯，帝在合温室，引咸阳王禧，司空公穆亮，吏部尚书、任城王澄及议礼之官。诏曰："朝集公卿，欲论圆丘之礼。今短晷斯极，长日方至。案《周官》祀昊天上帝于圆丘，礼之大者。两汉礼有参差，魏晋犹亦未一。我魏氏虽上参三皇，下考叔世近代都祭圆丘之礼，复未考《周官》，为不刊之法令。以此祭圆丘之礼示卿等，欲与诸贤考之厥衷。"帝曰："夕牲之礼，无可依准，近在代都，已立其议。杀牲裸神，诚是一日之事，终无夕而杀牲，待明而祭。"员外散骑常侍刘芳对曰："臣谨案《周官·牧人职》，正有夕展牲之礼，实无杀牲之事。"秘书令李彪曰："夕不杀牲，诚如圣旨。未审告庙以不？臣闻鲁人将有事于上帝，必先有事于泮宫，注曰，'先人'。以此推之，应有告庙。"帝曰："卿言有理，但朕先以郊配，意欲废告，而卿引证有据，当从卿议。"

帝又曰："圆丘之牲，色无常准，览推古事，乖互不一。周家用骍，解言是尚。晋代靡知所据，舜之命禹，悉用尧辞，复言玄牡告于后帝。今我国家，时用夏正，至于牲色，未知何准？"秘书令李彪曰："观古用玄，似取天玄之义，臣谓宜用玄。至于五帝，各象其方色，亦有其义。"帝曰："天何时不玄，地何时不黄，意欲从玄。"

又曰："我国家常声鼓以集众。《易》称二至之日，商旅不行，后不省方，以助微阳、微阴。今若依旧鸣鼓，得无阙寝鼓之义。"员外郎崔逸曰："臣案《周礼》，当祭之日，雷鼓雷鼗，八面而作，犹不□阳。臣窃谓以鼓集众，无妨古义。"

癸未，诏三公衮冕八章，太常鷩冕六章，用以陪荐。

甲申长至，祀昊天于委粟山，大夫祭疑。

二十年，立方泽于河阴，仍遣使者以太牢祭汉光武及明、章三帝陵。

魏书卷一〇八之二
志第一一

礼　二

世宗景明二年夏六月，秘书丞孙惠蔚上言：

臣闻国之大礼，莫崇明祀；祀之大者，莫过禘祫，所以严祖敬宗，追养继孝，合享圣灵，审谛昭穆，迁毁有恒，制尊卑，有定体，诚愨著于中，百顺应于外。是以惟王创制，为建邦之典；仲尼述定，为不刊之式。暨秦燔《诗》、《书》，鸿籍泯灭。汉氏兴求，拾缀遗篆，淹中之经，孔安所得，唯有卿大夫士馈食之篇。而天子诸侯享庙之祭、禘祫之礼尽亡。曲台之《记》，戴氏所述，然多载尸灌之义，牲献之数，而行事之法，备物之体，蔑有具焉。今之取证，唯有《王制》一简，《公羊》一册。考此二书，以求厥旨。自余经传，虽时有片记，至于取正，无可依揽。是以两汉渊儒、魏晋硕学，咸据斯文，以为朝典。然持论有深浅，及义有精浮，故令传记虽一，而探意乘舛。

伏惟孝文皇帝，合德乾元，应灵诞载，玄思洞微，神心畅古，礼括商周，乐宣《韶》、《濩》，六籍幽而重昭，五典沦而复显，举二经于和中，一姬公于洛邑。陛下睿哲渊凝，钦明道极，应必世之期，属功成之会，继文垂则，实惟下武。而祫禘二殷，国之大事；蒸尝合享，朝之盛礼。此先皇之所留心，圣怀以之永慕。臣闻司疑宗初开，致礼清庙，敢竭愚管，辄陈所怀。谨案《王制》曰："天子犆礿、祫禘、祫尝、祫烝。"郑玄曰"天子诸侯之丧毕，

合先君之主于祖庙而祭之,谓之祫。后因以为常","鲁礼,三年
丧毕而祫于太祖,明年春禘于群庙,自尔之后,五年而再殷祭,
一祫一禘"。《春秋公羊》鲁文二年:"八月丁卯,大事于太庙。"
《传》曰:"大事者何?大祫也。大祫者何?合祭也。毁庙之主,
陈于太祖。未毁庙之主,皆升,合食于太祖。五年而再殷祭。"
何休曰:"陈者,就陈列太祖前。太祖东乡,昭南乡,穆北乡,其
余孙从王父。父曰昭,子曰穆。"又曰:"殷,盛也,谓三年祫,五
年禘。禘所以异于祫者,功臣皆祭也。祫犹合也,禘犹谛也,审
谛无所遗失。"察记传之文,何、郑祫禘之义,略可得闻。然则三
年丧毕,祫祭太祖,明年春杞,遍禘群庙。此礼之正也,古之道
也。又案魏氏故事,魏明帝以景初三年正月崩,至五年正月,积
二十五晦为大祥。太常孔美、博士赵怡等以为禫在二十七月,
到其年四,依礼应祫。散骑常侍王肃、博士乐详等以为禫在祥
月,至其年二月,宜应祫祭。虽孔王异议,六八殊制,至于丧毕
之祫,明年之禘,其议一焉。

　　陛下永惟孝思,因心即礼,取郑舍王,禫终此晦,来月中
旬,礼应大祫。六室神祐,外食太祖。明年春享,咸禘群庙。自
兹以后,五年为常。又古之祭法,时祫并行,天子先祫后时,诸
侯先时后祫。此于古为当,在今则烦。且礼有升降,事有文节,
通时之制,圣人弗。当祫之月,宜减时祭,以从要省。然大礼久
废,群议或殊,以臣观之,理在无怪。何者?心制既终,二殷惟
始,祫禘之正,实在于斯。若停而阙之,唯行时祭,七圣不闻合
享,百辟不睹盛事,何以宣昭令问,垂式后昆乎?皇朝同等三
代,治迈终古,而令徽典缺于昔人,鸿美渐于往志,此礼所不
行,情所未许。臣学不钩深,思无经远,徒阅章句,蔑尔无立。但
饮泽圣时,铭恩天造,是以妄尽区区,冀有尘露。所陈蒙允,请
付礼官,集定仪注。"

诏曰:"礼贵循古,何必改作。且先圣人遵,绵代恒典,岂朕冲
暗,所宜革之。且礼祭之议,国之至重,先代硕儒,论或不一。可付

八坐、五省、太常、国子参定以闻。"七月，侍中、录尚书事、北海王详等言："奉旨集议，佥以为褅祫之设，前代彝典，惠蔚所陈，有允旧义。请依前克敬享清宫，其求省时祭，理实宜尔。但求之解注，下逼列国，兼时奠之敬，事难辄省。请移仲月，择吉重开。"制可。

十一月壬寅，改筑圆丘于伊水之阳。乙卯，仍有事焉。

延昌四年正月，世宗崩，肃宗即位。三月甲子，尚书令、任城王澄奏，太常卿崔亮上言："秋七月应祫祭于太祖，今世宗宣武皇帝主虽入庙，然烝尝时祭，犹别寝室，至于殷祫，宜存古典。案《礼》，三年丧毕，祫于太祖，明年春褅群庙。又案杜预亦云，卒哭而除，三年丧毕而褅。魏武宣后以太和四年六月崩，其月既葬，除服即吉。四时行事，而犹未褅。王肃、韦诞并以为今除即吉，故特时祭。至于褅祫，宜存古礼。高堂隆亦如肃议，于是停不殷祭。仰寻太和二十三年四月一日，高祖孝文皇帝崩，其年十月祭庙，景明二年秋七月祫于太祖，三停，年春褅于辟庙，亦三年乃祫。谨准古礼及晋魏之议，并景明故事，愚哀来秋七月，祫祭应停，宜待宜街三年终乃后祫褅。"诏曰："太常援引古今，并有证据，可依请。"

熙平二年三月癸未，太常少卿元端上言："谨案《礼记。祭法》：'有虞氏褅黄帝而郊喾，祖颛顼而宗尧。夏后氏亦褅黄帝而郊鲧，祖颛顼而宗禹。殷人褅喾而郊冥，祖契而宗汤。周人褅喾而郊稷，祖文王而宗武王。'郑玄注云：'褅郊祖宗，谓祭祀以配食也。有虞氏以上尚德，褅郊祖宗，配用有德者。自夏以下，稍用其姓代之。'是故周人以后稷为始祖，文武为二祧。讫于周世，配祭不毁。案《礼》，喾虽无庙，配食褅祭。谨详圣朝以太祖道武皇帝配圆丘，道穆皇后刘氏配方泽；太宗明元皇帝配上帝，明密皇后杜氏配地祇；又以显祖献文皇帝配雩祀。太宗明元皇帝之庙既毁，上帝地祇，配祭有式。国之大事，唯祀与戎，庙配事重，不敢专决，请召群官集议以闻。"灵太后令曰"依请"。于是太师、高阳王雍，太傅、领太尉公、清河王怿，太保、领司徒公、广平王怀，司空公、领尚书令、任城王澄，侍中、中书

监胡国珍,侍中、领著作郎崔光等议:"窃以尚德尊功,其来自昔,郊
稷宗文,周之茂典。仰惟世祖太武皇帝以神武纂业,克清祸乱,德济
生民,功加四海,宜配南郊。高祖孝文皇帝大圣膺期,惟新魏道,刑
措胜残,功同天地,宜配明堂。"令曰:"依议施行。"

七月戊辰,侍中、领军将军、江阳王继表言:"臣功缌之内,太祖
道武皇帝之后,于臣始是曾孙。然道武皇帝传业无穷,四祖三宗,功
德最重,配天郊祀,百世不迁。而曾玄之孙,烝尝之荐,不预拜于庙
庭;霜露之感,阙陪奠于阶席。今七庙之后,非直隔归胙之灵;五服
之孙,亦不沾出身之叙。校之坟史则不然,验之人情则未允。何者?
《礼》云,祖迁于上,宗易于下。臣曾祖是帝,世数未迁,便疏同庶族,
而孙不预祭。斯之为屈,今古罕有。昔尧敦九族,周隆本枝,故能磐
石维城,御侮于外。今臣之所亲,生见隔弃,岂所以桢干根本,隆建
公族者也。伏见高祖孝文皇帝著令铨衡,取曾祖之服,以为资荫,至
今行之,相传不绝。而况曾祖为帝,而不见录。伏愿天鉴,有以照临,
令皇恩洽穆,宗人咸叙。请付外博议,永为定准。"灵太后令曰:"付
八座集礼官议定以闻。"

四门小学博士王僧奇等议:"案《孝经》曰:'郊祀后稷以配天,
宗祀文王于明堂,以配上帝。'然则太祖不迁者,尊王业之初基,二
祧不毁者,旌不极之洪烈。其旁枝远胄,岂得同四庙之亲哉?故《礼
记·婚义》曰:'古者妇人先嫁三月,祖庙未毁,教于公宫。祖庙既
毁,教于宗室。'又文王世子曰:'五庙之孙,祖庙未毁,虽庶人冠娶
必告,死必赴,不忘亲也。亲未绝而列于庶人,贱无能也'郑注云:
'赴告于君也,实四庙言五者,容显考为始封君子放也。'郑君别其
四庙,理协二祭。而四庙者,在当世服属之内,可以与于子孙之位,
若庙毁服尽,岂得同于此例乎?敢竭愚昧,请以四庙为断。"

国子博士李琰之议:"案《祭统》曰:'有事于太庙,群昭群穆咸
在。'郑氏注:'昭穆咸在,谓同宗父子皆来。'古礼之制,如是其广,
而当今仪注,唯限亲庙四,愚窃疑矣。何以明之?设使世祖之子男
于今存者,既身是戚蕃,号为重子,可得宾于门外,不预碑鼎之事

哉？又因宜变法，《礼》有其说。《记》言：'五庙之孙，祖庙未毁，为庶人，冠娶必告，死必赴。'《注》曰：'实四庙而言五者，容显考始封之君子。'今因太祖之庙在，仍通其曾玄侍祠，与彼古记，甚相符会。且国家议亲之律，指取天子之玄孙，乃不旁准于时后。至于助祭，必谓与世主相伦，将难均一。寿有短长，世有延促，终当何时可得齐同。谓宜入庙之制，率从议亲之条；祖祧之裔，各听尽其玄孙。使得骏奔当坛，肃承禘礿，则情理差通。不宜复各为例，令事事舛驳。"

侍中、司空公、领尚书令、任城王澄，侍中、尚书左仆射元晖奏："臣等参量琛之等议，虽为始封君子，又《祭统》曰：'有事于太庙，群昭群穆咸在，而不失其伦。'郑注云昭穆，谓同宗父子皆来也。言未毁及同宗，则共四庙之辞。云未绝与父子，明崇五属之称。天子诸侯，继立无殊，吉凶之赴，同止四庙。祖祧虽存，亲级弥远，告赴拜荐，典记无文。斯由祖迁于上，见仁亲之义疏；宗易于下，著五服之恩断。江阳之于今帝也，计亲而枝宗三易，数世则庙应四迁，吉凶尚不告闻，拜荐宁容辄预。高祖孝文皇帝圣德玄览，师古立政，陪拜止于四庙，哀恤断自缌宗。即之人情，冥然符一，推之礼典，事在难违。此所谓明王相沿，今古不革者也。"

太常少卿元端议："《礼记·祭法》云：'王立七庙，曰考庙，曰王考庙，曰皇考庙，曰显考庙，曰祖考庙，远庙为祧，有二祧。而祖考以功重不迁，二祧以盛德不毁。迭迁之义，其在四庙也。《祭统》云：祭有十伦之义，六曰见亲疏之杀焉；'夫祭有昭穆，昭穆者所以别父子远近、长幼亲疏之序，而无乱也'，是故有伦。注云：'昭穆咸在，同宗父子皆来。'指谓当庙父子为群，不系于昭穆也。若一公十子，便为群公子，岂待数公而立称乎？《文王世子》云'五庙之孙，祖庙未毁'。虽为有所援引，然与朝议不同。如依其议，匪直太祖曾玄，诸庙子孙，悉应预列。既无正据，窃谓太广。臣等愚见，请同僧奇等议。"

灵太后令曰："《议亲律注》云：'非唯当世之属籍，历谓先帝之五世。'此乃明亲亲之义笃，骨肉之恩重。尚书以远及诸孙，太广致疑。百僚助祭，可得言狭也！祖庙未毁，曾玄不预坛堂之敬，便是宗人之昵,反外于附庸,王族之近,更疏于群辟。先朝旧仪,草创未定,刊制律宪,垂之不朽。琰之援据,甚允情理。可依所执。”

十二月丁未,侍中、司空公、领尚书令、任城王澄,度支尚书崔亮奏:“谨案《礼记》:曾子问曰:诸侯旅见天子,不得成礼者几?孔子曰:四,太庙火、日蚀、后之丧、雨沾服失容则废。臣等谓元日万国贺,应是诸侯旅见之义。若禘废朝会,孔子应云五而独言四,明不废朝贺也。郑玄礼注云:‘鲁礼,三年丧毕,祫于太祖,明年春,禘群庙。’又《郑志》:检鲁礼,《春秋》昭公十一年夏五月,夫人归氏薨。十三年五月大祥,七月释禫,公会刘子及诸侯于平丘,八月归,不及于祫;冬,公如晋,明十四年春,归祫,明十五年春乃禘。《经》曰:‘二月癸酉,有事于武宫。’《传》曰:‘禘于武公。’谨案《明堂位》曰:‘鲁,王礼也。’丧毕祫禘,似有退理。详考古礼,未有以祭事废元会者。《礼》云‘吉事先近日’,脱不吉,容改筮三旬。寻摄太史令赵翼等,列称,正月二十六日祭亦吉。请移禘祀在中旬十四日,时祭移二十六日,犹曰春禘,又非退义。祭则无疏急之讥,三元有顺轨之美。既被成旨,宜即宣行。臣等伏度国之大事,在祀与戎。君举必书,恐贻后诮。辄访引古籍,窃有未安。臣等学缺通经,识不稽古,备位枢纳,可否必陈。冒陈所见,伏听裁衷。”灵太后令曰:“可如所执。”

初,世宗永平、延昌中,欲建明堂。而议者或云五室,或云九室,频属年饥,遂寝。至是复议之,诏从五室。及元议执政,遂改营九室。值世乱不成,宗配之礼,迄无所设。

神龟初,灵太后父司徒胡国珍薨,赠太上秦公。时疑其庙制。太学博士王延业议曰:

案《王制》云:诸侯祭二昭二穆,与太祖之庙而五。又《小记》云:“王者立四庙”。郑玄云:“高祖已下,与始祖而五。”明立庙之正,以亲为限,不过于四。其外有大功者,然后为祖宗。然则无太祖者,止于四世,有太祖乃得为五,礼之正文也。《文王世子》云:“五庙之孙,祖庙未毁,虽为庶人,冠、娶妻必告。”郑玄云："实四庙而言五庙者,容高祖为始封君之子。"明始封之君,在四世之外,正位太祖,乃得称五庙之孙。若未有太祖,已祀五世,则郑无为释高祖为始封君之子也。此先儒精义,当今显证也。又《丧服传》曰："若公子之子孙,有封为国君者,则世世祖是人也,不祖公子。"郑玄云:"谓后世为君者,祖此受封之君,不得祀别子也。公子若在高祖已下,则如其亲服,后世迁之,乃毁其庙尔。"明始封犹在亲限,故祀止高祖。又云如亲而迁,尤知高祖之父,不立庙矣。此又立庙明法,与今事相当者也。又《礼纬》云:"夏四庙,至子孙五。殷五庙,至子孙六。"注云:"言至子孙,则初时未备也。"此又显在《纬》籍,区别若斯者也。

又晋初,以宣帝是始封之君,应为太祖,而以犹在祖位,故唯祀征西已下六世。待世世相推,宣帝出居太祖之位,然后七庙乃备。此又依准前轨,若重规袭矩者也。窃谓太祖者,功高业大,百世不迁,故亲庙之外,特更崇立。苟无其功,不可独居正位,而遽见迁毁。且三世已前,庙及于五;玄孙已后,祀止于四。一与一夺,名位莫定,求之典礼,所未前闻。今太上秦公,疏爵列土,大启河山,传祚无穷,永同带砺,实有始封之功,方成不迁之庙。但亲在四世之内,名班昭穆之序,虽应为太祖,而尚在祢位,不可远探高祖之父,以合五者之数。太祖之室,当须世世相推,亲尽之后,乃出居正位,以备五庙之典。夫循文责实,理贵允当,考创宗祊,得礼为美。不可苟荐虚名,取荣多数,求之经记,窃谓为允。又武始侯本无采地,于皇朝制令,名准大夫。案如礼意,诸侯夺宗,武始四时蒸尝,宜于秦公之庙。

博士卢观议:

案《王制》:天子七庙,三昭三穆,与太祖之庙而七;诸侯五庙,二昭二穆,与太祖之庙而五;大夫三,士一。自上已下,降杀以两,庶人无庙,死为鬼焉。故曰,尊者统远,卑者统近。是以诸侯及太祖,天子及其祖之所自出。《祭法》曰:"诸侯立五庙,一坛一墠，曰考庙，曰王考庙，曰皇考庙，皆月祭之。显考庙，祖考庙，享尝乃止。去祖为坛，去坛为墠，去墠为鬼。"至于禘祫，方合食太祖之宫。《大传》曰："别子为祖。"《丧服传》曰："公子不得祢先君，公孙不得祖诸侯。"郑说不得祖祢者，不得立其庙而祭之也；世世祖是人者，谓世世祖受封之君；不得祖公子者，后世为君者，祖此受封之君，不得祀别子也。公子若在高祖以下，则如其亲服，后世迁之，乃毁其庙耳。愚以为迁者，迁于太祖庙；毁者，从太祖而毁之。若不迁太祖，不须废祖是人之文；明非始封，故复见乃毁之节。何以知之？案诸侯有祖考之庙，祭五世之礼。五礼正祖为轻，一朝顿立。而祖考之庙，要待六世之君，六世已前，虚而蔑主。求之圣旨，未为通论。

《曾子问》曰："庙无虚主。"虚主唯四，祖考不与焉。明太祖之庙，必不空置。《礼纬》曰："夏四庙，至子孙五；殷五庙，至子孙六；周六庙，至子孙七。"见夏无始祖，待禹而五；殷人郊契，得汤而六；周有后稷，及文王至武王而七。言夏即大禹之身，言子谓启、诵之世，言孙是迭迁之时。禹为受命，不毁亲；汤为始君，不迁五主；文武为二祧，亦不去三昭三穆。三昭三穆谓通文武，若无文武，亲不过四。观远祖汉侍中植所说云然，郑玄、马昭亦皆同尔。且天子逆加二祧，得并为七。诸侯预立太祖，何为不得为五乎？今始封君子之立祢庙，颇似成王之于二祧。孙卿曰："有天下者事七世，有一国者事五世。"假使八世，天子乃得事七；六世，诸侯方通祭五。推情准理，不其谬乎！虽王侯用礼，文节不同；三隅反之，自然昭灼。且文宣公方为太祖，世居子孙，今立五庙，窃谓为是。《礼纬》又云："诸侯五庙，亲四。"始封之君或上或下，虽未居正室，无废四祀之亲。《小记》曰："王者禘其祖之所自出，以其祖配之，而立四庙。"此实殷汤时制，不为难也。聊复摽榜，略引章条。愚戆不足，以待大问。

侍中、太傅、清河王怿议：

太学博士王延业及卢观等，各率异见。案《礼记·王制》："天子七庙，三昭三穆，与太祖之庙而七；诸侯五庙，二昭二穆，与太祖之庙而五。"并是后世追论备庙之文，皆非当时据立神位之事也。良由去圣久远，经礼残缺，诸儒注记，典制无因。虽稽考异闻，引证古谊，然用舍从世，通塞有时，折衷取正，固难详矣。今相国、秦公初构国庙，追立神位，唯当仰祀二昭二穆，上极高曾，四世而已。何者？秦公身是始封之君，将为不迁之祖。若以功业隆重，越居正室，恐以卑临尊，乱昭穆也。如其权立始祖，以备五庙，恐数满便毁，非礼意也。昔司马懿立功于魏，为晋太祖，及至子晋公昭，乃立五庙，亦祀四世，止于高曾。太祖之位，虚俟宣、文；待其后裔，数满乃止。此亦前代之成事，方今所殷鉴也。又《礼纬》云："夏四庙，至子孙五；殷五庙，至子孙六；周六庙，至子孙七。"明知当时太祖之神，仍依昭穆之序，要待子孙，世世相推，然后太祖出居正位耳。远稽《礼纬》诸儒所说，近循晋公之庙故事，宜依博士王延业议，定立四主，亲止高曾，且虚太祖之位，以待子孙而备五庙焉。

又延业、卢观前经详议，并据许慎、郑玄之解，谓天子、诸侯作主，大夫及士则无。意谓此议虽出前儒之事，实未允情礼。何以言之？原夫作主之礼，本以依神；孝子之心，非主莫依。今铭旌纪枢，设重凭神，祭必有尸，神必有庙，皆所以展事孝敬，想象平存。上自天子，下逮于士，如此四事，并同其礼。何至于主，惟谓王侯。《礼》云："重，主道也。"此为埋重则立主矣。故王肃曰："重，未立主之礼也。"《士丧礼》亦设"重"，则士有主明矣。孔悝反祏，载之左史；馈食设主，著于《逸礼》。大夫及士，既得有庙题纪祖考，何可无主？《公羊传》："君有事于庙，闻大夫之丧，去乐卒事。大夫闻君之丧，摄主而往。"今以为摄主者，摄神敛主而已，不暇待撤祭也。何休云："宗人摄行主事而往也。"意谓不然。君闻臣丧，尚为之不怿，况臣闻君丧，岂得安然代主终祭也！又相国立庙，设主依神，主无贵贱，纪座而已。若位拟诸侯者，则有主；位为大夫者，则无主。便是三神有主，一位独阙，求诸情礼，实所未安。宜通为主，以铭神位。

怿又议曰："古者七庙，庙堂皆别。光武已来，异室同堂。故先朝《祀堂令》云：'庙皆四袚五架，北厢设坐，东昭西穆。'是以相国构庙，唯制一室，同祭祖考。比来诸王立庙者，自任私造，不依公令，或五或一，参差无准。要须议行新令，然后定其法制。相国之庙，已造一室，实合朝令。宜即依此，展其享祀。"诏依怿议。

天平四年四月，七帝神主既迁于太庙，太社石主将迁于社宫，礼官云应用币。中书侍郎裴伯茂时为《祖祀文》，伯茂据故事，太和中迁社宫，高祖用牲不用币，遂以奏闻。于时议者或引《大戴礼》，迁庙用币，今迁社宜不殊。伯茂据《尚书·召诰》，应用牲。诏遂从之。

武定六年二月，将营齐献武王庙，议定室数、形制。兼度支尚书崔昂、司农卿卢元明、秘书监王元景、散骑常侍裴献伯、国子祭酒李浑、御史中尉陆操、黄门侍郎李骞、中书侍郎阳休之、前南青州刺史郑伯猷、秘书丞崔劼、国子博士邢峙、国子博士宗惠振、太学博士张毓、太学博士高元寿、国子助教王显季等议："案《礼》，诸侯五庙，太祖及亲庙四。今献武王始封之君，便是太祖，既通亲庙，不容立五室。且帝王亲庙，亦不过四。今宜四室二间，两头各一颊室，夏头徘徊鸱尾。又案《礼图》，诸侯止开南门，而《二王后祔祭仪法》，执事列于庙东门之外。既有东门，明非一门。献武礼数既隆，备物殊等。准据今庙，宜开四门。内院南面开三门，余面及外院，四面皆一门。其内院墙，四面皆架为步廊。南出夹门，各置一屋，以置礼器及祭服。内外门墙，并用赪垩。庙东门道南置斋坊；道北置二坊，西为典祠廨并厨宰，东为庙长廨并置车辂，其北为养牺牲之所。"诏从之。

魏书卷一〇八之三
志第一二

礼　三

魏自太祖至于武泰帝,及太皇太后、皇太后、皇后崩,悉依汉魏既葬公除。唯高祖太和十四年文明太后崩,将营山陵。九月,安定王休,齐郡王简,咸阳王禧,河南王干,广陵王羽,颖川王雍,始平王勰,北海王详,侍中、太尉、录尚书事、东阳王丕,侍中、司徒、淮阳王尉元,侍中、司空、长乐王穆亮,侍中、尚书左仆射、平原王陆睿等,率百僚诣阙表曰:

上灵不吊,大行太皇太后崩背,溥天率土,痛慕断绝。伏惟陛下孝思烝烝,攀号罔极。臣等闻先王制礼,必有随世之变;前贤创法,亦务适时之宜。良以世代不同,古今异致故也。三年之丧,虽则自古,然中代已后,未之能行。先朝成式,事在可准,圣后终制,刊之金册。伏惟陛下至孝发衷,哀毁过礼,欲依上古,丧终三年。诚协大舜孝慕之德,实非俯遵济世之道。今虽中夏穆清,庶邦康静,然万机事殷,不可暂旷,春秋烝尝,事难废阙。伏愿天鉴,抑至孝之深诚,副亿兆之企望,丧期礼数,一从终制,则天下幸甚。日月有期,山陵将就,请展安兆域,以备奉终之礼。

诏曰:"凶祸甫尔,未忍所请。"休等又表白:

臣等闻五帝已前,丧期无数,三代相因,礼制始立,名虽虚置,行之者寡。高宗徒有谅暗之言,而无可遵之式;康王既废初

丧之仪,先行即位之礼。于是无改之道或亏,三年之丧有缺。夫
岂无至孝之君,贤明之子？皆以理贵随时,义存百姓。是以君
薨而即位,不暇改年;逾月而即葬,岂等同轨;葬而即吉,不必
终丧。此乃二汉所以经纶治道,魏晋所以纲理政术。伏惟陛下
以至孝之性,遭闵极之艰,永慕崩号,哀过虞舜,诚是万古之高
德,旷世之绝轨。然天下至广,万机至殷,旷之一朝,庶政必滞。
又圣后终制,已有成典;宗社废礼,其事尤大。伏愿天鉴,抑哀
毁之至诚,思在予之深责,仰遵先志典册之文,俯哀百辟元元
之请。

诏曰:"自遭祸罚,慌惚如昨,奉侍梓宫,犹悕仿佛。山陵迁厝,所未
忍闻。"

十月,休等又表曰:

臣等频烦上闻,仰申诚款,圣慕惟远,未垂昭亮。伏读哀
灼,忧心如焚。臣等闻承乾统极者宜以济世为务,经纶天下者
特以百姓为心。故万机在躬,周康弗获申其慕;汉文作戒,孝景
不得终其礼。此乃先代之成轨,近世所不易。伏惟太皇太后睿
圣渊识,虑及始终,明诰垂于黄策,遗训备于末命。聿修厥德,
圣人所重;遵承先式,臣子攸尚。陛下虽欲终上达之礼,其如黎
元何？臣等不胜忧惧之诚,敢冒重陈,乞垂听访,以副亿兆之
望。

诏曰:"仰寻遗旨,俯闻所奏,倍增号绝。山陵可依典册,如公卿所
议。衰服之宜,情所未忍,别当备叙在心。"

既葬,休又表曰:

奉被癸酉诏书,述遗诫之旨,昭违从之义,遵俭葬之重式,
称孝思之深诚。伏读未周,悲感交切。日月有期,山陵即就。伏
惟陛下永慕崩号,倍增摧绝。臣等具位在官,与国休戚,庇心之
至,不敢不陈。咸以为天下之至尊,莫尊于王业;皇极之至重,
莫重于万机。至尊,故不得以常礼任己;至重,亦弗获以世典申
情。是以二汉已降,逮于魏晋,葬不过逾月,服不淹三旬。良以

叔世事广,礼随时变,不可以无为之法,行之于有为之辰。文质
不同,古今异制,其来久矣。自皇代革命,多历年祀,四祖三宗,
相继纂业。上承数代之故实,俯副兆民之企望,岂伊不怀,理宜
然也。文明太皇太后钦明稽古,圣思渊深,所造终制,事合世
典。送终之礼既明,遗诰之文载备,奉而行之,足以垂风百王,
轨仪万叶。陛下以至孝之诚,哀毁过礼。三御不充半溢,昼夜
不释经带,永思缠绵,灭性几及。百姓所以忧惧失守,臣等所以
肝脑涂地。王者之尊,躬行一日,固可以感彻上灵,贯被幽显。
况今山陵告终,□□咸毕,日已淹月,仍不卜练,比之前世,理
为过矣。愿陛下思大孝终始之义,愍亿兆悲惶之心。抑思割哀,
遵奉终制,以时即吉,一日万机,则天下蒙恩,率土仰赖。谨依
前式,求定练日,以备袝禫之礼。

诏曰:“比当别叙在心。”

既而,帝引见太尉丕及群臣等于太和殿前,哭拜尽哀,出幸思
贤门右,诏尚书李冲宣旨于丕等:“仰惟先后平日,近集群官,共论
政治,平秩民务。何图一旦祸酷奄钟,独见公卿,言及丧事,追惟荼
毒,五内崩摧。”丕对曰:“伏奉明诏,群情圮绝。臣与元等不识古义,
以老朽之年,历奉累圣,国家旧事,颇所知闻。伏惟远祖重光世袭,
至有大讳之日,唯侍送梓宫者凶服,左右尽皆从吉。四祖三宗,因而
无改。世祖、高宗臣所目见。唯先帝升遐,臣受任长安,不在侍送之
列,窃闻所传,无异前式。伏惟陛下以至孝之性,哀毁过礼,伏闻所
御三食,不满半溢。臣等叩心绝气,坐不安席。愿暂抑至慕之情,遵
先朝成事,思金册遗令,奉行前式,无失旧典。”诏曰:“追惟慈恩,昊
天罔极,哀毁常事,岂足关言。既不能待没,而朝夕食粥,粗亦支任,
二公何足以至忧怖。所奏先朝成事,亦所具闻。祖宗情专武略,未
修文教。朕今仰禀圣训,庶习古道,论时比事,又与先世不同。太尉
等国老,政之所寄,于典记旧式,或所未悉,且可知朕大意。其余丧
礼之仪,古今异同,汉魏成事及先儒所论,朕虽在衰服之中,以丧礼
事重,情在必行,故暂抑哀慕,躬自寻览。今且以所怀,别问尚书游

明根、高闾等,公且可听之。"

高祖谓明根曰:"朕丁罹酷罚,日月推移,山陵已过,公卿又依金册,据案魏晋,请除衰服。重闻所奏,倍增号哽。前者事逼山陵,哀疚顿弊,未得论叙,今故相引,欲具通所怀。卿前所表,除释衰麻,闻之实用悲恨。于时亲侍梓宫,匍匐筵几,哀号痛慕,情未暂闋。而公卿何忍便有此言,何于人情之不足!夫圣人制卒哭之礼,授练之变,皆夺情以渐。又闻君子不夺人之丧,亦不可夺丧。今则旬日之间,言及即吉,特成伤理。"明根对曰:"臣等伏寻金册遗旨,逾月而葬,葬而即吉。故于卜葬之初,因奏练除之事,仰伤圣心,伏增悲悚。"

高祖曰:"卿等咸称三年之丧,虽则自古,然中代以后,未之能行。朕谓中代所以不遂三年之丧,盖由君上违世,继主初立,故身袭衮冕,以行即位之礼。又从储宫而登极者,君德未沈,臣义不洽,天下颙颙,未知所俟,故颁备朝仪,示皇极之尊。及后之丧也,因父在不遂,即生惰易之情,踵以为法。谅知敦厚之化,不易遵也。朕少蒙鞠育,慈严兼至,臣子之情,君父之道,无不备诲。虽自蒙昧,粗解告旨,庶望量行,以免咎戾。朕诚不德,在位过纪,虽未能恩洽四方,化行万国,仰禀圣训,足令亿兆知有君矣。于此之日,而不遂哀慕之心,使情礼俱损,丧纪圮坏者,深可痛恨。"高闾对曰:"太古既远,事难袭用;汉魏以来,据有成事。汉文继高惠之踪,断狱四百,几致刑措,犹垂三旬之礼。孝景承平,遵而不变。以此言之,不为即位之际,有所逼惧也。良是君人之道,理自宜然。又汉称文景,虽非圣君,亦中代明主。今遗册之旨,同于前式。伏愿陛下述遵遗令,以副群庶之情。杜预晋之硕学,论自古天子无有行三年之丧者,以为汉文之制,暗与古合。虽叔世所行,事可承踵,是以臣等偻偻干谒。"

高祖曰:"汉魏之事,与今不同,备如向说。孝景虽承升平之基,然由嫡子即位,君德未显,无异前古。又父子之亲,诚是天属之重,然圣母之德,昊天莫报,思自殒灭,岂从衰服而已。窃寻金册之旨,所以告夺臣子之心令早即吉者,虑遗绝万机,荒废政事。群官所以偻偻,亦惧机务之不理矣。今仰奉册令,俯顺群心,不敢暗默不言,以荒庶政。唯欲存衰麻,废吉礼,朔望尽哀,写泄悲慕,上无失导诲之志,下不乖众官所请,情在可许,故专欲行之。公卿宜审思朕怀,不当固执。至如杜预之论,虽暂适时事,于孺慕之君,谅暗之主,盖亦诬矣。孔圣称'丧与其易也宁戚',而预于孝道简略,朕无取焉。"秘书丞李彪对曰:"汉明德马后,保养章帝,母子之道,无可间然。及后之崩,葬不淹旬,寻以从吉。然汉章不受讥于前代,明德不损名于往史。虽论功比德,事有殊绝,然母子之亲,抑亦可拟。愿陛下览前世之成规,遵金册之遗令,割哀从议,以亲万机。斯诚臣下至心,兆庶所愿。"

高祖曰:"既言事殊,固不宜仰匹至德,复称孝章从吉,不受讥前代。朕所以眷恋衰绖,不从所议者,仰感慈恩,情不能忍故也。盖闻孝子之居丧,见美丽则感亲,故释锦而服粗衰。内外相称,非虚加也。今者岂徒顾礼违议,苟免嗤嫌而已。抑亦情发于衷,而欲肆之于外。金册之意,已具前答,故不复重论。又卒日奉旨,不忍片言。后事遂非,默默在念,不显所怀。今奉终之事,一以仰遵遗册,于令不敢有乖。但痛慕之心,事系于予。虽无丁兰之感,庶圣灵不夺至愿,是以谓无违旨嫌。诸公所表,称先朝成式,事在可准。朕仰惟太祖龙飞九五,初定中原。及太宗承基,世祖纂历,皆以四方未一,群雄竞起,故锐意武功,未修文德。高宗、显祖亦心存武烈,因循无改。朕承累世之资,仰圣善之训,抚和内外,上下辑谐。稽参古式,宪章旧典,四海移风,要荒革俗。仰遵明轨,庶无愆违。而方于祸酷之辰,引末朝因循之则,以为前准,非是所喻。"高闾对曰:"臣等以先朝所行,颇同魏晋,又适于时,故敢仍请。"

高祖曰:"卿等又称今虽中夏穆清,庶邦康静,然万机事广,不可暂旷。朕以卿苦见逼夺,情不自胜。寻览丧仪,见前贤论者,称卒哭之后,王者得理庶事。依据此文,又从遗册之旨,虽存衰服,不废万机,无阙庶政,得展罔极之思,于情差申。"高闾对曰:"君不除服于上,臣则释衰于下从服之义有违,为臣之道不足。又亲御衰麻,复听朝政,吉凶事杂,臣窃为疑。"

高祖曰:"卿等犹以朕之未除于上,不忍专释于下。奈何令朕独忍于亲旧!论云,王者不遂三年之服者,屈己以宽群下也。先后之抚群下也,念之若子,视之犹伤。卿等哀慕之思,既不求宽;朕欲尽罔极之慕,何为不可?但逼遗册,不遂乃心。将欲居庐服衰,写朝夕之慕;升堂袭素,理日昃之勤。使大政不荒,哀情获遂,吉不害于凶,凶无妨于吉。以心处之,谓为可尔。遗旨之文,公卿所议,皆服终三旬,释衰袭吉。从此而行,情实未忍,遂服三年,重违旨诰。今处二理之际,唯望至期,使四气一周,寒暑代易。虽不尽三年之心,得一经忌日,情结差申。案《礼》,卒哭之后,将受变服。于朕受日,庶民及小官皆命即吉。内职羽林中郎已下,虎贲郎已上,及外职五品已上无衰服者,素服以终三月;内职及外臣衰服者,变从练礼。外臣三月而除,诸王、三都、驸马及内职,至来年三月晦朕之练也,除凶即吉,侍臣君服斯服,随朕所降。此虽非旧式,推情即理,有贵贱之差,远近之别。"明根对曰:"圣慕深远,孝情弥至。臣等所奏,已不蒙许,愿得逾年即吉。既历冬正,岁序改易,且足申至慕之情,又近遗诰之意,何待期年。"

高祖曰:"册旨速除之意,虑广及百官,久旷众务。岂于朕一人,独有违夺?今既依次降除,各不废王政,复何妨于事,而犹夺期年之心。"高闾对曰:"昔王孙保葬,士安去棺,其子皆从而不违,不为不孝。此虽贵贱非伦,事颇相似,臣敢借以为谕。今亲奉遗令,而有所不从,臣等所以频烦于奏。"李彪亦曰:"三年不改其父之道,可谓大孝。今不遵册令,恐涉改道之嫌。"

高祖曰:"王孙、士安皆诲子以俭,送终之事,及其遵也,岂异今日。改父之道者,盖谓慢孝忘礼,肆情违度。今梓宫之俭,玄房之约,明器帏帐,一无所陈。如斯之事,卿等所悉。衰服之告,乃至圣心卑己申下之意,宁可苟顺冲约之旨,而顿绝创巨之痛。纵有所涉,甘受后代之讥,未忍今日之请。又表称春秋蒸尝,事难废阙。朕闻诸夫子,'吾不与祭,如不祭'。自先朝以来,有司行事,不必躬亲,比之圣言,于事殆阙。赖蒙慈训之恩,自行致敬之礼。今昊天降罚,殃祸上延,人神丧悖,幽显同切,想宗庙之灵,亦辍歆祀。脱行飨荐,恐乘冥旨。仰思成训,倍增痛绝。岂忍身袭衮冕,亲行吉事。”高闾对曰:“古者郊天,越绋行事;宗庙之重,次于郊祀。今山陵已毕,不可久废庙飨。”

高祖曰:“祭祀之典,事由圣经,未忍之心,具如前告。脱至庙庭,号慕自缠,终恐废礼。公卿如能独行,事在言外。”李彪曰:“三年不为礼,礼必坏;三年不为乐,乐必崩。今欲废礼阙乐,臣等未敢。”

高祖曰:“此乃宰予不仁之说,已受责于孔子,不足复言。群官前表,称‘高宗徒有谅暗之言,而无可遵之式’。朕惟信暗默之难,周公礼制,自兹以降,莫能景行。言无可遵之式,良可怪矣。复云:康王既废初丧之仪,先行即位之礼。于是无改之道式亏,三年之丧有缺。朕谓服美不安,先贤有谕;礼毕居丧,著在前典。或亏之言,有缺之义,深乖理衷。”高闾对曰:“臣等据案成事,依附杜预,多有未允。至乃推校古今,量考众议,实如明旨。臣等窃惟曾参匹夫,七日不食,夫子以为非礼。及录其事,唯书七日,不称三年,盖重其初慕之心。伏惟陛下以万乘之尊,不食竟于五日,既御则三食不充半溢。臣等伏用悲惶,肝脑涂地。躬行一日,足以贯被幽显,岂宜衰服三年,以旷机务。夫圣人制礼,不及者企而及之,过之者俯而就之。伏愿陛下抑至慕之情,俯就黄礼之重,诚是臣等偻偻之愿。”

高祖曰:“恩隆德厚,则思恋自深,虽非至情,由所感发。然曾参之孝,旷代而有,岂朕今日所足论也。又前表称‘古者葬而即吉,不必终礼,此乃二汉所以经纶治道,魏晋所以纲理庶政’。朕以为,既葬即吉,盖其季俗多乱,权宜救世耳,谅非光治兴邦之化。二汉之盛,魏晋之兴,岂由简略丧礼,遗忘仁孝哉。公卿偏执一隅,便谓经治之要,皆在于斯,殆非义也。昔平日之时,公卿每奏称当今四海晏安,诸夏清泰,礼乐日新,政和民悦。踪侔轩唐,事等虞禹,汉魏已下,固不足仰止圣治。及至今日,便欲苦夺朕志,使不逾于魏晋。如此之意,未解所由。昔文母上承圣主之资,下有贤子之化,唯助德宣政，因风致穆而已。当今众事草创，万务惟始，朕以不德，冲年践祚。而圣母匡训以义方，诏诲以政事，经纶内外，忧勤亿兆。使君臣协和，天下缉穆。上代已来，何后之功，得以仰比？如有可拟，则从众议。尧虽弃子禅舜，而舜自有圣德，不假尧成。及其徂也，犹四海遏密，终于三年。今慈育之恩，诏教之德，寻之旷代，未有匹拟。既受非常之恩，宁忍从其常式。况未殊一时，而公卿欲令即吉。冠冕黼黻，行礼庙庭；临轩设悬，飨会万国。寻事求心，实所未忍。”

高闾对曰：“臣等遵承册令，因循前典，惟愿除衰即吉，亲理万机。至德所在，陛下钦明稽古，周览坟籍，孝性发于圣质，至情出于自然，斟酌古今，事非臣等所及。”李彪曰：“当今虽治风缉穆，民庶晏然。江南有未宾之吴，朔北有不臣之虏，东西二蕃虽文表称顺，情尚难测。是以臣等犹怀不虞之虑。”

高祖曰：“鲁公带经从师，晋侯墨衰败寇，往圣无讥，前典所许。如有不虞，虽越绋无嫌，而况衰麻乎？岂可于晏安之辰，豫念戎旅之事，以废丧纪哉！”李彪对曰：“昔太伯父死适越，不失至德之名。夫岂不怀，有由然也。伏愿抑至慕之心，从遗告之重。臣闻知子莫若父母，圣后知陛下至孝之性也难夺，故豫造金册，明著遗礼。今陛下孝慕深远，果不可夺，臣等常辞，知何所启。”

高祖曰：“太伯之言，有乖今事，诸情备如前论，更不重叙古义。亦有称王者除衰而谅暗终丧者，若不许朕衰，朕则当除衰暗默，委政冢宰。二事之中，惟公卿所择。”明根对曰：“陛下孝侔高宗，慕同大舜，服衰麻以申至痛，理万机以从遗旨，兴旷世之废礼，制一代之高则。臣等伏寻渊默不言，则代政将旷，仰顺圣慕之心，请从衰服之旨。”东阳王丕曰：“臣与尉元历事五帝，虽衰老无识，敢奏所闻。自圣世以来，大讳之后三月，必须迎神于西，攘恶于北，具行吉礼。自皇始以来，未之或易。”高祖曰：“太尉国老，言先朝旧事，诚如所陈。但聪明正直，唯德是依。若能以道，不召自至。苟失仁义，虽请弗来。大祸三月，而备行吉礼，深在难忍。纵即吉之后，犹所不行，况数旬之中，而有此理。恐是先朝万得之一失，未可以为常式。朕在不言之地,不应如此。但公卿执夺,朕情未忍从,遂成往复,追用悲绝。"
上遂号恸,群官亦哭而辞出。

壬午,诏曰:"公卿屡上启事,依据金册遗旨,中代成式,求过葬
即吉。朕仰惟恩重,不胜罔极之痛。思遵远古,终三年之礼。比见
群官具论所怀,今依礼既虞卒哭,克此月二十日受服,以葛易麻。既
衰服在上,公卿不得独释于下。故于朕之授变从练,已下复为节降。
断度今古,以情制衷。但取遗旨速除之一节,粗申臣子哀慕之深情。
欲令百官同知此意,故用宣示。便及变礼,感痛弥深。"

十五年四月癸亥朔,设荐于太和庙。是日,高祖及从服者仍朝
夕临,始进蔬食,上哀哭追感不饭。侍中、南平王冯诞等谏,经宿乃
膳。甲子罢朝,夕哭。

九月丙戌,有司上言,求卜祥日。诏曰:"便及此期,览以摧绝。
敬祭卜祥,乃古之成典。但世失其义,筮日永吉,既乖敬事之志,又
违永慕之心。今将屈礼厉众,不访龟兆。已企及此晦,宁敢重违册
旨,以异群议。寻惟永往,言增崩裂。丁亥,高祖宿于庙。至夜一刻,
引诸王、三都大官、驸马、三公、令仆已下,奏事中散已上,及刺史、
镇将,立哭于庙庭,三公、令仆升庙。既出,监御令陈服笥于庙陛南,
近侍者奉而升列于垩室前席。侍中、南平王冯诞跽奏请易服,进缟
冠、皂朝服、革带、黑屦;侍臣各易以黑介帻、白绢单衣、革带、乌履,
遂哀哭至乙夜,尽戊子。质明荐羞,奏事中散已上,冠服如侍臣,刺
史已下无变。高祖荐酌,神部尚书王谌赞祝讫,哭拜遂出。有司阳
祥服如前。侍中跽奏,请易祭服,进缟冠素纰、白布深衣、麻绳履。侍
臣去帻易帢,群官易服如侍臣,又引入如前。仪曹尚书游明根升庙
跽慰,复位哭,遂出。引太守外臣及诸部渠帅入哭,次引萧赜使并杂
客入。至甲夜四刻,侍御、散骑常侍、司卫监以上升庙哭,既而出。帝
出庙,停立哀哭,久而乃还。

十月,太尉丕奏曰:"窃闻太庙已就,明堂功毕,然享祀之礼,不
可久旷。至于移庙之日,须得国之大姓,迁主安庙。神部尚书王谌
既是庶姓,不宜参豫。臣昔以皇室宗属,迁世祖之主。先朝旧式,不

敢不闻。"诏曰:"具闻所奏,寻惟平日,倍增痛绝。今遵述先旨,营建寝庙,既尔粗就。先王制礼,职司有分。移庙之日,迁奉神主,皆太尉之事,朕亦亲自行事,不得越局,专委大姓。王谌所司,惟赞板而已。时运流速,奄及缟制,复不得哀哭于明堂,后当亲拜山陵,写泄哀慕。"

是年,高丽王死,十二月诏曰:"高丽王琏守蕃东隅,累朝贡职,年逾期颐,勤德弥著。今既不幸,其赴使垂至,将为之举哀。而古者同姓哭庙,异姓随其方,皆有服制。今既久废,不可卒为之衰;且欲素委貌、白布深衣,于城东为尽一哀,以见其使也。朕虽不尝识此人,甚悼惜之。有司可申敕备办。"事如别仪。

十六年九月辛未,高祖哭于文明太后陵左,终日不绝声,幕越席为次,侍臣侍哭。壬申,高祖以忌日哭于陵左,哀至则哭,侍哭如昨。帝二日不御膳。癸酉,朝中夕三时,哭拜于陵前。夜宿监玄殿,是夜彻次。甲戌,帝拜哭辞陵,还永乐宫。

十九年,太师冯熙薨,有数子尚幼。议者以为童子之节,事降成人,谓为衰而不裳,免而不经,又腰麻缪垂,唯有绞带。时博士孙惠蔚上书言:

臣虽识谢古人,然微涉传记。近取诸身,远取诸礼,验情以求理,寻理以推制。窃谓童子在幼之仪,居丧之节,冠杖之制,有绛成人。衰麻之服,略为不异。以《玉藻》二简,微足明之,曰:童子之节,锦绅并纽。锦绅即大带,既有佩觿之革,又有锦纽之绅。此明童子虽幼,已备二带。以凶类吉,则腰绖存焉。又曰:童子无缌服。郑注曰:"虽不服缌,犹免深衣。"是许其有裳,但不殊上下。又深衣之制。长幼俱服。童子为服之缌,犹免深衣,况居有服之斩,而反无裳乎?臣又闻先师旧说,童子常服类深衣,衰裳所施,理或取象。但典无成言,故未敢孤断。又曰:"听事则不麻。"则知不听事麻矣。故注曰:"无麻往给事。"此明族人之丧,童子有事,贯经带麻,执事不易,故暂听去之,以便其

使。往则不麻,不往则经。如使童子本自无麻,《礼》腰、首,听
与不听,俱阙两经,唯举无麻,足明不备,岂得言听事则不麻
乎?以此论之,有经明矣。且童子不杖不庐之节,理俭于责。疑
不裳不经之制,未睹其说。又臣窃解童子不衣裳之记,是有闻
之言。将谓童子时甫稚龄,未就外傅,出则不交族人,内则事殊
长者,馂旨父母之前,往来慈乳之手,故许其无裳,以便易之。
若在志学之后,将冠之初,年居二九,质并成人;受道成均之
学,释菜上庠之内,将命孔氏之门,执烛曾参之室,而唯有奄身
之衣,无蔽下之裳,臣愚未之安矣。又女子未许嫁,二十则笄,
观祭祀,纳酒浆,助奠庙堂之中,视礼至敬之处,其于婉容之
服,宁无其备。以此推之,则男女虽幼,理应有裳。但男女未冠,
礼谢三加,女子未出,衣殊狄褖。无名之服,礼文罕见。童子虽
不当室,苟以成人之心,则许其人服缌之经。轻犹有经,斩重无
麻,是为与轻而夺重,非《礼》之意,此臣之所以深疑也。又衰傍
有衽,以掩裳际,如使无裳,衽便徒设,若复去衽,衰又不备。设
有齐斩之故,而便成童男女唯服无衽之衰,去其裳经,此必识
礼之所不行,亦以明矣。若不行于己,而立制于人,是为违制以
为法,从制以误人。恕礼而行,理将异此。

诏从其议。

魏书卷一〇八之四
志第一三

礼　四

　　世宗永平四年冬十二月，员外将军、兼尚书都令史陈终德有祖母之丧，欲服齐衰三年，以无世爵之重，不可陵诸父，若下同众孙，恐违后祖之义，请求详正。国子博士孙景邕、刘怀义、封轨、高绰，太学博士袁升，四门博士阳宁居等议："嫡孙后祖，持重三年，不为品庶生二，终德宜先诸父。"

　　太常卿刘芳议："案丧服乃士之正礼，含有天子、诸侯、卿大夫之事，其中时复下同庶人者，皆别标显。至如传重，自士以上，古者卿士，咸多世位，又士以上，乃有宗庙。世儒多云，嫡孙传重，下通庶人，以为差谬。何以明之？《礼稽命征》曰：'天子之元士二庙，诸侯之上士亦二庙，中、下士一庙。'一庙者，祖祢共庙。《祭法》又云'庶人无庙'。既如此分明，岂得通于庶人也？传重者主宗庙，非谓庶人祭于寝也。兼累世承嫡，方得为嫡子嫡孙耳。不尔者，不得继祖也。又郑玄别变除，云为五世长子服斩也。魏晋以来，不复行此礼矣。案《丧服经》无嫡孙为祖持重三年正文，唯有为长子三年，嫡孙期。《传》及注因说嫡孙传重之义。今世既不复为嫡子服斩，卑位之嫡孙不陵诸叔而持重，则可知也。且准终德资阶，方之于古，未登下士，庶人在官，复无斯礼。考之旧典，验之今世，则兹范罕行。且诸叔见存，丧主有寄，宜依诸孙，服期为允。"

　　景邕等又议云："《丧服》虽以士为主，而必下包庶人。何以论之?自大夫□□,每条标列,逮于庶人,含而不述,比同士制,□后疑也。唯有庶人为国君,此则明义服之轻重,不涉于孙祖。且受国于曾祖,废疾之祖父,亦无重可传,而犹三年,不必由世重也。夫霜感露濡,异识咸感;承重主嗣,宁甄寝庙;嫡孙之制,固不同殊。又古自卿以下,皆不殊承袭,末代僭□,可以语通典。是以《春秋》讥于世卿,《王制》称大夫不世,此明训也。《丧服》、《经》虽无嫡孙为祖三年正文,而有祖为嫡孙者,岂祖以嫡服己,己与庶孙同为祖服期,于义可乎?服祖三年,此则近世示尝变也。准古士官,不过二百石已上,终德即古之庙士也。假令终德未班朝次,苟曰志仁,必也斯遂。况乃官历士流,当训章之运,而以庶叔之嫌,替其嫡重之位,未是成人之善也。”

芳又议:“国子所云,《丧服》虽以士为主,而必下包。庶人本亦不谓一篇之内,全不下同庶人,正言嫡孙传重,专士以上。此《经》《传》之正文,不及庶人明矣。戴德《丧服变除》云:‘父为长子斩,自天子达于士。’此皆士以上乃有嫡子之明据也。且承重者,以其将代己为宗庙主,庙主了不云寝,又其证也。所引大夫不世者,此《公羊》、《谷梁》近儒小道之书,至如《左氏》、《诗》、《易》、《尚书》、《论语》皆有典证,或是未窹。许叔重《五经异义》云,今《春秋公羊》、《谷梁》说卿大夫世位,则权并一姓,谓周尹氏、齐崔氏也。而古《春秋左氏》说卿大夫皆得世禄。《传》曰‘官族’,《易》曰‘食旧德’,‘旧德’,谓食父故禄也。《尚书》曰:‘世选尔劳,予不绝尔善。’《诗》云:‘惟周之士,不显弈世。’《论语》曰:‘兴灭国,继绝世。’国谓诸侯,世谓卿大夫也,斯皆正经及《论语》士以上世位之明证也,士皆世禄也。八品者一命,斯乃信然。但观此据,可谓睹其纲,未照其目也。案晋《官品令》所制九品,皆正无从,故以第八品准古下士。今皇朝《官令》皆有正从,若以其员外之资,为第十六品也,岂得为正八品之士哉?推考古今,谨如前议。”

景邕等又议:“《丧服》正文,大夫以上每事显列,唯有庶人含而不言。此通下之义,了然无惑。且官族者,谓世为其功;食旧德者,谓德侯者世位。兴灭国，继绝世，主谓诸侯卿大夫无罪诛绝者耳。且金貂七珥，杨氏四公，虽以位相承，岂得言世禄乎？晋太康中，令史殷遂以父祥不及所继，求还为祖母三年。时政以礼无代父追服之文，亦无不许三年之制，此即晋世之成规也。"尚书邢峦奏依芳议。诏曰："嫡孙为祖母，礼令者处，士人通行，何劳方致疑请也。可如国子所议。"

延昌二年春，偏将军乙龙虎丧父，给假二十七月，而虎并数闰月，诣府求上。领军元珍上言："案违制律，居三年之丧，而冒哀求仕，五岁刑。龙虎未尽二十七月而请宿卫，依律结刑五岁。"三公郎中崔鸿驳曰："三年之丧，二十五月大祥。诸儒或言祥月下旬而禫，或言二十七月。各有其义，未知何者会圣人之旨。龙虎居丧已二十六月，若依王、杜之义，便是过禫即吉之月；如其依郑玄二十七月，禫中复可以从御职事。《礼》云：'祥之日鼓素琴。'然则大祥之后，丧事终矣。既可以从御职事，求上何为不可？若如府判，禫中鼓琴，复有罪乎？求之经律，理实未允。"下更详辨。

珍又上言：

案《士虞礼》，三年之丧，期而小祥；又期而大祥，中月而禫。郑玄云"中犹间也"，"自丧至此，凡二十七月"。又《礼》言："祥之日鼓素琴。"郑云："鼓琴者，存乐也。"孔子祥后五日，弹琴而不成，十日而成笙歌。郑注与《郑志》及逾月可以歌，皆身自逾月可为。此谓存乐也，非所谓乐。乐者，使工为之。晋博士许猛《解三验》曰：案《黍离》、《麦秀》之歌，《小雅》曰"君子作歌，惟以告哀"，《魏诗》曰"心之忧矣，我歌且谣"。若斯之类，岂可谓之金石之乐哉？是以徒歌谓之谣，徒吹谓之和。《记》曰："比音而乐之，及干戚羽毛谓之乐。"若夫礼乐之施于金石，越于声音者，此乃所谓乐也。至于素琴，以示终笙歌以省哀者，则非乐矣。《间传》云：大祥除衰，杖而素缟麻衣，大祥之服也。《杂记》注云："衣黄裳，则是禫祭，黄者，未大吉也。"《檀弓》云：

"祥而缟,是月禫,徙月乐。"《郑志》:赵商问,郑玄答云:祥谓大
祥,二十五月。是月禫,谓二十七月,非谓上祥之月也。徙月而
乐。许猛《释六征》曰:乐者,自谓八音克谐之乐也。谓在二十
八月,工奏金石之乐耳。而驳云:大祥之后,丧事终矣。脱如此
驳,禫复焉施。又驳云:"禫中鼓琴,复有罪乎?"然禫则黄裳,未
大吉也,鼓琴存乐,在礼所许。若使工奏八音,融然成韵,既未
徙月,不罪伊何!

又驳云:"禫中既得从御职事,求上何为不可?"检龙虎居
丧二十六月,始是素缟麻衣;大祥之中,何谓禫乎? 三年没闰,
理无可疑。麻衣在体,冒仕求荣,实为大尤,罪其焉舍! 又省依
王、杜,禫祥同月,全乖郑义。丧凶尚远,而欲速除,何忽忽者
哉? 下府愚量,郑为得之。何者?《礼记》云:"吉事尚近日,凶
事尚远日。"又《论语》云:"丧与其易宁戚。"而服限三年,痛尽
终身。中月之解,虽容二义,尚远宁戚。又检王、杜之义,起于
魏末晋初。及越骑校尉程猗赞成王肃,驳郑禫二十七月之失,
为六征三验,上言于晋武帝曰:"夫礼国之大典,兆民所日用,
岂可二哉。今服禫者各各不同,非圣世一统之谓。郑玄说二十
七月禫,甚乖大义。臣每难郑失,六有徵,三有验,初未能破臣
难而通玄说者。"如猗之意,谓郑义废矣。太康中,许猛上言扶
郑,《释六禫》、《解三验》,以郑禫二十七月为得,猗及王肃为
失。而博士宋昌等议猛扶郑为衷,晋武从之。王、杜之义,于是
败矣。王、杜之义见败者,晋武知其不可行故也。而上省同猗
而赞王,欲亏郑之成轨,窃所未宁。更无异义,还从前处。

鸿又驳曰:

案三年之丧,没闰之义,儒生学士,犹或病诸。龙虎生自戎
马之乡,不蒙稽古之训,数月成年,便惧违缓。原其本非贪荣求
位,而欲责以义方,未可便尔也。且三年之丧,再期而大祥,中
月而禫。郑玄以中为间,王、杜以为是月之中。郑亦未为必会
经旨,王、杜岂于必乖圣意? 既诸儒探赜先圣,后贤见有不同,

晋武后虽从宋昌、许猛之驳，同郑禪议，然初亦从程猗，赞成王、杜之言。二论得否，未可知也。圣人大祥之后，鼓素琴，成笙歌者，以丧事既终，余哀之中，可以存乐故也。而乐府必以干戚羽毛，施之金石，然后为乐，乐必使工为之。庶民凡品，于祥前鼓琴，可无罪乎？律之所防，岂必为贵士，亦及凡庶。府之此义，弥不通矣。鲁人朝祥而暮歌，孔子以为逾月则可矣。尔则大祥之后，丧事已终；鼓琴笙歌，经礼所许。龙虎欲宿卫皇宫，岂欲合刑五岁？就如郑义，二十七月而禪，二十六月十五升、布深衣、素冠、缟纰及黄裳、彩缨以居者，此则三年之余哀，不在服数之内也。衰经则埋之于地，杖经弃之隐处，此非丧事终乎？府以大祥之后，不为丧事之终，何得复言素琴以示终也。丧事尚远日，诚如郑义。龙虎未尽二十七月而请宿卫，实为匆匆，于戚之理，合在情责。便以深衣素缟之时，而罪同杖经苫块之日，于礼宪未允；详之律意，冒丧求仕，谓在斩焉草土之中，不谓除衰杖之后也。又龙虎具列居丧日月，无所隐冒，府应告之以礼，遣还终月。便幸彼昧识，欲加之罪，岂是遵礼敦风，爱民之致乎？正如郑义，龙虎罪亦不合刑，匆匆之失，宜科鞭五十。

三年七月，司空、清河王怿第七叔母北海王妃刘氏薨，司徒、平原郡开国公高肇兄子太子洗马员外亡，并上言，未知出入犹作鼓吹不，请下礼官议决。

太学博士封祖胄议：“《丧大记》云：期九月之丧，既葬，饮酒食肉，不与人乐之。五月三日之丧，比葬，饮酒食肉，不与人乐之。世叔母、故主、宗子，直云饮酒食肉，不言不与人乐之。郑玄云：‘义服恩轻。’以此推之，明义服葬容有乐理。又《礼》：‘大功言而不议，小功议而不及乐。’言论之间，尚自不及，其于声作，明不得也。虽复功德，乐在宜止。”四门博士蒋雅哲议：“凡三司之尊，开国之重，其于王服，皆有厌绝。若尊同体敌，虽疏尚宜彻乐。如或不同，子姓之丧非嫡者，既殡之后，义不阙乐。”国子助教韩神固议：“□可以展耳目之适,丝竹可以肆游宴之娱,故于乐贵具,有哀则废。至若德俭如礼,升降有数,文物昭旗旗之明,锡鸾为行动之饰,列,明贵贱,非措哀乐于其间矣。谓威仪鼓吹依旧为允。"

兼仪曹郎中房景先驳曰:

案祖胄议以功德有丧,鼓吹不作;雅哲议齐衰卒哭,箫管必陈。准之轻重,理用未安。圣人推情以制服,据服以副心,何容拜虞生之奠于神宫,袭衰麻而奏乐。大燧一移,哀情顿尽,反心以求,岂制礼之意也。就如所言,义服恩轻,既虞而乐,正服一期,何以为断?或义服尊,正服卑,如此之比,复何品节?雅哲所议,公子之丧非嫡者,既殡之后,义不阙乐。案古虽有尊降,不见作乐之文,未详此据,竟在何典?然君之于臣,本无服体,但恩诚相感,致存隐恻。是以仲遂卒垂,笙籥不入;智悼在殡,杜蒉明言。岂大伦之痛,既殡而乐乎?又神固等所议,以为箫鼓不在乐限,鸣铙以警众,声箫而清路者,所以辨等列,明贵贱耳,虽居哀恤,施而不废。粗而言之,似如可通;考诸正典,未为符合。案《诗》云"钟鼓既设","鼓钟伐鼛"又云"于论鼓钟,于乐辟雍"。言则相连,岂非乐乎?八音之数,本无箫名,推而类之,箫管之比,岂可以名称小殊,而不为乐?若以王公位重,威饰宜崇,鼓吹公给,不可私辞者,魏绛和戎,受金石之赏,钟公勋茂,蒙五熟之赐,若审功膺赏,君命必行,岂可陈嘉牢于齐殡之时,击钟磬于疑袝之后?寻究二三,未有依据。国子职兼文学,令问所归,宜明据典谟,曲尽斟酌,率由必衷,以辨深惑。何容总议并申,无所析剖,更详得失,据典正议。

秘书监、国子祭酒孙惠蔚,太学博士封祖胄等重议:

司空体服衰麻,心怀惨切,其于声乐,本无作理,但以鼓吹公仪,致有疑论耳。案鼓吹之制,盖古之军声,献捷之乐,不常用也。有重位茂勋,乃得备作。方之金石,准之管弦,其为音奏,虽曰小殊,然其大体,与乐无异。是以《礼》云:"鼓无当于五声,五声不得不和。"窃惟今者,加台司之仪,盖欲兼广威华,若有哀用之，无变于吉；便是一人之年，悲乐并用，求之礼情，于理未尽。二公虽受之于公，用之非私，出入声作，亦以娱己。今既有丧，心不在乐，箫鼓之事，明非欲闻；其从宁戚之义，废而勿作。但礼崇公卿出之仪，至有趋以采齐，行以肆夏，和銮之声，佩玉之饰者，所以显槐鼎之至贵，彰宰辅之为重。今二公地处尊亲，仪殊百辟，鼓吹之用，无容全去。礼有悬而不乐，今陈之以备威仪，不作以示哀痛。述理节情，愚谓为允。

诏曰："可从国子后议。"

清河王怿所生母罗太妃薨，表求申齐哀三年。诏礼官博议。侍中、中书监、太子少傅崔光议："《丧服·大功章》云：公之庶昆弟为母。《传》曰：'先君余尊之所厌，不得过大功。'《记》：'公子为其母练冠麻衣缥缘，既葬除之。'《传》曰：'何以不在五服中也？'君之厌，不得申其罔极。依《礼》大功，据丧服厌降之例，并无从厌之文。今太妃既舍六宫之称，加太妃之号，为封君之母，尊崇一国。臣下固宜服期，不得以王服厌屈，而更有降。礼有从轻而重，义包于此，"太学博士封伟伯等十人议："案臣从君服，降君一等。君为母三年，臣则期。今司空以仰厌先帝，俯就大功，臣之从服，不容有过。但礼文残缺，制无正条，窃附情理，谓宜小功。庶君臣之服。不失其序，升降之差，颇会礼意。"清河国郎中令韩子熙议：

　　谨案《丧服大功章》云："公之庶昆弟为其母妻。《传》曰："何以大功？先君余尊之所厌，不敢过大功也。"夫以一国之贵，子犹见厌，四海之尊，固无申理。顷国王遭太妃忧，议者援引斯条，降王之服。寻究义例，颇有一途。但公之庶昆弟，或为士，或为大夫。士之卑贱，不得仰匹亲王，正以余厌共同，可以夺情相拟。列士非烈土，无臣从服，今王有臣，复不得一准诸士矣。议者仍令国臣从服以期，矐昧所见，未晓高趣。

　　案《不杖章》云：为君之父母、妻、长子、祖父母。《传》曰："父母、长子，君服斩，妻则小君，父卒，然后为祖后者服斩。"

《传》所以深释父卒为祖服斩者，盖恐君为祖期，臣亦同期也。明臣之后期，由君服斩。若由若服斩，然后期，则君服大功，安得亦期也？若依公之庶昆弟，不云有臣从期。若依为君之父母，则出应申三年。此之二章，殊不相干，引彼则须去此，引此则须去彼。终不得两服功期，浑杂一图也。议者见余尊之厌不得过大功，则令王依庶昆弟；见《不杖章》有为君之父母，便令臣从服以期。此乃据残文，守一隅。恐非先圣之情，达礼之丧矣。

且从服之体，自有伦贯，虽秩微阍寺，位卑室老，未有君服细绖，裁逾三时，臣著疏衰，独涉两岁。案《礼》：天子诸侯之大臣，唯服君之父母、妻、长子、祖父母，其余不服也。唯近臣阍寺，随君而服耳。若大夫之室老，君之所服，无所不从，而降一等。此三条是从服之通旨，较然之明例。虽近臣之贱，不过随君之服，未有君轻而臣服重者也。议者云：礼有从轻而重，臣之从君，义包于此。愚谓《服问》所云"有从轻而重，公子之妻为其皇姑"，直是《礼记》之异，独此一条耳。何以知其然？案《服问》、《经》云：有从轻而重，公子之妻为其皇姑。而《大传》云：从服有六，其六曰："有从轻而重"。《注》曰："公子之妻，为其皇姑。"若从轻而重，不独公子之妻者，则郑君宜更见流辈广论所及，不应还用《服问》之文，以释《大传》之义。明从轻而重，唯公子之妻。臣之从君。不得包于此矣。若复有君为母大功，臣从服期，当云有从轻而重，公子之妻为其皇姑，为母大功，臣从服期。何为不备书两条？以杜将来之惑，而偏著一事，弥结今日之疑。且臣为君母，乃是徒从，徒从之体，君亡则已。妻为皇姑，既非徒从，虽公子早没，可得不制服乎？为君之父母、妻子，君已除丧而后闻丧，则不税，盖以恩轻不能追服。假令妻在远方，姑没遥域，过期而后闻丧，复可不税服乎？若姑亡必不关公子有否，闻丧则税，不许日月远近者，则与臣之从君，聊自不同矣。

又案，臣服君党，不过五人；悉是三年，其余不服。妻服夫党,可直五人乎?期功以降,可得无服乎?臣妻事殊,邈然胡越,苟欲引之,恐非通例也。愚谓臣有合离,三谏待决;妻无去就,一醮终身。亲义既有参差,丧服固宜不等。故见厌之妇,可得申其本服;君屈大功,不可过从以期。所以从麻而齐,专属公子之妻;随轻而重,何关从服之臣。寻理求途。傥或在此。必以臣妻相准,未睹其津也。

子熙诚不能远探坟籍,曲论长智,请以情理校其得失。君遭母忧,巨创之痛;臣之为服,从君之义。如何君至九月,便萧然而即吉;臣犹期年,仍衰哭于君第。创巨而反轻,从义而反重,缘之人情,岂曰是哉?侍中崔光学洞今古,达礼之宗,顷探幽立义,申三年之服。虽经典无文,前儒未辨,然推例求旨,理亦难夺。若臣服从期,宜依侍中之论,脱君仍九月,不得如议者之谈耳。嬴氏焚坑《礼经》残缺,故今追访靡据,临事多惑,愚谓律无正条,须准傍以定罪;礼阙旧文,宜准类以作宪。礼有期同缌功,而服如齐疏者,盖以在心实轻,于义乃重故也。今欲一依丧服,不可从君九月而服周年;如欲降一等,兄弟之服不可以服君母。详诸二途,以取折衷,谓宜麻布,可如齐衰,除限则同小功。所以然者,重其衰麻,尊君母;蹙其日月,随君降。如此,衰麻犹重,不夺君母之严;日月随降,可塞从轻之责矣。

尚书李平奏,以谓:"《礼》,臣为君党,妻为夫党,俱为从服,各降君、夫一等,故君服三年,臣服一期。今司空臣怿自以尊厌之礼,夺其罔极之心,国臣厌所不及,当无随降之理。《礼记·大传》云'从轻而重',郑玄注云'公子之妻为其皇姑。'既舅不厌妇,明不厌者,还应服其本服。此则是其例。"诏曰:"《礼》有从无服而有服,何但从轻而重乎?怿今自以厌,故不得申其过隙,众臣古无疑厌之论,而有从轻之据,曷为不得申其本制也。可从尚书及景林等议。"寻诏曰:"比决清河国臣为君母服期,以礼事至重,故追而审之。今更无正据,不可背章生条。但君服既促,而臣服仍远。礼缘人情,遇厌须变服。可还从前判,既葬除之。"

四年春正月丁巳夜,世宗崩于式乾殿。侍中、中书监、太子少傅崔光,侍中、领军将军于忠与詹事王显、中庶子侯刚奉迎肃宗于东宫,入自万岁门,至显阳殿,哭踊久之,乃复。王显欲须明乃行即位之礼,崔光谓显曰:"天位不可暂旷,何待至明?"显曰:"须奏中宫。"光曰:"帝崩而太子立,国之常典,何须中宫令也!"光与于忠使小黄门曲集奏置兼官行事。于是光兼太尉,黄门郎元昭兼侍中,显兼吏部尚书,中庶子裴俊兼吏部郎,中书舍人穆弼兼谒者仆射。光等请肃宗止哭,立于东序。于忠、元昭抚肃宗西面哭十数声,止,服太子之服。太尉光奉策进玺绶,肃宗踞受,服□皇帝衮冕服,御太极前殿。太尉光等降自西阶,夜直群官于庭中北面稽首称万岁。

熙平二年十一月乙丑,太尉、清河王怿表曰:

臣闻百王所尚,莫尚于礼;于礼之重,丧纪斯极。世代沿革,损益不同,遗风余烈,景行终在。至如前贤往哲,商搉有异。或并证经文,而论情别绪;或各言所见,而讨事共端。虽宪章祖述,人自名家,而论议纷纶,理归群正。莫不随时所宗,各为一代之典,自上达下,罔不遵用。是使叔孙之仪,专擅于汉朝;王肃之礼,独行于晋世。所谓共同轨文,四海画一者也。至乃折旋俯仰之仪,哭泣升降之节,去来闾巷之容,出入闺门之度,尚须畴谘礼官,博访儒士,载之翰纸,著在通法。辩答乖殊,证据不明,即诋诃疵谬,纠劾成罪。此乃简牒成文,可具阅而知者也。未闻有皇王垂范,国无一定之章;英贤赞治,家制异同之式。而欲流风作则,永贻来世。此学宫虽建,庠序未修;稽考古今,莫专其任。暨乎宗室丧礼,百僚凶事,冠服制裁,日月轻重。率令博士一人轻尔议之。

广陵王恭、北海王颢同为庶母服,恭则治重居庐,颢则齐期垩室。论亲则恭、颢俱是帝孙,语贵则二人并为蕃国。不知两服之证,据何经典?俄为历观驳,莫有裁正。懿王昵戚,尚或如斯。自兹已降,何可纪极。历观汉魏,丧礼诸仪,卷盈数百。或当时名士,往复成规;或一代词宗,较然为则。况堂堂四海,蔼蔼如林,而令丧礼参差,始于帝族,非所以仪刑万国,缀旒四海。臣忝官台傅,备立喉唇,不能秉国之钧,致斯爽缺。具瞻所诮,无所逃罪。谨略举恭、颢二国不同之状,以明丧纪乖异之失。乞集公卿枢纳,内外儒学,博议定制,班行天下。使礼无异准,得失有归,并因事而广,永为条例。庶尘岳沾河,微酬万一。灵太后令曰:"礼者,为政之本,何得不同如此!可依表定议。"事在《张普慧传》。

神龟元年九月,尼高皇太后崩于瑶光寺。肃宗诏曰:"崇宪皇太后德协坤仪,征符月晷,方融壸化,奄至崩殂。朕幼集荼蓼,夙凭德训;及翕戾定难,是赖谟谋。夫礼沿情制,义循事立,可特为齐衰三月,以申追仰之心。"有司奏:"案旧事,皇太后崩仪,自复魄敛葬,百官哭临,其礼甚多。今尼太后既存委俗尊,凭居道法。凶事简速,不依配极之典;庭局狭隘,非容百官之位。但昔迳奉接,义成君臣,终始情礼,理无废绝。辄准故式,立仪如别。内外群官,权改常服,单衣邪巾,奉送至墓,列位哭拜,事讫而除。止在京师,更不宣下。"诏可。

十一月,侍中、国子祭酒、仪同三司崔光上言:

被台祠部曹符,文昭皇太后改葬,议至尊、皇太后、群臣服制轻重。四门博士刘季明议云:"案《丧服》、《记》虽云'改葬缌',文无指据;至于注解,乖异不同。马融、王肃云本有三年之服者,郑及三重。然而后来诸儒,符融者多,与玄者少。今请依马、王诸儒之议,至尊宜服缌。案《记》:'外宗为君夫人,犹内宗。'郑注云:'为君服斩,夫人齐衰,不敢以亲服至尊也。'今皇太后虽上奉宗庙,下临朝臣,至于为姑,不得过期,计应无服。其清河、汝南二王母服三年,亦宜在缌。自余王公百官,为君之母妻,唯期而已,并应不服。"又太常博士郑六议云:"谨检《丧服》并中代杂论，《记》云：‘改葬缌。’郑注：‘臣为君，子为父，妻为夫。亲见尸枢，不可以无服。故服缌。’三年者缌，则期已下无服。窃谓郑氏得服缌之旨，谬三月之言。如臣所见，请依康成之服缌，既葬而除”愚以为允。

诏可。

二年正月二日元会，高阳王雍以灵太后临朝，太上秦公丧制未毕，欲罢百戏丝竹之乐。清河王怿以为万国庆集，天子临享，宜应备设。太后访之于侍中崔光，光从雍所执。怿谓光曰：“宜以经典为证。”光据《礼记》“缟冠玄武，子姓之冠”，父母有重丧，子不纯吉。安定公亲为外祖，又有师恩，太后不许公除，衰麻在体。正月朔日，还家哭临，至尊舆驾奉慰。《记》云：“朋友之墓，有宿草焉而不哭。”是则朋友有期年之哀。子贡云：夫子丧颜渊，若丧子而无服，丧子路亦然。颜渊之丧，馈练肉，夫子受之，弹琴而后食之。若子之哀，则容一期，不举乐。孔子既大练，五日弹琴，父母之丧也。由是丧夫子若丧父而无服，心丧三年，由此而制。虽古义难追，比来发诏，每言师、祖之尊。是则一期之内，犹有余哀。且《礼》母有丧服，声之所闻，子不举乐。今太后更无别宫，所居嘉福，去太极不为大远。鼓钟于宫，声闻于外，况在内密迩也。君之卿佐，是谓股肱；股肱或亏，何痛如之！智悼子丧未葬，杜蒉所以谏晋平公也。今相国虽已安厝，裁三月尔，陵坟未乾。怿以理证丧为然，乃从雍议。

孝静武定五年正月，齐献武王薨，时秘凶问。六日，孝静皇帝举哀于太极东堂，服齐衰三月。及将窆，中练。齐文襄王请自发丧之月，帝使侍中陆子彰举诏，三往敦喻，王固执诏，不许，乃从薨月。

太祖天赐三年十月，占授著作郎王宜弟造兵法。

高宗和平三年十二月，因岁除大傩之礼，遂耀兵示武。更为制，令步兵陈于南，骑士陈于北，各击钟鼓，以为节度。其步兵所衣，青、赤、黄、黑，别为部队；楯、矟、矛、戟，相次周回转易，以相赴就。有飞龙腾蛇之变，为函箱鱼鳞四门之陈，凡十余法。踉起前却，莫不应节。陈毕，南北二军皆鸣鼓角，众尽大噪。各令骑将六人去来挑战，步兵更进退以相拒击，南败北捷，以为盛观。自后踵以为常。

高祖太和十九年五月甲午，冠皇太子恂于庙。丙申，高祖临光极堂，太子入见，帝亲诏之，事在《恂传》。六月，高祖临光极堂，引见群官。诏曰："比冠子恂，礼有所阙，当思往失，更顺将来。礼，古今殊制，三代异章。近冠恂之礼有三失：一，朕与诸儒同误；二，诸儒违朕；故令有三误。今中原兆建，百体维新，而有此三失，殊以愧叹。《春秋》，襄公将至卫，以同姓之国问其季几，而行冠礼。古者皆灌地降神，或有作乐以迎神，昨失作乐。至庙庭，朕以意而行拜礼，虽不得降神，于理犹差完。司马彪云：汉帝有四冠，一缁布，二进贤，三武弁，四通天冠。朕见《家语·冠颂篇》，四加冠，公也。《家语》虽非正经，孔子之言与经何异。诸儒忽司马彪《志》致使天子之子而行士冠礼，此朝迁之失。冠礼，朕以为有宾，诸儒皆以为无宾，朕既从之，复令有失。孔所云'斐然成章'，其斯之谓"。太子太傅穆亮等拜谢。高祖曰："昔裴頠作冠仪，不知有四。裴頠尚不知，卿等复何愧。"

正光元年秋，肃宗加元服，时年十一。既冠，拜太释庙，大赦改元。官有其注。

舆服之制，秦汉已降，损益可知矣。魏氏居百王之末，接分崩之后，典礼之用，故有阙焉。太祖世所制车辇，虽参采古式，多违旧章。今案而书之，以存一代之迹。

乘舆辇辂：龙辀十六，四衡，毂朱班，绣轮，有雕虬、文虎、盘螭之饰。龙首衔扼，鸾爵立衡，圆盖华虫，金鸡树羽，蛟龙游苏。建太常十有二旒，画日月升龙。郊天祭庙则乘之。

乾象辇：羽葆，圆盖华虫，金鸡树羽，二十八宿，天阶云罕，山林云气、仙圣贤明，忠孝节义，游龙，飞凤，朱雀，玄武，白虎，青龙，奇禽异兽，可以为饰者皆亦图焉。太皇太后、皇太后、皇后，助祭郊庙则乘之。

大楼辇：辋十二，加以玉饰，衡轮雕彩，与辇辂同，驾牛二十。

小楼辇：辋八，衡轮色数与大楼辇同，驾牛十二。天子、太皇太后、皇太后郊庙，亦乘之。

象辇：左右凤凰，白马，仙人前却飞行，驾二象。羽葆旒苏，龙旂旌麾，其饰与乾象同。太皇太后、皇太后助祭郊庙之副乘也。

马辇：重级，其饰皆如之。缋漆直辋六，左右騑驾。天子籍田、小祀时，则乘之。

卧辇：其饰皆如之。丹漆，驾六马。

游观辇：其饰亦如之。驾马十五匹，皆白马朱鬃尾。天子法驾行幸、巡狩、小祀时，则乘之。

七宝旃檀刻镂辇：金薄隐起。

马辇：天子三驾所乘，或为副乘。

缙漆蜀马车：金薄华虫隐起。

轺轩：驾驷，金银隐起，出挽解合。

步挽：天子小驾游宴所乘，亦为副乘。

金根车：羽葆，旒，画辋轮，华首，彩轩交落。左右騑。太皇太后、皇太后、皇后助祭郊庙，籍田先蚕，则乘之。长公主、大贵、公主、封君、诸王妃皆得乘，但右騑而已。

太祖初，皇太子、皇子皆鸾辂立乘，画辋龙首，朱轮绣毂，彩盖朱里，龙旂九旒，画云楼。皇子封则赐之，皆驾驷。

又有轺车：缙漆紫幰朱里，驾一马，为副乘。

公安车：缙漆，紫盖朱里，书辋，朱雀、表龙、白虎，龙旗八游，驾三马。轺车与王同。

候车：与公同。七游紫盖青里，驾二马，副车亦如之。

子车：缙漆，草蠡文，六游，皂盖青里，驾一马，副车亦如之。阙及公、候、子陪列郊天，则乘之。宗庙小祀，乘轺轩而已。至高祖太和中，诏仪曹令李韶监造车辂，一遵古式焉。

太祖天兴二年，命礼官捃采古事，制三驾卤簿。一曰大驾，设五

辂,建太常,属车八十一乘。平城令、代尹、司隶校尉、丞相奉引,太
尉陪乘,太仆御从。轻车介士,千乘万骑,鱼丽雁行。前驱,皮轩、阘
戟、芝盖、云罕、指南;后殿,豹尾。鸣笳唱,上下作鼓吹。军戎、大祠
则设之。二曰法驾,属车三十六乘。平城令、代尹、太尉奉引,侍中
陪乘,奉车都尉御。巡狩、小祠则设之。三曰小驾,属车十二乘。平
城令、大仆奉引,常侍陪乘,奉车郎御。游宴离宫则设之。二至郊天
地,四节祠五帝,或公卿行事,唯四月郊天,帝常亲行,乐加钟悬,以
为迎送之节焉。

天赐二年,初改大驾鱼丽雁行,更为方陈卤簿。列步骑,内外为
四重,列擐建旌,通门四达,五色车旗各处其方。诸王导从在钾骑
内,公在幢内,候在步稍内,子在刀楯内,五品朝臣使列乘舆前两
厢,宫卑者先引。王公侯子车旒麾盖、信幡及散官构服,一皆纯黑。

肃宗熙平元年六月,中侍中刘腾等奏:“中宫仆刺列车舆朽败。
自昔旧都,礼物颇异;迁京已来,未复更造。请集礼官,以裁其制。”
灵太后令曰:“付尚书量议。”太常卿穆绍,少卿元端、博士郑六、刘
台龙等议:

> 案《周礼》,王后之五辂:重翟锡面朱总,厌翟勒面缋总,安
> 车雕面鹥总,皆有容盖;翟车贝面组挽,有握;辇车,组挽,有
> 翣,羽盖。重翟,后从王祭祀所乘;厌翟,后从王宾飨诸候所乘;
> 安车,后朝见于王所乘;翟车,后出桑则乘;辇车,后宫中所乘。
> 谨以《周礼》圣制,不刊之典,其礼文尤备。孔子云“其或继周
> 者,虽百世可知也”,以其法不可逾。以此言之,后王舆服典章,
> 多放周式。虽文质时变,辂名宜存;雕饰虽异,理无全舍。当今
> 圣后临朝,亲览庶政,舆驾之式,宜备典礼。臣等学缺通经,叨
> 参议末,辄率短见,宜准《周礼》备造五辂,雕饰之制,随时增
> 减。

太学博士王延业议:

> 案《周礼》,王后有五辂,重翟以从王祠,厌翟以从王飨宾

客，安车以朝见于王，翟车以亲桑，辇车宫中所乘。又《汉舆服志》云：秦并天下，阅三代之礼，或曰殷瑞山车，金根之色，殷人以为辂，于是始皇作金根之车。汉承秦制，御为乘舆。太皇太后、皇太后皆御金根车，加交络、帷裳，非法驾则乘紫罽轩车，云虡文画辀，黄金涂五末，盖爪，在右骓，驾三马。阮谌《礼图》并载秦汉已来舆服，亦云：金根辂，皇后法驾乘之，以礼婚见庙；乘辂，后法驾乘之，以亲桑；安车，后小驾乘之，以助祭；山轩车，后行则乘之；绀罽轩车，后小行则乘之，以吊公主、邑君、王妃、公侯夫人；入阁舆，后出入阁宫，中小游则乘之。晋《先蚕仪注》：皇后乘云母安车，驾六骢。案周、秦、汉、晋车舆仪式，互见图书，虽名号小异，其大较略相依拟。金根车虽起自秦造，即殷之遗制；今之乘舆五辂，是其象也，华饰典丽，容观庄美。司马彪以为，孔子所谓乘殷之辂，即此之谓也。案《阮氏图》，桑车亦饰以云母，晋之云母车即是，一与周之翟车其用正同。安车既名同周制，又用同重翟。山轩车，案《图》，饰之以紫。绀罽轩车，虽制用异于厌翟，而实同用。于今入阁舆与辇，其用又同。案《图》，今之黑漆画扇辇，与周之辇车其形相似。

窃以为秦灭周制，百事创革，官名轨式，莫不殊异。汉魏因循，继踵仍旧，虽时的损益，而莫能及反古。良由去圣久远，典仪殊缺，时移俗易，物随事变。虽经贤哲，祖袭无改。伏惟皇太后睿圣渊凝，照临万物，动循典故，贻则后王。今辄竭管见，稽之《周礼》，考之汉晋，采诸图史，验之时事，以为宜依汉晋。法驾则御金根车，驾四马，加交络帷裳；御云母车，驾四马，以亲桑；其非法驾则御紫罽轩车，驾三马，小驾则御安车，驾三马，以助祭；小行则御绀罽轩车，驾三马，以吊公主、王妃、公侯夫人；宫中出入，则御画扇辇车。案旧事，比之《周礼》，唯阙从王飨宾客及朝见于王之乘。窃以为，古者诸侯有朝会之礼，故有从飨之仪，今无其事，宜从少略。又今之皇居，宫掖相逼，就有朝见，理无结驷，即事考实，亦宜阙废。又吊公主及王妃，《周礼》所无；施之于今，实合事要。损益不同，用舍随时；三代异制，其道然也。又金根及云母，驾马或三或六，访之《经礼》无驾六之文。今之乘舆，又皆驾四，义符古典，宜仍驾四。其余小驾，宜从驾三。其制用形饰，备见图志。

司空、领尚书令、任城王澄，尚书左扑射元晖，尚书右扑射李平，尚书、齐王萧宝夤、尚书元钦，尚书元昭，尚书左丞卢同，右丞元洪超，考功郎中刘懋、北主客郎中源子恭，南主客郎中游思进，三公郎中崔鸿，长兼驾部郎中薛悦，起部郎中杜遇，左主客郎中元铧，骑兵郎中房景先，外兵郎中石士基，长兼右外兵郎中郑幼儒，都官郎中李秀之，兼尚书左士郎中朱元旭，度支郎中谷颖，左民郎中张均，金部郎中李仲东，库部郎中贾思同，国子博士薛祯、邢晏、高谅、奚延、太学博士邢湛、崔瓒、韦朏、郑季期，国子助教韩神固，四门博士杨那罗、唐荆宝、王令俊、吴珍之、宋婆罗、刘燮、高显邕、杜灵俊、张文和、陈智显、杨渴侯、赵安庆、贾天度、艾僧掬、吕太保、王当百、槐贵等五十人，议以为："皇太后称制临朝，躬亲庶政，郊天祭地，宗庙之礼，所乘之车，宜同至尊，不应更有制造。《周礼》、魏晋虽有文辞，不辨形制，假令欲作，恐未合古制，而不可以为一代典。臣以太常、国子二议为疑，重集群官，并从今议，唯恩裁决。"灵太后令曰："群官以后议折中者，便可如奏。"

太祖天兴元年冬，诏仪曹郎董谧撰朝观、飨宴、郊庙、社稷之仪。六年，又诏有司制冠服，随品秩各有差，时事未暇，多失古礼。世祖经营四方，未能留意，仍世以武力为事，取于便习而已。至高祖太和中，始考旧典，以制冠服，百僚六宫，各有差次。早世升遐，犹未周洽。肃宗时，又诏侍中崔光、安丰王延明，及在朝名学更议之，条章粗备焉。

熙平元年九月，侍中、仪同三司崔光表："奉诏定五时朝服，案北京及迁都以来，未有斯制，辄勒礼官详据。"太学博士崔瓒议云：

"《周礼》及《礼记》，三冠六冕，承用区分，琐玉五彩，配饰亦别，都无随气春夏之异。唯月令有青旗、赤玉、黑衣、白辂，随四时而变，复不列弁冕改用之玄黄。以此而推，五时之冠，《礼》既无文；若求诸正典，难以经证。案司马彪《续汉书·舆服》及《祭祀志》云：迎气五郊，自永平中以《礼谶》并《月令》迎气服色，因采元始故事，兆五郊于洛阳。又云：五郊衣帻，各如方色。又《续汉·礼仪志》：立春，京都百官皆著青衣，服青帻；秋夏，悉如其色。自汉逮于魏晋，迎气五郊，用帻从服，改色随气。斯制因循，相承不革，冠仍旧，未闻有变。今皇魏宪章前代，损益从宜。五时之冠，愚谓如汉晋用帻为允。"灵太后令曰："太傅博学洽通，多识前载，既综朝仪，弥悉其事。便可谘访，以决所疑。"

二年九月，太傅、清河王怿，给事黄门侍郎韦延详奏："谨案前敕，制五时朝服，尝访国子议其旧式。太学博士崔瓒等议：'自汉逮于魏晋，迎气五郊，用帻从服，改色随气。斯制因循，相承不革，冠冕仍旧，未闻有变。今皇魏宪章前代，损益从宜。五时之冠，谓如汉晋用帻为允。'尚书以礼式不经，请访议事，奉敕付臣，令加考决。臣以为，帝王服章，方为万世则，不可轻裁。请更集礼官下省定议，蒙敕听许。谨集门下及学官以上四十三人，寻考史传，量古校今，一同国子前议，帻随服变，冠冕弗改。又四门博士臣王僧奇、蒋雅哲二人，以为五时冠冕，宜从衣变。臣等谓从国子前议为允。"灵太后令曰："依议。"

魏书卷一〇九
志第一四

乐

气质初分，声形立矣。圣者因天然之有，为人用之物；缘喜怒之心，设哀乐之器。黄枰苇籥，其来自久。伏羲弦琴，农皇制瑟，垂钟和磬；女娲之簧，随感而作，其用稍广。轩辕枰阮瑜之管，定小一之律，以成《咸池》之美，次以《六茎》、《五英》、《大章》、《韶》、《夏》、《护武》之属，圣人所以移风易俗也。故在《易》之《豫》，义明崇德。《书》云："诗言志，歌咏言，声依永，律和声，八音克谐，神人以和。"《周礼》圆钟为宫，黄钟为角，大蔟为徵，沽洗为羽，雷鼓、雷鼗，孤竹之管，云和之琴瑟，云门之舞，奏之六变，天神可得而降矣；函钟为宫，大蔟为角，沽洗为徵，南吕为羽，灵鼓、灵鼗，孙竹之管，空桑之琴瑟，《咸池》之舞，奏之八变，地示可得而礼矣；黄钟为宫，大吕为角，大蔟为徵，应钟为羽，路鼓、路鼗，阴竹之管，龙门之琴瑟，《九德》之歌，《九磬》之舞，奏之九变，人鬼可得而礼矣。此所以协三才，宁万国也。

凡音，宫为君，商为臣，角为民，徵为事，羽为物；五者不乱，则无沽滞之音。宫乱则荒，其君骄；商乱则陂，其官坏；角乱则忧，其民怨；徵乱则哀，其事勤；羽乱则危，其财匮。奸声感人，逆气应之，逆气成象而淫乐兴焉；正声感人。顺气应之，顺气成象而和乐兴焉。先王耻其乱，故制雅颂之声以道之，使其声足乐而不流，使其文足论而不息，使其曲直、繁瘠、廉肉、节奏足以感动人之善心而已，不使放心邪气得接焉。乐在宗庙之中，君臣上下同听之，莫不和敬；在族长乡里之中，长幼同听之，莫不和顺；论闺门之内，父子兄弟同听之，莫不和亲。又有韎昧任离禁之乐，以娱四夷之民，斯盖立乐之方也。

三代之衰，邪音间起，则有烂漫靡靡之乐兴焉。周之衰也，诸候力争，浇伪萌生，淫愿滋甚；竞其邪，忘其正，广其器，蔑其礼，或奏之而心疾，或撞之不令。晋平公闻清角而颠陨，魏文侯听古雅而眠睡，郑、宋、齐、卫、流宕不反，于是正乐亏矣。大乐感于风化，与世推移。治国之音安以乐，亡国之音哀以思，随时隆替，不常厥声。延陵历听诸国，盛衰必举，盖所感者著，所识者深也。乐之崩矣，秦始灭学，经亡义绝，莫探其真。人重协俗，世贵顺耳，则雅声古器几将沦绝。

汉兴，制氏但识其铿锵鼓舞，不传其义，而于郊庙朝廷，皆协律新变，杂赵、代、秦、楚之曲，故王禹、宋晔上书切谏，丙强、景武显著当时，通儒达士所共叹息矣。后汉东平王苍总议乐事，颇有增加，大抵循前而已。及黄巾、董卓以后，天下丧乱，诸乐亡缺。魏武既获杜夔，令其考会古乐，而柴玉、左延年终以新声宠爱。晋世荀勖典乐，与郭夏、宋识之徒共加研集，谓为合古，而阮咸讥之。金行不永，以至亡败，哀思之来，便为验矣。夫大乐与天地同和，苟非达识至精，何以体其妙极？自汉以后，舞称歌名，代相改易；服章之用，亦有不同，斯则不袭之义也。

永嘉已下，海内分崩，伶官乐器，皆为刘聪、石勒所获，慕容俊平冉闵，遂克之。王猛平邺，入于关右；苻坚既败，长安纷扰。慕容永之东也，礼乐器用多归长子，及垂平永，并入中山。自始祖内和魏晋，二代更致音伎；穆帝为代王，愍帝又进以乐物。金石之器虽有未周，而弦管具矣。逮太祖定中山，获其乐县，既初拨乱，未遑创改，因时所行而用之。世历分崩，颇有遗失。

天兴元年冬，诏尚书吏部郎郑渊定律吕，协音乐。及追尊皇曾祖、皇祖、皇考诸帝，乐用八佾，舞《皇始》之舞。《皇始舞》，太祖所作也,以明开大始祖之业,后更制宗庙。皇帝入庙门,奏《王夏》,太祝迎神于庙门,奏迎神曲,犹古降神之乐;乾豆上,奏登歌,犹古清庙之乐;曲终,下奏《神祚》,嘉神明之飨也;皇帝行礼七庙,奏《陛步》,以为行止之节;皇帝出门,奏《总章》,次奏《八佾舞》,次奏《送神曲》。又旧礼:孟春祀天西郊,兆内坛西,备列金石、乐具,皇帝入兆内行礼,咸奏舞《八佾》之舞,孟夏有事于东庙,用乐略与西郊同。

太祖初,冬至祭天于南郊圆丘,乐用《皇矣》,奏《云和》之舞,事讫,奏《维皇》,将燎;夏至祭地祇于北郊方泽,乐用《天祚》,奏《大武》之舞。正月上日,飨群臣,宣布政教,备列宫悬正乐,兼奏燕、赵、秦、吴之音,五方殊俗之曲,四时飨会亦用焉。凡乐者,乐其所自生,礼不忘其本。掖庭中歌《真人代歌》,上叙祖宗开基所由,下及君臣废兴之迹,凡一百五十章,昏晨歌之,时与丝竹合奏。郊庙宴飨亦用之。

六年冬,诏太乐、总章、鼓吹增修杂伎,造五兵、角抵、麒麟、凰皇、仙人、长蛇、白象、白虎及诸畏兽、鱼龙、辟邪、鹿马、仙车、高縆百尺、长趫、缘橦、跳丸、五案,以备百戏。大飨设之于殿庭,如汉晋之旧也。太宗初,又增修之,撰合大曲,更为钟鼓之节。

世祖破赫连昌,获古雅乐;及平凉州,得其伶人、器服,并择而存之。后通西域,又以悦般国鼓舞设于乐署。

高宗、显祖无所改作。诸帝意在经营,不以声律为务,古乐音制,罕复传习,旧工更尽,声曲多亡。

太和初,高祖垂心雅古,务正音声。时司乐上书,典章有阙,求集中秘群官议定其事,并访吏民,有能体解古乐者,与之修广器数,甄立名品,以谐八音。诏可。虽经众议,于时卒无洞晓声律者,乐部不能立,其事弥缺。然方乐之制及四夷歌舞,稍增列于太乐。金石羽旄之饰,为壮丽于往时矣。

五年,文明太后、高祖并为歌章,戒劝上下,皆宣之管弦。

七年秋,中书监高允奏乐府歌词,陈国家王业符瑞及祖宗德美，又随时歌谣，不准古旧，辨雅、郑也。

十一年春，文明太后曰："先王作乐，所以和风改俗，非雅曲正声不宜庭奏。可集新旧乐章，参探章律，除去新声不典之曲，裨增钟县铿锵之韵。"

十五年冬，高祖诏曰："乐者所以动天地，感神祇，调阴阳，通人鬼。故能关山川之风，以播德于无外。由此言之，治用大矣。逮乎末俗陵迟，正声顿废，多好郑卫之音以悦耳目。故使乐章散缺，伶官失守。今方厘革时弊，稽古复礼，庶令乐正雅颂，各得其宜。今置乐官，实须任职，不得仍令滥吹也。"遂简置焉。

十六年春，又诏曰："礼乐之道，自古所先，故圣王作以和中，制礼以防外。然音声之用，其致远矣，所以通感人神，移风易俗。至乃《箫韶》九奏，凤皇来仪，击石拊石，百兽率舞。有周之季，斯道崩缺，故夫子忘味于闻《韶》，正乐于返鲁。逮汉魏之间，乐章复阙，然博采音韵，粗有篇条。自魏室之兴，太祖之世尊崇古式，旧典无坠。但干戈仍用，文教未淳，故今司乐失治定之雅音，习不典之繁曲。比太乐奏其职司，求与中书参议。揽其所请，愧感兼怀。然心丧在躬，未忍阙此。但礼乐事大，乃为化之本，自非通博之才，莫能措意。中书监高闾器识详富，志量明允，每间陈奏乐典，颇体音律，可令与太乐详采古今，以备兹典。其内外有堪此用者，任其参议也。"间历年考度，粗以成立，遇迁洛不及精尽，未得施行。寻属高祖崩，未几，闾卒。

先是，闾引给事中公孙崇共考音律。景明中，崇乃上言乐事。正始元年秋，诏曰："太乐令公孙崇更调金石，燮理音准，其书二卷，并表悉付尚书。夫礼乐之事，有国所重，可依其请。八座已下，四门博士以上，此月下旬集大乐署，考论同异，博采古今，以成一代之典也。"十月，尚书李崇奏："前被旨敕，以兼太乐令公孙崇更调金石，并其书表付外考试，登依旨敕以去。八月初，诣署集议。但六乐该深，五声妙远。至如仲尼渊识，故将忘味；吴札善听，方可论辩。自斯已降，莫有详之。今既草创，悉不穷解，虽微有诘论，略无究悉。方欲商攉淫滥,作范将来,宁容聊尔一试,便垂竹帛。今请依前所召之官并博闻通学之士,更申一集,考其中否,研穷音律,辨括权衡。若可施用,别以闻请。"制"可"。时亦未能考定也。

四年春,公孙崇复表言:

伏惟皇魏龙跃凤举,配天光宅。世祖太武皇帝革静荒嵋,廓宁宇内,凶丑尚繁,戒轩仍动,制礼作乐,致有阙如。高祖孝文皇帝德钟后仁之期,道协先天之日,顾《云门》以兴言,感《箫韶》而忘味。以故中书监高闾博识明敏,文思优洽,绍踪成均,实允所寄。乃命闾广程儒林,究论古乐,依据《六经》,参诸国志,错综阴阳,以制声律。钟石管弦,略以完具;八音声韵,事别粗举。值迁邑崧瀍,未获周密;五权五量,竟不就果。自尔迄今,率多褫落,金石虚悬,宫商未会。伏惟陛下至圣承天,纂戎鸿烈,以金石未协,诏臣缉理。谨即广搜柜黍,选其中形;又采梁山之竹,更裁律吕,制磬造钟,依律并就。但权量差谬,其来久矣。顷蒙付并州民王显进所献古铜权,稽之古范,考以今制,钟律准度,与权参合。昔造犹新,始创若旧,异世同符,如合规矩。乐府先正声有《王夏》、《肆夏》、登歌、《鹿鸣》之属六十余韵,又有《皇始》、《五行》、《勺舞》。太祖初兴,置《皇始》之舞,复有吴夷、东夷、西戎之舞。乐府之内,有此七舞。太和初郊庙但用《文始》、《五行》、《皇始》三舞而已。窃惟周之文武颂声不同;汉之祖宗,庙乐又别。伏惟皇魏四祖三宗,道迈隆周,功超鸿汉;颂声庙乐,宜有表章;或文或武,以旌功德。自非懿望茂亲、雅量渊远、博识洽闻者,其孰能识其得失!卫军将军、尚书右仆射臣高肇器度徽雅,神赏入微,淹赞大犹,声光海内,宜委之监就,以成皇代典谟之美。昔晋中书监荀勖前代名贤,受命成均,委以乐务,崇述旧章,仪刑古典,事光前载,岂远乎哉!又先帝明诏,内外儒林亦任高闾申请。今之所须,求依前比。

世宗知肇非才,诏曰:"王者功成治定,制礼作乐,以宣风化,以通明神。理万品,赞阴阳,光功德,治之大本,所宜详之。可令太常卿刘芳亦与主之。”

永平二年秋,尚书令高肇,尚书仆射、清河王怿等奏言:“案太乐令公孙崇所造八音之器并五度五量,太常卿刘芳及朝之儒学,执诸经传,考辨合否,尺寸度数,悉与《周礼》不同。问其所以,称必依经文,声则不协,以情增减,殊无准据。窃惟乐者,皇朝治定之盛事,光赞祖宗之茂功,垂之后王。不刊之制,宜宪章先圣,详依经史。且二汉、魏、晋,历诸儒哲,未闻器度依经,而声调差谬。臣等参议,请使臣芳准依《周礼》更造乐器,事讫之后,集议并呈,从其善者。”诏“可”

芳上尚书言:“调乐谐音,本非所晓;且国之在事,亦不可决于数人。今请更集朝彦,众辨是非,明取典据,资决元凯,然后营制。”肇及尚书邢峦等奏许,诏“可”。于是芳主修营。时扬州民张阳子、义阳民儿凤鸣、陈孝孙、戴当千、吴殿、陈文显、陈成等七人颇解雅乐正声,《八佾》、文武二舞、钟声、管弦、登歌声调,芳皆请令教习,参取是非。

永平三年冬,芳上言:“观古帝王,罔不据功象德而制舞名及诸章。今欲教文武二舞,施之郊庙,请参制二舞之名。窃观汉魏已来,鼓吹之曲亦不相缘。今亦须制新曲,以扬皇家之德美。”诏芳与侍中崔光、郭祚,黄门游肇、孙惠蔚等四人,参定舞名并鼓吹诸曲。

其年冬,芳又上言:“臣闻乐者,感物移风,讽氓变俗,先王所以教化黎元,汤武所以改章功德。晋氏失政,中原纷荡;刘石以一时奸雄,跋扈魏赵,苻姚以部帅强豪,趑趄关辅。于是礼坏乐隳,废而莫理。大魏应期启运,奄有万方,虽日不暇给,常以礼乐为先。古乐亏阙,询求靡所,故顷以年来,创造非一,考之经史,每乖典制。遂使铿锵之礼,未备于郊庙;鼓舞之式,尚阙于庭陛。臣忝官宗伯,礼乐是司,所以仰惭俯愧,不遑宁处者矣。自献春被旨,赐令博采经传,更制金石,并教文武二舞及登歌、鼓吹诸曲。今始校就,谨依前敕,延集公卿,并一时儒彦讨论终始,莫之能异。谨以中闻,请与旧者参呈。若臣等所营,形合古制,击拊会节,元旦大飨,则须陈列。既岁聿云暮,三朝无远,请共本曹尚书及郎中部率呈试。如蒙允许,赐垂敕判。"诏曰:"舞可用新,余且仍旧。"鼓吹杂曲遂寝焉。

初,御史中尉元匡与芳等竞论钟律。孝明帝熙平二年冬,匡复上言其事,太师、高阳王雍等奏停之。先是,有陈仲儒者自江南归国,颇闲乐事,请依京房,立准以调八音。神龟二年夏,有司问状。仲儒言:

前被符,问:"京房准定六十之律,后虽有存,晓之者鲜。至熹平末,张光等犹不能定弦之急缓,声之清浊。仲儒授自何师,出何典籍,而云能晓?"但仲儒在江左之日,颇爱琴,文尝览司马彪所撰《续汉书》,见京房准术,成数昺然,而张光等不能定。仲儒不量庸昧,窃有意焉。遂竭愚思,钻研甚久。虽未能测其机妙,至于声韵,颇有所得。度量衡历,出自黄钟,虽造管察气,经史备有,但气有盈虚,黍有巨细,差之毫厘,失之千里。自非管应时候,声验吉凶,则是非之原,谅亦难定。此则非仲儒浅识所敢闻之。至于准者,本以代律,取其分数,调校乐器,则宫商易辨。若尺寸小长,则六十宫商相与微浊;若分数加短,则六十微羽类皆小清。语其大本,居然微异。至于清浊相宜,谐会歌管,皆得应合。虽积黍验气,取声之本;清浊谐会,亦须有方。若闲准意,则辨五声清浊之韵;若善琴术,则知五调调音之体。参此二途,以均乐器,则自然应和,不相夺伦。如不练此,必有乖谬。

案后汉顺帝阳嘉二年冬十月,行礼辟雍,奏应钟,始复黄钟作乐,器随月律。是为十二之律必须次第为宫,而商角微羽以类从之。寻调声之体,宫商宜浊,微羽用清。若公孙崇止以十二律声,而云还相为宫,清浊悉足,非唯未练五调调器之法。至于五声次第,自是不足。何者?黄钟为声气之元,其管最长,故以黄钟为宫,太蔟为商,林钟为征,则宫征相顺。若均之八音,犹须错采众声,配成其美。若以应钟为宫,大吕为商,蕤宾为征,则微浊而宫清,虽有其韵,不成音曲;若以夷则为宫,则十二律中唯得取中吕为徵，其商角羽并无其韵。若以中吕为宫，则十二律内全无所取。何者？中吕为十二之穷，疑变律之首。依京房书，中吕为宫，乃以去灭为商，执始为徵，然后方韵。而崇乃以中吕，犹用林钟为商，黄钟为征，何由可谐？仲儒以调和乐器，文饰五声，非准不妙。若如严嵩父子，心赏清浊，是则为难。若依案见尺作准，调弦缓急，清浊可以意推耳。

　　但音声精微，史传简略，旧《志》唯云：准形如瑟十三弦，隐间九尺，以应黄钟九寸，调中一弦，令与黄钟相得。案尽以求其声，遂不辨准须柱以不？柱有高下。弦有粗细，余十二弦复应若为？致今揽者望风拱手。又案房准九尺之内，为一十七万七千一百四十七分；一尺之内，为万九千六百八十三分；又复十之，是为于准一寸之内亦为万九千六百八十三分。然则于准一分之内乘为二十分，又为小分，以辨强弱。中间至促，虽复离朱之明，犹不能穷而分之。虽然仲儒私曾考验，但前却中柱，使入准常尺分之内，则相生之韵已自应合。分数既微，器宜精妙。其准面平直，须如停水，其中弦一柱，高下须与二头临岳一等，移柱上下之时，不使离弦，不得举弦。又中弦粗细，须与琴宫相类。中弦须施轸如琴，以轸调声，令与黄钟一管相合。中弦下依数尽出六十律清浊之节，其余十二弦，须施柱如筝。又凡弦皆须豫张，使临时不动，即于中弦案尽一周之声，度著十二弦上。然后依相生之法，以次运行，取十二律之商徵。商徵既定，又依琴五调调声之法，以均乐器。其瑟调以宫为主，清调以商为主，平调以宫为主，五调各以一声为主，然后错采众声以文饰之，方如锦绣。

　　上来消息调准之方，并史文所略，出仲儒所思。若事有乖此，声则不和，仲儒寻准之分数，精微如彼，定弦缓急，艰难如此。而张光等亲掌其事，尚不知藏中有准。既未识其器，又焉能施弦也？且燧人不师资而习火，延寿不束修以变律。故云"知之者欲教而无从，心达者体知而无师。"苟有一毫所得，皆关心抱，岂必要经师授然后为奇哉！但仲儒自省肤浅，才非一足，正可粗识音韵，才言其理致耳。

时尚书萧宝夤奏言："金石律吕，制度调均，中古已来鲜或通晓。仲儒虽粗述书文，颇有所说，而学不师授，云出已心。又言旧器不任，必须更造，然后克谐。上违成敕用旧之旨，辄持己心，轻欲制作。臣窃思量，不合依许。"诏曰："礼乐之事，盖非常人所明，可如所奏。"

正光中，侍中、安丰王延明受诏监修金石，博探古今乐事，令其门生河间信都芳考算之。属天下多难，终无制造。芳后乃撰延明所集《乐说》并《诸器物准图》二十余事而注之，不得在乐署考正声律也。

普泰中，前废帝诏录尚书长孙稚、太常卿祖莹营理金石。永熙二年春，稚、莹表曰：

臣闻安上治民，莫善于礼；移风易俗，莫善于乐。《易》曰："先王以作乐崇德，殷荐之上帝，以配祖考。"《书》曰："戛击鸣球，拊搏琴瑟以咏，祖考来格。"诗言志，律和声，敦叙九族，平章百姓，天神于焉降歆，地祇可得而礼。故乐以象德，舞以象功，干戚所以比其形容，金石所以发其歌颂；荐之宗庙则灵祇飨其和，用之朝迁则君臣协其志，乐之时义大矣哉。虽复沿革异时，晦明殊位，周因殷礼，百世可知也。

太祖道武皇帝应图受命，光宅四海，义合天经，德符地纬，九戎荐举，五礼未详。太宗、世祖重辉累耀，恭宗、显祖诞隆丕基，而犹经营四方，非遑制作。高祖孝文皇帝承太平之绪，纂无为之运，帝图既远，王度惟新。太和中命故中书监高闾草创古乐，闾寻去世，未就其功。闾亡之后，故太乐令公孙崇续修遗事，十有余载，崇敷奏其功。时太常卿刘芳以崇所作，体制差舛，不合古义，请更修营，被旨听许。芳又厘综，久而申呈。时故东平王元匡共相论驳，各树朋党，争竞纷纭，竟无底定。

　　及孝昌已后，世属艰虞，内难孔殷，外敌滋甚。永安之季，胡贼入京，燔烧乐库，所有之钟，悉毕贼手，其余磬石，咸为灰烬。普泰元年，臣等奉敕营造乐器，责问太乐前来郊丘悬设之方，宗庙施安之分。太乐令张乾龟答称芳所造六格，北厢黄钟之均，实是夷则之调，其余三厢，宫商不和，共用一笛，施之前殿，乐人尚存；又有沽洗、太蔟二格，用之后宫，检其声韵，复是夷则。于今尚在。而芳一代硕儒，斯文攸属，讨论之日，必应考古，深有明证。乾龟之辨，恐是历岁稍远，伶官失职。芳久殂没，遗文销毁。无可遵访。

　　臣等谨详《周礼》，分乐而序之。凡乐：圆钟为宫，黄钟为角，太蔟为徵，沽洗为羽，若乐六变，天神可得而礼；函钟为宫，大蔟为角，沽洗为徵，南吕为羽，若乐八变，地示可得而礼；黄钟为宫，大吕为角，大蔟为征，应钟为徵，若乐九变，人鬼可得而礼。至于布置，不得相生之次，两均异宫，并无商声，而同用一徵。《书》曰：于予击石拊石，百兽率舞，八音克谐，神人以和。计五音不具，则声岂成文；七律不备，则理无和韵。八音克谐，莫晓其旨。圣道幽玄，微言已绝；汉魏已来，未能作者。

　　案《春秋》鲁昭公二十年，晏子言于齐侯曰："先王之济五味，和五声也，以平其心，成其政也。声亦如味，一气、二体、三类、四物、五声、六律、七音、八风、九歌，以相成也。"服子慎《注》云："黄钟之均，黄钟为宫，太蔟为商，沽洗为角，林钟为徵，南吕为羽，应钟为变宫。蕤宝为变征。一悬十九钟，十二悬二百二十八钟，八十四律"。即如此义，乃可寻究。今案《周礼》小胥之职，乐悬之法，郑注云："钟磬编县之，二八十六枚。"汉成帝时，犍为郡于水滨得古磬十六枚献呈，汉以为瑞，复依《礼图》编悬十六。去正始中，徐州薛城送玉磬十六枚，亦是一悬之器。检太乐所用钟、磬，各一悬十四，不知何据。魏侍中缪袭云："《周礼》以六律、六同、五声、八音、六舞大合乐，以致鬼神。今之乐官，徒知古有此制，莫有明者。"又云：乐制既亡，汉成谓《韶武》、《武德》、《武始》、《大钧》可以备四代之乐。奏黄钟，舞《文始》，以祀天地；奏太蔟，舞《太武》，以祀五郊、明堂；奏姑洗，舞《武德》，巡狩以祭四望山川；奏蕤宾。舞《武始》、《大钧》，以祀宗庙。祀圆丘、方泽，群庙祫祭之时，则可兼舞四代之乐。汉亦有《云翘》、《育命》之舞，罔识其源，汉以祭天。魏时又以《云翘》兼祀圆丘天郊，《育命》兼祀方泽地郊。今二舞久亡，无复知者。臣等谨依高祖所制尺，《周官·考工记》凫氏为钟鼓之分、磬氏为磬倨名之法，《礼运》五声十二律还相为宫之义，以律吕为之剂量，奏请制度，经纪营造。依魏晋所用四厢宫悬，钟、磬各十六悬，埙、筝、筑声韵区别。盖理三稔，于兹始就，五声有节，八音无爽，笙镛和合，不相夺伦，元日备设，百僚允瞩。虽未极万古之徽踪，实是一时之盛事。

窃惟古先哲王制礼作乐，各有所称。黄帝有《咸池》之乐。颛顼作《承云》之舞，《大章》、《大韶》尧舜之异名，《大夏》、《大濩》禹汤之殊称，周言《大武》，秦曰《寿人》。及焚书绝学之后，旧章沦灭，无可准据。汉高祖时，叔孙通因秦乐人制宗庙乐，迎神庙门奏《嘉至》，皇帝入庙门奏《永至》，登歌再终，下奏《休成》之乐，通所作也。高祖六年，有《昭容乐》、《礼容乐》；又有《房中祠乐》，高祖唐山夫人所作也。孝惠二年，使乐府令夏侯宽备其萧管，更名《安世乐》。高祖庙奏《武德》、《文始》、《五行》之舞，孝文庙奏《昭德》、《文始》、《四时》、《五行》之舞。孝武庙奏《盛德》、《文始》、《四时》、《五行》之舞。《武德》者，高祖四年作也，以象天下乐已行武以除乱也；《六始舞》者，舜《韶舞》，高祖六年更名曰《文始》，以示不相袭也；《五行舞》者，本周舞，秦始皇二十六年更名曰《五行》也；《四时舞》者，孝文所作，以明天下之安和也。孝景以《武德舞》为《昭德》，孝宣以《昭德舞》为《盛德》。光武庙奏《大武》，诸帝庙并奏《文始》、《五行》、《四时》之舞。及卯金不祀，当涂勃兴，魏武庙改必云《韶武》，用虞之《大韶》、周之《大武》，总是《大钧》也。曹失其鹿，典午乘

时,晋氏之乐更名《正德》。自昔帝王,莫不损益相缘,徽号殊别
者也。而皇魏统天百三十载,至于乐舞,乞未立名,非所聿宣皇
风,章明功德,赞扬懋轨,垂范无穷者矣。

　　案今后宫飨会及五郊之祭,皆用两悬之乐,详揽先诰,大
为纰缪。古礼,天子宫悬,诸侯轩悬,大夫判悬,士特悬。皇后
礼数,德合王者,名器所资,岂同于大夫哉!《孝经》言:"严父莫
大于配天。"宗祀文王于明堂,以配上帝,即五精之帝也。《礼记
·王制》"庶羞不逾牲,燕衣不逾祭服,"《论语》"禹卑宫室,尽
力于沟洫",恶衣食致美于黻冕"。何有殿庭之乐过于天地乎!
失礼之差,远于千里。昔汉孝武帝东巡狩封禅,还祀泰一于甘
泉,祭后土于汾阴,皆尽用,明其无减。普泰元年,前侍中臣孚
及臣莹等奏求造十二悬,六悬裁讫,续复营造,寻蒙旨判。令六
悬既成,臣等思钟磬各四,钶镈相从,十六格宫悬已足,今请更
营二悬,通前为八,宫悬而具矣。一具备于太极,一具列于显
阳。若圆丘、方泽、上辛、四时五郊、社稷诸祀,虽时日相六,用
之无阙。孔子曰:周道四达,礼乐交通。《传》曰:"鲁有禘乐,宾
祭用之。"然则天地宗庙同乐之明证也。其升斗权量,当时未
定,请即刊校,以为长准。周存六代之乐,《云门》、《咸池》、
《韶》、《夏》、《濩》、《武》用于郊庙,各有所施,但世运遥缅,随时
亡缺。汉世唯有虞《韶》、周《武》,魏为《武始》、《咸熙》,错综风
声,为一代之礼。晋无改造,易名《正德》。

　　今圣朝乐舞未名,舞人冠服无准,称之文、武舞而已。依魏
景初三年以来衣服制,其祭天地宗庙:武舞执干戚,著平冕、黑
介帻、玄衣裳、白领袖、绛领袖中衣、绛合幅裤袜、黑韦鞮;文舞
执羽籥,冠委貌,其服同上。其奏于庙庭:武舞,武弁、赤介帻、
生绛袍、单衣练领袖、皂领袖中衣、虎文画合幅裤、白布袜、黑
韦鞮;文舞者进贤冠、黑介帻、生黄袍、单衣白合幅裤,服同上。
其魏晋相因,承用不改。古之神室,方各别所,故声歌各异。今
之太庙,连基接栋,乐舞同奏,于义得通。自中烦丧乱,晋室播

荡，永嘉已后，旧章湮没。太武皇帝破平统万，得古雅乐一部，正声歌用五十曲，工伎相传，间有施用。自高祖迁居，世宗晏驾，内外多事，礼物未周。今日所有《王夏》、《肆夏》之属二十三曲，犹得击奏，足以阐累圣之休风，宣重光之盛美。

伏惟陛下仁格上皇，义光下武，道契玄机，业隆宝祚，思服典章，留心轨物；反尧舜之淳风，复文武之境土，饰宇宙之仪刑，纳生人于福地，道德熙泰，乐载新声，天成地平，于是乎在。乐舞之名，乞垂旨判。臣等以愚昧参厕问道，呈御之日，伏增惶惧。

诏："其乐名付尚书博议以闻。"

其年夏，集群官议之。莹复议曰：

夫乐所以乘灵通化，舞所以象物昭功，金石播其风声，丝竹申其歌咏。郊天祠地之道，虽百世而可知；奉神育民之理，经千载而不昧，是以黄帝作《咸池》之乐，颛顼有《承云》之舞，尧为《大章》，舜则《大韶》，禹为《大夏》，汤为《大濩》，周曰《大武》，秦曰《寿人》，汉为《大予》，魏名《大钧》，晋曰《正德》。虽三统互变，五运代降，莫不述作相因，徽号殊别者也。皇魏道格三才，化清四宇，弈世载德，累叶重光，或以文教兴邦，或以武功平乱，功成治定，于是乎在。及主上龙飞载造，景命惟新，书轨自同，典刑罔二，覆载均为两仪，仁泽被于四海；五声有序，八音克谐，乐舞之名，宜以详定。案周兼六代之乐，声律所施，咸有次第。灭学以后，经礼散亡，汉来所存，二舞而已。请以《韶舞》为《崇德》，《武舞》为《章烈》，总名曰《嘉成》。汉乐章云："高张四县，神来燕飨。"宗庙所设，宫悬明矣。计五郊天神，尊于人鬼；六宫阴极，体同至尊。理无减降，宜皆用宫悬。其舞人冠服制裁，咸同旧式。庶得以光赞鸿功，敷扬大业。

录尚书事长孙稚已下六十人同议申奏，诏曰："王者功成作乐，治定制礼，以'成'为号，良无间然。又六代之舞者，以大为名，今可准古为《大成》也。凡音乐以舞为主，故干戈羽籥，礼亦无别，但依旧为文舞、武舞而已。余如议。"

初，侍中崔光、监淮王彧并为郊庙歌词，而迄不施用；乐人传习旧曲，加以讹失，了无章句。后太乐令崔九龙言于太常卿祖莹曰："声有七声，调有七调，以今七调合之七律，起于黄钟，终于中吕。今古杂曲，随调举之，将五百曲。恐诸曲名，后致亡失，今辄条记，存于乐府。"莹依而上之。九龙所录，或雅或郑，至于谣俗、四夷杂歌，但记其声折而已，不能知其本意。又名多谬舛，莫识所由，随其淫正而取之。乐署今见传习，其中复有所遗，至于古雅，尤多亡矣。

初，高祖讨淮、汉，世宗定寿春，收其声伎。江左所传中原旧曲，《明君》、《圣主》、《公莫》、《白鸠》之属，及江南吴歌、荆楚四声，总谓《清商》。至于殿庭飨宴，兼奏之。其圆丘、方泽、上辛、地祇、五郊、四时拜庙、三元、冬至、社稷、马射、籍四、乐人之数，各有差等焉。

魏书卷一一○
志第一五

食 货

　　夫为国为家者,莫不以谷货为本。故《洪范》八政,以食为首,其在《易》曰:"聚人曰财",《周礼》以九职任万民,以九赋敛财贿。是以古先哲王莫不敬授民时,务农重谷,躬亲千亩,贡赋九州。且一夫不耕,一女不织,或受其饥寒者。饥不迫身,不能保其赤子,攘窃而犯法,以至于杀身。迹其所由,王政所陷也。夫百亩之内,勿夺其时,易其田畴,薄其税敛,民可使富也。既饱且富,而仁义礼节生焉亦所谓衣食足,识荣辱也。晋末,天下大乱,生民道尽,或死于干戈,或毙于饥馑,其幸而自存者,盖十五焉。

　　太祖定中原,接丧乱之弊,兵革并起,民废农业。方事虽殷,然经略之先,以食为本,使东平公仪垦辟河北,自五原至于桐阳塞外为屯田。初,登国六年破卫辰,收其珍宝、畜产,名马三十余万、牛羊四百余万,渐增国用。既定中山,分徙吏民及徒何种人、工伎巧十万余家以充京都,各给耕牛,计口授田。天兴初,制定京邑,东至代郡,西及善无,南极阴馆,北尽参合,为畿内之田;其外四方四维置八部帅以监之,劝课农耕,量校收入,以为殿最,又躬耕籍田率先百姓。自后比岁大熟,匹中八十余斛。是时戎车不息,虽频有年,犹未足以久赡矣。

　　太宗永兴中,频有水旱,诏简宫人非所当御及非执作伎巧,自

余也赐鳏民。神瑞二年,又不熟,京畿之内,路有行馑。帝以饥将迁
都于邺,用博士崔浩计,乃止。于是分简尤贫者就食山东,敕有司劝
课留农者曰:"前志有之,人生在勤,勤则不匮。凡庶民之不畜者祭
无牲,不耕者祭无盛,不树者死无椁,不蚕者衣无帛,不绩者丧无
衰。教行三农,生殖九谷;教行园圃,毓长草木;教行虞衡,山泽作
材;教行薮牧,养蕃鸟兽;教行百工,饬成器用;教行商贾,阜通货
贿;教行嫔妇,化治丝枲;教行臣妾,事勤力役。"自是民皆力勤,故
岁数丰穰,畜牧滋息。

泰常六年,诏六部民羊满百口,调戎马一匹。

世祖即位,开拓四海,以五方之民各有其性,故修其教,不改其
俗;齐其政,不易其宜;纳其方贡,以充仓廪;收其货物,以实库藏;
又于岁时取鸟兽之登于俎用者,以牣膳府。

先是,禁网疏阔,民多逃隐。天兴中,诏采诸漏户,令输纶绵,自
后诸逃户占为细茧罗谷者甚众。于是杂营户帅遍于天下,不隶守
宰,赋役不周,户口错乱。始光三年,诏一切罢之,以属郡县。

神麚二年,帝亲御六军,略地广漠。分命诸将,穷追蠕蠕,东至
浣海,西接张掖,北度燕然山,大破之,虏其种落及马牛杂畜方物万
计。其后,复遣成周公万度归西伐焉耆,其王鸠尸卑那单骑奔龟兹,
举国臣民负钱怀货,一时降款,获其奇宝异玩以巨万,驼马杂畜不
可胜数。度归遂入龟兹,复获其殊方瑰诡之物亿万已上。是时方隅
未克,帝屡亲戎驾,而委政于恭宗。真君中,恭宗下令修农职之教,
事在《帝纪》。此后数年之中,军国用足矣。

高宗时,牧守之官颇为货利。太安初,遣使者二十余辈循行天
下,观风俗,视民所疾苦。诏使者察诸州郡垦殖田亩、饮食衣服、闾
里虚实、盗贼劫掠、贫富强劣而罚之,自此牧守颇改前弊,民以安
业。

自太祖定中原,世祖平方难,收获珍宝,府藏盈积。和平二年
秋,诏中尚方作黄金合盘十二具,径二尺二寸,镂以白银,钿以玫
瑰,其铭曰:"九州致贡,殊域来宾,乃作兹器,错用具珍。锻以紫金,

镂以白银,范围拟载,吐耀含真。纤文丽质,若化若神;皇王御之,百福惟新。"其年冬,诏出内库绫绵布帛二十万匹,令内外百官分曹赌射。四年春,诏赐京师之民年七十已上太官厨食,终以其身。

显祖即位,亲行俭素,率先公卿,思所以赈益黎□□。天安、皇兴间,岁频大旱,绢匹迁言。刘彧淮北青、冀、徐、兖、司五州告乱请降,命将率众以援之。既临其境,青冀怀贰,进军围之,数年乃拔。山东之民咸勤于征戍转运,帝深以为念,逐因民贫富,为租输三等九品之制。千里内纳粟,千里外纳米;上三品户入京师,中三品入他州要仓,下三品入本州。

先是太安中,高宗以常赋之外杂调十五,颇为烦重,将与除之。尚书毛法仁曰:"此是军国资用,今顿罢之,臣愚以为不可。"帝曰:"使地利无穷,民力不竭,百姓有余,吾孰与不足。"遂免之。未几,复调如前,至是乃终罢焉。于是赋敛稍轻,民复赡矣。

旧制:民间所织绢、布,皆幅广二尺二寸,长四十尺为一匹,六十尺为一端,令任服用。后乃渐至滥恶,不依尺度。高祖延兴三年秋七月,更立严制,令一准前式,违者罪各有差,有司不检察与同罪。

太和八年,始准古班百官之禄,以品第各有差。先是,天下户以九品混通,户调帛二匹、絮二斤、丝一斤、粟二十石,又入帛一匹二丈,委之州库,以供调外之费。至是,户增帛三匹、粟二石九斗,以为官司之禄。后增调外帛满二匹,所调各随其土所出。其司、冀、雍、华、定、相、奏、洛、豫、怀、兖、陕、徐、青、齐、济、南豫、东兖、东徐十九州,贡绵绢及丝;幽、平、并、肆、岐、泾、荆、凉、梁、汾、秦、安、营、豳、夏、光、郢、东秦,司州万年、雁门、上谷、灵丘、广宁、平凉郡,怀州邵郡上郡之长平、白水县,青州北海郡之胶东县,平昌郡之东武平昌县,高密郡之昌安、高密、夷安、黔陬县,秦州河东之蒲坂、汾阴县,东徐州东莞郡之莒、诸、东莞县,雍州冯翊郡之莲芍县,咸阳郡之宁夷县,北地郡之三原、云阳、铜官、宜君县,华州华山郡之夏阳县，徐州北济郡之离狐丰县，东海郡之赣榆襄贲县，皆以麻布充税。

九年，下诏均给天下民田：

诸男夫十五以上，受露田四十亩，妇人二十亩，奴婢依良，丁牛一头受田三十亩，限四牛。所授之田率倍之，三易之田再倍之，以供耕作及还受之盈缩。

诸民年及课则受田，老免及身没则还田。奴婢、牛随有无以还受。

诸桑田不在还受之限，但通入倍田分。于分虽盈，没则还田，不得以充露田之数。不足者，以露田充倍。

诸初受田者，男夫一人给田二十亩，课莳余，种桑五十树，枣五株，榆三根。非桑之土，夫给一亩，依法课莳榆、枣。奴各依良。限三年种毕，不毕，夺其不毕之地。于桑榆地分杂莳余果及多种桑榆者不禁。

诸应还之田，不得种桑榆枣果，种者以违令论，地入还分。

诸桑田皆为世业，身终不还，恒从见口。有盈者无受无还，不足者，受种如法。盈者得卖其盈，不足者得买所不足。不得卖其分，亦不得买过所足。

诸麻布之土，男夫及课，别给麻田十亩，妇人五亩，奴婢依良。皆从还受之法。

诸有举户老小癃残无授田者，年十一已上及癃者，各授以半夫田；年逾七十者，不还所受；寡妇守志者，虽免课亦授妇田。

诸还受民田，恒以正月。若始受田而身亡，及卖买奴婢牛者，皆至明年正月乃得还受。

诸土广民稀之处，随力所及，官借了种莳。役有土居者，依法封授。

诸地狭之处，有进丁受田而不乐迁者，则以其家桑田为正田分，又不足不给倍田，又不足家内人别减分。无桑之乡，准此为法。乐迁者听逐空荒，不限异州他郡，唯不听避劳就逸。其地足之处,不得无故而移。

诸民有新居者,三口给地一亩,以为居室,奴婢五口给一亩。男女十五以上,因其地分,口课种菜五分亩之一。诸一人之分,正从正,倍从倍,不得隔越他畔。进丁受田者,恒从所近。若同时俱受,先贫后富。再倍之田,放此为法。

诸远流配谪、无子孙及户绝者,墟宅、桑榆尽为公田,以供授受。授受之次,给其所亲;未给之间,亦借其所亲。

诸宰民之官,各随地给公田,刺史十五顷,太守十顷,治中别驾各八顷,县令、郡丞六顷。更代相付。卖者坐如律。

魏初不立三长,故民多荫附。荫附者皆无官役,豪强征敛,倍于公赋。十年,给事中李冲上言:“宜准古,五家立一邻长,五邻立一里长,五里立一党长,长取乡人强谨者。邻长复一夫,里长二,党长三。所复复征戍,余若民。三载亡愆则陟用,陟之一等。其民调,一夫一妇帛一匹,粟二石。民年十五以上未娶者,四人出一夫一妇之调。奴任耕,婢任绩者,八口当未娶者四,耕牛二十头,当奴婢八。其麻布之乡,一夫一妇,布一匹,下至牛,以此为降。大率十匹为工调,二匹为调外费,三匹为内外百官俸,此外杂调。民年八十已上,听一子不从役。孤独癃老笃疾贫穷不能自存者,三长内迭养食之。”书奏,诸官通议,稍善者众,高祖从之。于是遣使者行其事。乃诏曰:

夫任土错贡,所以通有无;井乘定赋,所以均劳逸。有无通,则民财不匮;劳逸均,则人乐其业。此自古之常道也。又邻里乡党之制,所由来久。欲使风教易周,家至日见,以大督小,从近及远,如身之使手,干之总条,然后口算平均,义兴讼息。是以三典所同,随世污隆;贰监之行,从时损益。故郑侨复丘赋之术,邹人献盍彻之规。虽轻重不同,而当时俱适。自昔以来,诸州户口,籍贯不实,包藏隐漏,废公罔私。富强者并兼有余,贫弱者糊口不足。赋税齐等,无轻重之殊;力役同科,无众寡之别。虽建九品之格,而丰埆之土未融;虽立均输之楷,而蚕绩之乡无异。致使淳化未树，民情偷薄。朕每思之，良怀深慨。今革旧从新，为里党之法，在所牧守，宜以喻民，使知去烦即简之要。

初，百姓咸以为不若循常，豪富并兼者尤弗愿也。事施行后，计省昔十有余倍。于是海内安之。

十一年，大旱，京都民饥。加以牛疫，公私阙乏，时有以马驴及橐驼供驾挽耕载。诏听民就丰。行者十五六，道路给粮廪，至所在，三长赡养之。遣使者时省察焉。留业者皆令主司审核，开仓赈贷。其有特不自存者，悉检集，为粥于术衢，以救其困。然主者不明牧察，郊甸间甚多喂死者。时承平日久，府藏盈积，诏尽出御府衣服珍宝、太官杂器、太仆乘具、内库弓矢刀铦十分之八、外府衣物缯布丝𬘓诸所供国用者，以其太半班赍百司，下至工商皂隶，逮于六镇边戍，畿内鳏寡孤独贫癃者，皆有差。

十二年，诏群臣求安民之术。有司上言："请析州郡常调九分之二，京都度支岁用之余，各立官司，买年籴贮于仓，时俭则加私一，籴之于民。如此，民必力田以买绢，积财以取粟。官，年登则常积，岁凶则直给。又别立农官，取州郡户十分之一，以为屯民。相水陆之宜，断顷亩之数，以赃赎杂物市牛科给，令其肆力。一夫之田，岁责六十斛，甄其正课并征戍杂役。行此二事，数年之中，则谷积而民足矣。"帝览而善之，寻施行焉。自此公私丰赡，虽时有水旱，不为灾也。

世祖之平统万，定秦陇，以河西水草善，乃以为牧地。畜产滋息，马至二百余万匹，橐驼将半之，牛羊则无数。高祖即位之后，复以河阳为牧场，恒置戎马十万匹，以拟京师军警之备。每岁自河西徙牧于并州，以渐南转，欲其习水土而无死伤也，而河西之牧弥滋矣。正光以后，天下丧乱，遂为群寇所盗掠焉。

世宗延昌三年春，有司奏长安骊山有银矿，二石得银七两。其年秋，恒州又上言，白登山有银矿，八石得银七两，锡三百余斤，其色洁白,有逾上品。诏并置银官,常令采铸。又汉中旧有金户千余家,常于汉水沙淘金,年终总输。后临淮王彧为梁州刺史,奏罢之。其铸铁为农器、兵刃,在所有之,然以相州牵口冶为工,故常炼锻为刀,送于武库。

自魏德既广,西域、东夷贡其珍物,充于王府。又于南垂立互市,以致南货,羽毛齿革之属无远不至。神龟、正光之际,府藏盈溢。灵太后会令公卿已下任力负物而取之,又数赉禁内左右,所费无赀,而不能一亏百姓也。

自徐扬内附之后,仍世经略江淮,于是转运中州,以实边镇,百姓疲于道路。乃令番戍之兵,营起屯田;又收内郡兵资与民和籴,积为边备。有司又请于水运之次,随便置仓,乃于小平、石门、白马津、漳涯、黑水、济州、陈郡、大梁凡八所,各立邸阁,每军国有须,应机漕引。自此费役微省。三门都将薛钦上言:

计京西水次汾华二州、恒农、河北、河东、正平、平阳五郡年,常绵绢及赀麻皆折公物,雇车牛送京。道险人弊,费公损私。略计华州一车,官酬绢八匹三丈九尺,别有私民雇价布六十匹;河东一车,官酬绢五匹二丈,别有私民雇价布五十匹。自余州郡,虽未练多少,推之远近,应不减此。今求车取雇绢三匹,市材造船,不劳采斫,计船一艘,举十三车,车取三匹,合有三十九匹,雇作手并匠及船上杂具食直,足以成船。计一船剩绢七十八匹,布七百八十匹。又租车一乘,官格四十斛成载,私民雇价,远者五斗布一匹,近者一石布一匹。准其私费,一车布远者八十匹,近者四十匹。造船一艘,计举七百石,准其雇价,应有一千四百匹。今取布三百匹,造船一艘,并船上覆治杂事,计一船有剩布一千一百匹。又其造船之处,皆须锯材人功,并削船茹,依功多少,即给当州郡门兵,不假更召。汾州有租调之处,去汾不过百里,华州去河不满六十,并令计程依旧酬价,车送船所。船之所运,唯达潼陂。其陆路从潼陂至仓库,调一车雇绢一匹,租一车布五匹,则于公私为便。

尚书度支郎中朱元旭计称:"效立于公,济民为本;政列于朝,润国是先。故大禹疏决,以通四载之宜;有汉穿引,受纳百川之用。厥绩显于当时,嘉声播于图史。今校薛钦之说,虽迹验未彰,而指况甚善。所云以船代车,是其策之长者。若以门兵造舟,便为阙彼防御,无容全依。宜令取雇车之物,市材执作,及仓库所须,悉以营办。七月之始,十月初旬,令州郡纲典各租调将所,然后付之。十库之中,留车士四人佐其守护。粟帛上船之日,随运至京,将共监慎,如有耗损,其陪征。河中缺失,专归运司。输京之时,听其即纳,不得杂合,违失常体。必使量上数下,谨其受入,自余一如其列。计底柱之难,号为天险,迅惊千里,未易其功。然既陈便利,无容辄抑。若效充其说,则附例酬庸;如其不验,征填所损。今始开创,不可悬生减折,具依请营立。一年之后,须知赢费。岁遣御史校其虚实,脱有乖越,别更裁量。"

尚书崔休以为:"刳木为舟,用兴上代;凿渠通运,利尽中古。是以漕挽河渭,留侯以为伟谈;方舟蜀汉,郦生称为口实。岂直张纯之奏,见美东都;陈勰之功,事高晋世。其为利益,所从来久矣。案钦所列,实允事宜;郎中之计,备尽公理。但舟楫所通,远近必至;苟利公私,不宜止在前件。昔人乃远通褒斜,以利关中之漕;南达交广,以增京洛之饶。况乃漳洹夷路,河济平流,而不均彼省烦,同兹巨益。且鸿沟之引宋卫,史牒具存;讨虏之通幽冀,古迹备在。舟车省益,理实相悬;水陆难易,力用不等。昔忝东州,亲迳□验,斯损益不可同年而语。请诸通水运之处,皆宜率同此式。纵复五百、三百里,车运水次,校计利饶,犹为不少。其钦所列州郡,如请兴造。东路诸州皆先通水运,今年租调,悉用舟楫。若船数有阙,且赁假充事,比之僦车,交成息耗。其先未通流,宜遣检行,闲月修治,使理有可通,必无壅滞。如此,则发召匪多,为益实广,一尔暂劳,久安永逸。"录尚书、高阳王雍、尚书仆射李崇等奏曰:"运漕之利,今古攸同;舟车息耗,实相殊绝。钦之所列,关西而已,若域内同行,足为公私巨益。

谨辄参量，备如前计，庶征召有减，劳止小康。若此请蒙遂，必须沟洫通流，即求开兴修筑。或先以开治，或古迹仍在，旧事可因，用功差易。此冬闲月，令疏通咸讫，比春水之时，使运漕无滞。"诏从之，而未能尽行也。

正光后，四方多事，加以水旱，国用不足，预折天下六年租调而征之。百姓怨苦，民不堪命。有司奏断百官常给之酒，计一岁所省合米五万三千五十四斛九升，蘖谷六千九百六十斛，面三十万五百九十九斤。其四时郊庙、百神群祀依式供营，远蕃使客不在断限。而后寇贼转众，诸将出征，相继奔败，所亡器械资粮不可胜数，而关西丧失尤甚，帑藏益以空竭。有司又奏内外百官及诸蕃客禀食及肉悉二分减一，计终岁省肉百五十九万九千八百五十六斤，米五万三千九百三十二石。

孝昌二年终，税京师田租亩五升，借赁公田者亩一斗。又税市，入者人一钱，其店舍又为五等，收税有差。

庄帝初，承丧乱之后，仓廪虚罄，遂班入粟之制。输粟八千石，赏散侯；六千石，散伯；四千石，散子；三千石，散男。职人输七百石，赏一大阶，授以实官。白民输五百石，听依第出身，一千石，加一大阶；无第者输五百石，听正九品出身，一千石，加一大阶。诸沙门有输粟四千石入京仓者，授本州统，若无本州者，授大州都；若不入京仓，入外州郡仓者，三千石，畿郡都统，依州格；若输五百石入京仓者，授本郡维那；其无本郡者，授以外郡；粟入外州郡仓七百石者，京仓三百石者，授县维那。

孝静天平初，以迁民草创，资产未立，诏出粟一百三十万石以赈之。三年夏，又赈迁民禀各四十日。其年秋，并、肆、汾、建、晋、泰、陕、东雍、南汾九州霜旱，民饥流散。四年春，诏所在开仓赈恤之，而死者甚众。时诸州调绢不依旧式，齐献武王以其害民，兴和三年冬，请班海内，悉以四十尺为度。天下利焉。

　　河东郡有盐池,旧立官司以收税利,是时罢之。而民有富强者,专擅其用;贫弱者,不得资益。延兴末,复立监司,量其贵贱,节其赋入,于是公私兼利。世宗即位,政存宽简,复罢其禁,与百姓共之。其国用所须,别为条制,取足而已。自后豪贵之家,复乘势占夺;近池之民,又辄障吝。强弱相陵,闻于远近。

　　神龟初,太师、高阳王雍,太傅、清河王怿等奏:“盐池天藏,资育群生。仰惟先朝限者,亦不苟与细民竞兹赢利。但利起天池,取用无法,或豪贵封护,或近者吝守,卑贱远来,超然绝望。是以因置主司,令其裁察,强弱相兼,务令得所。且十一之税,自古及今,取辄以次,所济为广。自尔沾洽,远近齐平,公私两宜,储益不少。及鼓吹主簿王后兴等词称,请供百官食盐二万斛之外,岁求输马千匹、牛五百头。以此而推,非可稍计。后中尉甄琛启求罢禁,被敕付议。尚书执奏,称琛启坐谈则理高,行之则事阙,请依常禁为允。诏依琛计。乃为绕池之民尉保光等擅自固护,语其障禁,信于官司,取与自由,贵贱任口。若无大宥,罪合推断。详度二三,深乖王法。臣等商量,请依先朝之诏,禁之为便。防奸息暴,断遣轻重,亦准前旨。所置监司,一同往式。”于是复置监官以监检焉。其后更罢更立,以至于永熙。

　　自迁邺后,于沧、瀛、幽、青四州之境,傍海煮盐。沧州置灶一千四百八十四,瀛州置灶四百五十二,幽州置灶一百八十,青州置灶五百四十六,又于邯郸置灶四,计终岁合收盐二十万九千七百二斛四升。军国所资,得以周赡矣。

　　魏初至于太和,钱货无所周流,高祖始诏天下用钱焉。十九年,冶铸粗备,文曰“太和五铢”,诏京师及诸州镇皆通行之。内外百官禄皆准绢给钱,绢匹为钱二百。在所遣钱工备炉冶,民有欲铸,听就铸之,铜必精练,无所和杂。世宗永平三年冬,又铸五铢钱。

　　肃宗初,京师及诸州镇或铸或否,或有止用古钱,不行新铸,致商货不通,贸迁颇隔。熙平初,尚书令、任城王澄上言:

臣闻《洪范》八政，货居二焉。《易》称："天地之大德曰生，圣人之大宝曰位，何以守位曰仁，何以聚人曰财。"财者，帝王所以聚人守位，成养群生，奉顺天德，治国安民之本也。夏殷之政，九州贡金，以定五品。周仍其旧。太公立九府之法，于是国货始行，定铢两之楷。齐桓循用，以霸诸侯。降及秦始、汉文，遂有轻重之异。吴濞、邓通之钱，收利遍于天下，河南之地，犹甚多焉。逮于孝武，乃更造五铢，其中毁铸，随利改易，故使钱有小大之品。窃寻太和之钱，高祖留心创制，后与五铢并行，此乃不刊之式。但臣窃闻之，君子行礼，不求变俗，因其所宜，顺而致用。太和五铢虽利于京邑之肆，而不入徐扬之市。土货既殊，贸鬻亦异，便于荆郢之邦者，则碍于兖豫之域。致使贫民有重困之切，王道贻隔化之讼。去永平三年，都座奏断天下用钱不依准式者，时被敕云："不行之钱，虽有常禁，其先用之处，权可听行，至年末悉令断之。"延昌二年，徐州民俭，刺史启奏求行土钱，旨听权依旧用。谨寻不行之钱，律有明式，指谓鸡眼、环凿，更无余禁。计河南诸州，今所行者，悉非制限。昔来绳禁，愚窃惑焉。又河北州镇，既无新造五铢，设有旧者，而复禁断，并不得行，专以单丝之缣，疏缕之布，狭幅促度，不中常式，裂匹为尺，以济有无。至今徒成杼轴之劳，不免饥寒之苦，良由分截布帛，壅塞钱货。实非救恤冻馁，子育黎元。谨惟自古以来，钱品不一；前后累代，易变无常。且钱之为名，欲泉流不已。愚意谓今之太和与新铸五铢，及诸古钱方俗所便用者，虽有大小之异，并得通行。贵贱之差，自依乡价。庶货环海内，公私无壅。其不行之钱，及盗铸毁大为小，巧伪不如法者，据律罪之。

诏曰："钱行已久，今东尚有事，且依旧用。"

澄又奏：

臣猥属枢衡，庶罄心力，常愿货物均通，书轨一范。谨详《周礼》，外府掌邦布之入出。布犹泉也，其藏曰泉，其流曰布。然则钱之兴也始于一品，欲令世匠均同，圜流无极。爰暨周景，

降速亡新,易铸相寻,参差百品,遂令接境乖商,连邦隔贸。臣
比奏求宣下海内,依式行钱。登被旨敕,钱行已久,且可依旧。
谨重参量,以为太和五铢乃大魏之通货,不朽之恒模,宁可专
贸于京邑,不行于天下! 但今戎马在郊,江疆未一;东南之州,
依旧为便。至于京西、京北域内州镇未用钱处,行之则不足为
难,塞之则有乖通典。何者? 布帛不可尺寸而裂,五谷则有负
檐之难。钱之为用,贯緡相属,不假斗斛之器,不劳秤尺之平,
济世之宜,谓为深允。请并下诸方州镇,其太和及新铸五铢并
古钱内外全好者,不限大小,悉听行之。鸡眼、环凿,依律而禁。
河南州镇先用钱者,既听依旧,不在断限。唯太和、五铢二钱,
得用公造新者,其余杂种,一用古钱,生新之类,普同禁约。诸
方之钱,通用京师,其听依旧之处,与太和钱及新造五铢并行,
若盗铸者罪重常宪。既欲均齐物品,廛井斯和,若不绳以严法,
无以肃兹违犯。符旨一宣,仍不遵用者,刺史守令依律治罪。
诏从之。而河北诸州,旧少钱货,犹以他物交易,钱略不入市也。

　　二年冬,尚书崔亮奏:“恒农郡铜青谷有铜矿,计一斗得铜五两
四铢;苇池谷矿,计一斗得铜五两;鸾账山矿,计一斗得铜四两;河
内郡王屋山矿,计一斗得铜八两;南青州苑烛山、齐州商山,并是往
昔铜官,旧迹见在。谨按铸钱方兴,用铜处广,既有冶利,并宜开
铸。”诏从之。自后所行之钱,民多私铸,稍就小薄,价用弥贱。

　　建义初,重盗铸之禁,开纠赏之格。至永安二年秋,诏更改铸,
文曰“永安五铢”,官自立炉起,自九月至三年正月而止。官欲贵钱,
乃出藏绢,分遣使人于二市赏之,绢匹止钱二百,而私市者犹三百。
利之所在,盗铸弥众,巧伪既多,轻重非一,四方州镇,用各不同。迁
邺之后,轻滥尤多。

　　武定初,齐文襄王奏革其弊。于是诏遣使人诣诸州镇,收铜及
钱,悉更改铸,其文仍旧。然奸侥之徒,越法趋利;未几之间,渐复细
薄。六年,文襄王以钱文五铢,名须称实,宜称钱一文重五铢者,听
入市用。计百钱一斤四两二十铢,自余皆准此数。其京邑二市、

天下州镇郡县之市,各置二称,悬于市门,私民所用之称,皆准市称以定轻重。凡有私铸,悉不禁断;但重五铢,然后听用。若入市之钱,重不五铢,或虽重五铢,而多杂铅镴。并不听用。若有辄以小薄杂钱入市,有人纠获,其钱悉入告者。其小薄之钱,若即禁断,恐人交乏绝。畿内五十日,外州百日为限。群官参议,咸以时谷颇贵,请俟有年。上从之而止。

魏书卷一一一
志第一六

刑　罚

　　二仪既判，壹品生焉；五才兼用，废一不可。金木水火土，咸相爱恶。阴阳所育，禀气呈形。鼓之以雷霆，润之以云雨，春夏以生长之，秋冬以杀藏之。斯则德刑之设，著自神道。圣人处天地之间，率神祇之意。生民有喜怒之性，哀乐之心，应感而动，动而逾变。淳化所陶，下以淳朴。故异章服，画衣冠，示耻申禁，而不敢犯。其流既锐，奸黠萌生。是以明法令，立刑赏故。《书》曰："象以典刑，流宥五刑，鞭作官刑，扑作教刑，金作赎刑，眚灾肆赦。"舜命咎由曰："五刑有服，五服三就，五流有宅，五宅三居。"夏刑则大辟二百，膑辟三百，宫辟五百，劓墨各千。殷因于夏，盖有损益。《周礼》：建三典，刑邦国，以五听求民情，八议以申之，三刺以审之。左嘉石，平罢民；右肺石，达穷民。宥不识，宥过失，宥遗忘；赦幼弱，赦耄耋，赦蠢愚。周道既衰，穆王荒耄，命吕侯度作详刑，以诘四方，五刑之属增矣。夫疑狱泛问，与众共之，众疑赦之，必察小大之比以成之。先王之爱民如此，刑成而不可变，故君子尽心焉。

　　逮于战国，竞任威刑，以相吞噬。商君以《法经》六篇，入说于秦，议参夷之诛，连相坐之法。风俗凋薄，号为虎狼。及于始皇，遂兼天下，毁先王之典，制挟书之禁，法繁于秋荼，网密于凝脂，奸伪并生，赭衣塞路，狱犴淹积，囹圄成市。于是天下怨叛，十室而九。

　　汉祖入关，蠲削烦苛，致三章之约。文帝以仁厚，断狱四百，几致刑措。孝武世以奸宄滋甚,增律五十余篇。宣帝时,路温舒上书曰:夫狱者天下之命,《书》曰:"与其杀不辜,宁失有罪。今治狱吏,非不慈仁也。上下相殴,以刻为明;深者获公名,平者多后患。故治狱吏皆欲人死,非憎人也,自安之道,在人之死。夫人情安则乐生,痛则思死,捶楚之下,何求而不得。故囚人不胜痛,则饰辞以示人。吏治者利其然,则指导以明之;上奏畏却,则锻练而周内之。虽咎繇听之,犹以为死有余罪。何则?文致之罪明也。故天下之患,莫深于狱。"宣帝善之。痛乎!狱吏之害也久矣。故曰:古之立狱,所以求生;今之立狱,所以求杀人。不可不慎也。于定国为廷尉,集诸法律,凡九百六十卷,大辟四百九十条,千八百八十二事,死罪决比,凡三千四百七十二条,诸断罪当用者,合二万六千二百七十二条。后汉二百年间,律章无大增减。

魏武帝造甲子科条,犯钛左右趾者,易以斗械。明帝改士民罚金之坐,除妇人加笞之制。晋武帝以魏制峻密,又诏车骑贾充集诸儒学,删定名例,为二十卷,并合二千九百余条。晋室丧乱,中原荡然。魏氏承百王之末,属崩散之后,典刑泯弃,礼俗浇薄。自太祖拨乱,荡涤华夏;至于太和,然后吏清政平,断狱省简,所谓百年而后胜残去杀。故権举行事,以著于篇。

魏初,礼俗纯朴,刑禁疏简。宣帝南迁,复置四部大人,坐王庭决辞讼,以言语约束,刻契记事,无囹圄考讯之法;诸犯罪者,皆临时决遣。神元因循,亡所革易。

穆帝时,刘聪、石勒倾覆晋室帝。将平其乱,乃峻刑法,每以军令从事。民乘宽政,多以违命得罪,死者以万计。于是国落骚骇。平文承业,绥集离散。

昭成建国二年,当死者,听其家献金马以赎;犯大逆者,亲族男女无少长皆斩;男女不以礼交,皆死;民相杀者,听与死家马牛四十九头,及送葬器物以平之;无系讯连,逮之坐;盗官物,一备五,私则备十。法令明白,百姓晏然。

太祖幼遭艰难，备当险阻，具知民之情伪。及在位，躬行仁厚，协和民庶。既定中原，患前代刑网峻密，乃命三公郎王德除其法之酷切于民者，约定科令，大崇简易。是时，天下民久苦兵乱，畏法乐安。帝知其若此，乃镇之以玄默，罚必从轻，兆庶欣戴焉。然于大臣持法不舍。季年，灾异屡见，太祖不豫，纲纪褫顿，刑罚颇为滥酷。

太宗即位，修废官，恤民隐，命南平公长孙嵩、北新候安同对理民讼，庶政复有叙焉。帝既练精庶事，为吏者浸以深文避罪。

世祖即位，以刑禁重，神麚中，诏司徒崔浩定律令。除五岁四岁刑，增一年刑。分大辟为二科死。斩死，入绞。大逆不道腰斩，诛其同籍，年十四已下腐刑，女子没县官。害其亲者，轘之。为蛊毒者，男女皆斩，而焚其家。巫蛊者，负羖羊抱犬沉诸渊。当刑者赎，贫则加鞭二百。畿内民富者烧炭于山，贫者役于圊溷，女子入舂槁；其固疾不逮于人，守苑囿。王官阶九品，得以官爵除刑。妇人当刑而孕，产后百日乃决。年十四已下，降刑之半；八十及九岁，非杀人不坐。拷讯不逾四十九。论刑者，部主具状，公车鞫辞，而三都决之。当死者，部案奏闻。以死不可复生，惧监官不能平，狱成皆呈，帝亲临问，无异辞怨言乃绝之。诸州国之大辟，皆先谳报乃施行。阙左悬登闻鼓，人有穷冤则挝鼓，公车上奏其表。是后民官渎货，帝思有以肃之。

太延三年，诏天下吏民，得举告牧守之不法。于是凡庶之凶悖者，专求牧宰之失，近胁在位，取豪于间阎，而长吏咸降心以待之，苟免而不耻，贪暴犹自若也。

时兴驾数亲征讨及行幸四方。真君五年，命恭宗总百揆监国。少傅游雅上疏曰：“殿下亲览百揆，经营内外，昧旦而兴，谘询国老。臣职忝疑承，司是献替。汉武时，始启河右四郡，议诸疑罪而谪徙之。十数年后，边郡充实，并修农戍；孝宣因之，以服北方，此近世之事也。帝王之于罪人，非怒而诛之，欲其徙善而惩恶。谪徙之苦，其惩亦深，自非大逆正刑，皆可从徙，虽举家投远，忻喜赴路，力役终身，不敢言苦。且远流分离，心或思善。如此，奸邪可息，边垂足备。”

恭宗善其言,然未之行。

六年春,以有司断法不平,诏诸疑狱皆付中书,依古经义论决之。初,盗律:赃四十匹致大辟,民多慢政,峻其法,赃三匹皆死。正平元年,诏曰:"刑网大密,犯者更众,朕甚愍之。其详案律令,务求厥中,有不便民于者,增损之。"于是游雅与中书侍郎胡方回等改定律制:盗律复旧,加故纵、通情、止舍之法及他罪凡三百九十一条;门诛四,大辟一百四十五,刑二百二十一条。有司虽增损条章,犹未能阐明刑典。

高宗初,仍遵旧式。太安四年,始设酒禁。是时年谷屡登,士民多因酒致酗讼,或议主政。帝恶其若此,故一切禁之;酿、沽饮皆斩;吉凶宾亲,则开禁,有日程。增置内外候官,伺察诸曹外部州镇,至有微服杂乱于府寺间,以求百官疵失。其所穷治,有司苦加讯恻,而多相诬逮,辄劾以不敬。诸司官赃二丈,皆斩。又增律七十九章,门房之诛十有三,大辟三十五,刑六十二。和平末,冀州刺史源贺上言:"自非大逆手杀人者,请原其命,谪守边戍。"诏从之。

显祖即位,除口误,开酒禁。帝勤于治功,百僚内外,莫不震肃。及传位高祖,犹躬览万机,刑政严明,显拔清节,沙汰贪鄙。牧守之廉洁者,往往有闻焉。

延兴四年,诏自非大逆干纪者,皆止其身,罢门房之诛。自狱付中书覆案,后颇上下法,遂罢之;狱有大疑,乃平议焉。先是,诸曹奏事,多有疑请;又口传诏敕,或致矫擅。于是事无大小,皆令据律正名,不得疑奏。合则制可,失衷则弹诘之,尽从中墨诏。自是事咸精详,下莫敢相罔。

显祖末年,尤重刑罚,言及常用恻怆。每于狱案,必令覆鞫,诸有囚系,或积年不断。群臣颇以为言。帝曰:"狱滞虽非治体,不犹愈乎仓卒而滥也。夫人幽苦则思善,故图圄与福堂同居。朕欲其改悔,而加以轻怒耳。"由是囚系虽淹滞,而刑罚多得其所。又以赦令屡下,则狂愚多侥幸,故自延兴,终于季年,不复下赦。理官鞫囚,杖限五十,而有司欲免之则以细捶,欲陷之则先大杖。民多不胜而诬引，或绝命于杖下。显祖知其若此，乃为之制。其捶用荆，平其节讯，囚者其本大三分，杖背者二分，挞胫者一分，拷悉依令，皆从于轻简也。

高祖驭宇，留心刑法。故事：斩者皆裸形伏质，人死者绞，虽有律，未之行也。太和元年，诏曰："刑法所以禁暴息奸，绝其命不在裸形。其参详旧典，务从宽仁。"司徒元丕等奏言："圣心垂仁恕之惠，使受戮者免裸骸之耻。普天感德，莫不幸甚。臣等谨议，大逆及贼各弃市袒斩，盗及吏受赇各绞刑，踣诸甸师。"又诏曰："民由化穆，非严刑所制。防之虽峻，陷者弥甚。今犯法至死，同入斩刑，去衣裸体，男女媟见。岂齐之以法，示之礼者也。今具为之制。"

三年，下诏曰："治因政宽，弊由网密。今候职千数，奸巧弄威；重罪受赇不列，细过吹毛而举。其一切罢之。"于是更置谨直者数百人，以防喧斗于街术。吏民安其职业。先是，以律令不具，奸吏用法，致有轻重。诏中书令高闾集中秘官等修改旧文，随例增减。又敕群官，参议厥衷，经御刊定。五年冬讫，凡八百三十二章，门房之诛十有六，大辟之罪二百三十五，刑三百七十七，除群行剽劫首谋门诛，律重者止枭首。

时法官及州郡县，不能以情折狱。乃为重枷，大几围，复以缒石悬于囚颈，伤内至骨，更使壮卒迭搏之。囚率不堪，因以诬服。吏持此以为能。帝闻而伤之，乃制非大逆有明证而不款辟者，不得大枷。律："枉法十匹，义赃二百匹大辟。"至八年，始班禄制，更定义赃一匹，枉法无多少皆死。是秋，遣使者巡行天下，纠守宰之不法，坐赃死者四十余人。食禄者避跼蹐，赃谒之路殆绝。帝哀矜庶狱，至于奏谳，率从降恕，全命徙边，岁以千计。京师决死狱，岁竟不过五六，州镇亦简。

十一年春，诏曰："三千之罪，莫大于不孝；而律不逊父母，罪止髡刑，于理未衷。可更详改。"又诏曰："前命公卿论定刑典，而门房之诛犹在律策，违失《周书》父子异罪。推古求情，意甚无取。可更议之，删除繁酷。"秋八月诏曰："律文刑限三年，便入极默。坐无太半之校,罪有死生之殊。可详案律条,诸有此类,更一刊定。"冬十月,复诏公卿令参议之。

十二年,诏:"犯死罪,若父母、祖父母年老,更无成人子孙,又无期亲者,仰案后列奏以待报,著之令格。"

世宗即位,意在宽政。正始元年冬,诏曰:"议狱定律,有国攸慎;轻重损益,世或不同。先朝垂心典宪,刊革令轨,但时属征役,未之详究,施于时用,犹致疑舛。尚书门下可于中书外省论律令。诸有疑事,斟酌新旧,更加思理,增减上下,必令周备,随有所立,别以申闻。庶于循变协时,永作通制。"

永平元年秋七月,诏尚书检枷杖大小违制之由,科其罪失。尚书令高肇、尚书仆射、清河王怿、尚书邢峦,尚书李平、尚书江阳王继等奏曰:

臣等闻王者继天子物,为民父母,导之以德化,齐之以刑法;小大必以情,哀矜而勿喜;务于三讯五听,不以木石定狱。伏惟陛下子爱苍生,恩侔天地,疏网改祝,仁过商后。以枷杖之非度,愍民命之或伤,爰降慈旨,广垂昭恤。虽有虞慎狱之深,汉文恻隐之至,亦未可共日而言矣。谨案《狱官令》:诸察狱,先备五听之理,尽求情之意;又验诸证信,事多疑似。犹不首实者,然后加以拷掠;诸犯□年刑已上枷锁,流徙已上,增以杻械。送用不俱。非大逆外叛之罪,皆不大枷、高杻、重械,又无用石之文。而法官州郡,因缘增加,遂为恒法。进乖五听,退违令文,诚宜案劾,依旨科处,但踵行已久,计不推坐。检杖之小大,鞭之长短,令有定式。但枷之轻重,先无成制。臣等参量,造大枷长一丈三尺,喉下长一丈,通颊木各五寸,以拟大逆外叛,杻械以掌流刑已上。诸台、寺、州、郡大枷,请悉焚之。枷本掌囚,非拷讯所用。从今断狱,皆依令尽听讯之理,量人强弱,加之拷掠,不听非法拷人,兼以拷石。

自是枷杖之制,颇有定准。未几,狱官肆虐,稍复重大。

《法例律》:"五等列爵及在官品令从第五,以阶当刑二岁;免官者,三载之后听仕,降先阶一等。"延昌二年春,尚书邢峦奏:"窃详王公已下,或析体宸极,或著勋当时,咸胙土授民,维城王室。至于五等之爵,亦以功锡。虽爵秩有异,而号拟河山,得之至难,失之永坠。刑典既同,名复殊绝,请议所宜,附为永制。"诏议律之制,与八坐门下参论。皆以为:"官人若罪本除名;以职当刑,犹有余资,复降阶而叙。至于五等封爵,除刑若尽,永即甄削,便同之除名,于例实爽。愚谓自王公以下,有封邑,罪除名;三年之后,宜各降本爵一等,王及郡公降为县公,公为侯,侯为伯,伯为子,子为男;至于县男,则降为乡男。五等爵者,亦依此而降,至于散男。其乡男无可降授者。三年之后。听依其本品之资出身。"诏从之。

　　其年秋,符玺郎中高□贤、弟员外散骑侍郎仲贤、叔司徒府主簿六珍等,坐弟季贤同元愉逆,除名为民,会赦之后,被旨勿论。尚书邢峦奏:"案季贤既受逆官,为其传檄,规扇幽瀛,遘兹祸乱,据律准犯,罪当孥戮,兄叔坐法,法有明典。赖蒙大宥,身命获全,除名还民,于其为幸。然反逆坐重,故支属相及。体既相及,事同一科,岂有赦前皆从流斩之罪,赦后独除反者之身?又缘坐之罪,不得以职除流。且货赇小愆,寇盗微庆,赃状露验者,会赦犹除其名。何有罪极裂冠,衅均毁冕,父子齐刑,兄弟共罚,赦前同斩从流,赦后有复官之理?依律则罪合孥戮,准赦则例皆除名。古人议无将之罪者,毁其室,污其宫,绝其踪,灭其类。其宅犹弃,而况人乎?请依律处,除名为民。"诏曰:"死者既在赦前,又员外非在正侍之限,便可悉听复仕。"

　　三年,尚书李平奏:"冀州阜城民费羊皮母亡,家贫无以葬,卖七岁子与同城人张回为婢。回转卖于鄃县民梁定之,而不言良状。案盗律'掠人、掠卖人和卖人为奴婢者,死'。回故买羊皮女,谋以转卖,依律处绞刑。"诏曰:"律称和卖人者,谓两人诈取他财。今羊皮卖女,告回称良,张回利贱,知良公买。诚于律俱乖,而两各非诈。此女虽父卖为婢,体本是良。回转卖之日,应有迟疑,而卖者既以有罪,买者不得不坐。但卖者以天性难夺,支属易遗,尊卑不同,故罪有异。买者知良故买，又于彼无亲。若买同卖者，即理不可。何者？卖五服内亲属，在尊长者死。此亦非掠，从其真买，暨于致罪，刑死大殊。明知买者之坐，自应一例，不得全如钧议，云买者之罪，不过卖者之咎也。且买者于彼无天性支属之义，何故得有差等之理？又案别条'知人掠盗之物而故买者，以随从论。'依此律文，知人掠良，从其宜买，罪止于流。然其亲属相卖，坐殊凡掠。至于买者，亦宜不等。若处同流坐，于法为深。准律斟降，合刑五岁。至如买者，知是良人，决便真卖，不语前人得之由绪。前人谓真奴婢，更或转卖，因此流洞，罔知所在。家人追赎，求访无处，永沉贱隶，无复良期。案其罪状，与掠无异。且法严而奸易息，政宽而民多犯，水火之喻，先典明文。今谓买人亲属而复决卖，不告前人良状由绪，处同掠罪。"

太保高阳王雍议曰：

州处张回，专引盗律，检回所犯，本非和掠，保证明然，去盗远矣。今引以盗律之条，处以和掠之罪，原情究律，实为乖当。如臣钧之议，知买掠良人者，本无罪文。何以言之？"群盗、强盗，无首从皆同"，和掠之罪，故应不异。明此自无正条，引类以结罪。臣鸿以经转卖流漂，罪与掠等，可谓"罪人斯得"。案《贼律》云："谋杀人而发觉者流，从者五岁刑；已伤及杀而还苏者死，从者流；已杀者斩，从而加功者死，不加者流。"详沉贱之与身死，流漂之与腐骨，一存一亡，为害孰甚？然贼律杀人，有首从之科；盗人卖买，无唱和差等。谋杀之与和掠，同是良人，应为准例。所以不引杀人减之，降从强盗之一科。纵令谋杀之与强盗，俱得为例，而似从轻。其义安在？又云："知人掠盗之物而故买者，以随从论。"此明禁暴掠之原，遏奸盗之本，非谓市之于亲尊之手，而同之于盗掠之刑。窃谓五服相卖，俱是良人，所以容有差等之罪者，明去掠盗理远，故从亲疏为差级，尊卑为轻重。依律："诸共犯罪，皆以发意为首。"明卖买之元有由，魁末之坐宜定。若羊皮下云卖，则回无买心，则羊皮为元首，张回为从坐。首有沾刑之科，从有极默之戾，推之宪律，法刑无据。买者之罪，宜各从卖者之坐。又祥臣鸿之议，有从他亲属买得良人，而复真卖，不语后人由状者，处同掠罪。既一为婢，卖与不卖，俱非良人。何必以不卖为可原，转卖为难恕？张回之愆，宜鞭一百。卖子葬亲，孝诚成美，而表赏之议未闻，刑罚之科已降。恐非敦风厉俗，以德导民之谓。请免羊皮之罪，公酬卖直。"诏曰："羊皮卖女葬母，孝诚可嘉，便可特原。张回虽买之于父，不应转卖，可刑五岁。"

先是，皇族有谴，皆不持讯。时有宗士元显富，犯罪须鞫，宗正约以旧制。尚书李平奏："以帝宗磐固，周布于天下，其属籍疏远，阴官卑末，无良犯宪，理须推究。请立限断，以为定式。"诏曰："云来绵远，繁衍世滋，植籍宗氏，而为不善，量亦多矣。先朝既无不讯之格，而空相矫恃，以长违暴。诸在议请之外，可悉依赏法。"

其年六月，兼廷尉卿元志、监王靖等上言："检除名之例，依律文，狱成谓处罪案成者。寺谓犯罪迳弹后，使覆检鞫证定刑，罪状彰露，案署分晰，狱理是诚。若使案虽成，虽已申省，事下廷尉，或寺以情状未尽，或邀驾挝鼓，或门下立疑，更付别使者，可从未成之条。其家人陈诉，信其专辞，而阻成断，便是曲逐于私，有乖公体。何者？五诈既穷，六备已立；侥幸之辈，更起异端。进求延罪于漏刻，退希不测之恩宥，辩以惑正，曲以乱直，长民奸于下，隳国法于上，窃所未安。"大理正崔纂、评杨机、丞甲休、律博士刘安元以为："律文：狱已成及决竟，经所绾，而疑有奸欺，不直于法；及诉冤枉者，得摄讯覆治之。检使处罪者，虽已案成，御史风弹，以痛诬伏。或榜不承引，依证而科；或有私嫌，强逼成罪；家人诉枉，辞案相背。刑害不轻，理须讯鞫。既为公正，岂疑于私？如谓规不测之泽，抑绝讼端，则枉滞之徒，终无申理。若从其案成，便乖覆治之律。然未判经赦，及覆治理状，真伪未分，承前以来，如此例皆得复职。愚谓经奏遇赦，及已覆治，得为狱成。"尚书李韶奏："使虽结案，处上廷尉，解送至省；及家人诉枉，尚书纳辞，连解下鞫，未检遇宥者，不得为案成之狱。推之情理，谓崔纂等议为允。"诏从之。

熙平中，有冀州妖贼延陵王买，负罪逃亡，赦书断限之后，不自归首。廷尉卿裴延俊上言："《法例律》'诸逃亡，赦书断限之后，不自归首者，复罪如初。'依《贼律》：谋反大逆，处买枭首。其延陵法灌等所谓月光童子刘景晖者，妖言惑众，事在赦后，亦合死坐。"正崔纂以为："景晖云能变为蛇雉，此乃傍人之言。虽杀晖为无理，恐赦晖复惑众。是以依违，不敢专执。当今不讳之朝，不应行无罪之戮。景晖九岁小儿，口尚乳臭，举动云为，并不关已，月光之称，不出其口。皆奸吏无端，横生粉墨，所谓为之者巧，杀之者能。若以妖言惑众，据律应死，然更不破□惑众。赦令之后，方显其律，令之外更求其罪。赦律何以取信于天下，天下焉得不疑于赦律乎！《书》曰：与杀无辜，宁失有罪，又案《法例律》：八十已上，八岁已下，杀伤论坐者上请。议者谓悼耄之罪，不用此律。愚以老智如尚父，少惠如甘罗，此非常之士，可如其议。景晖愚小，自依凡律。"灵太后令曰："景晖既经恩宥，何得议加横罪，可谪略阳民，余如奏。"

时司州表：河东郡民李怜生行毒药，案以死坐。其母诉称：'一身年老，无更期亲，例合上请。'检籍不谬，未及判申，怜母身丧。州断三年服终后乃行决。"司徒曹参军许琰谓州判为允。主簿李玚驳曰："案《法例律》：诸犯死罪，若祖父母、父母年七十已上，无成人子孙，旁无期亲者，具状上请。流者鞭笞，留养其亲，终则从流。不在原赦之例。检上请之言，非应府州所决。毒杀人者斩，妻子流，计其所犯，实重徐宪。准之情律，所亏不浅。且怜既怀耽毒之心，谓不可参邻人。任计其母在，犹宜阖门投异，况今死也，引以三年之礼乎？且给假殡葬足示仁宽。今已卒哭，不合更延。可依法处斩，流其妻子。实足诚彼氓庶，肃是刑章。"尚书萧宝夤奏从玚执，诏从之。

旧制，直阁、直后、直斋，武官队主、队副等，以比视官；至于犯谴，不得除罪。尚书令、任城王澄奏："案诸州中正，亦非品令所载，又无禄恤，先朝已来，皆得当刑。直阁等禁直上下，有宿卫之勤，理不应异。"灵太后令准中正。

神龟中，兰陵公主驸马都尉刘辉，坐与河阴县民张智寿妹容妃、陈庆和妹慧猛奸乱耽惑，殴主伤胎，辉惧罪逃亡。门下处奏："各人死刑，智寿、庆和并以知情不加防限，处以流坐。"诏曰："容妃、慧猛恕死，髡鞭付宫，余如奏。"

尚书三公郎中崔纂执曰："伏见旨募若获刘辉者，职人赏二阶，白民听出身进一阶，厮役免役，奴婢为良。案辉无叛逆之罪，赏同反人刘宣明之格。又寻门下处奏，以'容妃、慧猛与辉私奸，两情耽惑，令辉侠忿，殴主伤胎。虽律无正条，罪合极法，并处入死。其智寿等二家，配敦煌为兵。'天慈广被，不即□□，虽恕其命，窃谓未可。夫律令，高皇帝所以治天下，不为喜怒增减，不由亲疏改易，案《斗律》：'祖父母、父母忿怒，以兵刃杀子孙者五岁刑，殴杀者四岁刑；若心有爱憎而故杀者，各加一等。'虽王姬下降，贵殊常妻，然人妇之孕，不得非一夕生。永平四年先朝旧格：诸刑流及死，皆首罪判官，后决从者。事必因本以求支，狱若以辉逃避，便应悬处，未有舍其首罪而成其未愆。流死参差，或时未允。门下中禁大臣，职在敷奏。昔邴吉为相，不存斗毙，而问牛喘，岂不以司别故也。案容妃等，罪止于奸私。若擒之秽席，众证分明，即律科处，不越刑坐。何得同宫掖之罪，齐奚官之□。案智寿口诉，妹适司士曹参军罗显贵，已生二女于其夫，则他家之母。《礼》云：妇人不二夫，犹曰不二天。若私门失度，罪在于夫，莽非兄弟。昔魏晋未除五族之刑，有免子戮母之坐。何曾净之，谓：'在室之女，从父母之刑；已醮之妇，从夫家之刑。'斯乃不刊之令轨，古今之通议。《律》，期亲相隐之谓凡罪。况奸私之丑，岂得以同气相证？论刑过其所犯，语情又乖律宪。案《律》：奸罪无相缘之坐。不可借辉之忿，加兄弟之刑。夫刑人于市，与众弃之；爵人于朝，与众共之。明不私于天下，无欺于耳目。何得以□正刑书，施行四海。刑名一失，驷马不追。既有诏旨，依即行下，非律之案，理宜更请。"

尚书元修义以为："昔哀姜悖礼于鲁，齐侯取而杀之，《春秋》所讥;又夏姬罪滥于陈国,但责征舒,而不非父母。明妇人外成,犯礼之愆,无关本属。况出适之妹,曷及兄弟乎?"

右仆射游肇奏言:"臣等谬参枢辖,献替是司,门下出纳,谟明常则。至于无良犯法,职有司存;劾罪结案,本非其事。容妃等奸状,罪止于刑,并处极法,准律未当。出适之女,坐及其兄,推据典宪,理实为猛。又辉虽逃刑,罪非孥戮,募同大逆,亦谓加重。乖律之案,理宜陈请。乞付有司,重更详议。"

诏曰:"辉悖法者之罪不可纵。厚赏悬募,必望擒获。容妃、慧猛与辉私乱,因此耽惑,主致非常。此而不诛,将何惩肃!且已醮之女,不应坐及昆弟,但智寿、庆和知妹奸情,初不防御,招引刘辉,共成淫丑,败风秽化,理深其罚。特敕门下结狱,不拘恒司,岂得一同常例,以为通准。且古有诏狱,宁复一归大理。而尚书治本,纳言所属。弗究悖理之浅深,不详损化之多少,违彼义途,苟存执宪,殊乖任寄,深合罪责。崔纂可免郎,都坐尚书,悉夺禄一时。"

孝昌已后,天下淆乱,法令不恒,或宽或猛。及尔朱擅权,轻重肆意,在官者多以深酷为能。至迁邺,京畿群盗颇起。有司奏立严制:诸强盗杀人者,首从皆斩,妻子同籍,配为乐户;其不杀人,及赃不满五匹,魁首斩,从者死,妻子亦为乐户;小盗赃满十匹已上,魁首死,妻子配驿,从者流。侍中孙腾上言:"谨详:法若昼一,理尚不二,不可喜怒由情,而致轻重。案《律》:公私劫盗,罪止流刑。而比执事苦违,好为穿凿,律令之外,更立余条;通相纠之路,班捉获之赏。斯乃刑书徒设,狱讼更烦,法令滋彰,盗贼多有。非所谓不严而治,遵守典故者矣。臣以为升平之美,义在省刑;陵迟之弊,必由峻法。是以汉约三章,天下归德;秦酷五刑,率士瓦解。礼训君子,律禁小人;举罪定名,国有常辟。至如'眚灾肆赦,怙终贼刑。'经典垂言,国朝成范。随时所用,各有司存。不宜巨细滋烦,令民豫备。恐防之弥坚,攻之弥甚。请诸犯盗之人,悉准律令,以明恒宪。庶使刑杀折衷,不得弃本从末。"诏从之。

　　天平后,迁移草创,百司多不奉法,货贿公行。兴和初,齐文襄王入辅朝政,以公平肃物,大改其风。至武定中,法令严明,四海知治矣。

魏书卷一一二上
志第一七

灵征上

　　帝王者,配德天地,协契阴阳,发号施令,动关幽显。是以克躬修政,畏天敬神,虽休勿休,而不敢怠也。化之所感,其征必至;善恶之来,报应如响。斯盖神祇眷顾,告示祸福,人主所以仰瞻俯察,戒德慎行,弭遣咎,致休祯,圆首之类,咸纳于仁寿。然则治世之符,乱邦之孽,随方而作,厥迹不同,眇自百王,不可得而胜数矣。今录皇始之后灾祥小大,总为《灵征志》。

　　地震
　　《洪范论》曰:地阴类,大臣之象,阴静而不当动;动者,臣下强盛,将动而为害之应也。
　　太宗泰常四年二月甲子,司州地震,屋室尽摇动。
　　世祖太延二年十一月丁卯,并州地震。
　　四年三月乙未,京师地震。
　　十一月丁亥,幽、兖二州地震。
　　真君元年五月丙午,河东地震。
　　高祖延兴四年五月,雁门崎城有声如雷,自上西引十余声,声止地震。
　　十月己亥,京师地震。
　　太和元年四月辛酉,京师地震。

五月,统万镇地震,有声如雷。

闰月,秦州地震,殷殷有声。四年正月,雍州氐民齐男王反。

二年二月丙子,兖州地震。四年十月,兰陵民桓富反,杀其县令。

七月丁卯,并州地震,有声。

三年三月戊辰,平州地震,有声如雷,野雉皆雊。

七月丁卯,京师地震。五年二月,沙门法秀谋反。

四年五月己酉,并州地震。

五年二月戊戌,秦州地震。

六年五月癸未,秦州地震,有声。

八月甲午,秦州地震,有声如雷。乙未,又震。

七年三月甲子,秦州地震,有声。

四月丁卯,肆州地震,有声。

六月甲子,东雍州地震,有声。

八年十一月丙申,并州地震。

十年正月辛未,并州地震,殷殷有声。

闰月丙午,秦州地震。

二月申子,京师地震。丙寅,又震。

丙午,秦州地有声。

三月壬子,京师及营州地震。十二年三月,中散梁众保谋反。

十九年二月己未,光州地震,东莱之牟平虞丘山陷五所,一处有水。

二十年正月辛未,并州地震。

四月乙未,营州地震。十二月,恒州刺史穆泰等在州谋反,诛。

二十二年三月癸未,营州地震。

八月戊子,兖州地震。

九月辛卯,并州地震。

二十三年六月乙未,京师地震。

世宗景明元年六月庚午,秦州地震。

四年正月辛酉,凉州地震。

壬申,并州地震。

六月丁亥,秦州地震。

十二月辛巳,秦州地震。正始三年正月,秦州民王智等聚众二千,自号王公,寻推秦州主簿吕苟儿为主。

正始元年四月庚辰,京师地震。

六月乙巳,京师地震。

二年九月己丑,恒州地震。

三年七月己丑,凉州地震,殷殷有声,城门崩。八月庚申,秦州地震。九月,夏州长史曹明谋反。

永平元年春正月庚寅,秦州地震。三年二月,秦州沙门刘光秀谋反。

九月壬辰,青州地震,殷殷有声。

二年正月壬寅,青州地震。

四年五庚戌,恒、定二州地震,殷殷有声。

十月己巳,恒州地震,有声如雷。

延昌元年四月庚辰,京师及并、朔、相、冀、定、瀛六州地震。恒州之繁畤、桑乾、灵丘,肆州之秀容、雁门地震陷裂,山崩泉涌,杀五千三百一十人,伤者二千七百二十二人,牛马杂畜死伤者三千余。后尔朱荣强擅之征也。

十月壬申,秦州地震,有声。

十一月己酉,定、肆二州地震。

十二辛未,京师地震,东北有声。

二年三月己未,济州地震,有声。□月丙戌,京师地震。

三年正月辛亥,有司奏:"肆州上言秀容郡敷城县,自延昌二年四月地震,于今不止。"尔朱荣徵也。

四年正月癸丑,华州地震。

十一月甲午,地震从西北来,殷殷有声。丁酉,又地震,从东北来。

肃宗熙平二年十二月乙巳,秦州地震,有声。

正光二年六月,秦州地震,有声,东北引。五年,莫折念生反。

三年六月庚辰,徐州地震。孝昌元年,元法僧反。

孝静武定三年冬,并州地震。

七年夏,并州乡郡地震。

山崩

《鸿范论》曰:山,阳君也;水,阴民也。天戒若曰:君道崩坏,百姓将失其所也。

太祖天赐六年春三月,恒山崩。

世祖太延四年四月己酉,华山崩。其占曰:山岳配天,犹诸侯之系天子;山岳崩,诸侯有亡者。沮渠牧犍将灭之应。

世宗景明元年五月乙丑,齐州山茌县太阴山崩,飞泉涌出,杀一百五十九人。

四年十一月丁巳,恒山崩。

正始元年十一月癸亥,恒山崩。

延昌三年八月辛巳,兖州上言:"泰山崩,颓石涌泉十七处。"泰山,帝王告成封禅之所也。而山崩泉涌,阳黜而阴盛,岱又齐地也。天意若曰:当有继齐而兴,受禅让者。齐代魏之征也。

大风

京房《易传》曰:"众逆同志,至德乃潜,厥异风。"

太宗永兴三年二月甲午,京师大风。五月己巳,昌黎王慕容伯儿谋反,伏诛。

十一月丙午,又大风。五年,河西叛胡曹龙、张大头等各领部众二万入蒲子。

四年正月癸卯,元会而大风晦冥,乃罢。

五年十一月庚寅,京师大风,起自西方。

神瑞元年四月,京师大风。

二年正月,京师大风。三月,河西饥胡反,屯聚上党,推白亚栗斯为盟主。

世祖太延二年四月甲申,京师暴风,宫墙倒,杀数十人。

三年十二月,京师大风,扬沙折树。

真君元年二月,京师有黑风竟天,广五丈余。四月庚辰,沮渠无讳寇张掖,秃发保周屯于删丹岭。

高宗和平二年三月壬午,京师大风晦瞑。

高祖延兴五年五月,京师赤风。

太和二年七月庚申,武川镇大风,吹失六家,羊角而上,不知所在。

壬戌,雍州赤风。

三年六月壬辰,相州大风,从酉上来,发屋折树。

七年四月,相、豫二州大风。

八年三月,冀、定、相三州暴风。

四月,济、光、幽、肆、雍、齐六州暴风。

九年六月庚戌,济、洛、肆、相四州及灵丘、广昌镇暴风折木。

十二年五月壬寅,京师连日大风;甲辰,尤甚,发屋拔树。

六月壬申,京师大风。

十四年七月丁酉朔,京师大风,拔树发屋。

二十三年八月,徐州自甲寅至己未,大风拔树。

闰月庚申,河州暴风,大雨雹。

世宗景明元年二月癸巳,幽州暴风,杀一百六十一人。

三年闰月甲午,京师大风,拔树发屋,吹折阊阖门关。

九月丙辰,幽、岐、梁、东秦州暴风昏雾,拔树发屋。

四年三月己未,司州之河北、河东、正平、平阳,大风拔树。

正始元年七月戊辰,东秦州暴风,拔树发屋。

二年二月癸卯,有黑风,羊角而上,起于柔玄镇,盖地一顷,所过拔树。甲辰,至于营州,东入于海。

四年五月甲子,京师大风。

永平元年四月壬申。京师大风，拔树。八月癸亥，冀州刺史、京兆王愉据州反。

三年五月己亥，南秦州广业、仇池郡大风，发屋拔树。

延昌四年三月癸亥，京师暴风，从西北来，发屋折树。

肃宗熙平二年九月，瀛州暴风大雨，自辛酉至于乙丑。

正光三年四月癸酉，京师暴风大雨，发屋拔树。

四年四月辛巳，京师大风。

孝昌二年五月丙寅，京师暴风，拔树发屋。吹平昌门扉坏，永宁九层撜折。于时天下所在兵乱。

前废帝普泰元年夏，大风雨，吹普光寺门屋于地。

孝静武定七年三月，颍川大风。

大水

《鸿范论》曰：大水者，皆君臣治失，而阴气畜积盛强，生水雨之灾也。

太祖天赐三年八月，霖雨，大震，山谷水溢。

太宗泰常三年八月，河内大水。

世祖延和元年六月甲戌，京师水溢，坏民庐舍数百家。

真君八年七月，平州大水。

高祖太和二年夏四月，南豫、徐、兖州大霖雨。

六年七月，青、雍二州大水。

八月，徐、东徐、兖、济、平、豫、光七州，平原、枋头、广阿、临济四镇大水。

九年九月，南豫、朔二州各大水，杀千余人。

二十二年戊午，兖、豫二州大霖雨。

二十三年六月，青、齐、光、南青、徐、豫、兖、东豫八州大水。

世宗景明元年七月，青、齐、南青、光、徐、兖、豫、东豫，司州之颍川、汲郡大水，平隰一丈五尺，民居全者十四五。

正始二年三月，青、徐州大雨霖，海水溢出于青州乐陵之隰沃县,流漂一百五十二人。

永平三年七月,州郡二十大水。

延昌元年夏,京师及四方大水。

二年五月,寿春大水。

肃宗熙平元年六月,徐州大水。

二年九月,冀、瀛、沧三州大水。

正光二年夏,定、冀、瀛、相四州大水。

孝昌三年秋,京师大水。

出帝太昌元年六月庚午,京师大水,谷水泛溢,坏三百余家。

孝静元象元年,定、冀、瀛、沧四州大水。

兴和四年,沧州大水。

涌泉

太宗泰常五年十二月壬辰,涌泉水出于平城。

高宗和平五年十一月,雁门泉水穿石涌出。

前废帝普泰元年秋,司徒府太仓前井并溢。占曰:民迁流之象。永熙三年十月,都迁于邺。

孝静天平四年七月,泰州井溢。

元象元二月,邺城西南有枯井溢。

雨雹

《鸿范论》曰:阳之专气为雹,阴之专气为霰。此言阳专而阴胁之,阴专而阳薄之,不能相入,则转而为雹。犹臣意不合于君心也。

高祖延兴四年四月庚午,泾州大雹伤稼。

承明元年四月辛酉,青、齐、徐、兖大风雹。

八月庚申,并州乡郡大雹,平地尺,草木禾稼皆尽。

癸未,定州大雹杀人,大者方圆二尺。世宗景明元年六月,雍、青二州大雨雹,杀獐鹿。

四年五月癸酉,汾州大雨雹。

六月乙巳,汾州大雨雹,草木、禾稼、雉兔皆死。

七月甲戌,暴风,大雨雹,起自汾州,经并、相、司、兖,至徐州而止,广十里,所过草木无遗。

正始二年三月丁丑,齐、济二州大雹,雨雪。

永平三年五月庚子,南秦广业郡大雨雹,杀鸟兽、禾稼。

雪

《鸿范论》曰:《春秋》之大雨雪,犹庶征之恒雨也,然尤甚焉。夫雨,阴也;雪,又阴也。大雪者,阴之畜积盛甚也。一曰与大水同,冬故为雪耳。

世祖始光二年十月,大雪数尺。

真君八年五月,北镇寒雪,人畜冻死。是时为政严急。

高祖太和四年九月甲子朔,京师大风,雨雪三尺。

世宗正始元年五月壬戌,武川镇大雨雪。

四年二月乙卯,司、相二州暴风,大雨雪。

九月壬申,大雪。

肃宗正光二年四月,柔玄镇大雪。

霜

京房《易传》曰:兴兵妄诛,兹谓亡法,厥灾霜,夏杀五谷,冬杀麦,诛不原情,兹谓不仁,夏先大霜。

太祖天赐五年七月,冀州陨霜。

世祖太延元年七月庚辰,大陨霜,杀草木。

高宗和平六年四月乙丑,陨霜。

高祖太和三年七月,雍、朔二州及枹罕、吐京、薄骨律、敦煌、仇池镇并大霜,禾豆尽死。

六年四月,颍川郡陨霜。

七年三月,肆州风霜,杀菽。

九年四月,雍、青二州陨霜。

六月,洛、肆、相三州及司州灵丘、广昌镇陨霜。

十四年八月乙未,汾州陨霜。

世宗景明元年四月丙子,夏州陨霜杀草。

六月丁亥,建兴郡陨霜杀草。

八月乙亥,雍、并、朔、夏、汾五州,司州之正平、平阳频暴风陨霜。

二年三月辛亥,齐州陨霜,杀桑麦。

四年三月壬戌,雍州陨霜,杀桑麦。

辛巳,青州陨霜,杀桑麦。

正始元年五月壬戌,武川镇陨霜。

六月辛卯,怀朔镇陨霜。

七月戊辰,东秦州陨霜。

八月庚子,河州陨霜杀稼。

二年四月,齐州陨霜。

五月壬申,恒、汾二州陨霜杀稼。

七月辛巳,幽、岐二州陨霜。

乙未,敦煌陨霜。

戊戌,恒州陨霜。

三年六月丙申,安州陨霜。

四年三月乙丑,幽州频陨霜。

四月乙卯,敦煌频陨霜。

八月,河州陨霜。

永平元年三月乙酉,岐、幽二州陨霜。

己丑,并州陨霜。

四月戊午,敦煌陨霜。

二年四月辛亥,武州镇陨霜。

延昌四年三月癸亥,河南八州陨霜。

肃肃熙平元年七月,河南北十一州霜。

无云而雷

《鸿范论》曰：雷，阳也；云，阴也。有云然后有雷，有臣然后有君也。雷托于云，君托于臣，阴阳之合也。故无云而雷，示君独处，无臣民也。

显祖皇兴元年七月，东北无云而雷。

二年七月，东北有声如雷。

世宗延昌元年二月己酉，有声起东北，南引，殷殷如雷，二声而止。

鼓妖

世祖太延四年十月辛酉，北有声如大鼓，西北行。

雷

《鸿范论》曰：阳用事百八十三日而终，阴用事亦百八十三日而终，雷出地百八十三日而入地，入地百八十三日而复出地，是其常经也。故雷安，万物安；雷害，万物害。犹国也，君安，国亦安；君害，国亦害。不当雷而雷，皆失节也。

世祖神麚元年十月己酉，雨，雷电。

太延三年十月癸丑，雷。

四年十一月丁亥，雷。

高祖太和三年十一月庚戌，豫州雷雨。

戊申，豫州大雷雨，平地水三寸。

四年十月戊戌，雷。

七年十一月辛巳，幽州雷电，城内尽赤。

世宗景明二年十一月辛卯，凉州雷，七发声。

三年十二月己巳，夜雷，九发声。

正始元年十一月甲寅，秦、齐、荆、朔四州雷电。

肃宗正光元年正月壬寅，雷。

震

《春秋》震夷伯之庙,左丘明谓展氏有隐慝焉。刘向以为夷伯世大夫,天戒若曰:勿使大夫世官,将专事也。

太祖天赐六年四月,震天安殿东序。帝恶之,令左校以冲车攻殿东西两序屋毁之。帝竟暴崩。

显祖皇兴二年十一月,夜震电。

高祖太和三年五月戊午,震东庙东中门屋南鸱尾。

雾

班固说:上不宽大包容臣下,则不能居圣位。貌、言、视、听,以心为主,四者皆失,则区瞀无识,故其咎雾。

世祖太延四年正月庚子,雨土如雾于洛阳。

高祖太和十二年十一月丙戌,土雾竟天,六日不开,到甲夜仍复浓密,勃勃如火烟,辛惨人鼻。

世宗景明三年二月己丑,秦州黄雾,雨土覆地。

八月己酉,浊气四塞。

四年八月辛巳,凉州雨土覆地,亦如雾。

正始二年正月己丑夜,阴雾四塞,初黑后赤。三年正月辛丑,土雾四塞。

九月壬申,黑雾四塞。

延昌元年二月甲戌,黄雾蔽塞。时高肇以外戚见宠,兄弟受封,同汉之五侯也。

桃李花

庶征之恒燠。刘向、班固以冬亡冰及霜,不杀草之应。京房《易传》曰:夏暑杀人,冬则物华实。

世祖真君五年八月,华林园诸果尽花。

高祖延兴五年八月,中山桃李花。

承明元年九月,幽州民齐渊家杜树结实既成,一朝尽落,花叶复生,七日之中,蔚如春状。

世宗景明四年十一月,齐州东清河郡桃李花。

延昌四年闰十月辛亥,京师柰树花。

火不炎上

《鸿范论》曰:弃法律,逐功臣,杀太子,以妾为妻,则火不炎上。谓火失其性而为灾。

高宗太安五年春三月,肥如城内大火,官私庐舍焚烧略尽,唯有东西二寺佛图像舍火独不及。

高祖太和八年五月戊寅,河内沁县泽自燃,稍增至百余步,五日乃灭。

世宗景明元年三月乙巳,恒岳祠灾。

肃宗正光元年五月,钩盾禁灾。

孝昌二年夏,幽州逎县地燃。

三年春,瀛州城内大火,烧三千余家。

出帝永熙三年二月,永宁寺九层佛图灾。既而时人咸言,有人见佛图飞入东海中。永宁佛图,灵像所在,天意若曰:永宁见灾,魏不宁矣。勃海,齐献武王之本封也。神灵归海,则齐室将兴之验也。

三月,并州三级寺南门灾。

孝静天平四年秋,邺阊阖门东阙火。

武定三年冬,汾州西河北山有火潜行地下,热气上出。

黑眚黑祥

世祖始光二年正月甲寅夜,天东南有黑气,广一丈,长十丈。占有兵。二月,慕容渴悉邻反于北平。

显祖皇兴三年正月,河济起黑云,广数里,掩东阳城上,昏暗如夜,既而东阳城溃。

世宗景明三年九月己卯,黑气四塞。甲辰,扬州破萧衍将张嚣之,斩级二千。

赤眚

高祖太和二年十一月丁未夜,有三白气从地出;须臾,变为黄赤,光明照地。

十六年九月丁巳,昏时,赤气见于西北,长二十丈,广八九尺,食顷乃灭。

世宗延昌元年三月丙申,有赤气见于天,自卯至戌。

肃宗正光元年十一月辛未,西北赤气竟天畔,似火气,京师不见,凉州以闻。

三年九月甲辰夜,西北有赤气,似火焰,东西一匹余。北镇反乱之征。

五年五月癸酉申时,北有赤气,东西竟天,如火焰。

庄帝永安三年十一月己丑,有赤气如雾,从显阳殿阶西南角斜属步廊,高一丈许,连地如绛纱幔,自未至戌不灭。帝见而恶之,终有幽崩之祸。

孝静天平三年正月己亥戌时,东方有赤气,可三丈余,三食顷而灭。

青眚

庄帝永安三年六月甲子申时,辰地有青气,广四尺,东头缘山,西北引,至天半止。西北戌地有黑赤黄云,如山峰,头有青气,广四尺许,东南引。至天半,二气相接。东南气前散,西北气后灭。亦帝执崩之征也。

夜妖

班固说:夜妖者,云风并起而杳冥,故与常风同象也。温而风,则生螟螣之孽。

世宗正始元年六月乙巳,晦。

八月甲辰,昼晦。

人疴

刘歆说：貌之不恭，是谓不肃。上嫚下暴，则阴气胜，水伤百谷，衣食不足，奸宄并作，故其极恶也。一曰，民多被刑，貌丑恶也。班固以为六畜谓之祸，言其著也；及人，谓之疴。疴，病貌，言寝深也。

太宗永兴三年，民乌兰喉下生骨，状如羊角，长一尺余。

高祖太和十六年五月，尚书李冲奏："定州中山郡毋极县民李班虎女献容，以去年九月二十日右手大拇指甲下生毛九茎，至十月二十日长一尺二寸。"

肃宗熙平二年十一月己未，并州表送祁县民韩僧真女令姬，从母右胁而生。灵太后令付掖庭。

正光元年五月戊戌，南兖州下蔡郡有大人迹，见行七步，迹长一尺八寸，广七寸五分。

高祖延兴三年秋，秀容郡妇人一产四男，四产十六男。

庄帝永安三年十一月丁卯，京师民家妻产男，一头、二身、四手、四脚、三耳。

太和十六年十一月乙亥，高祖与沙门道登幸侍中省。日入六鼓，见一鬼衣黄褶裤，当户欲入。帝以为人，叱之而退。问诸左右，咸言不见，唯帝与道登见之。

显祖皇兴二年十月，豫州疫。民死十四五万。

世宗永平三年四月，平阳之禽昌、襄陵二县大疫，自正月至是月，死者二千七百三十人。

金沴

太和十九年六月，徐州表言：丈八铜像汗流于地。

永安、普泰、永熙中，京师平等寺定光金像每流汗，国有事变，时咸畏异之。

永安三年二月，京师民家有二铜像，各长尺余，一颐下生白毫四，一颊傍生黑毛一。

龙蛇之孽

《鸿范论》曰：龙，鳞虫也，生于水。云，亦水之象，阴气盛，故其象至也。人君下悖人伦，上乱天道，必有篡杀之祸。

世祖神䴥三年三月，有白龙二见于京师家人井中。

真君六年二月丙辰，有白龙见于京师家人井中。龙，神物也。而屈于井中，皆世祖暴崩之征也。

肃宗正光元年八月，有黑龙如狗，南走至宣阳门，跃而上，穿门楼下而出。魏衰之征也。

庄帝永安二年，晋阳龙见于井中，久不去。庄帝暴崩晋阳之征也。

前废帝普泰元年四月甲寅，有龙迹自宣阳门西出，复入城。乙卯，群臣入贺，帝曰："国将兴，听于民；将亡，听于神。但当君臣上下，克己为治。未足恃此为庆。"

马祸

《鸿范论》曰：马者，兵象也，将有寇戎之事，故马为怪也。

肃宗熙平二年十一月辛未，恒州送马驹，肉尾长一尺，骏处不生毛。

正光元年九月，沃野镇官马为虫入耳，死者十四五。虫似蜽，长五寸已下，大如箸。

牛祸

《鸿范论》：《易》曰"坤为牛"；坤，土也，土气乱则牛为怪，一曰牛祸。其象，宗庙将灭。一曰转输烦则牛生祸。

世宗景明二年五月，冀州上言：长乐郡牛生犊，一头、二面、二口、三目、三耳。

羊祸

《鸿范论》曰：君不明，失败之所致。

高祖太和二十三年三月，肆州上言阳曲县羊生羔，一头、二身、一牝、一牡，三耳、八足。寻高祖崩，六辅专事。

世宗正始元年七月，鄯善镇送羊羔，一头、两身、八脚。

二年正月，鄯善镇送八脚羊。

延昌四年五月，薄骨律镇上言：羊羔一头、六足、两尾。

豕祸

京房《传》曰：凡妖象其类足多者，所任邪也。京房《易》：妖曰豕生人头豕身者，邑且乱亡。

高祖延兴元年九月，有司奏豫州刺史、临淮公王让表，有猪生子，一头、二身、八足。

世宗景明四年九月，梁州上言，犬豕交。

正始四年八月，京师猎生子，一头、四耳、两身、八足。

延昌四年七月，徐州上言阳平戍猪生子，头面似人，顶有肉髻，体无毛。灵太后、幼主倾覆之征也。

鸡祸

《鸿范论》曰：京房《传》曰：鸡小畜，犹小臣也。角者，兵之象，在上，君之威也。此小臣执事者，将秉君之威以生乱，不治之害。

高祖太和元年夏五月，有司奏：京师有雌鸡二，头上生冠如角，与众鸡异。是时文明太后临朝，信用群小之征。

世宗正始元年四月，河南有鸡雏，四足四翼。语在《崔光传》。

八月，司州上言：河内民席众家鸡雏，近尾上复有一头，口目具。二头皆从颈后各有二翼，二足旁行。是时世宗颇任群小，更有朋党，邪佞干政之验。

延昌四年十二月，洛州上言魏兴太守常矫家黄雌鸡，头上肉角大如枣，长寸三分，角上生聚毛，长寸半。

肃宗正光元年正月。虎贲中郎将兰兜家鸡雄、雌二，各头上生两角,其毛杂色,上耸过冠。时灵太后临朝专政。

羽虫之孽

《鸿范论》曰:视不明,听不聪之罚也。

太宗泰常三年十一月,京师获白枭。

肃宗正光二年八月己卯,获秃鹙鸟于殿内。

孝昌二年四月,民有送死鸭雏,一头、两身、四足、四翅、两尾。

孝静天平二年三月,雄雉飞入尚书省,殿中获之。

蝗虫螟

《鸿范论》曰:刑罚暴虐,取利于下;贪饕无厌,以兴师动众;取邑治城,而失众心,则虫为害矣。

高祖太和五年七月,敦煌镇蝗,秋稼略尽。

六年七月,青、雍二州蚼蚄害稼。

八月,徐、东徐、兖、济、平、豫、光七州,平原、枋头、广阿、临济四镇,蝗害稼。

七年四月,相、豫二州蝗害稼。

八年三月,冀、州、相三州蚼蚄害稼。

四月,济、光、幽、肆、雍、齐、平七州蝗。

六月乙巳,相、齐、光、青四州蚼蚄害稼。

十六年十月癸巳,柽旱镇镇蝗,害稼。

世宗景明元年五月,青、齐、徐、兖、光、南青六州蚼蚄害稼。

四年三月壬午,河州大螟,二麦无遗。

五月,光州蚼蚄害稼。

六月,河州大蝗。

七月,东莱郡蚼蚄害稼。

正始元年六月,夏、司二州蝗害稼。

四年四月,青州步屈虫害枣花。

八月,泾州黄鼠、蝗虫、班虫,河州蚼蚄、班虫,凉州、司州恒农郡蝗虫并为灾。

永平元年六月己巳,凉州蝗害稼。

五年五月,青州步屈虫害枣花。

七月,蝗虫,京师蚼蚄。

八月,青、齐、光三州蚼蚄害稼,三分食二。

肃宗熙平元年六月,青、齐、光、南青四州蚼蚄害稼。

显祖天安元年六月,兖州有黑蚁与赤蚁交斗,长六十步,广四寸,赤蚁断头而死。黑主北,赤主南。十一月,刘彧兖州刺史毕众敬遣使内属,诏镇南大将军尉元纳之,大破贼将周凯等。

高祖太和十年七月,并州治中张万寿表:建兴濩泽县民贾日成以去四月中养蚕,有丝网成幕,中有卷物似绢带,长四尺,广三寸,薄上复得黄茧二,状如履形。

世宗正始二年三月,徐州蚕蛾吃人,尰残者一百一十余人,死者二十二人。

毛虫之孽

谓变常而为异也。

太祖登国中,河南有处虎七,卧于河侧,三月乃去。后一年,虵蜉、白鹿尽渡河北。后一年,河水赤如血。此卫辰灭亡之应。及诛其族类,悉投之河中,其地遂空。

孝静元象元年正月,有狼入城,至硖石,曹㷝获之。

武定五年十二月,北城铜爵台上获豹一。

高祖太和元年五月辛亥,有狐魅截人发。时文明太后临朝,行多不正之征也。

肃宗熙平二年,自春,京师有狐魅截人发,人相惊恐。六月壬辰,灵太后召诸截发者,使崇训卫尉刘胜鞭之于千秋门外,事同太和也。

《瑞图》:外镇王公、刺史、二千石、令长酷暴百姓,人民怨嗟,则白鼠至。

太宗永兴三年二月,京师民赵温家有白鼠,以献。

三年春,于北苑获白鼠一,寻死。割之,腹中有三子,尽白。

四年三月,上幸西官,获白鼠一。

八月,御府民张安获白鼠一。

神瑞二年五月,帝猎于檵仑山,获白鼠一,平城获白鼠三。

六月,平城获白鼠二

八月,豫章王夔获白鼠一。

泰常元年十一月,京师民获白鼬一,以献。

二年六月,中山获白鼠二。

三年三月,京师获白鼠一。

十一月,京师获白鼠一。

世祖始光三年八月,相州魏郡获白鼠。

太延元年八月,雁门献白鼠。

高祖太和二十三年八月,京师获白鼠。

世宗景明四年五月,京师获白鼠。

正始元年六月,京师获白鼠。

肃宗熙平元四月,肆州表送白鼠。

魏书卷一一二下
志第一八

灵征下

　　魏氏世居幽朔，至献帝世，有神人言应南迁，于是传位于子圣武帝，命令南徙，山谷阻绝，仍欲止焉。复有神兽，其形似马，其声类牛，先行导引，积年乃出，始居匈奴之故地。

　　高祖延兴元年十一月，肆州秀容民获麟以献。王者不刳胎剖卵则至。

　　世祖神麚三年七月，冀州献白龟。王者不私人以官，尊耆任旧，无偏党之应。

　　高宗兴安二年六月，营州送大龟。

　　高祖延兴元年十二月，徐州竹邑戍士邢德，于彭城南一百二十里得蓍一株，四十九枝，下掘得大龟，献之。诏曰："龟蓍与经文相合，所谓灵物也。德可赐爵五等。"

　　三年六月，京师获大龟。

　　肃宗神龟元年二月，获龟于九龙殿灵芝池，大赦改元。

　　孝静武定三年十月，有司奏：南兖州陈留郡民贾兴达于家庭得毛龟一。

　　天平四年八月，有巨象至于南兖州，砀郡民陈天爱以告，送京师，大赦改年。王者自养有节则至。

　　高祖太和二年十一月，徐州献黑狐。周成王时，治致太平而黑狐见。

三年五月，获白狐。王者仁智则至。

六月，抚冥获白狐以献。

八年六月，徐州获黑狐以献。

十年三月，冀州获九尾狐以献。王者六合一统则见。周文王时，东夷归之。曰王者不倾于色则至德至，鸟兽亦至。

十一年十一月，冀州获九尾狐以献。

二十三年正月，司州、河州各献白狐狸。

十九年六月，司州平阳郡获白狐以献。

世宗景明三年二月，河州献白狐。

永平三年十月，白狐见于汲郡。

延昌四年四月，兖州献白狐。

九月，相州献白狐。

闰月，汾州献白狐二。

肃宗正光二年三月，南青州献白狐二。

三年六月，平阳郡献白狐。

八月，光州献九尾狐。

四年五月，平阳郡献白狐。

孝静天平四年四月，西兖州献白狐。七月，光州献九尾狐。

元象元年四月，光州献九尾狐。

二年二月，光州献九尾狐。

兴和三年五月，司州献九尾狐。

十二月，魏郡献白狐。

四年四月，瀛州献白狐二。

武定元年七月，幽州获白狐，以献上。

三年七月，瀛州献白狐，二牡一牝。

九月，西兖州献白狐。

太和二年十一月辛未，泰州献五色狗。

三年三月，齐州献五色狗，其五色如画。

太祖天兴四年五月，魏郡斥丘县获白鹿。王者惠及下则至。

太宗永兴四年九月，建兴郡献白鹿。

世祖神䴥元年二月，定州获白麚，白麚鹿又见于乐陵。因以改元。

三年二月，白鹿见于代郡倒剌山。

太延四年十二月，相州献白鹿。

真君八年五月，洛州送白鹿。

高宗太安二年十月，白鹿见于京师西苑。

高祖承明元年六月，秦州献白鹿。

太和元年正月，白鹿见于秦州。

三月，白鹿见于青州。

四年正月，南豫州献白鹿。

十九年七月，司州获白鹿、麚以献。

二十年六月，司州献白鹿。

世宗景明元年四月，荆州献白鹿。

永平四年八月，平州献白鹿

延昌二年五月，齐州献白鹿。

四年六月，司州献白鹿。

肃宗熙平元年五月，济州献白鹿。

二年五月，司州献白鹿。

神龟二年六月，徐州献白鹿。

孝静元象元年六月，齐献武王获白鹿，以献。

武定元年六月，兖州献白鹿。

太祖登国六年十二月，上猎，亲获鹿一角。如问群臣，皆曰："鹿当二角，今一，是诸国将并之应也。"

高祖太和三年三月，肆州献一角鹿。

神龟元年七月，徐州献一角鹿。

世宗正始二年九月，后军将军尔朱新兴献一角兽。天下平一则至。

肃宗熙平元年十一月，肆州献一角兽。

神龟二年九月，徐州献一角兽。

高宗太安三年三月，有白狼一，见于太平郡。议者曰："古今瑞应多矣，然白狼见于成汤之世，故殷道用兴，太平嘉名也。又先帝本封之国而白狼见焉，无穷之征也。周宣王得之而犬戎服。"

太宗永兴四年十二月，章安子封懿献白獐。王者刑罚理则至。

高祖太和二年十二月，怀州献白獐。

三年五月，白獐见于豫州。

二十三年正月，华州献白麞。

肃宗熙平二年三月，徐州献白獐。

神龟二年七月，徐州献白獐。

孝静武定七年七月，瀛州献白獐。

高祖太和七年六月，青州献三足乌。王者慈孝天地则至。

十三年十一月，荥阳献三足乌。

十四年六月，怀州献三足乌。

十五年闰月，济州献三足乌。

十七年五月，冀州献三足乌。

二十年六月，豫州献三足乌。

二十三年六月，冀州献三足乌。

世宗景明元年五月，徐州献三足乌。

三年二月，豫州献三足乌。

四年六月，幽州献四足乌。

正始元年二月，冀州献三足乌。

五月，幽州献三足乌。

是月，相州献三足乌。

六月，定州献三足乌。

二年五月，肆州献三足乌。

三年三月，豫州献三足乌。

是月，豫州又献三足乌。

永平元年四月，豫州献三足乌。

延昌三年二月,冀州献三足乌。

肃宗熙平元年四月,汲郡献三足乌。

二年四月,东郡献三足乌。

是月,豫州献三足乌。南兖州又献三足乌。

神龟元年八月,雍州献三足乌。

二年五月,颍川郡献三足乌。

正光元年四月,济州献三足乌。

是月,济州又献三足乌。

二年闰月,东郡献三足乌。

三年五月,东郡献三足乌。颍川郡许昌县献三足乌。肆州献三足乌。

六月,冀州献三足乌。

四年六月,瀛州献三足乌。

出帝太昌元年五月,齐献武王获三足乌,以献。

孝静元象二年四月,京师获三足乌。

武定三年五月,瀛州献三足乌。

四年四月,颍州献三足乌。

五月,颍州又献三足乌。

高祖太和二年七月,白乌见于凉州。王者宗庙肃敬则至。

九月,白乌见于京师。

三年五月,白乌见于豫州。

九月,白乌见于秦州。

十七年六月,兖州献白乌。

二十三年十二月,司州献白乌。

世宗正始二年五月,司州献白乌。

三年九月,颍川郡献白乌。

四年七月,颍川又献白乌。

永平元年四月,颍川献白乌。

延昌二年八月,平阳郡献白乌

三年六月,冀州献白乌。

肃宗正光元年十月,幽州献白乌。

孝静天平二年七月,齐献武王获白乌,以献。

元象元年五月,冀州获白乌。

二年八月,徐州表:"济阴郡厅事前槐树,乌巢于上,乌母死,有鹊衔食哺乌儿,不失其时,并皆长大。"赏太守帛十匹。

兴和四年四月,魏郡贵乡县获白乌雏。

五月,京师获白乌。是月,阳夏郡献白乌。

七月,北豫州献白乌。

十月,瀛州献白乌。

武定元年六月,东郡民献白乌。

三年五月,北豫州献白乌。

是月,广宗郡献白乌。颍州又献白乌。

六月,沧州献白乌。

四年四月,梁州献白乌。

五月,济州献白乌。

八月,阳夏郡献白乌。

高祖太和二年二月,凉州献赤乌。周武王时,衔麦至而克殷。

肃宗熙平元年二月,赤乌见肆州秀容郡。

神龟元年四月,赤乌见并州之晋阳县。

世宗景明二年十二月,南青州献苍乌。君修行孝慈,万姓不好杀生则至。

正始二年五月,雍州献苍乌。

六月,雍州又献苍乌。

永平二年四月,河内献苍乌。

肃宗熙平元年六月,冀州献苍乌。

前废帝普泰元年五月,河内献苍乌。

孝静兴和四年五月,济州献苍乌。

七月,瀛州又献苍乌。

武定元年四月,兖州献苍乌。

五月,济州又献苍乌。

二年五月,京师获苍乌。

三年六月,京师获苍乌。

十月,光州献苍乌。

高祖延兴二年四月,幽州献白鹊。

四年九月,白鹊见于中山。

承明元年八月,定、冀二州俱献白鹊。

十一月,定州又献白鹊。

太和二年十一月,洛州献白鹊。

肃宗熙平元年正月,定州献白鹊。

正光四年正月,京师获白鹊。

孝静兴平二年五月,京师获白鹊。

武定二年七月,林虑献白鹊。

三年六月,京师获白鹊。

世祖太平真君二年七月,天有黄光洞照。议者金谓荣光也。

高宗兴光元年二月,有云五色。所谓景云,太平之应也。

景明二年六月,有云五色,见于申酉之间。

出帝太昌元年六月,日初出,有大黄气成抱。

世祖始光四年六月,甘露降于太学。王者德至,天和气盛则降。又王者敬老,则柏受甘露。王者尊贤爱老,不失细微,则竹苇受。

神䴥元年二月,甘露降于范阳郡。

二年四月,甘露降于邺。

六月,甘露降于平城宫。

三年三月,甘露降于邺。

四年五月,甘露降于河西。

太平真君元年四月,甘露降于平原郡。

高宗太安二年七月,甘露降于常山郡。

和平二年七月,甘露降于京师。

世宗景明三年八月,甘露降于青州新城县。

永平元年十月,甘露降于青州益都县。

延昌二年九月,甘露降于齐州清河郡。

三年十月,齐州上言甘露降。

四年七月,甘露降于京师。

肃宗正光三年十月,甘露降华林园柏树。

四年八月,甘露降显美县。

孝静元象二年三月,甘露降于京师。

武定五年十月,甘露降齐文襄王第门柳树。

六年三月,甘露降于京师。

四月,太山郡上言甘露降。

太祖天兴二年七月,获嘉禾于平城县,异茎同颖。

八月,广宁送嘉禾,一茎十一穗;平城南十里郊嘉禾,一茎九穗,告于宗庙。

太宗永兴二年十月,嘉禾生于清河郡。

太常三年八月,嘉禾生于勃海郡东光县。

世祖神麚二年七月,嘉禾生于魏郡安阳县,三本同颖。

高祖承明元年八月,齐州献嘉禾。

太和三年九月,齐州献嘉禾。

五年八月,常山献嘉禾。

七年八月,定州献嘉禾。

世宗景明元年七月,齐州献嘉禾。

三年七月,齐州献嘉禾。

四年八月,冀州献嘉禾。

正始元年八月,济州献嘉禾。

二年六月,齐州献嘉禾。七月,鲁阳郡献嘉禾。八月,司州献嘉禾。

三年七月,冀州献嘉禾。

永平三年八月,荥阳献嘉禾。

肃宗熙平二年八月,幽州献嘉禾,三本同穗。

正光二年七月,朔州献嘉禾。

三年八月,肆州献嘉禾,一根生六穗。

孝静天平三年七月,魏郡献嘉禾。

四年八月,并州献嘉禾。

是月,京师又获嘉禾。虞曹郎中司马仲璨又献嘉禾,一茎五穗。

元象元年八月,东雍州献嘉禾。

兴和三年八月,南青州献嘉禾。

四年八月,京师再获嘉禾。

武定二年八月,京师获嘉禾。

三年八月,并州献嘉禾。

高祖太和三年十月,徐州献嘉瓟,一蒂两实。

太祖天兴二年七月,并州献白兔一。王者敬耆老则见。

三年五月,车驾东巡,幸广宁,有白兔见于乘舆前,获之。

四年正月,并州献白兔。

太宗永兴三年,上猎于西山,获白兔。

八月,京师获白兔。

泰常元年十一月,定州安平县献白兔。

二年六月,京师获白兔。

三年六月,顿丘郡获白兔。

世祖始光三年五月,洛州献黑兔。

神䴥元年九月,章武郡献白兔。

四年二月,勃海郡献白兔。

真君七年二月,青州献白兔二。

高宗和平三年十月,云中获白兔。

四年闰月,邺县获白兔。

高祖延兴五年四月,白兔见于代郡。

承明元年八月,白兔见于云中。

太和元年六月,雍州周城县献白兔。

三年三月,吐京镇献白兔。

八年六月,徐州献白兔。

十八年十月,瀛州献白兔。

二十年七月,汲郡献黑兔。

七月,京师获白兔。

二十三年,获黑兔。

世宗景明元年十一月,河州献白兔。

三年四月,颍川郡献白兔。

八月,河内郡献白兔。

四年六月,河内郡献白兔。

七月,夏州献黑兔。

正始元年三月,河南郡献黑兔。

四月,鲁阳郡献白兔。

二年八月,东郡献白兔。

九月,河内郡献黑兔。

是月,肆州献白兔,东郡又献白兔。

三年七月,薄骨律镇献白兔。

九月,肆州献白兔。

四年四月,河内郡献白兔。

永平元年四月,济州献白兔。

五月,河内献黑兔。

十月,乐安郡获白兔。

二年二月,相州献白兔。

延昌三年七月,豫州献白兔。

四年三月,河南献白兔。

八月,河南又献白兔。

九月,河内又献白兔。

肃宗熙平二年四月,豫州献白兔。

五月,东郡献白兔。

六月,京师获白兔。

十一月,鄯善镇献白兔。

神龟元年六月,京师获黑兔。

二年八月,正平郡献白兔。

九月,正平郡又献白兔。

十月,京师获黑兔。

正光元年正月,徐州献白兔。

五月,冀州献白兔。

三年五月,徐州献白兔二。

是月,冀州献白兔。

孝静天平二年八月,光州献白兔。

四年十月,光州献白兔。

元象元年五月,徐州获白兔。

六月,齐献武王获白兔,以献。

是月,濮阳郡献白兔。

兴和二年四月,徐州献白兔。

六月,京师获白兔。

四年正月,光州献白兔。

武定元年三月,瀛州献白兔。

□月,汲郡献白兔。

六年十一月,武平镇献白兔。

太祖天兴五年八月,上曜军览谷,见白燕一。

太宗永兴三年六月,京师获白燕。

四年闰月,京师又获白燕。

泰常二年六月,京师获白燕。

高祖太和二年三月,白燕见于并州。

八年四月,白燕集于京师。

是月,代郡献白燕。

二十三年八月,荆州献白燕。

闰月,正平郡献白燕。

世宗景明三年六月,泾州献白燕。

肃宗熙平元年七月,京师获白燕。

孝静元象元年八月,西中府献白燕。

兴和二年三月,京师获白燕。

武定三年六月,北豫州献白燕。

太宗泰常八年五月,雁门献白雀。王者爵禄□则白雀至。

世祖神䴥元年九月,沧水郡献白雀。

十月,魏郡献白雀。

真君八年五月,雁门郡献白雀。

高祖延兴二年二月,白雀见于扶风郡。

三年五月,白雀见于代郡。

四年正月,青州献白雀。

太和三年五月,白雀见于豫州。

十三年正月,清河武城县献白雀。

世宗景明三年六月,荥阳郡献白雀。

十月,薄骨律镇献白雀。

四年三月,敦煌镇献白雀。

五月,京师获白雀。

六月,恒农郡献白雀。

七月,京师获白雀。

正始二年七月,薄骨律镇献白雀。

三年四月,获白雀于京师。

十月,河州献白雀。

十二月,雍州献白雀。

四年二月,豫州献白雀。

永平三年七月,京师又获白雀。

延昌三年七月,河南郡获白雀。

十一月,秦州献白雀。

四年五月,荥阳献白雀。

八月,秦州献白雀。

是月,青州献白雀。

是月,恒州献白雀。

是月,洛阳获白雀。

十一月,荆州献白雀。

肃宗熙平元年四月,京师再获白雀。

七月,宫中获白雀。

二年四月,华州献白雀。

六年,相州献白雀。

是月,薄骨律镇献白雀。

七月,京师获白雀。

八月,薄骨律镇又献白雀。

是月,京师又获白雀。

十一月,京师获白雀。

神龟元年五月,京师获白雀。

六月,京师获白雀二。

八月,薄骨律镇献白雀。

二年五月,徐州献白雀。

是月,京师获白雀。

三年七月,京师又获白雀。

正光元年六月,京师获白雀。

二年六月,光州献白雀。

三年四月,京师获白雀。

六月,荥阳郡献白雀。

八月,济州献白雀。

是月,光州献白雀。

九月,白雀见舍人省。

四年六月,京师获白雀。

七月,京师获白雀。

出帝太昌元年四月,京师获白雀。

孝静天平二年五月,北豫州献白雀。

三年七月,京师获白雀。

四年七月,兖州献白雀。

元象元年五月,京师获白雀。

六月,京师获白雀。

七月,肆州献白雀。

是月,齐献武王获白雀。

二年五月,京师获白雀。

六月,齐文襄王获白雀以献。

是月,南兖州获白雀。

七月,京师获白雀。

兴和二年四月,京师获白雀。

闰月,京师获白雀。

六月,光州献白雀。

七月,京师获白雀。

三年五月,京师获白雀。

四年正月,京师获白雀。

六月,京师获白雀。

七月,京师获白雀。

武定元年六月,京师获白雀。

七月,京师获白雀。

三年五月,梁州获白雀。

七月,京师获白雀。

十月,兖州获白雀。

四年六月,京师获白雀。

六年六月,京师获白雀。

世宗景明三年三月,济州献赤雀。周文王时,衔书至。

四年五月，获赤雀于京师。

永平元年四月，京师获赤雀。

肃宗孝昌三年四月，河南获赤雀以献。

高宗和平四年三月，冀州献白鸠。殷汤时至。王者养耆老，遵道德，不以新失旧则至。

高祖承明元年十一月，冀州献白鸠。

太和二十三年七月，瀛州献白鸠。

八月，荥阳郡献白鸠。

世宗景明三年七月，泾州献白鸠。

正始元年十月，京师获白鸠。

是月，建兴郡献白鸠。

二年四月，并州献白鸠。

七月，冀州献白鸠二。

三年七月，夏州献白鸠。

永平元年六月，洛州献白鸠。

肃宗熙平二年九月，汲郡献白鸠。

太祖天兴四年春，新兴太守上言：“晋昌民贾相，昔年二十二，为雁门郡吏，入句注西陉，见一老父，谓相曰：‘自今以后四十二年，当有圣人出于北方。时当大乐，子孙永长，吾不及见之。’言终而过。相顾视之，父老化为石人。相今七十，下检石人见存。至帝破慕容宝之岁，四十二年。”

真君五年二月，张掖郡上言：“往曹氏之世，丘池县大柳谷山石表龙马之形，石马脊文曰‘大讨曹’，而晋氏代魏。今石文记国家祖宗讳，著受命之符。”乃遣使图写其文。大石有五，皆青质白章，间成文字。其二石记张、吕之前，已然之效；其三石记国家祖宗，以至于今。其文记昭成皇后讳“继世四六，天法平，天下大安”，凡十四字；次记太祖道武皇帝讳“应王，载记千岁”，凡七字；次记太宗明元皇帝讳“长子二百二十年”，凡六字；次记“太平天王继世主治”，凡八字；次记皇太子讳“昌封太山”，凡五字。初上封太平王，天文图录又授"太平真君"之号,与石文相应。太宗名讳之后,有一人象,携一小儿。见者皆曰:"上爱皇孙,提携卧起,不离左右,此即上象灵契,真天授也。"于是卫大将军、乐安王范,辅国大将军、建宁王崇,征西大将军、常山王素,征南大将军、恒农王奚斤等上奏曰:

> 臣闻帝王之兴,必有受命之符,故能经纬三才,维建皇极,三五之盛,莫不同之。伏羲有河图、八卦,夏禹有洛书、九畴,至乃神功播于往古,圣迹显于来世。伏惟陛下德合乾坤,明并日月,固天纵圣,应运挺生,上灵垂顾,征善备集。是以始光元年经天师奉天文图录,授"太平真君"之号。陛下深执虚冲,历年乃受。精诚感于灵物,信惠协于天人,用能威加四海,泽流宇内,溥天率土,无思不服。今张掖郡列言:丘池县大柳谷山大石有表质白章,间成文字,记国家祖宗之讳,著受命历数之符。王公已下,群司百辟,睹此图文,莫不感动,佥曰:自古以来,祯祥之验,未有今日之焕炳也。斯乃上灵降命,国家无穷之征也。臣等幸遭盛化,沐浴光宠,无以对扬天休,增广天地,谨与群臣参议,宜以石文之征,宣告四海,令方外僭窃知天命有归。

制曰:"此天地况施,乃先祖父之遗侯征,岂朕一人所能独致。可如所奏。"太和元年冬十月,南部尚书安定侯邓宗庆奏:"乡郡民李飞、太原民王显前列称:'诣京南山采药,到游越谷南岭下,见清碧石柱数百枚。'被诏案检,称所见青碧柱,长者一匹,相接而上,或方一尺二寸,或方一尺,方楞悉就。其数既多,不可具数,请付作曹采用。"奏可。时人神异之。

显祖皇兴三年六月,尉元表:"臣于彭城遣别将以八月至睢口,邀贼将陈显达,有战士于营外五里刍牧,见一白头翁,乘白马,将军,呼之语,称:'至十八日辰必来到此,语汝将军,领众从东北临入,我当驱贼令走。申时,贼必大破,宿豫、淮阳皆克无疑。我当与汝国家淮畔为断,下邳城我当驱出,不劳兵力。'后十日,此人复于彭城南戏马台东二里见白头翁,亦乘白马,从东北来,呼此人谓曰:'我与东海、四渎、太山、北岳神共行淮北,助汝二将荡除已定。汝上下喜不?'因忽然不见。"诏元于老人前后见所,为坛表记之。

肃宗孝昌二年十月,扬州刺史李宪表云:"门下督周伏兴以去七月患假还家,至十一日夜梦渡肥水,行至草堂寺南,遥见七人,一人乘马著朱衣,笼冠,六人从后。兴路左而立,至便再拜。问兴何人,兴对曰:'李公门下督,暂使碛石。'其人语兴:'君可回,我是孝文皇帝中书舍人,遣语李宪,勿忧贼堰,此月破矣。'兴行两步,录兴姓字,令兴速白。兴瘳,晓遂还城,具言梦状。七月二十七日,堰破。"

世祖延和三年三月,乐安王范获玉玺一,文曰"皇帝玺",以献。

太延元年,自三月不雨至六月,使有司遍请群神,数日,大雨。是日,有妇人持一玉印,至潞县侯孙家卖之。孙家得印,奇之,求访妇人,莫知所在。其文曰:"旱疫平"。寇天师曰:"《龙文纽书》云:此神中三字印也。"

高宗和平三年四月,河内人张超于坏楼所城北故佛图处获玉印,以献。印方二寸,其文曰:"富乐日昌,永保无疆,福禄日臻,长享万年。"玉色光润,模制精巧,百僚咸曰:"神明所授,非人为也。"诏天下大酺三日。

高祖承明元年八月,上谷郡民献玉印,上有蛟龙文。

太和元年三月,武川镇献玉印,青质素文,其文曰"太昌"。

六月,雍州献玉印。

是月,长安镇献玉印一,上有龟纽,下有文字,色甚鲜白,有殊常玉。

三年七月,定州钜鹿民献玉印一方,七分,上有文字。

世宗永平元年四月,瀛州民获玉璧、玉印各一以献。

肃宗熙平二年十一月,京师仍获玉玺二。

孝静兴和三年二月,东郡白马县民献玉印一。

太宗永兴三年十二月,北塞候人获玉板二,以献。王者慈仁则见。

孝静天平二年二月,员外散骑常侍穆礼得玉板一,广三寸,长尺五寸,头有两孔,以献。

高祖承明元年九月,京兆民献青玉璧一双,文色炳焕。王者贤良美德则至。

肃宗正光三年六月,并州静林寺僧在阳邑城西橡谷掘药,得玉璧五,珪十,印一,玉柱一,玉盖一,并以献。

高祖太和五年六月,上邽镇将上言:"于镇城西二百五十里射猎,于营南千水中得玉车钏三枚,二青一赤,制状甚精。"

孝静兴和四年七月,邺县民献白玉一璞。

肃宗熙平二年正月,金出歧州横水县赤粟谷。

太祖天兴三年四月,有木连理,生于代郡天门关之路左。王者德泽纯洽,八方为一则生。

八月,勃海上言修县、东光县木连理各一。

十二月,豫州上言木连理生于河内之沁县。

四年春,河内郡木连理二。

八月,魏郡上言内黄县木连理。

太宗泰常元年十月,范阳郡上言木连理。

十一月,常山郡上言木连理。

三年正月,勃海上言东光县木连理。

八月,广宁郡上言木连理。

世祖神䴥四年九月,荥阳郡上言木连理。

延和二年三月,楼烦南山木连理。

三年九月,上谷郡上言木连理。

太延元年二月,魏郡上言木连理。

五年二月,辽西上言木连理。

高祖延兴元年十一月,秘书令杨崇奏:钟律郎李生于京师见长生连理树。

承明元年九月,并州上言木连理,相去一丈二尺,中有五枝相连。

太和元年三月,冀州上言木连理。

十七年六月,京师木连理。

十八年十月,河南上言巩县木连理。

二十三年十月,并州上言百节连理生县瓮山。济州上言木连理。

十二月,瀛州上言木连理。

世宗景明二年正月,瀛州上言平舒县木连理。

三年正月,颍川郡上言木连理。

二月,平阳郡上言襄陵县木连理。

四月,荆州上言南阳宛县木连理。

六月,徐州上言东海木连理。

十月,秦州上言南稻、新兴二县木连理各一。

四年二月,赵平郡上言鹑觚县木连理。

二月,齐郡上言临淄县木连理。

四月,汾州上言五城郡木连理。

五月,青州上言莒县木连理。

六月,恒农庐氏县木连理。

是月,徐州上言梁郡下邑县木连理。

九月,秦州上言当亭四县界各木连理。

正始元年五月,司州上言荥阳京县木连理。

六月,京师西苑木连理。

七月,河东郡上言闻喜县木连理。

八月,河南郡上言,慈水滨木连理。

十月,恒农郡上言崤县木连理。

十二月,凉州上言石城县木连理。

二年正月,汾州上言平昌县木连理。

二月,司州上言崤县木连理。

九月,司州上言颍川阳翟县木连理。

三年六月,汾州上言永安县木连理。

是月,京师木连理。

七月,颍川阳翟县上言木连理。

是月，建德郡上言石城县木连理。

永平元年四月，司州上言颍川郡木连理。

二年四月，司州上言恒农北陕县木连理。

三年十一月，夏州上言横风山木连理。

延昌二年正月，徐州上言建陵戍木连理。

三年正月，司州上言轵县木连理。

四年三月，冀州上言信都县木连理。

六月，京师木连理。

九月，雍州上言鄠县木连理。

肃宗熙平元年正月，光州上言曲城县木连理。

二年十一月，京师木连理。

十二月，敦煌镇上言晋昌戍木连理。

神龟元年正月，汾州上言永安县木连理。

三月，沧州上言饶安县木连理。

八月，燕州上言上谷郡木连理。

九月，秦州上言陇西之武阳山木连理。

二年六月，夏州上言山鹿县木连理。

正光元年五月，并州上言上党东山谷中木连理。

十一月，齐州上言济南郡灵寿山木连理。

二年六月，齐州上言魏郡逢陵县木连理。

二年二月，凉州上言榆中县木连理。

三月，青州上言平昌郡木连理。

八月，徐州上言龙亢戍东木连理二。

四年二月，扬州上言汝阴县木连理。

八月，凉州上言显美县木连理。

孝昌元年十月，魏郡元城县木连理。

孝静天平二年四月，临水郡木连理。

七月，魏郡木连理。

三年五月，司州上言清河郡木连理。

四年六月,广平郡上言木连理。

八月,并州上言木连理。

元象元年二月,洛州上言木连理。

五月,林虑县上言木连理。

八月,上党郡上言木连理。

兴和元年九月,有司奏西山采材司马张神和上言司空谷木连理。

二年四月,光州上言卢乡县木连理。

武定元年闰月,西兖州上言济阴郡木连理。

九月,齐献武王上言并州木连理。

三年九月,瀛州上言河间郡木连理。

五年十一月,汾州上言木连理。

六年五月,晋州上言木连理。

八年四月,青州上言齐郡木连理。

世宗景明三年七月,鲁阳献乌芝。王者慈仁则生,食之令人度世。

太祖天兴二年七月,并州献白雉。周成王时,越裳氏来献。

四年正月,上党郡献白雉。

二月,并州献白雉。

五月,河内郡献白雉。

太宗神瑞二年十一月,右民尚书周几获白雉一于博陵安平,以献。

泰常三年正月,勃海郡高城县献白雉。

三月,勃海郡南皮县献白雉二。

十一月,中山行唐县献白雉。

四年正月,新兴郡献白雉。十二月,又献白雉二。

五年二月,白雉见于河内郡。

世祖神麚元年二月,相州献白雉。

二年二月,上党郡献白雉。

高祖延兴二年正月,青州献白雉。

五年正月,白雉见于上谷郡。

太和元年二月,秦州献白雉。

三月,白雉见于秦州。

十一月,白雉见于安定郡。

二年十一月,徐州献白雉。

三年正月,统万镇献白雉。

四年正月,南豫州献白雉。

六年三月,豫州献白雉。

八年六月,齐州清河郡献白雉。

十七年正月,幽州献白雉。

四月,瀛州献白雉。

二十年三月,兖州献白雉。

世宗景明三年正月,徐州献白雉。

二月,冀州献白雉。

正始三年三月,齐州献白雉。

十月,青州献白雉。

四年十一月,秦州献白雉。

永平二年四月,河内郡献白雉。

六月,河南献白雉。

十二月,豫州献白雉。

延昌四年二月,冀州献白雉。

是月,京师获白雉。

闰月,歧州献白雉。

十二月,幽州献白雉。

肃宗熙平元年二月,相州献白雉。

三月,肆州献白雉。

二年三月,徐州献白雉。

神龟元年三月,颍川郡献白雉。

　　二年正月,豫州献白雉。

　　正光三年二月,夏州献白雉。

　　四年三月,光州献白雉。

　　孝静天平三年正月,青州献白雉。

　　四年二月,青州献白雉。十二月,梁州献白雉。

　　元象二年正月,魏郡繁阳县献白雉。

　　武定元年正月,广宗郡献白雉。

　　是月,兖州献白雉。

　　四年三月,青州献白雉。

　　太宗泰常七年九月,温泉出于涿鹿。人有风寒之疾,入者多愈。

　　高祖太和八年正月,上谷郡惠化寺醴泉涌。醴泉,水之精也。味甘美,王者修治则出。

　　兴和元年冬,西兖州济阴郡宛句县濮水南岸有泉涌出,色清味甘,饮者愈疾,四远奔凑。齐献武王令于泉所营立庐舍。尚书奏赏刺史粟千石,太守粟五百石,县令粟二石,以旌善政所感;先列,言者依第出身。诏可。

　　高宗太和二年九月,鼎出于洛州潩水,送于京师。王者不极滋味,则神鼎出也。

魏书卷一一三
志第一九

官　氏

百姓不能以自治,故立君以司牧;元首不可以独断,乃命臣以佐之。然则安海内,正国家,非一人之力也。书契已外,其事蔑闻,至于羲、轩、昊、顼之间,龙、火、鸟、人之职,颇可知矣。唐、虞六十,夏、商倍之,周过三百,是为大备。而秦、汉、魏、晋,代有加减,罢置盛衰,随时适务。且国异政,家殊俗,设官命职,何常之有。帝王为治,礼乐不相沿;海内作家,物色非一用。其由来尚矣。

魏氏世君玄朔,远统□臣,掌事立司,各有号秩。及交好南夏,颇亦改创。昭成之即王位,已命燕凤为右长史,许谦为郎中令矣。余官杂号,多同于晋朝。建国二年,初置左右近侍之职,无常员,或至百数,侍直禁中,传宣诏命。皆取诸部大人及豪族良家子弟仪貌端严,机辩才干者应选。又置内侍长四人,主顾问,拾遗应封,若今之侍中、散骑常侍也。其诸方杂人来附者,总谓之"乌丸",各以多少称酋、庶长,分为南北部,复置二部大人以统摄之。时帝弟觚监北部,子实君监南部,分民而治,若古之二伯焉。太祖登国元年,因而不改,南北犹置大人,封治二部。是年置都统长,又置幢将及外朝大人官。其都统长,领殿内之兵,直王宫,幢将员六人,主三郎卫士直宿禁中者。自侍中已下,中散已上,皆统之外朝大人,无常员。主受诏命,外使,出入禁中,国有大丧大礼皆与参知,随所典焉。

皇始元年，始建曹省，备置百官，封拜五等；外职则刺史、太守、令长已下有未备者，随而置之。

天兴元年十一月，诏吏部郎邓渊典官制，立爵品。

十二月，置八部大夫、散骑常侍、待诏等官。其八部大夫于皇城四方四维面置一人，以拟八座，谓之八国常侍。待诏侍直左右，出入王命。

二年三月，分尚书三十六曹及诸外署，凡置三百六十曹，令大夫主之。大夫各有属官，其有文簿，当曹敷奏，欲以省弹驳之烦。初令《五经》诸书各置博士，国子学生员三十人。

三年十月，置受恩、蒙养、长德、训士四官。受恩职比特进，无常员，有人则置，亲贵器望者为之。蒙养职比光禄大夫，无常员，取勤旧休闲者。长德职比中散大夫，无常员。训士职比谏议大夫，规讽时政，匡剌非违。又置仙人博士官，典煮炼百药。

四年七月，罢匈奴中郎将官，令诸部护军皆属大将军府。

九月，罢外兰台御史，总属内省。

十二月，复尚书三十六曹，曹置代人令史一人，译令史一人，书令史二人。

天赐元年八月，初置六谒官，准古六卿，其秩五品；属官有大夫，秩六品；大夫属官有元士，秩七品；元士属官有署令长，秩八品；令长属官有署丞，秩九品。

九月，减五等之爵，始分为四，曰王、公、侯、子，除伯、男二号。皇子及异姓元功上勋者封王，宗室及始蕃王皆降为公，诸公降为侯，侯、子亦以此为差。于是封王者十人，公者二十二人，侯者七十九人，子者一百三人。王封大郡，公封小郡，侯封大县，于封小县。王第一品，公第二品，侯第三品，子第四品。又制散官五等：五品散官比三都尉，六品散官比议郎，七品散官比太中、中散、谏议三大夫，八品散官比郎中，九品散官比舍人。文官五品已下，才能秀异者总比之造士，亦有五等。武官五品已下堪任将帅者，亦有五等。若百官有阙者，则于中擢以补之。

初,帝欲法古纯质,每于制定官号,多不依周汉旧名,或取诸身,或取诸物,或以民事,皆拟远古云鸟之义。诸曹走使谓之凫鸭,取飞之迅疾;以伺察者为侯官,谓之白鹭,取其延颈远望。自余之官,义皆类此,咸有比况。又制诸州各置都尉以领兵。

十一月,以八国姓族难分,故国立大师、小师,令辩其宗党,品举人才。自八国以外,郡各自立师,职分如八国,比今之中正也。宗室立宗师,亦如州郡八国之仪。

十二月,诏始赐王、公、侯、子国臣吏,大郡王二百人,次郡王、上郡公百人,次郡公五十人,侯二十五人,子十二人,皆立典师,职比家丞,总统群隶。

二年二月,复罢尚书三十六曹,别置武归、修勤二职。武归比郎中,修勤比令史,分主省务。

二年正月,置内官员二十人,比侍中、常侍,迭直左右。

又制诸州置三刺史,刺史用品第六者,宗室一人,异姓二人,比古之上中下三大夫也。郡置三太守,用七品者。县置三令长,八品者。刺史、令长各之州县,以太守上有刺史,下有令长,虽置而未临民。自前功臣为州者征还京师,以爵归第。置散骑郎、猎郎、诸省令史、省事、典签等。

四年五月,增置侍官,侍直左右,出内诏命,取八国良家,代郡、上谷、广宁、雁门四郡民中年长有器望者充之。

永兴元年十一月,置骐骥官四十人,宿直殿省,比常侍、侍郎。

神瑞元年春,置八大人官,大人下置三属官,总理万机,故世号"八公"云。

泰常二年夏,置六部大人官,有天部,地部,东、西、南、北部,皆以诸公为之。大人置三属官。

始光元年正月,置右民尚书。

神麚元年三月,置左右仆射、左右丞、诸曹尚书十余人,各居别寺。

七月,诏诸征镇大将依品开府,以置佐吏。

延和元年三月，改代尹为万年尹，代令为万年令。后复。

真君五年正月，侍中、中书监、宜都王穆寿，司徒、东郡公崔浩，侍中、广平公张黎辅政，置通事四人。又选诸曹良吏，给事东宫。

正平元年七月，以诸曹吏多，减其员。

兴安二年正月，置驾部尚书、右士尚书。

太安三年五月，以诸部护军各为太守。

延兴二年五月，诏曰："非功无以受爵，非能无以受禄，凡出外迁者皆引此奏闻，求乞假品。在职有效，听下附正；若无殊称，随而削之。旧制：诸镇将、刺史假五等爵，及有所贡献而得假爵者，皆不得世袭。"

四年二月，置外牧官。

五年九月，置监御曹。

太和二年五月，减置候职四百人，司察非违。

四年，省二部内部幢将。

十一年八月，置散官员一百人，朝请员二百人。

十五年七月，置司仪官。

十二月，置侍中、黄门各四人，又置散骑常侍、侍郎、员各四人；通直散骑常侍、侍郎、员外散骑常侍、侍郎各六人；又置司空、主客、太仓、库部、都牧、太乐、虞曹、宫舆、覆育少卿官；又置光爵、骁游、五校、中大夫、散员士官；又置侍官一百二十人。改立诸局监羽林、虎贲。

旧制：诸以勋赐官爵者，子孙世袭军号。十六年，改降五等，始革之，止袭爵而已。

旧制：缘边皆置镇都大将，统兵备御，与刺史同。城隍、仓库皆镇将主之，但不治。故为重于刺史_疑。

自太祖至高祖初，其内外百官屡有减置。或事出当时，不为常目，如万骑、飞鸿、常忠、直意将军之徒是也。旧令亡失，无所依据。太和中高祖诏群僚议定百官，著于令，今列于左，勋品、流外位卑而不载矣。

太师	太尉	仪同三司
太保	司徒	都督中外诸军事
太傅	司空	特进
右三师	右三公	
大司马		诸开府
大将军		骠骑将军
		车骑将军二将军加大者，位在三司上。
		卫将军加大者，次仪同三司。
		右三将军

右（上）第一品上	右（上）第一品中	右（上）第一品下
太子太师	四征加大者，次卫将军。	四镇加大者，次尚书令。
太子太傅	左右光禄大夫	吏部尚书
太子太保	尚书左仆射	太常
右东宫三师	尚书右仆射	光禄勋
尚书令	中书监	卫尉
都督府州诸军事		右三卿
		中军将军
		镇军将军
		抚军将军
		右三将军加大者，秩次四征下。
		金紫光禄大夫

右（上）从第一品上	右（上）从第一品中	右（上）从第一品下
太子少师	列曹尚书	四安加大者，秩次三少下。

太子少傅　　　　　中书令　　　　　凡将军三品已下、
　　　　　　　　　　　　　　　　　　五品已上，加大者。

太子少保　　　　　领军　　　　　　太子左右詹事
右(上)东宫三少　　护军二职者侍
　　　　　　　　　　臣带者加中。　　散骑常侍

中侍中　　　　　　司州刺史
都督三州诸军事
太仆
廷尉
大鸿胪
宗正
大司农
少府
右(上)六卿
领军将军
护军将军二将军与
领护不并置。

右(上)第二品上　　右(上)第二品中　　右(上)第二品下
前、后、左、右将军　秘书监　　　　　武卫将军
四平加大者，　　　光禄大夫银青者。　都督一州诸军事
秩次护军下。
大长秋卿　　　　　　　　　　　　　将作大匠
左卫将军　　　　　　　　　　　　　右卫将军
右(上)从第二品上　右(上)从第二品中　右(上)从第二品下
驸马　　　　　　　给事黄门侍郎　　通直散骑常侍
诸王师　　　　　　太子中庶子　　　城门校尉
太子左右卫率　　　南、北、东、西中郎将　羽林中郎将
御史中尉　　　　　护匈奴、羌、戎、夷、　太中大夫
　　　　　　　　　蛮、越中郎将

中常侍		护羌、戎、夷、蛮、越校尉
征虏将军		
辅国将军		
龙骧将军		
司卫监		
中尹		
少卿		
光爵		
代尹		
右(上)第三品上	右(上)第三品中	右(上)第三品下
员外散骑常侍	中给事	镇远将军
骁骑将军	射声校尉	安远将军
太子家令	越骑校尉	建远将军
太子率更令	屯骑校尉	建中将军
太子仆	步兵校尉	建节将军
太子庶子	长水校尉	立义将军
给事中	监军	立忠将军
前、后、左、右军将军		立节将军
中大夫		恢武将军
秘书令		勇武将军
给事		曜武将军
		昭武将军
		显武将军
		直阁将军
右(上)从第三品上	右(上)从第三品中	右(上)从第三品下
国子祭酒	公府司马	谏议大夫
下大夫	尚书右丞	秘书丞
公府长史	司马别驾	建武将军

尚书左丞	太子中舍人	振武将军
太子三校	中黄门令	奋武将军
散骑侍郎	令	扬武将军
中书侍郎	内署令	广武将军
中谒者大夫	都水使者	广威将军
中散大夫	符节令	
中坚将军	通直散骑侍郎	
中垒将军	建威将军	
宁朔将军	振威将军	
扬威将军	奋威将军	
右(上)第四品上	右(上)第四品中	右(上)第四品下
元士	诸开府司马	诸王友
公府谘议参军	司州功曹都官	员外散骑侍郎
诸开府长史	五局司直	太子门大夫
尚书吏部郎中	司败	协律中郎
太子洗马	诸局校尉	戟楯虎贲将军
武骑侍郎	符玺郎中	募员虎贲将军
奉车都尉		高车虎贲将军
驸马都尉		左右积弩射将军
骑都尉		强弩将军
羽林中郎		
中散庶长		
谒者仆射		
羽林郎将		
高车羽林郎将		
冗从仆射		
右(上)从第四品上	右(上)从第四品中	右(上)从第四品下
中军、镇军、抚军长史	中书议郎	皇宗博士
鹰扬将军	诸开府从事中郎	归义侯

折冲将军	公府正参军	率义侯
宁远将军	公府主簿	顺义侯
扬烈将军	廷尉正监评	朝服侯
诸开府谘议参军	太子舍人	太常丞
秘书著作郎	司州主簿	
治书侍御史	中黄门	
中谒者仆射	轻车将军	
中黄门冗从仆射	威远将军	
侍御中散	虎威将军	
中军、镇军、抚军司马	中散	
公府从事中郎	殿中将军	
尚书郎中	散臣监	
伏波将军	太子仓令	
陵江将军		
平漠将军		
太子食官令		
太子中盾		
右(上)第五品上	右(上)第五品中	右(上)第五品下
秘书郎	太子厩长	附义中郎将
国子博士	诸局监	归义中郎将
太学祭酒	尚书都	率义中郎将
秘书著作佐郎	侍御史	顺义中郎将
武士将军	殿中御史	戟楯虎贲司马
虎贲司马	京邑市令	募员虎贲司马
虎贲郎将	典牧都尉	高车虎贲司马
方舞郎庶长	水衡都尉	戟楯虎贲将
宿卫军将	司盐都尉	募员虎贲将
掖庭监	司竹都尉	高车虎贲将
典客监	崇虚都尉	尝药监

典仪监	列卿丞	中谒者
协律郎	詹事丞	宫门司马
太祝令	代尹丞	宗圣士
	小黄门	诸开府正参军
	谒者	诸门府主簿
	员外将军	辨章郎
	散员大夫	太宰令
	太乐祭酒	廪牺令
	门下录事	殿中监
	奉乘郎	翼驭郎
	羽林郎	高车羽林郎
		瞻人郎
		方者郎

右(上)从第五品上	右(上)从第五品中	右(上)从第五品下
公府行参军	太学博士	散骑
宣威将军	太史博士	奉朝请
明威将军	律博士	武烈将军
襄武将军	礼官博士	武毅将军
厉威将军	公府记室督	武奋将军
公府掾属	威烈将军	太乐博士
中军、抚军、镇军正参军	威寇将军	河提谒者
主书郎	威虏将军	
詹事五官	威戎将军	
门下主书舍人	威武将军	
门下通事舍人		
司州司事		
司州从事		
代郡功曹主簿		

右(上)第六品上	右(上)第六品中	右(上)第六品下
诸开府行参军	监淮海津都尉	戟楯虎贲
散员士	诸局中校尉	募员虎贲
中书舍人	方舞郎	高车虎贲
领、护二卫主簿	诸宫门仆	治礼郎
主事郎	诸开府记室督	狱丞
詹事主簿	司马督	
集书舍人	千人督	
中军镇、抚行参军	校尉	
领、护功曹掾		
领、护五官		
散臣中校		
宿卫统		
太子常从虎贲督		
侍干		
寺人		
阉人		
掌玺郎		
太子守舍人		
掌服郎		
掌筵郎		
虎贲郎		
诸开府掾属		
集书校书郎		
秘书校书郎		
秘书钟律郎		
右(上)从第六品上	右(上)从第六品中	右(上)从第六品下
公府舍人	国子学生	秘书舍人
太子主书舍人	讨寇将军	符史郎

太子主衣舍人	讨虏将军	荡寇将军
都令史	讨难将军	荡虏将军
主书令史	讨夷将军	荡难将军
门下令史		荡逆将军
太子左、右卫率主簿		太庙门仆
司事郎		
司州录事		
代郡通事		
御属		
绥远将军		
绥虏将军		
绥边将军		
右(上)第七品上	右(上)第七品中	右(上)第七品下
诸门府舍人	祝史	诸局督事
秘书令史	太常斋郎	狱掾
主书令史	王家尉	太常典录
集书令史	公主家令	太史博士
起居注令史		太卜博士
直事郎		太医博士
司州本曹		太常日者
散臣督事		扶令
宿卫幢将		太乐典录
右(上)从第七品上	右(上)从第七品中	右(上)从第七品下
公府令史	太学助教	厉武将军
太子典书令史	扫寇将军	厉锋将军
太子典衣令史	扫虏将军	虎牙将军
司事令史	扫难将军	虎奋将军
诸局通事	扫逆将军	
殄寇将军		

殄虏将军

殄难将军

殄夷将军

右(上)第八品上	右(上)第八品中	右(上)第八品下
直事令史	尚书算生	诸寺算生
宿卫军司马	典客舍人	诸局书令史
诸局省事	符券史	虎贲军书令史
尚书记室令史	公府阁下令史	乘传使者
右(上)从第八品上	右(上)从第八品中	右(上)从第八品下
诸开府令史	祀官斋郎	白衣臣
宿卫军吏	典客参军	
诸局书吏	太医、太史助教	

书干

主书干

典书干

广野将军

横野将军

偏将军

裨将军

右(上)第九品上	右(上)第九品中	右(上)第九品下
统史	方驿博士	八书吏
中校尉		王家吏
右(上)从第九品上	右(上)从第九品中	右(上)从第九品下

太和十八年十二月,降车、骠将军,侍中,黄门秩,依魏晋旧事。
十九年八月,初置直齐、御仗左右武官。

二十三年,高祖复次职令,及帝崩,世宗初班行之,以为永制。

| 太师 | 太傅 | 太保 |

右(上)三师上公

王

大司马	大将军	

右(上)二大

太尉	司徒	司空

开国郡公

右(上)第一品

仪同三司	开国县公	都督中外诸军事
诸开府	散公	

右(上)从第一品

太子太师	太子太傅	太子太保
特进	尚书令	骠骑将军
车骑将军二将军加大者,位在都督中外之下。		卫将军加大者,位在太子太师之上。
四征将军加大者,位次卫大将军。		诸将军加大者
左右光禄大夫		开国县侯

右(上)第二品

尚书仆射若并置左右,则左居其上,右居其下。		中书监
司州牧		四镇将军加大者,次卫将军。
中军将军	镇军将军	抚军将军

右(上)三将军

金紫光禄大夫	散侯	

右(上)从第二品

吏部尚书	四安将军	中领军
中护军二军加将军,则去中,位次抚军。		

太常	光禄	卫尉
右(上)三卿		
太子少师	太子少傅	太子少保
中书令	太子詹事	侍中
列曹尚书	四平将军	
太仆	廷尉	大鸿胪
宗正	大司农	太府
右(上)六卿		
河南尹	上州刺史	秘书监
诸王师	左右卫将军	前、左、右、后将军
光禄大夫银青者。	开国县伯	
右(上)第三品		
散骑常侍	四方郎将	
护匈奴、羌、戎、夷、蛮、越中郎将		国子祭酒
御史中尉	大长秋卿	将作大匠
征虏将军	二大、二公长史若司徒置二长史,左在散骑常侍下,右在中庶子下。	
太子左右卫率	武卫将军	冠军将军
护羌、戎、夷、蛮、越校尉	太中大夫	
辅国将军	中州刺史	龙骧将军
散伯		
右(上)从第三品		
二大、二公司马		
太常	光禄	卫尉
右(上)三少卿		
尚书吏部侍郎	给事黄门侍郎	太子中庶子

司空、皇子长史

太仆	廷尉	大鸿胪
宗正	大司农	太府

右（上）六少卿

中常侍	中尹	城门校尉
司空、皇子司马	从第一品将军	开府长史
骁骑将军	游击将军	

以前上阶

镇远将军	安远将军	平远将军
建义将军	建忠将军	建节将军
立义将军	立忠将军	立节将军
恢武将军	勇武将军	曜武将军
昭武将军	显武将军	
从第一品将军	开府司马	通直散骑常侍
司徒谘议参军事	中散大夫	下州刺史
上郡太守、内史、相	开国县子	

右（上）第四品

中坚将军	中垒将军	尚书左丞
二大、二公谘议参军事	司州别驾从事史	
第二品将军、始蕃王长史		太子家令
太子率更令	太子仆	中书侍郎
太子庶子		
第二品将军、始蕃王司马		前、左、右、军将军

以前上阶

宁朔将军	建威将军	振威将军
奋威将军	扬威将军	广威将军
谏议大夫	尚书右丞	

司空、皇子谘议参军事	司州治中从事史	
左、右中郎将	建武将军	振武将军
奋武将军	扬武将军	广武将军
从第一品将军	开府谘议参军事	
散子		
右(上)从第四品		
宁远将军	鹰扬将军	折冲将军
扬烈将军	从第二品将军、二蕃王	
	长史	

二大、二公从事中郎		秘书丞
皇子友	国子博士	散骑侍郎
太子中舍人	员外散骑常侍	

从第二品将军、二蕃
　王司马
以前上阶

射声校尉	越骑校尉	屯骑校尉
步军校尉	长水校尉	

司空、皇子之开府从
　事中郎
第二品将军、始蕃王谘
　议参军事

开府从事中郎	中郡太守、内史、相
开国县男	
右(上)第五品	

伏波将军	陵江将军	平汉将军
第三品将军、三蕃王长		二大、二公掾属
史		
著作郎	通直散骑侍郎	太子洗马

从第二品将军、二蕃王

谘议参军事

第三品将军、三蕃王司		奉车都尉
马		

以前上阶

太子屯骑校尉	太子步兵校尉	太子翊军校尉
都水使者	司空、皇子之开府	
	掾属	
领、护长史、司马	归义侯	率义侯
顺义侯	朝服侯	轻车将军
威远将军	开府掾属	虎威将军
洛阳令	中给事中	散男

右(上)从第五品

宣威将军	明威将军	从第三品将军长史
二大、二公主簿	二大、二公录事	
皇子郎中令	司空、主簿	司空、皇子录事参军
		事

从第三品将军司马

第三品将军、三蕃王谘
　议参军事

二大、二公功曹、记室、
户曹、仓曹、中兵参军事

皇子文学	治书侍御史	谒者仆射

从第一品将军开府录
　事参军

司空、皇子功曹、记
室、户曹、仓曹、中兵
　参军事

皇子功曹史

以前上阶

河南郡丞	虎贲中郎将	羽林监
冗从仆射	驸马都尉	廷尉正、监、评
尚书郎中	中书舍人	
从第一品将军开府功曹、记室、仓曹、户曹、中兵参军事、功曹史		
下郡太守、内史、相	上县令、相	
右(上)第六品		
襄威将军	厉威将军	
第二品将军、始蕃王录事参军		
二大、二公列曹参军事		给事中
太子门大夫	皇子大农	骑都尉
符玺郎		
以前上阶		
从第二品将军、二蕃王录事参军		
皇子主簿	司空、皇子列曹参军事	
第二品将军、始蕃王功曹、记室、户曹、仓曹、中兵参军事、功曹史		
从第一品将军开府主簿、列曹参军事		
从第二品将军、二蕃王功曹、记室、户曹、仓曹、中兵参军事、功曹史		

太子舍人	三卿丞	

右(上)从第六品

威烈将军	威寇将军	威虏将军
威戎将军	威武将军	

四品正从将军长史司
　　马

二大、二公祭酒

第三品将军、三蕃王
　　录事参军

司空皇子之开府祭酒		武烈将军
武毅将军	武奋将军	王、公国郎中令
积弩将军	积射将军	员外散骑侍郎
皇子中尉	二大、二公参军事	
二大、二公列曹行参军		开府祭酒

以前上阶

司空、皇子参军事

司空、皇子列曹行参军

从第三品将军录事参军

第二品将军、始蕃王主
　　簿、列曹参军事

从第一品将军开府列曹
　　行参军

从第三品将军、三蕃王
　　功曹、记室、户曹、仓
　　曹、中兵参军、功曹史

从第二品将军、二番王
主簿、列曹参军事

二卫司马	讨寇将军	
讨虏将军	讨难将军	讨夷将军

从第三品将军功曹、户
　曹、仓曹、中兵参军事

詹事丞	列卿丞	秘书郎中
著作佐郎	中县令、相	

右（上）第七品

荡寇将军	荡虏将军	荡难将军
荡逆将军	五品正从将军长史、司马	
强弩将军	二大、二公行参军	

司空、皇子行参军

第二品将军、始蕃王列
　曹行参军

第三品将军、三蕃王主
　簿、列曹参军事

第一品将军开府行参军

王、公国大农

以前上阶

太学博士	皇子常侍	太常博士

从第二品将军、二蕃王
　参军事

从第二品将军、二蕃王
　列曹行参军

从第三品将军主簿、列
　曹参军事

四品正从将军录事、功
曹、户曹、仓曹、中兵
参军事

司州主簿	奉朝请	国子助教

右（上）从第七品

殄寇将军	殄虏将军	殄难将军
殄夷将军		
第二品将军、始蕃王行 　参军		
第三品将军、三蕃王参 　军事		
第三品将军、三蕃王列 　曹行参军		
四品正从将军主簿、列 　曹参军事		
侯、伯国郎中令	司州西曹书佐	
殿中将军	皇子侍郎	大长秋丞
以前上阶		
侍御史	协律郎	辨章郎
从第二品将军、二蕃 　王行参军		
从第三品将军参军事		
从第三品将军列曹行 　参军		
五品正从将军录事、 　功曹、户曹、仓曹、		
中兵参军事		
王、公国中尉	司州祭酒从事	
下县令、相		
右(上)第八品		
扫寇将军	扫虏将军	扫难将军
扫逆将军	司州议曹从事史	
二大、二公长兼行参 　军		公车令

符节令　　　　　　　诸署令千石已上者。　中黄门令

门下录事　　　　　　尚书都令史　　　　　主书令史

殿中侍御史　　　　　中谒者仆射　　　　　中黄门冗从仆射

以前上阶

宫门仆射　　　　　　侯、伯国大农

司空、皇子长兼行参军　　　　　　　　　　二大、二公长兼行
　　　　　　　　　　　　　　　　　　　　参军

皇子上、中、下将军

皇子中大夫　　　　　二率丞

四品正从将军列曹行
　参军

王、公国常侍

厉武将军　　　　　　厉锋将军　　　　　　虎牙将军

虎奋将军　　　　　　五品正从将军主簿、
　　　　　　　　　　列曹行参军

司州文学

从第一品将军、开府
长兼行参军

员外将军

右(上)从第八品

旷野将军　　　　　　横野将军　　　　　　子、男国郎中令

太祝令　　　　　　　诸署令六百石已上者　中黄门

公主家令　　　　　　皇子典书令　　　　　四门小学博士

律博士　　　　　　　校书郎

二大、二公参军督护　　　　　　　　　　　检授御史

以前上阶

王、公国侍郎　　　　侯、伯国中尉　　　　谒者

太子三卿丞　　　　　五品正从将军列曹
　　　　　　　　　　行参军

司空、皇子参军督护

第二品将军、始蕃王

　长兼行参军

从第一品将军、开府

　参军督护

殿中司马督

右（上）第九品

偏将军	裨将军	太子厩长
监淮海津都尉	诸局都尉	
皇子典祠令	皇子学官令	
皇子典卫令	王公国上中下将军	
王公国中大夫	诸署令不满六百石者。	

以前上阶

第二品将军、始蕃王参

军督护

从第二品将军、二蕃王

长兼行参军

太常、光禄、卫尉、领、	治礼郎
护詹事功曹、五官	
子、男国太农	小黄门

员外司马督

右（上）从第九品

　前世职次皆无从品，魏氏始置之，亦一代之别制也。

　正始元年十一月，罢郡中正。

　四年九月，诏曰："五校昔统营位，次于列卿，奉车都尉禁侍美官，显加通贵。世移时变，遂为冗职。既典名犹昔，宜有定员，并殿中二司马亦须有常数。今五校可各二十人，奉车都尉二十人，骑都尉六十人，殿中司马二百人，员外司马三百人。"

永平元年十二月，尚书令高肇，尚书仆射、清河王怿等奏置小学博士员三千人。

二年正月，尚书令高肇奏："都水台请依旧二使者，参军事、谒者并录事、令史，亦随事吏立。"诏曰："使者置二，可如所奏。其下属司，唯须充事耳，亦何劳多也。参军、录事并更置一，谒者加二，令史依旧。"肇又奏诸州谘议、记室、户曹、刑狱、田曹、水曹、集曹、士曹参军悉并省之。

四年七月，诏改宗子羽林为宗士，其本秩付尚书计其资集，叙从七已下、从八已上官。

正光元年七月，置左、右卫将军各二人。

十二月，罢诸州中正，郡县定姓族，后复。

孝昌二年十月，诏宗士、庶子二官各增二百人；置望士队四百人，取肺府之族有武艺者。

孝庄初，以尔朱荣有扶翼之功，拜柱国大将军，位在丞相上；又拜大丞相、天柱大将军，增佐史。又以太尉、上党王天穆为太宰，增佐史。

永安二年，各诏复置司直十人，视五品，隶廷尉，覆治御史检劾事。

普泰初，以尔朱世隆为仪同三司，位次上公。又侍中、黄门、武卫将军，并增置六人。

永安已后，远近多事，置京畿大都督，复立州都督，俱总军人。

天平四年夏，罢六州都督，悉隶京畿，其京畿大都督仍不改焉。立府置佐。

旧制：有大将军，不置太尉；有丞相，不置司徒。自正光已后，天下多事，勋贤并轨。用俱置之。

武定二年十一月，有司奏："齐献武王勋高德重，礼绝群辟。昔霍光陵邑亦置长、丞主陵。今请置长一人、丞一人、录事一人、户曹史一人、禁备史一人、侍一人，皆降帝陵官品一等。其侍依旧。"诏可。

　　七年三月,诏左右光禄大夫各置二人,金紫光禄大夫置四人,光禄大夫置四人,太中、中散各置六人。五月,又诏以四中郎将,世宗永平中权隶领军,今还属护军。

　　自古天子立德,因生以赐姓,胙之土而命之氏;诸侯则以家与谥,官有世功,则有官族,邑亦如之。姓则表其所由生,氏则记族所由出,其大略然也。至于或自所居,或以国号,或用官爵,或用事□,虽缘时不同,俱其义矣。魏氏本居朔壤,地远俗殊,赐姓命氏,其事不一,亦如长勺、尾氏、终葵之属也。初,安帝统国,诸部有九十九姓。至献帝时,七分国人,使诸兄弟各摄领之,乃分其氏。自后兼并他国,各有本部,部中别族,为内姓焉。年世稍久,互以改易,兴衰存灭,间有之矣。今举其可知者。

　　献帝以兄为纥骨氏,后改为胡氏。
　　次兄为普氏,后改为周氏。
　　次兄为拓拔氏,后改为长孙氏。
　　弟为达奚氏,后改为奚氏。
　　次弟为伊娄氏,后改为伊氏。
　　次弟为丘敦氏,后改为丘氏。
　　次弟为侯氏,后改为亥氏。
　　七族之兴自此始也。
　　又命叔父之胤曰乙旃氏,后改为叔孙氏。
　　又命疏属曰车焜氏,后改为车氏。
凡与帝室为十姓,百世不通婚。太和以前,国之丧葬祠礼,非十族不得与也。高祖革之,各以职司从事。

　　神元皇帝时,余部诸姓内入者:
　　丘穆陵氏,后改为穆氏。
　　步六孤氏,后改为陆氏。

贺赖氏,后改为贺氏。

独孤氏,后改为刘氏。

贺楼氏,后改为楼氏。

勿忸于氏,后改为于氏。

是连氏,后改为连氏。

仆阑氏,后改为仆氏。

若干氏,后改为苟氏。

拔列氏,后改为梁氏。

拨略氏,后改为略氏。

若口引氏,后改为寇氏。

叱罗氏,后改为罗氏。

普陋茹氏,后改为茹氏。

贺葛氏,后改为葛氏。

是贲氏,后改为封氏。

阿伏于氏,后改为阿氏。

可地延氏,后改为延氏。

阿鹿桓氏,后改为鹿氏。

他骆拔氏,后改为骆氏。

薄奚氏,后改为薄氏。

乌九氏,后改为桓氏。

素和氏,后改为和氏。

吐谷浑氏,依旧吐谷浑氏。

胡古口引氏,后改为侯氏。

贺若氏,依旧贺若氏。

谷浑氏,后改为浑氏。

匹娄氏,后改为娄氏。

俟力伐氏,后改为鲍氏。

吐伏卢氏,后改为卢氏。

牒云氏,后改为云氏。

是云氏,后改为是氏。

叱利氏。后改为利氏。

副吕氏,后改为副氏。

那氏,依旧那氏。

如罗氏,后改为如氏。

乞扶氏,后改为扶氏。

阿单氏。后改为单氏。

俟几氏,后改为几氏。

贺儿氏,后改为儿氏。

吐奚氏,后改为古氏。

出连氏,后改为毕氏。

庾氏,依旧庾氏。

贺拔氏,后改为何氏。

叱吕氏,后改为吕氏。

莫那娄氏,后改为莫氏。

奚斗卢氏,后改为索卢氏。

莫芦氏,后改为芦氏。

出大汗氏,后改为韩氏。

没路真氏,后改为路氏。

扈地于氏,后改为扈氏。

莫舆氏,后改为舆氏。

纥干氏,后改为干氏。

俟伏斤氏,后改为伏氏。

是楼氏,后改为高氏。

尸突氏,后改为屈氏。

沓卢氏,后改为沓氏。

嗢石兰氏,后改为石氏。

解枇氏,后改为解氏。

奇斤氏,后改为奇氏。

须卜氏,后改为卜氏。

丘林氏,后改为林氏。

大莫干氏,后改为郃氏。

尔绵氏,后改为绵氏。

盖楼氏,后改为盖氏。

素黎氏,后改为黎氏。

渴单氏,后改为单氏。

壹斗眷氏,后改为明氏。

叱门氏,后改为门氏。

宿六斤氏,后改为宿氏。

馝邗氏,后改为邗氏。

土难氏,后改为山氏。

屋引氏,后改为房氏。

树洛于氏,后改为树氏。

乙弗氏,后改为乙氏。

东方宇文、慕容氏,即宣帝时东部,此二部最为强盛,别自有传。

南方有茂眷氏,后改为茂氏。

宥连氏,后改为云氏。

次南有纥豆陵氏,后改为窦氏。

侯莫陈氏,后改为陈氏。

库狄氏,后改为狄氏。

太洛稽氏,后改为稽氏。

柯拔氏,后改为柯氏。

西方尉迟氏,后改为尉氏。

步鹿根氏,后改为步氏。

破多罗氏,后改为潘氏。

叱干氏,后为薛氏。

俟奴氏,后改为俟氏。

辗迟氏,后改为展氏。

费连氏,后改为费氏。

其连氏,后改为綦氏。

去斤氏,后改为艾氏。

渴侯氏,后改为缑氏。

叱卢氏,后改为祝氏。

和稽氏,后改为缓氏。

冤赖氏,后改为就氏。

嗢盆氏,后改为温氏。

达勃氏,后改为褒氏。

独孤浑氏,后改为杜氏。

凡此诸部,其渠长皆自统众,而尉迟已下不及贺兰诸部氏。

北方贺兰,后改为贺氏。

郁都甄氏,后改为甄氏。

纥奚氏,后改为嵇氏。

越勒氏,后改为越氏。

叱奴氏,后改为狼氏。

渴烛浑氏,后改为味氏。

库褥官氏,年改为库氏。

乌洛兰氏,后为兰氏。

一那蒌氏,后改为蒌氏。

羽弗氏,后改为羽氏。

凡此四方诸部,岁时朝贡。登国初,太祖散诸部落,始同为编民。

太和十九年,诏曰:"代人诸胄,先无姓族,虽功贤之胤,混然未分。故官达者位极公卿,其功衰之亲,仍居猥任。比欲制定姓族,事多未就,且宜甄擢,随时渐铨。其穆、陆、贺、刘、楼、于、嵇、尉八姓,皆太祖已降，勋著当世，位尽王公。灼然可知者，且下司州、吏部勿充猥官，一同四姓。自此以外，应班士流者，寻续别敕。原出朔土，旧为部落大人，而且皇始已来，有三世官在给事已上，及州刺史、镇大将，及品登王公者为姓。若本非大人，而皇始已来，职官三世尚书已上，及品登王公而中间不降官绪，亦为姓。诸部落大人之后，而皇始已来，官不及前，列而有三世为中散、监已上，外为太守、子都，品登子男者为族。若本非大人，而皇始已来，三世有令已上，外为副将、子都、太守，品登侯已上者，亦为族。凡此姓族之支亲，与其身有缌麻服已内，微有一二世官者，虽不全充美例，亦入姓族；五世已外，则各自计之，不蒙宗人之荫也。虽缌麻而三世官不至姓班，有族官则入族官，无族官则不入姓族之例也。凡此定姓族者，皆具列由来，直拟姓族以呈闻，腾当决姓族之首末。其此诸状，皆须问宗族，列疑明同，然后勾其旧籍，审其官宦，有实则奏，不得轻信其言，虚长侥伪。不实者，诉人皆加‘传旨问而诈不以实之坐，’选官依‘职事答问不以实’之条。令司空公穆亮、领军将军元俨、中护军广阳王嘉、尚书陆琇等详定北人姓，务令平均。随所了者，三月一列簿账，送门下以闻。”于是升降区别矣。

世宗世，代人犹以姓族辞讼，又使尚书于忠、尚书元匡、侍中穆绍、尚书元长等量定之。

魏书卷一一四
志第二〇

释　老

　　大人有作，司牧生民；结绳以往，书契所绝，故靡得而知焉。自羲轩已还。至于三代，其神言秘策，蕴图纬之文，范世率民，垂坟典之迹。秦肆其毒，灭于灰烬；汉采遗籍，复若丘山。司马迁区别异同，有阴阳、儒、墨、名、法、道德六家之义。刘歆著《七略》，班固志《艺文》，释氏之学，所未曾纪。案汉武元狩中，遣霍去病讨匈奴，至皋兰，过居延，斩首大获。昆邪王杀休屠王，将其众五万来降。获其金人，帝以为大神，列于甘泉宫。金人率长丈余，不祭祀，但烧香礼拜而已。此则佛道流通之渐也。及开西域，遣张骞使大夏还，传其旁有身毒国，一名天竺，始闻有浮屠之教。哀帝元寿元年，博士弟子秦景宪受大月氏王使伊存口授浮屠经。中土闻之，未之信了也。后孝明帝夜梦金人，项有白光，飞行殿庭，乃访群臣，傅毅始以佛对。帝遣郎中蔡愔、博士弟子秦景等使于天竺，写浮屠遗范。愔仍与沙门摄摩腾、竺法兰东还洛阳。中国有沙门及跪拜之法，自此始也。愔又得佛经《四十二章》及释迦立像。明帝令画工图佛像，置清凉台及显节陵上，经缄于兰台石室。愔之还也，以白马负经而至，汉因立白马寺于洛城雍关西。摩腾、法兰咸卒于此寺。

　　浮屠正号曰佛陁，佛陁与浮图声相近，皆西方言，其来转为二音。华言译之则谓净觉，言灭秽成明，道为圣悟。凡其经旨，大抵言生生之类，皆因行业而起，有过去、当今、未来，历三世，识神常不灭。凡为善恶，必有报应。渐积胜业，陶冶粗鄙，经无数形，澡练神明，乃致无生而得佛道。其间阶恣行，等级非一，皆缘浅以至深，藉微而为著。率在于积仁顺，蠲嗜欲，习虚静而成通照也。故其始修心则依佛、法、僧，谓之三归，若君子之三畏也。又有五戒，去杀、盗、淫、妄言、饮酒，大意与仁、义、礼、智、信同，名为异耳。云奉持之，则生天人胜处，亏犯则坠鬼畜诸苦。

恶生处，凡有六道焉。诸服其道者，则剃落须发，释累辞家，结师资，遵律度，相与和居，治心修净，行乞以自给。谓之沙门，或曰桑门，亦声相近，总谓之僧，皆胡言也。僧，译为和命众，桑门为息心，比丘为行乞。俗人之信凭道法者，男曰优婆塞，女曰优婆夷。其为沙门者，初修十诫，曰沙弥，而终于二百五十，则具足成大僧。妇人道者曰比丘尼。其诫至于五百，皆以□为本，随事增数，在于防心、摄身、正口。心去贪、恚、痴，身除杀、淫、盗，口断妄、杂、诸非正言，总谓之十善道。能具此，谓之三业清净。凡人修行粗为极。云可以达恶善报，渐阶圣迹。初阶圣者，有三种人，其根业太差，谓之三乘、声闻乘、缘觉乘、大乘，取其可乘运以至道为名。此三人恶迹已尽，但修心荡累，济物进德。初根人为小乘，行四谛法；中根人为中乘，受十二因缘；上根人为大乘，则修六度。虽阶三乘，而要由修进万行，拯度亿流，弥长远，乃可登佛境矣。

所谓佛者，本号释迦文者，译言能仁，谓德充道备，堪济万物也。释迦前有六佛，释迦继六佛而成道，处今贤劫。文言将来有弥勒佛，方继释迦而降世。释迦，即天竺迦维卫国王之子。天竺其总称，迦维别名也。初，释迦于四月八日夜，从母右胁而生。既生，姿相超异者三十二种。天降嘉瑞以应之，亦三十二。其《本起经》说之备矣。释迦生时，当周庄王九年。《春秋》鲁庄公七年夏四月，恒星不见，夜明，是也。至魏武定八年，凡一千二百三十七年云。释迦年三十成佛，导化群生，四十九载，乃于拘尸那城娑罗双树间，以二月十五日而入般涅槃，涅槃译云灭度，或言常乐我净，明无迁谢及诸苦累也。

　　诸佛法身有二种义,一者真实,二者极应。真实身,谓至极之体,妙绝拘累,不得以方处期,不可以形量限,有感斯应,体常湛然。权应身者,谓和光六道,同尘万类,生灭随时,修短应物,形由感生,体非实有。权形虽谢,真体不迁,但时无妙感,故莫得常见耳。明佛生非实生,灭非实灭也。佛既谢世,香木焚尸。灵骨分碎,大小如粒,击之不坏,焚亦不焦,或有光明神验,胡言谓之"舍利"。弟子收奉,置之宝瓶,竭香花,致敬慕,建宫宇,谓为"塔"。"塔"亦胡言,犹宗庙也,故世称塔庙。于后百年,有王阿育,以神力分佛舍利,于诸鬼神,造八万四千塔,布于世界,皆同日而就。今洛阳、彭城、姑藏、临渭皆有阿育王寺,盖承其遗迹焉。释迦虽般涅槃,而留影迹爪齿于天竺,于今犹在。中土来往,并称见之。

　　初,释迦所说教法,既涅槃后,有声闻弟子大迦叶、阿难等五百人,撰集著录,阿难亲承嘱授,多闻总持,盖能综核深致,无所漏失。乃缀文字,撰载三藏十二部经,如九流之异统,其大归终以三乘为本。后数百年,有罗汉、菩萨相继著论,赞明经义,以破外道,《摩诃衍》、《大、小阿毗昙》、《中论》、《十二门论》、《百法论》、《成实论》等是也。皆傍诸藏部大义,假立外问,而以内法释之。

　　汉章帝时,楚王英喜为浮屠斋戒,遣郎中令奉黄缣白纨三十匹,诣国相以赎愆。诏报曰:"楚王尚浮屠之仁祠,洁斋三月,与神为誓,何嫌何疑,当有悔吝。其还赎,以助伊蒲塞、桑门之盛馔。"因以班示诸国。桓帝时,襄楷言佛陁、黄老道以谏,欲令好生恶杀,少嗜欲,去奢泰,尚无为。魏明帝曾欲坏宫西佛图,外国沙门乃金盘盛水,置于殿前,以佛舍利投之于水,乃有五色光起,于是帝叹曰:"自非灵异,安得尔乎?"遂徙于道□,为作周阁百间。佛图故处,凿为蒙泛池,种芙蓉于中。后有天竺沙门昙柯迦罗入洛,宣译诫律,中国诫律之始也。自洛中构白马寺,盛饰佛图,画迹甚妙,为四方式。凡宫塔制度,犹依天竺旧状而重构之,从一级至三、五、七、九。世人相承,谓之"浮图",或云"佛图"。晋世,洛中佛图有四十二所矣。汉世沙门,皆衣赤布,后乃易以杂色。

晋元康中,有胡沙门支恭明译佛经《维摩》、《法华》、三《本起》等。微言隐义,未之能究。后有沙门常山卫道安性聪敏,日诵经万余言,研求幽旨。慨无师匠,独坐静室十二年,覃思构精,神悟妙赜,以前所出经,多有舛驳,乃正其乖谬。石勒时,有天竺沙门浮图澄,少于乌苌国就罗汉入道,刘曜时到襄国。后为石勒所宗信,号为大和尚,军国规谟颇访之,所言多验。道安曾至邺侯澄,澄见而异之。澄卒后,中国纷乱,道安乃率门徒,南游新野。欲令玄宗在所流布,分遣弟子,各趣诸方。法汰诣扬州,法和入蜀,道安与慧远之襄阳。道安后入符坚,坚素钦德问,既见,宗以师礼。时西域有胡沙门鸠摩罗什,思通法门,道安思与讲释,每劝坚致罗什。什亦承安令问,谓之东方圣人,或时遥拜致敬。道安卒后二十余载,而罗什至长安,恨不及安,以为深慨。道安所正经义,与罗什译出,符会如一,初无乖舛。于是法旨大著中原。

魏先建国于玄朔,风俗淳一,无为以自守,与西域殊绝,莫能往来。故浮图之教,未之得闻,或闻而未信也。及神元与魏、晋通聘,文帝又在洛阳,昭成又至襄国,乃备究南夏佛法之事。太祖平中山,经略燕赵,所逕郡国佛寺,见诸沙门、道士,皆致精敬,禁军旅无有所犯。帝好黄老,颇览佛经。但天下初定,戎车屡动,庶事草创,未建图宇,招延僧众也,然时时旁求。

先是,有沙门僧朗,与其徒隐于泰山之琨瑞谷。帝遣使致书,以绘、素、毡罽、银钵为礼。今犹号曰朗公谷焉。天兴元年,下诏曰:“夫佛法之兴,其来远矣。济益之功,冥及存没;神踪遗轨,信可依凭。其敕有司,于京城建饰容范,修整官舍,令信向之徒,有所居止。”是岁,始作五级佛图、耆阇崛山及须弥山殿,加以缋饰。别构讲堂、禅堂及沙门座,莫不严具焉。太宗践位,遵太祖之业,亦好黄老,又崇佛法。京邑四方,建立图像,仍令沙门敷导民俗。

初,皇始中,赵郡有沙门法果,诚行精至,开演法籍。太祖闻其名，诏以礼征赴京师。后以为道人统，绾摄僧徒。每与帝言，多所惬允，供施甚厚。至太宗，弥加崇敬。永兴中，前后授以辅国、宜城子、忠信侯、安成公之号，皆固辞。帝常亲幸其居，以门小狭，不容舆辇，更广大之。年八十余，泰常中卒。未殡，帝三临其丧，追赠老寿将军、赵胡灵公。初，法果每言：太祖明睿好道，即是当今如来，沙门宜应尽礼。遂常致拜，谓人曰："能鸿道者，人主也。我非拜天子，乃是礼佛耳。"法果四十，始为沙门。有子曰猛，诏令袭果所加爵。帝后幸广宗，有沙门昙证，年且百岁。邀见于路，奉致果物。帝敬其年老志力不衰，亦加以老寿将军号。

　　是时，鸠摩罗什为姚兴所敬，于长安草堂寺集义学八百人，重译经本。罗什聪辩有渊思，达东西方言。时沙门道肜、僧略、道恒、道标、僧肇、昙影等，与罗什共相提挈，发明幽致。诸深大经论十有余部，更定章句，辞义通明，至今沙门共所祖习。道肜等皆识学洽通，僧肇尤为其最。罗什之撰译，僧肇常执笔，定诸辞义，注《维摩经》，又著数论，皆有妙旨，学者宗之。

　　又沙门法显，慨律藏不具，自长安游天竺。历三十余国，随有经律之处，学其书语，译而写之。十年，乃于南海师子国，随商人泛舟东下，尽夜昏迷，将二百日。乃至青州长广郡不其劳山，南下乃出海焉。是岁，神瑞二年也。法显所径诸国，传记之，今行于世。其所得律，通译未能尽正。至江南，更与天竺禅师跋陁罗辩定之，谓之《僧祇律》，大备于前，为今沙门所持受。先是，有沙门法领，从扬州入西域，得《华严经》本。定律后数年，跋陁罗共沙门法业重加译撰，宣行于时。

　　世祖初即位，亦遵太祖、太宗之业，每引高德沙门，与其谈论。于四月八日，舆诸佛像，行于广衢，帝亲御门楼，临观散花，以致礼敬。

　　先是，沮渠蒙逊在凉州，亦好佛法。有罽宾沙门昙摩谶，习诸经论。于姑臧与沙门智嵩等，译《涅槃》诸经十余部。又晓术数、禁咒，历言他国安危，多所中验，蒙逊每以国事谘之。神麚中，帝命蒙逊送谶诣京师，惜而不遣。既而惧魏威责，遂使人杀谶。谶死之日，谓门徒曰："今时将有客来，可早食以待之。"食讫而走使至，时人谓之知命。智嵩亦爽悟，笃志经籍。后乃以新出经论，于凉土教授。辩论幽旨，著《涅槃义记》。戒行峻整，门人齐肃。知凉州将有兵役，与门徒数人，欲往胡地。道路饥馑，绝粮积日，弟子求得禽兽肉，请嵩强食。嵩以戒自誓，遂饿死于酒泉之西山。弟子积薪焚其尸，骸骨灰烬，唯舌独全，色状不变，时人以为诵说功报。

凉州自张轨后，世信佛教。敦煌地接西域，道俗交得其旧式，村坞相属，多有塔寺。太延中，凉州平，徙其国人于京邑，沙门佛事皆俱东，象教弥增矣。寻以沙门众多，诏罢年五十已下者。

世祖初平赫连昌，得沙门惠始，姓张。家本清河，闻罗什出新经，遂诣长安见之，观习经典。坐禅于白渠北，昼则入城听讲，夕则还处静坐，三辅有识多宗之。刘裕灭姚泓，留子义真镇长安，义真及僚佐皆敬重焉。义真之去长安也，赫连屈丐追败之，道俗少长咸见坑戮。惠始身被白刃，而体不伤。众大怪异，言于屈丐。屈丐大怒，召惠始于前，以所持实剑击之，又不能害，乃惧而谢罪。统万平，惠始到京都，多所训导，时人莫测其迹。世祖甚重之，每加礼敬。始自习禅，至于没世，称五十余年，未尝寝卧。或时跣行，虽履泥尘，初不污足，色愈鲜白，世号之曰白脚师。太延中，临终于八角寺，齐洁端坐，僧徒满侧，凝泊而绝。停尸十余日，坐既不改，容色如一，举世神异之，遂瘗寺内。至真君六年，制城内不得留瘗，乃葬于南郊之外。始死十年矣，开殡俨然，初不倾坏。送葬者六千余人，莫不感恸。中书监高允为其传，颂其德迹。惠始冢上，立石精舍，图其形像。经毁法时，犹自全立。

世祖即位，富于春秋。既而锐志武功，每以平定祸乱为先。虽归宗佛法，敬重沙门，而未存览经教，深求缘报之意。及得寇谦之道，帝以清净无为，有仙化之证，遂信行其术。时司徒崔浩博学多闻,帝每访以大事。浩奉谦之道,尤不信佛,与帝言,数加非毁,常谓虚诞,为世费害。帝以其辩博,颇信之。会盖吴反杏城,关中骚动,帝乃西伐,至于长安。

先是,长安沙门种麦寺内,御驺牧马于麦中,帝入观马。沙门饮从官酒,从官入其便室,见大有弓矢矛楯,出以奏闻。帝怒曰:"此非沙门所用,当与盖吴通谋,规害人耳!"命有司案诛一寺,阅其财产,大得酿酒具及州郡牧守富人所寄藏物,盖以万计。又为屈室,与贵室女私行淫乱。帝既忿沙门非法,浩时从行,因进其说。诏诛长安沙门,焚破佛像,敕留台下四方令,一依长安行事。又诏曰:"彼沙门者,假西戎虚诞,妄生妖孽,非所以一齐政化,布淳德于天下也。自王公已下,有私养沙门者,皆送官曹,不得隐匿。限今年二月十五日,过期不出,沙门身死,容止者诛一门。"

时恭宗为太子监国,素敬佛道。频上表,陈:"刑杀沙门之滥,又非图像之罪。今罢其道,杜诸寺门,世不修奉,土木丹青,自然毁灭。"如是再三,不许。乃下诏曰:

> 昔后汉荒君,信惑邪伪,妄假睡梦,事胡妖鬼,以乱天常,自古九州之中无此也。夸诞大言,不本人情。叔季之世,暗君乱主,莫不眩焉。由是政教不行,礼义大坏,鬼道炽盛,视王者之法,蔑如也。自此以来,代经乱祸,天罚亟行,生民死尽。五服之内,鞠为丘墟;千里萧条,不见人迹,皆由于此。朕承天绪,属当穷运之弊,欲除伪定真,复羲农之治。其一切荡除胡神,灭其踪迹,庶无谢于风氏矣。自今以后,敢有事胡神及造形像泥人、铜人者,门诛。虽言胡神,问今胡人,共云无有。皆是前世汉人无赖子弟刘元真、吕伯强之徒,乞胡之诞言,用老庄之虚假,附而益之,皆非真实。至使王法废而不行,盖大奸之魁也。有非常之人,然后能行非常之事。非朕,孰能去此历代之伪物!有司宣告征镇诸军、刺史,诸有佛图形像及胡经,尽皆击破焚烧,沙门无少长悉坑之。

是岁,真君七年三月也。恭宗言虽不用,然犹缓宣诏书,远近皆豫闻知,得各为计。四方沙门,多亡匿获免,在京邑者,亦蒙全济。金银宝像及诸经论,大得秘藏。而土木宫塔,声教所及,莫不毕毁矣。

始,谦之与浩同从车驾,苦与浩诤,浩不肯。谓浩曰:"卿今促年受戮,灭门户矣!"后四年,浩诛,备五刑,时年七十。浩既诛死,帝颇悔之。业已行,难中修复。恭宗潜欲兴之,未敢言也。佛沦废终帝世,积七八年。然禁稍宽弛,笃信之家,得密奉事,沙门专至者,犹窃法服诵习焉。唯不得显行于京都矣。

先是,沙门县曜有操尚,又为恭宗所知礼。佛法之灭,沙门多以余能自效,还俗求见。曜誓欲守死,恭宗亲加劝喻,至于再三,不得已,乃止。密持法服器物,不暂离身,闻者叹重之。

高宗践极,下诏曰:

夫为帝王者,必祗奉明灵,显彰仁道。其能惠著生民,济益群品者,虽在古昔,犹序其风烈。是以《春秋》嘉崇明之礼,祭典载功施之族。况释迦如来功济大千,惠流尘境,等生死者叹其达观,览文义者贵其妙明。助王政之禁律,益仁智之善性,排斥群邪,开演正觉。故前代已来,莫不崇尚,亦我国家常所尊事也。世祖太武皇帝开广边荒,德泽遐及。沙门道士善行纯诚,惠始之伦,无远不至;风义相感,往往如林。夫山海之深,怪物多有;奸淫之徒,得容假托;讲寺之中,致有凶党。是以先朝因其瑕衅,戮其有罪。有司失旨,一切禁断。景穆皇帝每为慨然,值军国多事,未遑修复。朕承鸿绪,君临万邦,思述先志,以隆斯道。今制诸州郡县,于众居之所,各听建佛图一区,任其财用,不制会限。其好乐道法,欲为沙门,不问长幼,出于良家,性行素笃,无诸嫌秽,乡里所明者,听其出家。率大州五十、小州四十人,其郡遥远台者十人。各当局分,皆足以化恶就善,播扬道教也。

天下承风,朝不及夕,往时所毁图寺,仍还修矣。佛像经论,皆复得显。

　　京师沙门师贤,本罽宾国王种人,少入道,东游凉城,凉平赴京。罢佛法时,师贤假为医术还俗,而守道不改。于修复日,即反沙门,其同辈五人,帝乃亲为下发。师贤仍为道人统。是年,诏有司为石像,令如帝身。既成,颜上足下,各有黑石,冥同帝体上下黑子。论者以为纯诚所感。兴光元年秋,敕有司于五缎大寺内,为太祖已下五帝,铸释迦立像五,各长一丈六尺,都用赤金二万五千斤。

　　太安初,有师子国胡沙门邪奢遗多、浮陁难提等五人,奉佛像三,到京都。皆云,备历西域诸国,见佛影迹及肉髻,外国诸王相承,咸遣工匠,摹写其容,莫能及难提所造者,去十余步,视之炳然,转近转微。又沙勒湖沙门,赴京师致佛钵并画像迹。

　　和平初,师贤卒。昙曜代之,更名沙门统。初,昙曜以复佛法之明年,自中山被命赴京,值帝出,见于路,御马前衔曜衣,时以为马识善人。帝后奉以师礼。昙曜白帝,于京城西武州塞,凿山石壁,开窟五所,镌建佛像各一。高者七十尺,次六十尺,雕饰奇伟,冠于一世。昙曜奏:平齐户及诸民,有能岁输谷六十斛入僧曹者,即为"僧祇户",粟为"僧祇粟",至于俭岁,赈给饥民。又请民犯重罪及官奴以为"佛图户",以供诸寺扫洒,岁兼营田输粟。高宗并许之。于是僧祇户、粟及寺户,遍于州镇矣。昙曜又与天竺沙门常那邪舍等,译出新经十四部。又有沙门道进、僧超、法存等,并有名于时,演唱诸异。

　　显祖即位,敦信尤深,览诸经论,好老庄。每引诸沙门及能谈玄之士,与论理要。初,高宗太安末,刘骏于丹阳中兴寺设斋。有一沙门,容止独秀,举众往目,皆莫识焉。沙门惠璩起问之,答名惠明。又问所住,答云从天安寺来。语讫,忽然不见。骏君臣以为灵感,改中兴为天安寺。是后七年,而帝祚践,号天安元年。是年,刘彧徐州刺史薛安都始以城地来降。明年,尽有淮北之地。其岁,高祖诞载。于时起永宁寺,构七级佛图,高三百余尺,基架博敞,为天下第一。又于天宫寺,造释迦立像。高四十三尺,用赤金十万斤。黄金六百斤,皇兴中，又构三级石佛图。榱栋楣楹，上下重结，大小皆石，高十丈。镇固巧密，为京华壮观。

高祖践位，显祖移御北苑崇光宫，览习玄籍。建鹿野佛图于苑中之西山，去崇光右十里，岩房禅堂，禅僧居其中焉。

延兴二年夏四月，诏曰："比丘不在寺舍，游涉村落，交通奸猾，经历年岁。令民间五五相保，不得容止。无籍之僧，精加隐括，有者送付州镇，其在畿郡，送付本曹。若为三宝巡民教化者，在外赍州镇维那文移，在台者赍都维那等印牒，然后听行。违者加罪。"又诏曰："内外之人，兴建福业，造立图寺，高敞显博，亦足以辉隆至教矣。然无知之徒，各相高尚，贫富相竞，费竭财产，务存高广，伤杀昆虫含生之类。苟能精致，累土聚沙，福钟不朽。欲建为福之因，未知伤生之业。朕为民父母，慈养是务，自今一切断之。"又诏曰："夫信诚则应远，行笃则感深，历观先世灵瑞，乃有禽兽易色，草木移性。济州东平郡，灵像发辉，变成金铜之色。殊常之事，绝于往古；熙隆妙法，理在当今。有司与沙门统昙曜令州送像达都，使道俗咸睹实相之容，普告天下，皆使闻知。"

三年十二月，显祖因由鹰获鸳鸯一，其偶悲鸣，上下不去。帝乃恻然，问左右曰："此飞鸣者，为雌为雄？"左右对曰："臣以为雌。"帝曰："何以知？"对曰："阳性刚，阴性柔，以刚柔推之，必是雌矣。"帝乃慨然而叹曰："虽人鸟事别，至于资识性情，竟何异哉！"于是下诏，禁断鸷鸟，不得畜焉。

承明元年八月，高祖于永宁寺设太法供，度良家男女为僧尼者百有余人，帝为剃发，施以僧服，令修道戒，资福于显祖。是月，又诏起建明寺。太和元年二月，幸永宁寺设斋，赦死罪囚。三月，又幸永宁寺设会，行道听讲，命中、秘二省与僧徒讨论佛义，施僧衣服、宝器有差。又于方山太祖营垒之处，建思远寺。自正光至此，京城内寺新旧且百所，僧尼二千余人，四方诸寺六千四百七十八，僧尼七万七千二百五十八人。四年春,诏以鹰师为报德寺。九年秋,有司奏,上谷郡比丘尼惠香,在北山松树下死,尸形不坏。尔来三年,士女观者有千百。于时人皆异之。

十年冬,有司又奏:"前被敕以勒籍之初,愚民侥幸,假称入道,以避输课,其无籍僧尼罢遣还俗。重被旨,所检僧尼,寺主、维那当寺隐审。其有道行精勤者,听仍在道;为行凡粗者,有籍无籍,悉罢归齐民。今依旨简遣,其诸州还俗者,僧尼合一千三百二十七人。"奏可。十六年,诏:"四月八日、七月十五日,听大州度一百人为僧尼,中州五十人,下州二十人,以为常准,著于令。"十七年,诏立《僧制》四十七条。十九年四月,帝幸徐州白塔寺。顾谓诸王及侍官曰:"此寺近有名僧嵩法师,受《成实论》于罗什,在此流通。后授渊法师,渊法师授登、纪二法师。朕每玩《成实论》,可以释人深情,故至此寺焉。"时沙门道登,雅有义业,为高祖眷赏,恒侍讲论。曾于禁内与帝夜谈,同见一鬼。二十年卒,高祖甚悼惜之,诏施帛一千匹。又设一切僧斋,并命京城七日行道。又诏:"朕师登法师奄至徂背,痛悢摧恸,不能已已。比药治慎丧,未容即赴,便准师义,哭诸门外。"绩素之。又有西域沙门名跋陁,有道业,深为高祖所敬信。诏于少室山阴,立少林寺而居之,公给衣供。

二十一年五月,诏曰:"罗什法师可谓神出五才,志入四行者也。今常住寺,犹有遗地,钦悦修踪,情深遐远,可于旧堂所,为建三级浮图。又见逼昏虐,为道殄躯,既暂同俗礼,应有子胤,可推访以闻,当加叙接。"先是,立监福曹,又改为昭玄,备有官属,以断僧务。高祖时,沙门道顺、惠觉、僧意、惠纪、僧范、道弁、惠度、智诞、僧显、僧义、僧利,并以义行知重。

世宗即位,永平元年秋,诏曰:"缁素既殊,法律亦异。故道教部于互显,禁劝各有所宜。自今已后,众僧犯杀人已上罪者,仍依俗断,余犯悉付昭玄,以内律僧制之。"二年冬,沙门统惠深上言:

僧尼浩旷,清浊混流,不遵禁典,精粗莫别。辄与经律法师群议立制：诸州、镇、郡、维那、上坐、寺主，各令戒律自修，咸依内禁，若不解律者，退其本次。又，出家之人，不应犯法，积八不净物。然经律所制，通塞有方。依律：车牛淫人，不净之物，不得为己私畜。唯有老病年六十以上者，限听一乘。又，比来僧尼，或因三宝，出贷私财。缘州外。又，出家舍著，本无凶仪，不应废道从俗。其父母三师，远闻凶问，听哭三日。若在见前，限以七日。或有不安寺舍，游止民间，乱道生过，皆由此等。若有犯者，脱服还民；其有造寺者，限僧五十以上，启闻听造。若有辄营置者，处以违敕之罪，其僧寺僧众摈出外州。僧尼之法，不得为俗人所使。若有犯者，还配本属。其外国僧尼来归化者，求精检有德行合三藏者听住，若无德行，遣还本国，若其不去，依此僧制治罪。

诏从之。先是，于恒农荆山造珉玉丈六像一。三年冬，迎置于洛滨之报德寺，世宗躬观致敬。

四年夏，诏曰："僧祇之粟，本期济施，俭年出贷，丰则收入。山林僧尼，随以给施；民有窘弊，亦即赈之。但主司冒利，规取赢息，及其征责，不计水旱。或偿利过本，或翻改券契，侵蠹贫下，莫知纪极。细民嗟毒，岁月滋深。非所以矜此穷乏，宗尚慈拯之本意也。自今已后，不得传委维那、都尉，可令刺史共加监括。尚书检诸有僧祇谷之处，州别列其元数，出入赢息，赈给多少，并贷偿岁月，见在未收，上台录记。若收利过本，及翻改初券，依律免之，勿复征债，或有私债，转施偿僧，即以丐民，不听收检。后有出贷，先尽贫穷，征债之科，一准旧格。富有之家，不听辄贷。脱仍冒滥，依治冶罪。"

又尚书令高肇奏言："谨案：故沙门昙曜，昔于承明元年，奏凉州军户赵苟子等二百家为僧祇户，立课积粟，拟济饥年，不限道俗，皆以拯施。又依内律，僧祇户不得别属一寺。而都维那僧暹、僧频等，进违成旨，退乖内法，肆意任情，奏求逼召，致使吁嗟之怨，盈于行道，弃子伤生，自缢溺死五十余人。岂是仰赞圣明慈育之意，深失陛下归依之心。遂令此等，行号巷哭，叫诉无所，至乃白羽贯耳，列讼宫阙。悠悠之人，尚为哀痛。况慈悲之士，而可安之。请听苟子等还乡课输，俭乏之年，周给贫寡，若有不虞，以拟边捍。其逼等违旨背律，谬奏之愆，请付昭玄，依僧律推处。"诏曰："逼等特可原之，余如奏。"

世宗笃好佛理，每年常于禁中亲讲经论，广集名僧，标明义旨。沙门条录，为《内起居》焉。上既崇之，下弥企尚。至延昌中，天下州郡僧尼等，积有一万三千七百二十七所，徒侣逾众。

熙平元年，诏遣沙门惠生使西域，采诸经律。正光三年冬，还京师。所得经论一百七十部，行于世。二年春，灵太后令曰：

年常度僧，依限大州应百人者，州郡于前十日解送三百人，其中州二百人，小州一百人。州统、维那与官及精练简取充数。若无精行，不得滥采。若取非人，刺史刺首，以违旨论，太守、县令、纲僚节级连坐，统及维那移五百里外异州为僧。自今奴婢悉不听出家，诸王及亲贵，亦不得辄启请。有犯者，以违旨论。其僧尼辄度他人奴婢者，亦移五百里外为僧。僧尼多养亲识及他人奴婢子，年大私度为弟子，自今断之。有犯还俗，被养者归本等。寺主听容一人，出寺五百里，二人千里。私度之僧，皆由三长罪不及己，容多隐滥。自今有一人私度，皆以违旨论。邻长为首，里、党各相降一等。县满十五人，郡满三十人，州镇满三十人，免官，僚吏节级连坐。私度之身，配当州下役。

时法禁宽褫，不能改肃也。

景明初，世宗诏大长秋卿白整准代京灵岩寺石窟，于洛南伊阙山，为高祖、文昭皇太后营石窟二所。初建之始，窟顶去地三百一十尺。至正始二年中，始出斩山二十三丈。至大长秋卿王质，谓斩山太高，费功难就，奏求下移就平，去地一百尺，南北一百□□尺。永平中，中尹刘腾奏为世宗复造石窟一，凡为三所，从景明元年，至正光四年六月已前，用功八十万二千三百六十六。肃宗熙平中，于城内太社西，起永宁寺。灵太后亲率百僚，表基立刹。佛图九层，高四十余丈，其诸费用，不可胜计。景明寺佛图，亦其亚也。至于官私寺塔，其数甚众。

神龟元年冬，司空公、尚书令、任城王澄奏曰：

仰惟高祖，定鼎嵩瀍，卜世悠远。虑括终始，制洽天人；造物开符，垂之万叶。故都城制云，城内唯拟一永宁寺地，郭内唯拟尼寺一所，余悉城郭之外。欲令永遵此制，无敢逾矩。逮景明之初，微有犯禁。故世宗仰修先志，爰发明旨，城内不造立浮图、僧尼寺舍，亦欲绝其希觊。文武二帝，岂不爱尚佛法，盖以道俗殊归，理无相乱故也。但俗眩虚声，僧贪厚润，虽有显禁，犹自冒营。至正始三年，沙门统惠深有违景明之禁，便云："营就之寺，不忍移毁，求自今已后，更不听立。"先旨含宽，抑典从请。前班之诏，仍卷不行；后来私谒，弥以奔竞。永平二年，深等复立条制，启云："自今已后，欲造寺者，限僧五十已上，闻彻听造。若有辄营置者，依俗违敕之罪，其寺僧众，摈出外州。"尔来十年，私营转盛，罪摈之事，寂尔无闻。岂非朝格虽明，恃福共毁，僧制徒立，雇利莫从者也。不俗不道，务为损法，人而无厌，其可极乎！

夫学迹冲妙，非浮识所辩；玄门旷寂，岂短辞能究。然净居尘外，道家所先；功缘冥深，匪尚华遁。葆能诚信，童子聚沙，可迈于道场；纯陁俭设，足荐于双树。何必纵其盗窃，资营寺观。此乃民之多幸，非国之福也。然比日私造，动盈百数。或乘请公地，辄树私福；或启得造寺，限外广制。如此欺罔，非可稍计。臣以才劣，诚忝工务，奉遵成规，裁量是总。所以披寻旧旨，研究图格，辄遣府司马陆昶、属崔孝芬，都城之中，及郭邑之内检括寺舍，数乘五百，空地表刹，未立塔宇，不在其数。民不畏法，乃至于斯！

自迁都已来，年逾二纪，寺夺民居，三分且一。高祖立制，非徒欲使缁素殊途，抑亦防微深虑。世宗述之，亦不锢禁营福，当在杜塞未萌。今之僧寺，无处不有。或比满城邑之中，或连溢屠沽之肆，或三五少僧，共为一寺。梵唱屠音，连檐接响，像塔缠于腥臊，性灵没于嗜欲，真伪混居，往来纷杂。下司因习而莫非，僧曹对制而不问。其于污染真行，尘秽练僧，薰莸同器，不亦甚欤！往在北代，有法秀之谋；近日冀州，遭大乘之变。皆初假神教，以惑众心，终设奸诳，用逞私悖。太和之制，因法秀而杜远；景明之禁，虑大乘之将乱。始知祖宗睿圣，防遏处深。履霜坚冰，不可不慎。

昔如来阐教，多依山林；今此僧徒，恋著城邑。岂湫隘是经行所宜，浮谊必栖禅之宅，当由利引其心，莫能自止。处者既失其真，造者或损其福，乃释氏之糟糠，法中之社鼠，内戒所不容，王典所应弃矣。非但京邑如此，天下州镇僧寺亦然。侵夺细民，广占田宅，有伤慈矜，用长嗟苦。且人心不同，善恶亦异。或有栖心真趣，道业清远者；或外假法服，内怀悖德者。如此之徒，宜辨泾渭。若雷同一贯，何以劝善？然睹法赞善，凡人所知；矫俗避嫌，物情同趣。臣独何为，孤议独发。诚以国典一废，追理至难，法网暂失，条纲将乱。是以冒陈愚见，两愿其益。

臣闻设令在于必行，立罚贵能肃物；令而不行，不如无令。罚不能肃，孰与亡罚。顷明诏屡下，而造者更滋，严限骤施，而违犯不息者，岂不以假福托善，幸罪不加。人殉其私，吏难苟劾。前制无追往之辜，后旨开自今之恕。悠悠世情，遂忽成法。今宜加以严科，特设重禁，纠其来违，惩其往失。脱不峻检，方垂容借，恐今旨虽明，复如往日。又旨令所断，标榜礼拜之处，悉听不禁。

愚以为，树榜无常，礼处难验，欲云有造，立榜证公，须营之辞，指言尝礼。如此，则徒有禁名，实通造路。且徒御已后，断诏四行，而私造之徒，不惧制旨。岂是百官有司，怠于奉法？将由网漏禁宽，容托有他故耳。如臣愚意，都城之中，虽有标榜，营造粗功，事可改立者，请依先制。在于郭外，任择所便。其地若买得，券证分明者，听其转之；若官地盗作，即令还官。若灵像既成，不可移撤，请依今敕，如旧不禁，悉令坊内行止，不听毁坊开门，以妨里内通巷。若被旨者，不在断限，郭内准此商量。其庙像严立，而逼近屠沽，请断旁屠杀，以洁灵居。虽有僧数，而事在可移者，令就闲敞，以避隘陋。如今年正月赦后造者，求依僧制，案法科治。若僧不满五十者，共相通容，小就大寺，必令充限。其地卖远，一如上式。自今外州，若欲造寺，僧满五十已上，先令本州表列，昭玄量审，奏听乃立。若有违犯，悉依前科。州郡已下，容而不禁，罪同违旨。庶仰遵先皇不朽之业，俯奉今旨慈悲之令，则绳墨可全，圣道不坠矣。

奏可。未几，天下丧乱，加以河阴之酷，朝士死者，其家多舍居宅，以施僧尼，京邑第舍，略为寺矣。前日禁令，不复行焉。

元象元年秋，诏曰："梵境幽玄，义归清旷，伽蓝净土，理绝嚣尘。前朝城内，先有禁断，自犇来迁邺，率由旧章。而百辟士民，届都之始，城外新城，并皆给宅。旧城中暂时普借，更拟后须，非为永久。如间诸人，多以二处得地，或舍旧城所借之宅，擅立为寺。知非己有，假此一名。终恐因习滋甚，有亏恒式。宜付有司，精加隐括。且城中旧寺及宅，并有定帐，其新立之徒，悉从毁废。"冬，又诏："天下牧守令长，悉不听造寺。若有违者，不问财之所出，并计所营功庸，悉以枉法论。"兴和二年春，诏以邺城旧宫为天平寺。

世宗以来至武定末，沙门知名者，有惠猛、惠辨、惠深、僧暹、道银、僧献、道晞、僧深、惠光、惠显、法营、道长，并见重于当世。

自魏有天下，至于禅让，佛经流通，大集中国，凡有四百一十五部，合一千九百一十九卷。正光已后，天下多虞，王役尤甚，于是所在编民，相与入道，假慕沙门，实避调役，猥滥之极，自中国之有佛法，未之有也。略而计之，僧尼大众二百万矣，其寺三万有余。流弊不归，一至于此，识者所以叹息也。

道家之原,出于老子。其自言生也,先天地生,以资万类。上处玉京,为神王之宗;下在紫微,为飞仙之主。千变万化,有德不德;随感应物,厥迹无常。授轩辕于峨嵋,教帝喾于牧德,大禹闻长生之诀,尹喜受道德之旨。至于丹书紫字,升玄飞步之经;玉石金光,妙有灵洞之说。如此之文,不可胜纪。其为教也,咸蠲去邪累,澡雪心神,积行树功,累德增善,乃至白日升天,长生世上。所以秦皇、汉武,甘心不息。灵帝置华盖于濯龙,设坛场而为礼。及张陵受道于鹄鸣,因传天官章本千有二百,弟子相授,其事大行。斋祠跪拜,各成法道,有三元府、百二十官,一切诸神,咸所统摄。又称劫数,颇类佛经。其延康、龙汉、赤明、开皇之属,皆其名也。及其劫终,称天地俱坏。其书多有禁秘,非其徒也,不得辄观。至于化金销玉,行符敕水,奇方妙术,万等千条,上云羽化飞天,次称消灾灭祸。故好异者往往而尊事之。

初,文帝入宾于晋,从者务勿尘,姿神奇伟,登仙于伊阙之山寺,识者咸云魏祚之将大。太祖好老子之言,诵咏不倦。天兴中,仪曹郎董谧因献服食仙经数十篇。于是置仙人博士,立仙坊,煮炼百药,封西山以供其薪蒸。令死罪者试服之,非其本心,多死无验。太祖犹将修焉。太医周澹苦其煎采之役,欲废其事,乃阴令妻货仙人博士张曜妾。得曜隐罪。曜惧死,因请辟谷。太祖许之,给曜资用,为造静堂于苑中,给洒扫民二家。而炼药之官,仍为不息。久之,太祖意少懈,乃止。

世祖时,道士寇谦之,字辅真,南雍州刺史赞之弟,自云寇恂之十三世孙。早好仙道,有绝俗之心。少修张鲁之术,服食饵药,历年无效。幽诚上达,有仙人成公兴,不知何许人,至谦之从母家佣赁。谦之尝观其姨,见兴形貌甚强,力作不倦,请回赁兴代己使役。乃将还,令其开舍南辣田。谦之树下坐算,兴垦一发致勤,时来看算。谦之谓曰:"汝但力作,何为看此?"二三日后,复来看之,如此不已。

后谦之算七曜,有所不了,惆然自失。兴谓谦之曰:"先生何为不怿?"谦之曰:"我学算累年,而近算《周髀》不合,以此自愧。且非汝所知,何劳问也。"兴曰:"先生试随兴语布之。"俄然便决。谦之叹伏,不测兴之深浅,请师事之。兴固辞不肯,但求谦之为弟子。未几,谓谦之曰:"先生有意学道,岂能与兴隐遁?"谦之欣然从之。兴乃令谦之洁斋三日共入华山。令谦之居一石室,自出采药,还与谦之食药,不复饥,乃将谦之入嵩山。有三重石室,令谦之住第二重。历年,兴谓谦之曰:"兴出后,当有人将药来,得但食之,莫为疑怪。"寻有人将药而至,皆是毒虫臭恶之物,谦之大惧出走。兴还问状,谦之具对,兴叹息曰:"先生未便得仙,政可为帝王师耳。"兴事谦之七年,而谓之曰:"兴不得久留,明日中应去。兴亡后,先生幸为沐浴,自当有人见迎。"兴乃入第三重石室而卒。谦之躬自沐浴。明日中,有叩石室者,谦之出视,见两童子,一持法服,一持钵及锡杖。谦之引入,至兴尸所,兴欻然而起,著衣持钵、执杖而去。先是,有京兆灞城人王胡儿,其叔父亡,颇有灵异。曾将胡儿至嵩高别岭,同行观望,见金室玉堂,有一馆尤珍丽,空而无人,题曰"成公兴之馆"。胡儿怪而问之,其叔父曰:"此是仙人成公兴馆,坐失火烧七间屋,被谪为寇谦之作弟子七年。"始知谦之精诚远通,兴乃仙者谪满而去。

谦之守志嵩岳,精专不懈。以神瑞二年十月乙卯,忽遇大神,乘云驾龙,导从百灵,仙人玉女,左右侍卫,集止山顶,称太上老君。谓谦之曰:"往辛亥年,嵩岳镇灵集仙宫主,表天曹,称自天师张陵去世已来,地上旷诚,修善之人,无所师授。嵩岳道士上谷寇谦之,立身直,理行合自然,才任轨范,首处师位。吾故来观汝,授汝天师之位,赐汝《云中音诵新科之诫》二十卷。号曰'并进'。"言:"吾此经诫自天地开辟已来,不传于世,今运数应出。汝宣吾《新科》,清整道教,除去三张伪法,租米钱税,及男女合气之术。大道清虚,岂有斯事。专以礼度为首,而加之以服食闭练。"使王九疑人长客之等十二人,授谦之服气导引口诀之法。遂得辟谷,气盛体轻,颜色殊丽。弟子十余人,皆得其术。

　　泰常八年十月戊戌，有牧圭师李谱文来临嵩岳，云："老君之玄孙，昔居代郡桑乾，以汉武之世得道，为牧土宫主，领治三十六土人鬼之政。地方十八万里有奇，盖历术一章之数也。其中为方万里者有三百六十方。"遣弟子宣教，云嵩岳所统广汉平土方万里，以授谦之。作诰曰："吾处天宫，敷演真法，处汝道年二十二岁，除十年为竟蒙。其余十二年，教化虽无大功，且有百授之劳。今赐汝迁入内宫，太真太宝九州真师、治鬼师、治民师、继天师四录。修勤不懈，依劳复迁。赐汝《天中三真太文录》，劾召百神，以授弟子。《文录》有五等，一曰阴阳太官，二曰正府真官，三曰正房真官，四曰宿宫散官，五曰并进录主。坛位、礼拜、衣冠、仪式各有差品。凡六十余卷，号曰《录图真经》。付汝奉持，辅佐北方泰平真君，出天宫静论之法。能兴造克就，则起真仙矣。又地上生民，末劫垂及，其中行教甚难。但令男女立坛宇，朝夕礼拜，若家有严君，功及上世。其中能修身练药，学长生之术，即为真君种民。"练别授方，销练金丹、云英、八石、玉浆之法，皆有决要。

　　上师李君手笔有数篇，其余皆正真书曹赵道覆所书。古文鸟迹，篆隶杂体，辞义约辩，婉而成章。大自与世礼相准，择贤推德，信者为先，勤者次之。又言二仪之间，有三十六天，中有三十宫，宫有一主。最高者无极至尊，次曰大至真尊，次天覆地载阴阳真尊；次鸿正真尊，姓赵名道隐，以殷时得道，牧土之师也。牧土之来，赤松、王乔之伦，及韩终、张安世、刘根、张陵，近世仙者，并为翼从。牧土命谦之为子，与群仙结为徒友。幽冥之事，世所不了，谦之具问，一一告焉。《经》云：佛者，昔于西胡得道，在四十二天，为延真宫主。勇猛苦教，故其子弟皆髡形染衣，断绝人道，诸天衣服悉然。

　　始光初，奉其书而献之，世祖乃令谦之止于张曜之所，供其食物。时朝野闻之，若存若亡，未全信也。崔浩独异其言，因师事之，受其法术。于是上疏，赞明其事曰："臣闻圣王受命，则有大应。而《河图》、《洛书》，皆寄言于虫兽之文。未若今日人神接对，手笔粲然，辞旨深妙，自古无比。昔汉高虽复英圣，四皓犹或耻之，不为屈节。今清德隐仙,不召自至。斯诚陛下侔踪轩黄,应天之符也。岂可以世俗常谈,而忽上灵之命!臣窃惧之。"世祖欣然,乃使谒者奉玉帛牲牢,祭嵩岳,迎致其余弟子在山中者。于是崇奉天师,显扬新法,宣布天下,道业大行。浩事天师,拜礼甚谨。人或讥之,浩闻之曰:"昔张释之为王生结袜。吾虽才非贤哲,今奉天师,足以不愧于古人矣。"及嵩高道士四十余人至,遂起天师道场于京城之东南,重坛五层,遵其新经之制。给道士百二十人衣食,齐肃祈请,六时礼拜,月设厨会数千人。

世祖将讨赫连昌,太尉长孙嵩难之,世祖乃问幽征于谦之。谦之对曰:"必克。陛下神武应期,天经下治,当以兵定九州。后文先武,以成太平真君。"真君三年,谦之奏曰:"今陛下以真君御世,建静轮天宫之法,开古以来,未之有也。应登受符书,以彰圣德。"世祖从之。于是亲至道坛,受符录,备法驾,旗帜尽青,以从道家之色也。自后诸帝,每即位皆如之。恭宗见谦之奏造静轮宫,必令其高不闻鸡鸣狗吠之声,欲上与天神交接,功役万计,经年不成,乃言于世祖曰:"人天道殊,卑高定分。今谦之欲要以无成之期,说以不然之事,财力费损,百姓疲劳,无乃不可乎?必如其言,未若因东山万仞之上,为功差易。"世祖深然恭宗之言,但以崔浩赞成,难违其意,沉吟者久之,乃曰:"吾亦知其无成。事既尔,何惜五三百功。"

九年,谦之卒,葬以道士之礼。先于未亡,谓诸弟子曰:"及谦之在,汝曹可求迁录。吾去之后,天宫真难就。"复遇设会之日,更布二席于上师坐前。弟子问其故,谦之曰:"仙官来。"是夜卒。前一日,忽言"吾气息不接,腹中大痛",而行止如常,至明旦便终。须臾,口中气状若烟云,上出窗中,至天半乃消。尸体引长,弟子量之,八尺三寸。三日已后,稍缩,至敛量之,长六寸。于是诸弟子以为尸解变化而去,不死也。

时有京兆人韦文秀,隐于嵩高,征诣京师。世祖曾问方士金丹事,多曰可成。文秀对曰:"神道幽昧,变化难测,可以暗遇,难以豫期。臣昔者受教于先师,曾闻其事,未之为也。"世祖以文秀关右豪族,风操温雅,言对有方,遣与尚书崔颐诣王屋山合丹,竟不能就。

时方士至者前后数人。河东祁纤,好相人。世祖贤之,拜纤上大夫。颍阳绛略、闻喜吴劭,道引养气,积年百余岁,神气不衰。恒农阎平仙,博览百家之言,然不能达其意,辞占应对,义旨可听。世祖欲授之官,终辞不受。扶风鲁祈,连赫连屈子暴虐,避地寒山,教授弟子数百人。好方术,少嗜欲。河东罗崇之,常饵松脂,不食五谷,自称受道于中条山。世祖令崇还乡里,立坛祈请。崇云:"条山有穴,与昆仑、蓬莱相属。入穴中得见仙人,与之往来。"诏令河东郡给所须。崇入穴,行百余步,遂穷。后召至,有司以崇诬罔不道,奏治之。世祖曰:"崇修道之人,岂至欺妄以诈于世?或传闻不审,而至于此。古之君子,进人以礼,退人以礼。今治之,是伤朕待贤之意。"遂赦之。又有东莱人王道翼,少有绝俗之志,隐韩信山四十余年,断粟食麦。通达经章,书符录。常隐居深山,不交世务,年六十余。显祖闻而召焉。青州刺史韩颓遣使就山征之,翼乃赴都。显祖以其仍守本操,遂令僧曹给衣食,以终其身。

太和十五年秋,诏曰:"夫至道无形,虚象为主。自有汉以后,置立坛祠,先朝以其至顺可归,用立寺宇。昔京城之内,居舍尚希;今者里宅栉比,人神猥凑。非所以祇崇至法,清敬神道。可移于都南桑乾之阴,岳山之阳,永置其所。给户五十,以供齐祀之用,仍名为崇虚寺。可召诸州隐士,员满九十人。"

迁洛移邺,踵如故事。其道坛在南郊,方二百步,以正月七日、七月七日、十月十五日,坛主、道士、哥人一百六人,以行拜祠之礼。诸道士罕能精至,又无才术可高。武定六年,有司执奏罢之。其有道术,如河东张远游、河间赵静通等,齐文襄王别置馆京师而礼接焉。